科学出版社"十三五"普通高等教育本科

高等医药院校药学类系列教材

药 理 学

主　　编　沈祥春　陈晓红

副 主 编　陈美娟　付爱玲　余建强　马松涛

编　　委（按姓氏拼音排序）

曹亚军（石河子大学）

陈　妍（贵州医科大学）

陈晓红（第三军医大学）

付爱玲（西南大学）

李佳川（西南民族大学）

李小强（第四军医大学）

林　芳（苏州大学）

马松涛（成都医学院）

盛艳梅（成都医学院）

杨俊卿（重庆医科大学）

余建强（宁夏医科大学）

张芳艳（成都医学院）

张彦燕（贵州医科大学）

赵晓燕（西南大学）

周　茹（宁夏医科大学）

岑彦艳（第三军医大学）

陈美娟（西南医科大学）

范　蕾（内蒙古医科大学）

简　洁（桂林医学院）

李明凯（第四军医大学）

李晓冰（西南医科大学）

罗　敏（昆明医科大学）

沈祥春（贵州医科大学）

徐海波（成都中医药大学）

余　黎（南京中医药大学）

张　梅（石河子大学）

张汉霆（泰山医学院/美国西弗吉尼亚大学医学院）

郑　萍（宁夏医科大学）

科学出版社

北　京

内 容 简 介

本书编写过程中参考《中华人民共和国药典》(2015年版)、多部《药理学》教材、国家执业医师和国家执业药师考试大纲的要求，围绕新时期医药卫生人才培养的目标，本书新增治疗骨质疏松症药物、常用造影剂及解毒剂、基因治疗药物等亟待补充的内容。

为适应教学改革需要，从符合本科专业培养目标的实际需要出发，各章节前增加【能力要求】版块，明确理论教学体系和实践教学体系目标；为培养能力突出人才，注重理论联系实际，增设【知识拓展】、【案例解析】、【中药介绍】版块，实现课程体系和教材体系的建设创新。

教材可供医学、药学类从事教学、临床、科研、生产工作的读者选用，可视具体情况适当调整教学课时、内容等。

图书在版编目(CIP)数据

药理学 / 沈祥春，陈晓红主编. —北京：科学出版社，2017.2

科学出版社“十三五”普通高等教育本科规划教材·高等医药院校药学类系列教材

ISBN 978-7-03-050592-7

Ⅰ. ①药… Ⅱ. ①沈… ②陈… Ⅲ. ①药理学–高等学校–教材 Ⅳ. ①R96

中国版本图书馆CIP数据核字(2016)第268374号

责任编辑：赵炜炜 李国红 / 责任校对：彭 涛

责任印制：李 彤 / 封面设计：陈 敬

科学出版社 出版

北京东黄城根北街16号

邮政编码：100717

http://www.sciencep.com

天津市新科印刷有限公司 印刷

科学出版社发行 各地新华书店经销

*

2017年2月第 一 版 开本：787×1092 1/16

2023年1月第五次印刷 印张：31 1/2

字数：849 000

定价：118.00元

(如有印装质量问题，我社负责调换)

科学出版社“十三五”普通高等教育本科规划教材

高等医药院校药学类系列教材

专家委员会

前 言

结合新时期国家医疗卫生改革和发展的要求，适应高等医药院校应用型、服务型、技能型人才培养的要求，深入贯彻落实《国家中长期教育改革和发展规划纲要（2010～2020年）》的要求，以培养具有创新精神和实践能力药学人才为目的，科学出版社“全国高等医药院校药学类系列规划教材”《药理学》的编写以药学人才培养所需知识与技能为导向，秉承以经典药物与药理作用为主题，追踪药学、基础与临床科研的前沿，突出教材编写的“三基”（基本知识、基本理论、基本技能）与“五性”（思想性、科学性、先进性、启发性、适应性）的原则。

随着我国医疗卫生事业的不断改革，传统“化学-药学”培养模式下的药学人才不能满足社会发展的需要，掌握生物医学、药物应用知识的药学服务型人才正成为社会的紧缺人才。药理学教学过程中如何适应药学人才培养领域的要求，成为当前亟待解决的重要问题。

本教材吸收当前我国医药院校药理学教材的优点，充分发挥编者长期教学过程中积累的经验，全书共九篇 50 章，在篇章设置上增加了治疗骨质疏松症药物、造影剂与解毒剂等内容；每个章节前增加【能力要求】，以新的特点进行教学能力要求，充分体现我国高等医药学教育发展的新风貌；在各编写章节中，设定【知识拓展】和【案例解析】板块，在各章节末，设定【本章小结】该板块对本章重点内容进行提要性总结；根据我国目前医药卫生事业的发展，结合各章的特点，设定“中药介绍”内容，原则上介绍与本章节内容密切相关的 1 味中药或 1 个经典方剂，简要描述其临床主治病症；同时编写过程中参考《中华人民共和国药典》（2015 年版）、国家执业医师与国家执业药师考试大纲的要求，扩大教材的适应人群。

本教材编写人员来自我国 16 所高等医药院校的 28 位编委，编者均为高等医药院校药学院的一线教师，拥有丰富的教学经验，对药学相关专业的药理学教育教学有着较为全面深刻的认识。教材编写过程中，编者精诚合作、坦诚布公、严肃认真，力求编写一本适应我国药学教育特点的教材，为我国高等医药学教育改革与教材建设贡献力量。但是由于教学与科研工作的繁忙及对内容的认知不同、编写的时间限制，本教材一定存在不足之处，真诚希望广大师生和读者在使用本教材过程中提出宝贵意见，予以斧正，以使本教材更能适应我国医药卫生事业发展的要求，适应教学的规律与特点，更好地服务于培养应用型、技能型人才培养的要求。

编 者

2016 年 10 月

目　　录

第一篇　药理学总论

第一篇　药理学总论

第一章　绪　　论

能力要求

1. 能够阐述药物、药理学、药物效应动力学、药物代谢动力学的基本概念。
2. 能够描述药理学的研究内容及学科任务。
3. 能够说出药理学发展简史、新药研究与开发的相关内容。

第一节　药理学的性质与任务

药物（drug）是指可以改变或查明机体的生理功能及病理状态，用以预防、治疗、诊断疾病及某些特殊用途（如计划生育、消毒防腐等）的物质。我国现行药物主要分为：化学药物、中药、生物制品三类。药物和毒物之间并无严格界限，通常毒物是指在较小剂量即对机体产生毒害作用、损害人体健康的物质。药物在一定的剂量范围内使用是安全的，大剂量使用或非正确使用也会引发中毒，甚至危及生命。

药理学（pharmacology）是研究药物与机体（含病原体）相互作用及其作用规律的学科。药物与机体的相互作用（interaction），包括：药物对机体的作用，即药物效应动力学（pharmacodynamics，PD），简称药效学，包括药物作用（action）、临床应用（clinical application）及不良反应（adverse reaction）等；机体对药物的处置，即药物代谢动力学（pharmacokinetics，PK），简称药动学，包括药物在体内的吸收（absorption）、分布（distribution）、代谢（metabolism）和排泄（excretion）等过程及其规律。

药理学为防治疾病、合理用药提供基本理论、基础知识和科学思维方法，是联系药学与医学、基础医学与临床医学、化学与生命科学之间的桥梁学科。其学科任务是随时代发展而发展的，可归纳为三点：①最基本的任务是阐明药物与机体之间的相互作用及规律，为临床合理用药、减少不良反应提供理论依据；②研究药物作用的新机制和开发新药、新用途；③为探索机体的生理、生化及病理过程提供实验资料和研究方法，揭示新的生命现象，促进生命科学的进步。

第二节　药理学的发展简史

人类自诞生之日起，在长期生产、生活实践中，认识到某些天然物品可以减轻病痛，并在与疾病的斗争中，逐渐积累了丰富的医药学经验，如麻黄平喘、车前利水、柳皮退热、大黄导泻等。公元1世纪前后，我国的《神农本草经》、埃及的《埃泊斯医药籍》、希腊医生狄奥斯库莱底斯编著的《古代药物学》和罗马医生盖林编著的《药物学》等古代著作，在药物发展的早期做出了巨大贡献。唐代《新修本草》是我国第一部政府颁发的药典，比欧洲《纽伦堡药典》早 883 年。明代中医药学巨著——李时珍《本草纲目》，共收载 1892 种药物，方剂 11 000 余条，在国际上有 7 种文字译本流传，是世界上最重要的药物学文献之一。

药理学的诞生与科学技术的发展密切相关，生理学、化学、免疫学等基础学科的迅猛发展为现代药理学奠定了基础。意大利生物学家 F·Fontana（1720～1805）在对千余种药物进行动物实验测试其毒性后，认为天然药物的活性成分选择性作用于机体的某个部位而引起机体的反应；1804 年，德国化学家 F.W.Sertürner 首先从罂粟中分离提纯出吗啡，并用犬进行试验证明其具有镇痛作用；1826 年法国药师 Pelletier 和 Caventou 从金鸡纳树皮中分离得到有效成分奎宁；1833 年 Mein 从颠茄及洋金花中提取到阿托品；随后，依米丁、士的宁、可卡因等也相继提纯成功。世界上第一位药理学教授 R·Buchheim（1820～1879），在德国建立了第一个药理学实验室，撰写出了第一本药理学教科书，标志着药理学作为一门独立学科诞生。其学生 O.Schmiedeberg（1838～1921）继续发展了实验药理学，开始研究药物的作用部位，被称为器官药理学。1878 年，英国人 J.N.Langley（1852～1925）根据研究发现阿托品与毛果芸香碱对猫唾液分泌的拮抗作用，提出了受体的概念，为受体学说的建立奠定了基础。

进入 20 世纪，药物学与药理学发展有了长足的进步。1909 年，德国微生物学家 P.Ehrlich 从近千种有机砷化合物中筛选出新砷凡钠明治疗梅毒，开创了用化学药物治疗传染病的新纪元。1928 年，英国 A.Fleming 发现青霉素；1935 年，德国的 G.Domagk 发现磺胺类药物可以治疗感染；1940 年，英国的 H.W.Florey 在 A.Fleming 研究的基础上，从青霉菌培养液中分离出青霉素，从此进入以抗生素为代表的化学治疗药物时代。1946 年以后，化学合成药物的兴起，现代化学药物迎来黄金时代，药物与药理学在许多领域飞速发展，涌现出激素类药、镇痛药、抗精神失常药、抗高血压药、抗组胺药、抗生素、抗癌药等，这些药物被临床运用和发展至今。

1982 年，重组胰岛素投放市场，标志着世界第一个基因工程药物的诞生。迄今为止，已有包括重组细胞因子，如人干扰素（human interferon）、人白细胞介素（human interleukin）、集落刺激因子（colony-stimulating factors）、促红细胞生成素（erythropoietin）等在内的近百种基因工程药物上市，广泛应用于相关疾病的治疗。此外，基于分子生物学的基因重组技术，目前还有处于研究阶段的基因药物包括 DNA 药物和反义药物。它们的开发与应用是医学和药学领域的一大突破性进展，必将对疾病治疗模式及制药业产生深远影响。

我国现代药理学发展始于 20 世纪初，1924～1926 年，协和医院陈克恢博士从中药麻黄中提取出麻黄碱，证实了麻黄碱的拟肾上腺素作用，首次为传统中医药学提供现代医学的确切证据。随之各医学院校相继开设了药理学课程，1926 年，由 17 位中外籍学者创立了包括药理学会的中国生理科学会，中国生理科学会设置药理学专业委员会。1949 年后，药理学逐步得到发展，专业队伍逐渐扩大，研究成果日益增多。1962 年，张昌绍和邹岗发现吗啡的作用部位在大脑第三脑室周围灰质。1963 年，周延冲阐明梭曼磷酰化 AChE 的老化机制是梭曼磷酰化酶的脱烷基反应，为解毒药设计指明了方向，1965 年完成了牛胰岛素全合成。我国于 1969 年开始抗疟疾药研究，于 1972 年,成功分离得到青蒿素。2011 年 9 月屠呦呦因研制新型抗疟疾药——青蒿素和双氢青蒿素，获得拉斯克临床医学奖。2015 年屠呦呦与爱尔兰医学研究者坎贝尔（William C.Campbell）和日本的大村智（Satoshi ōmura）共同获得 2015 年诺贝尔生理学或医学奖。该奖的获得是中医药对人类健康事业作出巨大贡献的体现，也是中国科技繁荣进步的体现。

第三节　药理学的研究方法

药理学是一门理论科学，也是一门实践科学。作为实践科学，早期主要利用生物化学、生理学、免疫学、微生物学、病理学等基础医学的理论和方法进行药物研究。随着学科的相互渗透，生物物理学、遗传学、分子生物学、数学和计算机应用等学科的研究方法也越来越多地应用于药理学研究。实验方法的建立和发展对药理学的发展和理论体系的建立发挥关键性的作用，根据药物研究对象的不同，药理学研究方法可分为基础药理学方法和临床药理学方法。

一、基础药理学方法

基础药理学方法是以动物为实验对象，研究药物与动物相互作用的规律，包括以下几个方面。

1. 实验药理学方法 以健康正常动物为实验对象，分整体和离体两种实验类型。

（1）整体实验可用健康清醒或健康麻醉的动物进行药效学或药动学研究，观察药物对某些系统或器官的影响。

（2）离体实验以正常动物的组织、器官、细胞、亚细胞或受体分子为实验对象，在体外进行药效学研究，分析药物作用、作用部位、作用机制及药动学过程。

2. 实验治疗学方法 将正常动物复制类似于人体疾病的病理模型，然后进行药效学或药动学研究，如用四氧嘧啶复制糖尿病模型大鼠观察药物的降糖作用；用自发性高血压大鼠（SHR）观察药物的降压作用及机制。实验治疗也可用模型动物的体外培养细胞、肿瘤细胞等方法进行。

3. 药动学研究 研究机体对药物的处置（吸收、分布、代谢、排泄）和血药浓度随时间变化的规律。

二、临床药理学方法

临床药理学方法以人体为研究对象，实验对象为健康志愿者或患者，研究药物与人体相互作用及作用规律，阐明药物的临床疗效、不良反应，也包括药物相互作用及新药的临床评价等，这对指导合理用药具有重要的意义。通常是在系统实验药理学和实验治疗学取得充分资料后再进行人体实验，也可采用正常人或患者的血液、尿液、骨髓等样本，以及外科手术切除的人体组织或器官进行药理研究。

药理学方法研究可在整体、器官、组织、细胞、亚细胞和分子水平进行。下面介绍几种常用的方法。

1. 整体与离体器官功能检测法 研究药物或生物活性物质在不同剂量下对整体动物或离体器官的某一特定作用，并作出剂量反应曲线。剂量反应曲线是药理学的重要研究方法。

2. 形态学方法 形态学方法包括各种光镜、电镜技术及激光共聚焦扫描显微镜技术、组织化学和放射自显影等。

3. 行为学方法 对于作用于神经系统的药物，常根据其对动物行为及反射的影响（如镇痛、催眠、解痉、麻醉、抗惊厥等）来研究药物的作用。

4. 电生理学方法 神经或肌肉细胞膜电位的改变可以用电子仪器精确地记录，常用的电生理学方法包括心电、脑电、诱发电位、微电极记录、电压钳及膜片钳技术等。

5. 生物化学方法 生物检定的方法只能检测生物学活性，不能检测活性物质本身、前体及代谢产物的含量，生物化学则不受此限制。该类方法涉及许多专门技术，如荧光分光光度计法、气相层析与质谱联用法、高效液相法、放射免疫分析法及放射配体结合法等。

6. 分子生物学方法 分子生物学的理论和研究手段推动了药理学的进展。常用的研究方法有 DNA 克隆技术、DNA 聚合酶链式反应、蛋白质表达及转基因技术、流式细胞技术等先进技术。

此外，还有细胞与亚细胞结构及功能检测法、蛋白质与细胞因子功能检测法、免疫学方法及化学分析方法等。

第四节　药理学在新药研究与开发中的作用

按照我国《药品管理法实施条例》和《药品注册管理办法》的规定，“新药指未在中国境内上市销售的药品”“已生产过的药品若改变剂型、改变给药途径、改变制造工艺或增加新的适应证，亦属新药范围”。

新药的研究与开发是一项科技含量高、投入大、周期长、风险大、收益高的系统工程。新药研究开发过程一般要经历创新和开发两大阶段。在创新阶段，首先要确定人工合成或分离提纯产物的有效成分，并在病理模型上进行筛选，从而发现有开发价值的化合物，即先导化合物。该阶段的工作要点是找到先导化合物并论证其成药性。

在开发阶段，主要包括临床前研究（preclinical study）、临床研究（clinical study）和上市后药物调研（post-marketing surveillance）等内容。临床前研究主要由药学研究和药理学研究两部分内容组成。前者包括药物制备工艺、理化性质及质量控制标准等，后者以模型生物或实验动物为研究对象，进行药效学、药动学和毒理学研究。新药的临床研究一般分为四期。Ⅰ期临床试验在 20～30 例健康成年志愿者身上进行的人体药动学和安全性试验；Ⅱ期临床试验观察病例不少于 100 例，采用随机双盲对照试验，对新药的有效性及安全性作出初步评价，并推荐临床用量；Ⅲ期临床试验是扩大的多中心临床试验，观察病例数不少于 300 例，对新药的有效性和安全性进行进一步验证；Ⅳ期临床试验是售后调研，是在新药上市后在社会人群中继续进行的药品安全性和有效性评价。

新药开发研究是一个逐步选择与淘汰的过程。虽然各药的开发过程不同，但药理研究却都是必不可少的关键步骤。不断发现和提供安全、高效、适应疾病谱及质量可控的新药，对于保护人民健康，发展国民经济具有重要意义。

知识拓展

有关假药的规定如下所示。①有下列情形之一的，为假药：药品所含成分与国家药品标准规定的成分不符合的；以非药品冒充药品或者以他种药品冒充此种药品的。②有下列情形之一的药品，按假药论处：国务院药品监督管理部门规定禁止使用的；依照《中华人民共和国药品管理法》(以下简称《药品管理法》必须批准而未经批准生产、进口；或者依照《药品管理法》必须检验而未经检验即销售的；变质的；被污染的；使用依照《药品管理法》必须取得批准文号而未取得批准文号的原料药生产的；所标明的适应证或者功能主治超出规定范围的。

第五节　本书的学习建议

药理学是临床医学、基础医学、药学、护理学等专业学生专业课程的重要组成部分，也是从事医药学相关工作者的必备知识之一。通过本书的学习，同学们应掌握药理学的基本概念、基本理论和基本内容；掌握药物的分类和各类代表药的药理作用、作用机制、临床应用、主要不良反应及其防治；熟悉各类常用药物的药理作用特点、主要临床应用；了解各类相关药物的作用特点和各类药物的主要进展。

药理学是一门综合性的学科，其基本理论与生理学、微生物学、生物化学、病理学等医学基础学科及药学相关专业学科如药剂学、药物分析学、药物化学等密切相关。同学们在学习过程中，要注意加强基础医学学科和生命学科的基础理论知识的学习，以便加深对药物作用及其机制的理解；同时努力学习药学相关学科的知识，拓宽对药物理化性质方面的见识。

药理学内容丰富，药物品种多，甚至一类药物多达数十种，因此，应注意掌握代表性药物，在全面掌握代表性药物的基础上，去分析和思考同类药物或相关药物的特点。理论不仅源于实践，还可以在实践中去进一步消化和升华。因此，同学们在学习本书的过程中，应珍惜每一次实验课的学习，并尽量多争取一些相关领域，如医院药剂科、高校或者药企药理研究室等的实习机会。新药不断涌现，人类疾病谱在不断发生改变，机体（包括病原体）与药物之间相互作用规律处于动态变化之中，人类对疾病或药物的认识处于一个逐渐深化的过程。面对千变万化的客观世界，注意知识更新，不断吸取新进展、新概念，应用选择性高、疗效好、副作用少的药物，更好地防病治病，为人民健康服务。

本章小结

药理学是一门研究药物与机体（含病原体）相互作用，及其作用规律的学科。药物与机体的相互作用包含药物对机体的作用，即药物效应动力学，简称药效学；机体对药物的作用，即药物代谢动力学，简称药动学。

新药指未在中国境内外上市销售的药品或已生产过的药品改变剂型、改变给药途径、改变制造工艺或增加新的适应证。新药研究开发过程可以粗略地分为非临床研究和临床研究两大部分。若细分可划为四个阶段：药物发现、临床前研究、临床研究和上市后药物监测。

（沈祥春）

第二章　药物代谢动力学

能力要求

1. 能够阐述时-量曲线及药物代谢动力学重要参数的概念、意义，以及一级动力学、零级动力学的特点。
2. 能够理解药物 pK_a 和药物所在环境 pH 之间的关系（Handerson-Hasselbalch 公式）。
3. 能够理解药物跨生物膜转运方式、规律、临床意义。

药物代谢动力学（pharmacokinetics，PK）简称药代动力学，药动学，是主要研究药物的体内过程及体内药物浓度随时间变化的规律的一门学科。药物的体内过程前者包括药物在体内的吸收（absorption）、分布（distribution）、代谢（metabolism）和排泄（excretion）过程随时间变化的规律，这四大过程简称为 ADME；体内药物浓度随时间变化的规律则是以数学公式定量地描述转运和转化的动力学（速率）规律。

应用药动学的基本原理和方法，能够帮助临床工作者科学地制订给药方案，提高临床治疗效果，控制不良反应的发生。药物在体内的药动学特性可为药效学和毒理学研究借鉴，也是新药研究开发、先导化合物设计与筛选及新药申报所必须提交的重要资料。

第一节　药物分子的跨膜转运

药物在体内的 ADME 过程均需要通过各种生物膜。药物跨膜转运有多种方式，最主要的方式是非载体转运、载体转运和膜动转运。

一、非载体转运

非载体转运（non-carrier transport）又称被动转运（passive transport），指药物由生物膜浓度高的一侧向浓度低的一侧转运，是大多数药物的主要转运方式。转运的动力来自于膜两侧的浓度差。其特点为：①无竞争抑制；②不消耗能量；③无饱和现象；④当膜两侧浓度达到稳定时，转运即保持动态平衡。常见的非载体转运包括滤过和简单扩散。

（一）滤过

滤过（filtration）又称水溶扩散（aqueous diffusion），是指极性或非极性药物（分子质量小于 100Da）借助流体静压或渗透压穿过生物膜的水性通道而被转运，如锂离子（Li^+）、尿素、乙醇等穿过结膜、肠道、泌尿道等上皮细胞膜的水性通道即通过这种方式转运。

（二）简单扩散

简单扩散（simple diffusion）又称脂溶性扩散（lipid diffusion），即脂溶性药物溶于膜的脂质层、顺浓度差而通过生物膜的转运方式。绝大多数药物按此种方式通过生物膜。

简单扩散受药物的解离度、极性和脂溶性等影响。由于膜是由脂溶性物质组成，所以脂溶性强的药物容易跨膜转运，而水溶性强的药物不容易跨膜转运。大多数药物属于弱酸性或弱碱性有机化合物，在体液中可部分解离。解离型药物极性大，脂溶性小，难以扩散；非解离型药物极性小，脂溶性大，容易扩散。药物在水溶液中的解离程度取决于药物的解离常数（K_a）和所在溶液的 pH。

解离常数（K_a）的负对数值为 pK_a。它表示药物的解离度，是指药物解离 50%时所在溶液的 pH。各药都有其固定的 pK_a，pK_a 可由 Handerson-Hasselbalch 公式计算而得。

弱酸性药物

$$HA \rightleftharpoons H^+ + A^-$$

$$K_a = \frac{[H^+][A^-]}{[HA]}$$

$$pK_a = pH - \log\frac{[A^-]}{[HA]}$$

$$pH - pK_a = \log\frac{[A^-]}{HA}$$

$$\therefore 10^{pH-pK_a} = \frac{[A^-]}{[HA]} \text{ 即 } \frac{[\text{离子型}]}{[\text{非离子型}]}$$

当[HA]=[A⁻]时，pH=pK_a

弱碱性药物

$$BH^+ \rightleftharpoons H^+ + B$$

$$K_a = \frac{[H^+][B]}{[BH^+]}$$

$$pK_a = pH - \log\frac{[B]}{[BH^+]}$$

$$pK_a - pH = \log\frac{[BH^+]}{[B]}$$

$$\because 10^{pK_a-pH} = \frac{[BH^+]}{[B]} \text{ 即 } \frac{[\text{离子型}]}{[\text{非离子型}]}$$

当[B]=[BH$^+$]时，pH=pK_a

上述公式中，弱酸性药物，HA 为分子型药物。弱碱性药物，B 为分子型药。

各药 pK_a 有其固定的值。药物的 pK_a 与药物本身属于弱酸性或弱碱性无关，弱酸性药物的 pK_a 可大于 7.0，弱碱性药物的 pK_a 可小于 7.0。改变溶液 pH 可以明显地影响弱酸性或弱碱性药物的解离度，进而影响其跨膜转运。当 pK_a 与 pH 的差值以数学值增减时，药物的离子型与非离子型浓度比值以指数值相应变化，从而使药物在体内转运受到显著影响。通常，pK_a 为 3.0～7.5 的弱酸性药物及 pK_a 为 7.0～11.0 的弱碱性药物的转运受 pH 影响的一般规律是：弱酸性药物在酸性体液中解离少，容易透过细胞膜；在碱性体液中解离多，难以透过细胞膜。反之，弱碱性药物在碱性体液中解离少，容易透过细胞膜；在酸性体液中解离多，难以透过细胞膜。非离子型药物易透过生物膜，而离子型药物就被限制在膜的一侧，这种现象称为离子障（ion trapping）。

图 2-1 为弱酸性药丙磺舒在不同 pH 环境的解离度差别。

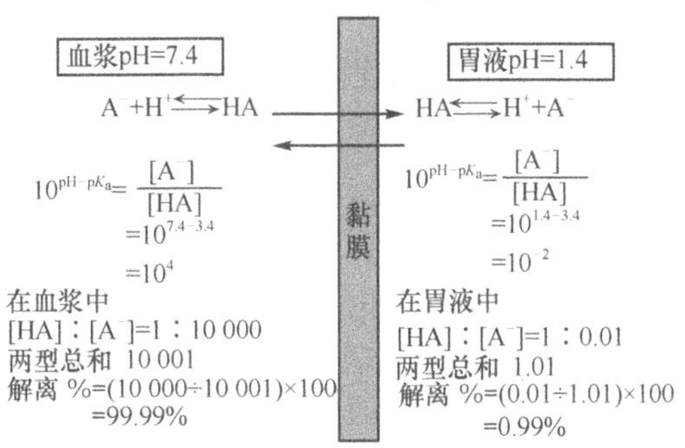

图 2-1 丙磺舒在不同 pH 环境的解离度

二、载体转运

载体转运（carrier transport）是指药物首先与生物膜上相应的载体结合，再将药物转运到膜的另一侧的过程。载体蛋白是位于生物膜上的多次跨膜蛋白分子，每种载体蛋白与特定的药物分子结合，通过一系列构象的改变介导药物分子跨膜转运。特点为对被运输的药物具有高度的特异性、饱和性。

药物载体分为两类。一类是将药物由细胞外转运至细胞内，如有机阴离子多肽转运体（organic anion transporting polypeptide，OATP）、有机阳离子转运体（organic cation transporter，OCT）、寡肽转运体（oligopeptide transporter，PEPT）等；另一类是主要将药物由细胞内转运至细胞外，如P-糖蛋白（P-glycoprotein）、乳腺癌耐药蛋白（breast cancer resistance protein）、多药耐药蛋白（multidrug resistance protein）等，后者与降低靶位浓度，产生耐药有关。

载体转运主要有主动转运（active transport）和易化扩散（facilitated diffusion）两种方式。

（一）易化扩散

特点是顺浓度差、不消耗能量，如葡萄糖进入红细胞，胆碱进入胆碱能神经末梢、甲氨蝶呤进入白细胞。易化扩散可加快药物的转运速率，其扩散速度比简单扩散要快。

（二）主动转运

主动转运指药物分子能逆浓度梯度或逆电化学梯度进行的载体转运方式，需要耗能，能量可直接来源于ATP的水解，或间接来源于其他离子如Na^+的电化学梯度。这种转运对体内代谢物质和神经递质的转运，以及通过干扰这些物质而产生药理作用的药物有重要意义。

三、膜动转运

极少数药物通过膜的运动而转运大分子物质，称为膜动转运（membrane moving transport），包括胞饮（pinocytosis）和胞吐（exocytosis）。

1. 胞饮 又称吞饮或入胞，指大分子物质通过膜的内陷形成小泡而进入细胞。某些液态蛋白质或大分子物质通过这种方式转运。

2. 胞吐 又称胞裂外排或出胞，指大分子物质通过胞裂外排或出胞，从胞内转运到胞外，如腺体分泌及递质的释放。

第二节 药物的体内过程

药物进入机体到药物从机体消除的全过程称为药物的体内过程，包括吸收、分布、生物转化及排泄。

一、吸 收

药物的吸收（absorption）是药物自用药部位进入血液循环的过程。除静脉注射和静脉滴注给药外，其他血管外给药途径都存在吸收过程。吸收速率和程度受药物的理化性质、剂型、吸收部位的血流量、给药途径等因素影响。不同给药途径吸收快慢顺序依次为：气雾吸入＞舌下给药＞直肠给药＞肌内注射＞皮下注射＞口服＞皮肤给药。不同给药途径具有不同的吸收过程和特点。

（一）口服给药

口服（per os，po）是最常用而安全的给药途径。液体药物易于吸收，固体药物不能吸收，片剂、胶囊剂在胃肠道必须先崩解（disintegration）、溶解（dissolution）后才可能被吸收。大多数药物在胃肠道内以简单扩散方式被吸收。

药物在口腔经口腔黏膜吸收，舌下含片、滴丸、口腔速崩片、口腔速溶片、口腔分散片、口腔速释片、口腔膜剂等都易于从口腔吸收。口腔吸收的优点是吸收迅速，作用快，无首关消除现象，如防治心绞痛急性发作的硝酸甘油舌下含片。

胃液的 pH 通常在 3 以下，弱酸性药物在此环境中多不解离，容易吸收，而弱碱性药物在此环境中大部分解离而难以吸收。小肠内 pH 接近中性，黏膜吸收面广，缓慢蠕动可增加药物与黏膜的接触机会，是主要吸收部位。药物吸收后通过门静脉进入肝脏。有些药物首次通过胃肠壁和肝脏时可被酶代谢失活，使进入体循环的药量减少，这种现象称首关消除（first pass elimination），也称首关代谢（first pass metabolism）或首关效应（first pass effect）。胃肠道外途径给药时，在到达作用部位或靶器官前，可在肺内排泄或代谢一部分药物，这也是一种首关消除。首关消除多的药物，生物利用度低，如硝酸甘油，首过灭活约 95%。改变给药途径（如舌下、直肠给药）可不同程度克服首关消除。

直肠给药（per rectum）的优点在于防止药物对上消化道的刺激性，如果药物从直肠中、下段吸收，随毛细血管血液流入下痔静脉和中痔静脉，然后进入下腔静脉，其间不经过肝脏。而若以栓剂塞入上段直肠，则吸收后经上痔静脉进入门静脉系统，可能出现首关消除。因此，直肠给药的剂量约 50%可以绕过肝脏。

多数药物口服虽然方便有效，但因吸收较慢，欠完全，不适用于在胃肠破坏的，对胃刺激性大的、首关消除多的药物，也不适用于昏迷及婴儿等不能口服的患者。

（二）吸入给药

某些脂溶性、挥发性的药物通过喷雾或气雾给药方式由呼吸道黏膜或肺泡上皮细胞吸收。肺泡表面积大、血流丰富，与血液只隔肺泡上皮及毛细血管内皮各一层，因此只要具有一定溶解度的气态药物即能经肺迅速吸收。

粒径在 10μm 左右微粒大多滞留在支气管黏膜而发挥局部抗菌、消炎、止喘、祛痰作用，2～10μm 可达细支气管，小于 2μm 可进入肺泡，粒径小于 0.5μm 可随呼气被排出。异丙肾上腺素可制成 10μm 微粒气雾剂治疗支气管哮喘。较大雾粒的喷雾剂（nebula）只能用于鼻咽部的局部治疗，如抗菌、消炎、通鼻塞等。

（三）注射给药

静脉注射没有吸收过程，可使药物迅速而准确地进入体循环，发挥作用快而强。肌内注射（intramuscular injection，im）及皮下注射（subcuaneous injection，sc）时，药物先沿结缔组织扩散，再经毛细血管和淋巴内皮细胞进入血液循环。其吸收速度取决于药物的水溶性及局部血液循环，水溶液吸收迅速，油剂、混悬剂或植入片可在局部滞留，吸收慢，故作用持久。局部热敷或按摩可加速吸收，血管收缩药则可延长药物的局部作用。动脉注射（intra-arterial injection，ia）可将药物输送至该动脉分布部位发挥局部疗效以减少全身反应。

（四）局部给药

局部给药的目的是在皮肤、眼、鼻、咽喉和阴道等部位产生局部作用，偶尔也为了达到吸收作用。药物较难穿过完整的皮肤，脂溶性较大的药物可以通过皮肤的角质层，但亲水性较高的药物则因皮脂腺的分泌物覆盖皮肤而被阻止进入。利用促皮吸收剂如氮酮、二甲基亚砜、月桂酸等制成贴皮剂或软膏，经皮给药后都可达到局部或全身疗效，如硝苯地平、雌二醇、芬太尼等。

二、分　　布

分布是指药物吸收后从体循环到达机体各个部位和组织的过程。药物在体内的分布受很多因素影响，如药物的理化性质、组织的血流量、药物与组织的亲和力、与血浆蛋白结合力、药

物的 pK_a 和局部的 pH 以及一些特殊屏障等。

（一）血浆蛋白结合率

血浆蛋白结合率指药物在血浆内与血浆蛋白结合的比率。药物进入体循环后，部分与血浆蛋白可逆性结合。与血浆蛋白结合的药物称为结合型药物，未结合的药物称为游离型药物，结合和游离是一个动态平衡过程。只有游离型药物才具有药理活性。

血浆中的蛋白含量相对稳定，与药物的结合部位和结合容量有限，随着药量增加，结合部位达到饱和后，增加药量就可使血中游离药物浓度剧增，导致药效增强或产生毒性反应。联合用药时，若两种药物出现蛋白结合竞争现象，尽管两药剂量为正常治疗量，仍然使其中的一种药物游离浓度升高，向组织分布增加，出现药效增强或毒性反应。如某药结合率达 99%，当被另一药置换而下降 1%时，则游离型药物浓度在理论上将增加 100%，可能导致中毒。但一般药物在被置换过程中，增加的游离型药物会加速被消除，血浆中游离型药物浓度难以持续增高。血浆蛋白过少（如肝硬化）或变质（如尿毒症）时，因药物血浆蛋白结合率下降，也容易发生由于游离型药物增多而中毒。

药物在血浆蛋白结合部位上的相互作用并非都有临床意义。一般认为，对于血浆蛋白结合率高、分布容积小、消除速度慢或治疗指数（therapeutic index，TI）低的药物，血浆蛋白结合率的变化有临床意义，此时应注意对剂量进行调整。

（二）组织器官血流量和药物与组织的亲和力

由于人体各个组织器官的血流量不均一。分布早期，药物较快、较多地分布到血流丰富及与药物亲和力高的组织，然后向血流量小及与药物亲和力较低的组织转移，这种现象称为再分布（redistribution），如静脉麻醉药硫喷妥钠先向血流量相对大的脑组织分布，迅速产生麻醉效应，然后向脂肪组织转移，麻醉效应又迅速消失。

药物与组织细胞结合是由于药物与某些组织细胞成分具有特殊的亲和力，使这些组织中的药物浓度高于血浆游离药物浓度，使药物的分布具有一定的选择性，如碘集中分布在甲状腺组织中。多数情况下，药物和组织的结合是药物在体内的一种储存方式，如硫喷妥钠再分布到脂肪组织。有的药物与组织可发生不可逆结合而引起毒性反应，如四环素与钙形成络合物储于骨骼及牙齿中，导致小儿生长抑制与牙齿变黄或畸形。

（三）pH 的影响

药物的 pK_a 及体液 pH 也影响药物分布。生理情况下，细胞内液 pH 约为 7.0，细胞外液 pH 约 7.4。由于弱酸性药物在较碱性的细胞外液中解离增多，因而细胞外液浓度高于细胞内液，升高血液 pH 可使弱酸性药物由细胞内向细胞外转运，降低血液 pH 则使弱酸性药物向细胞内转移。图 2-2 为弱酸性药物及弱碱性药物在细胞内外解离度差别。

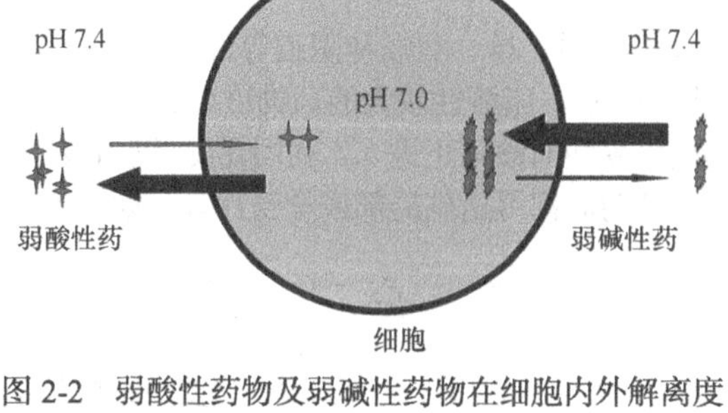

图 2-2　弱酸性药物及弱碱性药物在细胞内外解离度

（四）特殊屏障

1. 血-脑屏障（blood-brain barrier） 指脑组织内紧密相连的毛细血管内皮细胞与内皮细胞外包裹的星形胶质细胞形成了血浆与脑脊液之间的屏障。此屏障能阻碍许多大分子、水溶性或解离型药物通过，只有脂溶性高的药物才能以简单扩散的方式通过血-脑屏障。急性高血压或静脉注射高渗溶液可以降低血-脑屏障的功能，炎症也可改变其通透性。例如，脑膜炎发生时，血-脑屏障对青霉素的通透性增高，使青霉素在脑脊液中达到有效治疗浓度。

此外，血-脑屏障的脑毛细血管内皮细胞可高表达外排性转运体P-糖蛋白、碱性肽转运体、单羧酸类转运体等，这些转运体对阻止高亲脂性药物（如环孢素、长春新碱、多柔比星等）、外源性有机酸及天然乳酸进入血-脑屏障发挥重要作用。

2. 胎盘屏障（placenta barrier） 是胎盘绒毛与子宫血窦间的屏障，由数层生物膜组成。其通透性与一般毛细血管无显著差别，故胎盘对药物的转运并无屏障作用，只是到达胎盘的母体血流量少，进入胎儿循环较慢而已。几乎所有药物都能穿透胎盘屏障进入胚胎循环，因此孕妇用药应特别谨慎。

3. 血-眼屏障（blood-eye barrier） 血-眼屏障是血液与视网膜、血液与房水、血液与玻璃体屏障的总称，血-眼屏障仅容许脂溶性药物及相对分子质量小于 100 的水溶性药物通过，故大多数吸收入血的药物在房水、晶状体和玻璃体等组织的浓度远低于血液。为在眼中达到有效浓度，作用于眼的药物多以局部滴眼、结膜下注射、球后注射或结膜囊给药。

三、生 物 转 化

药物在体内发生化学结构的改变称为代谢（metabolism）或生物转化。体内能使药物发生代谢的器官主要是肝脏，其次是小肠、肾、肺及脑组织等。

（一）药物代谢的意义

药物经过转化后其药理活性发生改变。大多数药物失去活性（减弱或消失），称为灭活（inactivation）。代谢后药物的脂溶性降低，水溶性提高，有利排泄。但少数药物经过转化后可以被活化（activation）而出现药理活性或毒性，如可的松（cortisone）须在肝脏转化为氢化可的松而生效，抗结核药物异烟肼的代谢物乙酰异烟肼对肝脏有较强的毒性，因此，简单地将药物的转化称之为“解毒”不确切。

（二）药物转化时相

1. Ⅰ相反应（phaseⅠreaction） 即氧化、还原、水解。机体向原型药物分子加入或从原型药物分子去除某个极性基团的过程，如加入或去除—OH、—COOH、—NH_2、—SH或—CH_3等生成极性增高的代谢产物。

2. Ⅱ相反应（phaseⅡreaction） 即结合（conjugation）反应，Ⅰ相反应形成的代谢产物可与体内葡萄糖醛酸、乙酰基、甘氨酸、硫酸等内源性物质在相应基团转移酶的催化下进行结合反应，生成易溶于水且极性高的代谢物，以利于迅速排出体外。例如，二磷酸尿嘧啶是葡萄糖醛酸的供体，结合后使脂溶性进一步降低，极性和水溶性增加，更易从肾排泄。

多数药物的代谢是从Ⅰ相到Ⅱ相反应序贯进行，但也有例外，如异烟肼的酰肼部分先经过Ⅱ相的乙酰化反应，然后再进行Ⅰ相的水解反应。有的只需经过Ⅰ相或Ⅱ相反应。

（三）药物代谢酶

药物代谢大多数通过酶促反应，催化药物代谢的酶统称为药物代谢酶（drug metabolizing enzyme），简称药酶。代谢的主要部位是肝，此外，胃肠道、肾、肺、皮肤、脑、肾上腺、睾丸、卵巢等也能不同程度地代谢某些药物。

药物代谢酶分为如下两类。

（1）专一性酶：如胆碱酯酶、单胺氧化酶等，分别只能转化乙酰胆碱（acetylcoline，Ach）和单胺类等一些特定的药物或物质。

（2）非专一性酶：主要指肝脏催化药物代谢的酶，即肝药酶。肝药酶主要包括细胞色素 P_{450}单加氧酶系（cytochrome P_{450} monooxygenase 或 CYP_{450}，简称 CYP）、含黄素单加氧酶系（flavin-containing monooxygenase，FMO）、环氧化物水解酶系（epoxide hydrolase，EH）、结合酶系（conjugating enzyme）和脱氢酶系（dehydrogenase）。

CYP 是一种混合功能氧化酶系统（mixed-function oxidase system），能促进数百种药物的代谢。CYP 是一类亚铁血红素硫醇盐蛋白的超家族，其结构与血红蛋白相似，有以 Fe^{3+}为中心的血红素。由于与 CO 结合时的吸收峰在 450nm 处，故名细胞色素 P_{450} 酶系。哺乳动物 CYP 主要分布在肝脏的内质网和线粒体中。

CYP 成员众多，是一个超家族（superfamily），生物机体中已发现几乎 1000 种 CYP，在人类有功能意义的已分离出 70 余种。根据这些基因所编码蛋白质的相似程度，可将其划分为家族（family）、亚家族（subfamily）和酶个体。其命名是以英文字根 CYP 开头，如 CYP2D6，2 代表基因家族，D 代表亚家族，6 代表酶的基因号码。在人类中已发现 CYP 共 18 个家族、42 个亚家族、64 个酶。在人类肝脏中，与药物代谢密切相关的 CYP 主要是 CYP1A2、CYP2A6、CYP2C9、CYP2C19、CYP2D6、CYP2E1 和 CYP3A4，它们占肝脏中 CYP 总含量的 75%以上。

CYP 参与药物代谢的总反应式可用下式表达：

$$DH+NADPH+H^{+}+O_2 \longrightarrow DOH+H_2O+HADP^{+}$$

DH 为原形药物，DOH 为药物代谢产物。CYP 的基本作用是从辅酶Ⅱ及细胞色素 b5 获得两个 H^+，另外接受一个氧分子，其中一个氧原子使药物羟化，另一个氧原子与两个 H^+结合成水。由于没有相应的还原产物生成，故称 CYP 为细胞色素 P_{450} 单加氧酶系。

细胞色素 P_{450} 酶系具有以下特性：①专一性低，不同的 CYP 能催化同一底物，而同一底物可被不同的 CYP 所代谢，药物间有竞争性；②变异性大：易受多种因素影响，如遗传、年龄、性别、营养状况、疾病状态等都可导致 CYP 活性发生变化；③其活性易受药物的诱导或抑制。

1）肝药酶诱导剂：凡能提高 P_{450} 酶系统活性或者增加药酶生成的药物，称为药酶诱导剂。当合用药物时，药酶诱导剂可使药物的效应较单用时减弱。目前已发现 200 多种化学结构不同的药酶诱导剂，长期应用不仅可以加速自身转化，产生耐受性，还可以降低其他依赖于药酶转化药物的药效。常见的药酶诱导剂有苯巴比妥、保泰松、苯妥英钠、利福平等，为维持药效，可适当增加被增强转化药物的剂量。

2）肝药酶抑制剂：凡能抑制药酶活性或者减少药酶生成的药物，称为药酶抑制剂，如西咪替丁抑制 P_{450} 酶系统活性，从而抑制地西泮、华法林等药物的转化。常见的药酶抑制剂有西咪替丁、别嘌醇、酮康唑、乙醇、异烟肼等。为防止药物中毒，应适当减少被抑制转化药物的剂量。

四、排　　泄

药物排泄（drug excretion）是指药物原型及其代谢产物从排泄器官排出的过程。它与生物转化统称为药物消除（drug elimination）。肾脏是最主要的消除器官，非挥发性药物主要由肾脏随尿排出；气体及挥发性药物则主要由肺随呼气排出；某些药物还可从胆汁、乳腺、汗腺、唾液腺及泪腺、头发、皮肤等排出体外。

（一）肾脏排泄

药物及代谢物经肾脏排泄时有三种方式：肾小球滤过（glomerular filtration）、肾小管主动分泌（active tubule secretion）和肾小管被动重吸收（passive tubule reabsorption）。

1. 肾小球滤过　肾小球毛细血管通透性较大，血流丰富、滤过压较高，经肾小球滤过后，尿中主要含游离的原形药物和代谢物，其浓度与血浆中浓度相等。滤过速度受药物分子大小、血浆内药物浓度及肾小球滤过率的影响。

2. 肾小管重吸收　游离的药物能通过肾小球过滤进入肾小管。随着原尿水分的回收，药物浓度上升。当超过血浆浓度时，由于肾小管上皮为类脂质屏障，那些极性低、脂溶性大的药物被重吸收回血浆，故排泄较少也较慢。反之那些经过生物转化的、极性高的水溶性代谢物很少被重吸收，故排泄快。改变尿液 pH 可以明显改变弱酸性或弱碱性药物的解离度而影响药物排泄，例如，碱化尿液可使弱酸性药物离子型增多加速其排泄；而酸化尿液可使弱碱性药物离子型增多，排泄加快。例如，酸性药物苯巴比妥、水杨酸中毒时，碱化尿液使药物解离度增大，重吸收减少，排泄增加。

3. 肾小管分泌　近曲小管近端细胞能将药物自血浆主动分泌入肾小管内。肾小管分泌具有主动转运的特点，如可逆浓度梯度转运、需载体参与、消耗能量、有饱和现象和竞争性抑制现象等。肾小管细胞有特异性转运载体，分泌葡萄糖、氨基酸等，另一类为非特异性转运载体，分别分泌有机阴离子（酸性药物离子）和有机阳离子（碱性药物离子），同类药物间可能有竞争性抑制。例如，丙磺舒为弱酸性药，通过酸性药物转运机制经肾小管分泌，因而可竞争性地抑制经同一机制排泄的其他酸性药，如青霉素。重症感染时，两者合用，使青霉素排泄减慢，药效延长并增强。

药物经肾排泄受肾功能状态影响。肾功能低下时，药物自肾排泄变慢，易蓄积中毒，故宜相应减少药物的剂量或延长给药间隔时间。此时尤其应注意强心苷等排泄较慢的药物。

（二）消化道排泄

经肠道排泄的药物主要来源于口服后肠道中未吸收的部分、随胆汁排泄到肠道的部分和肠黏膜分泌排入肠道的部分。

药物经肝脏转化形成极性较强的水溶性代谢物，分泌入胆汁中，自胆汁排入十二指肠，然后从粪便排除。但有的药物分泌到胆汁，随后排泄到小肠中被水解，游离药物可经肠黏膜上皮细胞吸收，经肝门静脉重新进入体循环，这种在小肠、肝、胆汁间的循环称为肝肠循环（hepato-enteral circulation）。洋地黄毒苷、地高辛、地西泮等药物因肝肠循环使血药浓度维持时间延长。洋地黄毒苷中毒后，口服考来烯胺可在肠内与洋地黄毒苷形成络合物，中断后者的肝肠循环，加快其从粪便排出而解毒。

（三）其他排泄途径

乳汁 pH 略低于血浆，碱性药物可以自乳汁排泄，进入婴儿体内产生药理作用。挥发性药物，气态麻醉药主要从肺脏排泄，故通过检测呼出气中的乙醇量可帮助诊断酒后驾车。

第三节　房室模型

房室模型是分析药物体内过程动态规律的一种数学模型。它将机体视为一个系统，系统内部按动力学特点分为若干房室，凡摄取或消除药物速率相似的组织器官均可划为同一室。房室模型仅是进行药动学分析的一种抽象概念，并不一定代表某一特定解剖部位。药物既可进入该房室，又可从该房室流出，故称为开放性房室系统，通常有两种开放性模型，即开放性一室模型（one-compartment open model）和开放性二室模型（two-compartment open model）。

一、开放性一室模型

给药后，体内药物瞬时在各部位达到平衡，即血液浓度和全身各组织器官部位浓度迅速达到平衡，可看成开放性一室模型。

二、开放性二室模型

多数情况下，药物在不同组织中的分布速率存在差异。在一些血流丰富的组织如肝、肾等分布快，药物在这些部位的浓度可以和血液中的浓度迅速达到平衡，而在另一些血流量少的组织如脂肪、皮肤和静止状态下的肌肉等，药物不能立即与血液中药物达到平衡。前者称为中央室（central compartment），后者归并称为周边室（peripheral compartment）。符合二室模型特点的药物首先进入中央室，迅速达到平衡后，再逐渐分布到周边室。

一次快速静脉注射后，二室模型药物的药-时曲线呈双指数衰减（图 2-3）。曲线的初始段血药浓度迅速下降，称分布相或 α 相，它主要反映药物自中央室向周边室的分布过程。一旦分布平衡后，血药浓度缓慢下降，曲线进入较慢衰落的 β 相或消除相，它主要反映药物从中央室的消除过程。

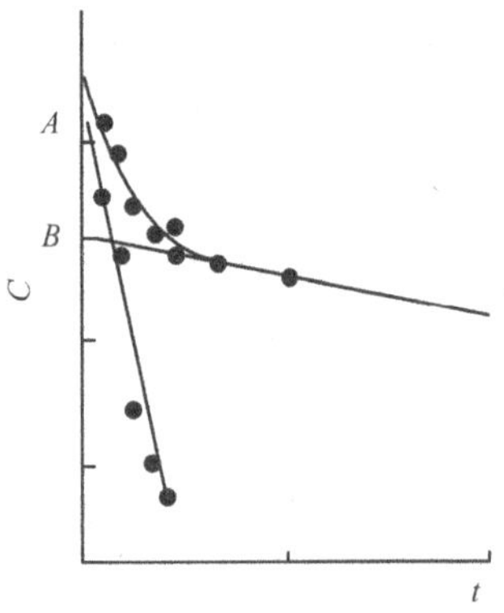

图 2-3　二室模型药-时曲线示意图

反映其动力学过程的数学公式为：

$$C_t = Ae^{-\alpha t} + Be^{-\beta t}$$

式中，C_t 为 t 时的血药浓度，α 为分布相的速率常数，β 为消除相的速率常数，分别反映体内药物分布和消除的速度。B 为药-时曲线中 β 相段外延至纵坐标（浓度）的截距。将实验中的实际测得的血药浓度值减去 β 相段上各相应时间点的数值，再将其差值在同一药-时图上作图得一直线，将此直线外延至纵坐标的截距即为 A（图 2-3）。B 和 β、A 和 α 均用最小二乘法（即回归方程）计算得到。

第四节　药物消除动力学

按药物转运速度与药量或浓度之间的关系，药物在体内的消除速率过程可分为一级、零级和米-曼速率过程。

一、一级动力学

一级消除动力学（first-order kinetic process）是单位时间内消除的体内药量与血药浓度呈正比，机体按恒定比例消除体内药物。

一级消除动力学药-时曲线在常规坐标图上作图时呈指数衰减曲线，若将药物浓度改为对数则为一直线，见图 2-4。故一级动力学过程也称线性动力学过程（linear kinetics）。大多数药物在体内按一级动力学消除，其本质是反应药物用量未超过机体最大消除能力。血药浓度高，单位时间内消除的药量多，当血药浓度下降后，药物消除量也按比例下降。

一级动力学消除的方程式为

$$\frac{\mathrm{d}C}{\mathrm{d}t}=-k_{\mathrm{e}}C$$

式中，C 为血药浓度，t 为时间，$\mathrm{d}C/\mathrm{d}t$ 为消除速率，k_{e} 为消除速率常数，负号表示血药浓度随时间而降低。将上式积分、移项得

$$C_t=C_0\mathrm{e}^{-k_{\mathrm{e}}t}$$

换算成常用对数：

$$\lg C_t=\lg C_0-\frac{k_{\mathrm{e}}}{2.303}t$$

式中，C_0 为初始血药浓度，C_t 为 t 时的血药浓度。

二、零级消除动力学

零级消除动力学（zero-order elimination kinetics）指单位时间内药物按恒定的量消除，其清除速率与体内药物浓度无关。其公式为

$$\frac{\mathrm{d}C}{\mathrm{d}t}=-K_0C_0=-K_0$$

K_0 为零级消除速率常数（为了和一级动力学中消除速率常数区别，用 k_0 代 k_{e}），经积分得

$$C_t=C_0-K_0t$$

上式为一直线方程，表明体内药物消除速度与初始浓度无关。

其时量曲线在半对数坐标纸上呈曲线，故又称为非线性动力学（non-linear kinetics），见图 2-4。少数药物在体内按零级速率转运，其实质为药物用量超过机体最大消除能力时，机体按最大能力清除药物，即恒量消除。

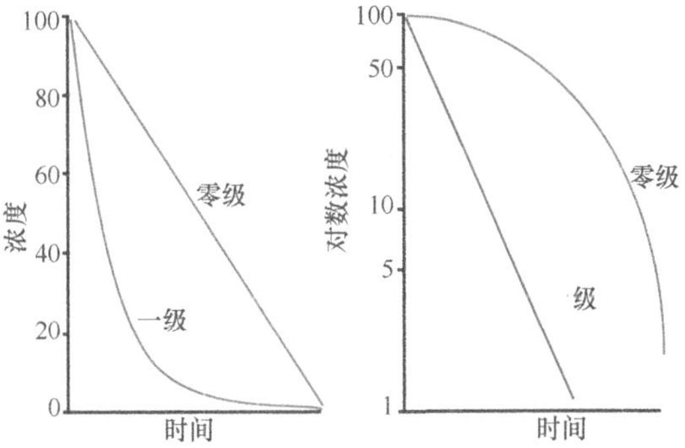

图 2-4　一级消除动力学、零级消除动力学时量曲线示意图

三、米-曼速率过程

米-曼速率过程（Michaelis-Menten rate process）少部分药物（苯妥英钠、水杨酸、乙醇等）小剂量时以一级动力学消除，而达到一定剂量后，因消除能力饱和，单位时间内消除的药物量不再改变，按零级动力学消除。因此描述这类药物的消除速率通常以米-曼（Michaelis-Menten）方程式表示

$$\frac{\mathrm{d}C}{\mathrm{d}t}=-\frac{V_{\max}C}{K_{\mathrm{m}}+C}$$

式中，$V_{\max}$ 为最大速率，K_{m} 为米-曼常数，是最大速率一半时的药物浓度，C 为药物浓度。当

体内转运能力远远高于药物浓度时（即 $K_m \gg C$），C 可以忽略不计，得

$$\frac{dC}{dt}=\frac{V_{max}}{K_m}C$$

此式为一级速率消除。反之，当体内药量远远高于机体清除能力时（即 $C \gg K_m$），K_m 可以忽略不计，得

$$\frac{dC}{dt}=-V_{max}$$

此时为零级速率消除。

第五节 血药浓度变化的时间过程

一、时-量关系

时-量关系（time-concentration relationship）是指血药浓度随时间的推移而发生变化的规律，是药动学研究的中心问题。通常以血药浓度作为纵坐标，以时间为横坐标作图，即时-量曲线（time-concentration curve），也叫药物浓度-时间曲线（药-时曲线）。

图 2-5 为单次静脉或口服给药后的时-量曲线。静脉给药的时-量曲线表现为快速下降的分布相和缓慢下降的消除相（包括代谢和排泄）；口服给药的时-量曲线升段主要是吸收过程，曲线降段主要是消除过程。实际上药物在体内的吸收、分布、代谢及排泄过程同时进行，只是在某个阶段，某个过程占主要地位。

口服时时-量曲线上峰值浓度（peak concentration，C_{max}）是指用药后所能达到的最高浓度，达峰时间（peak time，T_{max}）是指给药至峰值浓度的时间。血药浓度超过最小有效浓度而低于最小中毒浓度的时间称为有效期（effective peroid）。时-量曲线下所覆盖的面积称曲线下面积（area under the curve，AUC）。AUC 反映进入体循环药物的相对量。AUC 可通过积分求得，最简便的计算是用梯形面积法。从给药开始到给药 t 时的面积用 $AUC_{0\rightarrow t}$ 表示；从给药开始到 $t=\infty$ 时间的面积用 $AUC_{0\rightarrow\infty}$ 表示。

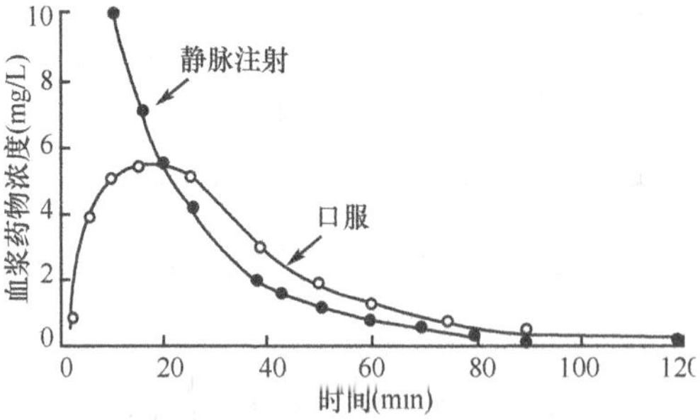

图 2-5 单次口服或静脉注射药物后时量曲线图

二、多次给药的稳定血浆浓度

临床治疗常需多次给药，以维持有效血药浓度。恒比消除或恒量消除的药物，连续恒速或分次恒量给药时，当给药速度大于消除速度时，血药浓度会逐渐增高，体内药物蓄积；当给药速度等于消除速度时，血药浓度维持在一个相对稳定的水平，称稳态血药浓度（steady state concentration，C_{ss}），其波动的峰值为峰浓度（C_{max}），谷值为谷浓度（C_{min}），两者之间相对距离为

波动幅度（图 2-6）。

达到 C_{ss} 的时间仅决定于半衰期（half life time，$t_{1/2}$），与剂量、给药间隔及给药途径无关。按一级动力学消除的药物，以恒定时间间隔 $t_{1/2}$ 给相同剂量的药物，经 4、5 个半衰期可分别达到稳态浓度的 94%和 97%。

但剂量与给药间隔能影响 C_{ss} 水平。剂量大，C_{ss} 高；剂量小，C_{ss} 低。给药次数增加能提高 C_{ss}，并使其波动减小，但不能加快到达 C_{ss} 的时间；增加给药剂量能提高 C_{ss}，但也不能加快到达 C_{ss} 的时间；首次给予负荷剂量（loading dose），可在第一个半衰期到达 C_{ss}。负荷剂量等于 2 倍的维持剂量，即首剂加倍量。

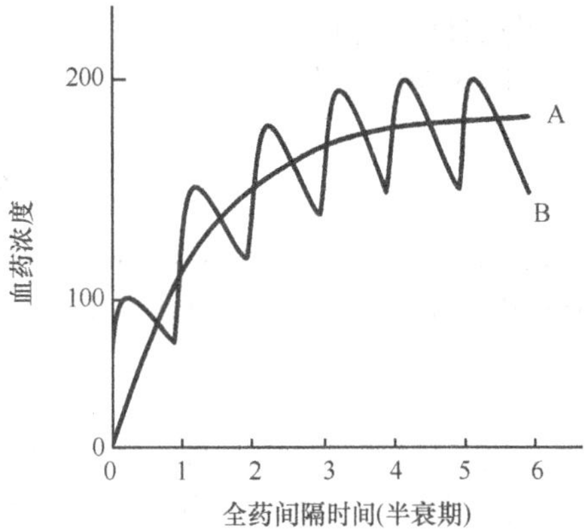

图 2-6　连续多次给药和恒速给药的时量曲线图
A. 静脉滴注；B. 肌内注射

第六节　药动学的主要参数

一、消除半衰期

药物消除半衰期（half life time）是血浆药物浓度下降一半所需要的时间，是评价药物在体内消除快慢的重要参数。

绝大多数药物的消除属一级动力学，因此其半衰期有固定的数值，不因血药浓度而改变。按一级动力学消除时：

$$\lg C_t = \lg C_0 - \frac{k_e}{2.303}t$$

经变换为：$t = \lg\frac{C_0}{C_t}\times\frac{2.303}{k_e}$

因 t 为 $t_{1/2}$ 时，$C_t = \frac{C_0}{2}$，故：

$$t_{1/2} = \lg 2\times\frac{2.303}{k_e} = 0.301\times\frac{2.303}{k_e} = \frac{0.693}{k_e}$$

由上式可见，按一级动力学消除的药物，$t_{1/2}$ 是一个常数，不受药物初始浓度高低和给药剂量的影响，仅取决于 k_e 值的大小。

按零级动力学消除时：

$$C_t = C_0 - k_e t$$

因 t 为 $t_{1/2}$ 时，$C_t = \frac{C_0}{2}$，故：

$$t_{1/2} = 0.5\frac{C_0}{k_e}$$

由上式可见，按零级动力学消除的药物，$t_{1/2}$ 不是一个常数，而是一个变量，随血药浓度的变化而改变，与血药初始浓度成正比，即给药剂量越大，$t_{1/2}$ 越长。

$t_{1/2}$ 的意义如下所示。①确定给药的间隔时间。$t_{1/2}$ 短，则给药间隔时间短；$t_{1/2}$ 长，则给药间隔时间长。②预测达到稳态血药浓度的时间。通常恒速静脉滴注或分次恒量给药，经 4～5 个 $t_{1/2}$ 基本达到稳态血药浓度。③预测药物基本消除的时间。按一级动力学消除的药物，给药后经过一个 $t_{1/2}$ 后，体内尚存体内总量的 50%；经过 2 个 $t_{1/2}$ 后，尚存总量的 25%；经过 5 个 $t_{1/2}$ 后，尚存总量约 3%，可以认为体内药物已基本被消除。通常停药时间达到 5 个 $t_{1/2}$，药量消除 95%以上，即达基本消除。

二、生物利用度

生物利用度（bioavailability）是指药物被机体吸收进入体循环的相对量和速率，用 F 表示。生物利用度是通过比较药物在体内的量来计算。其公式为

$$F=\frac{D}{A}\times 100\%$$

D 代表进入体循环的药物量，A 代表用药量。

生物利用度可分为绝对生物利用度和相对生物利用度。药物在体内的量可用 AUC 表示。因静脉注射时的生物利用度应为 100%，因此如以血管外给药（如口服）的 AUC 和静脉注射的 AUC 进行比较，则可得该药的绝对生物利用度：

$$F=\frac{\text{AUC}_{\text{血管外给药}}}{\text{AUC}_{\text{静脉给药}}}\times 100\%$$

相对生物利用度是指血管外给药途径的某一种药物制剂的 AUC 与相同药物、相同给药途径的标准制剂的 AUC 相比而得的值：

$$F=\frac{\text{AUC}_{\text{受试制剂}}}{\text{AUC}_{\text{标准制剂}}}\times 100\%$$

相对生物利用度常常用于不同剂型、不同药厂生产的相同剂型、同一药厂生产的同一品种的不同批号药品等与标准品相比的吸收率。

生物等效性（bioequivalence）指两个药学等同的药品，若它们所含的有效成分具有相同的生物利用度，则称为生物等效。理论上，同一种药品，相同剂量应产生等同效应，但由于存在吸收量和速度的差异，结果在效应上不等。有时，不同药厂生产的同一制剂、或同一药厂生产的同一制剂的不同批号，其生物利用度可有较大差别。

影响生物利用度的因素较多，包括药物颗粒的大小、晶型、填充剂的紧密度、赋型剂、生产工艺、生理、食物等多方面因素的影响，因此，生物利用度是评价药物制剂质量及药物安全性、有效性的重要指标。

三、表观分布容积

表观分布容积（apparent volume of distribution，V_d）是指药物吸收达到平衡或稳态时，按血药浓度推算，体内药物总量理论上应占有的体液容积。其计算公式为

$$V_d=\frac{D}{C}$$

D 为体内药物总量，C 为血药浓度。由于药物在体内的分布并不均匀，因此 V_d 不是一个生理的容积空间，只是假定当药物在体内按血浆药物浓度均匀分布时所需容积。V_d 值大小反映药物在体内分布情况。

V_d 的意义如下所示。①推测药物的分布范围：V_d=5L 左右，表示药物大部分分布于血浆；V_d=10～20L，表示药物分布于全身体液；V_d=40L，表示药物分布全身组织器官。②推测药物排泄速度：V_d 越小，排泄越快；V_d 越大，排泄越慢。

四、清 除 率

清除率（clearance，CL）是指单位时间内能把多少容积血中的某药全部清除，是体内肝脏、

肾脏和其他所有消除器官清除药物的总和。单位为 L/h 或 ml/min，其公式为

$$CL=K_e \cdot V_d$$

上式表明，清除率 CL 与消除速率常数 K_e 及表观分布容积 V_d 成正比。CL 反映机体消除药物能力的大小。肝、肾功能不全的患者，应适当调整剂量或延长给药间隔时间，以免过量蓄积中毒。

知识拓展

PK-PD 模型

传统研究中，PK 和 PD 相互独立。PK-PD 模型是把药动学与药效学所描述的时间、药物浓度、药物效应三者有机地结合在一起进行研究，这种结合能够更准确和全面的预测和描述一定的剂量和给药方案下，药物的效应随时间变化的规律。近年来，PK-PD 模型在新药研发、个体化用药、治疗药物检测等方面都有广泛应用。

PK-PD 模型分如下 4 种类型。

1. 直接连接与间接连接 PK-PD 模型　直接连接模型是指被测血药浓度与效应部位的药物浓度可迅速达到平衡。间接连接模型是指效应部位的药物浓度变化滞后于血药浓度变化，从而导致药物的效应变化也滞后于血药浓度变化。

2. 直接反应和间接反应 PK-PD 模型　直接反应模型是指药物的效应取决于效应部位的浓度，上述直接连接和间接连接模型都属于直接反应模型。间接反应模型是指药物不直接作用于效应部位，而是通过改变体内某些内源性物质而发挥药效，如降糖药胰岛素。

3. 软连接与硬连接 PK-PD 模型　软连接模型是指以假想的效应室为基础，拟合药动学和药效学两组数据，使两部分的数据吻合，此称为“软连接”。而硬连接则是借助于药动学数据和体外药效数据将 PK 和 PD 联系起来，这种连接称为“硬连接”。

4. 时间依赖与非时间依赖 PK-PD 模型　时间依赖和非时间依赖模型主要是依据药效学参数是否随着时间的变化而变化来区分。如果药效只取决于作用部位的药物浓度，则为非时间依赖模型。若在作用部位药物浓度相同的情况下，不同时间的药效不同，则为时间依赖模型。

本章小结

药动学定量描述药物进入体内的吸收、分布、代谢和排泄过程中血药浓度随时间动态变化的规律，阐明机体对药物的作用。

绝大多数药物通过简单扩散方式通过生物膜。简单扩散受药物的解离度、极性和脂溶性等影响。由于膜是由脂溶性物质组成的，所以脂溶性强的药物容易跨膜转运，而水溶性强的药物不容易跨膜转运。

细胞色素 P_{450} 单加氧酶系（CYP）是一种最重要催化药物代谢的肝药酶。CYP 专一性低，变异性大、活性易受药物的诱导或抑制。

零级、一级消除动力学指单位时间内药物按恒量或恒比消除。

时-量关系是指血药浓度随时间的推移而发生变化的规律。

按一级动力学消除的药物，以恒定时间间隔 $t_{1/2}$ 给相同剂量的药物，经 4～5 个 $t_{1/2}$ 可达到稳态浓度。

消除半衰期是血药浓度下降一半所需要的时间，是药物在体内消除快慢的重要参数。生物利用度是指药物被机体吸收进入体循环的相对量和速率。表观分布容积是指药物吸收达到平衡或稳态时，体内药物总量按血药浓度推算，理论上应占有的体液容积。清除率是指单位时间内能把多少容积血中的某药全部清除。

（陈晓红）

第三章　药物效应动力学

能力要求

1. 能够阐述药物的作用、量反应与质反应等基本概念及内涵。
2. 能够解释效能、效价强度、ED_{50}、LD_{50}、治疗指数等概念的临床意义。
3. 能够说出药物与受体相互作用学说、受体类型和性质等相关内容。

药物效应动力学（pharmacokinetics）简称药效学，主要研究药物对机体的作用和机制、药物剂量与效应及其规律的科学。其内容包括药物与靶位的作用，结构与功能的变化，药物作用的过程和机制。药效学既是药物产生作用的理论基础，也是临床合理用药的依据。

第一节　药物的基本作用

一、药物作用与效应

药物作用(drug action)是药物对机体的初始反应，是动因。药理效应(pharmacological effect)是指药物的作用引起组织、器官结构与功能的改变，是药物作用的结果，是机体反应的表现。例如，去甲肾上腺素（noradrenaline，NA 或 norepinephrine，NE）与血管平滑肌细胞的 α 受体结合，属于 NA 的药物作用，而 NA 引起的血管收缩、血压上升，为其药理效应。由于两者意义相近，习惯上并不严格区别。但当两者同时出现时，应有先后排序。

1. 兴奋和抑制　药理效应通过机体的固有功能而体现，不会产生超越机体固有功能的作用。在药物作用下，机体生理功能提高称为兴奋（excitation），如咖啡兴奋中枢神经、肾上腺素引起血压升高等；相反，机体生理功能降低称为抑制（inhibition），如阿司匹林用于解热、吗啡作为中枢镇痛等。在分析药物所产生的效应时，既要注意药物对靶器官或靶部位的直接作用，还要考虑机体的反射性或生理调节性的影响，便于全面认识药物的作用。例如，NA 可直接收缩血管，使血压升高，同时也可以反射性地引起心率减慢。

2. 局部作用和全身作用　药物根据其作用的部位可分为如下两种。①局部作用（local action），是药物在给药部位产生的作用。例如，口服硫酸镁在肠道引起的导泻作用，局部麻醉药（local anesthetics）在注射于神经末梢或神经干周围，阻滞神经冲动传导而产生局部麻醉作用。②全身作用（general action）又为吸收作用，是药物吸收后，经血液循环到达作用部位产生的作用，也称系统作用，如注射硫酸镁产生的抗惊厥和降压作用。

3. 特异性和选择性　①药物的特异性（specificity）是指药物作用的专一性，如肾上腺素可激动 α 受体和 β 受体，其特异性较低；去氧肾上腺素可激动 α 受体，其特异性较高；②药物的选择性（selectivity）是指药物效应的专一性，是组织、器官对药物反应的专一性。药物仅作用于某个组织或器官，其选择性高；若作用于多个组织、器官或系统，其选择性低，如 Ach 兴奋 M 受体和 N 受体，对全身许多系统均有作用，选择性很低；而新斯的明主要对骨骼肌和胃肠平滑肌兴奋作用强，选择性相对较高。药物选择性高，临床应用针对性强，副作用少；药物选择性低，作用广泛，副作用多。

药物效应的基本类型和选择性是药理学中药物分类的主要依据，也是临床用药时指导选药和设计治疗剂量的依据。

二、药物的治疗效果

药物的作用是药物的固有特性。药物产生的具有防治疾病的作用称为治疗作用（therapeutic effect）。用药的目的是为了发挥药物防治疾病的效应。根据用药的目的和效果，治疗作用可分为对因治疗（etiological treatment）和对症治疗（symptomatic treatment）。

1. 对因治疗 是指用药物消除原发致病因子的治疗，目的是彻底治愈疾病，亦称治本，如用抗菌药抑制或杀灭细菌；铁制剂治疗缺铁性贫血。此外，补充体内营养或代谢物质不足，称为补充疗法，又称替代疗法，均是对因治疗。

2. 对症治疗 由于绝大部分疾病的病因仍未明确或诊断明确但暂时无法根治，使用药物只能缓解其症状，这种改善和缓解症状的治疗称为对症治疗，亦称治标，如解热、镇痛、降血压、抗休克等治疗。

对因治疗虽然是理想的治疗方式，但病因未明的对症治疗也很重要。有些危重病症如感染性休克、心力衰竭、癫痫持续状态、高血压危象等，必须立即采取有效的对症治疗，从而抢救患者的生命。对症治疗虽然不能根除病因，但对疾病的治疗却是必不可少的。

三、药物的不良反应

药物不良反应（adverse drug reaction，ADR）是药物产生的与用药目的无关的、为患者带来不适或痛苦的反应。多数不良反应是药物固有的效应，可以预知，但不一定是能够避免的。主要分为以下几种类型。

1. 副反应（side reaction） 是治疗剂量时，正常用法下出现的与治疗目的无关的、引起机体不适的反应。药物可在多个器官甚至多个系统产生效应，当将某一效应作为治疗目的时，其他的效应则与治疗目的无关，可能对机体不利，成为副作用。副作用与治疗作用常同时发生。它是药物固有的作用，因此难以避免。不同患者或不同时期，随着治疗目的不同，治疗作用和副作用可相互转变，如阿托品治疗胃肠平滑肌痉挛时，出现的口干、心悸和排尿困难是其副作用；而在治疗膀胱刺激征时，出现的胃肠平滑肌抑制又成为其副作用。

2. 毒性作用（toxic effect） 是指在药物剂量过大或用药时间过长而造成的机体功能性或器质性损害。大多数药物都具有毒性，因而使用时要遵照用法和用量的规定，如氨基糖苷类抗生素引起的耳毒性和肾毒性与服药剂量和疗程有关。

3. 后遗效应（after effect） 是指停药后血药浓度降至阈浓度以下残存的药物效应，如巴比妥类催眠后次晨仍有的嗜睡、困倦等现象。

4. 继发反应（secondary reaction） 是继发于药物治疗作用的不良反应，又称治疗矛盾，如长期应用广谱抗生素后给患者带来不适或痛苦的反应，对药物敏感的细菌被抑制而使耐药的细菌或真菌大量繁殖，造成二重感染（superinfection）。

5. 停药反应（withdrawal reaction） 是长期用药突然停药后原疾病或症状加重的现象。例如，长期应用可乐定降压，停药后血压升至高于给药前的水平；癫痫患者长期服用苯妥英钠，突然停药后癫痫发作较药前更频繁。

6. 药物依赖性（dependence） 是长期用药引起的心理和（或）生理上对药物的依赖状态，表现出强迫性的、反复的用药行为和其他反应。

7. 变态反应（allergic reaction） 也称过敏反应。抗原刺激机体产生抗体，当再次接触药物时，便会产生过敏反应。常见于过敏体质患者。药物作为抗原或半抗原可激发致敏患者产生各型过敏反应，能引起功能障碍和组织损伤，其发生与药物的剂量和药理作用无关。过敏反应的症状和程度差异很大，停药后逐渐消失，再用时可再发。致敏原可能是药物及其代谢物，或是制剂中的添加剂和杂质。

8. 特异质反应（idiosyncratic reaction） 极少数特异体质患者因先天性基因变异或缺陷，改变了药物的药动学或药效学过程，从而使某些药物产生完全不同于一般人的反应。例如，先天性葡萄糖-6-磷酸脱氢酶（glucose-6-phosphate dehydrogenase，G-6-PD）缺乏症患者，由于G-6-PD 基因突变，该酶活性降低，红细胞膜不能抵抗氧化损伤而易破坏，在服用具有较强氧化作用的药物（伯氨喹、磺胺类、苯胺类、维生素 K 等）或食物（如蚕豆）时，容易诱发急性溶血性贫血和高铁血红蛋白症。

9. 致畸、致癌、致细胞突变作用 致畸作用（teratogenesis）是药物作用于妊娠母体，干扰胚胎正常发育，导致先天性畸形的毒作用。而胚胎早期对致畸药物敏感。

致癌作用（carcinogenesis）是药物诱发恶性肿瘤的作用。研究表明，人类恶性肿瘤 80%～85%为各类化学物质所致。

致突变作用（mutagenesis）指药物引起体细胞遗传物质（DNA）发生突然改变，导致可遗传的表型变异。这种变化的遗传信息或遗传物质在细胞分裂繁殖过程中能够传递给子代，使其具有新的遗传特性。细胞突变可能是致畸、致癌作用的原因。

知识拓展

药物依赖性分为心理依赖性（psychological dependence）和生理依赖性（physical dependence）。有些药物（如阿片类）能产生常人无法体验（超乎常人）的愉悦满足感，这种感觉非常强烈，以致用药者为了获得这种感觉而不择手段地重复用药，产生强迫性的反复用药行为。药物的这种性质称为心理依赖性，是导致药物滥用的主要原因。生理依赖性是反复用药造成的机体对药物的适应状态，使药物变成了维持机体生理功能活动的组成部分，建立了机体在药物存在下的内环境平衡，即机体的功能活动须依赖药物的参与。一旦停药，内环境就会失去平衡，出现严重的生理功能紊乱，产生一系列严重的症状，称戒断综合征（withdrawl syndrome）。

第二节 剂量与效应关系

药物产生的效应与药物的剂量密切相关。剂量是指单位体重或单位体表面积的药物用量（如 mg/kg，mg/m^2）。在一定范围内，药物效应的强弱与其剂量或浓度大小正相关。超过该范围，效应不再随剂量（或浓度）的增加而再增加。这种药物效应与剂量或浓度的关系称为药物的量-效关系（dose-effect relationship）。量效关系常用量效曲线显示，一般纵坐标为效应，横坐标为剂量或浓度。药物根据其效应的性质分为量反应和质反应两种情况。

一、量 反 应

药物的效应可以用连续增减的药物量的变化或最大反应的百分率表示的反应称为量反应（graded response），这种资料称为量反应资料，如心率快慢、血压高低、肌肉收缩强度等。

1. 量-效曲线 以药物效应为纵坐标，效应可表示为绝对效应或最大效应的百分数，以药物剂量或浓度为横坐标，剂量（或浓度）与药效的关系呈直方双曲线（图 3-1 左），是符合质量作用定律的线性关系。如果横坐标改为对数剂量（或对数浓度），曲线则呈对称 S 形（图 3-1 右），这就是通常所称的量-效曲线。

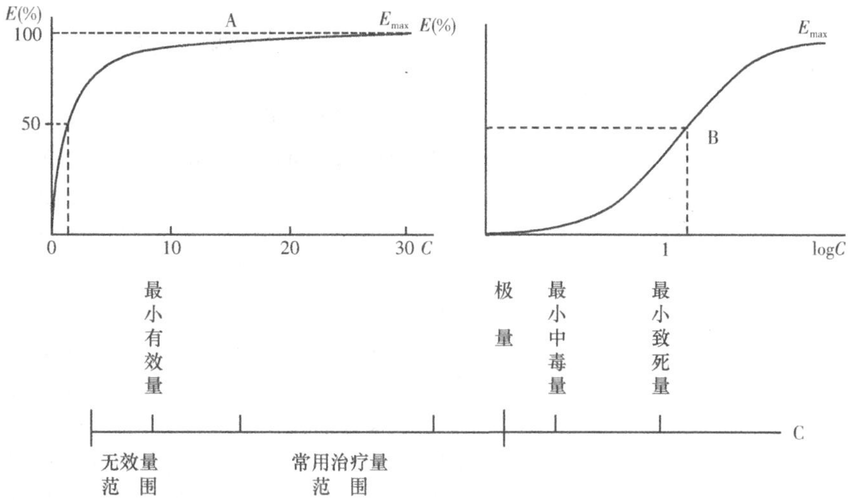

图 3-1　药物作用的量-效关系曲线

A. 横坐标为药物的普通剂量；B. 横坐标为对数剂量；C. 药物随剂量增加的效应关系

2. 量效参数　在量效曲线上，可获得一些重要的药效学参数。药物的剂量的量效曲线和药物浓度的量效曲线性质相同，以下用剂量的量效曲线进行阐述。

最小有效量（minimal effective dose）或最低有效浓度（minimal effective concentration）即药物刚能产生效应的最小药量或最小药物浓度，也称阈剂量或阈浓度（threshold dose or concentration）。

最大有效量（maximal dose）也称极量，是药物产生最大效应的剂量。常用量（usual dose）是大于阈剂量而小于极量的剂量。

斜率（slope）指量效曲线中段的曲线坡度。斜率大意味着剂量有较小变化时效应有较大变化。斜率的大小是判断药物安全性的重要依据之一。

最小中毒量（minimal toxic dose）是引起中毒的最小剂量。

最小致死量（minimal lethal dose）是引起死亡的最小剂量。

最大效应（maximal effect，E_{max}）一定剂量范围内，药物的效应随剂量的增大而增强，超过此剂量范围，效应不随剂量增加而增加，此时的效应即为药物的最大效应。药物产生最大效应的能力称效能（efficacy）。

效价强度（potency）用于作用性质相同的药物之间等效剂量的比较（图 3-2），由于在效应 50%时变化最明显，因而这个等效的效应常用 50% E_{max} 所对应的剂量表示，其对应的剂量为半数有效量（ED_{50}）。两药比较时，其值越小，效价强度越大。如以利尿药每日排钠量为效应指标进行比较，氢氯噻嗪的效价强度大于呋塞米，但呋塞米的最大效应远远大于氢氯噻嗪。在临床治疗中，药物的效价强度与效能可作为选择药物和确定药物剂量的依据。

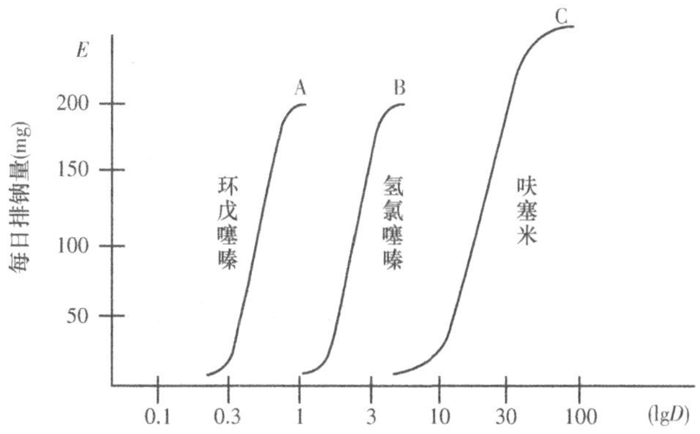

图 3-2　A、B、C 三种药物的效能与效价的比较

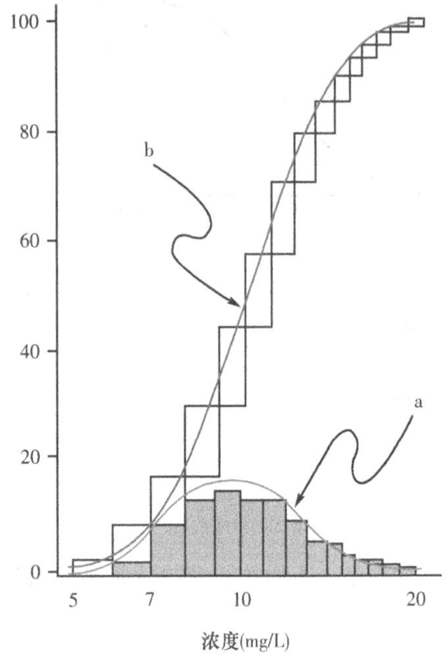

图 3-3 质反应量-效曲线

a. 频数分布曲线；b.累积量效曲线

二、质 反 应

药物的效应随剂量增加发生性质改变的反应称为质反应（quantal response），以阳性或阴性表示，是有或无的表现方式。例如，有效或无效、存活或死亡、惊厥或不惊厥等。这种资料称为质反应资料。一个药物的一定剂量对于一个动物只有一个结果：阳性或阴性。但对于一组动物，可能有的动物是阳性，而另一些动物是阴性，可以得到该组的阳性动物数，计算阳性率。这种资料也称计数资料。

1. 量效曲线 当纵坐标表示阳性反应的频数或阳性率，横坐标表示剂量时，曲线呈长尾 S 形；当横坐标改为对数剂量时，曲线则呈对称 S 形（图 3-3）。相邻剂量阳性反应的差值反映较高剂量本身的效应，这种剂量与效应的频数分布曲线呈正态分布。可以看出，中间剂量出现阳性反应的频数多，而小剂量和大剂量出现阳性反应的频数少。在小剂量产生药效的状况称为高敏性，大剂量产生药效的状况称为低敏性。这种不同机体对药物产生不同反应的差异称为个体差异（individual variability）。由于药物效应存在个体差异，对安全范围小的药物，应根据具体情况调整剂量，做到个体化用药。

2. 安全性指标 在质反应量效曲线上，可分别以疗效和毒性为指标做量效曲线，评价药物的安全性。以疗效为指标的量效曲线，计算半数动物有效的剂量，即半数有效量（median effective dose，ED_{50}）。同样，可由中毒的量效曲线测得半数动物中毒的剂量，即半数中毒量（median toxic dose，TD_{50}）。半数致死量（median lethal dose，LD_{50}），即能使一半动物死亡的剂量，是最常使用的 TD_{50}，是评价药物安全性的重要指标，其值越大，越安全。由于不同药物的 ED_{50} 的差别，单用 LD_{50} 评价安全性仍显片面。而 TI，即 LD_{50} 与 ED_{50} 的比值（LD_{50}/ED_{50}）包括了药效和毒性的两个方面，则更周全。治疗指数值越大，意味着 LD_{50} 大和（或）ED_{50} 小，安全性越高（图 3-4）。但如果药物的量-效曲线与其毒性曲线不平行时，则 TI 值不能完全表示药物的安全性。为此，有人用 5%致死量（LD_5）与 95%有效量（ED_{95}）的比值或 1%致死量（LD_1）与 99%有效量（ED_{99}）之间的距离来衡量药物的安全性。

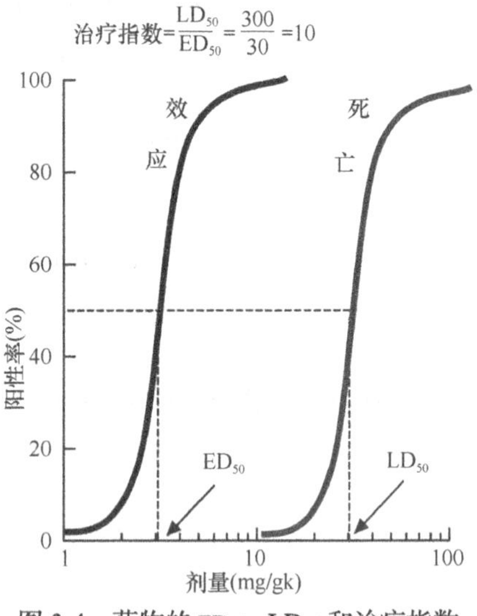

图 3-4 药物的 ED_{50}，LD_{50} 和治疗指数

第三节 药物与受体

药物产生的效应大多是药物和机体的生物大分子相互作用的结果。药物作用的机制复杂而

广泛，有些药物与药物靶点（受体、酶、离子通道等）特异性结合，诱发特定的细胞内信号转导和生理或生化效应；有些药物可能通过改变细胞周围的环境条件发挥药效，其效应可能与药物的理化性质有关，如解离度、溶解度、酸碱度、渗透压和表面张力等。

一、药 物 靶 点

机体内能与药物结合、并能产生作用的生物大分子或部位称为药物靶点。药物靶点涉及生命过程的各个环节，药物的蛋白质靶点主要有受体、酶、离子通道、载体或转运体（transporter）、免疫蛋白等。有些药物也作用于基因位点、核酸等靶点。

1. 受体　现有药物 50%以上以受体为作用靶点。受体能特异性地与相应的配体结合，发生分子构象变化，通过第二信号系统将信息增强、分化、整合后传递给效应机制，产生特定的生物效应，如阿托品阻断 M 受体，产生腺体分泌减少、瞳孔扩大、胃肠道及膀胱平滑肌抑制和加快心率等效应。

2. 酶　具有高度的专一性，只催化特定的反应，具有生物催化功能的酶几乎参与所有的细胞活动。因而影响酶的活性可改变机体的生理生化功能。超过 20%的药物以酶为作用靶点，药物与酶结合后产生了酶的激活、诱导、复活和抑制，产生药效。例如，新斯的明抑制胆碱酯酶活性，使体内 ACh 堆积，产生类似 ACh 的作用；苯巴比妥诱导肝药酶，加速了药物的代谢，产生药物耐受性。

3. 离子通道　细胞上的离子通道是无机离子 Ca^{2+}、K^{+}、Na^{+}、Cl^{-}等跨膜运输的通路。药物可通过激动或阻断离子通道的开放和关闭，影响细胞内外无机离子的转运和分布，改变细胞的功能和状态，如硝苯地平阻断钙通道松弛血管平滑肌。

4. 载体　是细胞膜上促进内源性物质跨膜转运的蛋白质，是转运的重要工具，包括转运体和通透酶（permease）。少数药物可通过影响载体而影响药物的跨膜转运，从而影响药物的分布。例如，丙磺舒抑制肾小管对原尿中尿酸再吸收，增加尿酸的排泄，以治疗痛风。抗抑郁药丙米嗪抑制突触前膜的转运体，降低交感神经末梢对递质的摄取，增加突触间隙递质的浓度，发挥抗抑郁作用。

5. 免疫系统　许多疾病涉及免疫系统。药物可影响机体的免疫系统，纠正超敏和缺陷的免疫反应。例如，环孢素能抑制机体免疫反应用于器官移植后的排异反应。

6. 核酸　主要位于细胞核内，充当遗传信息的携带和传递功能。有些药物能在核酸水平上发挥作用，干扰或抑制细菌、病毒和肿瘤细胞的核酸合成，杀灭或抑制细菌、病毒和肿瘤细胞。以核酸为靶点的药物，如利福平能抑制 RNA 合成；抗肿瘤药物如环磷酰胺、甲氨蝶呤、丝裂霉素等破坏 DNA 的结构和功能。

二、药物与受体的相互作用

受体是最重要和目前最清楚的药物靶点。体内的受体与内源性配体结合产生效应，由于药物的化学结构与内源性配体相似，使得药物能与受体结合而产生作用。药物与受体结合和相互作用是药理学研究的重要内容。

（一）受体的概念和特性

受体（receptor）是一类能识别和特异结合相应配体，介导细胞信号转导功能，引起生物效应的蛋白质。受体上能与配体特异结合的部位或活性基团称为受点（binding site）。配体（ligand）是能与相应受体结合的生物活性物质，如药物、递质、激素、自体活性物质等。受体的特性如下所示。

1. 特异性（specificity）　配体与其受体的结构互补、构象适应，能相互识别、特异结合，诱导受体构象改变，产生特定效应。这种配体与受体特异结合的特性称为特异性。

2. 灵敏性（sensitivity）　配体与受体的亲和力高，很低浓度的配体便可与受体结合，产生明显的效应。

3. 可逆性（reversibility） 药物可与受体结合，结合后可以解离，解离后药物和受体的结合均未发生变化，还可再次结合，这种结合、解离、再结合的特性称为可逆性。

4. 饱和性（saturability） 受体的数目是有限的，当配体的浓度达到一定程度时，配体与受体的结合达到饱和，再增加配体的浓度，结合程度和效应不再随配体浓度增加而增大。作用于同一受体的配体之间存在竞争现象。

5. 多样性（multiple-variation） 同一受体可广泛分布到不同的器官、组织和细胞，产生相互协调的效应。受体分布的多样性是机体有效调节生理机制的方式。同一药物可通过作用于不同部位的同一受体产生类似效应。受体多样性是受体亚型分类的基础。

（二）受体与药物的相互作用

药物与受体的作用非常复杂，人们在长期的研究中逐渐认识了这一过程。19 世纪末，Ehrlich 将 Langley 的受体概念发展成锁钥假说，药物经受体发挥作用的设想很快受到了重视。随后人们相继提出了几种假说，比较成熟的如占领学说、速率学说、二态学说等。这些假设为理解药物受体相互作用，特别是为理解药物的受体动力学和阐明药物的量效关系提供了理论依据，不仅促进了对药物作用机制的理解，推动了新药的研制，而且加速了生命科学和医学的发展。但这些学说仍各有缺陷，均不能完全解释药物-受体作用，还有待进一步完善。

1. 占领学说（occupation theory） Clark 于 1926 年、Gaddum 于 1937 年分别提出占领学说：药物产生效应必须先与受体结合，产生效应的强弱与药物占领受体的数目成正比。药物占领受体数目取决于细胞上受体的密度和受体周围药物的浓度。但占领学说只能解释激动药，不能解释两个激动药激动同样受体产生不同 E_{max} 的事实。1954 年 Ariens 修正了占领学说，指出药物应具有与受体结合的能力，即亲和力（affinity）；同时，药物与受体结合后还应具有产生效应的能力，即内在活性（intrinsic activity）。药物产生的效应除与占领的受体数目有关外，也与药物的内在活性有关。

亲和力反映药物与受体结合的能力，常用药物产生一定效应（如 50% E_{max}）所需的摩尔浓度（即解离常数 K_D）表示，K_D 越小，亲和力越大。K_D 的负对数即 pD_2 是衡量激动剂亲和力的指标（图 3-5）。内在活性也称效能，表示药物产生效应的能力，用 E_{max} 表示。

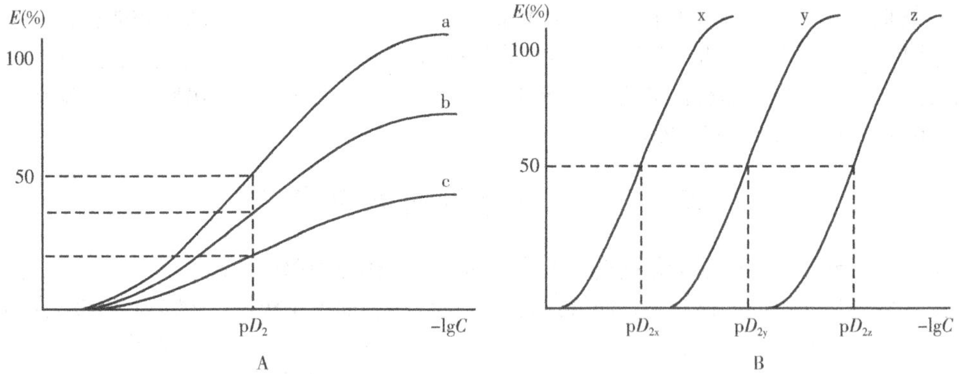

图 3-5 效应强度与亲和力和内在活性的关系

A. 亲和力 a=b=c，内在活性 a＞b＞c；B. 亲和力 x＞y＞z，内在活性 x=y=z

1956 年 Stephenson 发现，药物在产生最大效应时，没有占领全部受体，也就是说，药物产生最大效应并不必占领全部受体，此时未被占领的受体称之为储备受体（spare receptor）。另外，药物占领受体的数目须达到一定数量，即阈值时才出现效应，阈值以下占领的受体为沉默受体（silent receptor）。

2. 速率学说（rate theory） 1961 年 Paton 提出速率学说，认为药物效应主要决定于药物与受体结合的速率（k_1）和解离速率（k_2）。药物与受体结合成药物-受体复合物，复合物可再解离成药物和受体，然后可再结合。药物与受体结合时发生碰撞，碰撞时产生刺激传递给效应器产生药效。碰撞的频率决定药物的效应，碰撞的频率越大效应越强。

3. 二态学说（two state theory） 此学说认为受体的构象分活化态（Ra）和无活性的失活态（Ri）。两种构型可互变，处于动态平衡。激动药与活化态受体结合，激动受体，产生效应；拮抗药与失活态受体结合，不激动受体，不产生效应；部分激动药既可与活化态结合也可与静息态受体结合，效应较弱。

（三）作用于受体的药物

作用于受体的药物都与受体有不同的亲和力，但不一定都有内在活性。根据内在活性的有无可将药物分为激动药和拮抗药。

1. 激动药（agonist） 是对受体既有亲和力又有内在活性，能与受体结合并产生效应的药物。激动药均有内在活性，但活性不同，根据内在活性的大小将激动药可分为完全激动药和部分激动药。

完全激动药（full agonist）是具有较强的亲和力和内在活性、能产生强大效应的药物。激动药的内在活性定为 1（α=1），把它产生的效应定义为 100%。

部分激动药（partial agonist）是对受体有较强的亲和力，但内在活性低，产生的效应较弱的药物。与完全激动剂相比，其产生的效应大于 0 而小于 100%。

2. 拮抗药（antagonist） 也称阻断药（blocker），是对受体有亲和力，但无内在活性（α=0）的药物。拮抗药与受体结合后占据受体而拮抗激动药的作用，因而不产生效应。但其通过拮抗激动药的作用显示它的效应。根据拮抗药与受体结合的可逆性将其分为竞争性拮抗药和非竞争性拮抗药（图 3-6）。

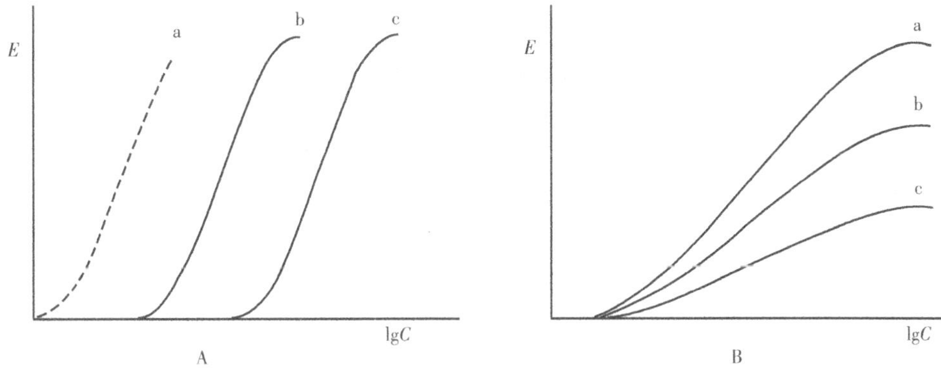

图 3-6 竞争性拮抗药（A）非竞争性拮抗药（B）

a. 无拮抗药；b. 小剂量拮抗药；c. 大剂量拮抗药

竞争性拮抗药（competitive antagonist）能与激动药竞争与受体的结合，结合后仍可解离。

非竞争性拮抗药（noncompetitive antagonist）与受体结合牢固，形成的拮抗药受体复合物不易解离，或结合后引起受体构型改变，而影响激动药与受体的结合。即使大大增加激动药的浓度也不能完全置换与受体结合的拮抗药。

知识拓展

基因治疗：是将正常基因和功能基因导入体内，以纠正基因的缺陷或者发挥治疗作用的生物医学技术。迄今已有数百种基因治疗项目在进行临床试验，有些项目已基本成功。例如，常染色体隐性遗传病——囊性纤维化（cystic fibrosis）的基因治疗。

（四）受体的调节

受体虽是遗传获得的固有蛋白，但并非固定不变的，而是处于动态变化的平衡中，其数量和亲和力会受生理、病理及药物等因素的影响而变化，这种变化称为受体调节。受体调节可改变靶细胞对配体的敏感性，是机体维持内环境稳定的重要因素。

1. 受体上调和下调 正常情况下受体与其产生效应的活动处于平衡或稳定状态，如果某种因素使受体产生的效应较长时间发生变化，细胞会通过调节受体的数量和以适应这种变化。使受体的数量增加的调节称受体上调。例如，长期使用拮抗药普萘洛尔，阻断了心脏的β受体，使心率减慢，心肌收缩减弱，而促使心脏β受体数量增多。使受体的数量降低的调节称受体下调，如长期使用 β_2 受体激动药沙丁胺醇治疗哮喘，激动了支气管平滑肌上的 β_2 受体，使支气管松弛。支气管平滑肌经反馈性调节使β受体数量减少。这种受体的下调使沙丁胺醇的疗效逐渐下降，产生了耐受性。

2. 受体脱敏和增敏 受体脱敏是指在使用激动剂期间或之后，受体对激动剂敏感性和反应性下降的现象。而受体增敏则是长期应用拮抗药或受体激动剂水平降低而造成受体对激动药的敏感性和反应性增强的现象。受体的脱敏可能与受体的磷酸化、膜磷脂代谢变化、信号传导系统改变及受体的负协同效应有关。负协同效应是指受体与配体结合后，引起相邻受体构象变化而使其与对自身配体亲和力下降的现象。

3. 同种调节和异种调节 同种调节（homospecific regulation）是指配体作用于受体，使自身的受体发生变化的调节，如乙酰胆碱受体、β肾上腺素受体、胰岛素受体、血管紧张素Ⅱ受体、生长激素受体等配体可产生同种调节。异种调节（heterospecific regulation）是配体作用于其受体，使另一配体的受体发生变化的调节，如甲状腺激素可调节β肾上腺素受体，血管活性肽可调节M胆碱受体。

本章小结

药效学主要研究药物对机体的作用。药物的基本作用包括药物的作用和效应、兴奋和抑制、局部和全身作用、特异性和选择性、高敏性与低敏性等。药物治疗作用包括对因及对症治疗。不良反应是药物产生的与用药目的无关、对人体不利的反应。与剂量相关的量变型不良反应包括副作用、毒性作用、后遗效应、停药反应、继发反应和药物依赖性等；与药理作用无关的质变型不良反应包括过敏反应、特异质反应及致癌致畸致突变作用等。药物效应与剂量正相关的量效关系常用曲线显示，从量反应的量效曲线可获得最小有效量、最大有效量、常用量、中毒量、致死量、最大效应、半最大效量、效价等参数。从质反应量效曲线可获得 ED_{50}、半数中毒（致死）量，从而衍生出治疗指数、安全范围等指标。药物的靶点主要有受体、酶、离子通道、载体、基因位点、核酸等。受体是最重要的药物靶点，其与药物的作用常用占领学说、速率学说、二态学说解释。占领学说强调药物的亲和力、内在活性和占领受体的数量。作用于受体的药物根据内在活性分为激动药和拮抗药。完全激动药内在活性强，效应强；部分激动药内在活性低，效应弱；反向激动药产生与激动药相反的效应；拮抗药无内在活性，不产生作用，其效应经拮抗激动药的效应显示。竞争性拮抗药能与激动药竞争受体，使激动药的量效曲线平行右移；非竞争性拮抗药与受体结合后不易解离，可使激动药的量效曲线非平行右移。

（余建强）

第四章 影响药物作用的因素

能力要求

掌握描述药物作用的机体和药物两方面的因素，了解临床合理用药的理论基础。

药物在机体内产生的药理作用和效应是药物和机体相互作用的结果，药物的作用强度、机体对药物的敏感性等受多方面因素的影响，如患者的年龄、性别、病理状态、遗传因素、心理因素、时辰因素、长期用药引起的机体反应性变化等生理因素，以及药物的理化性质、给药剂量、剂型和给药途径、给药时间与次数、药物的相互作用等药物方面的因素。这些因素导致不同个体对药物的吸收、分布和消除产生差异，使药物在作用部位的浓度不同，表现为药动学差异；或是药动学参数相同，但反应性不同，表现为药效学差异。从而最终引起药物反应的个体差异。在临床用药时，应熟悉各种因素对药物作用的影响，根据个体的情况，选择合适的药物和给药方法，做到用药个体化。

第一节 机体因素

一、年龄和性别

1. 年龄 年龄不同，许多生理功能如脂肪或体液与体重的比例、血浆蛋白含量、代谢酶的活性等可出现较大差异，从而影响药物发挥作用。

（1）儿童：婴幼儿体液占体重比例大，对影响水盐代谢和酸碱平衡的药物敏感，如解热药使用不当会致出汗过多，引起脱水虚脱。新生儿及两岁以下婴儿血-脑屏障的功能较差，对吗啡特别敏感，可引起呼吸中枢抑制。儿童肝功能发育尚未完全，肝药酶活性低，药物在体内代谢消除减慢，出现毒副作用，如新生儿肝脏缺乏葡萄糖醛酸转移酶，服用氯霉素可致灰婴综合征。所以，临床儿科用药有其特点，不能按成人剂量简单地减量使用。

（2）老年人：老年人的生理功能减退，对药物的代谢和排泄功能降低，对药物耐受性较差，如经肝灭活的地西泮在老年人体内的 $t_{1/2}$ 可较青壮年（20～40h）延长4倍，而对经肾排泄的氨基糖苷类抗生素可延长2倍。老年人对有些药物反应特别敏感，如作用于中枢神经系统的药物易致神经错乱；心血管系统药物易致心律失常；非甾体抗炎药易致胃肠道反应；M胆碱受体阻断药易致尿潴留、便秘及青光眼发作等。因此，老年人的用药量一般约为成年人剂量的3/4。

2. 性别 女性的脂肪占体重的比率高于男性，而体液总量的比率则低于男性，这些因素都可影响药物分布。在生理功能方面，女性有月经、妊娠、分娩及哺乳等特点，如月经期和妊娠期应禁用泻药和抗凝血药，以免引起月经过多、流产、早产或出血不止；在妊娠的最初三个月内，应禁用抗代谢药、激素等致畸胎的药物；临产前禁用吗啡等可抑制胎儿呼吸、延长产程的镇痛药；哺乳期用药也应注意，因有些药物可从乳汁分泌排出影响婴儿。

二、病 理 状 态

疾病本身能导致药动学和药效学的改变，使药物在体内过程或机体对药物的敏感性发生变化，从而影响药物的疗效。

（1）肝功能不全者肝脏的生物转化速率减慢，使许多药物的作用加强，持续时间延长。

（2）肾功能不全者可使庆大霉素等主要经肾排泄的药物排出减慢，$t_{1/2}$延长，易引起蓄积中毒等。

（3）心功能不全及休克等疾病因血液循环不畅也影响药物吸收，如心力衰竭时普鲁卡因胺的生物利用度减少 50%。

（4）营养不良者蛋白质合成减少，可使血浆蛋白浓度降低，游离型药物浓度增加；使肝微粒体酶活性降低，药物代谢减慢；脂肪组织减少，可影响脂溶性药物的储存。其综合结果使药物的作用增强、$t_{1/2}$延长，易引起不良反应。

（5）低蛋白血症者，药物血浆蛋白结合率降低，使游离药物浓度增高，药效增强，如某些慢性疾病（如慢性肝功能不全、慢性肾衰竭、肾病综合征、心力衰竭）可引起低蛋白血症，使双香豆素、苯妥英钠和地高辛等的作用加强，甚至出现毒副作用。

（6）中枢炎症时，血-脑屏障功能减弱，药物进入中枢量增加，既有可能提高某些药物疗效，也可能增加某些药物的中枢毒性。

（7）结核病患者使用糖皮质激素，有导致结核感染扩散的危险。

三、遗 传 因 素

在实验研究和临床工作中，人们注意到在用药者个体间、种族间和动物种属间均存在明显的药理效应、药动学和不良反应的差异。随着遗传药理学（pharmacogenetics）的快速发展，这些差异很大程度上可以由遗传因素来解释。这些遗传因素的鉴定将有助于指导临床前研究，有助于临床诊断和指导合理用药，最终推动个体化治疗（individualized treatment）的发展。

1. 种族差异（race variation） 不同种族具有不同的遗传背景（如不同的基因型及相同基因型的不同分布频率），且长期生活在不同的地理环境中，具有不同的文化背景、食物来源和饮食习惯，这些都会对药物代谢酶的活性和作用靶点的敏感性产生影响，导致一些药物的代谢和反应存在种族差异。

不同人种对药物的敏感性也有差异。白色人种和黑色人种服用普萘洛尔后虽然其药动学参数无明显差异，但白种人对其敏感性却显著高于黑色人种，而中国人虽血药浓度降低，但其反应性高于白色人种，故中国人服药后，血压、脉搏等指标变化更显著。

2. 个体差异（individual variation） 人群中即使各方面条件都相同，还有少数人对药物的反应性不同，称为个体差异。例如，缓慢静注异戊巴比妥时，麻醉剂量为 5～19mg/kg，平均为12mg/kg，个别患者只用 5mg/kg 就可以产生麻醉作用，而个别患者对药物特别不敏感，需用19mg/kg 才能产生麻醉作用。相对于上述量的差别，有时药物反应甚至有质的不同，如过敏反应。对极少数过敏体质的患者，即使仅用几微克青霉素试敏也可能引起变态反应，甚至诱发过敏性休克；但对大多数患者，即使用很大剂量也不发生变态反应。个别患者用治疗量的药物后，出现极敏感或极不敏感的不同于常人的反应，其往往是由于药物代谢酶的遗传多态性所引起的。

某些个体对药物产生不同于常人的反应，与其遗传缺陷有关，此类人称为特异质体（idiosyncrasy），如某些患者由于遗传性红细胞缺乏葡萄糖-6-磷酸脱羧酶，当服用伯氨喹、阿司匹林、对乙酰氨基酚、磺胺类、维生素 K 等药物时可能引起溶血性贫血；某些患者遗传性血浆胆碱酯酶活性低下，应用琥珀胆碱可致呼吸麻痹甚至呼吸停止。

3. 种属差异（species variation） 不同种属动物之间（包括人类）对同一药物的作用和药动学有很大差异，称之为种属差异。人和动物之间存在各种生理、代谢等方面的差别。例如，沙利度胺（thalidomide，又称反应停）致畸悲剧发生后，人们才发现其在大鼠和人体的代谢存在根本差异。因为大鼠体内缺少一种将其代谢成有害异构体的酶，所以在大鼠试验中不会引起畸胎；而人体存在这种酶，所以对人有致畸性。因此，在临床前药理研究中，既要考虑到种属间剂量换算问题，也要考虑动物种属问题，千万不能将动物实验资料任意推广应用到人。

四、精神因素

患者的精神状态也与药物效应存在着密切关系。患者对医护人员信任、患者情绪乐观，对药物疗效会产生良好的正面影响；反之，医患关系紧张、患者情绪悲观，则会对药效产生负面影响。研究表明，即使给予患者不具药理活性的安慰剂（placebo），也可能使头痛、失眠、心绞痛、术后疼痛、神经官能症等症状获得30%～50%的改善，这是心理作用的结果。

五、时辰因素

时辰药理学（chronopharmacology）是研究药物体内过程和药物效应与机体生物节律相互关系的一门学科。机体内各种不同的生理活动按一定的时间顺序呈现有规律的周期性变化，这种变化的节律称为生物节律，其中最重要的是昼夜节律。如肾上腺皮质激素的分泌，清晨为分泌高峰期，午夜为分泌低值期。应用糖皮质激素类药物时，将一日量于早晨一次服用可减轻对垂体前叶抑制的副作用。此外，哮喘发作、心血管疾病等也有昼夜节律性波动现象，选择最佳用药时间，使其与人体生理节律同步化，可达到最佳疗效，避免某些药物持续高浓度产生不良反应，使临床治疗科学化。

六、长期用药引起的机体反应性变化

长期反复用药可引起生物体（包括病原体）对药物反应发生变化，主要表现为耐受性（tolerance）、耐药性（drug resistance）、超敏反应（supersensitivity）和依赖性（dependence）。还可因长期用药突然停药后发生停药综合征。

1. 耐受性 为机体在连续多次用药后对药物的反应性降低。增加剂量可恢复反应，停药一段时间后耐受性可消失，如亚硝酸酯类的扩血管作用，连续用药数日后即可产生耐受性，2～3周后耐受性达高峰，停药10日后，机体又可恢复对药物的敏感性。短时间多次给药引发的药物反应降低的现象称为快速耐受性（tachyphylaxis）。耐受性也见于作用机制相同或类似的药物之间，被称为交叉耐受性（cross tolerance）。耐受性的原因一般认为有以下几点：①神经末梢释放的递质耗竭，如麻黄碱的快速耐受；②与来自受体的细胞内信号转导系统脱偶联；③受体的向下调节（受体数目的减少）。

2. 抗药性/耐药性 化学治疗过程中，病原微生物或肿瘤细胞对药物的敏感性降低称为获得性抗药性或抗药性形成。病原微生物的获得性抗药性主要是通过基因突变产生，通常需要改用其他有效药物。在抗肿瘤药长期给药时发生的抗药性主要原因有肿瘤细胞的基因组不稳定、P-糖蛋白的表达增加而引起抗肿瘤药的细胞外排增加、作用靶点改变、代谢活化酶的活性降低等。由一种药物诱发，同时对其他多种结构和作用机制完全不同的药物产生交叉耐药，称为多药耐药（multidrug resistance），是化疗失败的主要原因。

3. 超敏反应 当中止拮抗药的长期给药后，有时机体会对随后给予的外源性激动剂的反应显著增强，称为超敏反应。其原因有受体的向上调节（受体数目的增加），来自受体的信号转导系统的活性代偿性增加等。

4. 药物依赖性 患者连续使用某些麻醉药品或精神药品以后，会对药物产生生理和（或）心理的一种依赖需求，称为药物依赖性。依据药物使人体产生的依赖性和危害人体健康的程度，通常分为两类：生理依赖性和心理依赖性。①生理依赖性（physiological dependence）：过去称为成瘾性（addiction），现也称躯体依赖性（physical dependence），是指药物滥用所造成的一种特殊身体状态。在这种身体适应状态下，一旦中断用药，可出现强烈的戒断综合征（abstinence syndrome），表现为流涕、流泪、哈欠、腹痛、腹泻、周身疼痛等，如应用镇痛吗啡、哌替啶及毒品海洛因等后均可引起生理依赖性和心理依赖性。②心理依赖性：也称精神依赖性（psychological dependence），是指用药后产生愉快满足的感觉，使用药者在精神上渴望周期性或连续用药，以达到舒适感，如嗜烟（尼古丁依赖）、嗜酒（乙醇依赖）等。

知识拓展

合理用药原则

合理用药是临床用药中时刻需要注意的警钟。从理论上说合理用药是要求充分发挥药物的疗效而避免或减少可能发生的不良反应。其主要原则有如下所示。

1. 明确诊断 选药不仅要针对适应证还要排除禁忌证。

2. 根据药理学特点选药 尽量少用所谓的“撒网疗法”，即多种药物合用以防漏诊或误诊，这样不仅浪费药物而且容易发生药物相互作用。

3. 用药个体化 在充分了解并掌握各种影响药效的因素的前提下，根据患者的具体情况用药，不能单纯公式化或者凭经验用药。

4. 祛邪扶正并举 在采用对因治疗的同时，采用对症支持疗法。这在细菌感染及肿瘤化学治疗中尤其不应忽视。

第二节 药物因素

一、药物的理化性质

药物的相对分子质量大小、溶解度、解离度、脂溶性、水溶性等影响药物的吸收、分布、生物转化和排泄，从而对药物起效的快慢、作用的强弱和维持时间的长短产生重要影响。药物的旋光性不一样，其作用不同，一般药物多半是左旋有效，如左旋多巴、NA 等均是左旋体。

二、药物制剂及给药途径

药物可制成多种剂型并采用不同的途径给药，如供口服给药的有片剂、胶囊、口服液；供注射用的有水剂、乳剂、油剂；随着生物制剂学的发展，近年来出现了一些新制剂，如缓释剂、控释剂、靶向制剂、多层片等。同一药物由于剂型不同、采用的给药途径不同，所引起的药物效应也会不同。通常注射剂药物比口服吸收快、到达作用部位的时间快，因而起效快、作用显著；口服剂中的溶液剂比片剂和胶囊容易吸收；缓释剂可使药物按一级速率缓慢释放而吸收，延长药效，减少给药次数；控释剂使药物按零级速率释放，使血药浓度稳定在有效浓度水平，延长药效维持时间。此外，药物采用不同给药途径可能会产生不同的作用和用途，如硫酸镁口服可以导泻和利胆，注射则有止痉、镇痛作用并使血压降低。不同给药途径对药效出现时间的影响顺序为：吸入给药＞静脉注射＞肌内注射＞皮下注射＞口服＞直肠给药＞皮肤黏膜给药。

药物的制备工艺和原、辅料的不同，也可能显著影响药物的吸收和生物利用度，如不同药厂生产的相同剂量的地高辛片，口服后的血药浓度可相差数倍。

三、给药剂量

剂量不同，机体对药物的反应程度不同。在一定范围内，随给药剂量增加药物作用逐渐增强，甚至引起严重不良反应或中毒死亡。例如，巴比妥类镇静催眠药随剂量由小到大递增，逐渐产生镇静、催眠、抗惊厥、麻醉等作用，超量服用会引起呼吸中枢抑制而死亡；阿司匹林小剂量抗血栓形成，中剂量解热镇痛，大剂量抗炎。

四、给药时间和次数

一般来说，饭前服药吸收较好，且发挥作用较快；饭后服药吸收较差，起效也慢；刺激性药物宜饭后服用，以减少对胃肠道的刺激；催眠药宜在临睡前服用。用药的次数应根据病情需要及药物的消除速率而定。对 $t_{1/2}$ 短的药物，给药次数要相应增加；对毒性大或消除慢的药物，长期用药时应规定每日的用量和疗程，注意避免蓄积中毒；在肝、肾功能不全时，为防止蓄积中毒，可适当减少用量或延长给药的时间间隔。

五、药物相互作用

药物相互作用（drug interaction）是两种或多种药物同时合用或先后序贯应用而引起药物作用和效应的变化，可分为药动学方面和药效学方面的相互作用。

1. 药动学方面的相互作用

（1）影响吸收。①改变胃肠道 pH：可影响弱酸性或弱碱性药物的解离度，如抗酸药可增加弱酸性药物磺胺类、氨苄西林的解离度，因而吸收减少，但可促进某些弱碱性药物的吸收。②吸附、络合或结合：氢氧化铝凝胶可吸附氯丙嗪；考来烯胺能与洋地黄、性激素、甲状腺素、四环素、保泰松、苯巴比妥、口服抗凝血药、利尿药等结合；四环素类与钙、镁或铝等离子能形成不溶性络合物；浓茶中含大量鞣酸可与铁制剂或生物碱发生沉淀，因而阻碍吸收。③影响胃排空和肠蠕动：抗胆碱药能延缓胃排空，减慢肠蠕动，使同服的对乙酰氨基酚吸收减慢，也可使部分受胃肠道破坏的左旋多巴吸收量大大减少。④肠壁功能的改变：有些药物（如细胞毒素）可损伤消化道黏膜，减少其他药物的吸收。

（2）影响分布：两种蛋白结合率高的药物合用时，可发生结合部位上的竞争性置换。例如，阿司匹林、对乙酰氨基酚与蛋白结合力强，可将双香豆素类从蛋白结合部位置换出来，使其抗凝血作用增强；水杨酸类药物可分别置换口服降糖药甲苯磺丁脲、抗凝血药华法林和抗肿瘤药甲氨蝶呤，引起低血糖、出血和肝毒性。

（3）影响生物转化。①影响肝药酶：异烟肼能抑制肝药酶，可使同时合用的甲苯磺丁尿药理作用和毒性增加；单胺氧化酶抑制药可延缓左旋多巴及拟交感胺类药的代谢，使这些药物的升压作用和毒性反应增加；别嘌醇能抑制黄嘌呤氧化酶，使 6-巯基嘌呤及硫嘌呤的代谢减慢、毒性增加。②影响非微粒体酶：如单胺氧化酶抑制药可延缓拟交感胺类药物代谢，使这些药的升压作用和毒性反应增加。

（4）影响排泄。①影响尿液 pH：尿液呈酸性时可使弱碱性药解离型增多，使抗组胺药等在肾小管的重吸收减少，排出量增加；同样，尿液呈碱性时可使弱酸性药排出量增多。通过酸化或碱化尿液，可促进碱性药物或酸性药物的排泄。②竞争转运载体：许多弱酸性药物及其代谢产物可从近曲小管主动转运分泌，如水杨酸类、丙磺舒、噻嗪类、乙酰唑胺、呋塞米、对氨基水杨酸、青霉素 G、头孢噻啶等。当这些药物合用时，排泄均可减少，使作用或毒性增加。

2. 药效学方面的相互作用

（1）协同作用（synergism）：指药物合用后原有作用或毒性增加，包括相加作用、增强作用和增敏作用。①相加作用（additive action）：若两药合用的效应是两药分别作用的代数和，称相加作用。抗高血压药物常采用两种不同作用环节的药物合用，降压作用增加，各药剂量相应减少，不良反应降低。应注意的是，氨基糖苷类药物（庆大霉素、链霉素、卡那霉素或新霉素）间相互合用或先后应用对听神经和肾脏的毒性增加，应避免之。②增强作用（potentiation）：若两药合用的效应大于其个别效应的代数和，称之为增强作用，如磺胺甲噁唑与甲氧苄啶合用（SMZ+TMP），其抗菌作用增强 10 倍，由抑菌变成杀菌；普鲁卡因注射液中加入少量肾上腺素，使其局部麻醉时间延长毒性降低。③增敏作用（sensitization）：若一种药物可以使组织或受体对另一种药的敏感性增强，称增敏作用。例如，近年研究的钙增敏药，作用于收缩蛋白，增加肌钙蛋白 C 对 Ca^{2+}的敏感性，在不增加胞内钙的条件下提高心肌收缩性。

（2）拮抗作用（antagonistic action）：指联合用药后原有药物的作用或毒性减弱。①药理性拮抗（pharmacological antagonism）：当一种药物与特异性受体结合，阻止激动剂与受体结合，称药理性拮抗，如 H_1 组胺受体拮抗药苯海拉明可拮抗 H_1 组胺受体激动药的作用。②生理性拮抗（physiological antagonism）：两种激动剂分别作用于生理作用相反的两种特异性受体，称生理性拮抗剂，如自体活性物质组胺可作用于 H_1 组胺受体，引起支气管平滑肌收缩，使小动脉、小静脉和毛细血管扩张，毛细血管通透性增加，引起血压下降，甚至休克。③生化性拮抗剂（biochemical antagonism）：如苯巴比妥能诱导肝微粒体 P_{450} 酶系，使苯妥英钠的代谢加速，效应降低，这种类型的拮抗称为生化性拮抗。④化学性拮抗（chemical antagonism）：如重金属或类金属中毒用二巯丙醇解救，因两者可形成络合物而排泄，这种类型的拮抗称化学性拮抗。⑤脱敏作用（desensitization）：指某药可使组织或受体对另一药物的敏感性减弱，如长期应用受体激动剂使受体数目下调，敏感性降低，只有增加剂量才能维持疗效。

本 章 小 结

影响药物作用的因素总的来说可以概括为机体因素和药物因素两方面。机体因素主要包括：患者的年龄、性别、病理状态、遗传因素、心理因素、时辰因素及长期用药引起的机体反应性变化等。药物因素主要包括：药物的理化性质、给药剂量、剂型和给药途径、给药时间和次数、药物的相互作用等。这些因素往往会引起不同个体，或是对药物的吸收、分布和消除产生差异，导致药物在作用部位的浓度不同，表现为药动学差异；或是药动学参数相同，但反应性不同，表现为药效学差异。这两方面的差异，均能引起药物反应的个体差异。

（沈祥春）

第五章 传出神经系统药理概论

能力要求

1. 能够说出传出神经系统的递质、受体及其生理功能。
2. 能够归纳传出神经系统药物的基本作用。
3. 能够对传出神经系统药物进行分类与比较。

第一节 概 述

传出神经系统（efferent nervous system）主要由自主神经系统（autonomic nervous system，ANS）和运动神经系统（somatic motor nervous system，SMNS）组成。前者亦称植物神经系统（vegetative nervous system），包括交感神经系统（sympathetic nervous system）和副交感神经系统（parasympathetic nervous system）。ANS 主要支配内脏器官、心肌平滑肌和腺体等效应器活动，由于这些生理功能一般不受人的意识控制，故称为非随意活动。体内大多是器官受交感神经和副交感神经的双重支配，但两者通常产生相反的作用，即生理性拮抗。SMNS 则支配骨骼肌运动，通常为随意活动，如肌肉运动和呼吸运动等。

上述神经系统通过其末梢释放化学物质（即神经递质）进入突触间隙（synaptic cleft），进行化学传递（信息传递）。这种传递过程可发生于神经细胞之间，神经细胞与其所支配的效应器细胞之间，即通过神经递质与特异性的受体分子结合来调节突触后细胞的功能，从而完成细胞间的信息传递。

根据传出神经末梢释放递质（transmitter）的不同，可将传出神经分为胆碱能神经（cholinergic nerve）和去甲肾上腺素能神经（noradrenergic nerve）（图 5-1）。胆碱能神经能合成、释放 ACh，包括：①交感神经和副交感神经的节前纤维；②全部副交感神经的节后纤维；③所有的运动神经；④极少数交感神经的节后纤维，如支配汗腺的分泌神经和骨骼肌的血管舒张神经。能合成及释放 NA 的神经称为去甲肾上腺素能神经或肾上腺素能神经，几乎所有的交感神经的节后纤维都属此类神经。在某些效应器组织中还存在着其他神经。例如支配肾及肠系膜的节后纤维存在多巴胺能神经（dopaminergic nerve），神经末梢释放多巴胺（dopamine，DA），使肾血管和肠系膜血管扩张。在胃肠神经系统（enteric nervous system），除有胆碱能神经和去甲肾上腺素能神经外，还存在肽能神经和嘌呤能神经等，这些神经末梢能释放肽类及嘌呤类递质等，如血管活性肠肽（vasoactive intestinal peptide，VIP）、缩胆囊肽（cholecystokinin）、神经肽（neuropeptide Y）、铃蟾肽（bombesin）和阿片肽（opioid peptide）等，它们可能对神经末梢 ACh 和 NE 的释放发挥调节作用。

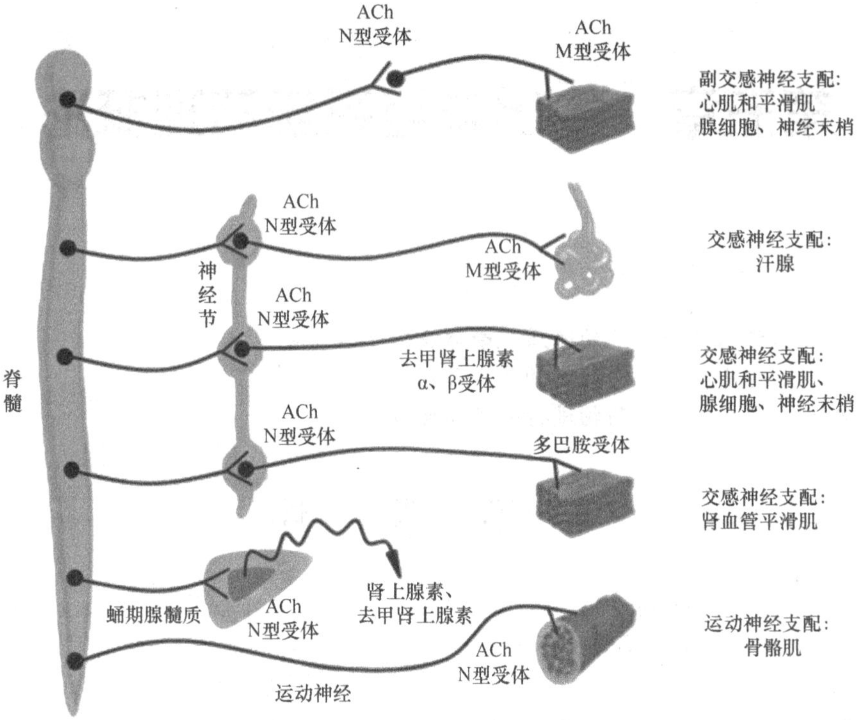

图 5-1　传出神经系统按递质分类

第二节　传出神经系统的递质与受体

作用于传出神经系统的药物，主要作用靶位在于传出神经系统的递质（transmitter）和受体（receptor），可通过影响递质的合成、储存、释放、代谢等环节或通过直接与受体结合而产生生物效应。为了便于阐明传出神经系统药理，首先介绍递质和受体相关的基本概念。

一、传出神经系统的递质

（一）传出神经系统的递质

1921 年，德国科学家 Otto Loewi 通过实验证明了递质的存在。著名的离体双蛙心灌流实验发现，当刺激 A 蛙心迷走神经时，A 蛙心功能受到抑制，将 A 蛙心的灌注液注入 B 蛙心，则 B 蛙心表现出抑制。说明 A 蛙心迷走神经兴奋时释放出一种使 B 蛙心也受到抑制的物质。后于 1926 年证明这种物质就是 ACh。1946 年，Von Euler 从牛脾神经获得高纯度提取物并证实此物即为 NA，表明 NA 即为哺乳类交感神经节后纤维的递质。至此，传出神经系统的化学传递学说就臻于完善。

知识拓展

ACh：一个分子与三个诺贝尔奖的故事

关于 ACh 的研究曾经先后产生了三个诺贝尔奖，对医学及生理学发展产生了非常重大的影响。一是德国科学家 Otto Loewi 因梦中提示开展的著名生理学实验——蛙心灌流试验，首次确定了神经传递的化学物质的存在。后经英国生理学家 Sir Henry Hallett Dale 证实，

Otto Loewi 发现的内源性物质就是 ACh。1936 年，两人共获诺贝尔生理学或医学奖。二是 1976 年，德国马普生物物理化学研究所的 Neher 和 Sakmann 首次在青蛙肌细胞上用双电极钳制膜电位的同时，记录到 ACh 激活的单通道离子电流，从而建立了膜片钳技术。因在膜片钳技术上的突出贡献，Neher 和 Sakmann 获得了 1991 年度的诺贝尔生理学或医学奖。三是纽约州立大学的 Robert Furchgott 教授在研究 ACh 调节血管的过程中发现了内皮细胞释放的一氧化氮是发挥血管调节的重要气体信号分子，他与 Louis J. Ignarro 和 Ferid Murad 共获了 1998 年诺贝尔生理学或医学奖。

（二）传出神经突触的超微结构

传出神经末梢与次一级神经元或效应器间在组织学上并无原生质直接相连，中间有宽 15～1000nm 的空隙，即为突触间隙，神经末梢与下一级神经元的接头或神经元与效应器之间的接头称为突触；传出神经末梢邻近间隙的细胞膜为突触前膜，效应器或次一级神经元邻近间隙的细胞膜称为突触后膜（图 5-2）。在神经末梢近突触前膜处，聚集着很多直径为 20～50nm 的囊泡。单个运动神经末梢含有 30 万个以上的囊泡，每个囊泡中含有 1000～50 000 个 ACh 分子。运动神经末梢突触后膜具有许多皱褶，皱褶内聚集着胆碱酯酶，可迅速水解 ACh。交感神经末梢可分为许多细微的神经纤维分支，这些分支分布于平滑肌细胞之间。每个分支都有连续的膨胀部分呈稀疏串珠状，称为膨体。每个神经元约有 3 万个膨体，每个膨体约含有 1000 个囊泡。囊泡内含有高浓度 NA（胆碱能神经末梢囊泡内含大量 ACh）。囊泡是递质合成、转运和储存的重要场所。

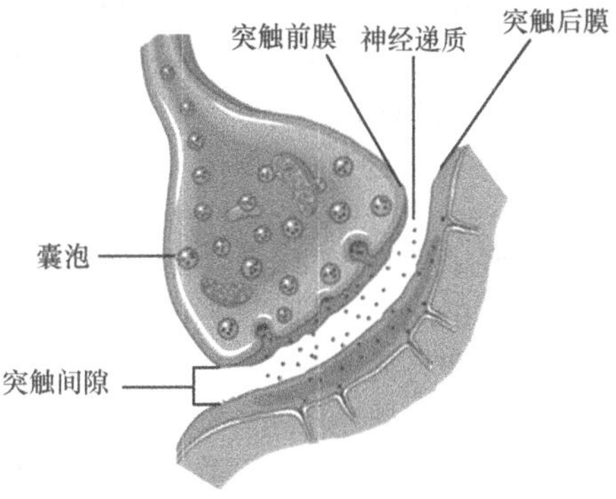

图 5-2 突触结构

（三）传出神经递质的生物合成、储存、释放和失活

1. 递质的生物合成与储存 NA 的生物合成主要在去甲肾上腺素能神经细胞内和轴突中进行，酪氨酸从血液进入神经元后，经酪氨酸羟化酶催化生成多巴，再经多巴脱羧酶催化生成 DA，后者进入囊泡中并由多巴胺 β-羟化酶催化，生成 NA 并与 ATP 和嗜铬颗粒蛋白结合，储存于囊泡中。在上述参与递质合成的酶中，酪氨酸羟化酶的活性较低，反应速度慢且对底物的要求专一，当胞质中 DA 或游离 NA 浓度增高时，对该酶有反馈性抑制作用。反之，则对该酶抑制作用减弱，催化作用加强。因此，酪氨酸羟化酶是 NA 合成过程的限速酶。囊泡是 NA 储存和最后合成的场所。

ACh 主要在胆碱能神经末梢合成，与其合成有关的酶和辅酶有胆碱乙酰化酶（choline acetylase）和乙酰辅酶 A（acetyl coenzyme A）。前者在细胞体内形成并沿轴突转运至末梢，后者则在末梢线粒体内合成，须先与草酰乙酸反应生成柠檬酸盐，才能穿过线粒体膜进入胞质液中，然后在柠檬酸裂解酶的催化下再形成乙酰辅酶 A。胆碱乙酰化酶和乙酰辅酶 A 在胞质液内促进胆碱形成 ACh。ACh 合成后即进入囊泡并与 ATP 和囊泡蛋白共同储存于囊泡中（图 5-3）。

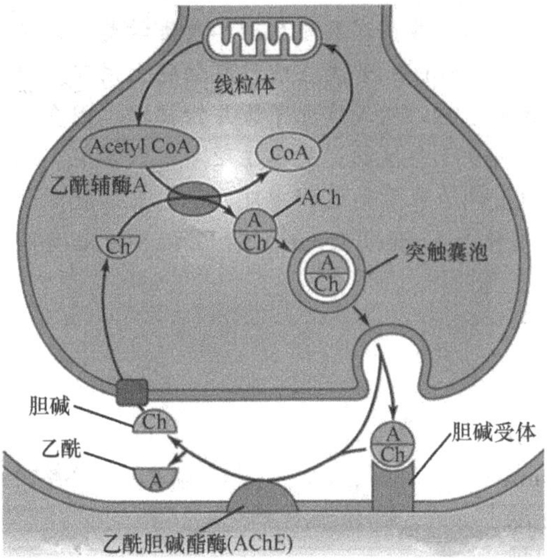

图 5-3 ACh 的合成、储存、释放、消除过程

2. 递质的释放

（1）量子化释放：1952 年英国生理学家 Paul Fatt 和 Bernard Katz 等用微电极方法在蛙神经肌肉接头处发现骨骼肌细胞有自发性小终板电位（miniature end plate potentials，MEPPs），约每秒一至数次的发放频率。其幅度具有分级现象，由此得出 ACh 的量子化释放（quantal release）概念。量子化释放学说认为囊泡为运动神经末梢释放 ACh 的单元，静息时不断地有少数囊泡释放 ACh，因此可出现小终板电位，但由于电位幅度极小（0.3～3.0mV），故不会引起动作电位和效应，而每一个囊泡的 ACh 释放量就是一个“量子”。当神经冲动到达末梢时，上百个囊泡同时外排，才可引发动作电位而产生效应。

（2）胞裂外排（exocytosis）：当神经冲动到达神经末梢时，Ca^{2+}进入神经末梢，促使已停靠（docking）在突触前膜的囊泡膜与突触前膜相融合（fusion），形成裂孔，并通过裂孔将囊泡内容物（如 NA 或 ACh 等）一并释放至突触间隙并立即与突触后膜（或前膜）的受体结合而产生效应，此即为胞裂外排，其结果可引起兴奋性或抑制性神经传递。

（3）其他释放机制：静息时，交感神经末梢可有微量的 NA 不断地从囊泡内溢出，但由于溢出量少，到达突触间隙的递质浓度远低于产生效应的阈值。此外，有些药物（如酪胺、麻黄碱、苯丙胺和胍乙啶等）可被去甲肾上腺素能神经末梢摄取并进入囊泡储存，而同时将囊泡内与蛋白结合的 NA 置换出来，由于置换出的 NA 远大于溢流量，故可产生一定的效应。

3. 递质的失活 传出神经系统的两种主要递质，即 ACh 和 NA 作用的消失主要通过酶的灭活和神经末梢摄取两种途径。ACh 的失活主要是通过被突触间隙中的 AChE（acetylcholinesterase，AChE）所水解。ACh E 作用效率极高，一般在 ACh 释放后数毫秒内即可将其破坏；每一分子 ACh E 在 1min 内能水解 105 分子 ACh，其水解产物胆碱可被摄取入神经末梢，作为合成 ACh 的原料。

NA 主要靠突触前膜将其摄入神经末梢内而使作用消失，这种摄取称为摄取 1（uptake1），也称神经摄取（neuronal uptake）。现知这种摄取是通过位于神经末梢突触前膜的特殊蛋白进行的，该特殊蛋白被称为转运体（transporter），它为一种主动转运机制，能逆浓度梯度摄取内源性及外源性 NA，其摄取量为释放量的 75%～95%。摄入神经末梢的 NA 进一步被摄入囊泡储存起来，所以摄取 1 亦称为储存型摄取。部分未进入囊泡的 NA 可被胞质中线粒体膜上的 MAO 破坏。此外，许多非神经组织（如心肌、平滑肌等）也能摄取 NA，称为摄取 2（uptake2），也称非神经摄取（non-neuronal uptake）。摄入组织后的 NA 很快被细胞内的儿茶酚氧位甲基转移酶（catechol-o-methyltransferase，COMT）和单胺氧化酶（MAO）所破坏，因此摄取 2 也称为代谢型摄取。此外，尚有小部分 NA 释放后从突触间隙扩散到血液中，最后被肝、肾等 COMT 和 MAO 所破坏而失活（图 5-4）。

二、传出神经系统的受体

传出神经系统受体学说的发展促进了神经冲动和信息传递过程的研究，不仅为药物作用机制研究和新药的研发提供了理论依据，还为充实神经生物学基本理论做出了重大的贡献。

（一）胆碱受体

传出神经系统受体的命名是根据能与之相结合的递质或药物而命名。能与ACh结合的受体称为胆碱受体（cholinoceptor）。胆碱受体分为两大类：M型胆碱受体和N型胆碱受体。在早期的研究中，发现位于副交感神经节后纤维所支配的效应器细胞膜的胆碱受体对以毒蕈碱（muscarine）为代表的拟胆碱药较为敏感，故这部分受体称为毒蕈碱型胆碱受体（M胆碱受体）；位于神经节细胞膜和神经肌肉接头的胆碱受体对烟碱（nicotine）比较敏感，故将其称为烟碱型胆碱受体（N胆碱受体）。

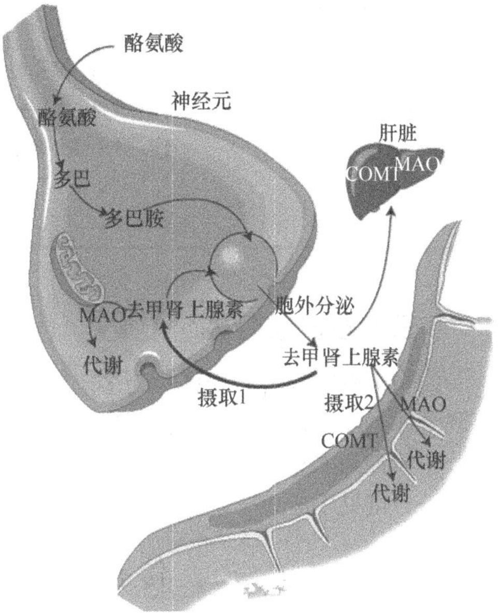

图5-4 NA的合成、储存、释放、消除过程

1. M受体 属于G蛋白偶联受体，主要分布于胆碱神经节后纤维所支配的效应器，如心脏、胃肠道平滑肌、膀胱逼尿肌、瞳孔括约肌和各种腺体。M受体可分为5种亚型M_1、M_2、M_3、M_4和M_5，较为公认的是M_1、M_2和M_3。①M_1受体主要分布于胃壁细胞、神经节和中枢神经系统，激动时引起胃酸和胃蛋白酶分泌，促进副交感神经节神经递质释放等效应；其特异性阻断药为哌仑西平。②M_2受体主要分布于心脏、脑、自主神经节和平滑肌，激动时心脏受到抑制；其特异性阻断药为加拉碘铵。③M_3受体主要分布于外分泌腺、平滑肌、血管内皮，激动时血管舒张、内脏平滑肌收缩，腺体分泌增加。④M_4受体主要分布于中枢神经元、迷走神经末梢。⑤M_5受体主要分布于血管内皮（特别是中枢血管）、中枢神经元。

2. N受体 根据其分布部位不同可分为神经节N胆碱受体（又称N_1受体）及神经肌肉接头N胆碱受体即N_M（nicotinic muscle）受体（又称N_2受体）。神经节和中枢的N胆碱受体又称为N_N（nicotinic neuronal）受体。①N_N受体主要分布于神经节，激动N_N受体表现为神经节次一级神经元兴奋的继续传递。六甲双铵等为竞争性N_N受体阻断剂。②N_M受体主要分布于神经肌肉接头（骨骼肌细胞膜运动终板）。N_M受体兴奋表现为骨骼肌细胞外钙内流和细胞内钙释放，肌肉收缩。筒箭毒碱为竞争性N_M受体阻断药，可引起骨骼肌松弛。

（二）肾上腺素受体

能与NA或肾上腺素结合的受体称为肾上腺素受体（adrenoceptor）。肾上腺素受体属于G蛋白偶联受体，根据其对拟肾上腺素类药物的敏感性及阻断剂的不同，又可分为α肾上腺素受体（α受体）和β肾上腺素受体（β受体）（表5-1）。

1. α受体 ①α_1受体主要分布于血管平滑肌、瞳孔开大肌、心脏和肝脏，可被去氧肾上腺素激动，被哌唑嗪阻断。②α_2受体主要存在于去甲肾上腺素能及胆碱能神经末梢的突触前膜，功能是负反馈地抑制突触前膜内NA等递质的释放，间接影响效应器官的反应；α_2受体存在于肝细胞、血小板、脂肪细胞和血管平滑肌上。α_2受体可被可乐定激动，被育亨宾阻断。

2. β受体 ①β_1受体主要分布于心脏、肾小球旁细胞。心脏β_1受体占心脏β受体总数的80%左右，可被普萘洛尔阻断。②β_2受体主要分布于平滑肌、骨骼肌和肝脏，此外还分布于突触前膜，激动后可正反馈地促进突触前膜内递质的释放，亦可被普萘洛尔阻断。③β_3受体主要分布于脂肪细胞、心脏。可能对脂肪的分解有调节作用。包括普萘洛尔在内的多数β受体阻断药都不能阻断β_3受体。

表 5-1 肾上腺素受体亚型和分布

分型	组织分布
α_1	血管平滑肌、瞳孔开大肌、尿道平滑肌、肝脏、胃肠和膀胱括约肌
α_2	血管平滑肌、血小板、脂肪细胞及神经末梢
β_1	心脏、肾小球旁细胞
β_2	支气管和血管平滑肌、骨骼肌
β_3	脂肪细胞

（三）多巴胺受体

能与多巴胺结合的受体称为多巴胺受体（dopaminergic receptor，DA 受体），属于 G 蛋白偶联受体。DA 受体除存在于中枢外，外周也有 DA_1 受体，主要位于肾血管平滑肌；DA_2 受体则分布于神经末梢突触前膜和平滑肌效应器细胞上；DA_3 受体存在于中枢；DA_4 受体除存在于中枢外，也见于心血管系统。

三、传出神经系统效应的分子机制

神经递质或激动药与受体结合后，触发一系列瀑布式的生化过程，最终导致效应的产生，这一过程称为受体激动-效应偶联（receptor-effect coupling）。

以 N 胆碱受体为代表的配体门控受体，其受体本身就是离子通道，故称配体门控离子通道。每个 N 胆碱受体由 2 个 α 亚基和 β、γ、δ 亚基组成的五聚体，形成中间带孔跨细胞膜通道。α 亚基上有 ACh 作用的位点，直接操纵离子（如 Na^+）通道的开关，因此这一偶联称为受体-离子通道偶联。当动作电位到达神经末梢时，突触前膜去极化而引起胞裂外排，释放 ACh 可与神经肌肉接头 N 胆碱受体结合，促使离子通道开放，胞外 Na^+、Ca^{2+}进入胞内，可产生局部去极化，即终板电位。当终板电位超过肌纤维扩布性去极化阈值时，膜上电压门控离子通道开放，此时大量 Na^+、Ca^{2+}进入胞内，产生动作电位，导致肌肉收缩（图 5-5）。

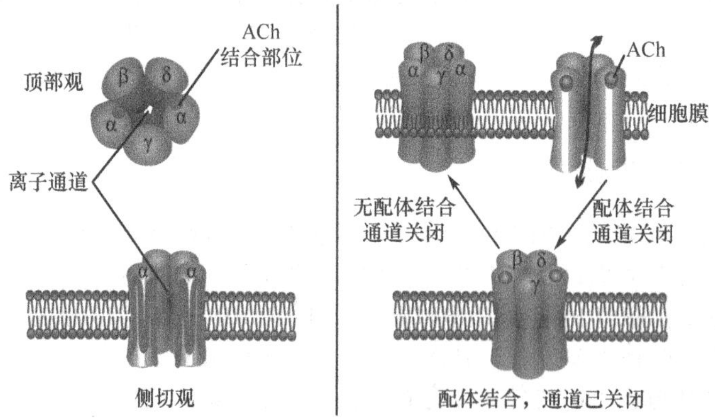

图 5-5 N 胆碱受体结构与功能

肾上腺素受体和 M 胆碱受体结构相似，均属 G 蛋白偶联受体，现已知 G 蛋白偶联受体一级结构的特点是都有 7 个跨膜区段，效应产生都与 G 蛋白有关。当激动药与受体结合后，可与 G 蛋白偶联，其中 α_1 受体激动可激活磷脂酶（C、D、A_2），增加第二信使 IP_3 和 DAG 形成而产生效应；α_2 受体激动则可抑制腺苷酸环化酶（adenyl cyclase，AC），并由此使 cAMP 减少。所有 β 受体亚型激动后均能兴奋腺苷酸环化酶，使 cAMP 增加，产生不同效应。肾上腺素受体亚型激动后主要效应见表 5-2。

表 5-2　肾上腺素受体及其效应系统

受体	偶联 G 蛋白	基本效应
β_1	G_S	AC 激活，L-型 Ca^{2+}通道激活
β_2	G_S	AC 激活
β_3	G_S	AC 激活
α_1	G_q	磷脂酶 C 激活
	G_q	磷脂酶 D 激活
	G_q，G_i/G_o	磷脂酶 A_2 激活
	G_q	Ca^{2+}通道激活
α_1	G_i	AC 活性降低
	G_i（βγ 亚单位）	K^+通道开放
	G_o	抑制 Ca^{2+}通道（L-型；N-型）

知识拓展

对传出神经系统受体的分离与提纯工作起自 20 世纪 70 年代对 N 胆碱受体的分离研究。电鳗（electrophorus）或电鳐（torpedo）的器官细胞膜富含 N 受体，应用放射标记的 α-银环蛇毒（能与 N 胆碱受体牢固结合）作为配体与之结合，然后经过放射性追踪，将 N 胆碱受体蛋白分离出来。在电镜下，每个单体呈环状颗粒，直径为 8～9 nm，由直径为 3～4 nm 的 α、β、γ、δ 四种亚基组成。组合方式为两个 α 亚基和 β、γ、δ 亚基围成中心带孔的五聚体跨细胞膜通道。

第三节　传出神经系统的生理功能

传出神经系统药物的药理作用共性为拟似或拮抗传出神经系统的功能。熟悉传出神经的生理功能对进一步掌握各药的药理作用十分必要。

机体的多数器官都接受去甲肾上腺素能神经和胆碱能神经的双重支配，去甲肾上腺素能神经兴奋时，可使心脏兴奋、皮肤黏膜和内脏血管收缩、血压升高、支气管和胃肠道平滑肌抑制、瞳孔扩大等。这些功能变化，有利于机体适应环境的变化。胆碱能神经兴奋时，节前与节后纤维的功能有所不同。当节后纤维兴奋时，基本上表现与上述相反的作用，有利于机体进行休整和积蓄能量；当节前纤维兴奋时，可引起神经节兴奋和肾上腺髓质分泌的增加产生类似去甲肾上腺素能神经兴奋的结果。这两类神经兴奋时所产生的效应又往往相互拮抗，当两类神经同时兴奋时，则占优势的神经的效应通常会显现出来。例如，窦房结，当肾上腺素能神经兴奋时，引起心率加快；胆碱能神经兴奋则引起心率减慢，但以后者效应占优势。所以当两类神经同时兴奋时，常表现为心率减慢。

为了更好地理解和掌握作用于传出神经系统的药物作用，必须熟悉传出神经系统的生理功能（表 5-3）。

表 5-3 传出神经系统效应器及其生理功能

器官		肾上腺素能神经兴奋		胆碱能神经兴奋	
		效应	受体	效应	受体
眼睛	开大肌	收缩（扩瞳）	α_1	—	—
	括约肌	—	—	收缩（缩瞳）	M_3
	睫状肌肉	舒张（远视）	β_2	收缩（近视）	M_3
心脏	窦房结	心率加速	β_1; β_2	减慢	M_2
	心肌	收缩增强	β_1；β_2	略减弱	M_2
	传导系统	传导加速	β_1；β_2	减慢	M_2
血管	皮肤、黏膜、内脏	收缩、舒张（血管内脏）	α_1; α_2; β_2	—	—
	骨骼肌	收缩，舒张	α_1；β_2	—	—
	冠状动脉	收缩，舒张	α_1；α_2；β_2	—	—
胃肠道	平滑肌	舒张	α_1；α_2；β_2	收缩	M_3
	括约肌	收缩	α_1	舒张	M_3
膀胱	平滑肌	舒张	β_2	收缩	M_3
	括约肌	收缩	α_1	舒张	M_3
腺体	汗腺	分泌增加	α_1	增加	M
	唾液腺	分泌增加	α	增加	M
	胃肠道	淀粉酶增加	β_2	增加	M_1
	呼吸道	减少，增加	α_1；β_2	增加	M
	骨骼肌	收缩	β_2	收缩	N_M
肾上腺髓质		—	—	肾上腺素和 NA 分泌	N_N

第四节 传出神经系统药物的基本作用及其分类

一、传出神经系统药物基本作用

（一）直接作用于受体

许多传出神经系统药物可直接与胆碱受体或肾上腺素受体结合，可产生两种完全不同的结果。如结合后所产生效应与神经末梢释放的递质效应相似，称为激动药；如结合后不产生或较少产生拟似递质的作用，并可妨碍递质与受体结合，产生与递质相反的作用，就称为阻断药，对激动药而言，则称为拮抗药。

（二）影响递质

1. 影响递质的生物合成 密胆碱可以抑制 ACh 的生物合成，α-甲基酪氨酸能抑制 NA 生物合成，但两者目前无临床应用价值，仅作为药理学研究的工具药。

2. 影响递质的释放 某些药物如麻黄碱和间羟胺可促进 NA 释放，而卡巴胆碱可促进 ACh 释放。有些药物如可乐定和碳酸锂则可分别通过抑制外周和中枢 NA 释放而产生效应。

3. 影响递质的转运和储存　有些药物可干扰递质 NA 的再摄取，如利血平为典型的囊泡摄取抑制剂而使囊泡内 NA 减少至耗竭，去甲丙米嗪和可卡因都是摄取 1 抑制剂。

4. 影响递质的生物转化　如前所述，ACh 的体内灭活主要依赖于胆碱酯酶水解。因此胆碱酯酶抑制剂可干扰体内 ACh 代谢，造成体内 ACh 堆积，从而产生效应。

二、传出神经系统药物的分类

传出神经系统药物按其作用性质可分为拟似药和拮抗药两类，按其对不同类型受体的选择性可分为受体激动药或受体阻断药两类（表 5-4）。

表 5-4　传出神经系统药物的分类

拟似药	拮抗药
（一）胆碱受体激动药	（一）胆碱受体阻断药
1.M、N 受体激动药（卡巴胆碱）	1. M 受体阻断药
2.M 受体激动药（毛果云香碱）	（1）非选择性 M 受体阻断药（阿托品）
3.N 受体阻断药（烟碱）	（2）M_1 受体阻断药（哌仑西平）
（二）抗胆碱酯酶药（新斯的明）	2. N 受体阻断药
（三）肾上腺素受体激动药	（1）N_1 受体阻断药（六甲双铵）
1. α 受体激动药	（2）N_2 受体阻断药（琥珀胆碱）
（1）α_1、α_2 受体激动药（NA）	（二）胆碱酯酶复活药（碘解磷定）
（2）α_1 受体激动药（去氧肾上腺素）	（三）肾上腺素受体阻断药
（3）α_2 受体激动药（可乐定）	1. α 受体阻断药
2. α、β 受体激动药（肾上腺素）	（1）α_1、α_2 受体阻断药
3. β 受体激动药	①短效类（酚妥拉明）
（1）β_1、β_2 受体激动药（异丙肾上腺素）	②长效类（酚苄明）
（2）β_1 受体激动药（多巴酚丁胺）	（2）α_1 受体阻断药（哌唑嗪）
（3）β_2 受体激动药（沙丁胺醇）	（3）α_2 受体阻断药（育亨宾）
	2. β 受体阻断药
	（1）β_1、β_2 受体阻断药（普萘洛尔）
	（2）β_1 受体阻断药（美托洛尔、醋丁洛尔）

本章小结

胆碱能神经和去甲肾上腺素能神经是两种重要的传出神经类型，前者释放 ACh，后者主要释放 NA。胆碱受体分为毒蕈碱受体（M 受体，$M_{1\sim5}$受体）和烟碱受体（N 受体，N_N、N_M受体）；肾上腺素受体分为 α 受体（$\alpha_{1\sim2}$受体）和 β 受体（$\beta_{1\sim3}$受体）。

M 受体广泛分布于胆碱能神经节后纤维所支配的效应器细胞膜上，兴奋时产生 M 样作用，表现为心血管舒张，平滑肌收缩，瞳孔缩小，腺体分泌增加。N_N受体分布于神经节和肾上腺髓质，N_N受体兴奋引起神经节兴奋，N_M受体兴奋引起骨骼肌收缩。α_1受体主要分布在交感神经节后纤维支配的效应器细胞膜上，兴奋时表现为皮肤黏膜和腹腔内脏血管收缩。β_1

受体多位于心脏，β_2受体多位于支气管和血管平滑肌，前者激动引起心脏兴奋，后者激动出现平滑肌舒张。

传出神经系统的药物基本作用靶位为传出神经系统的递质和受体。传出神经系统药物按其作用性质可分为拟似药和拮抗药两类，按其对受体的选择性不同可分为受体激动药及受体拮抗药两类。

（李小强）

第六章　作用于胆碱能系统药物

能力要求

1. 能够阐述毛果芸香碱、新斯的明、阿托品的药理作用及机制、临床使用和不良反应；能够说出毛果芸香碱与毒扁豆碱、山莨菪碱与东莨菪碱、维库溴铵与琥珀胆碱的作用及使用异同。

2. 能够合理选用本章药物拟定青光眼的治疗、重症肌无力的抢救、有机磷酸酯类中毒的解救方案。

3. 能够理解后马托品、托吡卡胺、丙胺太林、筒箭毒碱、胆碱酯酶复活药的作用及应用。

作用于胆碱能系统的药物有拟胆碱药和抗胆碱药，拟胆碱药（cholinomimetic drugs）是一类作用与乙酰胆碱类似的药物，包括胆碱受体激动药（cholinoceptor agonists）和胆碱酯酶抑制药（cholinesterase inhibitors）。胆碱受体激动药能激动胆碱能神经支配的效应器、神经节、神经肌肉接头等部位的胆碱受体，产生拟胆碱作用，也称直接拟胆碱药。由于乙酰胆碱主要经胆碱酯酶水解灭活，因此抑制胆碱酯酶活性的药物也表现出一定的拟胆碱作用，也称间接拟胆碱药。抗胆碱药（anticholinergic drugs）也称胆碱受体阻断药（cholinoceptor blocking drugs），能与胆碱受体结合，但不产生或极少产生拟胆碱作用，却能阻碍乙酰胆碱或拟胆碱药与胆碱受体的结合，表现出胆碱能神经被阻断或抑制效应。

第一节　胆碱受体激动药和作用于胆碱酯酶药

胆碱受体激动药根据其对受体的选择性主要分为M、N胆碱受体激动药、M胆碱受体激动药和N胆碱受体激动药三类。作用于胆碱酯酶药有胆碱酯酶抑制药和胆碱酯酶复活药，前者根据药理学性质可分为易逆性抗胆碱酯酶药（如新斯的明）和难逆性抗胆碱酯酶药（如有机磷酸酯类）。

一、M、N受体激动药

M、N胆碱受体激动药为胆碱酯类（choline esters），包括乙酰胆碱和合成的胆碱酯类如卡巴胆碱（carbamyl choline）、醋甲胆碱（methacholine）、贝胆碱（bethanecholine）等（图6-1）。

（一）乙酰胆碱及药理作用

乙酰胆碱（acetyl choline，ACh）既是外周也是中枢胆碱能神经的递质，特异性地作用于M、N胆碱受体，产生多种生理效应，包括心肌收缩力减弱，心率减慢；气管，胃肠道及其他脏器平滑肌收缩；动脉血管平滑肌松弛，血管舒张；腺体分泌增强；肾上腺髓质分泌增加，自主神经节兴奋，骨骼肌收缩。

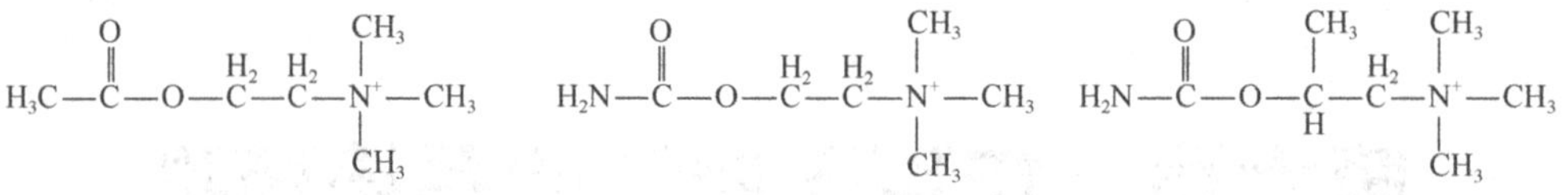

ACh　　　　卡巴胆碱　　　　贝胆碱

图 6-1　ACh 和某些胆碱受体激动药的化学结构

ACh 的水溶液不稳定，不易透过血-脑屏障，选择性低，作用广泛，副作用多，在组织内迅速被胆碱酯酶破坏，因此无临床应用价值。但了解 ACh 的生理、药理作用有助于掌握一系列胆碱受体激动药和胆碱受体阻断药的药理作用。当体内 ACh 过多或大剂量外源性 ACh 进入体内时产生的药理作用包括如下几种。

1. M 样作用　ACh 首先激动 M 胆碱受体，发挥相当于胆碱能神经全部节后纤维兴奋所产生的作用，出现的结果称为 M 样作用，包括兴奋胃肠道、泌尿道及支气管平滑肌等，腺体分泌增加，眼瞳孔括约肌和睫状肌收缩，心肌收缩力减弱，心率减慢、血管扩张（ACh 激动血管内皮的 M 受体，使内皮细胞释放 NO 并弥散到血管平滑肌细胞内，激活鸟苷酸环化酶，提高平滑肌胞内的 cGMP 浓度，使血管平滑肌松弛）、血压下降。

2. N 样作用　大剂量 ACh 除激动 M 胆碱受体外，还可激动神经节部位 N_N 胆碱受体（神经节兴奋）和运动神经终板处的 N_M 受体（骨骼肌收缩），产生 N 样作用，包括骨骼肌弥漫性收缩或痉挛，胃肠道、泌尿道和支气管等平滑肌收缩，腺体分泌增加，肾上腺髓质释放儿茶酚胺增多，心肌收缩力增强和小血管收缩，血压上升。过大剂量的 ACh 可使神经节从兴奋转入抑制。由于在多数器官组织中，交感和副交感神经的作用是相互拮抗的，因此 N_N 胆碱受体兴奋引起的生理效应非常复杂，其最终结果取决于组织中何种受体占优势。

3. 中枢作用　内源性 ACh 可激动中枢 M、N 胆碱受体。大脑 M 受体较丰富，脊髓以 N 受体为主。实验表明，胆碱受体激动药可增进学习记忆行为，而胆碱受体阻断药可引起镇静、健忘，甚至全身麻醉。ACh 为季铵类化合物，脂溶性低，外源性 ACh 不易透过血-脑屏障，无中枢作用。

ACh 因短效、副作用多已不作为治疗用药，仅为工具用药。目前已合成了大量的选择性更高，作用时间更长的 ACh 衍生物，如卡巴胆碱（carbamyl choline）、醋甲胆碱（methacholine）、贝胆碱（bethanecholine）等已在临床应用。它们的药理作用与乙酰胆碱相似，既作用于节后胆碱能神经支配效应器上的 M 胆碱受体，也作用于神经节和骨骼肌上的 N 胆碱受体。

（二）乙酰胆碱衍生物

卡巴胆碱（carbamyl choline）为合成的拟胆碱药，并有轻度抗胆碱酯酶作用，对 M、N 胆碱受体的激动作用与 ACh 相似，但其不易被胆碱酯酶水解，作用时间较长，眼内通透性较差。滴眼后瞳孔迅速缩小，作用与毛果芸香碱相似，但持续时间约长 3 倍，适用于人工晶体植入、白内障摘除、角膜移植等需要缩瞳的眼科手术。滴眼液可用于治疗开角型青光眼或单用毛果芸香碱过敏、无效或产生耐受的患者。非眼用制剂可用于手术后腹部胀气、尿潴留及其他原因所致的胃肠或膀胱功能异常，也可用于缓解口干症状。M、N 胆碱受体激动药药理特性比较见表 6-1。

表 6-1　胆碱酯类和天然生物碱类药理特性比较

胆碱酯类	对胆碱酯酶敏感性	阿托品拮抗作用	M 样作用				N 样作用	用途
			心血管	胃肠道	膀胱	眼		
ACh	+++	+++	++	++	++	+	++	工具药
卡巴胆碱	—	+	+	+++	+++	++	+++	青光眼
醋甲胆碱	+	+++	+++	++	++	+	+	口腔干燥症

续表

胆碱酯类	对胆碱酯酶敏感性	阿托品拮抗作用	M样作用				N样作用	用途
			心血管	胃肠道	膀胱	眼		
贝胆碱	−	+++	±	+++	+++	++	−	术后腹胀、胃张力缺乏症
氯贝胆碱	−	+++	+/-	+++	+++	++	−	术后腹胀与尿潴留
毒蕈碱	−	+++	++	+++	+++	++	−	−
毛果芸香碱	−	+++	+	+++	+++	++	−	青光眼

二、M 受体激动药

M 胆碱受体激动药分为两类，即胆碱酯类，如氯贝胆碱（bethanechol chloride）和天然形成的拟胆碱生物碱类，如毒蕈碱（muscarine）、毛果芸香碱（pilocarpine）和槟榔碱（arecoline）（图 6-2）。

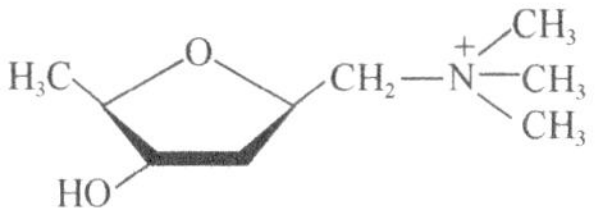
毒蕈碱

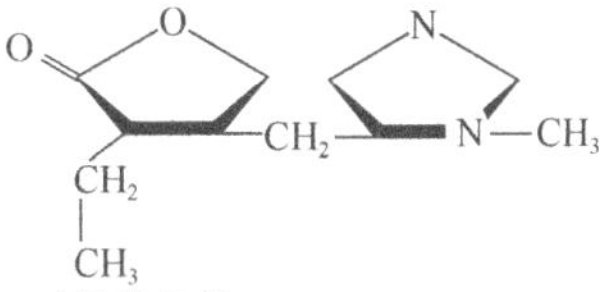
毛果芸香碱

图 6-2　毒蕈碱与毛果芸香碱的化学结构

毛果芸香碱

毛果芸香碱（pilocarpine）又名匹鲁卡品，是从毛果芸香属（*pilocarpus*）植物中提取的生物碱。

【药理作用】　毛果芸香碱能直接作用于副交感神经（包括支配汗腺交感神经）节后纤维支配的效应器官的 M 胆碱受体，尤其对眼和腺体作用较明显。

1. 眼　滴眼后可引起缩瞳、降低眼压和调节痉挛作用。

（1）缩瞳：虹膜内有两种平滑肌，一种是瞳孔括约肌，受动眼神经的副交感神经纤维（胆碱能神经）支配，兴奋时瞳孔括约肌向内收缩，瞳孔缩小；另一种为瞳孔扩大肌，受去甲肾上腺素能神经支配，兴奋时瞳孔扩大肌向外发散，使瞳孔扩大。本品可激动瞳孔括约肌的 M 胆碱受体，兴奋瞳孔括约肌，使其收缩，表现为瞳孔缩小，局部用药后其作用可持续数小时至 1 天。

（2）降低眼内压：房水是从睫状体上皮细胞分泌及血管渗出而产生，经瞳孔流入前房，到达前房角间隙，主要经滤帘流入巩膜静脉窦，最后进入血液循环（图 6-3）。毛果芸香碱通过缩瞳作用可使虹膜向中心拉动，虹膜根部变薄，从而使处于虹膜周围的前房角间隙扩大，房水易于经滤帘进入巩膜静脉窦，使眼内压下降。

（3）调节痉挛：毛果芸香碱激动睫状体环状肌的 M 受体，使环状肌向中心方向收缩，造成悬韧带放松，晶状体由于本身弹性变凸，屈

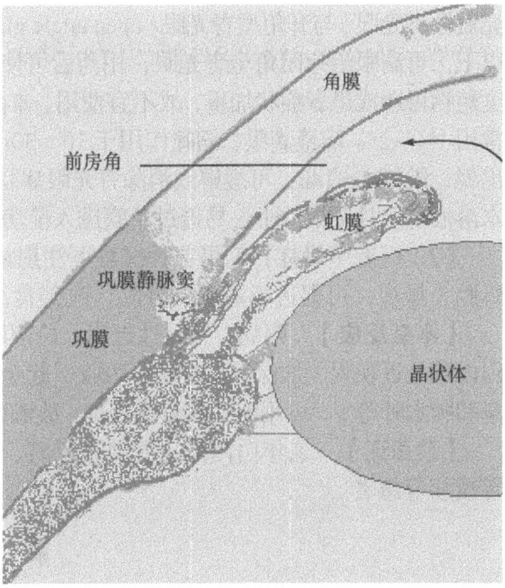

图 6-3　房水循环（箭头表示房水回流方向）

光度增加，视近物能清晰成像在视网膜上，视远物成像在视网膜前，故近视清晰，远视模糊，称为调节痉挛（图 6-4）。

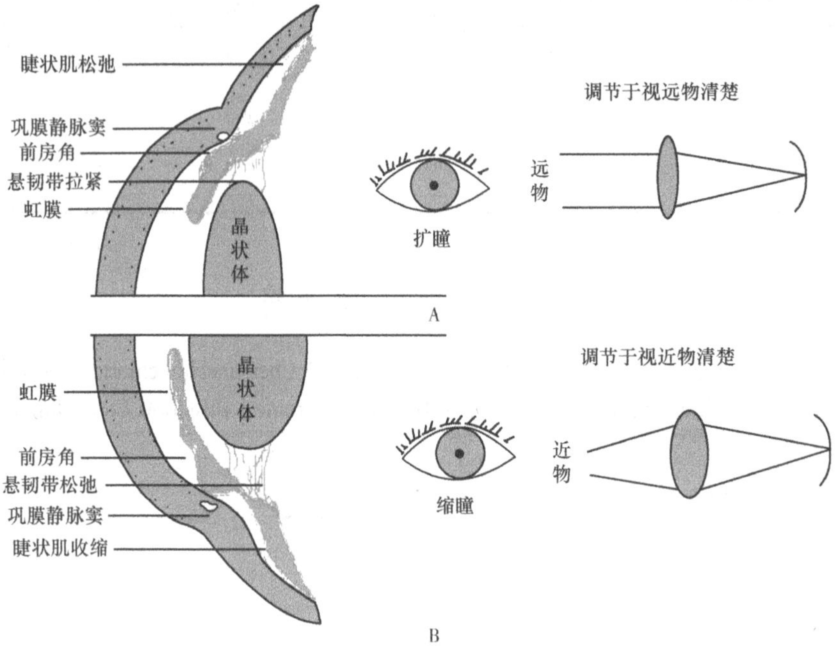

图 6-4 M 胆碱受体激动药和 M 胆碱受体阻断药对眼的作用

A. M 胆碱受体阻断剂的调节麻痹作用；B. M 胆碱受体激动剂的调节痉挛作用

2. 腺体 毛果芸香碱（10～15 mg 皮下注射）可使汗腺、唾液腺分泌明显增加，也可使泪腺、消化道和呼吸道腺体分泌增加。

此外，毛果芸香碱尚可兴奋肠道、气道、泌尿生殖道平滑肌，对心血管系统影响小。

【临床应用】

（1）青光眼：为常见的眼科疾病，患者以进行性视神经乳头凹陷及视力减退为主要特征，并伴有眼压增高症状，严重者可致失明。青光眼临床上分为闭角型青光眼（angle closure glaucoma，充血性青光眼）与开角型青光眼（open angle glaucoma，单纯性青光眼）。低浓度的毛果芸香碱（2%以下）可滴眼治疗闭角型青光眼，用药后可使患者瞳孔缩小、前房角间隙扩大，眼压下降。高浓度药物可造成患者症状加重，故不宜使用。本品对开角型青光眼的早期有一定疗效，但机制未明。常用 1%～2% 溶液滴眼，缩瞳作用于 10～30min 出现，维持 4～8h，最大降眼压作用约 75min 内出现，维持 4～14h，可缓解或消除青光眼症状。与毒扁豆碱比较，毛果芸香碱作用温和而短暂，水溶液稳定且刺激性小，易透过角膜进入前房，其调节痉挛作用可在 2 小时左右消失。

（2）口腔干燥症：毛果芸香碱皮下注射或口服片剂可用于口腔、咽喉部肿瘤放疗后引起的口腔干燥症，可促进唾液腺的分泌，改善食欲。

【不良反应】 眼痛，暂时性近视；长期用可引起强直性瞳孔缩小、虹膜后粘连、虹膜囊肿、白内障及近视程度加深等；过量可吸收引起全身毒性反应（出汗、流涎、恶心、呕吐、支气管痉挛和肺水肿等），可用阿托品对症处理。故滴眼时应压迫内眦，避免药液吸收产生全身毒性作用。

【禁忌证】 老年白内障、视网膜脱离、急性结膜炎与角膜炎、急性虹膜炎、支气管哮喘、胃溃疡等患者。

氯贝胆碱

氯贝胆碱（bethanechol chloride，乌拉胆碱）化学结构与卡巴胆碱相似，性质稳定，不易被胆碱酯酶破坏。因 β 位存在甲基，无 N 胆碱作用，仅作用于 M 受体。对胃肠道及膀胱平滑肌的选择性作用明显，对心血管几无作用，故较安全。口服或皮下注射，用于术后腹胀与尿潴留。

M 胆碱受体激动剂的药理活性比较见表 6-1。

知识拓展

目前，M 胆碱受体亚型选择性激动剂的研究主要集中于开发治疗阿尔茨海默病和其他认知障碍疾病的药物，即选择性中枢拟胆碱药，特别是 M_1 受体激动剂目前被认为是较有前途的抗痴呆药物的主要类型之一。其中尤以槟榔碱衍生物最引人注目。

槟榔碱（arecoline）为天然 M 受体激动剂，对受体亚型选择性差，临床疗效低及代谢不稳定，为改善其药效学及药动学特性，对其结构进行改造修饰，得到一系列的化合物，如西维美林（sevimeline）（M_1/M_3）2000 年上市，用于口腔干燥症，呫诺美林（xanomeline）（M_1）用于阿尔茨海默病，其逆转健忘效果明显好于胆碱酯酶抑制剂他克林。

三、N 受体激动药

烟碱（nicotine，尼古丁）是从烟草中提取的生物碱，可兴奋自主神经节和神经肌肉接头的 N 胆碱受体。其对神经节的 N_N 受体作用呈双相性，即开始使用时可短暂兴奋，随后出现持续抑制。烟碱对神经肌肉接头 N_M 受体作用与其对神经节 N_N 受体作用类似。由于烟碱作用广泛、复杂，故无临床实用价值，仅具有毒理学意义。

与烟碱有相似作用的山梗菜碱（lobeline），属 N_N 受体激动药，但作用强度不如烟碱。山梗菜碱临床主要用于兴奋呼吸中枢，作用机制与兴奋颈动脉窦和主动脉弓的化学感受器，反射引起延髓反应包括兴奋呼吸中枢和迷走中枢等有关。

四、胆碱酯酶抑制药

（一）胆碱酯酶

胆碱酯酶（cholinesterase，ChE）可分为 AChE（acetylcholinesterase，AChE，又称真性胆碱酯酶）和丁酰胆碱酯酶（butyrylcholinesterase，BChE，又称假性胆碱酯酶）两类，AChE 主要存在于胆碱能神经末梢突触间隙及红细胞内，特异性较高，可将这些部位的 ACh 水解为胆酸和乙酸，终止其作用。AChE 活性极高，一个酶分子可在 1min 内水解 6×10^5 分子的 ACh。BChE 主要存在于血浆中，可水解其他胆碱酯类如琥珀胆碱，而对 ACh 特异性较低，故本章所提及的胆碱酯酶主要指 AChE。

AChE 分子表面有两个能与 ACh 结合的部位，即带负电荷的阴离子部位和酯解部位，现在认为阴离子部位可能由二羧基氨基酸构成，酯解部位则含有一个由丝氨酸羟基构成的酸性作用点和一个组氨酸咪唑环构成的碱性作用点，后者通过氢的转移增强了前者的亲核活性，使之易与 ACh 结合。

AChE 通过下列三个步骤水解 ACh：①ACh 分子中带正电荷的季铵阳离子头，以静电引力与 AChE 的阴离子部位相结合，同时 ACh 分子中的羰基碳与 AChE 酯解部位的丝氨酸的羟基以共价键结合，形成 ACh 与 AChE 的复合物；②ACh 与 AChE 复合物裂解为胆碱和乙酰化 AChE；③乙酰化 AChE 迅速水解，分离出乙酸，使酶的活性恢复，参与下一个 ACh 分子的水解（图 6-5）。

（二）抗胆碱酯酶药

抗胆碱酯酶药（anticholinesterase drugs）又称胆碱酯酶抑制剂，一般为酯类，与 AChE 的亲和力比 ACh 大，结合物分解慢或不分解，从而使 AChE 失去水解 ACh 的功能，导致神经末梢 ACh 堆积，产生拟胆碱作用。抗胆碱酯酶药按它们与酶结合形成复合物后水解的难易，分为易逆性抗胆碱酯酶药（如新斯的明、毒扁豆碱、多奈哌齐等）和难逆性抗胆碱酯酶药（如敌百虫、乐果等）。

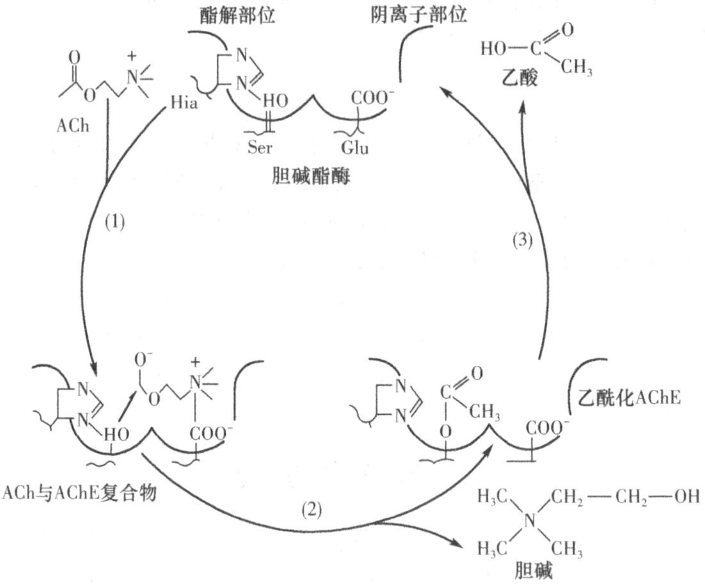

图 6-5　胆碱酯酶水解乙酰胆碱过程示意图

Glu. 谷氨酸；Ser. 丝氨酸；His. 组氨酸

知识拓展

18 世纪，在尼日利亚的旧加拉巴地区生长着一种毒扁豆（calabar bean），英国军医丹尼尔发现毒扁豆的提取物能使实验动物的心脏停搏而死亡。1863 年他的学生从毒扁豆中分离得到一种无定形粉末，称为“依色林（eserine）”。1864 年，化学家约斯特（Jost）和汉斯特（Hansteen）制备得到结晶的纯品，并命名为毒扁豆碱（physostigmine）。1875 年，拉魁尔（L.Laqueur）将毒扁豆碱用于青光眼治疗。1925 年，药物化学家斯坦德曼（E.Stedman）和伯格（G.Barger）阐明了毒扁豆碱的化学结构。1931 年，埃斯克林曼（J.Aoschimann）根据毒扁豆碱的结构母核合成了一种新生物碱，命名为新斯的明（neostigmine）。在近几十年中，化学家们又合成了作用与新斯的明相似的许多药物，如吡啶斯的明（pyridostigmine）、安贝氯铵（ambenoniumchloride）、加兰他敏（galanthamine）等。

1. 易逆性抗胆碱酯酶药　与 AChE 的结合物分解缓慢，可逆性抑制 AChE 的活性，从而产生拟胆碱作用，常用的药物主要有新斯的明（neostigmine）、毒扁豆碱（physostigmine）、多奈哌齐（donepezil）、吡斯的明（pyridostigmine）。

新 斯 的 明

新斯的明（neostigmine）是人工合成品，具有季铵基团，脂溶性低。

【体内过程】　为季铵类化合物，其溴化物口服后吸收少而不规则，滴眼时不易透过角膜，故对眼的作用较弱，也不易透过血-脑屏障，无明显的中枢作用。新斯的明既可被血浆中的 AChE 水解，亦可在肝脏代谢，以原形及其代谢产物经肾排泄。

【药理作用】　新斯的明与 AChE 形成的复合物水解较慢，较持久、可逆性抑制该酶的活性，使 ACh 水解减少，突触间隙 ACh 显著增多，从而呈现 ACh 的 M 样和 N 样作用；此外尚能直接激动骨骼肌细胞膜上的 N_M 受体，并促进运动神经末梢释放 ACh。故对骨骼肌的兴奋作用最强，对胃肠道和膀胱平滑肌的兴奋作用较强，能促进胃肠的蠕动。但对心血管、腺体、眼和支气管平滑肌的作用较弱。

【临床应用】

（1）重症肌无力（myasthenia gravis，MG）：是烟碱型乙酰胆碱受体抗体（nicotine acetylcholinergic receptor，nAChR-Ab）介导的、细胞免疫依赖的和补体参与的神经-肌肉接头处传递障碍的自身免疫性疾病，基本病理变化是突触后膜表面积减少、nAChR 含量降低，患者血清中可查见抗 N_M受体的抗体。临床特征是骨骼肌活动时容易疲劳，休息或用胆碱酯酶抑制药可以缓解。新斯的明皮下或肌内注射用于 MG 能迅速（15min）改善症状，维持 2～4h。除严重和紧急情况需注射给药外，一般多采用口服给药。

（2）术后腹胀和尿潴留：新斯的明能兴奋胃肠道平滑肌及膀胱逼尿肌，促进术后排气和排尿。

（3）肌肉松弛药（简称肌松药）中毒的解救：用于非去极化型肌松药（如筒箭毒碱）过量解救。

（4）其他：阵发性室上性心动过速等。

【不良反应】　不良反应与胆碱能神经过度兴奋症状相似，包括进行性流涎、恶心、呕吐、腹痛、腹泻。过量可导致“胆碱能危象”，表现为恶心、呕吐、出汗、心动过缓、肌肉震颤或肌麻痹，其中 M 样作用可用阿托品对抗。中毒死亡原因是呼吸衰竭或心脏停搏。

【禁忌证】　禁用于支气管哮喘、机械性肠梗阻、尿路梗阻患者。

毒扁豆碱

毒扁豆碱（physostigmine）由毒扁豆提取或人工合成，为叔胺类化合物，作用与新斯的明相似，但无直接激动受体作用。

【体内过程】　主要为眼科用药，0.25%～0.5%溶液滴眼后 5min 出现缩瞳，10～30min 开始降眼压，4h 作用达峰值，可持续 1～2 日。通透性高，可进入中枢，小剂量兴奋，大剂量抑制。

【药理作用】　对眼作用似毛果芸香碱（缩瞳、降眼压、调节痉挛），但更快效、强效、持久。

【临床应用】　治疗青光眼，可先用本药滴眼数次后，改用毛果芸香碱维持疗效；如在入夜涂用本品眼膏，可防夜间眼压升高，在急性青光眼治疗中常与毛果芸香碱（白天用）交替使用。

【不良反应】　睫状肌痉挛性头痛、眼痛较为常见；还可引起刺激性结膜炎、眼睑痉挛、过敏性皮炎等，患者不易耐受。本药经鼻泪管由鼻黏膜吸收后全身毒性反应较新斯的明严重，大剂量给药时可致呼吸麻痹。

【禁忌证】　角膜溃疡和葡萄膜炎患者禁用。本品能加重支气管哮喘、心血管病、糖尿病、坏疽、肠道或尿路梗阻及帕金森病（Parkinson disease，PD）的症状，应慎用或禁用。滴眼时应压迫内眦，以免药液流入鼻腔后吸收中毒。

多奈哌齐

多奈哌齐（donepezil）为治疗阿尔茨海默病（alzheimer's disease，AD）的第二代中枢抗 AChE 药。

【体内过程】　口服吸收良好，生物利用度 100%，峰时间 3～4h，$t_{1/2}$约为 70h，易透过血-脑屏障。

【药理作用】　可逆性抑制中枢 AChE 活性，提高中枢 Ach 浓度从而改善阿尔茨海默病患者的认知功能。对外周的 AChE 作用弱。

【临床应用】　阿尔茨海默病是以进行性认知障碍和记忆力减退为主的中枢系统退性行疾病，目前研究表明，本病病理基础为海马组织萎缩，功能基础为中枢内 ACh 受体变性，神经元数目减少及传递障碍。本品用于轻、中度阿尔茨海默病的对症治疗，成人初始剂量 5mg/次，一日 1 次，睡前服用，至少维持 1 个月，做出临床评估后，可以 10mg/次，一日 1 次，睡前服用。服药后出现严重失眠的患者可改为晨服。

【不良反应】 恶心、腹泻和失眠最常见，通常较轻微和短暂，无需停药，在 1～2 日内可缓解。

【禁忌证】 对多奈哌齐、哌啶衍生物或制剂中赋形剂过敏的患者禁用；妊娠妇女禁用。

其他抗胆碱酯酶药还有依酚氯铵（edrophonium）、安贝氯铵（ambenonium）、地美溴铵（demecarium bromide）、他克林（tacrine）、利斯的明（rivastigmine）、加兰他敏（galanthamine）。其药理作用及应用见表 6-2。

表 6-2 其他抗胆碱酯酶药特点

药名	作用	用途	不良反应
吡斯的明	同新斯的明，但较慢持久	同新斯的明	同新斯的明但较弱
安贝氯铵	同新斯的明，但较持久	对新斯的明不能耐受的 MG	M 样不良反应较少
依酚氯铵	抗 AChE 减弱，骨骼肌兴奋作用强、快、短效	MG 诊断用药	—
地美溴铵	长效降眼压	其他药无效的青光眼	M 样不良反应
他克林	同多奈哌齐，属第一代产品	轻、中度阿尔茨海默病	明显肝毒性，现已少用
利凡斯的明	同多奈哌齐	轻、中度阿尔茨海默病	同多奈哌齐
加兰他敏	同新斯的明，可入脑	脊髓灰质炎后遗症，阿尔茨海默病	同新斯的明但较轻

2. 难逆性抗胆碱酯酶药 与 AChE 结合牢固，不能自动分解，从而产生持久的不可逆的拟胆碱作用，药物主要有作为农业和环境卫生杀虫剂的有机磷酸酯类（organophosphates），如敌百虫（dipterex）、乐果（rogor）、马拉硫磷（malathion）、敌敌畏（DDVP）、内吸磷（systox）和对硫磷（parathion，605）等，以及战争毒气，如沙林（sarin）、梭曼（soman）和塔崩（tabun）；仅少数作为缩瞳药治疗青光眼，如异氟磷（isoflurophate，dyflos）。部分药物化学结构见图 6-6。

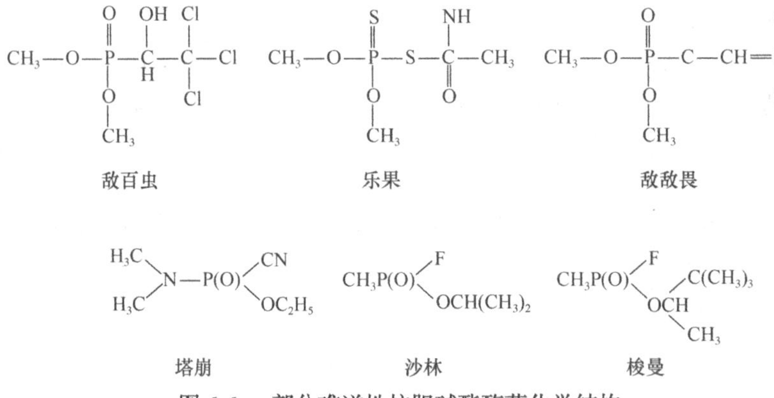

图 6-6 部分难逆性抗胆碱酯酶药化学结构

本类药对人畜均有毒性，临床用药价值不大，但有毒理学意义，杀虫剂中毒已成为全球性问题，尤其在发展中国家。职业性中毒最常见途径为皮肤吸收或呼吸道吸入，非职业性中毒则多由口摄入。

【中毒机制】 本类毒物作用机制与易逆性抗 AChE 药相似，但其与 AChE 结合更为牢固，结合点也在 AChE 的酯解部位丝氨酸的羟基，毒物中的磷原子具亲电子性，因而可与羟基上具有亲核性的氧原子形成共价键，产生难以水解的磷酰化 AChE（图 6-7），使 AChE 失去水解 ACh 的能力，造成体内 ACh 大量积聚而引起一系列中毒症状。若不及时抢救，磷酰化 AChE 可在几分钟或几小时内就“老化”，“老化”过程可能是磷酰化 AChE 的磷酰化基团上的一个烷氧基断裂，生成更加稳定的单烷氧基磷酰化 AChE，此时即使用 AChE 复活药，也不能恢复酶的活性，必须等待新生的 AChE 出现，才可水解 ACh，此过程可能需要 15～30 日。

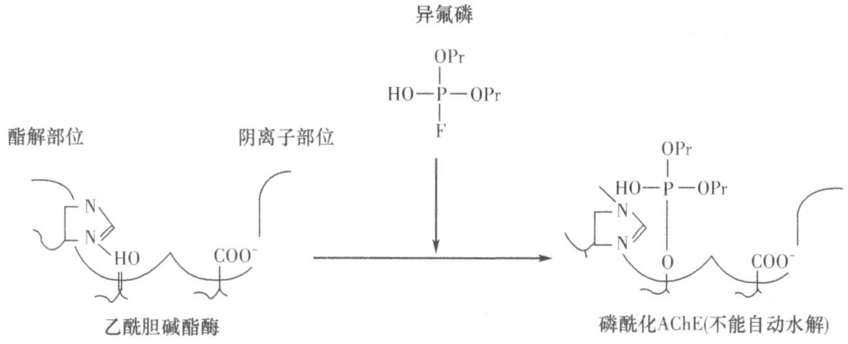

图 6-7　有机磷酸酯的作用

【中毒表现】　有机磷酸酯类脂溶性高，易挥发，可经呼吸道、消化道黏膜及完整的皮肤吸收而中毒。有机磷酸酯类中毒分为急性中毒和慢性中毒两种，主要表现 M 样症状、N 样症状和中枢神经系统症状。

（1）急性中毒

1）M 样作用症状：瞳孔缩小，视物模糊，流涎，出汗；呼吸困难，严重者出现肺水肿；恶心、呕吐、腹痛、腹泻，大小便失禁；心动过缓，血压下降。

2）N 样作用症状：N_M受体激动，出现肌肉震颤、抽搐，严重者出现肌肉无力甚至呼吸肌麻痹；N_N受体激动，出现心率加快，血压升高。

3）中枢神经系统症状：中毒早期以兴奋为主，出现烦躁不安、震颤、谵妄、抽搐、惊厥；后期转入抑制，出现意识模糊、共济失调、反射消失、昏迷、血压下降，呼吸中枢麻痹致使呼吸停止。

一般而言，依中毒程度的轻、中、重分别表现 M 样症状、M 样及 N 样症状同时出现、M 样及 N 样症状伴中枢神经系统症状。

（2）慢性中毒：多发生于长期接触农药的人员，主要表现为血中 AChE 活性持续下降，临床体征为神经衰弱综合征（思想不集中、记忆力减退、失眠、易倦、乏力等）、腹胀、多汗、偶见肌束颤动及瞳孔缩小。慢性中毒用阿托品、AChE 复活药治疗效果差，应以预防为主。

【中毒防治】　按照预防为主的方针，严格执行农药生产、管理制度，并加强农药生产人员及使用人员的劳动保护措施及安全知识教育，这类中毒是可以预防的。

（1）迅速消除毒物以免继续吸收：发现中毒时，应立即把患者移出现场。对由皮肤吸收者，应用温水和肥皂清洗皮肤。经口中毒者，应首先抽出胃液和毒物，并用微温的 2%碳酸氢钠溶液或 1%食盐水反复洗胃，直至洗出液中不含农药味，然后给予硫酸镁导泻。眼部染毒可用 2%碳酸氢钠溶液或 0.9%生理盐水冲洗数分钟。对硫磷中毒忌用高锰酸钾洗胃，因其可氧化成毒性更强的对氧磷。敌百虫口服中毒时不用碱性溶液洗胃，因其在碱性溶液中可转化为毒性更强的敌敌畏。

（2）尽快使用特效解毒药：阿托品为治疗急性有机磷酸酯类中毒的特效解毒药，应尽早、足量、反复注射给药，可以缓解症状，挽救生命。

轻度中毒：阿托品 1～2mg，皮下注射，然后每 4～6h 皮下注射 0.5mg。

中度中毒：阿托品 2～4mg，静脉注射，然后每 15～30min 静脉注射 2～5mg。直至达阿托品化（瞳孔散大、颜面潮红、皮肤干燥、肺部湿啰音消失、意识障碍减轻或昏迷开始苏醒等）后，每 4～6h 皮下注射 0.5～1mg。

重度中毒：阿托品 5～10mg，静脉注射，然后每 10～30min 静脉注射 2～5mg。直至达阿托品化后，每 2～4h 皮下注射 0.5～1mg，维持 48h。

因阿托品不能使 AChE 复活，故对中、重度中毒患者，尽早合用 AChE 复活药（见下述）。

由于阿托品对中枢的烟碱受体无明显作用，故对有机磷酸酯类中毒引起的中枢症状，如惊厥、躁动不安等对抗作用较差。

（3）对症治疗：吸氧、输液、纠正电解质紊乱、抗休克等。

五、胆碱酯酶复活药

AChE 复活药是一类能恢复受抑制 AChE 活性的药物，它不但能使单用阿托品所不能控制的有机磷酸酯类严重中毒病例得到解救，而且也可显著缩短其一般中毒的病程。常用药物有碘解磷定（pralidoxime iodide）和氯解磷定（pralidoxime chloride）等。

碘 解 磷 定

碘解磷定（pralidoxime iodide），又称派姆（PAM），为最早应用的 AChE 复活药。水溶性较低且溶液不稳定，久置可释放出碘。

【体内过程】 静脉注射后，体内分布肝、肾、脾、心脏＞肺、骨骼肌、血液，主要经肾排泄，$T_{1/2}$ 不到 1h，故需反复给药。

【药理作用】 碘解磷定进入体内后，其带正电荷的季铵氮即与磷酰化 AChE 的阴离子部位以静电引力相结合，结合后使其肟基（=N—OH）趋向磷酰化 AChE 的磷原子，进而与磷酰基形成共价键结合，生成磷酰化 AChE 与碘解磷定的复合物，后者进一步裂解为磷酰化碘解磷定，同时使 AChE 游离出来，恢复其水解 AChE 的活性；碘解磷定也能与体内游离的有机磷酸酯类直接结合，成为无毒的磷酰化碘解磷定，由尿排出，从而阻止游离的毒物继续抑制 AChE 活性（图 6-8）。

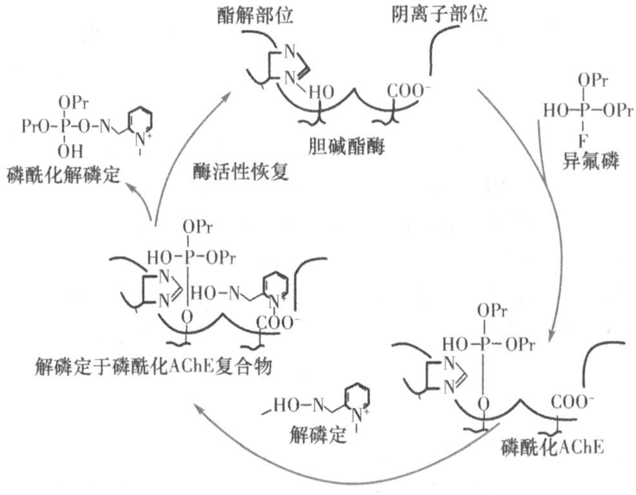

图 6-8 胆碱酯酶复活药的作用

【临床应用】 碘解磷定主要用于中、重度有机磷酸酯类中毒的治疗，可使 AChE 复活，但对“老化”的磷酰化 AChE 无效，故需早期用药。对不同有机磷酸酯类中毒的疗效存在差异，如对内吸磷、马拉硫磷和对硫磷中毒的疗效较好，对敌百虫、敌敌畏中毒的疗效稍差，而对乐果中毒则无效。

碘解磷定对骨骼肌的作用最为明显，能迅速控制肌束颤动，对自主神经系统功能的恢复较差。对中枢神经系统的中毒症状也有一定改善作用。由于碘解磷定不能直接对抗体内积聚的 ACh 的作用，故应与阿托品合用。

【不良反应】 碘解磷定一般治疗量时，不良反应少见。但如剂量超过 2g 或静脉注射速度过快（每分钟超过 50mg）时，由于药物本身的神经肌肉阻断作用和抑制 AChE 的作用，可产生轻度乏力、视物模糊、复视、眩晕、头痛、恶心、呕吐和心跳加快等症状，严重可致呼吸抑制。由于本药含碘，可引起口苦、咽痛和对注射部位有刺激性。

氯 解 磷 定

氯解磷定（pralidoxime chloride，PAM-CL）的药理作用及用途与碘解磷定相似，但水溶性好且溶液较稳定，可肌内注射或静脉给药。副作用较碘解磷定小，偶见轻度头痛、头晕、恶心、呕吐等。由于其使用方便，不良反应较小，故临床上较为常用。

案例解析

案例 6-1

患者，男，77 岁，因左眼反复胀痛伴同侧头痛，视力下降 3 个月，加重 1 日就诊。体格检查：右眼视力 0.4，左眼视力 0.1，对光反射消失，晶状体混浊膨胀。眼压：右眼 19mmHg，左眼 56mmHg。

诊断：急性闭角型青光眼；双眼老年白内障。

根据患者病情，提出治疗药物及选药依据。

解析：

青光眼的治疗有手术治疗和药物治疗。老年人主张以药物治疗为主。拟胆碱药（毛果芸香碱、毒扁豆碱）适用于急性闭角型青光眼，建议首选毛果芸香碱，一般在滴药后 15min 开始降眼压，可持续 6h，需每日点 4 次，或遵医嘱。该药的主要副作用是调节痉挛及强直性瞳孔缩小、眼局部过敏等，滴眼时注意压迫内眦，避免全身副作用。双眼白内障可行择期手术。

第二节　胆碱受体阻断药

胆碱受体阻断药（cholinoceptor blocking drugs）又称抗胆碱药（anticholinergic drugs），对胆碱受体亲和力强，能与乙酰胆碱或其拟似药竞争与受体结合，但形成的药物与受体的复合物无内在活性，从而阻碍拟胆碱药对胆碱受体的激动，发挥抗胆碱作用。胆碱受体阻断药根据其对受体的选择性分为 M 受体阻断药、N_N 受体阻断药和 N_M 受体阻断药三类。

一、M 胆碱受体阻断药

M 胆碱受体阻断药（muscarinic receptor blocking drugs）以往又称平滑肌解痉药（smooth muscle antispasmodics），能阻断节后胆碱能神经支配的效应器细胞上的 M 胆碱受体，发挥抗 M 样作用。本类药物均为竞争性拮抗剂，依来源不同分为托品类生物碱和阿托品合成代用品。

（一）托品类生物碱

本类药物是托品酸和有机碱结合而成的有机酯类，包括阿托品（atropine）、东莨菪碱（scopolamine）、山莨菪碱（anisodamine，654-2）及樟柳碱（anisodine，703，AT-3）等（图 6-9）。结构中 6，7 位具有氧桥使中枢镇静作用加强，而羟基则使中枢作用减弱。东莨菪碱与樟柳碱有氧桥存在，樟柳碱在托品酸部位上多一个羟基。因此东莨菪碱是本类中枢镇静作用最强的药物。阿托品和山莨菪碱均无氧桥存在。山莨菪碱在 7 位碳原子有一羟基而无氧桥，故中枢作用最弱。

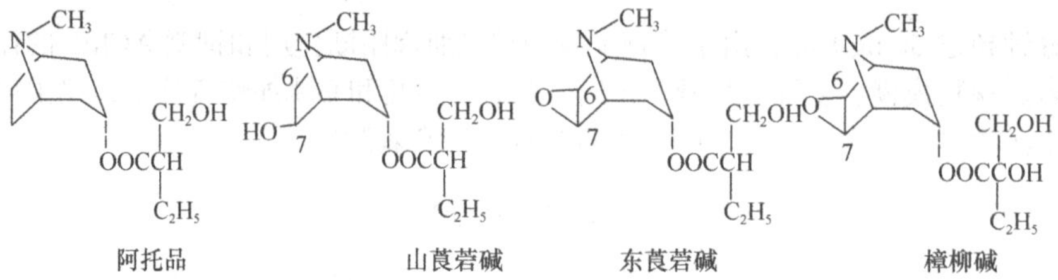

图 6-9 托品类生物碱化学结构

阿 托 品

阿托品（atropine）系从茄科植物颠茄（*atropa belladonna* L.）、曼陀罗（*datura stramonium* L.）或莨菪（*hyoscyamus niger*）等提取的生物碱。天然存在的生物碱为不稳定的左旋莨菪碱（*L*-hyoscyamine），在提取过程中可得到稳定的消旋莨菪碱（*DL*- hyoscyamine），即为阿托品。东莨菪碱为左旋体，其作用较右旋体强许多倍。

【体内过程】 阿托品为叔胺类生物碱，易透过生物膜，口服吸收迅速，1h 达血药浓度峰值，作用维持 3～4h，全身分布，并可透过血脑及胎盘屏障。肌内注射后 12h 内 85%左右经尿液排出。

【药理作用】 阿托品与 M-R 结合后，由于其本身内在活性小，一般不产生激动作用，却能阻断 ACh 或胆碱受体激动药与 M-R 结合，从而竞争性地阻断 ACh 或胆碱受体激动药对 M-R 的激动作用。阿托品对 M-R 有较高选择性，但大剂量时对神经节的 N-R 也有阻断作用。阿托品对 M-R 各亚型的选择性较低，对 M_1、M_2、M_3 受体都有阻断作用。

阿托品的作用广泛，各器官对其敏感性亦不同。随着剂量增加可依次出现腺体分泌减少，瞳孔扩大和调节麻痹，胃肠道及膀胱平滑肌抑制，心率加快，大剂量可出现中枢症状（表 6-3）。

表 6-3 阿托品剂量与作用的关系

剂量	作用
0.5mg	轻度心率减慢，轻度口干，汗腺分泌减少
1.0mg	口干、口渴感，心率加快（有时心率可先减慢），轻度扩瞳
2.0mg	心率明显加快，心悸，明显口干，扩瞳，调节麻痹
5.0mg	上述所有症状加重，说话和吞咽困难，不安，疲劳，头痛，皮肤干燥、发热，排尿困难，肠蠕动减少
10.0mg	上述所有症状加重，脉细速，瞳孔极度扩大，极度视力模糊，皮肤红、热、干，运动失调，不安，激动，幻觉，谵妄和昏迷。

（1）腺体：阿托品通过阻断腺体 M 胆碱受体，抑制腺体的分泌。其对不同腺体的抑制作用强度不同，唾液腺与汗腺对其最敏感；其次为泪腺及呼吸道腺体。较大剂量也减少胃液分泌。阿托品对胰腺液、肠液分泌基本无作用。

（2）眼

1）扩瞳：阿托品阻断虹膜括约肌的 M 胆碱受体，致瞳孔括约肌松弛，故使去甲肾上腺素能神经支配的瞳孔开大肌占优势，瞳孔扩大。

2）眼压升高：由于瞳孔扩大，使虹膜退向外缘，因而前房角间隙变窄，阻碍房水回流入巩膜静脉窦，造成眼压升高。故青光眼患者禁用。

3）调节麻痹：阿托品能使睫状肌松弛而退向外缘，从而使悬韧带拉紧，晶状体变为扁平，其折光度降低，只适合看远物，而不能将近物清晰地成像于视网膜上。造成看近物模糊不清，即为调节麻痹，见图 6-10。

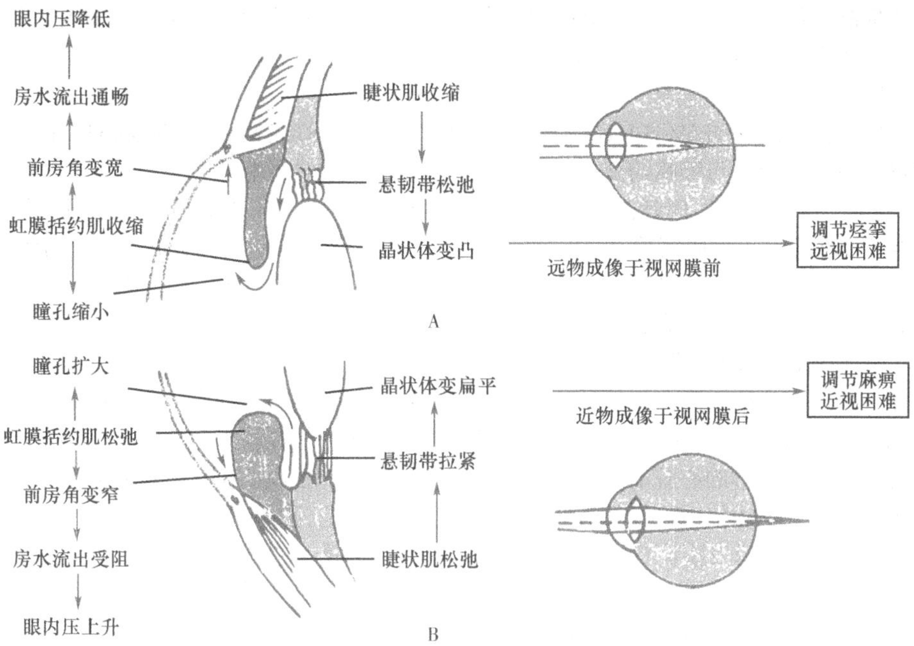

图 6-10　拟胆碱药与抗胆碱药对眼睛作用比较

A. 拟胆碱药的作用；B. 抗胆碱药的作用

（3）平滑肌：阿托品对多种内脏平滑肌具有松弛作用，它可抑制胃肠道平滑肌痉挛，降低蠕动的幅度和频率，从而缓解胃肠绞痛，尤其对过度活动或痉挛的平滑肌作用更为显著。阿托品可降低尿道和膀胱逼尿肌的张力和收缩幅度；但对胆管、输尿管和支气管的解痉作用较弱。阿托品对胃肠括约肌作用常取决于括约肌的功能状态，如当胃幽门括约肌痉挛时，阿托品具有一定松弛作用，但作用常较弱或不恒定。阿托品对子宫平滑肌作用较弱。

（4）心脏

1）心率：治疗量的阿托品（0.4～0.6mg）在部分患者常可见心率短暂性轻度减慢，但并不伴随血压与心排血量的变化。研究发现，选择性 M_1 胆碱受体阻断药哌仑西平也有减慢心率作用。如先用哌仑西平后再用阿托品，则阿托品减慢心率作用消失，这提示阿托品心率减慢作用可能是由于它阻断了副交感神经节后纤维上的 M_1 胆碱受体（即为突触前膜 M_1 受体），从而减弱突触中 ACh 对递质释放的抑制作用所致。较大剂量阿托品，由于窦房结 M_2 受体被阻断，解除了迷走神经对心脏抑制作用，可引起心率加快。心率加快的程度取决于迷走神经张力，在迷走神经张力高的青壮年，心率加快明显，如肌内注射 2mg 阿托品，心率可增加 35～40 次/分。

2）房室传导：阿托品可拮抗迷走神经过度兴奋所致的房室传导阻滞，显著缩短心电图 P-R 间期。

（5）血管与血压：治疗量阿托品对血管活性与血压无显著影响。大剂量的阿托品可引起皮肤血管舒张，出现潮红、温热等症状。舒血管作用机制未明，但与其抗 M 胆碱作用无关，可能是机体对阿托品引起的体温升高后的代偿性散热反应，也可能是阿托品的直接舒血管作用所致。

（6）中枢神经系统：较大剂量（1～2mg）可轻度兴奋延脑和大脑，5mg 时中枢兴奋明显加强，中毒剂量（10mg 以上）可见明显中枢症状。

【临床应用】

（1）解除平滑肌痉挛：适用于各种内脏绞痛，对胃肠绞痛、膀胱刺激症状如尿频、尿急等疗效较好，但对胆绞痛或肾绞痛疗效较差，常需与阿片类镇痛药合用。由于阿托品能松弛膀胱逼尿肌、收缩括约肌，故偶用于儿童遗尿症。

（2）抑制腺体分泌：用于全身麻醉前给药，减少呼吸道和唾液腺分泌，防止吸入性肺炎发生。也可用于严重的盗汗及流涎症治疗。

（3）眼科

1）虹膜睫状体炎：0.5%～1%阿托品溶液滴眼，可松弛虹膜括约肌和睫状肌，使之充分休息，有助于炎症消退；与缩瞳药交替使用可预防虹膜与晶状体的粘连。

2）验光、眼底检查：阿托品具有调节麻痹作用，此时由于晶状体固定，可准确测定晶状体的屈光度，散瞳后可作眼底检查。但阿托品作用持续时间较长，其调节麻痹作用可维持 2～3 日，故现已少用（常用合成代用品如后马托品）。只有儿童验光时用，因儿童的睫状肌调节功能较强，须用阿托品发挥其充分的调节麻痹作用。

（4）缓慢型心律失常：阿托品可用于治疗迷走神经过度兴奋所致窦房阻滞、房室阻滞等缓慢型心律失常。在急性心肌梗死的早期，尤其是发生在下壁或后壁的急性心肌梗死，常有窦性或房室结性心动过缓，严重时可引起低血压及迷走神经张力过高，导致房室传导阻滞。阿托品可恢复心率以维持正常的心脏动力学，从而改善患者的临床症状。但阿托品剂量需谨慎调节，剂量过大则引起心率加快，而增加心肌耗氧量，并有引起心室颤动的危险。

（5）抗休克：对暴发型流行性脑脊髓膜炎、中毒性菌痢、中毒性肺炎等所致的感染性中毒性休克患者，可用大剂量阿托品治疗，能解除血管痉挛，舒张外周血管，改善微循环。但对休克伴有高热或心率过快者，不用阿托品。

（6）解救有机磷酸酯类中毒：见本章第一节有机磷酸酯类中毒防治。

【不良反应】 阿托品具有多种药理作用，临床上应用其中一种作用时，其他的作用则成为副作用。常见不良反应有口干、视物模糊、心率加快、瞳孔扩大及皮肤潮红等。但随着剂量增大，其不良反应可逐渐加重，甚至出现明显中枢中毒症状（表 6-3）。此外，误服过量的颠茄果、曼陀罗果、洋金花或莨菪根茎等也可出现中毒症状。阿托品的最低致死量，成人为 80～130mg，儿童约为 10mg。

解救阿托品中毒主要为对症治疗。如属口服中毒，应立即洗胃、导泻，以促进毒物排出，并可用毒扁豆碱 1～4mg（儿童 0.5mg）缓慢静脉注射，可迅速对抗阿托品中毒症状。但由于毒扁豆碱体内代谢迅速，患者可在 1～2h 内再度昏迷，故需反复给药。如患者有明显中枢兴奋时，可用地西泮对抗，但剂量不宜过大，以免与阿托品导致的中枢抑制作用产生协同效应。不可使用吩噻嗪类药物，因这类药物具有 M 受体阻断作用而加重阿托品中毒症状。患者应行人工呼吸。此外，还可用冰袋及乙醇擦浴，以降低患者的体温，这一点对儿童中毒者更为重要。

【禁忌证】 青光眼及前列腺增生者禁用阿托品，后者可能加重排尿困难。

山 莨 菪 碱

山莨菪碱（anisodamine，654-2）是我国学者从茄科植物唐古特莨菪中提取的生物碱，现已可人工合成。本品具有与阿托品类似的药理作用，但其对血管痉挛的解痉作用相对较强，对平滑肌解痉和抑制心血管作用较阿托品弱。主要用于感染性休克，也可用于内脏绞痛，血管神经性头痛等。不良反应和禁忌证与阿托品相似，但毒性较低。因不易进入中枢，故其中枢兴奋作用很小。

东 莨 菪 碱

东莨菪碱（scopolamine）在治疗剂量时即可引起中枢神经系统抑制，表现为困倦、遗忘、疲乏、少梦、快动眼睡眠（REM）相缩短等。东莨菪碱主要用于麻醉前给药（preanesthetic medication），因其不但能抑制腺体分泌，而且具有中枢抑制作用，因此优于阿托品。我国用于中药麻醉的主药洋金花，其主要成分即为东莨菪碱，因此可用东莨菪碱来代替洋金花进行中药麻醉。本品尚可用于晕动病，防晕作用可能与其抑制前庭神经内耳功能或大脑皮层功能有关，可与苯海拉明合用以增加疗效，以预防给药效果较好，如已出现晕动病的症状，再用药则疗效差。也可用于妊娠呕吐及放射病呕吐。此外，东莨菪碱对 PD 也有一定疗效，可改善患者的流涎、震颤和肌肉强直等症状，可能与其中枢抗胆碱作用有关。不良反应及禁忌证同阿托品。

樟　柳　碱

樟柳碱（anisodine，703，AT-3）也是从茄科植物唐古特山莨菪中提出的一种新生物碱，具有明显缓解有机磷毒性的作用，中枢作用较强，解痉作用与山莨菪碱近似，抑制唾液分泌及扩瞳作用弱于阿托品而比山莨菪碱强，毒性却比山莨菪碱及阿托品小得多。目前主要用于血管性头痛、脑血管病引起的急性瘫痪 PD 等。

（二）阿托品合成代用品

阿托品用于眼科作用时间太久，用于内科副作用太多，针对这些缺点，通过改变其化学结构，人工合成了不少代用品，其中包括扩瞳药、解痉药和选择性 M 受体亚型阻断药。

1. 合成扩瞳药　目前，临床主要用于扩瞳的药物有后马托品（homatropine）、托吡卡胺（tropicamide）、环喷托酯（cyclopentolate）和尤卡托品（eucatropine）等，这些药物与阿托品比较，其扩瞳作用维持时间明显缩短，故适合于一般的眼科检查。各药滴眼后作用比较见表 6-4。

表 6-4　几种扩瞳药滴眼作用比较

药物	浓度（%）	扩瞳作用		调节麻痹作用	
		高峰（min）	消退（日）	高峰（h）	消退（日）
硫酸阿托品	1.0	30～40	7～10	1～3	7～10
氢溴酸后马托品	1.0～2.0	40～60	1～2	0.5～1	1～2
托吡卡胺	0.5～1.0	20～40	0.25	0.5	<0.25
环喷托酯	0.5	30～50	1.0	1.0	0.25～1
尤卡托品	2.0～5.0	30	1/12～1/4	无作用	

2. 合成解痉药　本类药物有季铵及叔胺两类，季铵类解痉药主要有溴丙胺太林（propantheline bromide）等；叔胺类解痉药要有贝那替秦（benactyzine）等。过去广泛用于治疗消化性溃疡，但疗效并不理想。随着 H_2 组胺受体阻断剂和选择性 M_1 受体阻断剂的出现，它们的应用已逐渐减少。

溴丙胺太林

溴丙胺太林（propantheline bromide，普鲁本辛）为季铵类解痉药，口服吸收不完全，食物可妨碍其吸收，故宜在饭前 0.5～1h 服用，作用时间约为 6h。本品对胃肠道 M 胆碱受体的选择性较高，治疗量即可明显抑制胃肠平滑肌，并能不同程度地减少胃液分泌。可用于胃、十二指肠溃疡、胃肠痉挛和泌尿道痉挛，也可用于遗尿症及妊娠呕吐。不良反应类似于阿托品，中毒量可因神经肌肉接头传递阻滞而引起呼吸麻痹。

格 隆 溴 铵

格隆溴铵（glycopyrronium bromide）为季铵类抗胆碱药，具有抑制胃液分泌及调节胃肠蠕动作用；本品还有比阿托品更强的抗唾液分泌作用，但没有中枢性抗胆碱活性。口服能迅速制酸解痉止痛，适用于胃及十二指肠溃疡、慢性胃炎、胃液分泌过多等症。疗效与溴丙胺太林相仿或超过。静脉注射或肌内射注可用于麻醉前给药抑制腺体分泌，作用可持续约 7 小时。副作用及不良反应与阿托品相似，服药初期可出现口干（口苦）现象，在一、二周内减轻或消失。幽门梗阻、青光眼或前列腺增生患者禁用。

季铵类解痉药尚有奥芬溴铵（oxyphenonium bromide）、戊沙溴铵（valethamate bromide）、地泊溴铵（diponium）和喷噻溴铵（penthienate bromide）等，均可用于缓解内脏平滑肌痉挛，作为消化性溃疡的辅助用药。

贝 那 替 秦

贝那替秦（benactyzine）又名胃复康，为叔胺类解痉药，含叔胺基团，口服较易吸收，能缓解平滑肌痉挛，抑制胃液分泌，此外尚有安定作用。适用于兼有焦虑症的溃疡患者，亦可用于肠蠕动亢进及膀胱刺激征患者。不良反应有口干、头晕及嗜睡等。

双 环 维 林

双环维林（dicyclomine）为叔胺类解痉药，抗 M 样作用比阿托品弱，本身有非特异性的直接松弛平滑肌的作用，临床主要用于胃肠道痉挛，与抗酸药合用于消化性溃疡。

叔胺类解痉药尚有羟苄利明（oxyphencyclimine）、黄酮哌酯（flavoxate）和奥昔布宁（oxybutynin）等，这些药物均有非特异性内脏平滑肌解痉作用。

3. 选择性 M 受体亚型阻断药 阿托品及其合成或半合成的药物，绝大多数对 M 胆碱受体亚型缺乏选择性，因此在临床使用时副作用较多。选择性 M 受体亚型阻断药对受体的特异性较高，可使副作用明显减少。哌仑西平（pirenzepine）为选择性 M_1 受体阻断药，其结构式与丙米嗪相似，属三环类药物；替仑西平（telenzepine）为与哌仑西平结构相似的化合物，但其对 M_1 受体的选择性阻断作用更强。两药均可抑制胃酸及胃蛋白酶的分泌，可用于消化性溃疡的治疗，且在治疗剂量时较少出现口干和视物模糊等反应。由于这些药物不易进入中枢，故无阿托品样中枢兴奋作用。有研究认为，上述两药还可用于支气管阻塞性疾病治疗，可能与其拮抗迷走神经功能有关。

知识拓展

在 M 受体亚型选择性阻断剂方面，研究显示，M_1 受体阻断剂主要用于消化道溃疡的治疗，如哌仑西平（pirenzepine）和替仑西平（telenzepine）；M_2 受体阻断剂主要用于心动过缓性心律失常的治疗，如奥腾折帕（otenzepad），其活性弱于阿托品，但耐受性更好；M_3 受体阻断剂可治疗慢性阻塞性呼吸道疾病、肠易激惹综合征、急性尿失禁，也可能对消化性溃疡有良效，如达非那新（darifenacin）、索非那新（solifenacin）、噻托溴铵（tiotropium bromide）、西托溴铵（cimetropium bromide）、曲司氯铵（trospium chloride）。

二、N 胆碱受体阻断药

（一）N_N 胆碱受体阻断药——神经节阻断药

N_N 胆碱受体阻断药可选择性阻断神经节内 ACh 对 N_N 受体的激动作用，阻断神经冲动在神经节中的传递，故也称神经节阻断药（ganglion blocking drugs）。神经节阻断药可同时阻断交感神经节和副交感神经节。因此作用广，副作用多，作用强度不易控制，临床上神经节阻断药曾用于抗高血压，但现已被其他降压药取代。本类药物有美加明（mecamylamine）、咪噻吩（trimethaphan，阿方那特）等。美加明用于重症高血压，可有口干、便秘、尿潴留、直立性低血压、恶心、性功能障碍、眩晕、肌震颤、运动失调等不良反应；青光眼、冠脉硬化、肾功能减退者忌用。

（二）N_M 胆碱受体阻断药——骨骼肌松弛药

N_M 胆碱受体阻断药可选择性阻断神经肌肉接头处 Ach 对 N_M 受体的作用，妨碍神经冲动传导到骨骼肌，使骨骼肌松弛，故又称骨骼肌松弛药（skeletal muscular relaxants），也称神经肌肉阻滞药（neuromuscular blocking drugs）。根据骨骼肌松弛药的作用方式不同，可分为去极化型（depolarizing drugs）和非去极化型（nondepolarizing drugs）两类。骨骼肌松弛药主要用作全身麻醉的辅助药，便于在较浅的麻醉下进行外科手术。

1. 去极化型肌松药　与神经肌肉接头后膜的 N_M 胆碱受体结合，产生与 ACh 相似但较持久的去极化作用，使神经肌肉接头后膜的 N_M 胆碱受体不能对 ACh 起反应，此时神经肌肉的阻断方式已由去极化转变为非去极化，前者为Ⅰ相阻断，后者为Ⅱ相阻断，从而使骨骼肌松弛。目前，临床应用的去极化型肌松药只有琥珀胆碱。

琥 珀 胆 碱

琥珀胆碱（succinylcholine）又称司可林（scoline），由琥珀酸和两个分子的胆碱组成（图 6-11）。

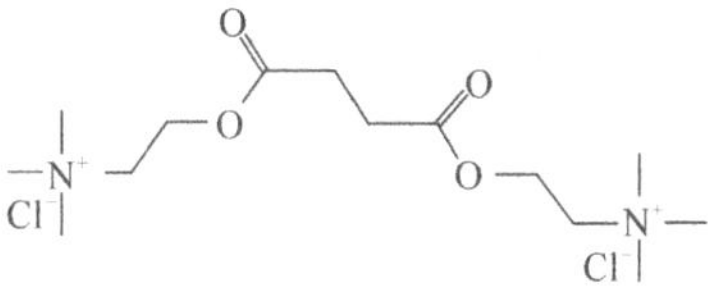

图 6-11　琥珀胆碱化学结构

【体内过程】　此药入血后，迅速被血液及肝脏中的假性胆碱酯酶水解，生成琥珀单胆碱（肌松作用为原型的 1/50）和胆碱，肌松作用明显减弱，进一步水解成胆碱和琥珀酸，肌松作用消失。仅 10%～15%给药量到达神经肌接头处。约 2%药物以原形经肾排泄，其余以代谢产物的形式从尿液中排出。

【药理作用】　静脉注射 10～30mg 琥珀胆碱后，即可见短暂的肌束颤动，尤以胸腹部肌肉明显。1min 后即转为松弛，2min 时作用达高峰，5min 内作用消失。肌松作用从颈部肌肉开始，逐渐波及肩胛、腹部和四肢。肌松部位以颈部和四肢肌肉最明显，面、舌、咽喉和咀嚼肌次之，而对呼吸肌麻痹作用不明显。

【临床应用】

（1）气管内插管、气管镜、食管镜检查等短时操作：由于本品对喉肌松弛作用较强，故静脉注射给药适用于气管内插管、气管镜、食管镜检查等短时操作。

（2）辅助麻醉：静脉滴注可维持较长时间的肌松作用，便于在浅麻醉下进行外科手术，以减少麻醉药用量，保证手术安全。先用硫喷妥钠静脉麻醉后，再给琥珀胆碱产生肌松作用。成人短时外科手术，常用静脉注射剂量为 0.2～1.0mg/kg，为延长肌松时间，可用 5%葡萄糖配制为 0.1%溶液静脉滴注，速度为每分钟 20～40μg/kg，可维持肌松作用。由于该药个体差异大，故需按个体反应调节滴注速度，以获满意效果。

【不良反应】

（1）窒息：本品过量易致呼吸麻痹，遗传性假性胆碱酯酶缺乏或酶异常可以导致呼吸暂停，故必须备有人工呼吸机。

（2）肌束颤动：本品产生骨骼肌松弛前可致短暂肌颤，使肌梭损伤，可致肌肉酸痛，3～5 天可自愈。

（3）血钾升高：本品使肌肉去极化时，细胞内释放大量 K^+，使血 K^+升高。

（4）发热：在常染色体异常的遗传易患人群偶尔可致恶性高热，常为麻醉的主要死因之一。一旦发生，须快速降温、给氧、纠正酸中毒、给抗组胺药等治疗，并同时给予丹曲林，阻滞肌肉细胞肌质网钙的释放，从而减少热量生成并使肌肉松弛。

【禁忌证】　本药可致强烈窒息感，清醒患者禁用。使眼外肌收缩，眼压升高，青光眼和白内障晶体摘除患者禁用。易致高血钾，对烧伤、广泛软组织伤、偏瘫、脑血管意外、恶性肿瘤和肾功不全者慎用。有遗传性假性胆碱酯酶缺陷、严重肝功不全、营养不良和电解质紊乱患者慎用。

【注意事项】 本品在碱性溶液中可分解，故不宜与硫喷妥钠混合使用。凡可降低胆碱能酶活性的药物都可使其作用增强，如胆碱酯酶抑制剂、环磷酰胺、氮芥、普鲁卡因、可卡因等。有的氨基糖苷类抗生素如卡那霉素及多黏菌素 B 也有肌肉松弛作用，与琥珀胆碱合用时易致呼吸麻痹，应给予重视。

2. 非去极化型肌松药 又称竞争型肌松药（competitive muscular relaxants）。这类药物能与 ACh 竞争神经肌肉接头的 N_M 胆碱受体，竞争性阻断 ACh 的去极化作用，使骨骼肌松弛。抗胆碱酯酶药可拮抗其肌松作用。

本类药物多为天然生物碱及其类似物，化学上属苄基异喹啉类（benzylisoquinolines），主要有筒箭毒碱（d-tubocurarine）、阿曲库铵（atracurium）、多库氯铵（doxacurium）和米库氯铵（mivacurium）等；类固醇铵类（ammonio steroids），主要包括泮库铵（pancuronium）、哌库溴铵（pipecuronium）、罗库溴铵（rocuronium）和维库溴铵（vecuronium）等。由于体内过程不同，它们在起效时间和维持时间上存在差异。

筒 箭 毒 碱

筒箭毒碱（d-tubocurarine）是南美印第安人用数种植物制成的植物浸膏箭毒（curare）中提取的生物碱，右旋体具有药理活性。口服难吸收，静脉注射后 3～6min 起效，快速运动肌如眼部肌肉首先松弛，尔后可见四肢、颈部和躯干肌肉松弛，继之肋间肌松弛，出现腹式呼吸，如剂量加大，最终可致膈肌麻痹，患者呼吸停止。肌肉松弛恢复时，其次序与肌松时相反，即膈肌麻痹恢复最快。

临床上曾用作外科手术全身麻醉的辅助药。乙醚及氟烷能增强其肌松作用。中毒时可用新斯的明解救。筒箭毒碱虽为经典的非去极化型肌松药，但其作用时间较长，用药后作用不易逆转，副作用多，目前临床已少用。

维 库 溴 铵

【体内过程】 静脉注射后，其分布 $t_{1/2}$ 为 2.2（±1.4）min。主要分布于细胞外液，稳态时，其分布容积成人平均为 0.27L/kg，其血浆清除率为 5.2（±0.7）ml/（kg · min）。血浆清除 $t_{1/2}$ 平均为 71（±20）min。仅 5%经肝代谢为 3-羟基衍生物（肌松效力大约为本品的 50%），在无肝衰竭或肾衰竭的患者中，这种代谢产物的血浆浓度极低。其主要以原形和代谢物的形式经胆汁排出，小部分由肾脏排出。40%～80%以单季铵形式经胆汁排泄，其中 95%为本品原型，5%为 3-羟基溴化维库溴铵。因由肾脏排出很少，经膀胱内插导管收集到的 24h 尿量，平均含有 30%的静脉注射溴化维库溴铵。

【药理作用】 本品单季铵类固醇类中效竞争性非去极化肌松药，通过竞争 N_M 胆碱能受体起阻断乙酰胆碱的作用。肌松效能较筒箭毒碱强 3 倍，其作用可以被新斯的明等抗胆碱酯酶药所逆转。在初始剂量情况下，产生的肌肉松弛持续时间较短，恢复快。不诱发组胺释放，不引起支气管痉挛和心率加快、血压下降等。适用于心肌缺血及心脏病患者。

【临床应用】 主要作为全身麻醉的辅助用药，气管插管及手术中的肌肉松弛。

【不良反应】

（1）神经肌肉阻滞作用延长：非去极化阻滞类药物最常见的不良反应是药物的药理作用延长，超过了所需的作用时间。这种作用会有不同的临床表现，从骨骼肌无力到因长时间的深度骨骼肌麻痹而导致呼吸功能不全或呼吸暂停。

（2）过敏反应：尽管非常罕见，但已有神经肌肉阻滞药物产生严重过敏反应的病例报道。过敏/类过敏反应如：支气管痉挛、心血管改变（如低血压、心动过速和休克）和皮肤改变（如血管神经性水肿、荨麻疹）。这些反应在某些病例中甚至是致死性的。鉴于这些反应可能的严重性，临床医生应当始终采取必要的预防措施。

【禁忌证】 对本品活性成分或任何辅料成分过敏者禁用。

阿曲库铵

阿曲库铵（atracurium）为高度选择性、短效非去极化型的神经肌肉接头阻断剂。主要通过竞争 N_M 胆碱能受体，阻断 ACh 的传递而起作用，且可被新斯的明等抗胆碱酯酶药所逆转。阿曲库铵作用迅速，起效时间为 1min，3～6min 可达最大作用，作用持续时间 20～35min。体内主要通过霍夫曼降解和酯性水解快速代谢，代谢产物经肾脏排出。代谢途径不受肝肾功能的影响，适用于肝肾功能不全者，重复给药无明显蓄积作用。临床上适用于各种外科手术麻醉中的骨骼肌松弛，便于控制呼吸。使气管插管易于进行，并可使骨骼肌在外科手术或控制通气期间得以松弛。本品大剂量，尤其是快速给药，可诱发组胺释放而引起低血压、心动过速、皮肤潮红、支气管痉挛。

非去极化型肌松药，临床主要作为麻醉辅助药，其分类及特点比较详见表 6-5。

表 6-5 非去极化型肌松药分类及其特点比较

药物	分类	肌松特性		消除方式
		起效时间（min）	持续时间（min）	
苄基异喹啉类				
筒箭毒碱	长效	3～6	20～90	多数肾排泄，少数胆汁排泄
阿曲库铵	中效	2～4	30～40	霍夫曼降解，酯性水解
多库氯铵	长效	4～6	90～120	原型肾排泄
米库氯铵	短效	2～4	12～18	血浆胆碱酯酶水解
类固醇铵类				
泮库溴铵	长效	4～6	100～120	20%经肝代谢，40%由肾排出，40%由胆汁排泄
哌库溴铵	长效	2～4	80～120	原型肾排泄
罗库溴铵	中效	1～2	30～40	胆汁、肾排泄
维库溴铵	中效	2～4	30～90	5%肝代谢，主要经胆汁原型排泄

案例解析

案例 6-2

患者，男，18 岁，放学回家后，误服雪碧瓶内的敌敌畏，导致昏迷，全身湿冷，呼吸微弱、不规则，抽搐、嘴角有分泌物流出。体格检查：BP100/60mmHg，HR120bpm，房颤率，颜面青紫，肺部湿啰音。

诊断：有机磷农药中毒。

问题：

该患者应采取哪些救护措施？

解析：

救护措施如下。①洗胃：微温的生理盐水或 2% 碳酸氢钠溶液（禁用 1∶5000 高锰酸钾洗胃）300～500ml 反复洗胃，直至洗出液中不含农药味，然后给予硫酸镁导泻。②阿托品早期、足量、反复使用。一般静脉注射，2mg/次，每 15～30min1 次，直至出现阿托品化（颜面潮红、瞳孔开始散大、腺体分泌减少、口干及轻度躁动不安等症状）时，可改为每 30～60min 静脉注射 1mg 维持 48h。尽早合用胆碱酯酶复活剂氯解磷定（避免磷酰化 AChE“老化”）。③对症治疗：吸氧、输液、纠正电解质紊乱、抗休克等。

本章小结

1. 作用于胆碱能系统的药物有拟胆碱药和抗胆碱药，拟胆碱药包括胆碱受体激动药和胆碱酯酶抑制药。抗胆碱药为胆碱受体阻断药。

2. 胆碱受体激动药分为 M、N 胆碱受体激动药（代表药 ACh，因极易被 AChE 水解，仅作工具药）、M 胆碱受体激动药（代表药毛果芸香碱，对眼有缩瞳，降低眼压，调节痉挛作用，临床是治疗青光眼的首选药，用时注意压迫内眦，避免吸收产生全身作用）和 N 胆碱受体激动药三类（代表为烟碱，仅有毒理学意义）。

3. 作用于胆碱酯酶药有胆碱酯酶抑制药和胆碱酯酶复活药，前者根据药理学性质可分为易逆性抗胆碱酯酶药（如新斯的明）和难逆性抗胆碱酯酶药（如有机磷酸酯类）。胆碱酯酶抑制药使眼缩瞳和调节痉挛，促进胃肠收缩，骨骼肌神经肌接头兴奋，可应用于重症肌无力（新斯的明、吡斯的明、安贝氯铵），腹气胀和尿潴留（以新斯的明疗效较好），青光眼（以毒扁豆碱、地美溴铵多用），解毒，解救竞争性神经肌肉阻断药过量中毒（多用新斯的明、依酚氯铵、加兰他敏），阿尔茨海默病（多奈哌齐，加兰他敏）。有机磷酸酯类仅有毒理学意义，中毒的解救措施：洗胃导泻；特效解毒药阿托品应尽早、足量、反复注射给药，尽早合用 AChE 复活药氯解磷定。

4. 胆碱受体阻断药分为 M-R 阻断剂（阿托品）和 N-R 阻断剂（肌松药）。

阿托品：随剂量增加，依次产生腺体、眼、平滑肌、心脏、血管、中枢作用，临床主要用于麻醉前给药，虹膜炎，胃肠绞痛，心动过缓，有机磷中毒解救。维库溴铵：为中效非去极化型肌松药，肌松可被新斯的明逆转，主要作为全身麻醉的辅助用药，气管插管及术中肌松，不引起组胺释放和肌颤，但有过敏反应。琥珀胆碱：去极化型肌松药，用于气管内插管、气管镜、食管镜检查等短时操作，易致肌颤、窒息、血钾升高。

中药介绍

石杉碱甲（huperzine A）

中药千层塔（*Lycopodium serratum* Thunb.）能散瘀止血，清热解毒，消肿止痛，用于跌打损伤，瘀血肿痛，内伤吐血，1982 年我国科学家从该中药分离到一种高效的 AChE 抑制药——石杉碱甲（huperzine A），作用类似新斯的明/毒扁豆碱，但治疗指数高，毒性小，目前主要用于轻、中度阿尔茨海默病，改善患者的记忆、认知和行为能力；也用于痴呆患者和脑器质性病变引起的良性记忆障碍，提高患者指向记忆、联想学习、图像回忆、无意义图形再认及人像回忆等功能。常见不良反应为头晕、多汗、胃肠反应。

（陈美娟）

第七章　作用于肾上腺素能系统药物

能力要求

1. 能够阐述肾上腺素受体激动药肾上腺素、去甲肾上腺素、异丙肾上腺素等对受体的选择性、药理作用、临床应用、不良反应；理解麻黄碱、多巴胺、间羟胺和多巴酚丁胺的作用、应用及不良反应；能够说出肾上腺素受体激动药的构效关系及其分类。

2. 能够阐述肾上腺素受体阻断药酚妥拉明、普萘洛尔的药理作用；理解作用机制、临床应用和不良反应；能够说出该类药物的构效关系、化学结构与体内过程的关系及其分类。

第一节　肾上腺素受体激动药

肾上腺素受体激动药（adrenoceptor agonists）是一类化学结构及药理作用和肾上腺素、去甲肾上腺相似的药物。 肾上腺素受体激动药与肾上腺素受体结合后，激动该受体产生肾上腺素样作用，又称拟肾上腺素药（adrenomimetic drugs）。肾上腺素受体激动药都属于胺类，作用亦与兴奋交感神经的效应相似，故又称拟交感胺类（sympathomimetic amines），或者称为拟肾上腺素药。它们的发展源于 1895 年，发现了肾上腺提取物具有升血压作用，1899 年从肾上腺提取出肾上腺素。20 世纪以来，从药物-受体学说概念的提出，到受体分离纯化、结构确定，至配体与受体的结合部位（binding site）的定位和多种受体亚型克隆，肾上腺素类配体和受体的研究较多。

一、构效关系与药物分类

（一）构效关系

肾上腺素受体激动药的基本化学结构是 β-苯乙胺（β-phenylethylamine）。肾上腺素、去甲肾上腺素、异丙肾上腺素和多巴胺等在苯环上有 3,4-二羟基，具有两个邻位羟基的苯环（儿茶酚），因此这类药物在结构上又称为儿茶酚胺类（catecholamines，CA）（图 7-1）。

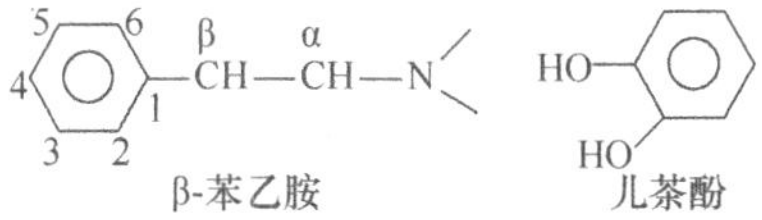

β-苯乙胺　　儿茶酚

图 7-1　β-苯乙胺和儿茶酚的结构

肾上腺素受体激动药的基本化学结构β-苯乙胺，是由苯环、碳链和氨基三部分组成。这三部分的氢均可被不同基团取代，从而产生多种衍生物。这些基团既影响药物对受体的亲和力及激动受体的能力，也同时影响了药物的体内过程（表 7-1）。

表 7-1 主要肾上腺素受体激动药的化学结构和作用比较

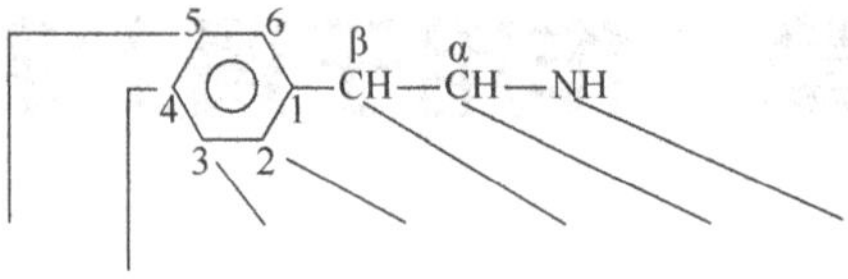

名称							
1. α_1、α_2受体激动药							
NA	—H	—OH	—OH	—H	—OH	—H	—H
间羟胺	—H	—H	—OH	—H	—OH	$—CH_3$	—H
2. α_1受体激动药							
去氧肾上腺素	—H	—H	—OH	—H	—OH	—H	$—CH_3$
甲氧明	$—OCH_3$	—H	—H	— OCH_3	—OH	$—CH_3$	—H
3. α、β受体激动药							
肾上腺素	—H	—OH	—OH	—H	—OH	—H	$—CH_3$
DA	—H	—OH	—OH	—H	—H	—H	—H
麻黄碱	—H	—H	—H	—H	—OH	$—CH_3$	$—CH_3$
美芬丁胺	—H	—H	—H	—H	—H	①$—C(CH_3)_2$	$—CH_3$
苯丙胺	—H	—H	—H	—H	—H	$—CH_3$	—H
4. β_1、β_2受体激动药							
异丙肾上腺素	—H	—OH	—OH	—H	—OH	—H	$—CH(CH_3)_2$
5. β_1受体激动药							
多巴酚丁胺(消旋)	—H	—OH	—OH	—H	—H	—H	
普瑞特罗	—H	—OH	—H	—H	③—OH	—H	②$—CH(CH_3)_2$
6. β_2受体激动药							
沙丁胺醇	—H	—OH	— CH_2OH	—H	—OH	—H	$—C(CH_3)_3$
特布他林	—OH	—H	—OH	—H	—OH	—H	$—C(CH_3)_3$

说明：①取代α碳；②

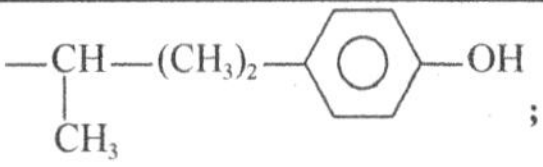

；③在芳香环和β碳之间插入一个$—OCH_2—$

1. 苯环 本类药物如肾上腺素、去甲肾上腺素、异丙肾上腺素和DA等的活性与苯环上3、4位羟基的存在有关。它们在外周产生明显的肾上腺素受体激动作用，容易被儿茶酚氧位转移酶（COMT）灭活，作用时间短，对中枢作用弱。如果把一个酚羟基去掉，则外周作用减弱，但具有不易被破坏的性质，故在体内消除较慢，作用时间延长，口服生物利用度增加，如去氧肾上腺素。如果把两个酚羟基去掉，则外周作用更弱，作用时间更长，中枢作用加强，如麻黄碱。另外，如以其他环状结构代替苯环，则其对外周肾上腺素受体的激动作用仍保留，但中枢兴奋作用降低，甚至转为抑制作用，如萘甲唑啉和羟基唑啉。

2. 碳链 苯环和氨基间的碳链长度以两个碳原子为最佳，如果α碳上的一个氢被甲基取代，则由苯乙胺类变为苯异丙胺类，其外周肾上腺素受体激动作用减弱，而中枢兴奋作用加强，不易被单胺氧化酶（MAO）破坏，稳定性增加，作用时间延长，如麻黄碱和间羟胺。

3. 氨基 氨基氢原子的取代基团与药物对α和β肾上腺素受体的选择性有关。取代基团从甲基到叔丁基，对β受体的激动作用逐渐加强，而对α受体的作用减弱。例如，NA的氨基上的氢被甲基取代，则为肾上腺素，可增加对β_1受体的激动作用；如被异丙基取代，则为异丙肾上腺素，可加强β_1受体和β_2受体的激动作用，而对α受体的激动作用减弱。如被更大基团取代，如沙丁胺醇等，则几乎无α激动作用，而对β受体的作用却加强。

4. 光学异构体　碳链上的α碳和β碳如被其他基团取代，可形成光学异构体。在α碳上形成的左旋体，外周作用较强，如左旋比右旋体作用强 10 倍以上。在α碳形成的右旋体，中枢兴奋作用较强，如右旋苯丙胺的中枢作用强于左旋苯丙胺。

（二）药物分类

由于按肾上腺素受体亚型分类能准确地反映各药物的药理特性和临床应用（表 7-2），因此本章采用此分类进行叙述。

1. α肾上腺素受体激动药　分为下列三类。

（1）α_1、α_2 肾上腺素受体激动药：如去甲肾上腺素。

（2）α_1 肾上腺素受体激动药：如去氧肾上腺素。

（3）α_2 肾上腺素受体激动药：如羟甲唑啉。

2. α、β肾上腺素受体激动药　如肾上腺素和麻黄碱。

3. β肾上腺素受体激动药　分为下列三类。

（1）β_1、β_2 肾上腺素受体激动药：如异丙肾上腺素。

（2）β_1 肾上腺素受体激动药：如多巴胺丁胺。

（3）β_2 肾上腺素受体激动药：如沙丁胺醇。

表 7-2　拟肾上腺素药的分类及基本作用比较

分类	药物	对不同肾上腺素受体作用的比较			作用方式	
		α 受体	β_1 受体	β_2 受体	直接作用于受体	释放递质
α 受体激动药	去甲肾上腺素	+++	++	+–	+	
	间羟胺	++	+	+	+	+
	去氧肾上腺素	++	+–	+–	+	+/–
	甲氧明	++	–	–	+	–
α、β 受体激动药	肾上腺素	++++	+++	+++	+	
	DA	+	++	+–	+	+
	麻黄碱	++	++	++	+	+
β 受体激动药	异丙肾上腺素	–	+++	+++	+	
	多巴酚丁胺	+	++	+	+	+/–

二、α 肾上腺素受体激动药

（一）α_1，α_2 肾上腺素受体激动药

去甲肾上腺素

去甲肾上腺素是肾上腺素能神经末梢释放的主要递质，肾上腺髓质仅分泌少量 NA。药用的 NA 是人工合成的左旋体。NA 化学性质不稳定，见光、热易分解。在中性尤其在碱性溶液中迅速氧化变色失去活性，在酸性溶液中较稳定。常用其重酒石酸盐。

【体内过程】

（1）吸收：NA 因收缩血管，吸收极少，故主要由静脉滴注给药。

（2）分布：NA 静脉注射后，很快从血中消失，较多地被重摄取而分布到去甲肾上腺素能神经支配的脏器，如心脏及肾上腺髓质等。

（3）代谢：进入体内的外源性 NA 很快被去甲肾上腺素能神经摄取，并进一步被肝脏和其他组织的 COMT 和 MAO 催化，形成间甲去甲肾上腺素和 3-甲氧-4-羟扁桃酸（VMA）等代谢产物而失活。

（4）排泄：大部分以代谢产物 VMA 由尿中排出，一部分以原形排出。由于 NA 进入机体会被迅速摄取和代谢，故作用短暂。

【药理作用】 NA 为α_1，α_2 肾上腺素受体激动药，激动α受体作用强大，对α_1 受体和α_2 受体无选择性。对β_1受体激动作用较弱，对β_2受体几乎无作用。

（1）血管：激动血管α_1受体，使血管（特别是小动脉和小静脉）收缩。对全身各部分血管收缩作用的程度与其含α受体的密度及 NA 的剂量有关。皮肤黏膜血管收缩最明显，其次是肾脏血管，对脑、肝、肠系膜，甚至骨骼肌血管也呈收缩作用。动脉收缩导致血流量减少，静脉收缩导致血流外周阻力增加。但可使冠状动脉血流增加，这可能与血压升高而致的血管被动舒张有关。

NA 能激动血管壁肾上腺素能神经末梢突触前膜 α_2受体，抑制 NA 的释放，从而发挥负反馈作用，以调节外源性 NA 过于剧烈地收缩血管作用。

（2）心脏：较弱激动心脏的β_1受体，增强心肌收缩力、加快心率和加快传导，提高心肌兴奋性。在整体动物中，由于血压升高反射性兴奋迷走神经，超过了直接加快心率作用，因此综合效果是心率减慢。另外，由于强烈的血管收缩作用，使外周阻力增高，从而增加心脏射血阻力，因此心排血量不变甚至下降。当剂量过大或者静脉注射过快时，心脏自主节律性增加，可引起心律失常，但较肾上腺素少见。

（3）血压：NA 有较强的升压作用。静脉滴注小剂量时，可使外周血管收缩，心脏兴奋，收缩压和舒张压升高，脉压差略加大。较大剂量时血管强烈收缩，外周阻力明显增高，血压升高而脉压差变小，导致包括肾、肝等组织的血液灌流量减少。α受体阻断药可拮抗 NA 的升压作用，不会出现翻转作用。

（4）其他：对血管以外的平滑肌和代谢的作用均较弱，仅在大剂量时才出现血糖升高。其对中枢神经系统的作用也较弱。但对于孕妇，可增加子宫收缩的频率。

【临床应用】 目前仅限于早期神经源性休克及嗜铬细胞瘤切除后或药物中毒时的低血压。若本药稀释口服，可使食管和胃内血管收缩产生局部止血作用。

【不良反应与注意事项】 静脉滴注时间过长，浓度过高或药液漏出血管外，可引起局部缺血坏死。如剂量过大或滴注时间过长可使肾脏血管剧烈收缩，引起少尿、无尿和肾实质损伤，故用药期间尿量至少保持 25ml/h 以上。长时间滴注骤然停药，可使血压突然下降，故应逐渐降低滴速而后停药。此外，尚可使妊娠后期妇女子宫收缩。本药禁用于高血压、动脉硬化症、器质性心脏病、无尿患者及孕妇。

间 羟 胺

间羟胺（metaraminol，阿拉明，aramine），性质较稳定，主要作用为直接激动 α_1、α_2 肾上腺素受体，也可通过被去甲肾上腺素能神经末梢摄取进入囊泡，通过置换作用促进神经末梢释放 NA 而间接发挥作用。对β受体作用很弱或几乎无作用。

间羟胺可收缩血管、升高血压，升压作用比 NA 弱、缓慢而持久。由于反射作用而使心率减慢，故略增加心肌收缩力；对正常人心排血量的影响不明显，在休克患者可增加心排血量。较少引起心悸和心律失常。对肾血管的收缩作用较 NA 弱。短时间内连续应用，可因囊泡内 NA 减少，使效应逐渐减少，产生快速耐受性。在产生耐受性时，适当加用小剂量 NA 可恢复或增强其升压作用。

间羟胺可静脉滴注也可肌内注射，因此临床作为 NA 的代用品，用于各种休克早期和脊髓麻醉后的休克，以及其他低血压状态；也可用于阵发性房性心动过速，特别是伴有低血压的患者；此外，间羟胺反射性减慢心率，并对窦房结可能具有直接抑制作用，使心率恢复正常。间羟胺升压作用可靠，维持时间较长，不易引起肾衰竭和心律失常。药液外漏也不易引起局部组织坏死。可根据病情需要，选择静脉滴注、肌内注射或皮下注射，应用较为方便。

（二）α_1 肾上腺素受体激动药

去氧肾上腺素和甲氧明

去氧肾上腺素（phenylephrine，苯肾上腺素，neosynephrine）和甲氧明（methoxamine，甲氧胺，methoxamedrine）都是人工合成品。作用机制与间羟胺相似，不易被 MAO 代谢，可直接和间接地激动α_1受体，因此又称α_1受体激动药。作用与 NA 相似但较弱。一般剂量时对β受体的作用不明显，高浓度的甲氧明具有阻断β受体的作用。在升高血压的同时，肾血流的减少比去甲肾上腺素更为明显。作用维持时间较久。它们既可静脉滴注外也可肌内注射，用于抗休克及防治脊髓麻醉或全身麻醉的低血压。

NA 与甲氧明还能通过收缩血管升高血压，使迷走神经反射性兴奋而减慢心率，临床可用于阵发性室上性心动过速。去氧肾上腺素还能兴奋瞳孔扩大肌，使瞳孔扩大，作用较阿托品弱，持续时间较短，一般不引起眼压升高（老年人虹膜角膜角狭窄者可能引起眼压升高）和调节麻痹，在眼底检查时作为快速短效的扩瞳药。

（三）α_2 肾上腺素受体激动药

羟甲唑啉和阿可乐定

羟甲唑啉（oxymetazoline，氧甲唑琳）和可乐定的衍生物阿可乐定（apraclonidine）是外周突触后膜α_2受体激动药。羟甲唑啉收缩血管，滴鼻用于治疗鼻黏膜充血和鼻炎。在几分钟内即可发挥作用，可持续数小时。偶见局部刺激症状，小儿用后可致中枢神经系统症状，故 2 岁以下儿童禁用。阿可乐定主要利用其降低眼压的作用，用于青光眼的短期辅助治疗，特别在激光疗法之后，预防眼压回升。

此外，美托咪啶（medetomidine）是新型高选择性的α_2受体激动剂，在极低的浓度（纳摩尔水平）即产生效应，其有效成分是右旋异构体，目前临床广泛应用的是右美托咪啶。中枢α_2受体激动药还包括可乐定（clonidine）及甲基多巴（methyldopa），详见抗高血压药章节。

三、α、β 肾上腺素受体激动药

肾 上 腺 素

肾上腺素（adrenaline，AD，epinephrine）是肾上腺髓质的主要激素，它是在髓质内的嗜铬细胞中生成。药用肾上腺素可从家畜肾上腺提取或人工合成。其化学结构与 NA 不同之处是在氨基氮位上一氢原子被甲基取代。肾上腺素的理化性质与 NA 相似。肾上腺素化学性质也不稳定，见光易失效。在中性，尤其是碱性溶液中，易氧化变色失去活性。

【体内过程】 肾上腺素口服后在碱性肠液、肠黏膜和肝脏内易被氧化破坏而失效，不能达到有效血药浓度，因此口服无效。皮下注射因局部血管收缩而延缓吸收，作用维持时间长。肌内注射因对骨骼肌血管不产生收缩作用，因此吸收远较皮下注射快，维持时间较短。肾上腺素在体内的摄取和代谢途径与 NA 相似。肾上腺素进入血液循环后，立即通过摄取和酶的降解等机制失活。灭活肾上腺素和 NA 的酶 COMT 和 MAO 广泛存在于许多组织内，特别是肝、肾、肠和血管壁细胞中。静脉注射或滴注肾上腺素 96h 后，部分代谢产物与葡萄糖醛酸或硫酸结合而消除，少量以原形经肾排泄。

【药理作用】 肾上腺素为α、β受体激动药，作用广泛且复杂，并与机体的生理病理状态、靶器官中肾上腺素受体亚型的分布、整体的反射作用和神经末梢突触间隙的反馈调节等因素有关。

（1）心脏：肾上腺素兴奋心脏作用主要通过激动心肌、窦房结和传导系统的β_1受体和β_2受体，从而增强心肌收缩力、加速心率和加快传导，提高心肌的兴奋性，心排血量增加。肾上腺素对心脏的兴奋作用起效迅速而强大。同时舒张冠状血管，改善心肌血液供应，这是其作为强效心脏兴奋药的有利之处。但由于提高心肌代谢率和兴奋性，心肌耗氧量增加，自律性提高，剂量过大或静脉注射过快时，可引起心律失常，出现期前收缩、心动过速、甚至心室颤动。当患者处于心肌缺血、缺氧及心力衰竭时，肾上腺素有可能使病情加重或引起快速性心律失常。

（2）血管：体内各部位血管的肾上腺素受体的种类和密度不同，因此肾上腺素对血管的作用取决于各器官中血管平滑肌上α受体和β受体的分布密度及给药剂量的大小。激动血管平滑肌上的α受体，血管收缩；激动β受体，血管扩张。由于不同部位血管对肾上腺素的反应不同，使用肾上腺素后会形成血流的再分布。

小动脉和毛细血管前括约肌的肾上腺素α受体密度高，静脉和大动脉的肾上腺素受体密度低，因此肾上腺素主要收缩小动脉和毛细血管前括约肌，其次收缩静脉和大动脉。皮肤、黏膜血管α受体占优势，β受体相对较少，肾上腺素对其呈显著的收缩反应。注射肾上腺素可显著降低皮肤血流量，收缩支气管黏膜血管，有利于消除黏膜水肿。

骨骼肌血管以β受体为主，呈舒张反应。人静脉滴注肾上腺素 30μg/min 时，可直接显著增加骨骼肌血流量。如先给予α受体阻断药，则肾上腺素对骨骼肌血管的舒张作用更为显著持久。

肾脏血管α受体占优势，肾上腺素在对血压无明显作用的剂量即可增加肾血管阻力，减少肾血流量。并可激动肾小球球旁细胞的β受体而增加肾素的分泌。

肾上腺素可使冠状动脉舒张，可能由三个因素引起：①兴奋冠脉血管β_2受体，血管舒张；②心脏的收缩期缩短，相对延长舒张期；③肾上腺素引起心肌收缩力增强和心肌耗氧量增加，从而促使心肌细胞释放扩血管的代谢产物腺苷。

肾上腺素对脑血流量的作用与全身血压有关。治疗剂量时，对脑部小动脉并无显著的收缩作用，由于血压升高使脑血流增加，但在正常情况下，脑血流的自身调节作用会限制这种增加。肾上腺素对肺血管具有双相作用，小剂量舒张而大剂量收缩。中毒剂量可产生致死性肺水肿，这可能由于肺毛细血管渗透压增高所致。

（3）血压：肾上腺素对血管总外周阻力的影响与其剂量密切相关。小剂量和治疗量肾上腺素可使心肌收缩力增强，心率和心排血量增加，皮肤黏膜血管收缩，使收缩压和舒张压升高。同时舒张骨骼肌血管，抵消或超过对皮肤黏膜血管的收缩作用，使舒张压不变或下降，脉压差增大，有利于血液对各组织器官的灌注。

肾上腺素的典型血压改变多为双相反应，即给药后迅速出现明显的升压作用，继之出现微弱的降压反应，后者持续作用时间较长。如预先给予α受体阻断药，肾上腺素的升压作用可被翻转，呈现明显的降压反应，表现出肾上腺素对血管β受体的激动作用。大剂量肾上腺素除强烈兴奋心脏外，还可使血管平滑肌α_1受体兴奋占优势，尤其是皮肤、黏膜、肾脏和肠系膜血管强烈收缩，使外周阻力显著增高，收缩压和舒张压均升高。

（4）平滑肌：肾上腺素对平滑肌的作用主要取决于器官组织的肾上腺素受体类型和分布密度。对于支气管，肾上腺素激动支气管平滑肌的β_2受体产生舒张作用，支气管哮喘发作时，作用更加明显；并能激动支气管黏膜血管的α受体，使之收缩，从而消除哮喘时的黏膜水肿和渗出；还能作用于支气管黏膜层和黏膜下层肥大细胞的β_2受体，抑制抗原引起的肥大细胞释放（组胺）和其他过敏反应物质。对于胃肠道平滑肌，由于激动α受体和β受体并激动肠神经丛胆碱能神经末梢的α_2受体，从而抑制胃肠道平滑肌，表现为胃松弛，肠张力下降，蠕动频率及振幅降低。对于子宫平滑肌的作用于性周期、充盈状态和给药剂量有关，妊娠末期能抑制子宫张力和收缩。肾上腺素的β受体激动作用可使膀胱逼尿肌舒张，引起排尿困难和尿潴留。

（5）代谢：治疗量的肾上腺素能明显增强机体的新陈代谢，可使耗氧量增加 20%～30%。肾上腺素通过激动肝脏的$β_2$受体和α受体，促进肝糖原分解和糖原异生，升高血糖和乳酸，但极少出现尿糖。通过$α_2$受体抑制胰岛素的分泌，通过胰岛α细胞的β受体促进膜高血糖素的分泌，总的结果是抑制胰岛素分泌，降低外周组织摄取葡萄糖等，这些可能都是肾上腺素升高血糖的作用环节。此外，肾上腺素促进脂肪分解，使血中游离脂肪酸增加。

（6）中枢神经系统：由于肾上腺素不易透过血-脑屏障，故仅在大剂量时才出现中枢兴奋症状，如激动、呕吐、肌强直，甚至惊厥等。治疗量时一般无明显中枢兴奋现象，有时会出现不安、恐惧、头痛和震颤等，这可能继发于其对心血管系统、骨骼肌及代谢的作用。

【临床应用】

（1）心搏骤停：用于因溺水、中枢抑制药物中毒、麻醉和手术意外、急性传染病和心脏传导高度阻滞引起的心搏骤停。在进行心脏按压、人工呼吸和纠正酸中毒等措施的同时，可用肾上腺素做心室内注射，使心脏重新起搏。但是治疗电击或卤素类全身麻醉药（gental anestinetics）（氟烷、甲氧氟烷等）意外引起心搏骤停时，常伴有或诱发心室颤动，故在用肾上腺素的同时，应配合使用除颤器、起搏器及利多卡因等抗心律失常药物。

（2）过敏性休克：用于治疗青霉素等药物引起的过敏性休克。过敏时，由于组胺和白三烯等过敏物质的释放，使大量小血管扩张和毛细血管通透性增高，引起全身循环血量降低，心率加快，心收缩力减弱，血压下降及支气管平滑肌痉挛引起呼吸困难等症状。肾上腺素激动α受体，收缩小动脉和毛细血管前括约肌，使毛细血管通透性降低；激动β受体可改善心脏功能和解除支气管平滑肌痉挛，从而迅速有效地缓解过敏性休克的临床症状，挽救患者生命。抢救时应迅速皮下注射或肌内注射肾上腺素，危急病例亦可用生理盐水稀释 10 倍后缓慢静脉注射，但必须避免因过量或注射过速造成的血压剧升及心律失常等不良反应。

（3）支气管哮喘急性发作及其他速发型变态反应：肾上腺素可解除哮喘时的支气管平滑肌痉挛外，亦可抑制组织和肥大细胞释放过敏反应物质，如组胺和白三烯类等，以及通过对支气管黏膜血管的收缩作用，减轻呼吸道的水肿和渗出，从而使支气管哮喘急性发作得到迅速控制。此外，肾上腺素能迅速缓解血管神经性水肿、血清病、荨麻疹、枯草热等过敏反应性疾病的症状。然而，由于本药不良反应严重，仅用于急性发作者。

（4）局部应用：将肾上腺素加入普鲁卡因或利多卡因等局部麻醉药中，可使注射部位周围血管收缩，延缓局部麻醉药的吸收，增强局部麻醉效应，延长局部麻醉作用时间，并减少局部麻醉药吸收中毒的发生。亦可将浸有肾上腺素的纱布或棉球（含量 0.1%）用 于外伤表面，如鼻黏膜和牙龈，使微血管收缩而止血。

（5）青光眼：肾上腺素滴眼液（含量 1%～2%）可通过促进房水流出，以及使β受体介导的眼内反应脱敏，从而降低眼内压。

【不良反应与注意事项】　一般不良反应有心悸、出汗、不安、焦虑、面色苍白、头痛、震颤等，停药后症状消失。如剂量过大，皮下、肌内注射误入血管，或者静脉注射过快，可致搏动性头痛、心律失常或血压骤升，有发生脑出血的危险。硝酸酯类、亚硝酸酯类、硝普钠或α受体阻断药可对此拮抗。使用时应严格掌握剂量和注射方法，静脉注射需稀释后缓慢注入。注射液稀释后其 pH 升高，数小时内即变为淡红色，继之呈棕色，颜色稍变即不可使用。本药禁用于器质性心脏病、高血压、冠状动脉病变、缺血性心脏病、糖尿病、甲状腺功能亢进患者。老年人慎用。由于肾上腺素能松弛子宫平滑肌延长产程，故分娩时不宜用。

【药物相互作用】　与环戊烷、氟烷及其他卤化物合用进行全身麻醉时，肾上腺素如过量或误入血管，会增加心室颤动发生的可能性，因此使用时应慎重。三环类抗抑郁药如丙米嗪可抑制肾上腺素的神经再摄取，增强其作用。与β受体阻断药如普萘洛尔同用，本药的β受体激动作用被拮抗，α受体的激动作用则易引起急剧血压升高和脑出血。

多 巴 胺

多巴胺是 NA 生物合成的前体，存在于肾上腺素神经、神经节和中枢神经系统，为黑质-纹状体通路的递质。药用 DA 是人工合成品。

【体内过程】 口服后易在肠道和肝中被破坏而失效。一般通过静脉滴注给药。在体内迅速经 COMT 和 MAO 代谢灭活，作用时间短暂，半衰期约为 2min。本药不易透过血-脑屏障，故外周给予 DA 没有明显的中枢作用。

【药理作用】 在外周，本药除激动 DA 受体外，也激动α受体和β受体。作用与剂量或浓度有关，并且取决于靶器官中各受体亚型的分布和对其选择性的高低。

（1）心血管和血压：治疗量的 DA 主要激动血管α受体，使皮肤黏膜血管收缩，血压升高，对β_2受体作用较弱。对血管总外周阻力几无影响，这可能与 DA 在治疗量时即可激动肾脏、肠系膜和冠状血管上 DA 的 Ⅰ 型受体，使血管扩张，血管阻力降低有关。大剂量 DA 可显著收缩血管（α_1）和兴奋心脏（β_1），并有促进 NA 释放的作用，使外周阻力升高，血压明显上升，可使收缩压和脉压上升但不影响或略增加舒张压，总外周阻力不变。此作用可被α受体阻断药酚妥拉明拮抗。高浓度或大剂量时激动α_1受体的作用占优势，使血管收缩，肾血流量和尿量减少。

（2）肾脏：低浓度 DA 激动肾血管 DA 的 Ⅰ 型受体，肾血管扩张，肾血流量、肾小球滤过率增加。此外，DA 尚能直接抑制肾小管重吸收 Na^+，排钠利尿，故适用于低排血量伴肾功能损害如心源性低血容量休克。大剂量兴奋肾血管的α受体而致肾血管收缩，使肾血流量减少。

【临床应用】 主要用于治疗各种休克，如心源性休克、感染性中毒休克和出血性休克等。对于伴有心肌收缩力减弱及尿量减少者较为适宜，最好同时补充血容量，并纠正酸中毒。本药尚可与利尿药合用治疗急性肾衰竭。

【不良反应与注意事项】 一般较轻，偶见恶心、呕吐。如剂量过大或滴注过快可出现呼吸困难、心动过速、心律失常和肾血管收缩引起的肾功能下降等。一旦发生，应减慢滴注速度。由于本药半衰期较短，一般减慢滴速或停药后，反应可消失。如仍不消失，可用酚妥拉明拮抗。长时间滴注可出现手足疼痛或发冷，甚至局部坏死。嗜铬细胞瘤患者禁用。室性心律失常、闭塞性血管病、心肌梗死、动脉硬化和高血压患者慎用。

【药物相互作用】 与全身麻醉药如环丙烷、氟烷和其他氯代碳氢化合物合用可引起室性心律失常。由于本药经 MAO 代谢，故使用 MAO 抑制剂的患者用本药时必须减量。接受三环类抗抑郁药的患者加用本药会产生心血管方面的相互作用，应当慎用。

麻 黄 碱

麻黄碱（ephedrine）是从麻黄、中麻黄或木贼麻黄干燥草质茎提取的生物碱，现已人工合成。麻黄为传统中药，两千年在《神农本草经》即有麻黄能止咳逆上气的记载。现代研究证明，麻黄碱和伪麻黄碱都有舒张支气管平滑肌的作用，麻黄油有发汗作用。麻黄碱是最早的肾上腺素受体激动药之一，至今世界范围内已有的麻黄碱及含麻黄碱的复方制剂多达 300 种以上。

【体内过程】 口服易吸收，皮下注射吸收比口服快。口服后 1h 血浆药物达峰浓度。可透过血-脑屏障，也可分泌于乳汁中。仅少量被 MAO 代谢，故作用维持时间较久。60%～70%以原形经肾排出，酸性尿可促进其排泄。半衰期为 3～6h。

【药理作用】 麻黄碱可直接激动α（α_1和α_2）、β（β_1和β_2）肾上腺素受体，并可促进 NA 的释放而发挥间接作用。与肾上腺素比较，本药的特点是：作用较弱，持续时间较长，性质稳定，可口服；中枢兴奋作用较显著；收缩血管、兴奋心脏、升高血压和松弛支气管平滑肌作用都较肾上腺素弱而持久，对代谢的影响微弱；连续使用可发生快速耐受性。

（1）中枢作用：由于本药能透过血-脑屏障，故其中枢兴奋作用较强。较大剂量能兴奋大脑皮层和皮层下中枢，引起精神兴奋、失眠、不安和肌肉震颤等症状。对血管运动中枢和呼吸中枢也略有兴奋作用。

（2）心脏：兴奋心脏，使心肌收缩力增强，心率加快，心排血量增加。但较肾上腺素弱。在整体情况下，由于血压升高，反射性兴奋迷走神经，抵消了其直接加快心率作用，故心率变化不大。剂量过大可产生心脏抑制。

（3）血管：对皮肤、黏膜和内脏血管呈收缩作用，比肾上腺素弱而持久。

（4）血压：升压作用缓慢而持久，收缩压升高比舒张压显著，脉压差增加。

（5）平滑肌：本药松弛支气管平滑肌的作用比肾上腺素弱而持久。也具抑制胃肠道平滑肌、扩瞳和升高血糖作用。此外具有松弛膀胱壁和逼尿肌，以及收缩其括约肌的作用。

（6）骨骼肌：可增强重症肌无力患者的骨骼肌张力。

（7）快速耐受性（tachyphlaxis）：本药在短期内反复应用，作用持续减弱，这个现象称为快速耐受性，也称脱敏（desensitization）。停药后作用可恢复。每日用药小于 3 次则快速耐受性一般不明显。麻黄碱快速耐受性的形成可能归因于连续给药所致神经递质消耗和受体饱和两种因素。

【临床应用】

（1）支气管哮喘：用于预防支气管哮喘发作和轻症的治疗，也常与止咳祛痰药组成复方用于痉挛性咳嗽。

（2）鼻塞：可用本药 0.5% 滴鼻以消除鼻黏膜充血和肿胀。

（3）麻醉给药：肌内注射或皮下注射作为蛛网膜下隙麻醉和硬膜外麻醉的辅助用药，以预防低血压。亦可用本药 10～30mg 静脉注射，治疗局部麻醉药中毒出现的低血压。

（4）缓解荨麻疹和血管神经性水肿等过敏反应的皮肤黏膜症状。

【不良反应与注意事项】　剂量过大或敏感者可引起震颤、焦虑、失眠、心悸、血压升高等。为防止失眠，应避免在晚饭后服用。连续滴鼻治疗过久，可产生反跳性鼻黏膜充血或萎缩。前列腺增生患者服用本药可增加排尿困难。由于本药可从乳汁分泌，哺乳期妇女禁用。本药禁用于高血压、动脉粥样硬化、冠心病和甲状腺功能亢进患者。

美 芬 丁 胺

美芬丁胺（mephentermine），为α、β肾上腺素受体激动药。药理作用与麻黄碱相似，通过直接作用于肾上腺素受体和间接促进递质释放两种机制发挥作用。本药能加强心收缩力，增加心排血量，稍增加外周血管阻力，使收缩压和舒张压升高。其兴奋心脏的作用比异丙肾上腺素弱而持久。加快心率的作用不明显，较少引起心律失常。与麻黄碱相似，也具有中枢兴奋作用。进入体内的美芬丁胺经甲基化和羟基化后，最后以原形和代谢产物经肾排出；在酸性尿中排泄较快。

本药主要用于蛛网膜下隙麻醉时预防血压下降，也用于心源性休克或其他低血压，此外尚可用 0.5%滴鼻治疗鼻炎。本药可产生中枢兴奋症状，特别是过量时，可出现焦虑、精神兴奋，也可致血压过高和心律失常等。甲状腺功能亢进患者禁用，失血性休克慎用。

伪 麻 黄 碱

伪麻黄碱（pseudoephedrine）为麻黄碱的立体异构物，作用与麻黄碱相似，但升压作用和中枢作用较弱。口服易吸收，不易被 MAO 代谢，大部分以原形自尿排出，半衰期长约数小时，主要用于鼻黏膜充血。不良反应及注意事项参见麻黄碱。

案例解析

案例 7-1

患者，男，20 岁，学生。因高热（体温 39.1℃）门诊，给予复方氨林巴比妥 4ml 肌内注射。在注射完毕后观察过程中患者诉头晕、心慌、憋气、呼吸不畅、四肢发冷，随即感到呼吸困难。见患者大汗淋漓，脸色苍白、呼吸急促，而后抽搐、表情淡漠。测血压 0，脉搏微弱，呼吸 36 次/分钟，神志不清，呼之不应。诊断为过敏性休克。根据患者病情，建议使用哪种药物?

解析及注意事项:

该患者对复方氨林巴比安产生过敏性休克症状，应立即给予 1%肾上腺素皮下注射。本品在注射时，剂量必须精确，皮下和肌内注射用 1ml 注射器抽取和推注。注射速度不可太快，以免血压骤升。注射后应对局部注射部位进行按摩，以促进药物吸收。如做心内注射，必须在确定心脏停搏后方可穿刺，以免造成心脏伤害。注射后应密切监护患者，除观察疗效以便确定是否重复给药外，还应密切监测血压、心率和心律。患者如有心脏疾病，应用本品后可因周围血管收缩而加重肺水肿，并可致心率失常。这类患者在应用本品时，应进行心电图监测，并做好抢救准备。使用本品可致尿潴留和痰干结，故应注意患者液体的出入量，叮嘱患者多饮水、多做深呼吸，并鼓励患者咳痰，必要时行体位引流或蒸汽吸入。

四、β 肾上腺素受体激动药

（一）β_1、β_2 肾上腺素受体激动药

异丙肾上腺素

异丙肾上腺素（isoprenaline，isoproterenol）是人工合成品，药用其盐酸盐。化学结构式 NA 氨基上的氢原子被异丙基取代，是经典的β肾上腺素受体激动药。

【体内过程】 口服易在肠黏膜与硫酸基结合而失效，故口服作用很弱。气雾剂吸入给药，作用较快。舌下给药因能舒张局部血管，少量可从黏膜下的舌下静脉丛被迅速吸收。静脉注射半衰期仅为数分钟，持续时间不到 1h。吸收后的异丙肾上腺素可被肝、肺等组织的 COMT 代谢失效，而 MAO 对其作用较弱。此外，异丙肾上腺素不被去甲肾上腺素能神经所摄取，故作用持续时间较 NA 和肾上腺素长。最后与硫酸结合的甲基代谢产物经肾排出。

【药理作用】 对β_1受体和β_2受体的选择性很低，对α受体则几乎没有作用。

（1）心脏：对心脏β_1受体具有强大的激动作用，表现为正性肌力、正性缩率及加速传导作用等，使心排血量增加，收缩期和舒张期缩短，兴奋性提高。与肾上腺素比较，异丙肾上腺素加速心率和加速传导的作用较强，心肌耗氧量增加，对心脏窦房结的兴奋作用较强，也能引起心率失常，但本药引起心律失常的概率比肾上腺素低，并较少产生心室颤动。

（2）血管和血压：对血管有舒张作用。主要是激动β_2受体使骨骼肌血管舒张，对肾血管和肠系膜血管的舒张作用较弱，对冠状动脉也有舒张作用。由于心脏兴奋和血管舒张，故收缩压升高或不变而舒张压略下降，脉压增大。大剂量异丙肾上腺素静脉注射时，可引起血压明显降低。

（3）平滑肌：本药可舒张平滑肌。除血管平滑肌外，本药也激动其他平滑肌的β_2受体，特别对处于紧张状态的支气管、胃肠道等多种平滑肌具有舒张作用。对支气管平滑肌的舒张作用比肾上腺素强。

（4）其他：具有抑制组胺及其他炎症介质释放的作用。升血糖作用较肾上腺素弱，可能由

于其对胰岛细胞有较强的β受体激动作用而致。在增加游离脂肪酸和能量代谢方面，与肾上腺素作用相似。在治疗剂量时，中枢兴奋作用不明显，过量时引起激动、呕吐、不安等。

【临床应用】

（1）心搏骤停：异丙肾上腺素对停搏的心脏有起搏作用，使心脏恢复跳动。用于治疗各种原因，如溺水、电击、手术意外或药物中毒而造成的心搏骤停。由于对心肌自律性影响较小，故较少诱发心室颤动。常与肾上腺素或间羟胺合用心室内注射，产生强大的起搏作用。

（2）房室传导阻滞：异丙肾上腺素具有强大的加速传导作用，舌下或静脉滴注给药可使房室传导阻滞明显改善。在心电图监护下，将本药0.2mg溶于500ml葡萄糖注射液中，静脉滴注，并根据心率调整滴速。

（3）支气管哮喘急性发作：舌下或喷雾给药，用于治疗支气管哮喘急性发作，作用快速有效。

（4）休克：在补足血容量的基础上，对中心静脉压高、心排血量低、外周阻力高的休克患者具有一定疗效，但异丙肾上腺素主要舒张骨骼肌血管，对内脏血管的舒张作用较弱，改善组织微循环障碍的作用不明显。然而，异丙肾上腺素能显著增加心肌耗氧量和加快心率，对休克不利，故目前临床已少用。

【不良反应与注意事项】　常见不良反应有心悸、头痛、皮肤潮红等；偶有心绞痛、恶心、震颤、头晕、出汗等。过量可致心律失常甚至心室颤动。气雾剂治疗哮喘时，患者如不正确掌握剂量而吸入过量或过频，可致严重的心脏反应。长期使用可产生耐受性，停药7～10日后，耐受性消失。本药禁用于心绞痛、心肌梗死、甲状腺功能亢进及嗜铬细胞瘤患者。

（二）β_1肾上腺素受体激动药

多巴酚丁胺

多巴酚丁胺（dobutamine）为人工合成药，其化学结构和体内过程与DA相似。口服无效，一般静脉滴注给药。

【体内过程】　口服无效，静脉输注的半衰期约为2min，而在10～12min后血浆药物浓度到达稳态。静脉注射后1～2min生效，10min达最大效应。

【药理作用】　主要选择性激动β_1受体。本品是含有左旋体和右旋体的消旋体。左旋多巴酚丁胺可激活α_1受体，引起明显的升压效应；而右旋多巴酚丁胺则拮抗 α_1受体。两者均激动β受体，并且右旋体激动β受体的强度是左旋体的10倍。消旋多巴酚丁胺的作用是两者的综合效应。与异丙肾上腺素比较，本药很少增加心肌耗氧量，也较少引起心动过速。但静脉滴注速度过快或浓度过高时，也引起心率加快。

【临床应用】　主要用于治疗心肌梗死并发心力衰竭。多巴酚丁胺可增加心肌收缩力，增加心排血量和降低肺毛细血管膜压，并使左心室充盈压明显降低，使心功能改善，继发地促进排钠、排水、增加尿量，有利于消除水肿。

【不良反应与注意事项】　一般反应与DA类似，但心律失常较异丙肾上腺素和DA少，如出现收缩压升高，心率增快，应减慢滴注速度。由于本药半衰期较短，一般减慢滴速或停药后，反应可自行消失。梗阻型肥厚型心肌病禁用。心房颤动、室性心律失常、心肌梗死和高血压等慎用。多巴酚丁胺连用三日后可因β受体下调而失效。

其他的β_1受体激动药有普瑞特罗（prenalterol）、扎莫特罗（xamoterol）等，主要用于慢性充血性心力衰竭。

（三）β_2肾上腺素受体激动药

本类药物选择性激动β_2受体，使支气管、子宫和骨骼肌、血管平滑肌松弛，对心脏β_1受体作用较弱。与异丙肾上腺素比较，本类药物具有强大的解除支气管平滑肌痉挛作用，而没有明显的心脏兴奋作用。常用的药物有沙丁胺醇（羟甲叔丁肾上腺素）、特布他林（间羟叔丁肾上腺素）、克仑特罗等，临床主要用于治疗支气管哮喘（见有关章节）。

知识拓展

肾上腺素既是一种激素，又是一种神经递质，现临床作为心肺复苏的药物使用。肾上腺素的拉丁文前缀 ad renes 意思是“在肾肝上”，有时肾上腺素会被简写为 epi。肾上腺素是肾上腺髓质的主要激素，其生物合成主要是在髓质嗜铬细胞中首先形成 NA，然后进一步经苯乙胺-*N*-甲基转移酶的作用，使去甲肾上腺素甲基化形成肾上腺素。在大多数情况下，肾上腺素作为首选的复苏药物已得到公认。但不容忽视的是，应重视“肾上腺素翻转作用”的药理现象。在氯丙嗪中毒的抢救中，应选用去甲肾上腺素，禁用肾上腺素。异丙肾上腺素适用于严重心动过缓，高度房室传导阻滞、窦房结功能衰竭和尖端扭转型室性心动过速等。

第二节 肾上腺素受体阻断药

肾上腺素受体阻断药，又称肾上腺素受体拮抗药，是指能阻断肾上腺素受体从而拮抗去甲肾上腺素神经递质或肾上腺素受体激动药作用的药物。根据对α受体和β受体的选择性不同，本类药物可分为α受体阻断药、β受体阻断药及α、β受体阻断药三大类。

一、α肾上腺素受体阻断药

α受体阻断药能选择性的与α受体结合，其本身不激动或较少激动肾上腺素受体，却能阻断递质或受体激动药与α受体结合，从而拮抗其对α受体激动的效应。

本类药物主要通过阻断α_1受体或α_2受体而产生对心脏、血管和血压的作用。

1. 对α_1受体的阻断作用 本类药物因阻断α_1受体可拮抗外源性儿茶酚胺的收缩血管、升高血压的作用，完全拮抗去氧肾上腺素所致升压反应。部分拮抗去甲肾上腺素所致升高血压反应。可将肾上腺素的升压反应翻转为降压作用，此现象称为“肾上腺素作用的翻转”（adrenaline reversal），这是因为α受体阻断药阻断收缩血管的α_1受体，不影响舒张血管的β_2受体，结果使舒张血管的效应充分表现出来。

2. 对α_2受体的阻断作用 α受体阻断药也可阻断非血管平滑肌的α受体，如膀胱及前列腺的括约肌，阻断该部位的α受体，可降低括约肌张力，减少阻力。激动胰岛α_2受体可显著抑制胰岛素分泌，而阻断这些受体则可促进胰岛素的释放。

3. α肾上腺素受体阻断药的分类 根据α受体阻断药对受体亚型的选择性不同，可将其分为三类。

第一类：α_1和α_2肾上腺素受体阻断药。短效类：如酚妥拉明。长效类：如酚苄明。

第二类：α_1肾上腺素受体阻断药，选择性阻断α_1受体，如哌唑嗪。

第三类：α_2肾上腺素受体阻断药，选择性阻断α_2受体，如育亨宾。

（一）α_1、α_2肾上腺素受体阻断药

酚 妥 拉 明

酚妥拉明（phentolamine）的化学结构为咪唑啉衍生物。酚妥拉明以氢键、离子键与受体结合，结合比较疏松，可被大剂量儿茶酚胺或拟肾上腺素药在α_1受体和α_2受体水平上竞争拮抗，表现出竞争性α受体阻断药的性质。

【体内过程】 酚妥拉明生物利用度低，口服效果仅为注射给药的20%。口服给药后30min血药浓度达峰值，作用维持3～6h。肌内注射作用维持30～50min。大多以无活性代谢物从尿中排泄。

【药理作用】 本药为短效α受体阻断药，对α_1受体和α_2受体的亲和力相同。

（1）血管：酚妥拉明具有阻断血管平滑肌α_1受体和直接扩张血管的作用。静脉注射能使血管扩张，血压下降，静脉和小静脉扩张明显，舒张小动脉使肺动脉压下降，外周血管阻力降低。

（2）心脏：可兴奋心脏，使心肌收缩力增强，心率加快，心排血量增加。这种兴奋作用部分是由于血管舒张，血压下降而反射性兴奋心脏，部分是由于阻断甲肾上腺素能神经末梢突触前膜α_2受体，促进去甲肾上腺素释放，致使心肌收缩力增强、心率加快，有时可致心律失常，可翻转肾上腺素的升压作用。

（3）其他：本药也能阻断5-羟色胺（5-HT）受体，激动M型胆碱受体和H_1受体、H_2受体，促进肥大细胞释放组胺，可使皮肤潮红。其兴奋胃肠道平滑肌的作用可被阿托品拮抗。

【临床应用】

（1）外周血管痉挛性疾病：如肢端动脉痉挛的雷诺综合征、血栓闭塞性脉管炎及冻伤后遗症。

（2）去甲肾上腺素滴注外漏：静脉滴注去甲肾上腺素外漏时，可致皮肤缺血、苍白和剧烈疼痛，甚至坏死。此时可用酚妥拉明10mg溶于10～20ml生理盐水中做局部浸润注射。

（3）顽固性充血性心力衰竭和急性心肌梗死：酚妥拉明用于治疗其他药物无效的急性心肌梗死及充血性心脏病导致的心力衰竭。心力衰竭时，心排血量不足，导致交感神经张力增加、外周阻力增加、肺充血及肺动脉压力升高，容易产生肺水肿、应用酚妥拉明可扩张血管、降低外周阻力，使心脏后负荷明显降低、左心室充盈压降低、增加心排血量，使心功能不全、肺水肿和全身性水肿得以改善。

（4）休克：本药能明显降低肺血管阻力，对肺水肿具有较好的疗效。目前主张将酚妥拉明和去甲肾上腺素合用以对抗去甲肾上腺素强大的α_1受体激动作用，使血管收缩作用不致过分剧烈，并保留对心脏β_1受体的激动作用，使心收缩力增加，脉压增大，提高其抗休克的疗效，减少毒性反应。本品主要用于感染中毒性休克和心源性休克。

（5）肾上腺嗜铬细胞瘤：酚妥拉明降低嗜铬细胞瘤导致的高血压，用于嗜铬细胞瘤的鉴别诊断和防治手术过程中突然发生的高血压危象，亦可用于突然停用可乐定或应用单胺氧化酶抑制药患者食用富含酪胺食物后出现的高血压危象。但在进行嗜铬细胞瘤鉴别诊断实验时，可引起严重低血压，曾有致死的报道，故应慎重。

（6）其他：口服或直接阴茎海绵体内注射用于诊断或治疗阳痿。

【不良反应】 大剂量酚妥拉明可引起直立性低血压，注射给药可产生心动过速、心律失常、诱发或加剧心绞痛。其他尚有腹痛、恶心和呕吐等消化道反应，可诱发或加剧消化道溃疡。冠心病、胃炎和胃十二指肠溃疡患者慎用。

妥拉唑啉

妥拉唑啉（tolazoline）为短效α受体阻断药，对α_1受体和α_2受体的阻断作用与酚妥拉明相似，但较弱。此外尚有拟胆碱、促进组胺释放和5-HT受体阻断作用。能舒张血管，兴奋心脏和胃肠道平滑肌，也增加胃肠道、唾液腺、泪腺和汗腺分泌。

临床主要用于外周血管痉挛性疾病，手足发绀、血栓闭塞性静脉炎。也用于嗜铬细胞瘤以控制症状。

不良反应与酚妥拉明相似，但发生率较高。有皮肤潮红、竖毛、寒战、心动过速、恶心、呕吐和直立性低血压等。可诱发心肌梗死和消化性溃疡。

酚 苄 明

酚苄明（phenoxybenzamine）为长效α受体阻断药。酚苄明为人工合成品，其代谢物分子中的乙撑亚胺基，可与α受体形成牢固的共价键结合，故称为长效的非竞争性α受体阻断药。酚苄明具有起效慢、作用强而持久的特点。

【体内过程】 口服吸收达 20%～30%。因刺激性强，不作肌内或皮下注射，仅作静脉注射。静脉注射 1h 达最大效应。本药脂溶性高，大剂量用药可积蓄于脂肪组织，然后缓慢释放。半衰期约为 24h。经肝脏代谢，随尿和胆汁排泄，药物排泄缓慢，12h 约排出 50%，24h 约排泄 80%，一次给药，作用约可维持 3～4 日。

【药理作用】 酚苄明是长效的α受体阻断药，可阻断α_1受体和α_2受体，舒张血管，降低外周血管阻力，明显降低血压。其作用强度与血管受去甲肾上腺素能神经控制的程度有关。如处于静卧和休息的正常人，酚苄明的扩张血管和降压作用往往不明显或表现为舒张压略下降。当交感神经张力高，血容量低或直立时，则可引起明显的降压作用和心率加快，后者系由于血压下降引起的反射作用及阻断突触前膜α_2受体的结果。此外，酚苄明在高浓度应用时尚有较弱的抗 5-HT 和抗组胺作用。

【临床应用】

（1）用于外周血管痉挛性疾病。

（2）抗休克：适用于感染性休克。

（3）用于嗜铬细胞瘤：对不宜手术或恶性嗜铬细胞瘤的患者，可持续应用，也用于嗜铬细胞瘤患者的手术前准备。

（4）用于良性前列腺增生：治疗良性前列腺增生引起的阻塞性排尿困难，可明显改善症状，可能与阻断前列腺和膀胱底部的α受体有关。

【不良反应与注意事项】 主要不良反应是直立性低血压。常见心动过速、鼻塞、口干等。空腹大剂量口服时，易致恶心、呕吐等消化道刺激症状。尚有嗜睡、全身无力、疲乏等中枢抑制症状。治疗休克时，必须先补充血容量，然后缓慢静脉注射酚苄明，并密切观察病情变化和纠正血压。

（二）α_1肾上腺素受体阻断药

坦 洛 新

坦洛新（tamsulosin）生物利用度高，半衰期为 9～15h，对α_{1A}受体的阻断作用远强于对α_{1B}受体阻断作用。α_{1A}受体主要存在于前列腺，而α_{1B}受体主要存在于血管，因此坦洛新对良性前列腺增生的疗效高。

（三）α_2肾上腺素受体阻断药

育 亨 宾

育亨宾（yohimbine）为选择性α_2受体阻断药。α_2受体在介导交感神经系统反应中起重要作用，包括中枢作用与外周作用。育亨宾易进入中枢神经系统，阻断α_2受体，可促进去甲肾上腺素从神经末梢释放，增加交感神经张力，从而导致血压升高、心率加快。此外，育亨宾也是 5-HT 的拮抗剂。育亨宾主要用作实验研究中的工具药，并可用于治疗男性性功能障碍及糖尿病患者的神经病变。

选择性高的α_2受体阻断药如咪唑克生（idazoxan），应用于抑郁症的治疗。

二、β肾上腺素受体阻断药

本类药物选择性和β受体结合，竞争性阻断β受体激动药与β受体结合，从而拮抗β受体激动后所产生的一系列作用。β肾上腺素受体阻断药可分为非选择性的β_1、β_2 肾上腺素受体阻断药和选择性的β_1 肾上腺素受体阻断药两类。在β受体阻断药中，部分具有内在拟交感活性，因此本类药物又可分为内在拟交感活性药和无内在拟交感活性药两类。

（一）β肾上腺素受体阻断药的共性

【构效关系】 β受体阻断药的化学结构和β受体激动药异丙肾上腺素相似，其化学结构基本由芳香环、中间碳链、胺基等三部分组成，并与药理效应密切相关（图 7-2）。

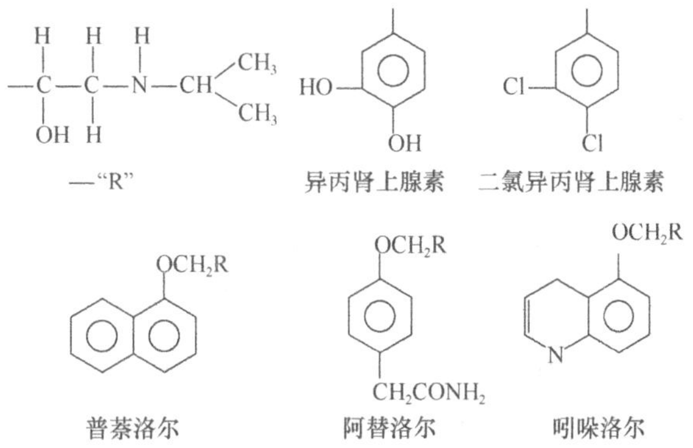

图 7-2　β受体阻断药的化学结构

（1）芳香环上的基团主要决定药物对β受体作用的性质，是激动作用或阻断作用。异丙肾上腺素的芳香环是儿茶酚，其乙胺基的胺基头上连一个异丙基，而β受体阻断药的芳香环可能是苯环、萘环（普萘洛尔）、其他芳香环和杂环。

（2）中间链的长度和—O—CH_2—与药物的阻断作用强度有关。

（3）α位碳原子侧链上的胺基与药物和受体的亲和力有关。

【体内过程】 β受体阻断药的体内过程特点与各类药的脂溶性有关。

（1）吸收：脂溶性较高的药物如普萘洛尔、美托洛尔等口服易吸收，但首过消除明显，生物利用度低；水溶性较高的药物如阿替洛尔，口服吸收差，但首过消除较低，生物利用度较高。增加药物剂量，可使血药浓度升高，生物利用度提高。由于肝脏代谢功能的个体差异较大，故首过消除大的药物其血浆药物浓度的个体差异也较大。食物可减少水溶性β受体阻断药如阿替洛尔的吸收，但可提高普萘洛尔、美托洛尔和拉贝洛尔的生物利用度。

（2）分布：进入血液循环的β受体阻断药一般能分布到全身各组织，高脂溶性和低血浆蛋白结合率的 β受体阻断药分布容积较大。高脂溶性的普萘洛尔和中脂溶性的美托洛尔在脑脊液中的浓度与血浆药物浓度近似。

（3）消除：脂溶性高的β受体阻断药主要在肝内代谢，少量从尿中以原形排出，药物的半衰期为 2～5h。在肝脏疾病，肝血流量减少或肝药酶被抑制时，药物消除速度减慢，半衰期延长。普萘洛尔和美托洛尔在肝脏经羟化代谢。脂溶性低的β受体阻断药如阿替洛尔和纳多洛尔主要以原形从肾脏排泄，当患者肾功能不全时，则可产生蓄积作用。常用β受体阻断药的分类、药效学和主要药动学参数见表 7-3。

表 7-3 β受体阻断药的分类及药理学特性

药物名称	内在拟交感活性	膜稳定作用	脂溶性（Ig*Kp**）	生物利用度（%）	血浆半衰期（h）	首关消除（%）	主要消除器官
非选择性β受体阻断药							
普萘洛尔（propranolol）	–	++	3.65	30	3～5	60～70	肝
纳多洛尔（nadolol）	–	–	0.71	30～40	14～24	0	肾
噻吗洛尔（timolol）	–	–	–	75	3～5	25～30	肝
吲哚洛尔（pindolol）	++	+	1.75	90	3～4	10～20	肝、肾
选择性 β 受体阻断药							
美托洛尔（metoprolol）	–	+–	2.15	50	3～4	25～60	肝
阿替洛尔（atenolol）	–	–	0.23	40	5～8	0～10	肾
α、β 受体阻断药							
醋丁洛尔（acebutolol）	+	+	1.9	40	2～4	30	肝
贝拉洛尔（labetalol）	+–	+–	–	20～40	4～6	60	肝

*辛醇/水分配系数

【药理作用】 β受体阻断药的大部分药理作用与阻断β受体有关，但其中某些药物尚具有部分激动β受体的内在拟交感活性、膜稳定作用和抑制血小板聚集的作用。

（1）β受体阻断作用

1）心血管系统：在整体动物中。β受体阻断药的作用取决于机体去甲肾上腺素能神经张力和药物对β受体亚型的选择性。例如，在正常休息时，β受体阻断药对心脏的作用较弱；但当心脏交感神经张力增高时（运动或病理状态），对心脏的抑制作用明显，主要表现为心率减慢、心肌收缩力减弱、心排血量减少，心肌耗氧量下降，血压降低。β受体阻断药还能延缓心房和房室结的传导，延长房室传导时间。β受体阻断药对正常人血压影响不明显，而对高血压患者具有降压作用。本类药物用于治疗高血压，疗效可靠，但降压机制复杂。

2）支气管：非选择性的β受体阻断药通过阻断支气管平滑肌β_2受体，使支气管平滑肌收缩而增加气道阻力。但这种作用较弱，对正常人影响较小，只有在支气管哮喘患者，有时可诱发或加重哮喘的急性发作，甚至危及生命，选择性β_1受体阻断药此作用较弱。因此，支气管哮喘患者禁用非选择性β受体阻断药，应用选择性β_1受体阻断药时也需慎重。

3）代谢：长期应用非选择β受体阻断药可增加冠状动脉粥样硬化性心脏病的危险性。选择性的β_1受体阻断药对脂肪代谢作用较弱。对于糖代谢，β受体阻断药与α受体阻断药合用时拮抗肾上腺素的升高血糖的作用。普萘洛尔不影响正常人的血糖水平，也不影响胰岛素的降低血糖作用，但能延缓用胰岛素后血糖水平的恢复。β受体阻断药往往会掩盖低血糖症状如心悸等，从而延误低血糖的诊断。此外，甲状腺功能亢进时对儿茶酚胺的敏感性亦增高，β受体阻断药通过阻断β受体作用和抑制甲状腺素（T4）转化为活性更强的三碘甲状腺原氨酸（T3），可以有效地控制临床症状。

4）肾素：β_1受体阻断药能减少交感神经兴奋所致肾素的释放。其作用靶点可能在肾小球球旁细胞的β受体。在各种β受体阻断药中，普萘洛尔降低肾素释放的作用最强，噻吗洛尔次之，吲哚洛尔、氧烯洛尔和阿普洛尔较弱。

5）眼：有几种β受体阻断药可以降低眼压，临床用于治疗青光眼。其作用机制可能是通过阻断睫状体的 β受体，减少 cAMP 生成，进而减少房水产生。

（2）膜稳定作用：有些β受体阻断药具有局部麻醉作用和奎尼丁样作用。这两种作用都由于其降低细胞膜对 Na^+等离子的通透性所致，故称为膜稳定作用。但β受体阻断药的膜稳定作用与抗心律失常作用等治疗作用基本无关。其临床意义在于可局部滴眼用以治疗青光眼，如β

受体阻断作用较强的噻吗洛尔可作为为适宜的滴眼药。

（3）内在拟交感活性（intrinsic sympathomimetic activity，ISA）：有些β受体阻断药在与β受体结合时，产生激动效应，即 ISA。由于β受体阻断药 ISA 的强度远较其阻断作用弱，这种激动作用在整体动物常被阻断作用所掩盖。只有在离体器官、利血平化动物或慢性自主神经功能不全的患者才能表现出来。具有 ISA 的β受体阻断药的特点有：药物对心脏抑制作用和对支气管平滑肌收缩作用较弱；增加药物剂量或体内儿茶酚胺处于低水平状态时，可产生心率加快和心排血量增加等作用。

【临床应用】

（1）心律失常：β受体阻断药对多种原因引起的室上性和室性心律失常均有效，尤其对运动或情绪紧张、激动所致心律失常或因心肌缺血、强心苷中毒引起的心律失常疗效好。

（2）高血压：β受体阻断药是治疗高血压的基础药物。普萘洛尔、阿替洛尔及美托洛尔等均可有效地控制原发性高血压，患者耐受良好，可单独使用，也可与利尿药、钙拮抗药、血管紧张素Ⅰ转换酶抑制药配伍使用，以提高疗效，并减轻其他药物引起的心率加快，心排血量增加及水钠潴留等不良反应。

（3）心绞痛和心肌梗死：β受体阻断药对冠心病心绞痛有良好的疗效，减少心绞痛发作，改善运动耐量，早期应用普萘洛尔、美托洛尔和噻吗洛尔等均可降低心肌梗死患者的复发和猝死率。

（4）充血性心力衰竭：β受体阻断药对扩张型心肌病的心力衰竭有明显的治疗作用。现认为其治疗作用与以下几方面因素有关：改善心脏舒张功能；缓解由儿茶酚胺引起的心脏损害；抑制前列腺素或肾素所致的缩血管作用；使β受体上调，恢复心肌对内源性儿茶酚胺的敏感性。

（5）甲状腺功能亢进　可将普萘洛尔用于治疗甲状腺功能亢进（甲亢）。甲状腺功能亢进时由于儿茶酚胺的过度作用，多种症状与β受体兴奋有关，特别是心脏和代谢方面，因此应用β受体阻断药治疗效果明显。各种β受体阻断药抑制 T4 转化为 T3 的强度不同，其中普萘洛尔作用较强。

（6）其他：噻吗洛尔局部应用减少房水形成，降低眼压，用于治疗原发性开角型青光眼。另外，β受体阻断药还可用于偏头痛、减轻肌肉震颤及酒精中毒等。

【不良反应与注意事项】　常见不良反应有恶心、呕吐、轻度腹泻等消化道症状，偶见过敏性皮疹和血小板减少等。严重的不良反应常与应用不当有关，可导致严重后果。

（1）呼吸系统：由于对支气管平滑肌上β_2受体的阻断作用，非选择性β受体阻断药可使支气管收缩，呼吸道阻力增加，诱发或加剧哮喘，因此该类药物禁用于伴有支气管哮喘的患者。选择性β_1受体阻断药如美托洛尔及具有内在拟交感活性的吲哚洛尔等对支气管的收缩作用较弱，一般不诱发或加重哮喘，但这些药物的选择性往往是相对的，故对哮喘患者仍应慎用。

（2）心血管系统：由于药物阻断心脏β_1受体，使心功能全面抑制，特别是心功能不全、窦性心动过缓和房室传导阻滞的患者对药物敏感性增高，则更易发生，甚至引起重度心功能不全、肺水肿、房室传导完全阻滞或停搏的严重后果。此外，由于药物阻断血管平滑肌β_2受体，可引起间歇性跛行或雷诺病，表现为四肢发冷、皮肤苍白或发绀、两足剧痛、甚至产生脚趾溃烂和坏死。

（3）停药反跳现象：长期应用β受体阻断药突然停药后，常使原来的病症加重，如血压上升，严重心律失常或心绞痛发作次数增加，程度加重，甚至产生急性心肌梗死或猝死，此种现象称为停药反跳现象。目前认为这是由于长期用药后β受体上调，对内源性儿茶酚胺敏感性增高的结果。因此，在病情控制后应逐渐减量停药。

（4）其他：可引起疲乏、失眠和精神忧郁等症状，故精神抑郁患者忌用普萘洛尔。糖尿病患者同时应用胰岛素和β受体阻断药时可加强降血糖作用，并可掩盖低血糖时出汗和心悸的症状，出现严重后果。某些β受体阻断药如普萘洛尔长期应用产生自身免疫反应，如眼-皮肤黏膜综合征。

【禁忌证】 禁用于严重左心室功能不全、窦性心动过缓、中度房室传导阻滞和支气管哮喘患者。心肌梗死患者及肝功能不全者应慎用。

（二）常用β肾上腺素受体阻断药

1. 非选择性β受体阻断药

普萘洛尔

普萘洛尔（propranolol，心得安）是等量的左旋和右旋异构体的消旋品，其中仅左旋体有阻断β受体的作用。

【体内过程】 普萘洛尔口服吸收率大于 90%，主要在肝脏代谢，其代谢产物为 4-羟普萘洛尔，仍具有β受体阻断作用。口服后半衰期为 2～5h。老年人肝肾功能减退，半衰期延长。血浆蛋白结合率大于 90%。本品易于透过血-脑屏障，也可通过乳汁分泌。其代谢产物 90%以上经肾排泄。不同个体口服相同剂量的普萘洛尔，血浆药物浓度相差可达 25 倍，因此临床用药需从小剂量开始，逐渐增加到适当剂量。

【药理作用与临床应用】 普萘洛尔具有较强的β受体阻断作用，对β_1受体和β_2受体的选择性很低，没有内在拟交感活性。用药后可使心率减慢，心肌收缩力和心排血量降低，冠状动脉血流量下降，心肌耗氧量明显减少，对高血压患者可使其血压降低，支气管阻力也有一定程度的增高。可用于治疗心律失常、心绞痛、高血压和甲状腺功能亢进等。

纳多洛尔

纳多洛尔（nadolol，羟萘心安）对β_1受体和β_2受体的选择性大致相同，阻断作用持续时间长，半衰期达 10～12h，没有膜稳定性和内在拟交感活性。其他作用与普萘洛尔相似，但其作用强度约为普萘洛尔的 6 倍。且可增加肾血流量，所以在肾功能不全且需要β受体阻断药者可首选此药。纳多洛尔在体内代谢不完全，主要以原形从肾脏排泄，由于半衰期长可每日给药一次。肾功能不全时可在体内蓄积，应注意调整剂量。

噻吗洛尔

噻吗洛尔（timolol，噻吗心安）是已知作用最强的β受体阻断药。既无内在拟交感活性，也无膜稳定作用，有中等程度的首过消除效应。常用其滴眼剂降低眼压，治疗青光眼，其作用机制主要在于减少房水的生成。噻吗洛尔 0.1%～0.5%溶液的疗效与毛果芸香碱 1%～4%溶液相近或较优，每日滴眼两次即可。无缩瞳和调节痉挛等不良反应，局部应用对心率和血压无明显影响。其副作用发生于易感的患者，如哮喘或心功能不全患者。

吲哚洛尔

吲哚洛尔（pindolol，心得静）作用类似普萘洛尔，其强度为普萘洛尔的 6～15 倍，且有较强的内在拟交感活性，主要表现在激动β_2受体方面。激动血管平滑肌细胞β_2受体所致的舒张血管作用有利于高血压的治疗。激动心肌上少量β_2受体（人心室肌β_1受体与β_2受体比率为 74∶26；心房为 86∶14），又可减少其心肌抑制作用。

2. 选择性β受体阻断药

阿替洛尔和美托洛尔

阿替洛尔（atenolol，氨酰心安）和美托洛尔（metoprolol，美多心安）对β_1受体有选择性阻断作用，无内在拟交感活性，对β_2受体作用弱，故对呼吸道阻力影响轻微，但对哮喘患者仍需慎用。阿替洛尔每日 75～600mg 的降压效果优于普萘洛尔 60～480mg。阿替洛尔的半衰期和作用维持时间均较普萘洛尔和美托洛尔长，临床应用时每日口服一次即可，而普萘洛尔和美托洛尔则需每日 2～3 次。

其他此类药物还有妥拉洛尔（tolamolol，胺甲苯心安）、倍他洛尔（betaxolol，倍他心安）、普拉洛尔（practolol，心得宁）、醋丁洛尔（acebutolol，醋丁酰心安）等。

3. α、β受体阻断药

拉贝洛尔

拉贝洛尔（labetalol，柳胺苄心定）

【体内过程】 口服可吸收，部分被首过消除，生物利用度为 20%～40%。口服血药浓度个体差异大，容易受胃肠道内容物的影响。拉贝洛尔的半衰期为 4～6h，血浆蛋白结合率为 50%，约有 99%在肝脏被迅速代谢，只有少量以原形经肾脏排泄。

【药理作用】 拉贝洛尔在化学结构上有两个化学中心，有四种立体异构体，即 R，R-、R，S-、S，R-及 S，S-拉贝洛尔。本药的药理学性质较复杂，每一种异构体可显示不同的药理学活性，临床应用的拉贝洛尔为消旋混合物，所以兼有α、β受体阻断作用，对β受体的阻断作用约为普萘洛尔的 1/2.5，α受体的阻断作用为酚妥拉明的 1/10～1/6，对β受体的阻断作用强于对α受体阻断作用的 5～10 倍。由于对β_2受体的内在拟交感活性及药物的直接作用，可使血管舒张，肾血流量增加。

【临床应用】 拉贝洛尔多用于中度和重度高血压、心绞痛。静脉注射可用于高血压危象，它与单纯β受体阻断药相比，能降低卧位血压和外周阻力，一般不降低心排血量，可降低立位血压，引起直立性低血压。

【不良反应】 本药的常见不良反应有眩晕、乏力、恶心等。哮喘及心功能不全者禁用。本药对儿童、孕妇及脑出血者忌用静脉注射。注射液不能与葡萄糖盐水混合滴注。

卡维地洛

卡维地洛（carvedilol）是一个同时具有α_1受体、β_1受体和β_2受体阻断活性的药物，还具有抗氧化作用。它是左旋体和右旋体的混合物，前者具有α_1受体和β_1受体阻断作用，后者只具有β_1受体阻断作用。整体动物中α_1受体和β受体阻断作用的比率为 1∶10（拉贝洛尔为 1∶4），因此α_1受体阻断引起的不良反应明显比拉贝洛尔少。卡维地洛是邻位取代的苯氧乙胺衍生物，其抗氧化作用的结构基础在于其侧链上的咪唑基团，能消除体内产生过量的自由基，抑制氧自由基的脂质过氧化，保护细胞免受损伤。卡维地洛 1995 年被美国 FDA 批准用于原发性高血压，1997 年批准用于治疗充血性心力衰竭，是此类药物中第一个被正式批准用于治疗心力衰竭的β受体阻断药。本药可以明显改善充血性心力衰竭症状，提高生活质量，降低病死率。治疗轻、中度高血压疗效与其他β受体阻断药、硝苯地平等类似。

知识拓展

1957 年美国 Lillg 公司合成了异丙肾上腺素的衍生物二氯异丙肾上腺素（dichloroisoprenaline，DCI），即以异丙肾上腺素苯环上的两个羟基由氯原子取代，得到具有拮抗肾上腺素的作用的第一个β受体阻断药。由于 DCI 有较强的内在拟交感活性，随即又合成了内在拟交感活性较低的 DCI 衍生物丙萘洛尔，曾试用于心绞痛，后因其严重的不良反应被禁用。后来研究出了普萘洛尔（propranolol），并在临床治疗心绞痛和高血压具有确切疗效，从而使β受体阻断药成为一类治疗心血管疾病的常规药物，同时也促进了肾上腺素受体理论的研究，如肾上腺素受体的分型、放射配体结合实验、肾上腺素受体的分离和结构研究、肾上腺素受体细胞内信号通路和第二信使等的研究。

本章小结

作用于肾上腺素能系统药物分为肾上腺素受体激动药和阻断药。它们多为儿茶酚胺结构的类似物，但药效相似或相反。由于肾上腺素受体有α（α_1、α_2）和β（β_1、β_2）亚型，因此药物根据对受体选择性的不同，激动药分为α肾上腺素受体激动药，α、β肾上腺素受体激动药，以及β肾上腺素受体激动药；阻断药分为α肾上腺素受体阻断药，β肾上腺素受体阻断药，以及α、β肾上腺素受体激动药。又由于人体内α和β肾上腺素受体的分布密度不同，因此这类药物在不同组织器官可能会产生不同的药理效应，并由此导致不同的临床应用。

该类药物是临床治疗心血管疾病的常用药物，如肾上腺素受体激动剂中的去甲肾上腺素、肾上腺素、异丙肾上腺素、麻黄碱、多巴胺等，用于治疗心搏骤停、低血压、哮喘等；肾上腺素受体阻断剂中的洛尔系列药物，是治疗高血压的基础药物。掌握药物的作用共性和特点，将会为临床合理用药奠定基础。

（付爱玲）

第八章　局部麻醉药

能力要求

1. 能够阐述常用局部麻醉药的药理学作用。
2. 能够理解常用局部麻醉药物的应用情况和不良反应。
3. 能够理解局部麻醉药的构效关系与分类。

局部麻醉药（local anesthetics）简称局麻药，是一类以适当浓度局部应用于神经末梢或神经干周围，在意识清醒的状态下，使局部疼痛等感觉暂时消失的药物。该类药物能暂时、完全和可逆性阻断神经冲动的产生和传导，局部麻醉作用消失后，神经功能可完全恢复，对神经和肌肉无损伤。1884 年德国医生 Carl Kolleer 最早将“可卡因”作为局部麻醉药用于眼科手术中，但由于可卡因的毒性与成瘾性而限制其广泛应用。1905 年，人工合成了可卡因的衍生物——“普鲁卡因”，直到 20 世纪 40 年代，它一直是最重要的酯类局部麻醉药。1943 年人工合成的“利多卡因”是最具代表性的酰胺类局部麻醉药，随后又发现了作用较弱但毒性更小的局部麻醉药“丙胺卡因”并应用于临床。1987 年，Courney 和 Strichartz 研究了局部麻醉药的构效关系和理化作用，为寻找新的药效好、毒性低的局部麻醉药提供了理论基础。

第一节　概　　述

一、构效关系与分类

常用局部麻醉药的化学结构由三部分组成：亲脂的芳香环或杂环、中间链和胺基团（表 8-1）。中间链可为酯链或酰胺链，可直接影响本类药物的作用。根据中间链的结构，常用局部麻醉药分为两类：第一类为酯类，中间链为酯键（—COO—），常用药物有普鲁卡因、丁卡因等；第二类为酰胺类，中间链为酰胺键（—CONH—），常用药物有利多卡因、布比卡因等。芳香环或杂环具有疏水亲脂性，胺基团具有弱碱性，能结合氢离子，与氢离子结合后具有疏脂亲水性，因此局部麻醉药具有亲脂性和亲水性的双重性。亲脂基团或亲脂性有利于药物与相应位点的结合与分离，可增强局部麻醉作用效果。

表 8-1　常用局部麻醉药的化学结构与麻醉作用

局部麻醉药	结构			相对强度（比值）	持续时间
	芳香环	中间链	烷胺基		
		酯类			
普鲁卡因	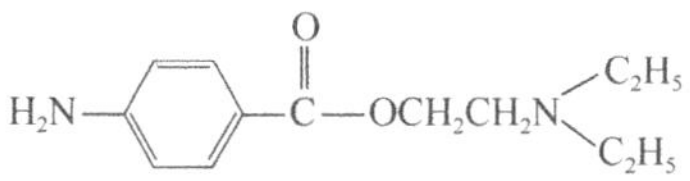			1	短效

续表

局部麻醉药	结构			相对强度（比值）	持续时间
	芳香环	中间链	烷胺基		
丁卡因	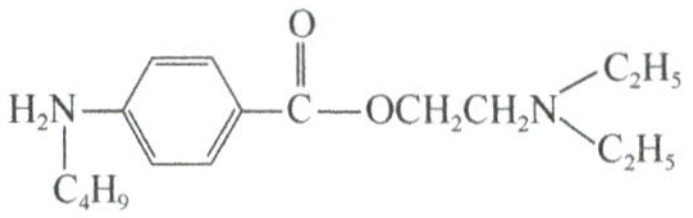			10	长效
酰胺类					
利多卡因	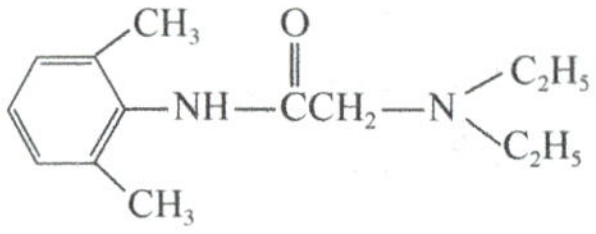			2	中效
布比卡因	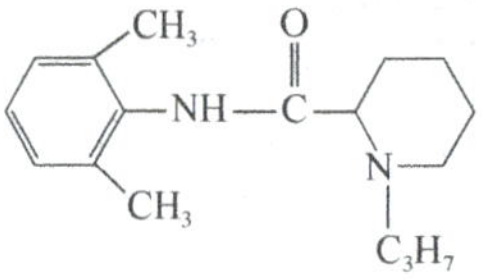			8	长效

一般情况下，酯类局部麻醉药在血浆内被酯酶水解代谢，而酰胺类药物则在肝脏中经酰胺酶降解。酯类局部麻醉药所含的对氨基化合物可形成半抗原，引起变态反应；酰胺类局部麻醉药则不能形成半抗原，引起变态反应极少。与酯类局部麻醉药相比，酰胺类药物起效快，弥散快，麻醉时效长，过敏反应发生率低，且性质稳定。

二、药 理 作 用

1. 局部麻醉作用 局部麻醉药注入神经周围（不可注入神经内），经过弥散作用于神经组织，提高神经纤维的阈电位，抑制动作电位去极化上升的速度，延长动作电位的不应期，甚至使神经细胞完全丧失兴奋性和传导性，从而阻断神经冲动的传导。局部麻醉药物的作用与药物剂量、神经纤维的类别、粗细及刺激强度等因素有关。低浓度时主要阻断感觉神经冲动的发生和传导，较高浓度时对神经系统的任何部分和各类神经纤维，如外周神经、中枢神经、自主神经和运动神经都有阻断作用。神经纤维末梢、神经节及中枢神经系统的突触部位对局部麻醉药最为敏感，细神经纤维比粗神经纤维更易被阻断。对无髓鞘的交感、副交感神经节后纤维在低浓度时即可产生作用，对有髓鞘的感觉和运动神经则需要在高浓度时才能产生作用。对混合神经产生作用时，首先消失的是痛觉，随后依次是冷热、触觉和深部感觉消失，最后是运动神经功能抑制。进行蛛网膜下隙麻醉时，首先阻断自主神经，继而按上述顺序产生麻醉作用。神经冲动传导的恢复则按相反的顺序进行。

局部麻醉药主要作用于神经细胞膜。一般情况下，神经细胞兴奋时，细胞膜去极化依赖于Na^+内流，局部麻醉药能够可逆的阻断电压门控的Na^+通道，而抑制Na^+内流，阻止动作电位的产生和神经冲动的传导，产生局部麻醉作用。局部麻醉药阻滞Na^+内流的作用具有使用依赖性（use-dependence），即开放的通道数目越多，其受到的阻断作用越明显，局部麻醉效应也就越强。局部麻醉药的效应与神经的状态有关，处于兴奋状态的神经因其开放的Na^+通道数目较多，因此处于兴奋状态的神经较静息状态的神经对局部麻醉药更敏感。

2. 抗心律失常作用 电生理研究表明，非心脏毒性剂量的局部麻醉药都有程度不同的抗心律失常作用，以利多卡因抗室性心律失常作用最为明显。利多卡因是临床常用的抗心律失常药物，可用于治疗强心苷引起的严重室性心动过速和心室颤动。

三、临床应用

1. 表面麻醉（surface anesthesia）　将穿透性较强的局部麻醉药涂于黏膜表面，使黏膜下神经末梢麻醉。适用于鼻、口腔、喉、气管、支气管、食管、泌尿生殖道等黏膜部位的浅表手术。常用药物有丁卡因和利多卡因等。由于局部麻醉药黏膜吸收的速度不亚于静脉注射，因此用药过程需强调分次给药，用量不得超过常用量。

2. 浸润麻醉（infiltration anesthesia）　将局部麻醉药溶液注入皮下或手术视野附近的部位，使局部神经末梢麻醉。常用药物为利多卡因、普鲁卡因和布比卡因等。根据需要可在溶液中加入少量肾上腺素，减缓局部麻醉药的吸收，延长作用时间。浸润麻醉的优点是麻醉效果好，对机体的正常功能无影响；缺点是用量大，麻醉区域小，在进行较大手术时，因所需药物量较大易产生全身毒性反应。

3. 传导麻醉（conduction anesthesia）　将局部麻醉药注入到外周神经干附近，阻断神经冲动传导，使该神经所分布的区域麻醉。阻断神经干所需的局部麻醉药物浓度较麻醉神经末梢所需的浓度高，但用量少，麻醉区域较大。传导麻醉常用利多卡因、普鲁卡因和布比卡因等，为延长麻醉时间，也可将布比卡因和利多卡因合用。

4. 蛛网膜下隙麻醉（subarachnoidal anesthesia）　蛛网膜下隙麻醉又称脊髓麻醉（spinal anesthesia）或腰麻，将麻醉药注入腰椎蛛网膜下隙，麻醉该部位的脊神经根。首先被阻断的是交感神经纤维，其次是感觉纤维，最后是运动纤维。常用于下腹部和下肢手术麻醉。常用药物为利多卡因、丁卡因和普鲁卡因等。药物在脊髓管内的扩散受患者体位、姿势、药量、注射力量和溶剂比重的影响。普鲁卡因溶液通常较脑脊液密度大，为了控制药物扩散，通常将其配成较脑脊液相对密度高或低的溶液。如用放出的脑脊液溶解或在局部麻醉药中加入10%的葡萄糖溶液，其相对密度就会高于脑脊液，用蒸馏水配制溶液的相对密度低于脑脊液。患者取坐位或头高位时，相对密度高的溶液可扩散到硬脊膜腔的最低部位，相反，如采用相对密度低的溶液有扩散入颅腔的危险。

脊髓麻醉的主要危险是呼吸肌麻痹和血压下降，后者主要是由于静脉和小静脉失去神经支配后显著扩张所致，其扩张的程度由管腔的静脉决定。静脉血容量增大时会引起心排血量和血压的显著下降，因此维持足够的静脉血回流心脏至关重要，可取轻度的头低位或预先应用麻黄碱进行预防。

5. 硬膜外麻醉（epidural anesthesia）　将麻醉药液注入硬膜外隙，药物沿着神经鞘扩散，穿过椎间孔阻断神经根。硬膜外腔终止于枕骨大孔，不与颅腔相通，药液不扩散至脑组织，无蛛网膜下隙麻醉时头痛或脑脊膜刺激现象。硬膜外麻醉所用局部麻醉药的剂量较蛛网膜下隙麻醉大5～10倍，如将药物误入蛛网膜下隙，可引起全脊麻醉，很快引起呼吸、心搏停止，故应十分谨慎。局部麻醉药中加入微量的肾上腺素，可减慢局部麻醉药从作用部位吸收和延长局部麻醉药作用时间。

6. 区域镇痛（regional anesthesia）　近年来，外周神经阻滞技术及局部麻醉药的发展为患者提供了更理想的围术期镇痛的有效方法，通常与阿片类药物联合应用可减少阿片类药物的用量。酰胺类局部麻醉药如布比卡因、左旋布比卡因及罗哌卡因在区域镇痛中应用最为广泛，尤其是罗哌卡因，具有感觉和运动阻滞分离的特点，使其成为区域镇痛的首选药。

四、不良反应

局部麻醉药的不良反应可分为局部性和全身性两方面。一般局部麻醉药给药局部较少产生不良反应，但当给药部位接近脊髓或其他主要神经干时可产生直接的神经毒性；此外，药物对支配血管神经的局部麻醉作用可致血压下降，影响体内主要器官的血流量而产生不良反应。局部麻醉药用量或浓度过高时吸收入血较多，或误将药物注入血管，血中药物达到一定浓度时，可产生全身作用，临床主要表现为中枢神经系统和心血管系统的毒性反应。

1. 中枢神经系统 局部麻醉药对中枢神经系统的作用是先兴奋后抑制。初期表现为眩晕、惊恐、不安、多言、震颤和焦虑，甚至发生神智错乱和阵挛性惊厥。中枢过度兴奋可转为抑制，之后患者可进入昏迷和呼吸衰竭状态。由于中枢抑制性神经元对局部麻醉药比较敏感，中枢神经系统兴奋和抑制不平衡，中枢神经系统脱抑制而出现兴奋症状。局部麻醉药引起的惊厥是由于边缘系统兴奋区向外周扩散而产生的，静脉注射地西泮可加强边缘系统 γ-氨基丁酸（γ-aminobuturic acid，GABA）能神经元的抑制作用，防止局部麻醉药中毒性惊厥的发生。若局部麻醉药血药浓度过高，可引起抑制性神经元和兴奋性神经元的同时抑制，使全部中枢神经系统处于抑制状态，导致昏迷、心搏骤停、呼吸麻痹，甚至死亡，因此中毒晚期维持呼吸非常重要。

2. 心血管系统 局部麻醉药对心血管系统的抑制作用具有剂量依赖性。局部麻醉药对心肌细胞膜的 Na^+通道有阻滞作用，药物吸收后可降低心肌兴奋性，使心肌收缩力减弱，传导减慢，不应期延长。大多数局部麻醉药可使小动脉扩张、血压下降，在血药浓度过高时可引起血压骤然下降、甚至休克等心血管反应，特别是药物误入血管内更易发生。高浓度局部麻醉药对心血管的作用常发生在对中枢神经系统的作用之后，偶有少数人应用小剂量突发心室颤动导致死亡。例如，布比卡因可引起室性心律失常与致死性心室颤动，其较强的心脏毒性源于心肌对该药物的摄取过多。防止心脏毒性应以预防为主，掌握药物浓度和一次允许的极限量，采用分次小剂量注射的方法。小儿、孕妇、肾功能不全患者应适当减量。

3. 高敏反应 患者接受小剂量（小于最大剂量的 1/3）局部麻醉药时发生晕厥、呼吸抑制、循环衰竭等毒性反应。高敏反应发生的原因一般归因于个体差异，但是值得注意的是，同一个体处于不同的病理生理状态或不同的周围环境时，对局部麻醉药的耐受可能出现很大变化，这也可能是发生高敏反应的原因。

4. 过敏反应 较为少见。局部麻醉药本身并非抗原，但当药物本身或其他代谢产物与血浆蛋白结合后可转变为半抗原，引起变态反应。局部麻醉药的过敏反应轻者出现荨麻疹或局部水肿；重者出现支气管痉挛、呼吸困难、血压下降、心率失常，甚至循环衰竭。酯类局部麻醉药引起变态反应远比酰胺类多，同类局部麻醉药可能引起交叉变态反应，故对酯类局部麻醉药过敏者可改用酰胺类局部麻醉药。

第二节 临床常用局部麻醉药

一、酯类局部麻醉药

普 鲁 卡 因

普鲁卡因（procaine）为短效局部麻醉药，其盐酸盐又称为奴弗卡因（Novocaine）。是最早合成的局部麻醉药，毒性较小，无成瘾性，价格低廉。其盐酸水溶液不稳定，曝光、久储或受热后逐渐变黄，效能下降，宜避光保存。本品水溶液在 pH 为 3.3 时最稳定，若 pH 升高则水解反应加速，产生对氨基苯甲酸（PABA），进一步氧化使溶液呈黄色，加热也可促进这一过程的进行。《中国药典》对注射液中对氨基苯甲酸的含量有限量规定。该药的扩散程度和黏膜穿透力较弱，需注射给药才可产生局部麻醉作用，局部麻醉强度弱、起效较快，作用维持时间短。其主要用于浸润麻醉、腰麻和硬膜外麻醉，不适用于鼻黏膜、眼等表面麻醉。普鲁卡因穿透能力差，不适用于黏膜的表面麻醉，可用于局部浸润麻醉、传导麻醉、硬膜外麻醉及蛛网膜下隙麻醉。该药物对外周血管无收缩作用，用于局部浸润或传导麻醉时，溶液中加入少量肾上腺素，能有效收缩血管，减少药物吸收，从而延长作用时间。

该药易被吸收，因而不能长时间停留在注射部位。常规用量下毒性小，大量吸收后引起中枢神经系统、心血管系统毒性和呼吸抑制。静脉注射时，以原型从尿液中排泄的量应在 2%以下（24h 内）。普鲁卡因的水解主要发生在血浆中，仅小部分在肝中水解。由于脑脊液含有的胆碱酯酶很少，甚至没有，椎管内注射产生的麻醉作用较持久。在血浆中被胆碱酯酶迅速水解为对氨基苯甲酸和二乙胺基乙醇，对氨基苯甲酸能对抗磺胺类药物的抗菌作用，故应避免其与磺胺类药物同时使用。此外，对氨基苯甲酸代谢物在极少数人中可出现过敏反应，故用药前应做皮试。但对于使用前皮试或黏膜实验阴性者，仍屡见过敏反应发生，故皮试结果仅供参考。酰胺类局部麻醉药不产生次级代谢物，所以普鲁卡因过敏者可改用利多卡因。

丁 卡 因

丁卡因（tetracaine），又名地卡因（dicaine），为长效酯类局部麻醉药。与普鲁卡因化学结构相似，属对氨基苯甲酸的衍生物。该药脂溶性高，渗透力强，毒性和局部麻醉作用比普鲁卡因强 10 倍，吸收后毒性也相应增加。能穿透黏膜，作用迅速，1～3min 显效，持续时间长达 2h 以上，常用于黏膜表面麻醉。因毒性大，不用于浸润麻醉。与普鲁卡因不同，丁卡因主要在肝脏经酯酶代谢，其代谢速度较慢，加之吸收快，易发生毒性反应，常与利多卡因混合应用于传导麻醉和硬膜外麻醉，使其起效快、作用时间延长，并减少毒性反应。丁卡因毒性反应发生率高于普鲁卡因，应严格掌握使用剂量。此外，普鲁卡因过敏者，也可能对本药过敏。丁卡因盐酸盐水溶液有抑菌作用，但稳定性差，久储后，若溶液变浑浊，则不能使用。

二、酰胺类局部麻醉药

利 多 卡 因

利多卡因（lidocaine），又称塞罗卡因（xylocaine）为中效局部麻醉药，其盐酸盐水溶液稳定，长期储存不分解。与同浓度的普鲁卡因相比，局部麻醉作用起效快，作用强而持久，穿透能力也较强，局部麻醉作用为普鲁卡因的 2～4 倍。局部麻醉时效与溶液浓度有关，一般可维持 1.5h 左右。结构中的酰胺键较稳定，在肝脏的代谢速度较慢，麻醉维持时间较长。利多卡因黏膜吸收速度几乎与静脉注射相似，适用于表面麻醉。浸润麻醉时，由于利多卡因弥散广，吸收面积大，可加入肾上腺素，延缓药物吸收、减少毒性反应；传导麻醉与硬膜外麻醉是本药常用的给药途径。本药物进行硬膜外麻醉用于剖宫产时，易透过胎盘进入胎儿血循环，故需慎重考虑用药剂量。因利多卡因弥散广，脊神经阻滞范围不易控制，临床上一般不用于蛛网膜下隙麻醉。此药反复应用后可产生快速耐受。

利多卡因还是临床上常用的抗心律失常药，是治疗室性心律失常的常用药。利多卡因的过敏反应较为少见，对普鲁卡因过敏者可改用利多卡因，但利多卡因毒性反应发生率比普鲁卡因高，其毒性大小与所用药液的浓度有关，增加浓度会相应增加毒性反应，中毒反应较为严重，应注意合理用药。如误将药物注入静脉，有致心脏停搏的危险，故临床上的用量控制比普鲁卡因严格。

布 比 卡 因

布比卡因（bupivacaine），又称麻卡因（marcaine），属于长效酰胺类局部麻醉药，化学结构与利多卡因相似，属于酯类局部麻醉药。其麻醉强度比普鲁卡因强 10 倍，毒性大 10～12 倍。布比卡因化学性质稳定，能耐蒸汽加热消毒，主要在肝脏代谢，代谢物为哌啶二甲苯胺，其麻醉作用为布比卡因的 1/3。布比卡因起效慢，作用维持时间与丁卡因相似或更长。本药主要用于浸润麻醉、传导麻醉和硬膜外麻醉。布比卡因没有明显的血管扩张作用，一般使用时不需要加入肾上腺素。常用量对心血管功能无明显影响，当剂量偏大时，多量的药物能够快速吸收进入血液循环系统，可致血压下降。本药的心脏浓度高于利多卡因，故具有较强的心脏毒性，严重时可致室性心律失常与致死性心室颤动，心血管系统的毒性表现通常先于中枢神经系统毒性，毒性反应发生率比利多卡因高；渗透与弥散比利多卡因差，适用于浸润麻醉、传导麻醉、蛛网膜下隙麻醉及硬膜外麻醉。

左旋布比卡因（levobupivacaine）是新型长效局部麻醉药，是单一的左旋对映异构体，其麻醉效能与布比卡因相似，两者对感觉神经阻滞与运动神经阻滞的起效时间也没有明显差异，但左旋布比卡因对感觉神经阻滞的平均时间长于布比卡因，而对运动神经阻滞的平均时间又短于布比卡因，有利于术后患者在无痛状态下早期活动及功能恢复。此外，左旋布比卡因相对于布比卡因毒性低，毒性反应的发生率也相对较低，临床需要较大剂量局部麻醉药及局部麻醉药持续应用时，其优越性显得十分重要。

罗 哌 卡 因

罗哌卡因（ropivacaine）是单一的左旋对映异构体，化学结构类似布比卡因，脂溶性大于利多卡因，但小于布比卡因，主要在肝脏代谢，代谢产物 3-羟基罗哌卡因及 4-羟基罗哌卡因有较弱的局部麻醉作用。本药物的特点是具有长效局部麻醉和术后镇痛的作用，产生运动阻滞和感觉阻滞，分离程度大于布比卡因，在小剂量时对感觉神经阻滞明显强于对运动神经的阻滞，产生感觉神经阻滞（镇痛）仅伴有局限的、非进行性运动神经阻滞，较大剂量可阻滞运动神经。罗哌卡因具有明显的收缩血管作用，使用时无需加入肾上腺素。本药物适用于硬膜外、臂丛阻滞和局部浸润麻醉，对子宫和胎盘血流几乎无影响，适用于产科手术麻醉。过量的药物可快速进入体循环，出现中枢神经系统和心血管系统的中毒症状和体征，一般不良反应包括低血压、恶性、心动过缓、焦虑感觉减退等。

利多卡因与布比卡因应用于临床实践比较长，罗哌卡因和左旋布比卡因作为新型长效局部麻醉药，临床与基础研究资料均证实了其临床应用的安全性和有效性。从麻醉效能看，布比卡因＞左旋布比卡因＞罗哌卡因，但后两者具有毒性低、时效长，耐受性好等特性，是其成为目前麻醉药的中药选择，也是布比卡因较为理想的替代药物。

依 替 卡 因

依替卡因（etidocaine）是利多卡因的衍生物，起效快，麻醉作用为利多卡因的 2～3 倍，作用时间长，为长效局部麻醉药。对感觉和运动神经阻滞都较好，而对运动神经阻滞作用较感觉神经更为显著，因此主要用于需要肌松的手术麻醉，而在分娩镇痛或术后镇痛方面应用有限。局部和全身的麻醉毒性较大。

知识拓展

关于局部麻醉药的作用机制，目前公认的学说认为局部麻醉药主要作用于细胞膜上 Na^+ 通道的一个或多个特殊结合位点。近年对 Na^+ 通道的结构和功能的研究越来越深入，经分子生物学研究证实，Na^+ 通道是一个大分子糖蛋白的三聚体，它有 α、β_1 和 β_2 三个亚单位。最大的 α 亚单位是其主要的功能单位，包括四个相似的区域（Ⅰ～Ⅳ），而每个区域由六个螺旋结构的跨膜片段组成（S1～S6）。研究表明，Na^+ 通道细胞膜内侧 α 亚单位第Ⅳ区的 S6 片段上的氨基酸残基是局部麻醉药的主要作用靶点。

本章小结

局部麻醉药能够通过抑制电压门控的 Na^+通道阻断动作电位的产生和传导，从而暂时、完全和可逆性阻断神经冲动的产生和传导，使局部疼痛等感觉暂时消失。

常用局部麻醉药的化学结构由三部分组成：亲脂的芳香环或杂环、中间链和胺基团。局部麻醉药主要分为由血浆内酯酶代谢的酯类局部麻醉药，以及由肝脏经酰胺酶代谢的酰胺类药局部麻醉药。

局部麻醉药的临床应用主要包括：表面麻醉、浸润麻醉、传导麻醉、蛛网膜下隙麻醉和硬膜外麻醉。其不良反应主要表现为中枢神经系统和心血管系统的毒性反应。产生不良反应的原因是局部麻醉药剂量或浓度过高被过多吸收入血，或误将药物注入血管而致。

中药介绍

蟾　酥

蟾酥是蟾蜍科动物中华大蟾蜍 *Bufo bufo gargarizans* Cantor 或黑眶蟾蜍 B. melanostictus Schneider 的耳后腺及皮肤所分泌的白色浆液，经收集加工而成的干燥品，是较常用的中药，其主要的化学成分为蟾毒素（bufotoxin）蟾毒色胺（bufotenine）。该药物有解毒、消肿、止痛开窍等功效。药理学实验研究证明，蟾酥具有局部麻醉、抗炎、抗肿瘤等多种药理作用。局部涂布于黏膜时，对感觉神经末梢先有刺激，随后麻痹，产生轻度的局部麻醉现象。作为局部麻醉药蟾酥能在用药局部可逆性地阻断感觉神经冲动的发生与传递，引起局部组织痛觉消失，其作用局限于给药部位，并随药物从给药部位扩散而迅速消失。

（陈　妍）

第九章　中枢神经系统药理学概论

能力要求

1. 能够描述中枢神经系统递质的分类，以及相应受体的分布及功能。
2. 能够阐述中枢神经系统药物的分类、作用机制及特点。
3. 能够说出中枢神经系统的结构和功能，以及突触信号传递的基本过程。

第一节　概　　述

中枢神经系统（central nervous system，CNS）由脑和脊髓组成，是人体神经系统的主要部分。中枢神经系统在全身发挥着主导调节作用，全身各处的信息通过传入神经系统传到大脑中枢。中枢神经系统像一部巨大的信息加工器，对传入的信息进行整合加工，转变为协调的运动性传出，再通过传出神经系统到达效应器或靶器官，完成相应的反射活动，或者储存在中枢神经系统内形成学习、记忆。例如，动物遇到伤害性的东西，会逃避躲开，这是一种反射动作。在这个反射动作中，伤害性刺激所引起的信息，传入到中枢神经系统，经过中枢神经系统的整合加工，再经过运动神经传出，最终引起一系列肌肉的活动，从而产生避开动作。同时，中枢神经系统接收到的信息，传到脑的特定部位，产生主观感觉；部分感觉信息传入中枢后，又经过学习过程在中枢神经系统内留下痕迹，从而形成记忆。因此，中枢神经系统的整合与协调作用对维持机体内环境的稳定，并对外环境的变化做出即时反应具有重要的生理意义。

一、中枢神经系统的细胞学基础

神经系统由神经组织构成，神经组织由神经元（nerve cell）和神经胶质细胞（neuroglial cell）构成，两者在形态结构和生理功能上有显著不同。中枢神经系统的结构和功能较外周神经系统更为复杂，含有大量的神经元，且神经元与神经元之间又有多种形式的突触联系，并由多种递质传递信息，通过作用于相应的受体与离子通道和逐级放大的细胞内信号转导通路而产生一系列生理功能。

（一）神经元

人的中枢神经系统内约含有 1000 亿个神经细胞。神经细胞是神经系统的基本结构和功能单位，又称为神经元（neuron）。神经元最主要的功能是接受刺激、传递信息和整合信息，包括生物电和化学信息。神经元接受刺激信息产生兴奋，会聚和整合所感受的信息，进一步将信息整合后的指令传递并激动其他的细胞（包括所有可兴奋细胞），使其产生兴奋。在整个信息传递的过程中，突触是神经元与神经元间或神经元与效应器间实现信息传递的重要部位。

神经元基本的组成包括胞体和突起两部分。

1. 胞体　神经元胞体（cell body）大小不一，直径为 4～150μm。细胞构造与其他组织的细胞相似，包括细胞膜（胞膜）、细胞核（胞核）和细胞质（核周质）。胞体内含有大的细胞核和各种各样的合成细胞生命活动物质所需要的细胞器，包括为其提供能量的氧化供能中心——

线粒体，蛋白质合成中心——粗面内质网与核糖体，分泌蛋白的加工和包装中心——高尔基复合体。其他成分包括滑面内质网、溶酶体、细胞骨架成分及脂褐素、黑色素等。此外，神经细胞内还分布着尼氏体（nissl body），为神经细胞所特有。在光镜下尼氏体为嗜碱性小块或小颗粒，分布于整个胞体和树突内；而在电镜下由粗面内质网和核糖体所构成，是合成蛋白质的场所。

神经元胞体的主要功能是进行合成代谢，它摄取葡萄糖、氨基酸和无机离子等，并以这些物质作为原料和能源，合成代谢和功能活动所需要的蛋白质和酶类，以及神经递质等信息物质，再将合成的递质和酶，在高尔基体内进行浓缩，成为有一定形态的分泌颗粒，随后由轴浆运输到神经末梢。所以，神经元胞体是整个神经元的营养中心。

2. 突起　神经元的突起分为树突（dendrite）和轴突（axon）。树突有接受刺激和将冲动传入胞体的功能；而轴突的功能是将冲动传出胞体。

一般来说，胞体及树突的作用是接收传来的信息，胞体对接收到的信息进行整合加工，然后通过轴突将信息传给下一级神经元或效应器。

（二）神经胶质细胞

神经胶质细胞，又称胶质细胞（glial cell），是神经组织中除神经细胞以外的另一大类细胞，其数量为神经细胞的 10～50 倍，脑内神经元间的空隙几乎全由胶质细胞所填充。中枢神经系统中的神经胶质细胞分为两类：一类为大胶质细胞（macroglia），是中枢神经系统中主要的胶质细胞，包括星形胶质细胞（astrocyte）和少突胶质细胞（oligodendrocyte）；另一类包括小胶质细胞（microglia）、室管膜细胞（ependymal cell）和脉络丛上皮细胞。其中星形胶质细胞是神经胶质细胞的主要组分。

传统认为，神经胶质细胞主要功能是支持和绝缘作用，并维持神经组织的内环境稳定，在中枢神经系统发育过程中具有引导神经元走向的作用。但近年来大量研究表明，神经胶质细胞的功能状态对于神经元的存活至关重要，决定着几乎所有脑疾病的发生、发展和转归。尤其发现胶质细胞特别是星形胶质细胞能够释放谷氨酸、ATP 和 *D*-丝氨酸等胶质递质，通过胶质传递对脑环境和功能稳态的维持、突触信息的传递与整合、突触可塑性的调控方面等发挥着极其重要的作用。胶质细胞正成为 PD、老年性痴呆症、脑卒中、精神分裂症、抑郁症等脑疾病药物研发的重要靶标。

（三）神经环路

神经元参与神经调节，是由不同性质和功能的神经元通过各种形式复杂的连接组成各种神经环路（neuronal circuit）。神经元通过这些神经环路对大量繁杂信息进行处理和整合，再以类似串联、并联、前馈、反馈、正反馈、负反馈等多种形式完成活动。在整个神经环路中能起到信息传递作用的部位是突触。一个神经元的树突或胞体能够接受许多轴突末梢的突触联系，这些轴突可以来自一个神经元，也可以来自多个神经元。这种多信息影响同一个神经元的调节方式称为聚合。同理，一个神经元也可以同时与多个神经元建立突触联系，使信息放大，这种方式称为辐散。因此，中枢神经系统中各种不同的神经环路均包含多次的辐散、聚合形式，使信息处理出现扩散或聚合、时空模式的叠加，构成更为复杂的神经网络，使信息加工、整合更为精细，调节活动更加准确和协调。

（四）突触

神经元的主要功能是传递信息。神经元与神经元之间或神经元与效应细胞之间信息传递的这种特化细胞连接，称为突触（synapse）。突触由突触前部分（presynaptic element）、突触间隙（synaptic cleft）和突触后部分（postsynaptic element）构成。根据突触传递的基本方式及结构特点，突触又分为电突触、化学性突触和混合性突触。其中，化学性突触传递最普遍、最重要，是中枢神经系统中最重要的信息传递结构。在大多数情况下，中枢神经系统中神经元之间的联系主要由化学性突触完成。

化学性突触的基本结构如前所述，由突触前和突触后部分及突触间隙构成。突触前和突触后部分在结构上是不对称的。

1. 突触前部分 主体是突触小体。突触前神经元的突起末梢分出许多小支，每个小支的末梢膨大呈球状，形成突触小体（synaptic knob）。突触小体的末梢膜，称为突触前膜（presynaptic membrane）；与之相对的胞体膜或突起膜，称为突触后膜（postsynaptic membrane）。在突触小体的胞质内，含有大量的线粒体和囊泡，以及少量的滑面内质网和微管、微丝；而囊泡内含有高浓度的神经递质（neurotransmitter），包括 ACh、兴奋性或抑制性氨基酸递质、儿茶酚胺类递质，以及神经肽和生物胺类递质等。这些神经递质作为化学性突触传递的第一信使，首先与靶细胞的特异膜受体结合，进而直接或通过信号转导系统间接启动细胞特定的生理效应。

2. 突触后部分 主体是突触后膜。在突触后膜上有丰富的特异性受体和化学门控性通道。

3. 突触间隙 在化学传递性突触中，突触前神经末梢和突触后膜之间，有着与细胞间隙同样的间隙存在，称为突触间隙。在中枢神经系统中两者之间的距离是 20～30nm。电子显微镜发现突触间隙比其他细胞间隙着色深。突触间隙中充满了组织液，属于内环境部分。

（五）离子通道

离子通道（ion channel）是一类跨膜的特化的膜蛋白，是引起神经细胞兴奋的重要结构基础。在神经系统细胞的细胞膜上主要存在电压门控性离子通道和配体门控性离子通道。离子通道通过生物电，进一步产生递质释放、信息传递、腺体分泌、细胞分裂、生殖，以及学习和记忆等重要生理功能。

1. 电压门控性通道 主要包括有 Na^+、K^+和 Ca^{2+}等离子通道，通道的开放与否取决于膜两侧跨膜电位的变化。在神经细胞上，这些离子通道都集中在轴突始段，参与形成快速的动作电位，从而将信号从胞体传导至神经细胞末梢。Na^+通道在中枢神经系统中发挥着重要作用。此外，在细胞体、树突和轴突始段，还分布着多种类型的电压门控性 Ca^{2+}通道和 K^+通道，以十分缓慢的方式调控神经元的放电，如 K^+通道在细胞去极化时开放，能限制细胞膜电位进一步去极化。

2. 配体门控性通道 也称亲离子型受体，受体由不同数量的亚单位构成，而离子通道仅是受体复合物的一个重要组成部分。配体门控性通道的开放取决于神经递质与其受体的结合。当受体与配体结合后，离子通道短暂开放，引起离子跨膜流动。按配体与受体的结合部位，配体门控离子通道又分为质膜和胞内两种类型。

（1）质膜配体门控离子通道：主要分布于突触后膜和神经肌肉接头后膜上，这类受体主要是一些神经递质受体，如烟碱型乙酰胆碱受体（N-ACh 受体）、γ 氨基丁酸受体（GABA 受体）、甘氨酸受体（Gly 受体）、谷氨酸/天冬氨酸受体（NMDA 受体和非 NMDA 受体）、5-HT 受体和 ATP 受体等。

（2）胞内配体门控离子通道：主要分布于质膜内侧或内质网膜等细胞器上，与配体的结合部位均在胞质侧，该类配体多为第二信使，如 cAMP、cGMP、IP_3 和 Ca^{2+}等。配体门控性通道主要参与中枢神经系统中的逐级通路（hierarchical pathways）典型的快速突触信息传递。

二、神经元间信息的传递

神经元与神经元之间或神经元与效应细胞之间信息传递的关键结构是突触，而信息从神经元突触传递到下一级神经元突触的传导核心是神经递质。

（一）突触信号传递的基本过程

突触传递的基本过程包括：①神经递质的合成和储存；②突触前膜去极化和胞外钙内流触发神经递质的释放；③神经递质与突触后受体结合引起突触后生物学效应；④释放后递质的灭活及囊泡再摄取。

当突触前神经元兴奋时，通过动作电位的“全”或“无”式传导，兴奋很快传导至神经末梢。神经末梢的动作电位使突触前膜发生去极化，当去极化达到一定水平时，引起前膜上电压依赖性 Ca^{2+}通道开启，于是胞外 Ca^{2+}内流进入突触前膜。Ca^{2+}进入突触前膜后，一方面降低轴浆的黏度，有利于突触小泡的位移；另一方面消除突触前膜内侧的负电位，刺进突触小泡和前膜接触、融合，以胞裂外排的方式将神经递质释放到突触间隙，随后在突触间隙中迅速扩散到达突触后膜，作用于突触后膜上的特异性受体或化学门控性通道，从而触发突触后神经元发生一系列的生化反应或膜电位变化，产生突触后效应，完成突触间的信息传递。从整个过程来看，突触传递实际就是一个“电—化学—电”的过程，即由突触前神经元的生物电变化，通过突触末梢的化学物质释放，最终引起突触后神经元的生物电变化。在整个神经递质释放诸多环节里，突触前膜的去极化是诱发神经递质释放的关键因素，而 Ca^{2+}的内流是递质释放过程的触发因子。

（二）神经递质的灭活与再摄取

神经元与神经元之间及神经元与效应细胞之间精确的化学信号传递，是神经程序化精确调控的重要保证。要确保精确的化学信号传递，就必须严格调控突触间隙中神经递质的浓度和作用时间；同时，突触信息传递的终止，也必须依赖于神经递质的转运与清除。因此，在中枢神经系统内主要有两种机制完成相关转运或清除工作：①酶的灭活，如 ACh 的灭活需要 AChE；②神经递质的再摄取，包括囊泡的再摄取及转运到胶质细胞中储存备用。囊泡的再摄取是指将神经递质通过神经末梢膜的内吞作用合成新的囊泡，形成囊泡再循环，重新回到突触小体再利用，以备用于新一轮递质的合成、储存和释放。

因此，突触间隙递质的消除主要是通过突触前膜及神经胶质细胞的再摄取或酶的灭活作用完成的，其中突触前膜的再摄取是中枢神经系统最常见的递质回收方式。

第二节　中枢神经系统神经递质与受体

神经信息传递的主要形式是突触间的神经化学传递，而神经递质是神经化学传递的重要物质基础。对于中枢神经系统神经递质的研究，1924 年 Adrian 首先提出中枢内信息的传递是化学传递，这一观点在 20 世纪 50 年代先后得到了 Eccles 与 Vogt 等人的支持与认同。之后随着神经科学研究技术的发展，不断发现新类型的神经活性物质随突触前膜去极化从末梢释放。因此，先后相继提出了神经递质、神经调质（neuromodulator）和神经激素（neurohormone）的概念。神经递质是指神经末梢释放，作用于突触后膜受体，导致离子通道开放并形成兴奋性突触后电位或抑制性突触后电位的化学物质。其特点是信息传递快、作用强和选择性高。神经调质也是由神经元释放，但本身不具备递质的活性，大多与 G 蛋白偶联受体结合后诱发缓慢的突触前或突触后电位，并不直接引起突触后生物学效应，但能调节神经递质在突触前的释放和突触后细胞的兴奋性，以及突触后细胞对递质的反应性。神经调质的特色是作用缓慢而持久、但范围较广。近年来日益受到重视的一氧化氮、花生四烯酸等均属于神经调质，在神经组织或非神经组织均可生成。神经激素是由神经末梢释放的化学物质，主要是神经肽。神经激素释放进入血液循环后，在远隔的靶器官发挥作用。例加，下丘脑释放一系列调节激素，这些激素进入垂体门脉系统，在垂体前叶发挥其调节分泌作用。神经肽广泛存在于中枢神经系统、外周神经系统和组织内，它是神经元之间的重要化学信使，具有神经递质、神经调质和神经激素三重作用。越来越多的研究表明，神经肽最重要的作用是整合脑与机体各系统的功能。在许多神经元中，神经肽与传统递质共存，参与神经调节活动。

乙 酰 胆 碱

乙酰胆碱（acetylcholine，ACh）是第一个被发现的脑内神经递质，由胆碱和乙酰辅酶 A 在胆碱乙酰转移酶的催化下合成，然后转运到末梢储存在囊泡内。

（1）中枢乙酰胆碱能通路：脑内 ACh 的生物合成、储存与释放、降解与灭活，以及与受体的相互作用均与外周胆碱能神经元相同。中枢的胆碱能神经元根据其分布分为两种。①局部分布的中间神经元，参与局部神经回路的组成。在纹状体、隔核、伏隔核、嗅结节等神经核团均存在较多的胆碱能中间神经元，尤以纹状体最多。②胆碱能投射神经元，这些神经元在脑内分布比较集中，分别组成胆碱能基底前脑复合体和胆碱能脑桥-中脑-被盖复合体。

（2）ACh 受体：绝大多数脑内胆碱能受体是 M 受体，N 受体仅占不到 10%。脑内的 M 受体或 N 受体具有与外周相似的药理特性。

1）中枢 M 受体：M 受体在中枢神经系统内广泛分布，包括 M_1、M_2、M_3、M_4 和 M_5 五种亚型。脑内以 M_1 受体为主，占 M 受体总数的 50%～80%，主要分布于大脑皮层、海马、尾核、丘脑、中脑及延髓；M_2 受体分布于大脑皮层浅表层神经元，特别是感觉区、运动区、听区及视区，以及下丘脑、脑桥和延髓；M_4 受体分布于基底前脑和纹状体；M_5 受体分布于黑质；M_3 受体的分布与 M_1、M_4 受体相似。

2）中枢 N 受体：主要分布于大脑皮层浅层、丘脑、下丘脑、海马、扣带回、脑干、小脑、脊髓 Renshaw 细胞等部位。根据该受体在不同部位的功能分为突触前 N 受体和突触后 N 受体。突触前 N 受体分布于 NA 能、DA 能、Glu 和 GABA 能神经元的突触前末梢部位，通过正反馈调节分别促进各神经末梢递质的释放；而突触后 N 受体主要介导快速兴奋性突触传递。

（3）中枢 ACh 的功能：ACh 能神经元对中枢神经元的作用似以兴奋为主，尤其在传递特异性感觉、维持机体觉醒状态、促进学习与记忆，以及调节躯体运动、心血管活动、呼吸、饮水、摄食和痛觉调节方面具有重要生理作用。

γ-氨基丁酸

γ-氨基丁酸（γ-aminobutyric acid，GABA）在脑内含量很高，是神经系统内主要的抑制性神经递质，脑内有超过 30%的突触是以 GABA 作为神经递质传递信息。

（1）GABA 的合成与代谢：GABA 是由 *L*-Glu 经谷氨酸脱羧酶（GAD）脱羧形成，储存于扁平型的突触囊泡内。释放时在 Ca^{2+}的作用下，以胞裂外排的形式释放到突触间歇。而 GABA 的消除，主要依赖于突触前膜和胶质细胞对 GABA 的再摄取，以及酶的水解灭活。

（2）GABA 受体：主要分为 $GABA_A$、$GABA_B$ 和 $GABA_C$ 三种亚型。

1）$GABA_A$受体：属于 Cl^-通道受体。是由 5 种不同亚基（α、β、γ、δ 和 ρ）组成的糖蛋白，每个亚基都是一条多肽链，含有 4 个跨膜区，5 个亚基围绕成一个中空的 Cl^-通道。功能性 $GABA_A$受体结构上还包括 GABA 结合位点、苯二氮䓬类（BD）结合位点和 Cl^-通道三部分。$GABA_A$受体主要介导突触后抑制效应。当 $GABA_A$受体激活后，使 Cl^-通道开放，Cl^-内流增加，突触后膜产生超极化。苯二氮䓬类药物镇静催眠的机制，就是药物与 BD 结合位点结合后，促进 GABA 与 $GABA_A$受体结合，使 Cl^-通道开放频率增加，引起细胞膜的超极化来加强中枢抑制作用。

2）$GABA_B$受体：属于 G 蛋白偶联受体。分布于突触前膜和突触后膜上，分别介导突触前抑制和突触后抑制，以突触前为主，通过关闭 Ca^{2+}通道来负反馈调节神经递质的释放。

3）$GABA_C$受体：主要分布在视网膜，GABA 通过 $GABA_C$受体产生抑制性递质的作用。$GABA_C$受体的特征是对 GABA 具有高度的敏感性，使 Cl^-通道开放缓慢、持久，且不易失敏。

（3）中枢 GABA 的功能：GABA 广泛存在于中枢神经系统内，其中以黑质-纹状体的含量最高。在脑内 GABA 的功能主要是引起突触后抑制效应，包括抗焦虑、抗惊厥、镇痛、调节下丘脑-垂体功能、抑制下丘脑摄食中枢，以及参与视觉通路信息的传递与调控等作用。

兴奋性氨基酸

谷氨酸（glutamate，Glu）是中枢神经系统内主要的兴奋性神经递质，对神经元有极强的兴奋作用，参与突触传递。脑内有超过 50%的突触是以谷氨酸作为兴奋性神经递质。

（1）Glu 的合成与代谢：Glu 不能透过血-脑屏障，脑内的 Glu 是脑内自行合成的。Glu 与 GABA 一样，是体内物质代谢的中间产物，也是合成 GABA 的前体物质。目前认为，Glu 的生物合成是谷氨酰胺在谷氨酰胺酶的作用下，水解脱去氨基而生成。合成的 Glu 可迅速被神经末梢突触囊泡膜上低亲和力的 Glu 转运体转入囊泡内储存。神经末梢兴奋时，囊泡内的 Glu 以 Ca^{2+}依赖性的胞裂外排释放。而 Glu 的消除，主要依赖于突触前膜或邻近的胶质细胞对 Glu 的再摄取，在神经元与胶质细胞之间形成“谷氨酸-谷氨酰胺循环”。

（2）Glu 受体：中枢的 Glu 受体至少分为五种类型，即 *N*-甲基-*D*-天门冬氨酸（NMDA）受体、α-氨基-3-羟基-5-甲基-4-异恶唑丙酸（AMPA）受体、藻酸（KA）受体、代谢性谷氨酸受体（mGluR）和 *L*-2-氨基-4-磷酸丁酸（L-AP4）受体。其中 NMDA 受体、AMPA 受体和 KA 受体都属于配体门控性离子通道，属于离子型 GLu 受体；而非 NMDA 受体、mGluR 和 L-AP4 受体均属于 G 蛋白偶联的 GLu 受体。

1）NMDA 受体：在脑内广泛分布，尤其在大脑皮层及海马的含量最高。NMDA 受体由 4 个亚单位围绕的阳离子通道组成。当受体激活后，引起离子通道开放，增加 Ca^{2+}的通透性，Ca^{2+}内流；同时，增加 Na^+、K^+的通透性，使两者内流增加，引起突触后膜去极化。

2）非 NMDA 受体：脑内非 NMDA 受体是由 4 个亚单位构成的异聚体，包括 AMPA 受体及 KA 受体，也属于化学门控性离子通道受体。受体兴奋时离子通道的开启仅允许 Na^+、K^+单价阳离子的进出，引起突触后膜去极化，参与兴奋性突触的传递。

3）代谢型谷氨酸受体（mGluR）：属于 G 蛋白偶联受体，通过改变第二信使的胞内浓度，触发较缓慢的生物学效应。

4）*L*-AP4 受体：在视网膜、脊髓和不同脑区抑制其兴奋性传递，通过抑制突出前膜上的 L 型和 N 型 Ca^{2+}通道，对 Glu 的释放起到负反馈调节作用。

（3）Glu 受体的功能：Glu 对中枢兴奋性突触传递、突触的可塑性改变，以及应激反应起着重要作用。目前认为，Glu 在中枢神经元发挥的兴奋性触传递作用主要是通过 AMPA 受体和 NMDA 受体介导的；而 Glu 对突触传递的可塑性改变是促进学习记忆的重要神经生理学基础。此外，Glu 还具有兴奋毒或神经毒作用，尤其在缺血性脑病、低血糖脑损害、癫痫、脑外伤及老年性中枢退行性疾病发病机制中，Glu 兴奋毒是造成神经元死亡的重要因素。

去甲肾上腺素

去甲肾上腺素（noradrenaline，NA）是外周和中枢神经系统的重要递质，其生物合成及代谢途径均与外周神经系统相似。

（1）肾上腺素受体：中枢 NA 受体广泛分布于大脑皮层、海马、丘脑、松果体、蓝斑、延髓腹外侧区、孤束核和脊髓等众多部位；在不同类型的细胞包括神经细元、胶质细胞和血管床细胞也均有 NA 受体的分布。在脑内 NA 受体中，α_1受体、α_2受体和 β 受体均有分布，其中又以 α_1 亚型受体和 β_1 亚型受体为主；而在脊髓主要以 α_{1D} 亚型受体和 α_{2A} 亚型受体占优势。中枢

NA 受体的激动分为突触后与突触前 NA 受体的效应，其中突触后 NA 受体的效应与外周 NA 受体激动的效应相似，但突触后 α_1 受体的激动效应对神经元有兴奋作用，其机制可能与 α_1 受体激动时促进 K^+通道关闭，K^+外流减少，引起神经元的去极化有关。

（2）NA 的功能：中枢 NA 能神经元胞体主要集中在延髓和脑桥，按其纤维投射途径的不同，又可分为 NA 能上行投射系统与 NA 能下行投射系统。该系统参与多种功能活动的调节：①增强学习与记忆；②维持觉醒状态与促进快波睡眠；③调节情感活动，产生兴奋与欣快情绪；④调节心血管的活动；⑤分别在脊髓和脑内产生镇痛与拮抗镇痛的效应。

多 巴 胺

多巴胺（dopamine，DA）是脑内重要的神经递质。DA 神经元在中枢神经系统的分布集中，投射通路清晰，尤其在大脑的运动控制、情感思维及神经内分泌方面均发挥着重要生理功能，是研究 PD、精神分裂症、药物依赖性与成瘾性的重要靶标。

（1）DA 的合成与代谢：DA 是 NA 的前体物质，以酪氨酸为原料，在神经元胞质内经酪氨酸羟化酶（TH）作用下生成多巴，再经多巴脱羧酶（DDC）转变为 DA。生成的 DA 储存于囊泡内，在 Ca^{2+}的作用下以胞裂外排的方式释放出来。释放出来的 DA 最终在 DA 转运体的作用下大部分再摄取回囊泡，小部分被单胺氧化酶（MAO）破坏，转化为二羟基苯乙酸（DOPAC）。此外，胶质细胞和非多巴胺能神经元也能吸收和代谢有限的多巴胺。

（2）DA 受体：多巴胺受体有 5 种亚型，即 D_1、D_2、D_3、D_4和 D_5，根据对 AC 和 G 蛋白的影响、受体信号转导过程，以及特异性配体的不同，又将 D_1、D_5统称为 D_1样受体，D_2、D_3、D_4统称为 D_2样受体。

目前，脑内 DA 能系统的神经元主要构成了 4 条 DA 通路，即黑质-纹状体 DA 通路、中脑-边缘系统 DA 通路、中脑-大脑皮层 DA 通路及结节-漏斗 DA 通路。其中，黑质-纹状体通路主要存在 D_1样受体（D_1亚型和 D_5亚型）和 D_2样受体（D_2亚型和 D_3亚型）；中脑-皮层通路和中脑-边缘通路主要存在 D_2样受体（D_2亚型、D_3亚型和 D_4亚型）；而结节-漏斗系统主要存在 D_2样受体中的 D_2亚型。

（3）DA 的功能：DA 神经元胞体主要集中在中脑和间脑，由于 DA 存在上述的 4 条 DA 通路，因此分别产生了与躯体锥体外系运动、情绪精神活动及神经内分泌分泌有关的生理活性。

1）调节锥体外系的运动功能：锥体外系是人体运动系统的组成部分，其主要功能是调节肌张力、肌肉的协调运动与平衡。纹状体是锥体外系运动功能的调控中心，而黑质-纹状体通路的 DA 能神经元主要集中在中脑黑质的致密部，发出纤维投射到纹状体的尾核与壳核。该通路所含 DA 占全脑含量的 70%以上，是锥体外系运动功能的高级中枢。

2）调控精神情绪活动：精神情绪活动主要通过中脑-边缘系统和中脑-皮层系统的 DA 能通路发挥作用，主要参与情感的整合及认知功能的调控，包括思想、感觉、理解和推理等。而该系统 DA 功能的亢进，是导致 I 型精神分裂症（妄想症）的重要原因。

3）调节神经内分泌：下丘脑弓状核和室周核也存在少量 DA 能神经元，发出短纤维到达正中隆起和漏斗核组成了结节-漏斗通路。该通路与神经内分泌活动有关，主要调控垂体激素的分泌，如抑制催乳素的分泌、促进 ACTH 和 GH 的分泌等。

5-羟色胺

5-羟色（5-hydroxytryptamine，5-HT）在化学结构上属于吲哚胺，由吲哚和乙胺两部分构成。在体内，5-HT 主要分布在消化道、血液和中枢神经系统内。由于 5-HT 难以透过血-脑屏障，因此中枢的 5-HT 独立成系统。主要集中在桥脑、延脑中线旁的中缝核群，共组成 9 个 5-HT 能神经核团，其中以中脑核群含量最高。

（1）5-HT 的合成与代谢：5-HT 的生物合成需要色氨酸（TP）为前体，以及色氨酸羟化酶（TPH）和 5-羟色氨酸脱羧酶（5-HTPDC）两种合成酶的参与。TP 进入 5-HT 能神经元之后，在 TPH 作用下生成 5-羟色酸（5-HTP），然后在 5-HTPDC 作用下脱羧合成 5-HT。整个合成过程在 5-HT 能神经元胞质中进行，以 5-HT 结合蛋白（specific 5-HT binding protein，SBP）的形式储存于囊泡内。释放时以胞裂外排的方式在高 Na^+细胞外液的作用下，5-HT 迅速与 SBP 解离而发挥递质作用，最终依靠突触前膜的 Na^+/Cl^-依赖型转运体大部分再摄取回囊泡，小部分在单胺氧化酶（MAO）作用下代谢成 5-羟吲哚乙酸（5-HIAA）。

（2）5-HT 受体：类型复杂，目前已发现 5-HT 受体有七种亚型，即 5-HT_1～5-HT_7，其中 5-HT_1受体又可分为 $5\text{-HT}_{1A}$$5\text{-HT}_{1B}$，$5\text{-HT}_{1D}$，$5\text{-HT}_{1E}$，$5\text{-HT}_{1F}$五个亚型，$5\text{-HT}_2$受体分为 5-HT_{2A}，5-HT_{2B}，5-HT_{2C}三个亚型 5-HT_5受体分为 5-HT_{5A}和 5-HT_{5B}两个亚型。

5-HT 受体广泛存在于中枢神经系统，其中 5-HT_{1A}受体在边缘系统分布最为密集，5-HT_{1B}、5-HT_{1D}受体主要集中在基底神经节，$5\text{-HT}_{2,3,4}$受体分别集中于新皮层、后缘区和海马等脑区，5-HT_5，5-HT_6，5-HT_7受体在大脑皮层、边缘系统、下丘脑、丘脑、脑干等脑区均有分布。此外，大脑皮层的 5-HT 受体分布也随皮层的分层而不同。

（3）5-HT 的功能：中枢 5-HT 的生理功能主要参与觉醒-睡眠周期、精神情绪活动、下丘脑-垂体的神经内分泌活动、痛觉及体温调节，以及心血管活动等。目前认为，5-HT 对睡眠的影响主要是触发和维持慢波睡眠；而对情绪和精神活动的功能系统有稳定作用，中枢 5-HT 功能不足是导致情绪障碍的重要体质因素；此外，5-HT 是脑和脊髓内的一种重要痛调制递质。当脑和脊髓内 5-HT 神经元活动增强时，可使机体痛阈值升高，发挥镇痛作用并增强吗啡的镇痛效应。

组　胺

组胺（histamine）神经元主要位于下丘脑结节乳头核和中脑的网状结构，发出上、下行纤维。目前，作用的于脑内组胺药物用途有限，多为药物的中枢副作用。

（1）组胺受体的分类：组胺受体分为 H_1、H_2和 H_3三种类型，其中 H_1受体、H_2受体是 G 蛋白偶联受体。H_1受体通过 G_q蛋白偶联磷脂酶 C 能促进磷脂肌醇代谢，促进 IP_3和 DG 的生成；而 H_2受体与 G_8蛋白结合偶联腺苷酸环化酶，使 cAMP 的水平明显升高。

（2）组胺受体的功能：脑内组胺的生理作用尚不清楚，推测参与饮水、摄食、体温调节、觉醒及激素分泌的调节。例如，高脂溶性的 H_1受体阻断药具有镇静作用；H_2受体阻断药佐兰替丁能作用于中枢；激活突触前膜的 H_3受体使组胺及其他单胺类递质、神经肽的合成与释放减少。

神 经 肽

神经肽（neuropeptide）是体内传递信息的生物活性多肽，主要分布在神经组织，具有神经递质、神经调质和神经激素的三重功能。不仅对神经元起作用，对非神经组织或组织器官均有明显作用。

（1）神经肽合成与代谢：能合成和释放神经肽的神经元称为肽能神经元。神经肽与经典递质的生成显著不同，它的合成首先由其 DNA 转录成 mRNA，经 mRNA 翻译后，在胞内的核糖体上先合成无活性的肽前体蛋白，然后装入囊泡随轴浆流运输到神经末梢，在转运的过程中，由酶切等翻译后加工成具有活性的神经肽。神经肽的释放与经典递质相似，由电刺激或高钾引起去极化，打开电压依赖性 Ca^{2+}通道，Ca^{2+}内流增加，使囊泡内的神经肽释放出来。而神经肽的灭活与经典递质不尽相同，主要依赖于氨肽酶、羧肽酶的降解而灭活，一般没有再摄取。

（2）神经肽受体：与经典递质相似，各种神经肽都有各自的受体及不同的受体亚型，但都属于 G 蛋白偶联受体家族。按其分布或所属的家族进行分类，神经肽主要分类为下丘脑神经肽、

垂体肽、阿片肽、速激肽、脑肠肽等多种类型。

1）下丘脑神经肽：包括促肾上腺皮层激素释放激素（CRH）、生长激素释放激素（GHRH）、生长抑素（SS）、促性腺激素释放激素（GnRH）、促甲状腺激素释放激素（TRH）、血管升压素（VP）和缩宫素（OT）等。

2）垂体肽：包括促肾上腺皮质激素（ACTH）、促甲状腺素（TSH）、生长激素（GH），催乳素（PRL）、黄体生成素（LH）、α 促黑激素（α-MSH）和 γ 促黑激素（γ-MSH）等。

3）阿片肽：包括脑啡肽（ENK）、内啡肽（END）、强啡肽（DYN）、内吗啡肽（EM）、孤啡肽（OFQ）等。

4）速激肽：包括 P 物质（SP）、神经激肽 A（NKA）、神经激肽 B（NKB）、神经肽 K（NPK）。

5）脑肠肽：包括缩胆囊素（CCK）、血管活性肠肽（VIP）、神经降压肽（NT）、胰高血糖素（glucagon）、铃蟾肽（bombesin，BN）、促胰液素（secretin），胰岛素（insulin）、胃动素（motilin）等。

6）增血糖素相关肽：包括组异肽（PHI）、组甲肽（PHM）、垂体腺苷酸环化酸激活肽（PACAP）等。

7）胰多肽相关肽：包括神经肽 Y（NPY）、酪酪肽（PYY）和胰多肽（PP）等。

8）其他肽：包括血管紧张素（Ang）、降钙素基因相关肽（CGRP）、缓激肽（BK）、心房钠尿肽（ANP）、脑钠尿肽（BNP）、C 型钠尿肽（CNP）、内皮素（ET）、δ 睡眠诱发肽（DSIP）和甘丙肽（GAL）等。

（3）神经肽的功能：神经肽最主要的功能是整合脑和机体各系统的功能。经典递质与神经肽的作用相辅相成，从而使得脑信息加工更精细，调节活动更加精确和协调。

第三节　中枢神经系统药物的作用方式与特点

一、中枢神经系统药物的作用机制

中枢神经系统药物的作用机制都具有共同的作用特点，即作用于突触传递过程中的某一环节，包括突触前机制（影响神经递质的代谢过程）和突触后机制（受体的激动或拮抗作用）。

（一）影响递质的合成、储存、释放和灭活

某些药物通过影响递质的合成、储存、释放、生物转化或灭活来影响突触间歇中递质的含量，间接影响受体的效应。

1. 影响递质的生物合成　对氯苯丙氨酸可以阻断 5-HT 的合成；利血平通过干扰突触前囊泡内单胺类递质的储存而耗竭单胺类递质。

2. 影响递质的释放　安非他明能促进肾上腺素能突触释放儿茶酚胺类递质；辣椒素诱导感觉神经元促进 P 物质的释放。

3. 影响递质的储存和再摄取　当递质释放到突触间隙后，其作用持续时间取决于突触前转运体对该递质的再摄取或灭活，大多数递质是通过再摄取机制重新进入突触前膜末梢（如 NA、DA 和 5-HT 等单胺类递质）或转运至突触周围的胶质细胞的细胞膜上（如 GLu 等）。三环类抗抑郁药通过抑制 NA 和 5-HT 的再摄取，提高突触间隙内递质的浓度来发挥作用；可卡因通过阻断肾上腺素能突触前转运体对儿茶酚胺类递质的再摄取，加强这类递质的药理作用。

4. 影响递质的灭活　ACh 通过 AChE 的水解而灭活，因此，抑制 AChE 的药物可以阻止 ACh 的水解，使突触间隙中 ACh 的浓度增加而产生拟胆碱作用。

（二）作用于突触后膜上的受体

突触后膜上的受体是作用于中枢神经系统药物的主要靶点。

1. 直接作用于受体 药物直接通过激动受体或阻断受体而产生药理作用。例如，阿片类物质可以模拟脑啡肽的作用，激活脑内的阿片受体产生镇痛作用；而氯丙嗪等抗精神病药物通过阻断脑内 DA 受体产生神经安定和抗精神病作用。尤其拮抗受体的作用是中枢神经系统药物作用的常见机制，如士的宁导致惊厥是通过阻断抑制性递质甘氨酸与受体的结合而发挥作用。

2. 间接影响受体与递质的结合 药物还可以通过作用于配体门控性离子通道，通过影响离子通道或第二信使间接影响受体与递质的结合。例如，苯二氮䓬类药物与 $GABA_A$ 受体上的苯二氮䓬结合部位 α 亚单位相结合后，间接地促进了 GABA 与 $GABA_A$ 受体的结合，使 Cl^- 通道开放频率增加，细胞膜超极化，从而产生镇静催眠作用。甲基黄嘌呤通过干扰递质受体结合后的第二信使 CAMP，阻断 CAMP 的代谢来增高其水平，延长突触后细胞的作用过程。

二、中枢神经系统药理学的特点

中枢神经系统的功能主要是调节各脏器系统的兴奋和抑制平衡，协调各功能之间的关系。因此，作用于中枢神经系统的药物根据上述功能，分为中枢兴奋药和中枢抑制药两大类。在整体水平上，中枢神经兴奋时，其兴奋性从弱到强依次表现出欣快、失眠、不安、幻觉、妄想、躁狂、惊厥等；而中枢神经抑制时，则表现出镇静、抑郁、睡眠、昏迷等。由于生命中枢在延髓，只有在极度抑制状态时才会影响到延髓引起血压下降、呼吸停止。此外，作用于中枢神经系统的药物，往往对中枢的某种特殊功能易产生选择性，如镇痛、抗精神病、抗惊厥、解热等。这些不同的作用与药物影响突触传递的某一环节有关，从而引起相应部位的功能变化。例如，影响递质的合成、储存、释放和灭活过程。凡能使抑制性递质释放增多或激动抑制性受体，均可引起中枢抑制性效应；凡能使兴奋性递质释放增多或激动兴奋性受体，可产生中枢兴奋性效应。因此，研究药物对递质和受体的影响是阐明中枢药物作用复杂性的关键环节，而对细胞内第二信使和离子通道及其相关基因调控的研究，则可进一步探明药物的作用机制。

此外，除少数药物仅影响神经细胞的能量代谢或膜稳定性外，药物的效应随着剂量的增加，还将表现出药物作用范围的扩大，此类药物又称为非特异性作用的药物。例如，镇静催眠药小剂量具有镇静作用，较大剂量具有催眠作用，更大剂量有抗惊厥、抗癫痫和麻醉作用，过量引起呼吸麻痹，甚至死亡。

三、中枢神经系统药物的分类

作用于中枢神经系统的药物，按其作用性质（对递质和受体的作用）分类如下，见表 9-1。

表 9-1 作用于中枢神经系统的药物分类

作用靶点	作用机制	代表药物	主要药理作用或应用
ACh 受体	激动 M_1 受体	毛果云香碱	觉醒
	阻断 M_1 受体	哌仑西平、东莨菪碱	中枢抑制、PD
	激动 M_2 受体	6-β-乙酰氧基去甲托烷	中枢抑制
	阻断 M_2 受体	阿托品	中枢兴奋
	激动 N 受体	烟碱	惊厥
	抑制胆碱酯酶	毒扁豆碱、他可林	催醒、抗老年痴呆
NA 受体	促进 NA 释放	麻黄碱、苯丙胺	中枢兴奋
	抑制 NA 释放	锂盐	抗躁狂

续表

作用靶点	作用机制	代表药物	主要药理作用或应用
NA 受体	抑制 NA 摄取	可卡因、丙咪嗪	欣快、抗抑郁
	抑制 NA 灭活	单胺氧化酶抑制剂	抗抑郁
	耗竭 NA 贮存	利血平	安定、抑郁
	激动 α 受体	去甲肾上腺素	兴奋
	激动 α_2 受体	可乐定	降血压、镇静
	阻断 α_2 受体	育亨宾	升血压、兴奋
	阻断 β 受体	普萘洛尔	降血压、噩梦、幻觉
DA 受体	激动 DA 受体	阿扑吗啡	催吐
	阻断 DA 受体	氯丙嗪、氯氮平	安定、抗精神病、镇吐
	生成 DA	左旋多巴	PD
5-HT 受体	激动 5-HT 受体	麦角酸二乙胺	精神紊乱、幻觉、欣快
	阻断 5-HT 受体	二甲麦角新碱	中枢抑制
GABA 受体	激动 GABA 受体	蝇蕈醇	精神紊乱、抑制兴奋、阵挛抽搐
	阻断 GAGA 受体	荷包牡丹碱	抗焦虑、抗镇静、催眠、抗惊厥
	增强 GABA 作用	苯二氮䓬类	
Gly 受体	阻断 Gly 受体	士的宁	兴奋、强直惊厥
H 受体	阻断 H_1 受体	苯海拉明	抑制、抗晕动、抗过敏
	阻断 H_2 受体	西咪替丁	精神紊乱
阿片受体	激动阿片受体	阿片类（吗啡、哌替啶）	镇痛、镇静、呼吸抑制
	阻断阿片受体	纳洛酮	吗啡中毒
细胞膜	稳定	乙醚等	全身麻醉

本章小结

中枢神经系统是神经系统的主要部分，对身体发挥着主导调节作用，其中神经递质是神经信息传递的主要物质基础。中枢神经系统常见的递质或激素有 ACh、NA、DA、5-HT、GABA、Glu、组胺及各种神经肽，共同参与神经活动的调节。

作用于中枢神经系统的药物根据中枢的功能主要分为中枢兴奋药和中枢抑制药两大类，其作用机制共同的特点是作用于突触传递过程的某一环节，包括：①直接或间接作用于突触后膜上的受体；②影响递质的合成、储存、释放和灭活。

（李佳川）

第十章　全身麻醉药

能力要求

1. 能够阐述全身麻醉、吸入麻醉、静脉麻醉的基本概念。
2. 能够比较常用吸入麻醉药的优缺点和静脉麻醉药的特点。
3. 能够理解复合麻醉药应用的概念。

全身麻醉药（general anesthetics）简称全麻药，是一类作用于中枢神经系统，能够可逆性抑制中枢神经系统，引起暂时性的可逆性意识、感觉，特别是痛觉消失和一定程度的肌肉松弛，以便为外科手术创造良好条件的药物。理想的全身麻醉药应具有良好的镇痛作用，足够的骨骼肌松弛作用，消除各种不利于手术的反射活动，麻醉过程平稳，诱导和苏醒迅速而舒适，能被机体迅速吸收和排除，麻醉深度易于调节，而对循环、呼吸无明显影响，无后遗毒性等特点。全身麻醉药根据给药途径的不同可分为：吸入性麻醉药和静脉麻醉药。

第一节　吸入性麻醉药

吸入性麻醉药（inhalation anesthetics）是一类挥发性气体或液体的全身麻醉药，经呼吸道吸收入体内后达到麻醉效果的药物。吸入麻醉药对患者的麻醉深度分为四期，即阵痛期、兴奋期、外科麻醉期和麻醉中毒期。由于目前使用的非乙醚麻醉药作用快，患者呼吸受呼吸机的控制，术前和术中使用多种麻醉辅助药，以及静脉麻醉药和吸入麻醉药联合使用，分期较难。目前临床主要根据患者血压变化、呼吸形式、对疼痛刺激的反应、反射情况、瞳孔变化及肌肉张力将麻醉分为浅、中和深三度。

一、药 理 作 用

1. 中枢神经系统作用　吸入麻醉药对中枢神经系统具有抑制作用，其抑制作用与吸入麻醉药的剂量相关（取决于脑内药物浓度）。某些特殊神经元和神经通路对药物的敏感性也有很大差异。脊髓背角胶质细胞对药物最敏感，因而首先出现该区域脊髓丘脑束感觉传递阻断，导致痛刺激反射减弱或消失，较高浓度能抑制许多脑区小的抑制性神经元，导致受其控制的其他神经元释放兴奋性神经递质，产生所谓“去抑制效应”，网状激活系统升支通路的进行性抑制使脊髓反射活动减弱或消失。延髓呼吸中枢和血管运动中枢对全身麻醉药最不敏感，高浓度才能导致呼吸和循环系统衰竭。除氧化亚氮（nitrous oxide，N_2O）外，各药均可不同程度地降低脑代谢，扩张脑血管，增加脑血流和升高颅内压。

2. 心血管系统作用　吸入麻醉药除氧化亚氮外，含氟麻醉药均能不同程度地抑制心肌收缩力，扩张外周血管，降低血压和心肌耗氧量，并降低压力感受器的敏感性，使内脏血流量减少。以上作用常受手术前的精神状况、手术刺激、麻醉深度、麻醉辅助药的使用及患者血氧等因素的干扰。氟烷和氧化亚氮可增加心肌对儿茶酚胺的敏感性，七氟烷、恩氟烷、异氟烷和地氟烷相对较小。

3. 呼吸系统作用　吸入麻醉药能够扩张支气管和降低呼吸中枢对 CO_2 的敏感性，此作用恩氟烷最强。此外，吸入麻醉药能够降低潮气量，增加呼吸频率，降低每分通气量，并抑制缺氧所致代偿性换气。含氟吸入麻醉药在麻醉诱导期对呼吸道均有不同程度的刺激作用，可引起咳嗽甚至支气管平滑肌痉挛，以地氟烷刺激性最大而七氟烷最小。

4. 骨骼肌松弛作用 吸入性麻醉药除氧化亚氮外，含氟麻醉药均有不同程度的骨骼肌松弛作用。此作用与非去极化型骨骼肌松弛药（筒箭毒碱）有协同作用，可能与中枢神经系统抑制和神经肌肉接头对肌松药敏感性增加有关。

5. 子宫松弛作用 吸入麻醉药除氧化亚氮外，均能明显松弛子宫平滑肌，使产程延长和产后出血过多。

二、体内过程

吸入性麻醉药都是挥发性气体或液体，脂溶性高，容易通过生物膜，经肺泡进入血液，分布转运至中枢神经系统（脑组织）。吸入麻醉时，麻醉深度有明显的量效关系，当中枢神经系统的吸入麻醉药达到一定的分压（浓度）时，产生全身麻醉状态。常用吸入性麻醉药特点见表 10-1。

1. 吸收 吸入性麻醉药的吸收速度受吸入气中的药物浓度、药物在血的溶解度及肺通气量等因素的影响。吸入气中的药物浓度与最小肺泡浓度有关。在常氧（一个大气压）下，能使 50% 患者痛觉消失的肺泡气体中全身麻醉药的浓度成为最小肺泡浓度（minimal alveolar concentration，MAC）。各种吸入性全身麻醉药都有恒定的 MAC 值，数值越小，该药物的麻醉作用越强。药物在血的溶解度通常以血/气分配系数和脑/血分配系数表示。血/气分配系数是指血中药物浓度与吸入气中的药物浓度达到平衡时的比值。血/气分配系统越大，药物在血中溶解度越大，血中药物分压升高较慢，达到血、气分压平衡状态越慢，麻醉诱导期长。肺通气量和肺血流量与药物吸收速率成正相关。

2. 分布 吸入性麻醉药脂溶性较高，易通过血-脑屏障进入脑组织发挥作用，其速度与脑/血分配系数成正比。脑血分配系数是指血中药物浓度与脑组织中药物浓度达到平衡时的比值，脑/血分配系数越大，药物越容易进入脑组织，麻醉作用越强，麻醉诱导期越短。

3. 消除 吸入性麻醉药极少被肝脏代谢或肾脏排泄，主要以原形随血液经过肺泡排出。因此，肺泡通气量大，脑/血分配系数和血/气分配系数低的药物易被排出，麻醉苏醒快。

表 10-1 常用吸入性麻醉药的特点比较

药物	MAC（%）	血/气分配系数	脑/血分配系数	代谢量（%）	诱导期	骨骼肌松弛
氧化亚氮	100	0.47	1.06	0.004	短	很差
乙醚	1.92	12.10	1.14	＞10	很慢	很好
氟烷	0.75	2.50	2.0	20.0	短	差
恩氟烷	1.68	1.80	1.45	2～8	短	中等
异氟烷	1.15	1.40	1.60	0.20	短	中等
地氟烷	7.25	0.42	1.30	0.1	短	好
甲氧氟烷	0.16	15.0	1.40	30～75	短	好
七氟烷	1.71	0.69	1.70	1～5	短	好

三、常用药物

氧化亚氮

氧化亚氮是气体麻醉剂，俗称笑气。无色、甜味、理化性质稳定。不易燃易爆，对呼吸道无刺激性，对各种重要器官也无明显影响。由于其血/气分布系数低，诱导期短，麻醉迅速而苏醒快。镇痛作用强，在血药浓度低于麻醉浓度时，即患者的意识尚存时，有明显镇痛作用，可用于分娩止痛。氧化亚氮的主要缺点是麻醉深度不够，故一般不单独使用，需要其他麻醉药配伍。主要用于诱导麻醉或与其他全身麻醉药配伍使用。

乙 醚

乙醚（diethyl ether）是经典麻醉酸药，无色挥发性液体，有刺激性气味，沸点为35℃，易燃易爆，遇湿气或日光易氧化产生过氧化物或乙醛，而产生毒性。麻醉乙醚的浓度对呼吸功能和血压几乎无影响，对心、肝、肾的毒性也小，是第一个应用于临床的全身麻醉药，安全范围大，易于调节麻醉深度，镇痛和骨骼肌松弛效果好。其缺点是诱导期和苏醒期较长，易发生麻醉意外。其特殊的臭味会刺激呼吸道产生黏稠分泌物，易致术后呼吸道感染；血/气分配系数高，停药后恢复缓慢，术后反应多，如宿醉现象和呕吐；加上易燃、易爆等缺点，现代手术室已经少用。但因其使用简便，在野战、救灾等情况下仍有重要价值，也可以与其他药物合用，组成复合麻醉。

氟 烷

氟烷（halothane）是最常用的全身麻醉药，有烧灼性甜味的挥发性液体，不燃不爆，但化学性质不稳定。氟烷的MAC仅为0.75%，麻醉作用强，血/气分配系数也较小，故诱导期短，苏醒快，但易引起呼吸系统和心血管系统方面的副作用，如血管扩张、升高颅内压，氟烷还可增加心肌对儿茶酚胺的敏感性诱发心律失常等。氟烷的肌肉松弛和镇痛作用较弱，因此，需加用阿片类镇痛药或肌松药。氟烷能松弛子宫平滑肌，常致产后出血，禁用于难产或剖宫产患者。氟烷的主要缺点是肝损害，反复应用偶致肝炎或肝坏死，应予警惕。

恩氟烷和异氟烷

恩氟烷（enflurane）和异氟烷（isoflurane）为同分异构体，不易燃易爆，与氟烷有相似特性，但化学性质稳定，是目前广泛使用的吸入性麻醉药。全身麻醉效能高，强度中等，诱导、苏醒快。抑制心血管系统比氟烷弱，心率和血压稍有下降；也不明显敏化心肌对儿茶酚胺的反应性。肌肉松弛作用大于氟烷，但需加肌松药才能达到满意效果。此外，两者均具有中等程度的镇痛作用。但在较深麻醉或通气过度血CO_2分压下降时，恩氟烷可引起癫痫样抽搐和脑电图改变，而异氟烷对呼吸道有刺激性，可致咳嗽和喉头痉挛。

地 氟 烷

地氟烷（desflurane）结构与异氟烷类似，是异氟烷的氟代氯化物，有刺激性气味，化学性质非常稳定。MAC较大，麻醉作用强度小，为异氟烷的1/5。地氟烷的血/气分配系数仅为0.42，是现有麻醉药中最低的，因此诱导苏醒作用迅速。对于心血管功能影响较小是地氟烷的优点之一。但由于地氟烷有一定的刺激性，在麻醉诱导时，尤其对于12岁以下儿童，可引起咳嗽、屏气、喉头痉挛等呼吸道刺激反应。

甲 氧 氟 烷

甲氧氟烷（methoxyflurane）为无色澄明带有水果气味的液体，在室温下稳定，不燃不爆。在上述的几种麻醉药中，甲氧氟烷的麻醉效果最强，最低麻醉浓度近为0.16%。由于其血/气分配系数很高，故诱导期长，恢复亦慢。其他方面，如对心血管系统及呼吸的抑制及可能引起心率失常等均与氟烷相识，但对子宫影响小，为其优点。甲氧氟烷的主要缺点是引起肾损害。

七 氟 烷

七氟烷（sevoflurane）为无色透明液体，无恶臭味，室温下性质稳定，临床使用浓度不燃不爆。其麻醉诱导、苏醒作用均很迅速。七氟烷对气道的刺激非常小，诱导过程舒适，平稳，很少有兴奋现象，苏醒期也平稳，麻醉深度易于控制，对心脏影响小。目前广泛用于儿童及成人的诱导麻醉和维持麻醉，对严重缺血性心脏病而进行的高危心脏手术者尤为合适。

第二节 静脉麻醉给药

静脉麻醉药（intravenous anesthetics）是经静脉途径给药后产生全身麻醉的药物，为非挥发性全身麻醉药。与吸入性麻醉药物相比，静脉麻醉药使用方便，不需要特殊设备，不刺激呼吸道患者易于接受，且诱导迅速起效快，无燃烧、爆炸危险，不污染手术室空气。但是静脉麻醉药多数镇痛作用不强，肌松作用不完全，除氯胺酮而外，其他药物无明显镇痛作用，麻醉深度也不易调控。此外，静脉麻醉药物的消除有赖于肺外器官，剂量过大时难以迅速消除。临床上静脉注射药物主要用于麻醉诱导和维持，主要作为辅助药物与吸入性麻醉药配合使用，增加后者的麻醉作用，亚麻醉浓度的静脉麻醉药还可以用于镇静和催眠。常用的静脉麻醉药有硫喷妥钠（sodium thiopental）、氯胺酮（ketamine）、丙泊酚（disoprofol propofol）和依托咪酯等。

硫喷妥钠

硫喷妥钠属超短效巴比妥类，脂溶性高，极易透过血-脑屏障，故麻醉迅速。硫喷妥钠性质不稳定，易破坏，临床用粉针剂，溶解后立即使用。静脉注射后30s即达峰浓度，可进入麻醉，无兴奋期。但由于硫喷妥钠可在体内迅速重新分布，从脑组织转运到肌肉和脂肪组织，脑内药物浓度迅速下降，因此麻醉作用维持时间短暂，约5min。硫喷妥钠的主要优点是作用快，但镇痛效应差，肌肉松弛不完全，单独应用仅适用于小手术，主要用于诱导麻醉（induction of anesthesia）和基础麻醉（basal anesthesia），也可用于治疗破伤风、癫痫持续状态及局部麻醉药中毒引起的惊厥状态。硫喷妥钠对呼吸中枢有明显的抑制作用，过量可致呼吸停止，禁用于新生儿及婴幼儿。有时可诱发喉和支气管痉挛，支气管哮喘患者禁用。

氯胺酮

氯胺酮是中枢兴奋性氨基酸递质NMDA（*N*-methyl-*D*-aspartate receptor）受体的特异性阻断剂，阻断痛觉向丘脑和新皮层传递，同时能兴奋边缘系统，给药后使人痛觉完全消失，但意识模糊而不完全丧失，这种感觉和意识分离的麻醉现象称为“分离麻醉”（dissociative anesthesia）。由于分离麻醉，患者在恢复期长有精神方面的不良反应，如古怪而不愉快的幻觉、不安、短期记忆缺失及木僵状态。氯胺酮对体表镇痛作用明显，内脏镇痛作用差，对呼吸影响轻微，对心血管有明显兴奋作用。常见的副作用有心率加快、血压升高、心排血量增加，在静脉后2～3min时最突出。由于麻醉作用时间短，主要用于各种体表或门诊小的手术、烧伤清创、麻醉诱导和小儿基础麻醉等。氯胺酮对边缘系统如海马有兴奋作用，口服或吸入产生幻觉，失去对环境认知和严重的共济失调，已成为新型毒品，称K粉。

羟丁酸钠

羟丁酸钠（sodium hydroxybutyrate）又名γ-羟基丁酸钠（gamma hydroxybutyrate sodium），是GABA的中间代谢产物，为毒性较低催眠性静脉麻醉药。全身麻醉作用弱，起效慢，单次静脉注射后作用维持1～3h。剂量增大，可产生不僵状态或惊厥。本药没有镇痛作用，临床上主要用于全身麻醉的诱导和维持。可伴有副交感神经系统活动的轻微亢进，使气管黏液分泌增加，严重者呼吸停止。严重高血压、心脏房室传导阻滞及癫痫患者禁用。羟丁酸钠具有欣快诱导特性和性欲增强作用，常导致药物滥用。骤然停药可出现戒断症状，表现为震颤，焦虑和失眠。

依托咪酯

依托咪酯（etomidate）是咪唑类衍生物，为强效、超短效、非巴比妥类催眠药，静脉注射后几秒内意识丧失，主要用于麻醉诱导。该药物可增强 $GABA_A$受体功能，其催眠作用约为硫喷妥钠的12倍，持续时间短，约5min。依托咪酯无明显镇痛作用，故用于诱导麻醉时常需加用镇痛药、肌松药或吸入麻醉药。本药物对心血管和呼吸系统影响小，适用于老年人和有心血管系统疾病的患者，但在麻醉恢复期容易发生恶心和呕吐。

丙　泊　酚

丙泊酚脂溶性高，静脉注射与硫喷妥钠近似，诱导麻醉迅速、平稳、渐进、舒适，无呼吸道刺激，作用时间短，苏醒快，醒后发生精神错乱发生率低，无积蓄作用，恶心和呕吐发生率低于硫喷妥钠。本药物镇痛作用微弱，对循环系统有抑制作用，表现为血压下降，外周血管阻力降低，可用于门诊短小手术的辅助用药，也可以作为全身麻醉诱导及镇静催眠辅助用药。

第三节　复合麻醉

目前各种全身麻醉药单独应用都不理想，为了克服全身麻醉药的不足，满足手术条件和术后镇痛，增加麻醉疗效和安全性，减少药物用量和不良反应常采用联合用药的复合麻醉（combined anaesthesia 或 balanced anaesthesia），即同时或先后应用两种或两种以上的全身麻醉药和麻醉辅助药物。复合麻醉中常用的辅助药包括麻醉性镇痛药和肌松药。常用的复合麻醉有以下几种。

1. 麻醉前给药　为消除术前患者的紧张情绪，改善麻醉效果，以及弥补麻醉药的缺点，预先应用某些镇静镇痛类的药物，如手术前服用巴比妥或地西泮消除患者紧张情绪。用阿托品或东莨菪碱对抗乙醚引起的呼吸道分泌物增加，保持呼吸道通畅并防止术后肺炎，或对抗氟烷麻醉引起的心率减慢，以及防止硫喷妥钠引起的喉痉挛和支气管痉挛。还可同时注射吗啡、哌替啶或冬眠合剂等增强麻醉药的镇痛效果或减少麻醉药的用量。

2. 基础麻醉　在手术前给予较大剂量催眠药，使患者呈深睡状态，在此基础上进行麻醉，能够减少麻醉药物的用量，并使麻醉平稳。常用于由于术前精神极度紧张而不能自控或者不合作的小儿患者，如手术前给予大剂量的催眠药（如巴比妥类）或肌内注射硫喷妥钠。

3. 诱导麻醉（induction of anesthesia）　应用诱导期短的全身麻醉药（如硫喷妥钠或氧化亚氮等），使患者迅速进入外科麻醉期，然后改用其他药物维持麻醉，可缩短全身麻醉药的诱导期，避免诱导期的不良反应。

4. 合用肌松药　根据手术对肌肉松弛的要求，可在麻醉时合用肌松药，如合用琥珀胆碱或筒箭毒类的骨骼肌松弛药。

5. 低温麻醉（hypothermal anesthesia）　降低体温可以减缓机体代谢而减少全身耗氧量，增强心脑肾等重要器官对缺血缺氧的耐受，减少术后并发症。采用合用氯丙嗪或全身麻醉下体外循环等方法是体温降低到浅低温（30～34℃）或中低温（28～30℃）水平，降低心、脑等生命器官的耗氧量，常用于心脑血管手术。

6. 控制性降压（controlled hypotension）　为减少出血、改善手术视野的条件，加用短效血管扩张药硝普钠或钙拮抗剂使血压适度下降，抬高手术部位。常用于止血难度大的颅脑手术。

7. 神经安定镇痛术（neuroleptanalgesia）　主要是用神经安定剂和镇痛剂组合后在麻醉中应用的一种方法。目前常用的是氟哌利多及芬太尼（50∶1）合剂，使患者达到意识模糊，自主动作停止，痛觉消失，适用于外科小手术。安定镇痛术的特点是药物用量少，镇静、镇痛良好，意识和反射之抑制轻微，若不加用催眠麻醉剂，患者可处于精神淡漠的醒觉状态。

知识拓展

（1）吸入麻醉分期：吸入麻醉时，给药剂量与麻醉深度有明显的量效关系并有特征性表现。为了掌握临床麻醉的深度，避免过度麻醉，将麻醉深度分为四期。①一期：镇痛期，引起镇痛。②二期：兴奋期，因为此时脑内抑制通路的阻断，患者表现为兴奋躁动、呼吸不规则、血压不稳定。由于呕吐、不安和其他可能发生的过度兴奋效应，本期可能是一危险期。③三期：外科麻醉期，患者恢复安静，呼吸和血压平稳，外科手术通常在此期进行。④四期：延髓麻醉期，引起呼吸和心血管抑制，此期可能出现死亡。如出现延髓麻醉状态，必须立即停药，进行人工呼吸，心脏按压，全力进行抢救。

（2）麻醉药物的发现过程：1772 年 Joseph Priestley 发现氧化亚氮（笑气）有镇痛作用。1818 年 Faraday 发现乙醚具有麻醉作用。1846 年，美国的牙科医生 William T. G. Morton 在外科手术中第一次成功地实施了吸入乙醚麻醉下手术，揭开了现代医学史的新篇章，也成为现代麻醉学的里程碑。1929 年，环丙烯的麻醉作用被发现。然而，环丙烯易燃易爆，伴随着电器和电烙术的广泛应用，安全性是很重要的，因此人们致力于寻找不可燃的麻醉药。1951 年 Suckling 合成了一种不易燃的麻醉药——氟烷，而 1956 年科学家 Johnston 将其应用于临床。Terrell 分别于 1963 年和 1965 年合成了恩氟烷和异氟醚，随后经 Klantz 和 Dobking 等应用于临床。1968 年 Regan 合成七氟醚，经临床试验观察后用于临床。1990 年 Jones 首先在临床上应用了地氟醚。

本章小结

全身麻醉药是一类作用于中枢神经系统，引起暂时性的可逆性意识、感觉，特别是痛觉消失和骨骼肌松弛，以便进行外科手术的药物。按照给药途径全身麻醉药分为吸入性麻醉药和静脉麻醉药。吸入性麻醉药是挥发性气体或液体的全身麻醉药，经呼吸道给药。静脉麻醉药是经静脉途径给药后产生全身麻醉的药物。

理想的全身麻醉药应具有良好的镇痛作用，足够的骨骼肌松弛作用，消除各种不利于患者的反射活动，麻醉过程平稳，诱导和苏醒迅速而舒适，能被机体迅速吸收和排除，麻醉深度易于调节，而对循环、呼吸几无明显影响，没有后遗毒性等特点。但目前临床上全身麻醉药的单独应用并不理想，为达到满意的麻醉效果，常采用复合麻醉。

中药介绍

洋 金 花

洋金花（学名：*Datura metel* L.），别名闹洋花、凤茄花、风茄花、曼陀罗花。是白花曼陀罗属植物，一年生草本植物，全株近于无毛。洋金花用于麻醉，已有几千年的悠久历史。其主要有效成分为莨菪烷类生物碱，其中东莨菪碱（scopolamine）含量较高，莨菪碱（hyoscyamine）含量较少，阿托品为消旋莨菪碱。治疗上东莨菪碱主要利用其对中枢神经的作用，阿托品一般利用其外周神经的作用。

临床上用东莨菪碱作为麻醉前用药，全身麻醉或复合麻醉。①安全用量（常用量）6μg/kg，一般作为麻醉前用药，或与其他的中枢抑制药配合，作为基础麻醉药。②静脉注射超量 40～60μg/kg，最高限＜80μg/kg，应用于全身麻醉或复合全身麻醉。东莨菪碱的效应在用量超过了一定范围后，不再呈现一般量效相关性，同时毒性反应增多且严重。

（陈 妍）

第十一章　镇静催眠药

能力要求

1. 能够掌握镇静催眠药物概念、常用苯二氮䓬类药物的药动学特点、药理作用及作用机制。

2. 能够熟悉用药原则，并结合各类药物特点学会在临床上合理选择镇静催眠药物。

3. 能够了解新型镇静催眠药物研究开发相关内容，及时追踪研究新动向。

镇静催眠药（sedative-hypnotics）是一类对中枢神经系统功能有抑制作用，从而达到缓解过度兴奋和引起近似生理性睡眠的药物。一般能使兴奋不安的患者安静或嗜睡，产生镇静效应的药物称为镇静药（sedatives），能引起类似生理性睡眠的催眠效应的药物称为催眠药（hypnotics）。实际上，镇静药和催眠药之间并无明显界限，同一药物小剂量时表现为镇静作用，随着剂量加大可出现催眠作用。随剂量进一步加大可依次产生抗惊厥、麻醉作用，过量中毒可致昏迷、呼吸麻痹、甚至死亡。此类药物反复使用易产生耐受性和依赖性。

根据化学结构，镇静催眠药一般分为三类：苯二氮䓬类（benzodiazepines，BZD/BZ）、巴比妥类（barbiturates）和其他。巴比妥类药物为传统的镇静催眠药，在 20 世纪 30～50 年代是镇静催眠的主要药物，60 年代以后使用逐渐减少，临床上被苯二氮䓬类药物所取代。近些年来在苯二氮䓬类基础上研发出新的催眠药物，如唑吡坦（zolpidem）、佐匹克隆（zopiclone）、艾司佐匹克隆（eszopiclone），临床称为 Z-类催眠药物。新近上市的还有扎来普隆（zaleplon），多为短效，更适合催眠。

第一节　苯二氮䓬类

苯二氮䓬类药物是目前临床上最常用的一类镇静、催眠和抗焦虑药物，过去 50 年中合成超过 2000 种不同衍生物，世界范围内临床应用超过 20 种，20 世纪 70 年代后成为全世界处方量最大的药物之一，常用的有地西泮（安定片）、氯硝西泮、艾司唑仑、阿普唑仑、三唑仑、咪达唑仑，他们均是 1，4 -苯丙二氮䓬的衍生物，部分结构图见图 11-1，根据它们作用时间的长短，可分长效、中效和短效三类（表 11-1）。

【体内过程】　苯二氮䓬类药物口服吸收良好，达峰值血药浓度时间为 0.5～1.5h。肌内注射由于体液 pH 的影响吸收慢而不规则。血浆蛋白结合率高，达到 95%以上，急需时可采用静脉注射，是临床上普遍使用的抗惊厥和镇静制剂。药物为脂溶性，易于透过血-脑屏障，脑组织中浓度较高，可蓄积于脂肪组织和肌组织中。主要在肝药酶作用下进行生物转化，药物的中间代谢产物去甲地西泮具有与母体药物相似的活性，其 $t_{1/2}$ 更长，最后与葡萄糖醛酸结合失活，经肾排出。能通过胎盘屏障，也可随乳汁分泌。

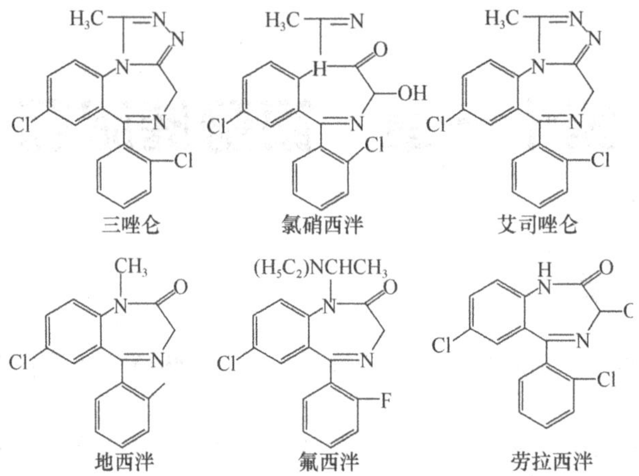

图 11-1 不同苯二氮䓬类药物结构图比较

表 11-1 常用苯二氮䓬类药物比较

名称	分类	$t_{1/2}$（h）	代谢物活性	应用特点
三唑仑	短效	2～3	有	谨慎使用，易致反跳
阿普唑仑	中效	12～15	有	抗焦虑，惊恐障碍
艾司唑仑	中效	10～24	有	睡眠维持，抗焦虑
劳拉西泮	中效	10～20	无	失眠，抗癫痫
硝西泮	中效	18～24	无	失眠，抗焦虑
氯硝西泮	中效	24～48	无	抗惊厥抗癫痫
地西泮	长效	20～80	有	抗惊厥抗癫痫
氟西泮	长效	48～120	有	抗焦虑

地 西 泮

【药理作用】

（1）抗焦虑作用：小于镇静剂量时选择作用于边缘系统，可消除患者紧张、恐惧和不安等焦虑症状。

（2）镇静催眠作用：小剂量产生镇静作用，随剂量增加，具有催眠作用，可明显缩短入睡时间，延长睡眠持续时间，减少觉醒次数，产生近似生理性睡眠，对快速动眼睡眠（REMS）影响小，但与巴比妥类药不同，增大剂量也不引起麻醉作用。对中枢神经系统轻度抑制，使兴奋不安患者转为安静或嗜睡。

（3）抗惊厥、抗癫痫作用：本类药物具有很强的抗惊厥和抗癫痫作用。

（4）中枢性肌肉松弛作用：地西泮在小剂量时可抑制脑干网状结构下行系统对 γ 神经元的易化作用，较大剂量时增强脊髓神经元的突触前抑制，抑制多突触反射，引起肌肉松弛，所以具有较强的肌肉松弛作用，能降低肌肉张力，可缓解大脑损伤所致的肌肉僵直。

（5）其他：较大剂量可以致记忆力短暂降低，执行功能和操作功能下降，影响驾驶和设备操作，还可引起呼吸抑制作用，导致换气功能降低，一般剂量多不产生呼吸抑制，在慢性肺功能不全，肺性脑病使用时谨慎。对心血管系统也有一定抑制作用，在小剂量时多不明显，在较大剂量时可使心率减慢和血压下降等。

【作用机制】 苯二氮䓬类药作为 $GABA_A$ 受体激动剂，通过与 $GABA_A$ 受体结合，增强脑内 GABA 神经递质的作用，控制神经元兴奋性，从而降低了神经元兴奋性、抑制了神经元间传导，发挥镇静和抗焦虑作用。GABA 作为中枢神经抑制性神经递质，在突触前轴突内合成，当神经冲动到达时释放，作用于突触后膜上受体，发挥抑制效应。

中枢神经系统 GABA 分为三类，$GABA_A$、$GABA_B$、$GABA_C$，苯二氮䓬类药物作用于 $GABA_A$ 受体，对其他类型受体没有作用。$GABA_A$ 受体是一个大分子蛋白复合体，为配体-门控型 Cl^- 通道（ligand-gated Cl^- channel），中央为 Cl^- 离子通道，有 5 个亚单位组成（$2\alpha_1$、$2\beta_2$ 和 γ 的五聚体 $\alpha_2\beta_2\gamma$），见图 11-2，具有 2 个 GABA 结合位点和 1 个苯二氮䓬结合位点，当受体激活时，Cl^- 通道开放，离子内流，导致细胞超级化，抑制神经元冲动产生和动作电位传到。苯二氮䓬类药物通过调节 GABA 与受体结合发挥作用，苯二氮䓬类药物与受体结合后，$GABA_A$ 受体构型发生改变，这时可增加 GABA 结合位点对递质的亲和力，增强 GABA 与受体结合，导致神经元超级化，GABA 抑制作用增强。药物作用依赖脑内固有 GABA，苯二氮䓬类单独与受体结合并不能产生该作用，不能启动 Cl^- 离子内流而发生抑制作用。

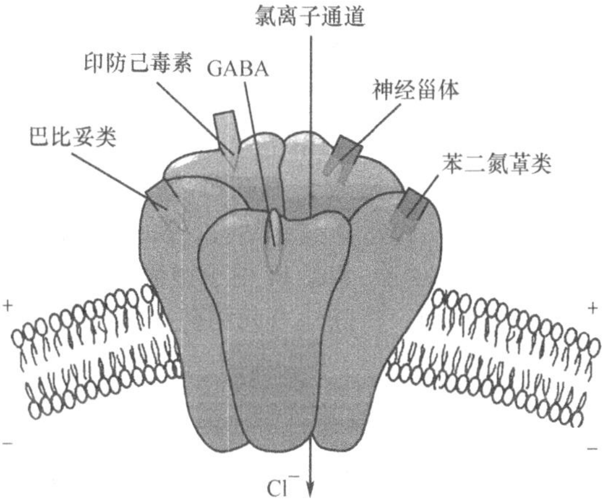

图 11-2　$GABA_A$ 受体-氯离子通道复合模式图

【临床应用】

（1）焦虑症：用于惊恐发作和广泛性焦虑，与经常使用的其他抗焦虑药物如选择性 5-HT 再摄取抑制剂（selective serotonin reuptake inhibitors，SSRIs）、三环类抗抑郁剂（tricyclic antidepressants）比较，其减缓焦虑症状态，但长时间使用会产生依赖，临床连续使用一般不超过 2～4 周，不用于抑郁症状控制。地西泮由于能够快速缓解症状，临床常用于急性焦虑发作时症状控制。

（2）失眠症：可用于短期失眠，长时间使用易于产生依赖，用药一般不超过 2～4 周，间断性或小剂量使用可以降低依赖性的发生。

（3）抗癫痫和抗惊厥用药：地西泮是治疗癫痫和癫痫持续状态的一线药物。静脉注射地西泮能很快控制惊厥发作，作用快、但持续时间短，是医院用于抗惊厥常用药物。另外，本类药物还可用于治疗破伤风、子痫、小儿高热惊厥、药物和硫化氢等毒气中毒所致惊厥。

（4）治疗中枢神经病变引起的肌强直：如 CO 中毒、硫化氢中毒、溺水、心搏骤停、脑创伤后及中枢神经系统变性疾病等肌肉强直。但使用时应注意防止头昏、嗜睡、跌倒等。

【药物相互作用】　地西泮与其他中枢抑制药物合用，可增强中枢抑制作用，引起嗜睡加重、呼吸抑制，临床使用应注意降低剂量，监测患者呼吸情况。肝药酶诱导药物如卡马西平、苯妥英钠、苯巴比妥及利福平等可以加速其代谢，缩短 $t_{1/2}$，而肝酶抑制剂西咪替丁等药物可抑制地西泮在肝脏代谢，导致代谢减慢，$t_{1/2}$ 延长。

【不良反应及注意事项】 地西泮毒性小，安全范围大，常见的有头昏、嗜睡、乏力和记忆力下降、头痛、步态不稳。大剂量时偶发共济失调、视力模糊、低血压、语言不清等。因此，可影响技巧动作、驾驶等功能。过量或急性中毒可致昏迷和呼吸抑制，静脉注射速度过快时也可引起呼吸循环功能的抑制，吗啡和乙醇等其他中枢抑制药可增强其毒性。

中毒时可用竞争性苯二氮䓬类受体阻断药物氟马西尼（flumazenil）抢救。氟马西尼是咪唑并苯二氮䓬化合物，与苯二氮䓬竞争结合位点，从而表现为拮抗苯二氮䓬类药物的作用。

地西泮长期口服可产生耐受性，用于催眠时耐受性产生较快，而用于抗焦虑作用时耐受产生较慢，所以适合短期失眠，间断使用。长期使用时可产生生理依赖性及心理依赖性，停药时可出现戒断症状，如失眠、不适、焦虑、兴奋、阵发性心动过速、呕吐、出汗等，因此，不宜长期服用，应短期及间断性使用，使用从低剂量开始，停药时也逐步减量。对驾驶员、高空作业、操作精密仪器者要慎用。老年体弱、肝肾功能和呼吸功能不全者慎用，青光眼和重症肌无力可能会加重症状，孕妇和哺乳妇女忌用。

咪 达 唑 仑

咪达唑仑（midazolam）是最新使用的苯二氮䓬类药物，属于短效药物，1975 年被合成，直到 90 年代开始用于癫痫持续状态，目前在麻醉诱导方面，是最常用的苯二氮䓬类药物，在急救上使用也超过地西泮。本品口服易吸收，血药浓度达峰时间为 30min，生物利用度在 90%以上，血浆蛋白结合率为 96%。代谢物具有活性，60%代谢物由肾脏排泄，40%经肝脏代谢，给药 7h 后体内无残留作用，$t_{1/2}$1～4h。应用于镇静、安眠、肌肉松弛、抗惊厥作用，麻醉诱导，重症监护室的患者的镇静，特殊检查前用药如胃镜等，由于作用时间短，较少用于抗焦虑。

其他苯二氮䓬类

其他苯二氮䓬类药物与地西泮结构和作用机制相近，均是 1,4-苯丙苯二氮䓬衍生物，如硝西泮、氯硝西泮、劳拉西泮、阿普唑仑、三唑仑等，这些均是临床常用药物，三唑仑因作用时间短，易产生依赖，是国家药物监督管理局限制药品。这些品种只是侧链不同（图 11-1），表现为起效时间、$t_{1/2}$ 等不同。三唑仑吸收最快，但硝西泮、奥沙西泮等口服和肌内注射均吸收较慢。因此应用于抗焦虑、催眠、抗癫痫等不同临床目的。这类药物主要经肝药酶代谢，多数药物可转化成去甲地西泮，最后转化为奥沙西泮，活性与母体相似，但 $t_{1/2}$ 延长。如果长时间使用长效药物，要防止药物及代谢产物在体内蓄积，而发生其他不良反应。常用药物见表 11-1。

第二节 巴 比 妥 类

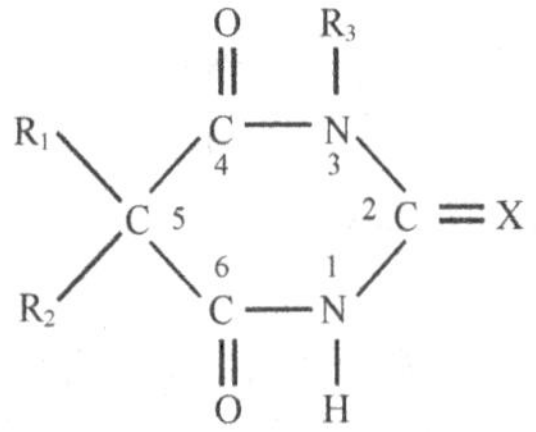

图 11-3 巴比妥酸类母核结构

巴比妥类（barbiturates）是巴比妥酸的衍生物。巴比妥酸自身无药理活性，但是，其 C-5 上的两个 H 原子被其他一些基团取代则产生中枢抑制作用（图 11-3），具有不同程度镇静催眠作用，如一个 H 被苯基取代，成为苯巴比妥，具有较强的抗惊厥和抗癫痫作用。在 20 世纪 30～50 年代曾是催眠的主要药物，60 年代以后使用逐渐减少。根据作用时间长短分为长效、中效、短效和超短效四类，现临床上很少用于镇静、催眠。常用巴比妥类药物及其分类（表 11-2）。

表 11-2 巴比妥类药物分类及特点

分类	药物	显效时间（h）	作用持续时间（h）	$t_{1/2}$（h）	油/水分配系数	清除方式	主要用途
超短效	硫喷妥钠	立即（静注）	0.25	3～8	580	肝脏代谢	静脉麻醉
短效	司可巴比妥	0.25	2～3	19～34	52	主要在肝脏代谢	抗惊厥镇静催眠
中效	戊巴比妥	0.25～0.5	3～6	15～48	39	主要在肝脏代谢	抗惊厥
	异戊巴比妥	0.25～0.5	3～6	8～42	42	主要在肝脏代谢	镇静催眠
长效	苯巴比妥	0.5～1	6～8	24～140	3	部分从肾脏排泄，部分肝脏代谢	抗惊厥

【体内过程】 巴比妥类药物口服或肌内注射均易吸收，迅速分布全身，容易通过胎盘。每种药物进入脑组织的速度与药物的脂溶性呈正比，本类药物血浆蛋白结合率差异较大，与血浆蛋白结合率低、脂溶性高的药物起效快，且易通过细胞膜，在肝脏代谢破坏，作用维持时间短，如硫喷妥钠脂溶性高，容易通过血-脑屏障，注射后立即起效，但作用时间短，仅维持 15min，药物又从脑组织再分布至全身脂肪组织。脂溶性高的司可巴比妥在肝脏代谢快而持续时间短。苯巴比妥部分在肝脏经药酶代谢侧链氧化，再与葡萄糖醛酸结合，部分以原形从尿中排出。碱化尿液可使弱酸性的苯类药物被肾小管重吸收减少，排泄加快。

【药理作用及临床应用】 巴比妥类对中枢神经系统具有抑制作用，随剂量增加，中枢抑制作用由弱到强，相继呈现镇静、催眠、抗惊厥和抗癫痫、麻醉作用等，过量可通过抑制呼吸中枢而引起死亡。

（1）镇静催眠作用：小剂量可引起镇静，缓解焦虑、烦躁等不安状态。中等剂量可催眠，不同药物起效和作用持续时间不同。该类药物明显缩短快速眼动睡眠（REMS），改变正常睡眠模式，引起非生理性睡眠。久用停药可引起 REMS“反跳性”延长，伴有多梦，引起睡眠障碍，产生依赖性，导致患者停药困难。本品能诱导肝酶活性，容易干扰其他药物在肝脏代谢，同时过量可产生严重呼吸抑制。因此，巴比妥类药物已不用于镇静催眠的常规用药。

（2）抗惊厥、抗癫痫：苯巴比妥有较强的抗惊厥作用和抗癫痫作用，临床用于癫痫持续状态、癫痫大发作的治疗，也可用于破伤风、子痫、小儿高热、药物中毒及中枢神经兴奋等引起的惊厥，多采用肌内注射苯巴比妥钠，特别需要使用中短效药物。

（3）麻醉和麻醉前给药：短效和超短效药物静脉注入可产生短期麻醉作用，用于短时麻醉，但剂量已接近中毒量，麻醉时易发生中毒，故一般不作麻醉药物使用。长效和中效巴比妥类可麻醉前给药，消除患者手术前紧张，但是效果不及地西泮。

【作用机制】 巴比妥类与 $GABA_A$ 受体有高的亲和力，与 $GABA_A$ 受体 α 亚单位结合，增强 GABA 与受体的结合能力，从而增加 Cl^- 内流，与苯二氮䓬类不同的是巴比妥类是增加 Cl^- 通道开放的时间，而苯二氮䓬类是增加 Cl^- 通道开放的频次，产生抑制作用。巴比妥类还能阻断兴奋性谷氨酸 AMAP 受体，发挥抑制作用。巴比妥类药物的选择性较差，剂量较大即可普遍抑制中枢神经系统。

【药物相互作用】 巴比妥类是肝药酶诱导剂，能影响多种药物代谢，提高药酶的活性，不仅加速自身代谢，还能加速其他药物经肝脏的代谢。如与双香豆素一起使用，需不断检测凝血酶原时间，增加其剂量；与皮质激素、性激素、口服避孕药、强心苷、氯霉素、四环素合用，会加速药物代谢，减弱其作用，缩短作用时间；与苯妥因钠、卡马西平合用，会加速其代谢，降低其作用，需调节剂量才能达到抗癫痫效果。若停用巴比妥类药物，以上药物也须减少至合适剂量，避免药物过量或中毒。

【不良反应及注意事项】 巴比妥类常见不良反应是后遗效应，表现为次日晨头晕、困倦、思睡、精神委靡不振、严重可出现定向障碍。驾驶员和从事危险操作人员需警惕或不使用该类药品；少见或罕见的是服药后出现荨麻疹、血管神经性水肿、哮喘等过敏反应、肝功能损害和肝小叶坏死。巴比妥类可产生耐受性，表现疗效降低，可能与神经组织对本药产生适应性和自身肝酶诱导有关。久用会产生依赖性，本品较苯二氮䓬类药物易引起依赖性甚至成瘾，停药戒断症状明显，表现兴奋、失眠、焦虑、震颤甚至肌肉痉挛等。此类药物安全性小，易产生呼吸抑制，容易通过胎盘，哺乳期需慎用。当十倍于催眠量时即可产生中毒，主要表现为深度昏迷、呼吸抑制、血压下降、休克等，因呼吸麻痹而死亡。抢救措施主要是维持呼吸循环功能，保持呼吸道通畅，可选用人工辅助通气，急性中毒还可洗胃，静脉注射碳酸氢钠碱化血液、尿液，加速药物排泄，必要时施行血液透析。在肝功能不全、阻塞性呼吸睡眠暂停、支气管哮喘、颅脑损伤后呼吸抑制等患者中需禁用，妊娠期、哺乳期、低血压、甲状腺功能减退、严重贫血、肝肾功能不全者需慎用。

案例解析

案例 11-1

患者，女，46 岁，某公司会计，最近 1 年工作压力大、缺乏锻炼、生活无规律，经常失眠。半年后，李女士因糖尿病、高血压、冠心病入院。在既往史中，因睡眠障碍，2015 年 8 月 22 日开始服用艾司唑仑 10mg。9 月 2 日家属诉患者晚上呓语，20：50 在病房摔倒，当时测血压 160/90mmHg，心率 84 次/分，血糖 3.8mmol/L，右眼眉弓处青紫肿胀，神不清，对答不切题。22：15 测血糖 9.5mmol/L，患者神志清，对答切题，但对经历事情无记忆。停用艾司唑仑片。9 月 4 日再次给艾司唑仑，9 月 7 日晚又发生梦游，事后无记忆，当时血压 160/90mmHg，心率 84 次/分，血糖 5.4mmol/L，停用艾司唑仑片。

解析：

患者主要表现为入睡困难，而没有明显的夜间多梦、早醒等表现。理想的催眠药物应具有如下特点：迅速诱导入睡，不妨碍自然睡眠结构，白天无残留作用，不影响记忆功能，无成瘾性和宿醉反应等。针对入睡困难这种情况，可以选用短效类安眠药，如非地西泮类催眠药（包括唑吡坦、佐匹克隆、扎来普隆等）。这类药物通常在夜间上床后 30min 仍不能入睡、正常起床前 5h 醒来后无法再次入睡时才使用，一般服用后 15～30min 起效，作用维持达 4～5h，每次吃半片到 1 片即可。

非安定类催眠药在镇静催眠的同时，无抗焦虑、肌肉松弛和抗痉挛等作用，长期服用不易产生耐药，白天也没有残留作用，因此，不影响正常的睡眠结构，对精神运动与认知功能没有损害，也不易引起反跳性失眠。

第三节 其他镇静催眠药

唑 吡 坦

【体内过程】 唑吡坦（zolpidem）是非苯二氮䓬类催眠药物，吸收快，起效迅速，口服生物利用度为 70%，血浆蛋白结合率约为 92%，峰值血药浓度为 0.3～3h，成人的表观分布容积约为 0.54L/kg，老年人可降至 0.34L/kg，消除 $t_{1/2}$ 平均为 0.7～3.5h，作用可维持 6h。所有代谢物均无活性，56%从尿、37%从粪便中排出，试验表明唑吡坦不可透析消除。

【药理作用】 唑吡坦起效快，通常在 15min 起效，是短效催眠药物。由于其作用特点的不同，抗焦虑、肌肉松弛和抗惊厥作用弱。药理作用是增加 $GABA_A$ 亲和力，通过选择性地与 ω1-$GABA_A$ 受体亚型结合。该亚型是在 $GABA_A$ 的 α_1 亚单位上，主要分布中枢神经系统，对其亲和力很高，从而增加受体与 GABA 的结合，产生药理效应。当小剂量时，REMS 缩短，对其他睡眠时相影响小，所以能缩短入睡时间，在较大剂量时，还可延长第 2 相睡眠和慢波睡眠期的第 3 相和第 4 相。

【临床应用】 主要用于催眠，不用于睡眠的维持，是常用的入睡诱导药物，用于失眠短期治疗，2011 年美国 FDA 又批准可用于易醒的治疗。还可以及原发性失眠症和精神分裂症、躁狂或抑郁等引起的睡眠障碍。

【不良反应】 本品不良反应主要表现在中枢神经系统和胃肠道，老年患者最易发生，有嗜睡、头晕、头痛、恶心、腹泻和眩晕，可能有记忆障碍、遗忘、幻觉、夜间烦躁等。白天可能影响驾驶或操作机械能力。服用此药时还需特别注意其依赖性和失眠反弹，孕妇和哺乳期、胃食道反流、驾驶和机械操作不宜使用，注意老年个体差异，尤其伴有呼吸道疾病患者。

【药物相互作用】 需注意与以下药物的相互作用如氯丙嗪、丙咪嗪、利福平、氟康唑等，与苯妥因钠和卡马西平代谢通路类似，合用应注意相互影响，乙醇可能增强镇静效果，慎与中枢神经系统镇静剂合用。与抗精神病药、抗焦虑药、麻醉止痛药、抗癫痫药和有镇静作用的抗组胺药合用，能增强中枢抑制作用。

佐匹克隆、艾司佐匹克隆

佐匹克隆（zopiclone）为环吡咯酮类催眠药，是短效催眠药物，1987 年在法国开始上市应用于临床，2005 年美国将其列为精神管制药品，近几年在我国应用。艾司佐匹克隆（eszopiclone）是佐匹克隆的右旋体，2005 年在美国开始市场化应用，其作用较佐匹克隆强。佐匹克隆的代谢物去甲佐匹克隆具有抗焦虑作用。

【体内过程】 佐匹克隆口服吸收迅速，吸收后快速分布全身，峰值血药浓度在 1.5～2.0h，生物利用度为 80%，血浆蛋白结合率均为 45%～80%，主要是经 P450 酶系统生物转化，生成无活性代谢产物为 *N*-氧化物和 *N*-脱甲基物，主要经肺脏排出（约占剂量 50%），其余由尿液、唾液、乳汁排出，仅剂量的 4%～5%以原药随尿排出。消除 $t_{1/2}$ 约 5h。连续多次给药无蓄积作用。代谢和排出可能因年龄、肝肾功能不全受影响。

【药理作用】 佐匹克隆的药理作用与苯二氮䓬类相似，有催眠、抗焦虑、抗惊厥和肌肉松弛作用。

【临床应用】 临床主要用于入睡困难和睡眠维持的短期治疗，不推荐长期使用，也很少用于镇静。适用于各种情况引起的失眠症。

【不良反应】 不良反应与苯二氮䓬类相似。

扎 来 普 隆

扎来普隆（zaleplon）是近来使用的催眠药物，其化学结构不同于苯二氮䓬类和巴比妥类。与唑吡坦类似，为吡唑并嘧啶类化合物，较苯二氮䓬类优点是睡眠诱导快，不影响睡眠周期，从而不会像苯二氮䓬类会导致睡眠质量的恶化，长期使用不易引起依赖。

【体内过程】 扎来普隆是脂溶性化合物。口服吸收快，生物利用度大约为 30%，峰值血药浓度时间约为 1h，静脉给药后，分布容积大约是 1.4L/kg，分布在血管外组织，血浆蛋白结合率约是 60%。扎来普隆在肝脏代谢，主要被醛氧化酶代谢为 5-氧-扎来普隆，代谢产物均无药理活性，从尿中排出，仅有不超过剂量的 1%是原药。消除 $t_{1/2}$ 约为 1h。本品的药物相互作用少，它能增强乙醇对中枢神经的作用，但不影响乙醇的药动学。本品与丙咪嗪合用后，清醒程度会降低，相互作用是药效学而没有药动学的变化；与帕罗西汀合用无相互作用；与利福平等肝酶诱导剂合用会使药物浓度降低。

【药理作用】 有研究提示，在夜间失眠也有效。药理作用机制仍是通过作用于 GABA-苯二氮䓬受体复合物而发挥作用，它能选择性与脑 $GABA_A$ 受体复合物 α 亚单位的 ω-1 受体作用，从而增加该受体与GABA结合，产生催眠作用。

【临床应用】 临床用于成年人及老年人入睡困难的短期治疗。

【不良反应】 扎来普隆不良反应轻，但仍然应需注意。

水合氯醛

水合氯醛（chloral hydrate），是氯醛的水合物，性质较氯醛稳定，口服易吸收，15min即可诱导睡眠，作用维持8h，催眠作用温和，不缩短REMS，后遗作用轻，次日无头晕等反应，较巴比妥类好。临床用于对其他睡眠药物不佳或顽固性失眠患者，大剂量具有抗惊厥作用，用于子痫、高热惊厥、破伤风等。但对胃有刺激性，引起恶心、呕吐，须稀释后口服，安全范围较小，使用中须谨慎，过量或大剂量可引起昏迷，抑制呼吸及血管运动中枢，严重可致死亡。长期应用也可产生耐受性、依赖性和成瘾性。严重心、肝及肾脏疾病应禁用。

褪黑素和褪黑素受体激动剂

褪黑素（melatonin，MT）是哺乳动物和人类的松果体分泌的主要激素，化学名是*N*-乙酰-5-甲氧色胺（*N*-acetyl-5-methoxytryptamine），与褪黑素受体结合发挥多重生理作用，维持24h生物节律、调节神经内分泌和应激反应。MT不会产生停药反应、成瘾、宿醉等副作用。但是MT对治疗原发性失眠疗效甚微，原因是生理激素的$t_{1/2}$极短，不足以弥补患者维持睡眠所需的MT。此外，MT具有较强抗氧化作用，保护细胞核和线粒体DNA，具有抗衰老和治疗老年相关疾病的作用，能改善学习记忆能力和治疗老年痴呆等。此外，有研究提示其在情绪障碍和精神症状方面也具有作用。临床上主要用于老年人和成人睡眠节律紊乱、入睡障碍，不推荐用于未成年人。

褪黑素受体激动剂（品名为ramelteon）于2005年美国上市使用，是短效改善睡眠的药物，目前我国并未上市使用。作为成人失眠的长期治疗，不易产生依赖性，不会引起认知损害。作用机制可能与视交叉上核的褪黑素受体结合，调节生物节律，改善睡眠。一项Ⅲ期临床研究资料提示，Ramelteon能有效缩短患者入睡的时间，增加总的睡眠时间，提高睡眠效率，且对次日工作学习的负面影响较小，停药后的复发率也很低。

第四节 镇静催眠药的合理应用

在选择镇静催眠药物时须注意以下几点。

（1）选择适合药物时应考虑药物剂量、药物代谢特点、危险与效益。

（2）短效药物适合于入睡困难患者，中效药物适合睡眠的维持。

（3）尽量避免选择长效药物，特别是老年患者，次日易思睡或引起认知障碍，增加跌倒风险。

（4）老年患者、肝肾功能不全和肺部疾病需慎用和密切监测。

知识拓展

正在研发的新一代催眠药物：随着睡眠调控机制不断被揭示，科学家们发现了新型的药物作用靶点，为镇静催眠药物的开发翻开了新的一页。主要有针对神经肽食欲素（Orexin）受体的双重拮抗剂，如Suvorexant、SB-649868、MK-6096；5-HT_{2A}受体拮抗剂，如Eplivanserin、Volivanserin和Esmirtazapine。目前已发现多种5-HT受体亚型。5-HT_{2A}亚型在睡眠调节方面起着重要的作用，阻断5-HT_{2A}受体可延长慢波睡眠，增强低电压脑波活动，从而改善睡眠质量。5-HT_{2A}拮抗剂主要被设计开发用于改善睡眠的维持而不是速效，但其维持睡眠的疗效、温和的副作用特性及不会导致成瘾或依赖性。

镇静催眠药物的研究已由巴比妥类、苯二氮䓬类逐步向高效、高选择性抗失眠药发展，形成了对 $GABA_A$ 受体，$5HT_{2A}$ 受体，组胺 H_1、H_2 受体，Orexin 受体，MT 受体及中药等同时进行研究的局面。特别是新型的 $5\text{-}HT_{2A}$ 拮抗剂、Orexin 受体拮抗剂的出现极大的活跃了新药的研发

本章小结

1. 苯二氮䓬类

作用机制：与脑内 GABA 受体密切相关，在中枢各个水平增强 GABA 能的抑制作用。

临床应用：抗焦虑、镇静和催眠、抗惊厥和抗癫痫，中枢性肌肉松弛作用，癔症，神经衰弱。

2. 巴比妥类

作用机制：激动 GABA 受体，增加 Cl^-内流，在无 GABA 时也能直接增加 Cl^-内流。

临床应用：抗焦虑、镇静和催眠、抗惊厥和抗癫痫，静脉麻醉及麻醉前给药，治疗高胆红素血症和肝内胆汁淤积性黄疸。

3. 新型催眠药

作用机制：催眠机制可能与巴比妥类相似，引起近似生理性睡眠，无明显后遗作用。

临床应用：中老年人失眠、烦躁不安及惊厥。

中药介绍

缬　草

缬草属植物根及根茎作为镇静剂用来改善睡眠已有悠久的历史，早在古希腊及古罗马时就已将缬草作为温和的镇静剂，在明代的中国及古代日本也有使用缬草的记录。现在欧美国家用缬草及其提取物来治疗轻中度失眠十分普遍。欧缬草 *V. officinalis Linn.*、日本的北海缬草 *V. officinalis var.latifolia*（我国称宽叶缬草），印度缬草 *V. wallichii*（我国称蜘蛛香或心叶缬 *V.jatamansi* Jones）和墨西哥缬草 *V. eudis* Meyer 目前仍是药用的商业来源。

据分析，缬草含有多种具有镇静、催眠作用的成分，其中最重要的是缬草素与芳香性挥发油，临床研究表明，缬草可以减少睡眠的潜伏期，明显提高睡眠质量，且无依赖性，但起效慢，需 3～4 周见效。

（岑彦艳）

第十二章　抗癫痫药和抗惊厥药

能力要求

1. 能够说出苯妥英钠的作用特点及临床应用、主要不良反应与预防措施。

2. 能够描述卡马西平、苯巴比妥、苯二氮䓬类、乙琥胺、丙戊酸钠的作用特点及临床应用，主要不良反应。

3. 能够了解抗癫痫药的合理应用，以及了解抗惊厥药硫酸镁的作用特点及临床应用。

第一节　抗癫痫药

癫痫是一种慢性、反复发作性神经系统疾病，发作时由脑部病灶神经元兴奋异常高频放电，并向周围扩散导致暂时性大脑功能失调的慢性综合征，并伴有不同程度的感觉、意识行为、运动及自主神经系统紊乱症状，或兼而有之。

一、病因及发病机制

引起癫痫的病因繁多，临床分为原发性癫痫和继发性癫痫两大类型。原发病癫痫又称特发性或隐源性癫痫，原因不明，具有一定的遗传性，现代各种诊查手段也不能确定病因。继发性癫痫又称症状性癫痫，多继发于脑部疾病（如颅脑外伤、颅内感染、脑血管疾病、先天性脑发育异常及脑变性疾病）或全身系统性疾病（如缺氧、低血糖、甲状旁腺功能减退、糖尿病、阿-斯综合征、高血压脑病、有机磷酸酯类中毒及中枢兴奋剂、某些重金属等）。

癫痫的发病机制十分复杂，涉及神经系统的内在性质，兴奋、抑制平衡失调，发作的起点，神经冲动的同步性，发作的传播及其终止等。但总的说来，所有的癫痫发作都是因为大脑局部病灶神经元突发性的异常高频放电所引起，并向周围正常组织扩布，导致更广泛的脑组织兴奋，引起短暂性的大脑功能失调。神经元放电是神经系统的正常生理功能，神经系统对神经元的放电频率及其扩展均有一定的控制作用，一般为1～10k/s。当脑部受到损害后，会引起一系列脑部结构、生化和正常膜电位的改变。表现为谷氨酸及*N*-甲基-*D*-天冬氨酸（*N*-methyl-*D*-aspartate，NMDA）等兴奋性氨基酸的合成与释放增加，NMDA受体活性增强，同时神经元对GABA等抑制性神经递质敏感性下降，以及持续去极化状态等。因此，在癫痫病灶中，病变神经元异常放电的频率可达到每秒数百次至千次以上。

二、分类及临床表现

由于异常放电的起始部位和传递方式的不同，癫痫发作的临床表现复杂多样。国际抗癫痫协会（ILAE）根据患者临床表现和脑电图的特点将癫痫发作分为部分性发作和原发性全身性发作两大类（表12-1）。

表 12-1　癫痫发作分类及临床表现

发作类型	临床表现
一、部分性发作	发作表现为局灶性或部分性的症状，脑电图提示脑的一个局部或一侧半球起源的癫痫放电
1. 简单部分性发作	临床表现多种，与发作时被激活的皮层部位有关，包括：①运动型；②感觉或特殊感觉型；③自主神经型；④神或情绪改变型。主要特征是发作时患者意识存在
2. 复杂部分性发作	发作时以意识障碍与精神症状为突出表现，常伴随一些无意识的活动（如咂嘴、舔舌、流涎、抚摸衣扣等）
3. 部分性继发全面化	由部分性发作转为全身性发作，患者意识丧失，出现全身强直-阵挛发作
二、全面性发作	临床和脑电图变化从发作开始就同时侵犯两侧大脑半球，临床症状是双侧对称的，大部分均有意识障碍或意识丧失
1. 失神发作（小发作）	多见于儿童，女孩较多见。表现为短暂的意识突然丧失，失去对周围的知觉
2. 肌阵挛发作	表现为一瞬间的身体单侧肌肉或全身肌肉短暂性的阵挛样动作
3. 强直发作	发作时突然发生肢体或躯干强直性收缩，伴意识丧失，常常突然尖叫，多发生于睡眠中
4. 强直–阵挛发作（大发作）	突然意识丧失并全身抽搐，发出尖叫声，跌倒，口吐白沫。典型的发作包括一开始的强直期及随后出现的阵挛期，持续 1～2min 后患者全身松弛无力、昏睡。醒后有头痛、全身乏力、酸痛等症状
5. 失张力发作	经常表现为失张力后的摔倒，典型的为突然的猝倒。无肌肉的强直性收缩，恢复正常较快
6. 非典型失神发作	与失神发作相似，发作和停止过程较慢

上述症状反复发作即为癫痫。癫痫患者发作时可出现一种以上的发作表现。任何一类发作如长期或反复发作而各次发作间不恢复者称为癫痫持续状态。

三、常用抗癫痫药物

目前，药物治疗仍是控制癫痫发作的主要手段，目的在于减少或防止癫痫的发作。因此，癫痫的治疗需要长期甚至终身用药。常用抗癫痫药的药理学基础主要是抑制脑部病灶区神经元的异常放电或遏制异常放电向周围组织的扩散，从而控制癫痫的发作，其作用机制包括：①抑制电压依赖性的 Na^+通道降低神经元的兴奋性；②增强 GABA 介导的抑制性突触的传递功能；③抑制电压依赖性 T 型 Ca^{2+}通道。

（一）乙内酰脲类

苯妥英钠

苯妥英钠（sodium phenytoin，大仑丁，dilantin），为二苯乙内酰脲的钠盐，临床非镇静催眠性抗癫痫药物，是目前临床治疗癫痫大发作和部分性发作的首选药。

【体内过程】 苯妥英钠呈碱性，有刺激性，不宜肌内注射。口服吸收慢而不规则，连续口服 6～10 日达到稳态血药浓度（10～20μg/ml）。药物血浆蛋白结合率高，可达 85%～90%。脂溶性较高，易透过血-脑屏障。苯妥英钠主要由肝药酶代谢为羟基苯妥英，再和葡萄糖醛酸结合经肾排出。药物的消除速度与血药浓度有关，当血药浓度低于 10μg/ml 时，按一级动力学方式消除，$t_{1/2}$ 约为 20h；若血药浓度过高，按零级动力学方式消除，$t_{1/2}$ 会明显延长。苯妥英钠用于抗癫痫发作的血药浓度为 10μg/ml，当血药浓度超过 20μg/ml 时，多数患者可出现轻微中毒反应。由于药物血药浓度个体差异较大，临床使用应注意剂量个体化。癫痫持续状态时可作静脉注射。

【药理作用】 苯妥英钠抗癫痫作用机制较复杂，目前尚未完全阐明。大量实验研究表明，苯妥英钠虽不能抑制癫痫病灶异常放电，但可阻止异常放电向周围正常脑组织的扩散。该机制与苯妥英钠的膜稳定作用有关。苯妥英钠通过降低细胞膜对 Na^+和 Ca^{2+}的通透性，抑制 Na^+和 Ca^{2+}的内流，从而降低了细胞膜的兴奋性，抑制动作电位的产生。上述作用既是苯妥英钠抗癫痫的基础，也是其治疗三叉神经痛等多种疼痛及抗心律失常的药理学基础。

研究表明，苯妥英钠的膜稳定作用是多层次的综合效应，其作用机制概括如下。①阻断电压依赖性钠通道。苯妥英钠能与失活状态的 Na^+通道结合，阻止 Na^+内流，从而选择性地阻断神经元持久高频反复放电（sustained high frequencerepetitive firing，SRF）。该作用是苯妥英钠抗惊厥作用的主要机制。②阻断电压依赖性钙通道。苯妥英钠能选择阻断 L 型和 N 型 Ca^{2+}通道，抑制 Ca^{2+}的内流；但对哺乳动物丘脑神经元的 T 型 Ca^{2+}通道无阻断作用。③抑制钙调素激酶的活性，影响突触传递功能。通过抑制突触前膜的磷酸化导致 Ca^{2+}依赖性递质释放过程减弱，减少兴奋性神经递质的释放；同时，通过对突触后膜磷酸化的抑制，减弱递质-受体结合后引起的去极化反应。④抑制突触传递的强直后增强（post tetanic potentiation，PTP）。PTP 对神经元兴奋性具有调节作用，在癫痫发作中具有重要作用。苯妥英钠能够选择性地阻断 PTP 的形成，使异常放电的扩散受到阻止。⑤抑制神经末梢对 GABA 的摄取，增强 GABA 介导的抑制性神经突触传递功能。

【临床应用】

（1）癫痫：苯妥英钠是治疗癫痫强直—阵挛发作（大发作）和部分性发作的首选药，也适用于精神运动性发作和癫痫持续状态，以及颅脑外伤或神经外科手术后的癫痫预防，但对失神发作（小发作）无效，甚至使病情加重。由于该药物起效慢，故常先使用苯巴比妥等作用较快的药物控制发作，在改用本品前，应逐步停用苯巴比妥，不宜长期合用。

（2）外周神经痛：苯妥英钠通过膜稳定作用，临床用于治疗三叉神经痛、舌咽神经痛和坐骨神经痛等，使疼痛明显减轻，减少疼痛发作次数。

（3）心律失常：主要用于室性心律失常，常用于强心苷中毒的解救。

【不良反应】 除胃肠道刺激外，苯妥英钠的不良反应与药物的血药浓度成正比，当血药浓度超过 20μg/ml 时，多数患者可出现毒性反应。

（1）局部刺激：苯妥英钠由于碱性较强，口服对胃肠道有刺激性，易引起食欲减退、恶心、呕吐、腹痛等症状，宜饭后服用。静脉注射可发生静脉炎。

（2）牙龈增生：长期应用引起牙龈增生，多见于儿童及青少年，发生率约为 20%，这与部分药物从唾液排出刺激胶原组织增生有关。服药期间应注意口腔卫生，防止牙龈炎，经常按摩牙龈可以缓解减轻，一般停药 3～6 个月以上可自行消退，轻者继续用药。

（3）神经系统反应：血药浓度大于 20μg/ml 出现眼球震颤，大于 30μg/ml 可引起共济失调、复视等，该反应与药物剂量过大，导致小脑-前庭系统功能失调有关。严重者可出现语言障碍、精神错乱，甚至昏睡、昏迷等。

（4）对血液系统的影响：长期用药可抑制叶酸吸收和代谢，导致叶酸缺乏，引起巨幼红细胞性贫血，可用甲酰叶酸补充不足。

（5）过敏反应：部分患者发生皮疹、药热、粒细胞缺乏、血小板减少、再生障碍性贫血和肝坏死。长期用药者应定期检查血常规和肝功能，一旦出现立即停药并予以相应治疗，定期检查血常规和肝功能。

（6）骨骼系统：长期用药可导致低钙血症，引起软骨病，与药物诱导肝药酶，加速维生素 D 的代谢有关，必要时应用维生素 D 预防。

（7）其他反应：偶见男性乳房增大、女性多毛症、淋巴结肿大等。妊娠早期妇女偶见畸胎，表现为头颅小、智力障碍、斜视、腭裂等，称为“胎儿妥因综合征”（fetal hydantion syndrome），孕妇应禁用。静脉注射过快可抑制心脏，诱发心律失常。长期服药骤停可反跳引起癫痫发作加剧，甚至诱发癫痫持续状态。

【药物相互作用】 苯妥英钠为肝药酶诱导剂，能加速多种药物及自身的代谢，疗效降低。与其他肝药酶诱导剂如苯巴比妥、卡马西平等合用时，苯妥英钠的血药浓度降低；与氯霉素、异烟肼等肝药酶抑制剂合用时，苯妥英钠的血药浓度升高。此外，苯妥英钠还与水杨酸类、苯二氮䓬类及磺胺类药物竞争血浆蛋白结合位点，使后者游离型血药浓度增加，后者应注意减量使用。

（二）亚芪胺类

卡马西平

卡马西平（carbamazepine），又称酰胺咪嗪，化学结构近似于三环类抗抑郁药，是一种钠通道阻滞剂。

【体内过程】 口服吸收慢而不规则，个体差异大。生物利用度为 58%～85%，血浆蛋白结合率高，为 70%～80%。卡马西平主要在肝脏代谢，其代谢产物 10，11-环氧化卡马西平仍具有抗惊厥活性。该药为肝药酶诱导剂，可使其自身代谢速度加快。一次性给药 $t_{1/2}$ 为 20～50h，连续用药 3～4 周后，因其诱导自身代谢 $t_{1/2}$ 缩短为 8～29h。72%代谢产物经肾脏排泄，28%随粪便排出。

【药理作用】 卡马西平抗癫痫的作用机制与苯妥英钠相似，通过阻断离子通道降低神经细胞膜对 Na^+和 Ca^{2+}的通透性，从而降低神经细胞的兴奋性，延长不应期，抑制癫痫病灶异常放电向周围正常脑组织的扩散。此外，卡马西平还能与腺苷受体相互作用，抑制 NE 摄取和释放，增强 GABA 的突触后作用，抑制癫痫病灶异常放电向周围正常组织的扩散。而卡马西平抗精神病和狂躁症的作用机制可能与药物抑制边缘系统和颞叶的点燃作用有关。

【临床应用】

（1）癫痫：卡马西平是广谱性抗惊厥药，对各种类型癫痫均有不同程度的治疗作用。对复杂部分发作（精神运动性发作疗效）较好，对大发作和部分性发作亦有效，可作为首选药；而对小发作疗效较差。

（2）三叉神经痛和舌咽神经痛：对三叉神经痛疗效优于苯妥英钠，对舌咽神经痛也有较好疗效，其机制可能与降低中枢神经的突出传递有关。

（3）狂躁症：可用于对锂盐无效的狂躁症患者，其副作用比锂盐少而疗效好。

【不良反应】 较多，用药早期可出现眩晕、视力模糊、共济失调、皮疹、剥脱性皮炎及恶心、呕吐等症状，严重反应的患者出现骨髓抑制，引起再生障碍性贫血、细胞粒减少、血小板减少等症，以及肝和心血管的损害。

（三）巴比妥类

苯巴比妥

苯巴比妥（phenobarbital），又称鲁米那，属长效巴比妥类药物，是巴比妥类中最有效的一种抗癫痫药物。

【体内过程】 口服或注射均易吸收，并迅速分布于全身组织和体液中，可通过胎盘分布于胎儿体内。在肝内全部代谢，经肾排泄，因排除缓慢维持时间较长。尿液 pH 对药物的排出影响较大。苯巴比妥中毒时，可用碳酸氢钠碱化尿液的方式加速其排出。

【药理作用】 具有镇静、催眠、抗惊厥和麻醉作用（见第十一章镇静催眠药）。苯巴比妥抗惊厥既能提高病灶周围正常组织的兴奋阈值，限制病灶异常放电的扩散，又能降低病灶内细胞的兴奋性，抑制病灶异常放电。其作用机制可能与以下几方面有关：①作用于突触后膜上的

GABA 受体，增强 GABA 介导的 Cl^-内流，导致膜超极化，兴奋性降低；②作用于突触前膜，降低前膜对 Ca^{2+}的通透性，减少 Ca^{2+}依赖性神经递质（NA、ACh 和 Glu 等）的释放；③抑制电压依赖性 Ca^{2+}通道。苯巴比妥与苯二氮䓬类的不同在于，巴比妥类是通过延长氯通道开放时间而导致 Cl^-内流增加，引起膜超极化。

【临床应用】 适用于各型癫痫发作，常作为治疗小儿癫痫和预防高热惊厥复发的首选药物。对癫痫大发作、单纯性局限性发作、小发作、癫痫持续状态等有较好的预防和治疗作用，具有起效快、疗效好、广谱低毒和价格低廉等优点。

【不良反应】 苯巴比妥较大剂量可出现眩晕、嗜睡、精神缺乏、共济失调等后遗效应。该药为肝药酶诱导剂，反复使用可使肝药酶活性增高，一方面加速药物自身代谢，易产生耐受性；另一方面更应注意与其他药合用时加速其代谢，注意调整剂量。偶见巨幼红细胞性贫血、剥脱性皮炎等严重不良反应。

【禁忌症】 重症肌无力患者、妊娠、哺乳、黏液性水肿患者慎用，肝、肾及呼吸功能低下患者禁用，不宜与扑米酮同用。

（四）苯二氮䓬类

地西泮、硝西泮和氯硝西泮

地西泮（diazepam）、硝西泮（nitrazepam）和氯硝西泮（clonazepam）是临床常用的苯二氮䓬类抗癫痫药物，为 1,4-苯并二氮䓬的衍生物，具有抗惊厥、抗癫痫作用。

【体内过程】 见镇静催眠药。

【药理作用】 地西泮、硝西泮和氯硝西泮均是属于苯二氮䓬类药物，具有共同的抗癫痫作用机制。其机制与药物特异性地与 GABA 受体上苯二氮䓬结合位点相结合，增强脑内 GABA 的抑制功能有关。通过增强 GABA 能神经的传递作用，一方面促进了 GABA 的释放，增加 GABA 与其受体结合的亲和力；另一方面还能继发性的改变 5-HT、DA 及儿茶酚胺在脑的转运，作用于脑的胆碱能神经系，抑制皮质下脑结构，减弱癫痫发作时病灶异常放电向周围正常组织的扩散。

【临床应用】 地西泮静脉注射是目前治疗癫痫持续状态的首选药物，起效快。对癫痫大发作能速缓解症状，对肌阵挛性小发作也有较好的疗效。

硝西泮可用于各种类型癫痫发作，尤其对婴儿痉挛症疗效较优，对肌阵挛性发作和非典型失神性发作也有效。

氯硝西泮的抗癫痫谱较广，对小发作疗效最优，对肌阵挛发作、非典型失神性发作及婴儿痉挛症也具有较好疗效。尤其静脉注射治疗癫痫持续状态，作用优于地西泮和苯妥英钠。

【不良反应】 常见不良反应有头昏、困倦、乏力、食欲缺乏、共济失调等。静脉注射过快对呼吸中枢和心血管有抑制作用，可致呼吸抑制、血压下降。偶见粒细胞减少、过敏性荨麻疹等。

（五）琥珀酰亚胺类

乙 琥 胺

乙琥胺（ethosuximide），又名柴浪丁，是琥珀酰亚胺类药物中拮抗戊四氮致惊厥最强的药物，是治疗癫痫小发作的首选药。

【体内过程】 口服易吸收，体内广泛分布，但血浆蛋白结合率低，口服后 3～7h 血药浓度达峰值，成人 $t_{1/2}$为 40～60h，儿童 $t_{1/2}$为 30h。长期用药后脑脊液内药物浓度与血浆药物浓度相近。肝内代谢，大部分以无活性代谢产物形式经肾脏排泄。

【药理作用】 乙琥胺最突出的特点是有明显的拮抗戊四氮致惊厥作用，作用机制可能与药物选择性地抑制丘脑神经元 T 型 Ca^{2+}通道有关，而对电压依赖 Na^{+}通道及 GABA 没有明显影响。

【临床应用】 临床主要用于癫痫小发作，可作为小发作的首选药，而对其他类型癫痫无效。

【不良反应】 常见不良反应有恶心、呕吐、厌食等胃肠道反应，也可见头痛、头晕、困倦、昏睡等中枢神经系统症状。偶见粒细胞缺乏和再生障碍性贫血，服药期间应定期检查血常规。此外，乙琥胺可加重混合性癫痫发作患者的强直阵挛性发作，因此常和其他抗癫痫大发作药物联合使用。

（六）广谱抗癫痫药

丙 戊 酸 钠

丙戊酸钠（sodium valproate，抗癫灵），化学名二丙基乙酸钠，广谱性抗癫痫药，对各种癫痫均有不同程度的防治作用，是目前常用的抗癫痫药物。

【体内过程】 口服吸收迅速而完全，生物利用度为 80%以上，在肝、肾、脑等组织中广泛分布，血浆蛋白结合率为 80%～90%。药物主要在肝脏代谢，代谢产物丙戊二酸与葡萄糖醛酸结合经肾脏排泄，$t_{1/2}$为 8～15h。

【药理作用】 丙戊酸钠不能抑制癫痫病灶异常放电，但能阻止癫痫发作时病灶异常放电向周围正常组织的扩散。其作用机制可能与药物增强 GABA 能神经元的突触传递功能有关。①药物能抑制脑内 GABA 转氨酶，减慢 GABA 代谢；②增强 Glu 脱羧酶的活性，GABA 形成增多；③抑制 GABA 转运体，减少 GABA 的摄取，使脑内 GABA 含量升高；④提高突触后膜对 GABA 的反应性，增强 GABA 能神经的突触后抑制。此外，近年来还发现药物对 Na^{+}和 L 型 Ca^{2+}通道也均有抑制作用。

【临床应用】 临床上用于各种类型癫痫的治疗。对大发作疗效不及苯妥英钠和苯巴比妥，仅用于上述两种药物无效时使用；对小发作虽然疗效优于乙琥胺，但因其有肝脏毒性，一般不首选使用；对精神运动性发作疗效与卡马西平等同。此外，丙戊酸钠对苯妥英钠、苯巴比妥、氯硝西泮和乙琥胺的抗癫痫有协同作用，能提高后者的血药浓度。

【不良反应】 常见不良反应有恶心、呕吐、食欲减退，嗜睡、易激怒、乏力、平衡失调等。该药有肝脏毒性，约 25%的患者服药数日后出现肝功能的异常，表现为转氨酶升高、黄疸等。故在用药期间应定期检查肝功能。此外，该药有致畸作用，孕妇禁用。

（七）其他抗癫痫药

扑 米 酮

扑米酮（primidone）又名扑痫酮、去氧苯比妥，化学结构与苯巴比妥相似。

【体内过程】 口服后吸收迅速而完全。在体内约有 25%转化为苯巴比妥，另一部分裂解为苯乙基丙二酰胺，代谢产物仍有抗癫痫作用，且消除较慢，长期服用易在体内蓄积。

【药理作用】 扑米酮是一种去氧巴比妥类药物，在体内主要代谢为苯巴比妥共同发挥作用。其机制可能与药物降低谷氨酸的兴奋作用、加强 GABA 的抑制作用，抑制中枢神经系统单突触和多突触传递，导致整个神经细胞兴奋性降低，提高运动皮质电刺激阈，以及抑制癫痫发作时病灶异常放电向周围正常组织的扩散等有关。

【临床作用】 对癫痫大发作、简单部分性发作和复杂部分性发作有效，对小发作疗效较差，但可控制幼儿肌阵挛。扑米酮作为二线抗癫痫药物，价格较贵，且与苯巴比妥相比并无特殊优点，可在苯妥因钠、苯巴比妥、卡马西平单用或合用无效时考虑使用。该药与苯妥英钠、卡马西平有协同增效作用，但不宜与苯巴比妥合用，增加毒性。

【不良反应】 常见不良反应有嗜睡、头晕、恶心、呕吐、共济失调、复视、眼震颤、性格改变及叶酸缺乏等；偶见巨幼红细胞性贫血、荨麻疹和大疱性皮炎；严重肝、肾功能不全者禁用。

氟桂利嗪

氟桂利嗪（flunarizine）为Ca^{2+}通道阻断剂，选择性阻断T型和L型Ca^{2+}通道。口服吸收迅速，血浆蛋白相结合率高，达到99%，之后重新分布于各组织中。近年发现该药除抗偏头痛外，还具有较强的抗惊厥作用，对各种类型癫痫均较好的疗效，尤其对局限性发作和大发作效果较好。其抗惊厥机制与阻断Ca^{2+}通道和电压依赖性Na^+通道有关。

该药是一种安全有效的抗癫痫药物，毒性小，严重不良反应少，常见不良反应为嗜睡、困倦及体重增加。

拉莫三嗪

拉莫三嗪（lamotrigine），又名利必通，广谱抗癫痫药。口服吸收迅速而完全，生物利用度高达98%。抗癫痫作用与苯妥英钠相似，作用机制与阻断电压依赖性Na^+通道有关，同时还能抑制脑内兴奋性氨基酸的释放。对各种癫痫均有效，临床主要用于局限性发作和癫痫大发作的治疗。

乙苯妥英

乙苯妥英（ethotoin），抗癫痫作用较弱，仅为苯妥英钠的1/5，但毒性也降低。对癫痫大发作和复合局限性发作有效，但一般不单独使用，只作为辅助药物与其他抗癫痫药物联合使用。

奥卡西平

奥卡西平（oxcarbazepine）抗癫痫发作的适应证与卡马西平相似，主要用于癫痫大发作和部分性发作，也用于三叉神经痛，但疗效弱于卡马西平。其作用机制与阻断脑部电压依赖性Na^+通道有关。该药口服易吸收，在体内代谢迅速转变为10-羟基代谢产物，此代谢产物仍有抗癫痫作用。常见不良反应为头晕、乏力、头痛，偶见胃肠功能障碍、皮肤潮红等。

加巴喷丁

加巴喷丁（gabapentin）是一种新颖的抗癫痫药，它是GABA的衍生物。实验表明药物虽然在结构上与神经递质GABA相似，但不与GABA受体产生相互作用。最新抗惊厥作用机制研究表明，加巴喷丁的作用机制可能与影响氨基酸转运而增强GABA的功能有关。临床上主要用于常规抗癫痫药不能控制或产生耐受性的局限性发作患者，以及部分性发作患者继发全身大发作的辅助性治疗。该药不良反应少，常见的不良反应有头晕、嗜睡、共济失调、乏力等，不宜与抗酸药合用。

托吡酯

托吡酯（topiramate），是一个由氨基磺酸酯取代单糖的新型广谱抗癫痫药。口服吸收迅速而完全，给药后2h血药浓度达到峰值，主要以药物原形经肾脏排泄。对各种类型癫痫发作均有较好疗效。尤其对原发性或继发性大发作，以及单纯或复杂部分发作疗效尤为明显，是难治性癫痫的辅助药物。其抗癫痫作用机制复杂，包括：①阻断电压依赖性Na^+通道；②提高GABA结合GABA受体的频率，增强GABA诱导Cl^-内流的能力；③阻断红藻氨酸（Kainate）/α-氨基羟基甲基噁唑丙酸（AMPA）受体，抑制兴奋性氨基酸（Glu）的激动作用，但对*N*-甲基-*D*-天冬氨酸（NMDA）受体无明显影响。常见的不良反应有头晕、嗜睡、困倦、乏力等中枢神经系统症状；此外，有致畸作用，孕妇禁用。

知识拓展

癫痫的非药物治疗

1. 癫痫刀　是一套由脑电图、24h 脑电 Holter、128 导全数字化视频脑图、术中全数字化脑电系统及偶极子定位系统、三维图像融合系统等组成的癫痫术前、术中定位和术后评估完整系统，是目前治疗癫痫最先进的设备。首先经过癫痫刀检查，查出癫痫灶并准确定位，然后根据癫痫灶在脑内的位置、形态和大小进行激光手术切除癫痫灶。

2. 迷走神经刺激术　通过放置神经控制辅助系统间歇性刺激迷走神经，以改变大脑电位来阻断癫痫发作。手术无需开颅，操作简单，主要适用于局灶性癫痫，伴或不伴全身继发性发作，无法确定致痫灶或有双侧致痫灶的患者。

3. 手术治疗　包括病灶切除、胼胝体切除、多处软膜下横纤维切除术。

4. 针灸治疗　包括穴位埋线、头部埋线及头部针刺等，常选用感觉区、运动区、舞蹈震颤扩展区及癫痫病灶区施术。

四、抗癫痫药的合理应用

癫痫是一种慢性神经系统疾病，目前药物治疗仅能减少或防止癫痫发作，需要长期甚至终身用药。经过正规的抗癫痫药物治疗，约 80%患者的发作可以得到有效控制，其中 50%～60%患者经过 2～5 年系统治疗可以正常工作和生活。一般服药时应注意以下几点。

1. 优选用药　根据发作类型和抗癫痫药的特点合理选药，优先选用抗癫痫谱广、疗效高、毒性低、价格便宜的抗癫痫药。

2. 逐步增量用药　单纯型癫痫选用一种药物，从小剂量开始，逐渐增量，直至获得理想疗效时给予维持量，最好根据血药浓度和临床指征调节药量。若一年内或以上偶发 1～2 次者，一般不必用药预防。若频繁发作者，应尽早治疗，疗效愈好。

3. 联合用药　如果单一药物不能有效控制发作或混合型癫痫，常需联合用药，但不要超过 3 种药物。联合用药时应避免选用化学结构相似，作用机制相近，或具有共同毒副反应的药物。

4. 更换药物　在治疗过程中一般不宜随意更换药物。如需更换药物，采用过渡用药方法。即在加用替代药物的基础上逐渐减量原药，以避免诱发癫痫持续状态。

5. 监测用药　对于长期使用抗癫痫药的患者，需密切注意毒副作用，定期进行血、尿常规及肝、肾功能的相关检查，有条件者可做血药浓度监测，避免严重不良反应的发生。

6. 逐步减量停药　治疗疗程结束后不可骤然停药，以免引起癫痫发作频率增加或病情加重，宜根据患者病情逐步减量停药。

案例解析

案例 12-1

患者，男，18 岁每次发作时右手麻木、无力，后全身强直阵挛性抽搐，持续 25min 后才能自然清醒。平时记忆力差、言语迟钝、皮肤损伤后不易愈合。经检查诊断为顶下小结-右手麻木、无力、全身阵挛性抽搐。

针对此患者临床治疗原则是什么？应该选用什么药物。

解析：

抗癫痫药药物治疗的原则：尽量早期治疗；根据发作类型选药；治疗先由一种药物开始；从小剂量开始，及时调整药量；长期用药，停药过程要慢；注意药物的毒副作用。

抗癫痫药的选用如下所示。

1. 癫痫大发作（强直-阵挛性发作） 首选苯妥英钠和卡马西平，但5岁以下儿童首选苯巴比妥。

2. 癫痫小发作（失神性发作） 首先乙琥胺。

3. 复杂部分性发作 首选卡马西平。

4. 肌阵挛性发作 首选丙戊酸钠，尤其对幼儿肌阵挛性癫痫症候群（常伴有大发作和失神性发作）中肌阵挛性发作疗效最优。

5. 癫痫持续状态 首选静脉注射地西泮。

6. 难治性癫痫 采用较大剂量抗癫痫药或联合用药，或新型抗癫痫药治疗。

第二节 抗惊厥药

惊厥，又称抽搐。是由于中枢神经系统过度兴奋而引起全身骨骼肌表现出不自主的强直性或阵挛性收缩，同时常伴有两侧眼球上翻、凝视或斜视，神志不清；或有时伴有口吐白沫或嘴角牵动，呼吸暂停，面色青紫等症状。发作时间多在3～5min，有时反复发作，甚至呈持续状态。引起惊厥的病因包括感染性和非感染性的颅内病变与颅外病变，常见于小儿高热、子痫、破伤风、癫痫大发作及某些药物中毒引起中枢神经的过度兴奋。常用的抗惊厥药有巴比妥类、地西泮或水合氯醛等治疗，也可采用硫酸镁注射抗惊厥。

硫 酸 镁

【体内过程】 硫酸镁（magnesium sulfate）属于无机盐，由于Mg^{2+}和SO_4^{2-}为强电解质，离子状态，口服不易吸收。肌内注射或静脉注射后可吸收，肌内注射后约1h起效，作用持续3～4h。静脉注射后立即起效，作用持续30min。主要经肾脏排泄。

【药理作用】 硫酸镁给药途径不同，产生完全不同的药理作用。硫酸镁口服由于不易吸收，在肠内完全解离并形成高渗作用，使肠腔保留大量水分，肠容积增大，刺激肠壁，促进肠蠕动而产生泻下作用。肌内注射或静脉注射后可吸收则产生全身作用，引起中枢神经抑制、骨骼肌松弛及降压作用。Mg^{2+}是人体细胞内的重要阳离子，在细胞外液中浓度仅次于Na^+和Ca^{2+}，是体内多种细胞基本生化反应的必需物质，尤其Mg^{2+}在维持体内多种生物酶的活性、神经冲动的传递和神经肌肉接头兴奋性传递的维持等方面扮演着重要角色。一方面Mg^{2+}可使运动神经末梢释放ACh减少，抑制运动神经-骨骼肌之间的突触传递过程，导致骨骼肌松弛；另一方面，Mg^{2+}还可以松弛胆道平滑肌，并引起交感神经节冲动传递障碍，使心肌抑制、外周血管扩张，从而血压下降。

【临床应用】 临床常采用肌内注射或静脉滴注给药方式，缓解子痫、破伤风等引起的惊厥，也用于高血压危象的救治。

【不良反应】 血镁浓度过高严重抑制中枢神经和心血管，可引起呼吸抑制，血压下降、心搏骤停而死亡。肌腱反射消失是硫酸镁引起呼吸抑制的中毒先兆，连续用药期间应密切检查腱反射。一旦发生硫酸镁中毒，立即进行人工呼吸，同时由于Mg^{2+}和Ca^{2+}化学性质相似，可竞争同一结合位点，两者之间存在拮抗作用。可缓慢静脉注射$CaCl_2$或葡萄糖酸钙予以紧急救治。

本章小结

癫痫是由脑神经元异常高频放电并向周围扩散导致大脑功能暂时性失调的慢性综合征。本章节所述及的药物能有效减少或防止癫痫的发作。根据癫痫的类型，常用药物有如下几种。

1. 癫痫大发作（强直-阵挛性发作） 首选苯妥英钠和卡马西平。作用机制与阻断 Na^+和 Ca^{2+}通道，降低细胞膜的兴奋性，以及增强 GABA 能神经功能有关。但对小儿癫痫和预防高热惊厥复发首选苯巴比妥，作用机制与作用于突触后膜上的 GABA 受体，增强 Cl^-内流，降低细胞膜的兴奋性有关。

2. 癫痫小发作（失神性发作） 首先乙琥胺。作用机制与抑制丘脑神经元 T 型 Ca^{2+}通道有关。

3. 复杂部分性发作 首选卡马西平。

4. 肌阵挛性发作 首选丙戊酸钠。丙戊酸钠为广谱性抗癫痫药，作用机制与药物增强 GABA 能神经元的突触传递功能有关。

5. 癫痫持续状态 首选静脉注射地西泮。作用机制与药物特异性地与 GABA 受体上苯二氮□结合位点相结合，增强脑内 GABA 的抑制功能有关。

6. 难治性癫痫 采用较大剂量抗癫痫药或联合用药，或新型抗癫痫药拉莫三嗪、加巴喷丁、托吡酯等治疗。

惊厥是由中枢过度兴奋引起全身骨骼肌强直-阵挛性收缩等症状。临床常采用硫酸镁注射给药，有效缓解子痫、破伤风等引起的惊厥，以及用于高血压危象的救治。作用机制与 Mg^{2+}减少 ACh 释放，抑制运动神经-骨骼肌之间的突触传递过程，骨骼肌松弛有关。

中药介绍

羚羊角

羚羊角为雄性牛科动物赛加羚羊 *Saiga tatarica* Linnaeus 的角。主要含有角蛋白、胆固醇、磷脂类及多种微量元素等成分，其中角蛋白含量最高，可分解为多种氨基酸和多肽类物质。羚羊角味咸，性寒，归肝、心经。

羚羊角具有清热明目，平肝息风之功效。主治高热惊厥、神昏谵语、子痫抽搐、癫痫发狂，以及肝阳上亢引起的头痛眩晕、目赤翳障等，有“惊狂抽搐专药”之称。《本草纲目》云：“小儿惊痫，妇人子痫，大人中风搐搦，及筋脉挛急，历节掣痛，而羚羊角能舒之。”现代药理表明，羚羊角具有确切的镇静、抗惊厥作用。腹腔注射羚羊角煎液，能明显对抗戊四氮、印防己碱、电刺激所致小鼠惊厥。灌胃给药能降低咖啡因致小鼠厥惊厥的发生率，加快惊厥小鼠恢复正常，并明显降低其死亡率。同时，羚羊角还有明显的镇静作用。腹腔注射羚羊角注射液能明显减少小鼠的自发活动，能增强中枢抑制药巴比妥钠、硫喷妥钠、水合氯醛的催眠作用，延长小鼠睡眠时间。此外，羚羊角还有解热、降压等作用。这些药理作用为羚羊角专属“惊厥抽搐”之功效提供了科学依据。

（李佳川）

第十三章　抗精神失常药

能力要求

1. 能够合理使用氯丙嗪。

2. 能够阐述抗精神失常、抗躁狂症、抗抑郁症的药物分类、典型药物的药理作用、作用机制、用途、不良反应。

3. 能够说出精神失常的概念。

精神失常是由多种病理因素引起的在认知、情感、意识和行为等精神活动出现障碍的一类疾病。而抗精神失常药物（antipsychotic drugs）则是对治疗这些疾病的药物的统称。根据其临床用途不同可分为抗精神病药物、抑郁症药物、抗躁狂症药物和抗焦虑症药物。

第一节　抗精神病药

精神分裂症是涉及思维、情感、行为之间不协调，以精神活动与现实脱离为特征的一类精神病。精神分裂症依据临床症状可分为Ⅰ型和Ⅱ型。Ⅰ型以阳性症状（幻觉和妄想）为主，Ⅱ型以阴性症状（情感淡漠、主动性缺乏等）为主。本节叙述的药物大多对Ⅰ型治疗效果好。

【作用机制】　阻断中脑-边缘系统和中脑-皮层系统 DA 受体：精神分裂症的病因有过许多假说，但迄今为止，得到了广泛认可的只有中脑-边缘通路及中脑-皮层通路 DA 系统功能亢进的学说。该假说认为中枢 DA 系统功能亢进导致精神分裂症。有许多研究资料支持该病因学说，如促进 DA 释放的苯丙胺可导致急性或慢性妄想型精神分裂症，会加剧精神分裂症的症状；而减少 DA 的合成和储存能够改善病情；对未经治疗的Ⅰ型患者，死后进行病理检查发现，壳核和伏隔核 DA 受体（尤其是 D_2 样受体）数目有显著增加；目前临床上使用的各种高效价抗精神病药物绝大多数是强效 DA 受体拮抗剂，这均对Ⅰ型精神分裂症有较好的疗效。

中枢神经系统内 DA 是最重要的神经递质之一，与脑内 DA 受体结合后可调节人类神经精神活动，其功能亢进或减弱均可导致严重的神经精神疾病。目前认为，吩噻嗪类等抗精神病药主要通过阻断中脑-边缘通路和中脑-皮层通路的 D_2 样受体而发挥疗效。值得指出的是，目前临床使用的大多抗精神病药物并不是选择性 D_2 样受体拮抗剂。因此，在发挥疗效的同时，均引起不同程度的锥体外系副作用，这是由于这些药物非特异性拮抗黑质-纹状体通路的 D_2 受体所致。

目前临床常用的一些非典抗精神病药物如氯氮平（clozapine）和利培酮（risperidone）的主要是通过阻断 5-HT 受体来实现抗精神病作用。其中，氯氮平属于选择性 D_4 亚型受体拮抗剂，对 M 胆碱受体和 α 肾上腺素受体有较高的亲和力，而对其他 DA 亚型受体几乎无亲和力。利培酮拮抗 5-HT_2 亚型受体的作用远强于其拮抗 D_2 亚型受体的作用。所以即使长期用氯氮平和利培酮也几乎无锥体外系反应发生。

知识链接

DA受体与DA通路

DA受体存在于外周神经系统和中枢神经系统，至少有D_1和D_2两种亚型。D_1受体与GS蛋白相偶联，激动时可经GS蛋白激活腺苷酸环化酶，使cAMP增加，在外周引起血管扩张，心肌收缩增强，但在中枢神经系统的功能尚不清楚。D_2受体在中枢神经系统见于脑内DA能神经通路。

脑内主要存在四条DA通路：①黑质纹状体通路，其主要作用是与乙酰胆碱能神经元共同调节肌紧张及共济活动；②中脑边缘通路，主要影响复杂的情绪与行为；③中脑-皮质通路，与高级精神活动有关；④结节-漏斗通路，与内分泌有关，特别是对促性腺激素的分泌具有抑制作用。

一、吩噻嗪类

吩噻嗪是指硫、氮联结两个苯环的一种三环结构，当2，10位被不同基团取代即为本节讲述的吩噻嗪类抗精神病药物。

吩噻嗪类药物的典型代表是氯丙嗪（chlorpromazine）。1952年，氯丙嗪在法国治疗兴奋性躁动患者时获得成功，它控制了患者的兴奋，也对其他精神症状有作用。其后，又相继发现了多个衍生物，都对精神分裂症具有治疗作用的，统称这类药物为吩噻嗪类抗精神病药物。二甲胺类、哌嗪类和哌啶类，都是根据C_{10}侧链不同分的。

氯丙嗪

氯丙嗪（chlorpromazine）又叫冬眠灵（wintermine），其抗精神病作用的主要机制是拮抗脑内边缘系统DA受体。DA能神经元不但存在于边缘系统，也分布于黑质纹状体系统（锥体外系）。因此，DA受体拮抗剂氯丙嗪虽然可改善精神分裂症症状，但是长期应用也会导致锥体外系运动障碍和内分泌改变。作为第一个精神安定药及抗精神失常药，尽管氯丙嗪选择性较低，但是目前在临床治疗中仍发挥着巨大的作用。

【体内过程】 氯丙嗪口服后吸收缓慢而不规则，血药浓度到达峰值的时间为2～4h。肌内注射吸收迅速，到达血液以后，90%以上能与血浆蛋白结合。氯丙嗪分布于全身，且脑、肺、肝、脾、肾中较多，其中脑内浓度可达到血浆浓度的10倍。主要在肝脏经P_{450}系统代谢为多种产物，经肾排泄。因为其脂溶性高，容易蓄积于脂肪组织，停药以后数周乃至半年后，尿中还可检出其代谢产物。不同个体在口服相同剂量的氯丙嗪后血药浓度可相差10倍以上，故给药剂量应个体化。由于氯丙嗪在体内的消除和代谢速率随年龄而递减，故老年患者须减量。

【药理作用及机制】

（1）对中枢神经系统的作用

1）抗精神病作用：氯丙嗪能较强地抑制中枢神经系统，这种作用可称为神经安定作用（neuroleptic effect）氯丙嗪能显著控制躁狂状态和活动状态，同时又不损伤感觉能力；能显著减少动物自发活动，诱导入睡，而且动物对刺激有良好的觉醒反应；它加大剂量也不引起麻醉，这与巴比妥类催眠药不同。正常人在口服治疗量氯丙嗪后，可出现活动减少、安静、注意力下降和感情淡漠、答话缓滞、对周围事物不感兴趣，但理智正常，在安静环境下易入睡，且易唤醒，醒后神态清楚，随后又易再入睡。服用氯丙嗪后精神分裂症患者则显现出良好的抗精神病作用，兴奋躁动状态能迅速得到控制。大剂量连续用药后，能消除患者的幻觉和妄想等症状，同时减轻思维障碍，使患者情绪安定，恢复理智，生活自理。但是对抑郁无效，甚至可使之加剧。

氯丙嗪等吩噻嗪类药物主要拮抗中脑-边缘系统和中脑-皮层系统的 D_2 样受体。但是，由于氯丙嗪对黑质-纹状体通路的 D_2 样受体的亲和力和这两个通路几无差异，因此，长期应用氯丙嗪的患者，锥体外系反应的发生率较高。

2）镇吐作用：氯丙嗪在镇吐上具有较强的作用。其拮抗了延髓第四脑室底部的催吐化学感受区的 D_2 受体，小剂量即可对抗 DA 受体激动剂阿扑吗啡引起的呕吐反应。大剂量则直接抑制呕吐中枢。氯丙嗪对顽固性呃逆有效是因为抑制位于延髓与催吐化学感受区旁呃逆的中枢调节部位。但是，氯丙嗪不能对抗前庭刺激引起的呕吐。

3）对体温调节作用：氯丙嗪能很强的抑制下丘脑体温调节中枢。与解热镇痛药不同，不但降低发热机体的体温，而且也能降低正常体温。氯丙嗪的降温作用是随外界环境温度而变化，环境温度越低其降温作用越显著，因此与物理降温同时应用，则有协同降温作用；但在炎热天气，氯丙嗪却可使体温升高，这是因为其干扰了机体正常散热机制的结果。

（2）对自主神经系统的作用：氯丙嗪能拮抗 M 胆碱受体和肾上腺素 α 受体。拮抗 M 胆碱受体作用较弱，可引起视力模糊、口干、便秘。拮抗 α 受体致血管扩张、血压下降，但连续用药可产生耐受性，且有较多副作用，故不适合用于高血压的治疗。

（3）对内分泌系统的影响：结节-漏斗系统中的 D_2 亚型受体可以促使下丘脑分泌多种激素，如卵泡刺激素释放因子、催乳素释放抑制因子、ACTH 和黄体生成素释放因子等。氯丙嗪拮抗 D_2 亚型受体，增加催乳素的分泌，抑制促性腺激素和糖皮质激素的分泌。氯丙嗪还可抑制垂体生长激素的分泌，试用于巨人症的治疗。

【临床应用】

（1）精神分裂症：氯丙嗪能显著缓解阳性症状，如幻觉、进攻、妄想、亢进等。但对阴性症状（如冷漠）效果不显著。在急性期时药物起效较快。临床上，氯丙嗪主要用于Ⅰ型精神分裂症的治疗，对急性患者效果尤其显著，但是不能根治，需要长期用药，甚至终身治疗；对慢性精神分裂症患者疗效较差。对Ⅱ型精神分裂症患者无效甚至可能加重病情。氯丙嗪对其他精神病伴有的躁动、兴奋、幻觉、紧张和妄想等症状也有显著疗效。对各种器质性精神病（如感染中毒性精神病、脑动脉硬化性精神病等）和症状性精神病的兴奋、幻觉和妄想症状也有效，但剂量要小，症状控制后应立即停药。

氯丙嗪已在临床使用多年，国内许多精神科医师至今仍将其列为治疗精神分裂症的首选药。主要用于治疗具有精神病性症状如幻觉、思维、妄想、行为障碍（如紧张症、刻板症等）的各种精神病，特别是具有明显阳性症状和急性发作的精神分裂症患者。氯丙嗪由于具有较强的神经安定作用，对兴奋、激越、焦虑、攻击、躁狂等症状均有良好疗效。用于临床急诊或急性期治疗。可先采用 25～50mg 氯丙嗪与等量异丙嗪混合深部肌内注射或静脉滴注，快速有效地控制兴奋和急性精神病性症状，然后视病情制定进一步的治疗方案。

知识拓展

精神分裂症的临床表现

在不同时期有很大区别，而且症状复杂多变，涉及思维、情感、行为之间不协调，以精神活动与现实脱离为特征。

（1）联想障碍：精神分裂症的特征性症状是在联想的过程中缺少连贯性和逻辑性。

（2）情感障碍：主要表现为情感淡漠、不协调。患者对周围事物的情感反应变迟钝。患者的情感随着疾病的进展日益淡漠，最后丧失与周围环境的情感联系。同时，少数患者可能出现情感反应与环境不协调或者与思维内容不吻合的现象。

（3）意志活动减退和缺乏：患者缺乏主动性，活动少，行为也变得孤僻、被动、退缩。减低对学习、生活和劳动的要求。

（4）自知力受损害，大多数患者不认为自己的体验属于病态，而是认为某些人恶意加害于他。常发生妄想、幻觉及紧张综合征。

（2）呕吐和顽固性呃逆：氯丙嗪对多种药物（如洋地黄、吗啡、四环素等）和疾病（尿毒症和恶性肿瘤）引起的呕吐有显著的镇吐作用。对顽固性呃逆具有显著疗效。对晕动症无效。

（3）低温麻醉与人工冬眠：氯丙嗪配合物理降温（冰袋、冰浴）应用可降低患者体温，用于低温麻醉。“人工冬眠”是氯丙嗪与其他中枢抑制药（哌替啶、异丙嗪）合用，使患者深睡，体温、组织耗氧量及基础代谢均降低，减轻机体对伤害性刺激的反应，增强患者对缺氧的耐受力，并使自主神经传导阻滞及中枢神经系统反应性降低的状态。这有利于机体度过危险的缺氧缺能阶段，为其他有效的病因治疗争得时间。人工冬眠多用于高热惊厥、严重创伤、感染性休克、中枢性高热及甲状腺危象等病症的辅助治疗。

【不良反应】 氯丙嗪的药理作用广泛，但不良反应也较多。

（1）常见不良反应：中枢抑制症状（如嗜睡、无力、淡漠等）、M 受体拮抗症状（如视力模糊、无汗、口干、便秘、眼压升高等）和α受体拮抗症状（如鼻塞、血压下降、直立性低血压及反射性心悸等）。由于局部刺激性较强，故采用深部肌内注射。而用生理盐水或葡萄糖注射液稀释后缓慢注射是为避免静脉注射产生的血栓性静脉炎。为防止直立性低血压，注射给药后立即卧床休息 2h 左右，然后再缓慢起立。

（2）锥体外系反应：长期大量服用氯丙嗪由于拮抗黑质-纹状体通路的 DA 受体，使纹状体中的 DA 功能减弱、ACh 的功能相对增强，可出现 3 种反应。①帕金森综合征（parkinsonism）：表现为肌肉震颤、肌张力增高、面容呆板、流涎、动作迟缓等。②静坐不能（akathisia）：患者表现反复徘徊、坐立不安。③急性肌张力障碍（acute dystonia）：多出现在用药后第 1～5 日。由于舌、面、颈及背部肌肉痉挛，患者可出现强迫性张口、伸舌、斜颈、呼吸运动障碍及吞咽困难。可通过减少药量、停药来减轻或消除，也可用抗胆碱药以缓解。

此外，部分患者因长期服用氯丙嗪后引起一种特殊而持久的运动障碍，称为迟发性运动障碍（tardive dyskinesia，TD），表现为口-面部不自主的刻板运动，广泛性舞蹈样手足徐动症，停药后长期仍不消失。其机制可能是因 DA 受体长期被拮抗、受体敏感性增加或反馈性促进突触前膜 DA 释放增加所致。此反应难以治疗，用抗胆碱药反而使症状加重，抗 DA 药使此反应减轻。TD 尤易侵袭那些器质性脑疾患者，因此，老年患者应尽量避免使用这类药物。约有 20% 的患者服用氯丙嗪后出现 TD，病程长的可高达 40%。尽管 TD 症状通常较轻，但一旦发展为严重病例，则进一步恶化患者的生活质量。

（3）精神异常：氯丙嗪本身可以引起精神异常，如意识障碍、淡漠、委靡、躁动、兴奋、幻觉、妄想、消极、抑郁等，应与原有疾病加以鉴别，一旦发生应立即减量或停药。

（4）惊厥与癫痫：少数患者在用药过程中会出现局部或全身抽搐，脑电有癫痫样放电，有惊厥或癫痫史者更易发生，应慎用，必要时加用抗癫痫药物。

（5）过敏反应，常见症状有接触性皮炎、皮疹。少数患者出现肝损害、黄疸，也可能出现粒细胞减少、溶血性贫血和再生障碍性贫血等。

（6）心血管和内分泌系统反应：持续性低血压休克，体位性低血压，多见于年老伴动脉硬化、高血压患者；心电图异常，心律失常长期用药还会引起抑制儿童生长、月经停止、乳腺增大、泌乳等内分泌系统紊乱现象。主要是由于氯丙嗪拮抗了DA介导的下丘脑催乳素释放抑制途径，从而引起高催乳素血症，导致漏乳、闭经及妊娠试验假阳性；正常的男性激素向雌激素转变受到影响时会导致性欲增强。性功能障碍（阳痿、闭经）的出现可能会使得患者不合作。

（7）急性中毒：一次吞服大剂量氯丙嗪后，可致急性中毒，患者出现昏睡、血压下降至休克水平，并出现心肌损害，如心动过速、心电图异常（P—R间期或Q—T间期延长，T波低平或倒置），此时应立即对症治疗。

药物相互作用及禁忌证 氯丙嗪能增强其他一些药物的中枢抑制作用，如乙醇、镇痛药、镇静催眠药、抗组胺药等，在联合使用时要注意调节剂量。特别是当与吗啡、哌替啶（杜冷丁）等合用时要注意呼吸抑制和降低血压的问题。此类药物抑制DA受体激动剂、左旋多巴的作用。氯丙嗪的去甲基代谢物可以拮抗胍乙啶的降压作用，可能是阻止后者被摄入神经末梢。某些肝药酶诱导剂如苯妥英钠、卡马西平等可加速氯丙嗪的代谢，应注意适当调节剂量。

氯丙嗪能降低惊厥，诱发癫痫，故有癫痫及惊厥史者禁用；氯丙嗪能升高眼压，青光眼患者禁用；乳腺增生症和乳腺癌患者禁用；对冠心病患者易致猝死。

案例解析

案例 13-1

患者，男性，83岁，患者于半年前开始出现脾气暴躁，常因一些家庭琐事与家人争吵，爱唠叨，总能听到窗外有人骂他，凭空对骂，疑心大，自己放的东西找不到了，怀疑家人偷他的东西，认为邻居家在外面放的东西是他家的，与邻居争吵。怀疑别人串通起来害他，看到邻居在一起说话便认为是在说他的坏话，是要合伙算计他，为此吵闹骂人，欲外出找邻居打架，家人劝阻更为哭闹，生活无规律，睡眠尚可，进食不定时，大小便尚可自理。既往健康，家中无精神疾病及痴呆家族史。根据患者的病情，可诊断为什么病？如何用药？

解析：

此病例的精神症状主要为幻听、被窃妄想、关系妄想及被害妄想，以及在此基础上的攻击行为。符合精神分裂症的诊断标准，因其发病年龄为83岁，所以可诊断为老年期精神分裂症。抗精神病药物治疗，老年人治疗剂量要偏低。药物的选择，应考虑到临床症状特点及患者的躯体状况特点。急性期系统药物治疗：一般疗程为8～10周。常用抗精神病药物有典型抗精神病药物，如氯丙嗪 、奋乃静 、氟哌啶醇等等；非典型抗精神病药物，如氯氮平、利培酮、奥氮平、喹硫平。继续治疗，在急性期精神症状得到控制后，宜继续用抗精神病药物治疗剂量持续1个月左右，以期使病情获得进一步缓解，然后逐渐减量进行维持治疗。维持治疗，旨在减少复发或症状波动而再住院。维持治疗的时间一般在症状缓解后不少于2年。如患者系复发，维持治疗的时间要求更长一些。精神分裂症的治疗中，抗精神病药物起着重要作用，支持性心理治疗，改善患者的社会生活环境及为提高患者社会适应能力的康复措施，亦十分重要。一般在急性阶段，以药物治疗为主；慢性阶段，心理社会康复措施对预防复发和提高患者社会适应能力有十分重要的作用。

二、硫杂蒽类

化学结构与吩噻嗪类相似，即吩噻嗪环上第10位的氮原子被碳原子取代所得。

氯普噻吨

氯普噻吨（chlorprothixene），也称泰尔登（tardan ），又名氯丙硫蒽，是该类药的代表，其结构与三环类抗抑郁药相似，故也有较弱的抗抑郁作用。其控制焦虑抑郁、调整情绪的作用较氯丙嗪强，但抗幻觉妄想作用不及氯丙嗪。氯普噻吨对带有强迫状态及焦虑抑郁情绪的精神分裂症、焦虑性神经官能症及更年期抑郁症患者适用。不良反应较轻。

氟哌噻吨

氟哌噻吨（flupenthixol）也称三氟噻吨，抗精神病作用与氯丙嗪相似，但具有特殊的激动效应，故禁用于躁狂症患者。氟哌噻吨也用于治疗抑郁症或伴焦虑的抑郁症，血浆蛋白结合率＞95%，血浆 $t_{1/2}$ 为 35h，V_d 为 14L/kg。

治疗精神病的剂量，口服其盐酸盐每次 3～9mg，2 次/日，最大剂量为 18mg/d，长效制剂氟哌噻吨癸酸酯，可深部肌内注射，第一次 20mg，隔 2～4 周根据患者的反应给予 20～40mg。

该药低剂量具有一定的抗抑郁焦虑的效果，口服 0.5～3mg 可用于治疗焦虑和轻度抑郁，每日最后一次用药不得迟于午后 4 点，用药一周无效应停药。

氟哌噻吨镇静作用弱，但是锥体外系反应常见，偶有猝死报道。

三、丁酰苯类

尽管丁酰苯类（butyrophenones）的化学结构与吩噻嗪类完全不同，但其药理作用和临床应用与吩噻嗪类相似。

氟哌噻醇

氟哌啶醇（haloperidol）是丁酰苯类药物的典型代表，其化学结构与氯丙嗪完全不同，却能选择性拮抗 D_2 样受体，有很强的抗精神病作用。口服后血药浓度 2～6h 达高峰，作用可持续 3 日。氟哌噻吨不仅可显著控制各种精神运动兴奋的作用，而且对慢性症状有较好疗效。虽然其锥体外系副作用发生率高、程度严重，但由于其对心血管系统的副作用较轻、对肝功能影响小而保留其临床应用价值。

氟哌利多

氟哌利多（droperidol）也称氟哌啶，在体内代谢快，作用维持的时间短，作用时间 6h 左右，知觉的改变约 12h，作用与氟哌啶醇相似。临床上主要用于增强镇痛药的作用，如与芬太尼配合使用，使患者处于一种特殊的麻醉状态：精神恍惚、痛觉消失、对环境淡漠，称为神经阻滞镇痛术（neuroleptanalgesia），作为一种外科麻醉，可以进行小的手术如造影、烧伤清创、窥镜检查等，其特点是集镇痛、镇吐、安定、抗休克作用于一体。也用于麻醉前给药、镇吐、控制精神患者的攻击行为。氟哌利多吸收快，肌内注射后起效时间几乎与静脉注射相同，在体内广泛代谢，75%从尿中排除，其余从粪便中排泄。血浆 $t_{1/2}$ 分两部分，开始为 10min，最终为 2.2h。因为其作用时间比芬太尼长，故第二次重复给药为避免氟哌利多蓄积，一般只给芬太尼。

匹莫齐特

匹莫齐特（pimozide）是氟哌利多的双氟苯衍生物，临床上用于治疗精神分裂症、秽语综合征和躁狂症。此药有较好的抗妄想、幻觉作用，并使慢性退缩被动的患者活跃起来。与氯丙嗪相比，其镇静、降压、抗胆碱等副作用较弱，而锥体外系反应则较强。匹莫齐特易引起室性心律失常和心电图异常（如 Q—T 间期延长，T 波改变），故对伴有心脏病的患者禁用。

四、其他抗精神病药物

氯 氮 平

氯氮平（clozapine）属于苯二氮□类，为新型抗精神病药。目前在我国许多地区已作为治疗精神分裂症的首选药。

氯氮平为一广谱神经安定药，对精神分裂症的疗效与氯丙嗪相当，但起效迅速，多在一周内见效；抗精神病作用强，也适用于慢性患者；其他抗精神病药无效的精神分裂症的阴性和阳性症状氯氮平都有治疗作用。氯氮平是选择性 D_4 亚型受体拮抗药，其优点是几无锥体外系反应，与其特异性拮抗中脑边缘系统和中脑支层系统的 D_4 亚型受体、对黑质-纹状体系统的 D_2 和 D_3 亚型受体几无亲和力有关。氯氮平主要用于其他抗精神病药无效或锥体外系反应过强的患者。新近也有报道氯氮平抗精神病的治疗机制涉及阻断 $5\text{-}HT_{2A}$ 和 DA 受体、协调 5-HT 与 DA 系统的相互作用和平衡，因此，氯氮平也被称为 5-HT-DA 受体阻断剂，并由此提出了精神分裂症的 DA 与 5-HT 平衡障碍的病因学说。

氯氮平也可用于长期给予氯丙嗪等抗精神病药物引起的迟发运动障碍，可获明显改善，原有精神疾病也得到控制。氯氮平对情感淡漠和逻辑思维障碍的改善较差。

氯氮平具有抗胆碱作用、抗组胺作用、抗肾上腺素能作用，几乎无锥体外系反应和内分泌紊乱等不良反应，但可引起粒细胞减少，严重者可致粒细胞缺乏（女性多于男性），可能由于免疫反应引起，因此，用药前及用药期间须做白细胞计数检查。亦有引起染色体畸变的报道。

五 氟 利 多

五氟利多（penfluridol ）属二苯基丁酰哌啶（diphenylbutylpiperidines），是口服长效抗精神分裂症药，一次用药疗效可维持一周。其长效的原因可能与储存于脂肪组织，从而缓慢释放入血有关。五氟利多能阻断 DA 受体，有较强的抗精神病作用，亦可镇吐对精神分裂症的疗效与氟哌啶醇相似，镇静作用较弱，适用于急慢性精神分裂症，尤其适用于慢性患者对幻觉、妄想、退缩均有较好疗效。五氟利多的副作用以锥体外系反应最常见。

舒 必 利

舒必利（sulpiride）属苯甲酰胺类，选择性地拮抗中脑-边缘系统 DA 受体。对紧张型精神分裂症疗效高，奏效也较快，有药物电休克之称。此药有改善患者与周围的接触、活跃情绪、减轻幻觉和妄想的作用，对情绪低落、忧郁等症状也有治疗作用，对长期用其他药物无效的难治性病例也有一定疗效，舒必利对中脑-边缘系统的 D_2 受体有高度亲和力，对纹状体的亲和力较低，因此其锥体外系不良反应较少。

利 培 酮

利培酮（risperidone）是第二代非典型抗精神病药物。利培酮对 5-HT 受体和 D_2 亚型受体均有拮抗作用，但对前者的作用显著强于后者。利培酮对精神分裂症阳性症状如幻觉、妄想、思维障碍等及阴性症状均有疗效，适用于治疗首发急性和慢性患者，对精神分裂症患者的认知功能障碍和继发性抑郁亦具治疗作用。由于利培酮有效剂量小，用药方便、见效快，锥体外系反应轻，且抗胆碱样作用及镇静作用弱，易被患者耐受，治疗依从性优于其他抗精神病药。自 20 世纪 90 年代推广应用于临床以来，已成为治疗精神分裂症的一线药物。

喹 硫 平

喹硫平（quetiapine）为一新型抗精神病药物，为脑内多种神经递质受体拮抗药。其抗精神病作用机制可能主要是拮抗中枢多巴胺 D_1、D_2 受体和 5-HT_{1A}、5-HT_2 受体。对组胺 H_1 和肾上腺素 α_1 受体也有拮抗作用，对毒蕈碱和苯二氮䓬类受体无亲和力。本品口服吸收好，不受食物的影响，血药浓度达峰时间为 1～2h，平均 $t_{1/2}$ 为 6～7h。存在首关效应，在肝脏代谢。临床用于各型精神分裂症，不仅对精神分裂症阳性症状有效，对阴性症状也有一定效果，并可减轻与精神分裂症有关的情感症状如抑郁、焦虑及认知缺陷症状。本品的常见不良反应为：头晕、嗜睡、直立性低血压、心悸、口干、食欲缺乏和便秘，亦可引起催乳素水平升高、体重增加、腹痛、无症状性转氨酶增高、血总胆固醇和三酰甘油增高；锥体外系不良反应少见；偶可引起兴奋与失眠。

阿立哌唑

阿立哌唑（qripiprazole）是一种新型的非典型抗精神分裂症药物，对 DA 能神经系统具有双向调节作用，是 DA 递质的稳定剂。与 D_2、D_3、5-HT_{1A} 和 5-HT_{2A} 受体有很高的亲和力。通过对 D_2 和 5-HT_{1A} 受体的部分激动作用及对 5-HT_{2A} 受体的拮抗作用来产生抗精神分裂症作用的。本品口服后血药浓度达峰时间为 3～5h，$t_{1/2}$ 为 48～68h，去氢阿立哌唑为主要活性代谢物。临床用于治疗各类型的精神分裂症。国外临床试验表明，本品对精神分裂症的阳性和阴性症状均有明显疗效，也能改善伴发的情感症状，降低精神分裂症的复发率。不良反应主要有头痛、焦虑失眠、嗜睡、小便失禁、静坐不能等。本品锥体外系反应发生率低，患者耐受性较好。

第二节　抗躁狂症药

抗躁狂症药物（antimanic drugs）主要用于治疗躁狂症，上述抗精神病药物也常用于治疗躁狂症，此外，一些抗癫痫药如卡马西平和丙戊酸钠抗躁狂也有效。目前临床最常用的是碳酸锂，也有柠檬酸盐，在此仅以碳酸锂为代表加以介绍。

碳　酸　锂

碳酸锂（lithium carbonate）于 1949 年介绍到临床，用于治疗躁狂症。躁狂症的特征是情绪高涨、活动过度、烦躁不安和思维、言语不能自制。

【体内过程】　碳酸锂口服吸收快，血药浓度高峰出现于服药后 2～4h。锂离子先分布于细胞外液，然后逐渐蓄积于细胞内。不与血浆蛋白结合，$t_{1/2}$ 为 18～36h 虽吸收快，但通过血-脑屏障进入脑组织和神经细胞需要一定时间，因此，锂盐显效较慢。碳酸钾主要自肾排泄，约 80% 由肾小球滤过的锂在近曲小管与 Na^+ 竞争重吸收，故增加钠摄入可促进其排泄，而缺钠或肾小球滤出减少时，可导致体内锂潴留，引起中毒。

【药理作用】　目前认为其治疗机制主要在于：①在治疗浓度抑制去极化和 Ca^{2+} 依赖的 NA 和 DA 从神经末梢释放，而不影响或促进 5-HT 的释放；②摄取突触间隙中儿茶酚胺，并增加其灭活；③抑制腺苷酸环化酶和磷脂酶 C 所介导的反应；④影响 Na^+、Ca^{2+}、Mg^{2+} 的分布，影响葡萄糖代谢。锂盐对躁狂症患者有显著疗效，特别是对急性躁狂和轻度躁狂疗效显著，有效率为 80%。碳酸锂主要用于抗躁狂，但有时对抑郁症也有效，故有情绪稳定药（mood-stabilizing）之称。碳酸锂还可用于治疗躁狂抑郁症（manic-depressive psychosis），该症的特点是躁狂和抑郁的双向循环发生；长期重复使用碳酸锂不仅可以减少躁狂复发，对预防抑郁复发也有效，但对抑郁的作用不如躁狂显著。

【临床应用】　主要应用抗精神病药和碳酸锂控制和治疗这些症状。碳酸锂主要是锂离子发挥药理作用，治疗剂量对正常人的精神行为没有明显的影响。尽管研究已经发现锂离子在细胞水平具有多方面的作用。但其情绪安定作用的确切机制目前仍不清楚。

【不良反应】 锂盐安全范围窄，最适浓度为 0.8～1.5mmol/L，超比过 2mmol/L 即出现中毒症状。轻度的毒性症状包括恶心、呕吐、腹痛、腹泻和细微震颤；较严重的毒性反应涉及神经系统，包括精神紊乱、反射亢进、明显震颤、发音困难、惊厥，直至昏迷与死亡。由于该药治疗指数很低，测定血药浓度至关重要。当血药浓度升至 1.6mmol/L 时，应立即停药。

第三节 抗抑郁症药

抗抑郁症药（antidepressant drugs）是主要用于治疗情绪低落、抑郁消极的一类药物。各种抗抑郁药物均可使 70%左右的抑郁患者病情显著改善，长期治疗可使反复发作的抑郁减少复发。抗抑郁症药对焦虑性障碍、惊恐发作、强迫性障碍及恐惧症也有效。丙米嗪和选择性 5-HT 再摄取抑制剂对非情感性障碍如遗尿症、贪食症等也有效。

目前临床使用的抗抑郁症药主要包括：三环类抗抑郁症药、NA 再摄取抑制剂、5-HT 再摄取抑制药及其他抗抑郁药。这些药物大多以单胺学说作为抑郁症发病机制，并在此基础上建立动物模型研发获得，所以各类抗抑郁症药在药理作用、临床应用和不良反应等多方面具有相似之处。就不良反应而论，因增加 5-HT 和阻断 α 受体而影响睡眠和血压；因阻断 M 受体引起口干、便秘、视力模糊；中枢和外周自主神经功能的失衡诱发惊厥性功能障碍和摄食、体重改变等。

一、三环类抗抑郁症药

由于这些药物结构中都有 2 个苯环和 1 个杂环，故统称为三环类抗抑郁症药（tricyclicantidepressants，TCAs），在结构上与吩噻嗪类有一定相关性。常用的有丙米嗪（imipramine，米帕明）、地昔帕明（desipramine）、阿米替林（amitriptyline），多塞平（多虑平，doxepin）等。

在作用机制上，三环类抗抑郁症药属于非选择性单摄取抑制剂，主要抑制 NA 和 5-HT 的再摄取从而增加突触间隙这两种递质的浓度。TCAs 及文拉法辛（venlafaxine）具有阻断上述神经递质再摄取的作用，使突触间隙的 5-HT 和 NA 增加而发挥抗抑郁作用。大多数 TCAs 具有抗胆碱作用。引起口干、便秘、排尿困难等副作用。此外 TCAs 还阻断 α_1 肾上腺素受体和 H_1（组胺）受体而引起过度镇静。

丙 米 嗪

【体内过程】 丙米嗪口服吸收良好，2～8h 血药浓度达高峰，血浆 $t_{1/2}$ 为 10～20h。在体内丙米嗪广泛分布于各组织，以脑、肝、肾及心脏分布较多。丙米嗪主要在肝内经药酶代谢，通过氧化变成 2-羟基代谢物，并与葡萄糖醛酸结合，自尿排出。

【药理作用及机制】

（1）对中枢神经系统的作用：正常人服用后出现安静、嗜睡、血压稍降、头晕、目眩，并常出现口干、视力模糊等抗胆碱反应。连用数日后这些症状可能加重，甚至出现注意力不集中和思维能力下降。但抑郁症患者连续服药后，出现精神振奋现象，连续 2～3 周后疗效才显著，使情绪高涨，症状减轻。

目前认为，丙米嗪抗抑郁作用的主要机制是阻断 NA、5-HT 在神经末梢的再摄取，从而使突触间隙的递质浓度增高，促进突触传递功能。

（2）对自主神经系统的作用：治疗量丙米嗪有显著阻断 M 胆碱受体的作用，表现为视力模糊、口干、便秘和尿潴留等。

（3）对心血管系统的作用：治疗量丙米嗪可降低血压，导致心律失常，其中心动过速较常见。心电图可出现 T 波倒置或低平。这些不良反应可能与该药阻断单胺类再摄取从而引起心肌中 NA 浓度增高有关。另外，丙米嗪对心肌有奎尼丁样直接抑制效应，故心血管病患者慎用。

【临床应用】

（1）治疗抑郁症：用于各种原因引起的抑郁症，对内源性抑郁症、更年期抑郁症效果较好。对反应性抑郁症次之，对精神病的抑郁成分效果较差。此外，抗抑郁药也可用于强迫症的治疗。治疗剂量：开始时每次 25mg，3 次/日，逐渐增加到每次 50mg，3～44 次/日，严重病例最高可用到 300m/d。

（2）治疗遗尿症：对于儿童遗尿可试用丙米嗪治疗，剂量依年龄而定，睡前口服，疗程以 3 个月为限。

（3）焦虑和恐惧症：对伴有焦虑的抑郁症患者疗效显著，对恐惧症也有效。

【不良反应】　常见的不良反应有口干、扩瞳、视力模糊、便秘、排尿困难和心动过速等抗胆碱作用，还出现无力、多汗、头晕、失眠、皮疹、直立性低血压、共济失调、反射亢进、肝功能异常、粒细胞缺乏症等。因抗抑郁药易致尿潴留和升高眼压，故前列腺增生、青光眼患者禁用。

【注意事项】　三环类与血浆蛋白的结合能被苯妥英钠、保泰松、阿司匹林、东莨菪碱和吩噻嗪竞争而减少。如和单胺氧化酶抑制剂（MAOI）合用，可引起血压明显升高、高热和惊厥。这是由于三环类抑制 NA 再摄取、MAOI 减少 NA 灭活、使 NA 浓度增高所致。三环类还能增强中枢抑制药的作用，如与抗精神病药、抗 PD 药合用时，其抗胆碱作用可相互增强。此外，抗抑郁药还能对抗胍乙啶及可乐定的降压作用。

阿 米 替 林

阿米替林（amitriptyline）又名依拉维，是临床上常用的三环类抗抑郁药，其药理学特性及临床应用与丙米嗪极为相似，与后者相比，阿米替林对 5-HT 再摄取的抑制作用明显强于对 NA 再摄取的抑制；镇静作用和抗胆碱作用也较强。鉴于阿米替林有较强的镇静催眠作用，主张每日口服一次，从 25mg 开始逐渐增加剂量，甚至用到 150mg，睡前口服。口服后可稳定地从胃肠道吸收，但剂量过大可延缓吸收。在肝脏生成活性代谢物去甲替林，最终代谢物以游离型或结合型从尿中排出。在体内与蛋白质广泛结合，$t_{1/2}$ 为 9～36h。

阿米替林的不良反应与丙米嗪相似，但比丙米嗪严重，有加重糖尿病症状的报道。禁忌证与丙米嗪相同。

氯 米 帕 明

氯米帕明（clomipramine）又名氯丙米嗪，药理作用和应用类似于丙米嗪，但对 5-HT 再摄取有较强的抑制作用，而其体内活性代谢物去甲氯丙米嗪则对 NA 再摄取有相对较强的抑制作用。临床上用于抑郁症、强迫症、恐惧症和发作性睡眠引起的肌肉松弛。不良反应及注意事项与丙米嗪相同。

多 塞 平

多塞平（doxepin）又名多虑平，作用与丙米嗪类似，抗抑郁作用比后者弱，抗焦虑作用强，镇静作用和对血压影响也比丙米嗪强，但对心脏影响较小。

对伴有焦虑症状的抑郁症疗效最佳，焦虑、紧张、情绪低落、行动迟缓等症状数日后即可缓解，达显效需 2～3 周。也可用于治疗消化性溃疡。

不良反应和注意事项与丙米嗪类似。慎用于儿童和孕妇，老年患者应适当减量。

二、NA 摄取抑制药

该类药物选择性抑制 NA 的再摄取，用于以脑内 NA 缺乏为主的抑郁症，尤其适用于尿检 MH-PG （NA 的代谢物）显著减少的患者。这类药物的特点是奏效快，而镇静作用、抗胆碱作用和降压作用均比 TCAs 弱。

地 昔 帕 明

地昔帕明（desipramine）又名去甲丙米嗪。

【体内过程】 口服快速吸收，2～6h 达药峰浓度，血浆蛋白结合率为 90%，在肝脏代谢生成具有活性的去甲丙米嗪，主要在尿中排泄，少量经胆汁排泄，其中原形占 5%。

【药理作用及机制】 地昔帕明在去甲肾上腺能神经末梢是一强 NA 摄取抑制剂，其效率为抑制 5-HT 摄取的 100 倍以上。对 DA 的摄取亦有一定的抑制作用。对 H_1 受体有强拮抗作用。对 α 受体和 M 受体拮抗作用较弱。

对轻、中度的抑郁症疗效好。有轻度镇静作用，缩短 REM 睡眠，但延长了深睡眠。血压和心率轻度增加，有时也会出现直立性低血压，可能是由于抑制 NA 再摄取、阻断 α 受体作用所致。

【临床应用】 治疗抑郁症开始口服剂量每次 25mg，3 次/日，逐渐增加到每次 50mg，3～4 次/日，需要时最大可用到 300mg/d。老年人应适当减量。

【不良反应】 与丙米嗪相比，不良反应较小，但对心脏影响与丙米嗪相似。过量则导致血压降低、心律失常、震颤、惊厥、口干、便秘等。

【注意事项】 不能与拟交感胺类药物合用，因会明显增强后者的作用；同样，MAO 抑制剂合用也要慎重；与胍乙啶及作用于肾上腺素能神经末梢的降压药合用会明显降低降压效果，因为抑制了药物经胺泵摄取进入末梢。

马 普 替 林

【体内过程】 马普替林（maprotiline）口服后吸收缓慢但能完全吸收，9～16h 达血浆药物峰浓度，广泛分布于全身组织，肺、肾、心、脑和肾上腺的药物浓度均高于血液，血浆蛋白结合率约为 90%。

【药理作用及机制】 为选择性 NA 再摄取抑制剂，对 5-HT 摄取几无影响。抗胆碱作用与丙米嗪类似，远比阿米替林弱。其镇静作用和对血压的影响与丙米嗪类似。与其他三环类抗抑郁药一样，用药 2～3 周后才充分发挥疗效。对睡眠的影响与丙米嗪不同，延长 REM 睡眠时间。对心脏的影响也与三环类抗抑郁药一样，延长 Q—T 间期，增加心率。

【临床应用】 治疗抑郁症与丙米嗪相似，开始口服剂量为 25～75mg/d，分 3 次服用；逐渐增加到 150mg/d，对于严重病例最大可用到 225mg/d。因为 $t_{1/2}$ 较长，也可晚间一次服用。

【不良反应】 治疗剂量可见口干、便秘、头晕、头痛、心悸等。也有用药后出现皮炎和皮疹的报道。能增强拟交感胺药作用，减弱降压药物反应等。

去 甲 替 林

【体内过程】 去甲替林（nortriptyline）口服后完全从胃肠道吸收。血浆蛋白结合率为 90%～

95%，V_d值为14～40L/kg，62%以代谢物形式从尿中排泄，肾衰竭患者也可安全使用本药，血浆$t_{1/2}$为18～60h。

【药理作用】 药理作用与阿米替林相似，但本药抑制NA摄取远强于对5-HT的摄取。与母药阿米替林相比，其镇静、抗胆试、降低血压作用及对心脏的影响和诱发惊厥作用均较弱。有助于抑郁症患者入睡，但缩短REM睡眠时间。由于阻断α_1受体可致直立性低血压，由于抗胆碱作用可致心率加快。

去甲替林治疗内源性抑郁症效果优于反应抑郁症，比其他三环类抗抑郁药治疗显效快。

【临床应用】 治疗抑郁症：开始一日口服去甲替林（去甲阿米替林）30～40mg，分3～4次服，需要时渐增至每日75～100mg，维持量为每日30～70mg；青少年和老年人开始服每次10mg，1日3次，维持量减半；该药$t_{1/2}$较长，如果分次服用有困难，也可以将每日的全部药量一次口服，睡前服。

【不良反应】 其镇静作用、抗胆碱作用、降低血压作用、对心脏的影响等虽均比丙米嗪弱，但仍要注意过量引起的心律失常，尤其是心肌梗死的恢复期、传导阻滞或原有心律失常的患者，用药不慎会加重病情。双相抑郁症患者可引起躁狂症发作，应注意。本药像三环类抗抑郁症药物一样，可降低惊厥发作率，癫痫患者应镇用。

三、5-HT再摄取抑制药

虽然三环类抗抑郁药（TCAs）疗效确切，但仍有20%～30%的患者无效，副作用较多，患者对药物的耐受性差，过量易引起中毒甚至死亡。从20世纪70年代起开始研制的选择性5-HT再摄取抑制剂与TCAs的结构迥然不同，但对5-HT再摄取的抑制作用选择性更强，对其他递质和受体作用甚微，既保留了TCAs相似的疗效，也克服了TCAs的诸多不良反应。这类药物包括临床常用的氟西汀、帕罗西汀、舍曲林等，很少引起镇静作用，也不损害精神运动功能。对心血管和自主神经系统功能影响很小。这类药物还具有抗抑郁和抗焦虑双重作用，其抗抑郁效果也需要2～3周才显现出来.

这类药物多用于脑内5-HT减少所致的抑郁症，也可用于病因不清但其他药物疗效不佳或不能耐受其他药物的抑郁症患者。

氟　西　汀

氟西汀（fluoxetine）又名百忧解。

【体内过程】 口服吸收良好，达峰值时间6～8h，血浆蛋白结合率80%～95%；给予单个剂量时$t_{1/2}$为48～72h，在肝脏经P_{450}-$2D_6$代谢生成去甲基活性代谢物去甲氟西汀。其活性与母体相同，但$t_{1/2}$较长。

【药理作用及机制】 是一种强效选择性5-HT摄取抑制剂，比抑制NA摄取作用强200倍。氟西汀对肾上腺素受体、组胺受体、GABAB受体、M受体，5-HT受体几乎没有亲和力。对抑郁症的疗效与TCAs相当，耐受性与安全性优于TCAs。此外，该药对强迫症、贪食症亦有效。

【临床应用】

（1）治疗抑郁症：常用量为20～40mg/d，1次服用，需要时可用到80mg/d。因药物在肝脏代谢，肝功能不好时可采取隔日疗法。

（2）治疗神经性贪食症：剂量60mg/d可有效控制摄食量。

【不良反应】 偶有恶心呕吐、头痛头晕、乏力失眠、厌食、体重下降、震颤、惊厥、性欲降低等。肝病者服用后 $t_{1/2}$ 延长，须慎用。肾功能不全者，长期用药须减量，延长服药间隔时间。氟西汀与 MAO 抑制剂合用时须警惕“5-HT 综合征”的发生，初期主要表现为不安、激越、恶心、呕吐或腹泻，随后高热、强直、肌阵挛或震颤、自主神经功能紊乱、心动过速、高血压、意识障碍，最后可引起痉挛和昏迷，严重者可致死，应引起临床重视。心血管疾病、糖尿病者应慎用。

帕罗西汀

帕罗西汀（paroxetine）又名赛洛特，为强效 5-HT 摄取抑制剂，增高突触间隙递质浓度而发挥治疗抑郁症的作用。口服吸收良好，$t_{1/2}$ 为 21h。抗抑郁疗效与 TCA、相当，而抗胆碱、体重增加、对心脏影响及镇静等副作用均较 TCAs 弱。常见不良反应为口干、便秘、视力模糊、震颤、头痛、恶心等。禁与 MAO 抑制剂联用，避免显著升高脑内 5-HT 水平而致“血清素综合征”。

舍曲林

舍曲林（sertraline）又名郁乐复，是一种选择性抑制 5-HT 再摄取的抗抑郁药，可应用于各类抑郁症的治疗，并对强迫症有效。主要不良反应为出汗、口干、恶心、腹泻、震颤、男性射精延迟等。该药与其他药物的相互作用临床经验不多，故借鉴氟西汀的经验，禁与 MAO 抑制剂合用。

四、其他抗抑郁药

曲唑酮

曲唑酮（trazodone）具有抗精神失常药物的一些特点，但又与之不完全相同。曲唑酮对单胺氧化酶活性无抑制作用，无抗胆碱效应，有镇静作用，其抗抑郁作用机制可能与抑制 5-HT 摄取有关，但目前还不清楚。具有 a_2 受体阻断剂的特点，可翻转可乐定的中枢性心血管效应。

曲唑酮用于治疗抑郁症，具有镇静作用，适于夜间给药。无 M 受体阻断作用，也不影响 NA 的再摄取，所以对心血管系统无显著影响。也少见口干、便秘等不良反应，是一个较安全的抗抑郁药。不良反应较少，偶有恶心、呕吐、体重下降、心悸、直立性低血压等，过量中毒会出现惊厥、呼吸停止等。

【体内过程】 口服后吸收快速、完全，2h 血药浓度达高峰，血浆蛋白结合率为 89%～95%。在肝脏代谢，其中间代谢物氯苯哌嗪在动物实验仍显示抗抑郁活性，主要以代谢物的形式从尿中排泄。

米安舍林

米安舍林（mianserin）为一种四环类抗抑郁药。对突触前 a_2 肾上腺素受体有阻断作用。其治疗抑郁症的作用机制是通过抑制负反馈而使突触前 NA 释放增多。疗效 TCA 相当，而较少有抗胆碱能样副作用。常见头晕、嗜睡等。

米氮平

米氮平（mirtazapine）是通过阻断突触前 a_2 肾上腺素受体，增加 NA 的释放，来间接提高 5-HT 的更新率而发挥抗抑郁作用。抗抑郁效果与阿米替林相当，其抗胆碱样不良反应及 5-HT 样不良反应（如恶心、头痛、性功能障碍等）较轻主要不良反应为食欲增加及嗜睡。

五、制剂及用法

盐酸氯丙嗪（chlorpromazine hydrochloride）：一般口服量每次 12.5～50mg，3 次/日。肌内注射，每次 25～50mg。治疗精神病宜从小剂量开始，轻症 300mg/d，重症 600～800mg/d，好转后逐渐减用维持量（50～100mg/d ）。拒服药者每次用 50～100mg，加于 25%葡萄糖注射液 20ml 内，缓慢静脉注射。

奋乃静（perphenazine）：一般每次 2～4mg，3 次/日。每次 5～10mg，肌内注射。治疗精神病：轻症 20～30mg/d。重症 40～60mg/d，分 2 次肌内注射。

盐酸三氟拉嗪（trifluperazine hydrochloride）：10～30mg/d，分 3 次服。

盐酸氟奋乃静（fluphenazine hydrochloride）：2～20mg/d。

氟奋乃静癸酸酯（fluphenazine decanoate）：每 2 周 25mg，肌内注射。

哌泊噻嗪（pipotiazine）注射剂：深部肌内注射，一周后根据情况再注射 50～100mg。一般每 4 周 1 次，每次 100mg，8～16 周为一疗程。

氟普噻吨（chlorprothixene）：轻症 150mg/d，重症 300～600mg/d，口服。

氟哌啶醇（haloperidol）：口服每次 2～10mg，3 次/日。肌内注射，每次 5mg。

氟哌利多（droperidol）：治疗精神分裂症：10～30mg/d，分 1～2 次，肌内注射。神经安定镇静术：每次 5mg，加入芬太尼 0.1mg，在 2～3min 内缓慢静脉注入，5～6min 内如未达一级浅麻状态，可追加半量至一倍量。麻醉前给药：手术前半小时肌内注射 2.5～5mg。

盐酸丙米嗪（imipramine hydrochloride）：每次 25～75mg，3 次/日。年老体弱者每日自 12.5mg 开始，逐渐增量。

阿米替林（amitriptyline）：75～150mg/d，分 3 次口服。

氯米帕明（clomipramine）：治疗抑郁症，开始口服剂量 50～100mg/d，逐渐增加到 200mg/d，最大用量为 250mg/d，分次服用，也有人主张睡前一次性口服。

马普替林（maprotiline）：开始 25～75mg/d，分次服，至少 2 周，然后根据病情每日增加 25mg，有效治疗量一般为 150mg/d。

氟西汀（fluoxetine）：开始 20mg/d，早餐后服。有效治疗量 20～40mg/d，1 次/日。

文拉法辛（venlafaxine）：开始 75mg/d，分 2～3 次服，以后随病情可迅速增至 225～375mg/d。

碳酸锂（lithium carbonate）：由小剂量开始，0.5g/d，递增至 0.9～1.8g/d，分 3～4 次口服。

丁螺环酮（buspirone）：口服，每次 5～10mg，3 次/日。

本章小结

精神失常是由各种原因引起的精神活动障碍的一类疾病。本章所涉及的抗精神失常药物有如下三类。

Ⅰ类：抗精神病药物吩噻嗪类，其抗精神病的作用是通过阻断中脑-边缘及中脑-皮质通路中的 D_2 受体而发生的。新型抗精神病药氯氮平，抗精神病作用较强，对其他药物无效者仍有效且几无锥体系统反应，可引起粒细胞减少。

Ⅱ类：抗躁狂抑郁症药，代表药有碳酸锂。其抗躁狂抑郁的作用主要是通过促进 5-HT 的释放，摄取突触间隙中儿茶酚胺，抑制腺苷酸环化酶和磷脂酶 C 所介导的反应，影响 Na^+、Ca^{2+}、Mg^{2+}分布、影响葡萄糖代谢所致。碳酸锂口服吸收快而全，但起效慢。有显著的抗躁狂作用，但对正常人精神活动几无影响。

Ⅲ类：抗抑郁药丙米嗪，有中枢神经系统、抗抑郁作用。其作用机制主要是阻断 NA、5-HT 在神经末梢的再摄取，从而使突触间隙的递质浓度增高，促进突触传递功能。正常人服用后有困倦，头晕，口干，视力模糊，注意力不集中，思维能力下降等症状；抑郁症患者则有情绪提高，精神振奋（起效慢，用药 2～3 周见效）的疗效。

其他抗精神失常药尚有：氟哌啶醇、五氟利多、地昔帕明等。

中药介绍

石 菖 蒲

石菖蒲（acorusgramineus）为天南星科植物石菖蒲 *Acorus tatarinowii Schott* 的干燥根茎。主要有效成分为挥发油，内有 α-，β-及 γ-细辛脑（asarone），欧细辛脑（euasarone），顺式甲基异丁香油酚（cismethylisoeugenol），榄香脂素（elemicin），细辛醛（asarylaldehde），δ-荜澄匣烯（δ-cadinene），百里香酚（thymol），肉豆劳动酸（myristic acid）。

文献报道石菖蒲挥发油对多种实验性精神失常均有预防和治疗作用。①石菖蒲煎剂对戊四氮引起的小鼠惊厥有一定的对抗作用，与对照组相比，能使自主活动减少，抽搐开始时间推迟，抽搐鼠数较少。挥发油中的 α -细辛醚 140mg/kg 能完全对抗小鼠电惊厥和戊四氮惊厥，并能对抗家兔侧脑室给乙酰胆碱所致惊厥，除去挥发油的水煎剂亦有作用。②镇静作用：煎剂或挥发油均能使小鼠自发活动减少，解除单笼饲养小鼠的攻击行为；亦能延长戊巴比妥钠所致的睡眠时间，对阈下催眠剂量的戊巴比妥钠有协同作用。此外，尚能显著延长戊巴比妥钠的麻醉时间。研究表明：挥发油中的细辛醚是镇静的有效成分，但除去挥发油后仍有镇静作用，提示其镇静成分不止一种。

临床上，石菖蒲对癫痫病及其他神经系统疾病均有较好的疗效。以石菖蒲配伍的方剂在临床上对癫痫、老年性痴呆症、脑中风等治疗效果不错。这些为石菖蒲“开心孔、补五脏、通九窍、明耳目”等功效在中医临床上用于开窍醒脑、定志宁神等症提供了科学依据。

（简 洁）

第十四章　治疗神经退行性疾病的药物

能力要求

1. 能够阐述左旋多巴的作用特点、临床应用及不良反应。

2. 能够概括左旋多巴增效药和苯海索的作用特点、临床应用、抗阿尔茨海默病药物的分类及应用特点。

3. 能够理解帕金森病和阿尔茨海默病的发病机制学说。

中枢神经系统退行性疾病（neurodegenerative disease）是一组慢性、进行性中枢神经系统退行性变性疾病的总称。主要包括帕金森病（Parkinson disease，PD）、阿尔茨海默病（Alzheimer disease，AD）、亨廷顿病（Huntington disease，HD）、多发性硬化症（multiple sclerosis，MS）、肌萎缩侧索硬化症（amyotrophic lateral sclerosis，ALS）等。虽然这些疾病的病因及病变部位不同，但病理学特征相似，都表现为进行性不同脑区特定神经元消失，同时伴有运动和（或）认知功能障碍。目前这些疾病发病机制尚未完全明确，研究认为可能与兴奋性毒性（excitotoxicity）、细胞凋亡（apoptosis）和氧化应激（oxidative stress）等密切相关。

PD 和 AD 主要发生于中老年人，随着社会人口的老龄化，这类疾病的发病率逐渐提高，已成为继肿瘤和心血管疾病之后，严重影响人类健康的第三位因素。本章重点介绍治疗 PD 和 AD 药物。

第一节　抗帕金森病药

PD 又称震颤麻痹（paralysis agitans），是以锥体外系功能障碍为特征的慢性进行性中枢神经组织退行性疾病，以 65 岁以上老人发病居多，发病率为 1%左右。其特征性临床表现为静止性震颤、肌肉僵直、运动迟缓（困难）、共济失调等，严重病例可伴有记忆障碍和痴呆。此外，脑动脉硬化、脑炎后遗症及化学药物（抗精神病药、氰化物、一氧化碳、锰）中毒等也可诱发与 PD 类似的症状，则称为帕金森综合征（parkinsonism）。

虽然 PD 发病原因及机制目前尚未完全阐明，但其典型病理特征已经明确，即为中脑黑质致密部多巴胺能神经元进行性变性缺失和残存多巴胺能神经元胞质内病理标记物路易小体（Lewy body）的形成。因此，根据此病理特点提出的黑质纹状体多巴胺能神经-胆碱能神经功能失衡学说，即“DA 学说”也广泛受到认可。该学说的主要观点为：PD 患者黑质致密部多巴胺能神经元进行性变性缺失，使得基底神经节环路神经递质 ACh 与 DA 之间的平衡被打破。黑质中多巴胺能神经元发出上行性纤维到纹状体（尾核及壳核），与纹状体神经元形成突触，释放 DA 递质，最终对脊髓前角运动神经元起抑制作用（抑制性递质）；纹状体内有乙酰胆碱能神经元释放 ACh 递质，对脊髓前角运动神经元起兴奋作用（兴奋性递质）。正常时两种递质相互拮抗，处于平衡状态，共同作用于脊髓前角运动神经元，参与运动功能调节。PD 时由于黑质病变，DA 合成减少，使纹状体 DA 含量减少，造成纹状体多巴胺能神经功能低下而胆碱能神经功能相对亢进，从而产生肌张力增高等一系列临床症状。许多临床证据支持此学说。例如，PD 的患者纹状体中 DA 含量仅为正常人的 5%～10%；提高脑内 DA 含量或应用 DA 受体激动药可显著缓解震颤麻痹等症状；耗竭黑质-纹状体内 DA、用神经毒素 MPTP 选择性破坏黑质 DA 能神经元或长期使用 DA 受体拮抗药可导致震颤麻痹；胆碱受体阻断药可缓解 PD 的某些症状。

知识拓展

氧化应激学说

对于 DA 能神经变性缺失机制，目前较为肯定的学说为"氧化应激学说"。根据此学说，一般情况下，DA 通过单胺氧化酶（MAO）催化氧化脱氨代谢，所产生的过氧化氢（H_2O_2）能被抗氧化系统清除掉。但在氧化应激时，DA 的氧化代谢是多途径的，产生过量的 H_2O_2 和超氧阴离子（O^{2-}），在黑质部位 Fe^{2+}催化下，进一步生成毒性更大的羟自由基（OH·）。而此时黑质线粒体呼吸链的复合物Ⅰ（complex Ⅰ）活性下降，抗氧化物（特别是谷胱甘肽）消失，无法清除自由基。因此，自由基通过氧化神经膜类脂，破坏 DA 神经元膜功能或直接破坏细胞 DNA，最终导致神经元变性。这一学说得到如下事实支持：在 PD 患者的黑质中发现"两多两少"——Fe（尤其是 Fe^{2+}）增加，O^{2-}和 OH·增加，抗氧化物谷胱甘肽几乎消失，complex Ⅰ功能严重不足。

经典的抗 PD 药物主要着眼于恢复多巴胺能和胆碱能神经系统功能的平衡，包括拟多巴胺类药和抗胆碱药。拟多巴胺药通过直接补充 DA 前体物或抑制 DA 降解发挥作用，而抗胆碱药通过拮抗相对过高的胆碱能神经功能而缓解症状。两者合用疗效能明显增加。这两种药物能有效控制 PD 症状，改善患者的预后，减少并发症，提高生活质量和延长寿命，但不能根治 PD。近年"DA 氧化应激学说"为 PD 的治疗又提出新的思路，即从改善症状转向预防 DA 神经元自身中毒，如利用司来吉兰有效清除自由基的作用来进行 PD 治疗。另外，虽然国内外 PD 治疗仍以药物治疗为主，但外科手术治疗、细胞和组织移植治疗、基因治疗等也取得了长足进展。

一、拟多巴胺类药

根据作用机制分为 DA 前体药、左旋多巴增效药、促释 DA 神经递质药、DA 受体激动药。

（一）DA 前体药

左 旋 多 巴

左旋多巴（levodopa，*L*-Dopa）为酪氨酸形成儿茶酚胺的中间产物，是 DA 的前体，是目前应用最广泛、改善运动症状最为有效的抗 PD 药物。左旋多巴可从豆科植物常绿油麻藤（*Mucuna sempevirens Hemsl.*）种子中提取，现也可人工合成。

【体内过程】 口服吸收迅速，0.5～2h 血药浓度达峰值，$t_{1/2}$为 1～3h。左旋多巴在小肠需借助芳香族氨基酸转运体转运吸收，因此，食物中其他氨基酸可与其竞争载体减少其吸收。口服吸收的左旋多巴绝大部分（95%以上）在肝和胃肠黏膜被外周多巴脱羧酶脱羧，转变成 DA，后者不易透过血-脑屏障，是引起外周不良反应的主要原因；仅有少量（约 1%）进入中枢神经系统，在脑内脱羧转变为 DA，发挥中枢作用，因此显效较慢。生成的 DA 一部分被突触前膜摄取进入多巴胺能神经末梢，另一部分被单胺氧化酶（MAO）和儿茶酚胺-*O*-甲基转移酶（COMT）代谢，最终经肾排出。外周脱羧酶抑制药卡比多巴、苄丝肼等，可减少左旋多巴的外周脱羧作用，使进入中枢数量增加，不良反应减轻，因此常与左旋多巴合用。

【药理作用和临床应用】

（1）抗 PD：*L*-Dopa 为治疗 PD 的基础药物，本身无药理学活性。进入中枢后，在中枢脱羧酶作用下转变为 DA，补充纹状体中的 DA 递质的不足，恢复 DA 和 ACh 两递质的平衡，进而改善帕金森症状。*L*-Dopa 可治疗各种类型的 PD，无论年龄、性别和病程长短，均可获得疗效。与未用 *L*-Dopa 相比，寿命明显延长，生活质量明显提高。其特点为：①药物作用与疾病严重程度有关，对轻症及年轻患者疗效较重症及老年患者为好；②对 PD 症状缓解存在差异，对肌肉强直、运动困难改善效果最好，而对肌肉震颤效果稍差，对痴呆症状改善不明显；③显效较慢，服药后 2～3 周开始见效，1～6 个月达最大疗效。用药早期，可使 80% PD 患者症状得到明显改善，其中 20%患者可恢复到正常运动状态。但随着用药时间的延长，疗效会逐渐下降，3～5 年后疗效不显著，可能与疾病进展、耐受性形成、存在补偿机制等有关；④*L*-Dopa 对吩噻嗪类抗精神失常药物所引起的帕金森综合征无效，因该类药物能阻断中枢 DA 受体。

（2）治疗肝性脑病：肝性脑病又称肝性昏迷，是严重肝病引起的、以代谢紊乱为基础的中枢神经系统功能失调综合征。其主要临床表现为意识障碍、行为失常和昏迷。进入脑内的 *L*-Dopa 可合成 NA，还可以提高大脑对氨的耐受力，进而有利于中枢神经功能的恢复，使患者清醒，症状改善。但对肝功能没有恢复作用。

【不良反应】 与 *L*-Dopa 转变成 DA 有关，分为早期和长期两大类。

（1）早期不良反应

1）胃肠反应：出现较早，约 80%患者治疗初期即出现恶心、呕吐、食欲减退等，用药数周后可逐渐耐受。此反应与 DA 直接刺激胃肠道黏膜及兴奋延髓催吐化学感受区多巴胺受体 D_2 有关。一旦出现可用 D_2 受体阻断药多潘立酮消除。也能引起腹胀、腹痛、腹泻或便秘等。饭后服药、合用氨基酸脱羧酶抑制剂、减慢剂量递增的速度均可减轻胃肠道反应。偶见胃溃疡、出血或穿孔。

2）心血管反应：30%患者治疗初期出现，表现为轻度直立性低血压。其机制可能是 DA 作用于血管 DA 受体，与由此引起的血管舒张有关。严格控制药量可避免。老年患者亦可引起心律失常，与 DA 对β肾上腺素能受体激动作用有关。冠心病患者禁用。

（2）长期不良反应

1）运动过多症（hyperkinesia）：长期用药易出现，服用 2 年以上者发生率达 90%。主要表现为不受意识控制的不自主运动，多见于面部肌群抽动，如张口、伸舌、咬牙，即口-舌-颊三联征，皱眉和头颈扭动等，也可累积肢体或躯体肌群引起摇摆运动，偶见喘息样呼吸。此症是由于服用大量 *L*-Dopa 后，DA 受体过度兴奋所导致的。DA 受体拮抗剂左旋千金藤啶碱（*L*-stepholidine）可缓解运动过多症。

2）症状波动：也称“开-关现象”（on-off phenomenon）。服药 3～5 年，有 40%～80%患者出现。表现为患者突然多动或活动正常（开），而后又出现全身性或肌肉强直性运动不能（关），两种现象可交替发生，严重妨碍患者的正常活动。其发生机制可能与 PD 进展导致 DA 储备能力下降有关。可应用 *L*-Dopa/AADC 抑制药缓释剂、DA 受体激动剂或 MAO 抑制剂等减轻症状。也可调整给药方案，如改用静脉滴注、增加给药次数而不增加或减少给药剂量等。

3）精神障碍：10%～15%患者可出现，表现为失眠、焦虑、噩梦、躁狂、幻觉、妄想或抑郁等，需减量或停药。此反应可能与 DA 作用于边缘系统有关。应用中脑-边缘系统 DA 受体选择性阻断药氯氮平可对抗此不良反应。精神病患者慎用此药。

【药物相互作用】 ①维生素 B_6 为多巴脱羧酶的辅基，可增强外周脱羧酶活性，促进 *L*-Dopa 在外周转变为 DA，增加外周副作用，降低疗效，因此应该避免合用。②抗精神病药能阻断中枢 DA 受体，故能拮抗左旋多巴的中枢作用。③利血平能耗竭中枢 DA，甚至引起帕金森综合征，使左旋多巴作用失效。④非选择性 MAO 抑制剂能抑制 DA 在外周的代谢，因而可增强 DA 的外周副作用，也能使 NA 堆积，引起血压升高，甚至发生高血压危象。

（二）左旋多巴增效剂

卡比多巴和苄丝肼

卡比多巴（carbidopa）又称 α-甲基多巴肼、洛得新，为 *L*-芳香氨基酸脱羧酶抑制剂。卡比多巴由于不易透过血-脑屏障，故仅能抑制外周多巴脱羧酶的活性。与左旋多巴合用后，抑制其在外周脱羧，减轻外周副作用；同时使进入脑中的 *L*-Dopa 增多，增强药物作用，可减少使用量。卡比多巴单独应用基本无作用，临床上将卡比多巴与 *L*-Dopa 以 1∶4 或 1∶10 的剂量比例配伍，制成复方制剂称心宁美（sinemet），为治疗 PD 的首选药物。现研制出心宁美控释制剂。

苄丝肼（benserazide）作用与卡比多巴相似，它与 *L*-Dopa 按 1∶4 剂量比例制成复方制剂美多巴（madopar），与心宁美作用相同。

司 来 吉 兰

司来吉兰（selegiline）为选择性单胺氧化酶 B（MAO-B）抑制药。人体单胺氧化酶（MAO）分为 A、B 两型。MAO-A 在胃肠道分布较高，主要代谢食物、肠道和血液循环中的单胺类；MAO-B 在中枢黑质-纹状体分布较高，分解其中的 DA。低剂量（＜10mg/d）司来吉兰选择性抑制中枢神经系统 MAO-B，使纹状体中的 DA 代谢减少，浓度增加，作用时间延长。司来吉兰是治疗 PD 的辅助药，与 *L*-Dopa 合用可减少后者剂量和副作用，使 *L*-Dopa 的“开-关现象”消失，较好的缓解症状，延长患者寿命。近来发现司来吉兰作为神经保护剂，能优先抑制黑质-纹状体中的超氧阴离子和羟自由基的形成，延迟神经元变性和 PD 的发展。临床上将司来吉兰与抗氧化剂维生素 E 联合应用治疗 PD，称为 DATATOP 方案（deprenyl and tocopherol antioxidative therapy of Parkinsonism），但确切效果尚不肯定，有待大范围临床观察。本品低剂量对外周 MAO-A 无作用，肠道和血液中 DA 和酪氨酸代谢不受影响，不会产生 MAO 非选择性抑制剂所引起的高血压危象，但大剂量（＞10mg/d）亦可抑制 MAO-A，应避免使用。

硝替卡朋和托卡朋

硝替卡朋（nitecapone）和托卡朋（tocapone）为新型儿茶酚氧位甲基转移酶（COMT）抑制药。其中，硝替卡朋只抑制外周 COMT，增加 *L*-Dopa 生物利用度，使纹状体中 *L*-Dopa 和 DA 增加来发挥抗 PD 作用。托卡朋则能延长 *L*-Dopa $t_{1/2}$，稳定血药浓度，使更多的 *L*-Dopa 进入脑组织，同时也能抑制中枢 COMT，减少 DA 降解，可明显改善病情，尤其适用于伴有症状波动的患者。托卡朋的主要不良反应为肝损伤，甚至引起暴发性肝衰竭。仅用于其他抗 PD 药无效的患者，且要严密监测肝功能。

案例解析

案例 14-1

患者，男，70 岁，于 5 年前左肢不明原因出现不自主抖动，安静状态下较为明显，紧张、激动时加重，平静放松时减轻。3 年前右侧肢体亦出现上述症状。于入院半月前出现面部表情少，伴左侧肢体活动不灵活、僵硬。入院查体：意识清醒，高级活动反应慢，面部表情少，四肢呈齿轮样肌张力增高，右手静止性震颤，紧张时加剧，手部精细活动困难，动作迟缓，行走时出现慌张步态。小写征明显。头部 MRI 未见异常。诊断：PD。医嘱给予口服美多巴 125mg，每日 2 次，饭后服用。

请分析：美多巴是由哪两种药物组成的复方制剂？配伍道理如何？美多巴可减少组合药物中哪些外周副反应？

解析：

美多巴由左旋多巴及苄丝肼组成。两药合用后，苄丝肼可抑制左旋多巴的外周脱羧，减轻其外周副作用（包括胃肠道、心血管等副作用）；同时使进入脑中的左旋多巴增多，增强药物作用，可减少使用量。

（三）促多巴胺释放药

金刚烷胺

金刚烷胺（amantadine）为抗病毒药物，在预防流感时偶然发现其对PD有一定疗效而用于此病的治疗。其作用机制包括以下四个方面：①促进内源性DA的释放，抑制突触前膜对DA的再摄取，从而增加突触间隙的DA含量；②抗胆碱能作用；③直接作用于DA受体；④阻断Glu兴奋性神经毒性作用而保护神经细胞。金刚烷胺用于PD治疗见效快、维持时间短，用药数日即可获得最大效应，6～8周后逐渐减弱。而*L*-Dopa起效慢，维持时间长，因此两者合用有协同作用。金刚烷胺对PD肌肉强直、震颤和运动障碍的缓解作用较强，优于抗胆碱药，但不及左旋多巴。长期用药可见下肢出现网状青斑，还可引起精神不安、失眠和运动失调等。

（四）多巴胺受体激动药

溴隐亭

溴隐亭（bromocriptine）为麦角碱衍生物，为D_2受体强激动药，对外周多巴胺受体及α-肾上腺素能受体有较弱的激动作用。口服吸收迅速，1h显效，2～3h达高峰，$t_{1/2}$为6～8h。可透过血-脑屏障，血浆蛋白结合率为90%～96%，全部经肝代谢，主要代谢物经胆汁排泄。溴隐亭的血药浓度个体差异较大，达5倍之多，故剂量应个体化。小剂量溴隐亭可激动结节-漏斗通路部DA受体，抑制催乳素和生长激素的释放。用于产后回乳、催乳素分泌过高引起的闭经及溢乳，也可治疗垂体瘤伴肢端肥大症；大剂量可激动黑质-纹状体通路的DA受体，主要用于治疗PD，与*L*-Dopa合用疗效更好。对外周DA受体作用弱。

溴隐亭不良反应较多。消化系统可见食欲减退、恶心、呕吐、便秘等症状；心血管系统可出现直立性低血压、心律失常等。长期用药可出现无痛性手指血管痉挛。

培高利特

培高利特（pergolide）疗效与溴隐亭相似，作用强而持久。可用于不能耐受*L*-Dopa者，特别适用于复方制剂疗效逐渐减退者，对*L*-Dopa引起的“开-关现象”有较好的防治效应，肌肉僵直和运动迟缓症状也见改善。但近来报道其可致心脏瓣膜的损害，应予以注意。

利舒脲

利舒脲（lisuride，利修来得）为新型DA受体激动药，选择性激动D_2受体。能改善运动功能障碍，减轻*L*-Dopa所致的“开-关现象”和不自主异常运动，作用强于溴隐亭。

二、中枢抗胆碱药

中枢抗胆碱药通过阻断中枢胆碱能受体，减弱纹状体中ACh的作用，从而恢复PD患者DA和ACh的平衡，达到治疗PD的效果。传统胆碱能受体阻断药阿托品、东莨菪碱等虽然对PD也有效，但外周抗胆碱副作用较大，一般不用。常用的药物为中枢性胆碱受体阻断药，如苯海索等。

苯海索、丙环定和苯扎托品

苯海索（Benzhexol，安坦）对中枢胆碱受体具有较强阻断作用，能阻断纹状体胆碱能受体而使肌张力降低。临床主要用于不能耐受或禁用 *L*-Dopa 的患者。其特点为：①对肌震颤疗效好，对流涎、多汗及情感抑郁也有较好的缓解作用，但对肌肉强直、运动困难效果差；②对抗精神病药引起的帕金森综合征有效。疗效不及 *L*-Dopa，但两者合用可提高疗效。

苯海索外周抗胆碱作用弱，为阿托品的 1/10～1/3。不良反应与阿托品相似但较轻。可引起中枢神经系统副作用如精神错乱、谵妄及幻觉等，这使其应用受到一定程度的限制。久用不能突然停药，否则可使病情迅速恶化。闭角型青光眼、前列腺增生者慎用。

丙环定（procyclidine，开马君）、苯扎托品（benzatropine，苄托品）等作用、临床应用及不良反应与苯海索相似。

第二节　治疗阿尔茨海默病药

阿尔茨海默病（Alzheimer's disease，AD）俗称老年痴呆，是痴呆常见类型。它是以进行性认知障碍和记忆力损害为主的中枢神经系统退行性疾病，表现为记忆力、判断力、抽象思维等一般智力丧失，但视力、运动能力等则不受影响。调查发现，65 岁以上人群中患重度老年痴呆的比率达 5%以上，而到 80 岁，此比率就上升到 15%～20%。因此随着人类寿命的延长和社会人口老龄化问题的日益突出，AD 患者数量和比例将持续增高，成为严重威胁人类健康的疾病。

目前 AD 的发病机制还未完全阐明，但其特征性病理改变公认为神经细胞外的淀粉样斑（amyloid plaques，AP）或称老年斑（senile plaques，SP）和神经细胞内的神经纤维缠结（neurofibrillary tangles，NFT），神经元的丢失伴神经胶质细胞增生。针对 AD 的发病机制学术界提出了 10 余种假说，其中比较公认的为 β-淀粉样蛋白级联假说、Tau 蛋白过度磷酸化学说、胆碱能及氧化应激学说。

1. β-淀粉样蛋白级联假说　为目前占主导地位的假说。β-淀粉样蛋白（β-amyloid，Aβ）是 SP 的核心成分，包括 $A\beta_{1-40}$ 和 $A\beta_{1-42}$，是由 β-淀粉样前体蛋白（β-amyloid precursor protein，APP）经酶（β-分泌酶和 γ-分泌酶）水解产生（如图 14-1 所示）。正常情况下产生的 Aβ 可被中性肽链内切酶（NEP）和胰岛素降解酶（IDE）等降解。当某些原因导致 Aβ 生成增多和（或）降解减少就会使大量的 Aβ 释放至细胞外沉积，形成斑块，进而激活小胶质细胞，释放神经毒性分子，引起炎症反应，产生氧化损伤。最终导致细胞器受损、细胞功能减退、神经元出现凋亡，逐渐产生痴呆。

2. Tau 蛋白过度磷酸化学说　Tau 蛋白是 NFT 的主要成分。具有稳定微管、参与轴突运输等功能。脑中正常成熟的 Tau 蛋白分子含 2～3 个磷酸基团，而 AD 患者脑中的 Tau 蛋白可含 5～9 个磷酸基团，呈异常过度磷酸化。这种过度磷酸化可使 Tau 蛋白丧失促进微管组装活性及与微管结合的能力，进而使游离性 Tau 蛋白片段异常增多，最终使 Tau 蛋白发生异常聚集、纤维化、形成 NFT，进而使轴突损伤、神经细胞死亡，促进 AD 发生（图 14-1）。

3. 胆碱能学说　AD 患者胆碱能神经明显受损，特别是皮质和海马、前脑 Meynert 基底核和隔区等部位。这些脑区的 AChE 和乙酰胆碱转移酶（acetylcholinesterase，ChAT）活性下降，并伴有胆碱能神经元胞体的缺失，脑中 ACh 水平下降，胆碱能系统功能降低。而研究发现，胆碱能系统和学习、记忆能力密切相关。因此认为脑内胆碱能神经系统的退化是 AD 学习记忆功能减退的主要原因之一。

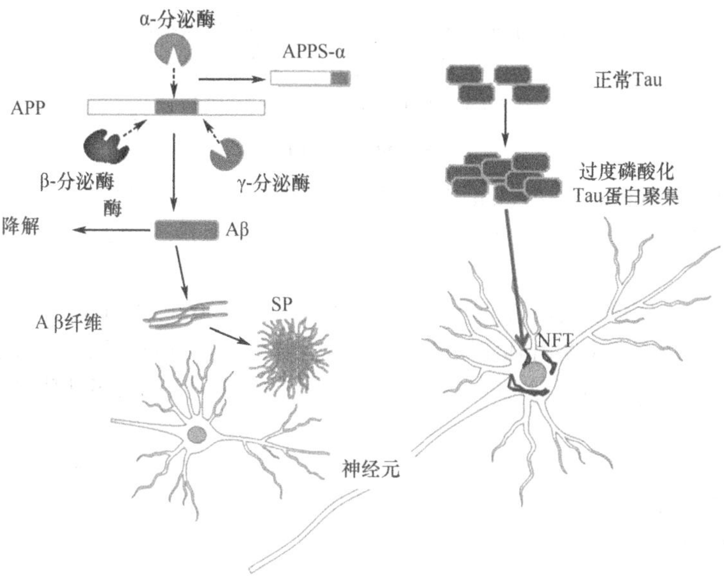

图 14-1　老年斑（SP）和神经纤维缠结（NFT）形成过程图

近年虽然对于 AD 发病机制的研究取得了长足的进展，提出了多种假说，但对 AD 治疗仍无有效措施，也没有能有效逆转其病理变化的药物。现临床治疗 AD 广泛应用的药物主要为 AChE 抑制剂和 NMDA 受体拮抗剂，这两类药物能延缓疾病的进展，改善 AD 患者记忆和认知功能的障碍。而基于 β-淀粉样蛋白级联学说开发的药物如 β-分泌酶抑制剂和 γ-分泌酶抑制剂，针对 Tau 蛋白过度磷酸化学说的药物如 Tau 蛋白磷酸化抑制剂和促 Tau 蛋白降解制剂，AD 疫苗，非甾体类抗炎药，氧自由基清除剂，神经干细胞移植等正在研发中。

一、胆碱酯酶抑制药

多奈哌齐

多奈哌齐（donepezil）是美国 FDA1996 年批准上市的第二个治疗抗 AD 药物，也是第二代可逆性 AChE 抑制药。是目前临床治疗 AD 最常用的药物。

【体内过程】　口服吸收好，3～4h 达峰浓度。血浆蛋白结合率高，约 95%。经肝代谢，代谢产物 6-*O*-脱甲基衍生物仍然具有活性，其活性与母药相当。代谢物经肾排泄，$t_{1/2}$ 约为 70 h，因此，维持药效时间长，可每日服用一次。

【药理作用及临床应用】　临床用于轻、中、重度 AD 患者的治疗。与他克林相比具有如下优势。①中枢神经系统 AChE 选择性高，对丁酰胆碱酯酶无作用，能改善轻度至中度 AD 患者的认知能力和临床综合功能。②具有剂量小、毒性低和价格相对较低的优点，患者耐受性较好。

【不良反应】　常见有流感样胸痛、牙痛；高血压、血管扩张、低血压、心房颤动等心血管反应；大小便失禁、胃肠道出血、腹痛等；亦可出现谵妄、震颤和感觉异常等。

加兰他敏

加兰他敏（galantamine）为第二代 AChE 抑制药，美国 FDA2001 年批准用于临床治疗 AD。对轻、中度 AD 疗效显著，无肝毒性，有可能成为 AD 治疗的首选药。

【体内过程】　口服吸收较快，2h 达到峰浓度。药物主要分布于肾、肝、脑中，脑内药物浓度高，为血药浓度的 3 倍左右。主要经肾排出体外，$t_{1/2}$ 为 5h 以上。

【药理作用和临床应用】　为竞争性 AChE 抑制药。与他克林相比：①选择性高，对神经元中的AChE抑制作用强，而对于血液中丁酰酯酶则抑制能力较弱；②疗效和他克林相当，对于轻、中度AD治疗有效率达50%～60%，用药6～8周后疗效显著。

【不良反应】 主要不良反应为用药早期的恶心、呕吐及腹泻等胃肠反应。无肝毒性。

利 斯 的 明

利斯的明（rivastigmine，Exelon®）又叫重酒石酸卡巴拉汀，美国FDA 1998年批准用于临床治疗AD。对轻、中度AD和PD都有确切疗效。不良反应较轻，是治疗AD的理想药物之一。

【体内过程】 口服吸收较快，剂量3mg生物利用度达40%。半小时达到血峰浓度，1.4～3.8h达到脑脊液峰浓度。主要由其作用的胆碱酯酶介导的水解进行代谢，没有肝脏P_{450}酶的参与，因此，与经此酶代谢的药物之间不存在相互作用，可以安全地与多种药物合并应用。这是该药的一大特点。

【药理作用和临床应用】 利斯的明是一种高度脑选择性AChE抑制剂，同时也有类似的抑制丁酰胆碱酯酶的作用，因此具有双重抑制作用。通过延缓功能完整的胆碱能神经元所释放ACh的降解而促进海马和皮层胆碱能神经传导，改善AD患者胆碱能神经介导的认知功能。对轻度认知功能障碍（MCI）、轻、中、重度AD都有疗效。

【不良反应】 该药不良反应较轻，以胃肠道反应如恶心、呕吐为主。通常不需要特殊处理即可自行消失。使用每日一次的利斯的明贴剂（patch）可使胃肠道反应大为减少。

他 克 林

他克林（tacrine）是1993美国FDA批准上市的第一个治疗AD药物，也是第一代可逆性AChE抑制药。但由于该药具有较重的肝毒性，现临床已少用。

【体内过程】 口服吸收快，但容易受食物的影响，口服给药血药浓度个体差异较大。该药脂溶性较高，易透过血-脑屏障，主要经肝代谢失活，饭后服用$t_{1/2}$为2～4h。

【药理作用】 他克林抗AD作用与多种机制有关：可抑制血浆和组织中的AChE，从而增加ACh的含量；也可直接激动M、N胆碱能受体，对M受体选择性高；还能促进ACh释放；也能促进脑组织对葡萄糖的利用，改善由药物、缺氧、老化等引起的实验动物学习记忆能力的下降。

【临床应用】 对轻、中度AD患者的疗效较为肯定，可减缓病程6～12个月，提高患者的认知能力和自理能力。尚可用于拮抗非除极化肌松药作用；亦可用作呼吸兴奋药，用于减轻阿片类生物碱引起的呼吸抑制作用。

【不良反应】 约有30%患者即使接受低剂量他克林也可出现转氨酶升高。开始给药时若出现转氨酶升高则应减量或停药。如转氨酶升高幅度较大或患者出现黄疸时应立即停用本药。

石 杉 碱 甲

石杉碱甲（huperzine A，哈伯因）是从植物千层塔中分离提取的生物碱，是我国学者首创的一种强效AChE抑制药，对真性胆碱酯酶具有选择性抑制作用。本药脂溶性高，易透过血-脑屏障，进入中枢后主要分布于大脑的额叶、颞叶、海马等与学习和记忆密切相关脑区。低剂量下石杉碱甲对AChE即具有强大的抑制作用，使突触间隙的ACh含量明显升高，从而增强神经元兴奋传导，强化学习与记忆脑区的兴奋性，进而提高认知功能。主要用于老年性记忆功能减退及老年痴呆患者。不良反应较轻，主要有胃肠道反应和头晕、多汗等。

二、胆碱受体激动药

临床上主要应用的为M_1胆碱能受体激动剂。AD患者脑组织中M_1受体未受损，激动该受体可增强胆碱能神经功能。另外，这类药物还能逆转Aβ诱导的神经细胞凋亡、减少Tau蛋白的磷酸化、促进神经元生长，对神经元具有一定保护作用。目前多数药物还在研发中。

占 诺 美 林

占诺美林（xanomeline）为槟榔碱的噻唑衍生物，是目前选择性最高的 M_1 受体激动剂之一。口服易吸收，易透过血-脑屏障，大脑皮层和纹状体分布较多。大剂量可明显改善 AD 患者的认知功能和行为能力，但易引起胃肠道和心血管方面的不良反应。现正开发皮肤给药。本品有望成为第一个治疗 AD 的 M_1 受体激动剂。

三、神经生长因子增强剂

神经生长因子（nerve growth factor，NGF）是最早发现的神经营养因子，对神经细胞具有保护作用。动物研究发现，NGF 能促进神经系统发育、维持神经系统功能，改善存活脑细胞的功能状态。它尤其对中枢胆碱能神经元有营养作用，可阻止基底前脑损伤所致的胆碱能神经元变性和死亡，改善老年动物识别功能障碍，逆转认知功能下降。但 NGF 分子量大，不易透过血-脑屏障，造成应用上的困难。因此，促进脑内 NGF 生物合成，如使用 NGF 增强剂，成为治疗 AD 的另一个途径。

吡 拉 西 坦

吡拉西坦（piracetam）为 GABA 环形衍生物，能激活、保护和修复脑细胞，加速大脑半球间经过胼胝体的信息传递；还具有对抗物理因素、化学因素所致的脑功能损伤等作用，增强记忆、提高学习能力。该药能透过血-脑屏障到达脑内，尤其是大脑皮层和嗅球药物浓度更高。吡拉西坦可改善轻、中度 AD 患者的认知能力，但对重症患者无效。适用于急、慢性脑血管病，脑外伤，各种中毒性脑病等多种原因所致的记忆减退及轻、中度脑功能障碍。

脑 活 素

脑活素（cerebrolysin）为脑蛋白水解物，可促进蛋白质的合成、加速葡萄糖的摄取、改善脑能量供应，有利于脑细胞记忆功能的恢复。临床可用于脑动脉硬化、脑外伤后遗症、大脑发育不全、早老性痴呆等治疗，但有效性还有待进一步确定。

普 立 宁 钾

普立宁钾（leteprinim potassium）是美国 Spectrum Pharmaceuticals 公司研发的促神经生长因子生长剂，它能提高受损害或退化神经元的神经营养生长因了水平、刺激轴突生长，从而恢复神经元功能、改善记忆能力。可用于治疗轻、中度 AD。

四、NMDA 受体拮抗剂

谷氨酸是中枢神经系统兴奋性突触神经递质，通过作用于突触后谷氨酸受体，进行突触间信号的传递。近年研究发现谷氨酸受体，尤其是 *N*-甲基-*D*-天门冬氨酸（*N*-methyl-*D*-aspartate，NMDA）型 Glu 受体的过度激活在神经退行性疾病中发挥重要作用。NMDA 受体过度激活可造成突触间可塑性的下降、神经细胞死亡等，进而导致认知功能下降。NMDA 受体抑制可对抗谷氨酸受体过度激活导致的神经毒性。

美 金 刚

美金刚（memantine）是第一个对 AD 有显著疗效的 NMDA 受体拮抗剂。其抗 AD 机制可能与干扰谷氨酸兴奋毒性反应、抗氧化应激、增加大脑皮质神经营养因子（BDNF）的含量等有关。美金刚为非竞争性 NMDA 受体拮抗剂，在抑制兴奋性氨基酸神经毒性时，不干扰学习、记忆所需短时 Glu 的生理性释放。临床上主要用于中、重度 AD 的治疗，可明显缓解 AD 患者的认知功能障碍。与 AChE 抑制药合用效果更显著。也可用于 PD 所致痴呆的治疗。副作用包括轻微眩晕、不安、头重、口干等，严重肝损害、意识紊乱等。孕妇、哺乳期妇女禁用。

本章小结

PD 和 AD 为中枢神经系统退行性疾病，病因和发病机制尚不清楚。PD 的药物治疗主要以刺激多巴胺能神经和恢复胆碱-DA 能平衡为主。拟 DA 药中 *L*-Dopa 通过补充脑内 DA 的不足，发挥治疗作用。卡比多巴能抑制外周多巴脱羧酶的活性，减少左旋多巴在外周转化为 DA，提高 *L*-Dopa 的疗效和减少不良反应。左旋多巴和卡比多巴两药合用为治疗 PD 的常规药物。抗胆碱药苯海索通过阻断中枢胆碱受体而发挥治疗作用，适用于 PD 轻症患者。AD 的治疗策略是增强中枢胆碱能神经功能，主要有胆碱酯酶抑制药多奈哌齐、加兰他敏、利斯的明等，以及 M 受体激动药占诺美林。对抗谷氨酸受体过度激活导致的神经毒性也是治疗中、重度 AD 的一个策略，主要用 NMDA 受体拮抗剂美金刚。

中药介绍

人参皂苷

人参（Panax ginseng C. A. Mey）是传统的名贵中药，属多年生草本植物，应用于中医已经有两千多年的历史。《神农本草经》记载，人参能“补五脏，安精神，定魂魄，止惊悸，除邪气，明目开心益智”。人参皂苷是人参根提取物，是人参的主要成分之一。近年来，人参皂苷 Rg_1 由于其具有多靶点、毒副作用小等优势，成为 AD 治疗的研究热点。

文献报道，人参皂苷 Rg1 可通过多种机制对动物 AD 模型产生产生保护作用：①可对抗 Aβ 的神经毒性，改善 Aβ 引起的大鼠学习记忆障碍；②可通过抑制蛋白激酶 PKA 的活性降低大鼠脑片 AD 模型 P-Tau 的表达，从而减缓 NFTs 的形成；③可通过提高突触效能和结构可塑性、增高中枢内 Ach 含量和 M-胆碱受体密度而提高神经可塑性。

尽管目前对于人参皂苷 Rg_1 的研究还基于实验室研究阶段，但大量的数据为人参皂苷 Rg_1 临床用于 AD 的治疗奠定了一定的理论基础。

（王　浩　张汉霆）

第十五章 中枢兴奋性药物/促进脑功能恢复的药物

能力要求

1. 能够阐述大脑皮层兴奋药及促进脑功能恢复药的药理作用、临床应用、不良反应及使用禁忌。

2. 能够阐述呼吸中枢兴奋药的药理作用、临床应用及不良反应。

3. 能够理解大脑皮质兴奋药、呼吸中枢兴奋药及促进脑功能恢复药的作用机制。

第一节 主要兴奋大脑皮层的药物

大脑皮质兴奋药是一类在临床治疗剂量下选择性兴奋大脑皮质，并提高其功能活动的药物。临床用于颅脑外伤后昏迷、中枢抑制剂中毒等所致意识障碍。因该类药还有改善注意力、减少攻击行为等作用，故也常用于儿童精神迟钝、儿童注意力缺陷多动障碍（attention-deficit hyperactivity disorder，ADHD）的治疗。

哌 甲 酯

哌甲酯（methylphenidate）又名利他林（ritalin），化学结构与具有中枢兴奋作用的交感胺——苯丙胺相似。

【体内过程】 本品是苯丙胺类药物，口服易吸收，2h 达 C_{max}，脑内药物浓度高于血药浓度。80%酯解成利他酸，随尿液排出，$t_{1/2}$ 约 2h。一次服药作用持续 4h。

【药理作用】 交感作用很弱，中枢兴奋作用较温和。哌甲酯对皮质和皮质下中枢有兴奋作用，可振奋精神，缓解抑郁状态，减轻疲乏感；可产生轻度欣快感和轻度食欲缺乏；较大剂量兴奋呼吸中枢，中毒剂量引起惊厥。作用机制与促进 NA 和 DA 等脑内单胺类神经递质的释放，以及抑制这些递质的再摄取有关。

【临床应用】 哌甲酯是国内治疗儿童注意缺陷多动障碍的主要药物。该病是由于脑干网状结构上行激活系统内 NA、DA、5-HT 等递质中某一种缺乏所致。哌甲酯能促进这类递质的释放，对 70%～80%的患有 ADHD 的患者有效，使注意力集中，学习能力提高。因药物兴奋大脑皮质，使患儿易被尿意唤醒，故也治疗小儿遗尿症；还用于治疗轻度抑郁症、发作性睡眠症和中枢抑制药过量中毒。

【不良反应】 治疗量时不良反应较少，偶有失眠、心悸等。大剂量时可使血压升高而致头痛、眩晕等。长期服用可抑制儿童生长发育，疗程越长身高增长减慢越明显，并可产生耐受性和依赖性，故哌甲酯属一类精神药品而受到特殊管制。高血压、癫痫、青光眼、严重焦虑、过度兴奋者及 6 岁以下儿童禁用。

莫达非尼，阿屈非尼

莫达非尼（modafinil），阿屈非尼（adrafinil）均为非苯丙胺类精神兴奋药。主要激动中枢

神经系统的突触后 α_1 受体，激活中枢觉醒系统，提高中枢神经系统对外界刺激的敏感性。由于能改善脑缺氧或衰老所致的脑电图变化，增强记忆力，又被列入益智药。临床用于老年觉醒障碍和抑郁症、发作性睡病和注意力缺陷等。不良反应可见烦躁不安、短暂发作性兴奋，连续用药可消失。严重肝、肾功能损害者减量。

匹 莫 林

匹莫林（pemoline）中枢兴奋作用温和，约相当于咖啡因作用的5倍。此外，尚具有较弱的拟交感作用。口服后2～4h达 C_{max}，$t_{1/2}$ 约为12h，主要经肾排出。用于治疗儿童ADHD，疗效弱于哌甲酯，与哌甲酯合用可增强疗效，延长作用时间。本品也可用于治疗轻度抑郁症及发作性睡眠症。常见不良反应为失眠、厌食和体重减轻。少见头晕、恶心、胃痛、委靡、易激怒、抑郁、皮疹等，减量或停药可消失。因本品肝毒性风险大于该药的潜在益处，有些国家已经停止销售。本品避免用于6岁以下儿童，肝、肾有明显损害者、孕妇及哺乳期妇女慎用。

第二节　主要兴奋延脑呼吸中枢的药物

呼吸中枢兴奋药是在临床治疗剂量下主要兴奋呼吸中枢，用于解除或改善呼吸抑制状态的药物。这类药物中，有些药不仅能兴奋呼吸中枢，而且还能兴奋中枢神经系统的其他部位，提高其功能活动，也常称为苏醒药。该类药物作用时间短，需要反复用药才能维持疗效。对于中枢性呼吸衰竭，临床主要采用人工呼吸机、吸氧等综合治疗措施以长时间维持患者的呼吸，呼吸中枢兴奋药只作为综合措施之一被使用。

尼 可 刹 米

【体内过程】 尼可刹米（nikethamide）皮下注射、肌内注射后吸收好，起效快。一次静脉注射，作用仅维持5～10min。作用温和，安全范围大。

【药理作用】 本品系烟酰胺衍生物，可选择性地直接兴奋延髓呼吸中枢，提高呼吸中枢对 CO_2 的敏感性；也可刺激颈动脉体和主动脉体化学感受器，反射性兴奋呼吸中枢，使呼吸加深加快。对大脑皮质、血管运动中枢及脊髓也有较弱的兴奋作用，剂量过大可引起惊厥。

【临床应用】 临床常用于中枢性呼吸抑制及各种原因所致呼吸衰竭。对肺源性心脏病引起的呼吸衰竭及吗啡中毒引起的呼吸抑制效果较好，对巴比妥类引起的呼吸抑制效果较差。本药作用维持时间短，一次静脉注射作用仅维持数分钟，临床需多次给药。给药过程中应注意观察病情，以免发生蓄积中毒。如出现惊厥，可用地西泮或硫喷妥钠对抗。近年，有文献报道尼可刹米用于治疗麻疹和呃逆也有显著的效果。

【不良反应】 本药治疗量应用不良反应少见，常见的不良反应有恶心呕吐、烦躁不安、抽搐等。过量可引起血压上升、心动过速、咳嗽、出汗、呕吐、肌肉震颤和僵直等。

二 甲 弗 林

二甲弗林（dirnef line）直接兴奋呼吸中枢，作用比尼可刹米强100倍，亦强于贝美格。能显著改善呼吸功能，增加肺换气量，降低血 CO_2 分压，提高动脉血氧饱和度。作用机制可能与阻断中枢 GABA 受体有关。适用于麻醉药、催眠药过量等各种原因引起的中枢性呼吸抑制；对肺性脑病有较好的促醒作用。静脉给药迅速产生疗效，维持2～4h。本品安全范围小，过量易引起肌肉震颤和惊厥。故吗啡中毒者慎用，因中毒量吗啡亦可兴奋脊髓诱发惊厥。不良反应可见恶心、呕吐、皮肤烧灼感等。肝肾功能不全、孕妇及哺乳期妇女禁用。

洛 贝 林

洛贝林（lobeline）对呼吸中枢并无直接兴奋作用，但可刺激颈动脉体和主动脉体化学感受器，反射性兴奋呼吸中枢而使呼吸加快；对迷走神经中枢和血管运动中枢也有反射性的兴奋作用。作用持续时间短（数分钟），安全范围大，很少引起惊厥。临床上常用于新生儿窒息、小儿感染性疾病引起的呼吸衰竭及 CO、阿片中毒等各种原因引起的中枢性呼吸抑制。不良反应可见恶心、呕吐、呛咳、头痛、心悸等。大剂量可兴奋迷走神经中枢引起心动过缓、传导阻滞；洛贝林有烟碱样作用，对自主神经节先兴奋后麻痹。过大剂量则可兴奋交感神经节导致心动过速、呼吸抑制甚至惊厥。其水溶液遇光、热易分解变色，应避光、阴凉处存放。

贝　美　格

贝美格（bemegride）直接兴奋呼吸中枢及血管运动中枢，使呼吸增强，血压微升。作用迅速，维持时间短（10～20min）。主要用于巴比妥类、水合氯醛等中枢抑制药过量中毒的解救；也用于减少硫喷妥钠麻醉的深度以加速恢复。本品选择性差，用量过大或注射速度太快可致惊厥，故应严格控制药物剂量和给药速度。

多　沙　普　仑

多沙普仑（doxapram）为非特异性呼吸兴奋药，可兴奋呼吸中枢及血管运动中枢，还可通过颈动脉化学感受器兴奋呼吸中枢，静脉注射后立即生效，持续 5～12min，安全范围大，临床应用日益广泛。作为全身麻醉术后催醒药物，可很快改善患者的清醒度，咽反射恢复快，可缩短气管拔管时间；对全身麻醉诱发的寒战，静脉滴注本品 10min 后可阻止 80%的发作；也用于乙醇、镇静催眠药等急性中毒引起的中枢抑制。

不良反应可见头痛、乏力、恶心、呕吐、腹泻及尿潴留、胸痛、胸闷、血压升高、心律失常、用药局部发生血栓性静脉炎等；少见精神错乱、呛咳、眩晕、畏光、发热感、多汗等；过量表现为惊厥、不自主震颤和反射亢进。癫痫、惊厥、严重肺部疾病患者禁用。

案例解析

案例 15-1

患者，男，68 岁。咳嗽、咳痰、气喘 8 年。2 年前曾诊断为“慢性支气管炎，肺源性心脏病”。近 1 周，咳嗽、气喘、呼吸困难症状加重，经门诊给予“青霉素”等药物治疗，并在家中自行吸纯氧 1 日。夜间，突然口唇青紫，出现呼吸暂停。住院后，给予呼吸机、输液及尼可刹米治疗。尼可刹米肌内注射，每次 0.25g，每 2h 重复 1 次，共 6 次。患者症状缓解。

根据患者病情，考虑：

（1）该患者出现呼吸异常，是否与吸入纯氧有关?为什么?

（2）为什么要应用尼可刹米?其作用机制是什么?

解析：主要围绕用药进行解析。

该患者根据上述病史可判定该患者出现呼吸异常与吸入纯氧有关，患者血液中 CO_2 张力过低，对颈动脉体和主动脉体化学感受器的刺激减弱，因而导致呼吸暂停。对于该患者情况应首选尼可刹米治疗，因其可选择性地直接兴奋延髓呼吸中枢，提高呼吸中枢对 CO_2 的敏感性，也可刺激颈动脉体和主动脉体化学感受器，反射性兴奋呼吸中枢，使呼吸加深加快，因而可纠正患者的呼吸暂停。

第三节　促进脑功能恢复的药物

促进脑功能恢复药大多作用靶点不明确，作用机制复杂，包括促进脑组织对氧、葡萄糖、氨基酸和磷脂的利用，增加蛋白质的合成，改善脑代谢，促进大脑皮质及海马 ACh 释放，保护神经细胞膜，增加脑血流等。临床用于治疗多种急慢性脑功能障碍，如脑卒中、椎基底动脉供血不足、脑外伤、阿尔茨海默症、药物及乙醇中毒、儿童智力发育迟缓等。

吡拉西坦和奥拉西坦

【体内过程】 吡拉西坦（piracetam）口服易吸收，易通过血-脑屏障，主要以原形由肾脏排泄，$t_{1/2}$ 为 5～6h。

【药理作用】 本品是 GABA 的衍生物，具有激活、保护和修复脑细胞的作用。其作用机制可能涉及以下几方面：①促进脑组织对氧、葡萄糖、氨基酸和磷脂的利用，促进蛋白质合成，提高大脑中 ATP/ADP 值，改善脑代谢；②作用于大脑前额叶皮质，通过受体的变构效应，抑制 α-氨基-3-羟基-4-异噁唑（AMPA）受体的脱敏和失活，进而增强 AMPA 受体的功能；③促进中枢海马 ACh 释放，增加前额叶皮质 M 受体的密度；④增加脑血流量；⑤增强脑部左右两半球间神经信息的传递。

【临床应用】 临床广泛用于阿尔茨海默病（AD）、血管性痴呆（VD）、脑动脉硬化症、脑血管意外、脑外伤等原因引起的思维与记忆功能减退以及轻、中度脑功能障碍；也可用于儿童智能发育迟缓；对巴比妥、氰化物、CO、乙醇中毒后的意识恢复有一定疗效。

【不良反应】 常见的不良反应有口干、失眠、食欲低下、呕吐等，偶见轻度肝功能损伤。

奥拉西坦（oxiracetam）是吡拉西坦的类似物，药理作用、作用机制及临床应用均与吡拉西坦相似，但其改善脑功能等作用较吡拉西坦强 3～5 倍。

同类药物还有茴拉西坦（aniracetam，阿尼西坦），与吡拉西坦相比，具有作用强、起效快、毒性低的特点。

甲 氯 芬 酯

甲氯芬酯（meclofenoxate）主要兴奋大脑皮质，能在缺氧条件下，增加神经细胞对糖的利用，改善脑细胞能量代谢；增加大脑皮质、下丘脑、基底节等的血流量，改善脑缺氧状态。可增加脑组织内 ACh 的含量，提高 M 受体与 ACh 的亲和力，而提高大脑的学习和记忆能力；清除自由基，减少脑细胞内的脂褐素沉积；促进膜卵磷脂合成，保护生物膜；激活脑干上行网状结构系统功能，产生促进苏醒作用。用于外伤性昏迷、AD、药物中毒或脑动脉硬化及脑梗死引起的意识障碍、酒精中毒、小儿遗尿症等。由于本品作用出现缓慢，故需反复用药、为避免失眠，应上午服用。

胞 磷 胆 碱

胞磷胆碱（citicoline）为人体的正常成分，分子中含胆碱和胞嘧啶，作为辅酶参与磷脂酰胆碱的合成，促进卵磷脂的合成，修复受损的神经细胞膜，利于神经细胞再生；并能提供胆碱，促进胆碱能神经合成 ACh，而增强学习记忆功能。具有兴奋网状结构上行激活系统、促进苏醒和恢复大脑功能、降低脑血管阻力，增加脑血流量而促进脑物质代谢等作用。

本品主要用于急性颅脑外伤和脑手术后的意识障碍，也适用于脑梗死、药物急性中毒、酒精中毒、严重感染等所致的意识障碍。用于轻、中度 AD 和 VD 的治疗，可改善患者的认知功能；对非创伤性脑出血患者的肌萎缩症具有改善作用；也可用于耳鸣及神经性耳聋等。

醋 谷 胺

醋谷胺（aceglutamide，乙酸谷酰胺）为 Glu 的乙酰化合物，能通过血-脑屏障，改善神经细胞代谢，维持神经的兴奋性，并有降低血氨的作用。临床用于脑外伤昏迷、肝昏迷、偏瘫、小儿麻痹后遗症、神经性头痛、记忆力障碍及注意力不集中等症的治疗。可引起血压下降，应注意。

吡　硫　醇

吡硫醇（pyritinol）系维生素 B_6 的类似物，能促进脑内葡萄糖及氨基酸代谢，增加脑血流量，改善脑功能。对边缘系统和网状结构亦有兴奋作用。适用于脑震荡综合征、脑外伤后遗症、脑膜炎后遗症等引起的头晕、头痛、失眠、注意力不集中、记忆力减退等症状的改善，也可用于脑动脉硬化、阿尔茨海默病等的辅助治疗。不良反应可见皮疹、恶心等。动物实验有引起子代唇裂的倾向，故孕妇慎用。肝功能不全者慎用。

托　莫　西　汀

托莫西汀（tomoxetine）为选择性皮质下区 NE 再摄取抑制剂，能提高突触间隙 NE 的浓度。早期用于治疗抑郁症，后发现对 ADHD 效果良好，是第一个获美国 FDA 批准用于治疗 ADHD 的非中枢兴奋药物。作为我国 ADHD 防治指南中的主要推荐药物，用于治疗 7 岁以上儿童、青少年及成人 ADHD，可改善症状，间接促进认知功能，提高注意力，其疗效与哌甲酯相当。托莫西汀不改变皮质下区多巴胺水平，因而不诱发抽动或加重运动障碍。更适用于 ADHD 合并抽动障碍的患儿。也适用于 ADHD 合并抑郁或焦虑的患者。

有约 1.7%的中国人为托莫西汀慢代谢型，其 $t_{1/2}$ 长达 21.6h，血药浓度峰值可达正常代谢型的 2～3 倍。连续用药可能会导致慢代谢型患者体内药物蓄积，临床应注意。托莫西汀代谢产物 80%以上从肾脏排出。

托莫西汀不良反应发生率与哌甲酯相似。可见服药初期食欲下降、恶心、头痛、头晕、疲倦等，多在服药后 1 ～2 周内消失。约近 0.4%的用药患儿可产生自杀念头，应引起注意。

知识拓展

ADHD，注意力缺陷多动障碍，是一种在儿童期很常见的精神失调。根据世界卫生组织的《世界通用疾病分类手册》第十版（WHO，1992）称此症为“过度活跃症”（hyperkinetic disorder），一般又俗称为“过动儿”。由于对这种病症的认识增加，最近大家才发现这种病症同样在成年人身上出现。

ADHD 的主要特征是不专注、过动和冲动，但这些症状多会造成他们很难遵守规则行为或者维持固定的表现。过去我们认为 ADHD 与脑部前额叶相关。然而，事实上，大部分受 ADHD 困扰的人是由于小脑没有适当地发挥功能。在过去 20 年中的研究发现，小脑发育不良的人同时有 ADHD 的症状。藉由核磁功能性扫描也发现 ADHD 患者的小脑活跃度很低。

多动症是儿童期最为常见的一种心理行为障碍，已引起了广大家长、老师、医务工作者及全社会的广泛关注。患了多动症后，尤其是重症或有共病的患儿，如果不能得到及时的诊断和治疗，病情会逐渐加重，不仅会影响自己的学习和生活，而且还会给家庭、学校和社会造成极大的伤害，也给家庭和社会带来沉重的负担。

单唾液酸四己糖神经节苷脂

单唾液酸四己糖神经节苷脂（monosialotetrahexosylganglioside）是一种神经保护剂。当中枢神经损伤后，本品能透过血-脑屏障，与神经细胞膜结合，维持细胞膜上 Na^{+}-K^{+}-ATP 酶和 Ca^{2+}-Mg^{2+}-ATP 酶的活性，维持细胞内外离子平衡，防止细胞内钙超载，提高神经细胞的存活率，改善神经传导速度，减轻脑水肿。还能改善脑灌注，增加受损局部脑血流，恢复脑电活动，减轻受损脑组织病理形态学改变，对损伤后继发神经退化有保护作用。临床用于治疗 PD、小儿脑瘫、脑血管病变、脊髓损伤及周围神经病变等。少数患者出现皮疹样反应。对本品过敏者、神经节苷脂累积病、肝肾功能严重障碍者禁用。

第四节 中枢兴奋药的合理应用

中枢兴奋药是一类能提高中枢神经系统功能活动的药物，特别是对呼吸中枢多数有兴奋作用，故临床上主要用于治疗呼吸衰竭。但应用时必须注意以下几点。

1. 应用中枢兴奋药的条件 患者应气道通畅，没有明显的痰液潴留和气管痉挛等气道阻塞征象，呼吸肌正常。否则，呼吸兴奋药不仅对呼吸衰竭毫无益处，反而提高呼吸功率，增加耗氧量。

2. 采用综合措施 应用中枢兴奋药仅仅是抢救呼吸衰竭综合措施之一，还应采取对因治疗、吸氧、人工呼吸、针刺等综合措施，方能取得较好效果。

3. 防止中枢兴奋药过量导致惊厥 大多数药作用时间短，反复用药易因过量而致惊厥。为避免导致惊厥，应严格掌握剂量及间隔时间（一般每 2～4h 注射一次）。密切观察病情变化，当出现躁动、面部肌肉抽搐等症状，即为中毒先兆，应立即停药。一旦出现惊厥，可注射地西泮或苯巴比妥钠对抗。

4. 合理选药 因为作用强的药物易致惊厥，所以选药的着眼点主要是安全范围。应首选安全范围较大的洛贝林、尼可刹米等药物。具体选药为：①严重疾病或中枢抑制药中毒所致的呼吸抑制、吗啡中毒首选尼可刹米，新生儿窒息、小儿感染性疾病引起的呼吸衰竭及 CO 中毒者首选洛贝林；②对循环衰竭所致的呼吸衰竭，因中枢兴奋药可加重脑细胞缺氧，须慎用；③对呼肌麻痹引起的外周性呼吸抑制，中枢兴奋药无效，宜用新斯的明等解救。

本章小结

中枢兴奋药是提高中枢神经功能活动的一类药物。根据其主要作用及作用部位分为大脑皮层兴奋药（如哌甲酯）、呼吸中枢兴奋药（如尼可刹米）、大脑功能恢复药（如吡拉西坦）等。哌甲酯主要用于对抗中枢抑制状态，尼可刹米主要直接兴奋延脑呼吸中枢，吡拉西坦具有激活、保护和修复脑细胞的作用。中枢兴奋药的选择性作用与剂量有关，如使用剂量过大可引起惊厥、中枢神经抑制及昏迷，严重者可致死。应严格控制剂量及用药间隔时间，并应密切观察病情。

中药介绍

中药治疗缺血性脑血管病历史悠久，积累了丰富的理论知识和治疗经验；并且随着研究方法和实验技术的发展，其对缺血性脑血管疾病治疗的机制研究也不断深化。目前，中医临床用于治疗治疗脑缺血的植物药主要有银杏叶、川芎、人参、丹参、葛根、黄芪、山楂、红景天、灯盏花、黄芩、姜黄、红花、芦荟、三七、当归、虎杖、益母草、华钩藤等。

葛　根

葛根为豆科植物野葛 *Puerarialobata*（Willd.）Ohwi 的干燥根。用于研究和治疗脑缺血性疾病的葛根主要活性成分为葛根素。文献报道，葛根素对脑缺血诱导神经细胞凋亡的保护作用。采用对 SD 大鼠大脑中动脉栓塞的同时腹腔注射葛根素，发现葛根素能减少脑梗死体积，降低背外侧皮层的细胞凋亡和坏死率，抑制 Caspase-3 活性，逆转缺血诱导的凋亡蛋白抑制剂 XIAP mRNA 表达下调；丁葛根素对脑缺血再灌注后核因子 κB 表达的影响；葛根素注射液可明显改善神经行为，增加微血管密度（MVD）及血管内皮生长因子（VEGF）、血管生成素-1（Ang-1），血管生成素-2（Ang-2）的表达，有利于缺血性脑损伤的保护作用。

现以含葛根为处方治疗脑缺血性的制剂有康脑液 2 号、脑脉通、梓葛冻干粉针和葛根素注射液等。

（曹亚军）

第十六章 镇 痛 药

能力要求

1. 能够阐述吗啡和哌替啶的药理作用、临床应用及不良反应。能够通过阿片受体的分布及内源性阿片样物质的作用，解释吗啡镇痛作用原理。

2. 能够阐述镇痛药耐受性和成瘾性产生的特点及原因；能比较吗啡与可待因、喷他佐辛、美沙酮、芬太尼、布托啡诺、曲马多及罗通定的异同点。

3. 能够描述镇痛药成瘾性的社会危害性及其严格生产和使用相关法规。

疼痛是与实际或潜在组织损伤相关的一种不愉快的感觉和情绪体验。它是机体受到伤害的一种警告，可引起机体一系列防御性保护反应；也是临床许多疾病的常见症状，是临床疾病诊断的重要依据。同时，剧烈的疼痛可导致患者紧张不安、失眠等情绪反应，还可导致呼吸及心血管等生理功能紊乱，甚至引起休克危及生命，所以控制疼痛是目前临床用药的重要目的之一。

镇痛药（analgesics）是一类在不影响感觉认知情况下能缓解疼痛的药物。镇痛药主要包括以对乙酰氨基酚和阿司匹林为代表的非甾体抗炎药和以吗啡为代表的阿片类镇痛药（opioid analgesics）。阿片类镇痛药通过激动中枢神经系统特定部位的阿片受体（opioid receptor），产生镇痛作用，并同时缓解疼痛引起的不愉快情绪的药物。此类镇痛药的作用部位在中枢神经系统，镇痛作用强大而广泛，并能改变患者对疼痛的情绪反应，也称为中枢性镇痛药（central analgesics）；由于药物易产生药物依赖性或成瘾性，易导致药物滥用及停药戒断症状，又称为麻醉性镇痛药（narcotic analgesics）或成瘾性镇痛药（addictive analgesics）。

镇痛药的选择应当考虑疼痛的严重程度。WHO 及我国都有疼痛阶梯（pain ladder）镇痛指南，先选择使用较弱的镇痛药，若镇痛作用不佳，再选择更强的镇痛药。此外，选择镇痛药也要考虑疼痛的类型。例如，对于神经痛，传统的镇痛药效果不好，而三环类抗抑郁药和抗癫痫药这类并非经典镇痛药的药物效果可能更好，如卡马西平和奥卡西平（耐受性更好）是缓解三叉神经痛的一线药物。

本章介绍的镇痛药有阿片生物碱类，如吗啡和可待因；人工合成镇痛药，如哌替啶、芬太尼和美沙酮等；以及一些其他的镇痛药，如曲马多和延胡索等。

第一节 构效关系与药物分类

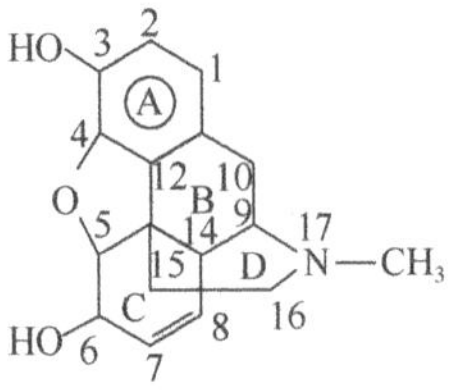

图 16-1 吗啡的化学结构式

【构效关系】 吗啡化学结构于 1902 年确定，基本骨架是以 A、B、C、D 环构成的氢化菲核（图 16-1），其中环 A 与环 C 以氧桥连接，此结构破坏则形成去水吗啡，失去其镇痛效应而产生催吐作用；环 B 与环 D 的稠合组成吗啡的镇痛作用的基本化学结构：γ-苯基-N 甲基哌啶。环 A 上的一个酚羟基与环 C 上的醇羟基具有重要的药理作用。

环 A 上酚羟基的氢原子被甲基取代得可待因（codeine），被乙基取代得乙基吗啡，必须在体内代谢生成吗啡或乙酰吗啡才发挥作用，镇痛作用下降。3 位和 6 位羟基的氢原子被乙酰基取代得海洛因（heroin），镇痛作用和成瘾作用均增强。当 17 位侧链甲基被烯丙基取代，则变成阿片受体部分激动药或拮抗药，如烯丙吗啡（naloyphine）、纳洛酮（naloxone）和纳曲酮（naltrexone）（表 16-1）。

表 16-1 吗啡及其衍生物的构效关系

药名	取代部位和取代基团					
	3	6	17	14	7 和 8	效应特点
吗啡	$—OH$	$—OH$	$—CH_3$	–	双键	激动药
可待因	$—OCH_3$	$—OH$	$—CH_3$	–	双键	激动药
海洛因	$—OCOCH_3$	$—OCOCH_3$	$—CH_3$	–	双键	激动药
纳洛酮	$—OH$	$=O$	$—CH_2CH=CH_2$	$—OH$	单键	拮抗药
烯丙吗啡	$—OH$	$—OH$	$—CH_2CH=CH_2$	–	单键	部分激动药

第二节 阿片生物碱类镇痛药

阿片（opium）为希腊文“浆汁”的意思，是来源于罂粟科植物罂粟未成熟蒴果浆汁的干燥物，曾被广泛用于镇痛、止咳、止泻、镇静等。阿片中含有 20 多种生物碱，含量达 25%，这些生物碱按化学结构可分为菲类和异喹啉类：前者如吗啡和可待因，均可激动阿片受体，产生镇痛等中枢作用，是阿片类镇痛药的主要镇痛成分；后者如罂粟碱，具有松弛平滑肌和舒张血管作用。

知识拓展

人类使用鸦片的历史源远流长。考古学家在公元前 4000 年新石器时代的遗迹中就发现有“鸦片罂粟”的种子和果实。公元前 3400 年前后，古代苏美尔人、古埃及人以及古印度人都已经大面积地种植了。至少在公元前 1500 年的古医书 *Ebers Papyrus* 中已经记载鸦片的药用价值了。在公元前两世纪的古希腊名医 Galen 记录了鸦片可以治疗的疾病：头痛、癫痫、支气管炎、气喘、咳嗽、腹痛及抑郁症等疾病。

公元前二世纪鸦片传入了中国。三国时名医华佗就使用大麻和鸦片作为麻醉剂。元朝时，中医对罂粟的临床应用和副作用已有初步的认识，建议慎用。金元四大名医之一朱震亨指出：“今人虚劳咳嗽，多用粟壳止勤；湿热泄沥者，用之止涩。其止病之功虽急，杀人如剑，宜深戒之。” 19 世纪末 20 世纪初，纯化的吗啡逐渐取代鸦片，吸食改为注射，加重了吗啡的成瘾性。1912 年在荷兰海牙召开的鸦片问题国际会议上，到会代表一致赞成管制鸦片、吗啡和海洛因的贩运。

吗 啡

吗啡（morphine）是以希腊梦幻之神 Morphus 的名字而命名，是阿片类中最主要的生物碱，占 10%～15%，相当于阿片生物碱总量的一半。

【体内过程】 吗啡经胃肠道、鼻黏膜及肺等部位吸收良好，但胃肠道给药首过消除明显，生物利用度只有 25%。故常注射给药或呼吸道给药，皮下注射 30min 后吸收量可达 60%，血浆蛋白结合率约为 30%，游离的吗啡迅速分布全身各组织器官。吗啡脂溶性低，成人仅有小量透过血-脑屏障，但足以发挥中枢性药理作用。易透过小儿的血-脑屏障，也可通过胎盘到达胎儿体内。主要在肝脏生物转化，其中60%～70%与葡萄糖醛酸结合，主要代谢产物为吗啡-6-葡萄糖醛酸，其生物活性比吗啡强，但也难透过血-脑屏障。吗啡血浆 $t_{1/2}$ 为3～4h，吗啡-6-葡萄糖醛酸 $t_{1/2}$ 稍长于吗啡。吗啡代谢物及原形大部分自肾排出，少量经乳汁及胆汁排出。

【药理作用】

（1）中枢神经系统

1）镇痛：吗啡具有强大的镇痛作用，皮下注射5～10mg吗啡即能显著减轻患者对疼痛的感受，明显改善患者对疼痛的反应。给药后，患者常出现嗜睡、精神恍惚、理智不清等，安静环境下易入睡，也易被唤醒；镇痛作用选择性低，对各种物理性、化学性伤害疼痛均有明显缓解，对持续性、慢性钝痛的效应大于间断性锐痛，对神经性疼痛的效果较差；吗啡在镇痛时并不影响患者意识及其他感觉，患者疼痛感知完全消失，但意识清楚，听觉、视觉及触觉等均正常。一次给药，镇痛作用可维持4～6h，主要与激动脊髓胶质区、丘脑内侧、脑室及导水管周围灰质的阿片受体有关。

2）镇静、致欣快作用：在镇痛的同时，吗啡可消除由疼痛引起的焦虑、紧张、恐惧等情绪反应，提高患者对疼痛的耐受力；吗啡也可使患者沉醉于美好幻想之中，自我满足感强，并可引起飘飘欲仙的欣快感（euphoria），对处于疼痛折磨的患者十分明显，这也是造成强迫用药的重要原因。吗啡对情绪的改变作用有利于加强吗啡的镇痛效果，这一作用与其激活中脑边缘系统和蓝斑核的阿片受体有关。

3）呼吸抑制：治疗量的吗啡即可引起呼吸频率减慢，潮气量降低，肺通气量减少。随着剂量增加而抑制作用增强，急性中毒时呼吸频率可减慢至3～4次/分，呼吸抑制是吗啡急性中毒致死的主要原因。吗啡抑制呼吸与其作用于呼吸中枢的阿片受体有关，降低脑干呼吸中枢对 CO_2 张力的敏感性，并抑制脑桥呼吸调节中枢。这种呼吸抑制作用易被中枢兴奋药拮抗，与全身麻醉药、镇静催眠药及乙醇等合用，能加重其呼吸抑制作用。

4）镇咳：直接抑制延髓咳嗽中枢，使咳嗽反射减轻或消失，对多种原因引起的咳嗽均有强大抑制作用，与吗啡作用于延髓孤束核的阿片受体有关。因易成瘾，临床上多以可待因代替。

5）其他中枢作用：吗啡与中枢盖前核的阿片受体相结合，兴奋动眼神经缩瞳核，可引起瞳孔缩小似针尖（针尖样缩瞳），吗啡的缩瞳作用不产生耐受性，长期大量应用缩瞳也很明显，因此针尖样瞳孔为吗啡中毒指征；吗啡能兴奋延脑催吐化学感受区，引起恶心、呕吐；吗啡也能作用于下丘脑体温调节中枢，改变体温调定点而使体温略有下降，但大剂量应用，体温反而升高；吗啡还能抑制下丘脑释放促性腺激素释放激素和促肾上腺皮质激素释放。

（2）平滑肌

1）胃肠道：吗啡兴奋胃肠道平滑肌，提高胃窦部及十二指肠上部的肌张力，使胃排空延迟；提高小肠及大肠的平滑肌张力甚至引起痉挛，使推进性蠕动减弱并增加水分的吸收，同时抑制消化液的分泌，使食物消化和推进延迟；提高回盲瓣及肛门括约肌张力，延缓肠内容物通过，而且吗啡抑制中枢，减弱便意，因而易引起便秘。这与其作用于中枢及肠道的阿片受体有关。

2）胆道：吗啡可致胆道奥狄括约肌收缩，使胆内压升高，引起患者上腹部不适甚至诱发胆绞痛，对输尿管也有收缩作用，故胆绞痛和肾绞痛不宜单独使用吗啡。阿托品只能部分缓解吗啡引起胆道痉挛，阿片拮抗剂可以完全逆转。

3）其他平滑肌：治疗量吗啡还能增强膀胱括约肌张力，引起排尿困难，尿潴留；尽管治疗量的吗啡很少出现支气管收缩作用，但对支气管哮喘患者可诱发哮喘发作，故支气管哮喘患者忌用；吗啡能降低子宫平滑肌对缩宫素的敏感性，减弱子宫收缩频率和幅度，延长产妇分娩时程。

（3）心血管系统：治疗量的吗啡对心肌收缩力、心率和心律无明显影响，但可扩张外周血管，降低外周血管阻力，引起直立性低血压。这是由于吗啡可引起组胺释放和激动延髓孤束核的阿片受体而抑制血管运动中枢所致。吗啡由于抑制呼吸引起 CO_2 潴留，继发地扩张脑血管，脑血流量增加而致颅内压升高。因此，颅外伤及颅内占位性病变患者禁用。

（4）免疫系统：对细胞免疫和体液免疫均有抑制作用，在停药后戒断症状出现期最为明显，长期给药对免疫的抑制作用可出现耐受现象。

【作用机制】 随着脑内阿片受体的分布、内源性阿片肽及机体内在抗痛系统逐渐被揭示，吗啡的镇痛作用机制取得了突破性进展。

（1）阿片受体及效应：1962 年我国学者邹冈最先提出吗啡在脑内存在有效的镇痛作用部位。1973 年 Peter 和 Snyder 证实脑内广泛存在阿片受体，脊髓胶质区、丘脑内侧、脑室及导水管周围灰质阿片受体密度高，与痛觉地整合及感受有关，影响着痛觉冲动的传入。边缘系统及蓝斑核阿片受体的密度最高，涉及情绪及精神活动。与缩瞳相关的中脑盖前核，与咳嗽反射、呼吸中枢和交感神经中枢有关的延脑的孤束核，与胃肠活动有关的脑干极后区、迷走神经背核等结构均有阿片受体分布。在外周的回肠及输精管等部位也有阿片受体存在。

体内存在阿片受体多种亚型，已知的有 μ、δ、κ、ε 和 σ 亚型，1992～1993 年，多种阿片受体亚型相继被克隆，人们对阿片受体的认识开始明晰起来。阿片受体属于 G 蛋白耦联受体家族。阿片受体各亚型在脑内分布部位和密度等不同，吗啡类药物对不同亚型的阿片受体，亲和力和内在活性均不完全相同，各亚型的效应见表 16-2。吗啡的主要药理效应如镇痛、镇静、呼吸抑制、缩瞳、欣快和依赖性等主要由 μ 受体介导。

表 16-2 阿片受体亚型及效应

亚型	效应					
	痛	呼吸	心率	血压	瞳孔	精神情绪
μ	↓↓	↓	–	–	↓	欣快 成瘾
κ	↓	±	±	±	↓	镇静
δ	↓	↓↓	±	↓		欣快
ε	↓	↑	↑	↑	↑	幻觉 谵妄
σ	↓	↓	↓	↓	↓	欣快

（2）内源性阿片肽：脑内阿片受体的存在意味着脑内有相应的阿片受体配基。1975 年，从猪脑内成功分离出可与吗啡竞争受体、且有吗啡样作用的两种小肽，即甲硫氨基脑啡肽与亮氨酸脑啡肽，其后又从脑组织中分离出 β-内啡肽、α-内啡肽及强啡肽 A 和 B 等约 20 多种与阿片类药物作用相似的肽，总称为内源性阿片样肽（endogenous opioid peptides）。脑啡肽对 δ 受体有较强的选择性，强啡肽对 κ 受体的选择性强，分别被认为是 δ 和 κ 受体的内源性配体，而内啡肽对 μ 受体和 δ 受体均有较强亲和力。

（3）阿片类镇痛药作用机制：内源性阿片肽和阿片受体共同组成了机体的镇痛系统。痛觉刺激使脊髓痛觉初级传入神经纤维末梢释放兴奋性递质（包括 P 物质和谷氨酸等），与突触后膜的受体结合后，将痛觉冲动传入脑内引起疼痛。痛觉初级传入神经纤维末梢上存在阿片受体，内源性阿片样肽由特定神经元释放后激动传入神经末梢的阿片受体，抑制腺苷酸环化酶、促进 K^+ 外流、减少 Ca^{2+} 内流，使突触前膜兴奋性递质释放减少，从而减弱或阻断痛觉信号传入中枢，起到镇痛作用（图 16-2）。外源性阿片类药物如吗啡，模拟内源性阿片肽的作用，结合并激动脊髓胶质区、丘脑内侧、脑室及导水管周围灰质的阿片受体，激活了脑内存在的抗痛系统而发挥镇痛作用。

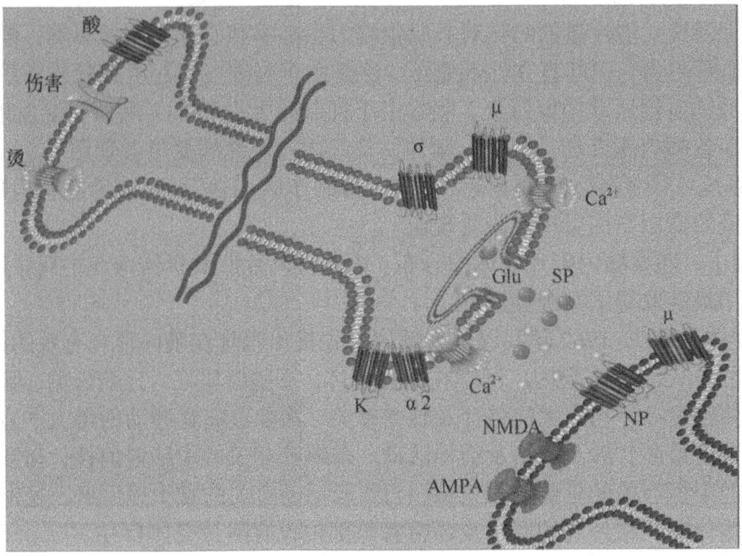

图 16-2　阿片类镇痛药的作用机制

SP. P 物质；Glu. 谷氨酸；NMDA 和 AMPA. Glu 受体的两个亚型；NP. P 物质的受体；μ，κ，δ，σ. 分别代表各型阿片受体。

【临床应用】

（1）镇痛：适用于其他镇痛药无效的急性锐痛，如严重创伤、晚期癌痛及烧伤痛等，但易于成瘾，应短期用药；对内脏绞痛如胆绞痛和肾绞痛，需与解痉药阿托品合用；心肌梗死引起的心绞痛，血压正常者可用吗啡止痛。

（2）心源性哮喘：急性左心衰竭是由于左心搏血功能急速下降，或左心负荷突然加重，肺循环压力急剧升高而出现以急性肺水肿为特征的一种临床病理生理综合征，出现组织器官灌注不足和急性淤血。在临床急救中，利尿药呋塞米和快速扩血管药硝酸甘油可以迅速解除肺静脉高压状态，减少心脏前后负荷。此外，静脉注射小剂量吗啡也是一个非常重要的措施。其作用机制为：①降低呼吸中枢对 CO_2 的敏感性，减弱过度的反射性呼吸兴奋，使浅而快的呼吸变为深而慢，改善肺换气功能；②扩张外周血管，降低外周阻力，减轻心脏前、后负荷，有利于改善心功能；③其镇静作用可消除患者的紧张不安、恐惧情绪，减少耗氧量，间接减轻心脏负担。但由于吗啡具有呼吸抑制和抑制咳嗽的作用，对伴有昏迷、休克、严重肺部疾患或痰多的患者禁用。

（3）止泻：常选用阿片酊或复方樟脑酊，用于单纯性的急、慢性腹泻，可缓解症状。伴细菌感染者应合用有效的抗菌药物。

【不良反应】

（1）一般反应：治疗剂量的吗啡可引起嗜睡、眩晕、恶心呕吐、便秘、排尿困难、胆内压升高、直立性低血压和免疫抑制等。

（2）依赖性：可分为生理依赖性和心理依赖性，生理依赖性也称成瘾性，是指机体对药物产生耐受性后，不能增加剂量或停药后，机体明显感到不适，可表现出烦躁不安、失眠、焦虑、流泪、流涕、震颤、肌痛、呕吐、腹痛腹泻、出汗，甚至虚脱、意识丧失，精神出现变态等戒断症状（withdrawal syndrome），有显著的强迫性觅药行为。心理依赖性也称习惯性，是指患者对重复用药所达到的欣快感体验的觅药渴求。一般心理依赖性先产生，而后为生理依赖性，两者相互促成，药物依赖性越来越重。吗啡成瘾作用很强，使用治疗剂量的吗啡，每日 3 次，连续 1～2 周即可成瘾，少数患者仅用 2～3 日亦可成瘾。静脉注射吗啡的成瘾性比口服吗啡强的多。

依赖性的治疗：患者停用阿片类一周左右可基本脱瘾，但是停药期间患者的戒断症状严重，不用药物治疗难以坚持。常用替代疗法帮助脱毒，即用依赖性较轻的美沙酮治疗，连续 6～7 日，逐渐减量至停药可基本脱毒。也可使用可乐定治疗，逐渐增加剂量至有效控制戒断症状而无严重不良反应，维持 1 周后，逐渐减量至停药可脱毒。

（3）耐受性：吗啡类药物反复使用其效力会逐渐减弱，形成耐受性，此时必须增加剂量才可获得原来的镇痛效果和欣快感，剂量越大，给药间隔越短，越易产生，患者能耐受正常量的 25 倍而不中毒。

目前研究表明，在长期接触到吗啡后，阿片受体数量下降，受体活性下降或出现脱敏现象（desensitization）。阿片受体为 G 蛋白耦联受体。当吗啡与阿片受体结合后，G 蛋白活化，cAMP 水平被抑制，钠通道和钙通道被抑制，导致痛觉神经元细胞膜上和疼痛相关的兴奋被抑制，从而产生镇痛的作用。而长期与吗啡接触，阿片受体与 G 蛋白脱耦联，导致受体脱敏，产生吗啡耐受性。

长期使用吗啡也会激活疼痛易化系统。多项研究表明 NMDA 受体激活及一氧化氮的生成也参与了吗啡耐受性的产生；最近也有研究表明，非甾体抗炎药（COX 抑制剂）虽然并不增加吗啡的镇痛作用，但能减缓吗啡耐受性。提示吗啡耐受过程中，不仅阿片受体 G 蛋白脱耦联发挥作用，而且 NMDA 受体、一氧化碳，以及环氧酶 COX 系统等，都在其中发挥作用。

（4）急性中毒：过量可引起急性中毒，表现为昏迷、针尖样缩瞳、呼吸高度抑制，继而反射消失、体温和血压降低甚至休克，呼吸麻痹是吗啡致死的主要原因。抢救措施为人工呼吸、适量给氧、补液及静脉注射阿片受体阻断药纳洛酮。

【禁忌症】 吗啡禁用于支气管哮喘患者、肺源性心脏病患者、颅脑外伤患者或颅内压升高的患者，也禁用于分娩止痛、和孕妇、哺乳期妇女及婴儿止痛。禁用于肝功能严重减退者。

可 待 因

可待因（codeine）又称甲基吗啡，口服易吸收，生物利用度可达 60%，脂溶性较高，易通过血-脑屏障而进入中枢神经系统。吸收后约有 10%在肝内脱甲基转变为吗啡而发挥镇痛作用。可待因的镇痛作用仅为吗啡的 1/12，镇咳作用为其 1/4，持续时间与吗啡相似，无明显镇静作用，欣快感及成瘾性也较吗啡弱。但仍属限制性应用的成瘾性镇痛药。对呼吸中枢抑制较轻，无明显便秘、尿潴留及直立性低血压的不良反应。临床上主要用于剧烈的干咳，也用于中等程度疼痛。

第三节 人工合成镇痛药

吗啡镇痛作用虽然很强，但成瘾性及呼吸抑制等不良反应也很强，因此，目前临床上多采用人工合成镇痛药。

哌 替 啶

哌替啶（pethidine），又称杜冷丁（dolantin），是 1937 年人工合成的苯基哌啶衍生物，具有吗啡样作用，是目前临床上应用最广泛的人工合成镇痛药。

【体内过程】 哌替啶口服或注射给药均能吸收，口服生物利用度约为 52%，血药浓度降低，临床常采用注射给药。血浆蛋白结合率为 60%，可透过胎盘屏障，大部分在肝脏代谢为哌替啶酸和去甲哌替啶，$t_{1/2}$ 为 3～4h，肝功能不全时 $t_{1/2}$ 延长，主要经肾排出，少量经乳汁排出。代谢产物去甲哌替啶具有明显的中枢兴奋作用，$t_{1/2}$ 为 15～20h，反复大量应用可引起蓄积，是哌替啶过量中毒时出现惊厥的原因。

【药理作用】 哌替啶主要激动μ型阿片受体，药理作用与吗啡相似。

（1）中枢神经系统：皮下或肌内注射哌替啶后10min后出现镇痛、镇静作用，但作用弱于吗啡，其效价强度约相当于吗啡的1/10～1/8，作用持续时间较短，为2～4h。少数患者可出现欣快感。哌替啶的呼吸抑制作用较吗啡弱，维持时间短。可兴奋延髓催吐化学感受区，增加前庭器官的敏感性，出现恶心、呕吐和眩晕现象；无明显的咳嗽中枢抑制作用和缩瞳作用。

（2）平滑肌：哌替啶能提高平滑肌和括约肌张力，但因作用较弱，时间短，无明显止泻作用，也较少引起便秘和尿潴留；大剂量可引起支气管收缩而诱发支气管哮喘；有轻微的子宫兴奋作用，但对妊娠末期子宫的正常节律性收缩无明显影响，也不对抗缩宫素的作用，不延缓产程。

（3）心血管系统：治疗剂量的哌替啶偶可引起直立性低血压。由于抑制呼吸，也使体内CO_2蓄积，继发脑血管扩张而可致颅内压升高。

【临床应用】

（1）镇痛：由于药物依赖性、致平滑肌兴奋作用等不良反应产生较吗啡轻，且口服有效，哌替啶几乎完全代替吗啡用于各种原因的剧烈疼痛，但对胆绞痛和肾绞痛等内脏绞痛需加用平滑肌解痉药阿托品。哌替啶可透过血-脑屏障，而且新生儿对其呼吸抑制作用特别敏感，故用于分娩止痛时，产前2～4h内不宜使用。由于其$t_{1/2}$短及代谢产物具有神经毒性，不宜长期给药。对于癌痛患者需要长期给药的，优选吗啡而非哌替啶。

（2）心源性哮喘：代替吗啡用于心源性哮喘的辅助治疗。

（3）麻醉前给药和人工冬眠：哌替啶的镇静作用可解除患者对手术的紧张和恐惧情绪，减少麻醉药用量，增强麻醉效果。哌替啶与氯丙嗪、异丙嗪组成冬眠合剂，用于如高热、惊厥、甲状腺功能亢进危象和严重创伤时的人工冬眠。

【不良反应】 治疗量可致眩晕、恶心、呕吐、口干、心动过速及直立性低血压等，较少引起便秘和尿潴留，长期反复应用也易产生耐受性和依赖性。剂量过大可致震颤、肌肉抽搐、反射亢进，甚至惊厥。禁忌症与吗啡相似。

芬 太 尼

芬太尼（fentanyl）为短速强效镇痛药，起效快，维持时间短，静脉注射几乎立即起效，维持约10～30min；肌内注射15min起效，维持1～2h；作用与吗啡相似，镇痛效力为吗啡的100倍。血浆蛋白结合率84%，$t_{1/2}$为3.7h。主要激动μ阿片受体，也能产生明显的欣快感、呼吸抑制和依赖性。用于短时的强效镇痛，或与麻醉药合用以减少麻醉药用量和增强麻醉效果；也与氟哌啶醇（haloperidol）配伍，具有神经安定镇痛作用，用于外科小手术如烧伤换药或器械检查如内镜检查等；此外，芬太尼透皮贴剂使血药浓度维持72h，镇痛效果稳定，使用方便，适用于中至重度的癌痛患者。不良反应有轻度呼吸抑制、眩晕、恶心、呕吐、胆道平滑肌痉挛及依赖性等，大剂量能引起胸壁及腹壁肌肉僵直而影响通气，络洛酮或非除极化肌松药可对抗。禁忌症与吗啡相同。

美 沙 酮

美沙酮（methadone）口服吸收好，生物利用度为92%，血浆蛋白结合为率89%，$t_{1/2}$为35h。镇痛强度与吗啡相当，但起效慢，作用持续时间长，适用于慢性疼痛。抑制呼吸、缩瞳、致便秘及升高胆道内压等作用与吗啡相似或稍弱。口服美沙酮后不能引起致欣快感作用，也不出现吗啡的戒断症状，使成瘾性发生减弱，用于吗啡和海洛因等脱毒的替代递减治疗。不良反应与哌替啶相似。

喷 他 佐 辛

喷他佐辛（pentazocine）又名镇痛新，是苯并吗啡烷类衍生物，口服和注射给药均吸收良好，但口服首过消除明显，生物利用度低，血浆蛋白结合率为65%，$t_{1/2}$为3～5h。主要经肝脏代谢和肾脏排泄。

喷他佐辛是阿片受体部分激动剂，能激动κ和σ受体而拮抗μ受体。镇痛效力是吗啡的1/3，能减弱吗啡的镇痛作用，对吗啡依赖者可促进戒断症状的产生。呼吸抑制作用是吗啡的1/2，对平滑肌作用与吗啡相似或较弱，没有缩瞳作用；对心血管系统的影响与吗啡不同，大剂量可使血压升高、心率加快，静脉注射可增加左心室舒张期末压和平均动脉压。由于喷他佐辛轻度拮抗μ受体，故无明显欣快感和成瘾性，已被国家食品药品监督管理总局列为非麻醉性镇痛药，临床主要用于慢性疼痛患者。

布 托 啡 诺

布托啡诺（butorphanol）为阿片受体部分激动剂，激动κ受体，对μ受体有弱的拮抗作用。布托啡诺口服首关消除明显，生物利用度低。肌内注射吸收迅速而完全，10min起效，持续时间4～6h，$t_{1/2}$为4～5h，临床用于缓解偏头痛及其他各种疼痛，也可作麻醉前用药。本品激动κ受体，可增加肺血管阻力，增加心脏负荷。由于布托啡诺激动κ受体，使用时有不愉快的感受，因此它的成瘾性及滥用比其他阿片类药物要小。

第四节 其他镇痛药

曲 马 多

曲马多（tramadol）为阿片受体的激动剂，镇痛效力与喷他佐辛相当；镇咳效力约为可待因的1/2，呼吸抑制作用弱，无明显扩血管和降压作用；耐受性和成瘾性较弱。曲马多口服吸收快而完全，生物利用度为90%，口服后1h起效，作用维持6h，临床适用于中、重度的急、慢性疼痛，如外科、产科术后痛及晚期肿瘤疼痛等。常见的不良反应为出汗、眩晕、恶心、呕吐和疲劳等，长期应用也可成瘾。

布 桂 嗪

布桂嗪（bucinnazine）又名强痛定，镇痛效力约为吗啡的1/3。口服30min或皮下注射10min起效，作用维持3～6h。临床常用于偏头痛、三叉神经痛、炎症性及外伤性疼痛、关节痛、痛经、癌症等引起的疼痛，对内脏器官的止痛作用较差。偶有恶心或头晕、困倦等，停药后即消失。个别病例曾出现成瘾性，应慎用。

四氢帕马丁及罗通定

四氢帕马丁（tetrahydropalmatine）为我国科学家从罂粟科植物延胡索中提取的生物碱，即消旋四氢帕马丁，有效部分为左旋体，即罗通定（rotundine）。本品口服吸收良好，10～30min起效，作用维持2～5h，具有镇静、安定、镇痛和中枢性肌肉松弛作用，无明显成瘾性。镇痛作用弱于哌替啶，对慢性持续性钝痛效果好，对创伤、手术后疼痛和晚期癌痛疗效较差。其作用机制可能是阻断脑内DA受体，促进与痛觉有关的特定脑区脑啡肽和内啡肽的释放。临床主要口服用于慢性持续性钝痛，如一般性头痛、脑震荡后头痛及胃肠或肝胆系统内脏痛等，也可用于月经痛和分娩止痛。治疗剂量一般无不良反应，安全性大，对产程和胎儿无不良影响，但过大剂量可抑制呼吸，偶见眩晕、乏力、恶心及其他锥体外系反应。

第五节 阿片受体拮抗剂

纳 洛 酮

纳洛酮（naloxone）化学结构与吗啡相似，能与 μ、δ 和 κ 受体结合。纳洛酮对 μ 有强的亲和性，是阿片受体的完全拮抗剂，比吗啡对阿片受体的亲和力更大；因此纳洛酮是疼痛研究中常用工具药之一。对 δ 和 κ 受体亲和性较弱。

【体内过程】 由于强的首过效应，口服纳洛酮的生物利用度低于 2%。静脉注射，2min 起效；肌内注射，5min 起效。作用维持 30～60min。在肝脏内代谢成纳洛酮- 3 -葡萄糖醛酸，随尿排出体内。

【药理作用】 纳洛酮能阻止吗啡样物质与阿片受体结合，为阿片类的解毒剂，还有增加吗啡类药物急性中毒者的呼吸频率，并能对抗镇静作用及使血压上升等优点。近年来认为内啡肽是一种休克因子，作用于 μ 受体和 κ 受体，引起心血管抑制，纳洛酮可对抗内啡肽的作用，能逆转休克时内啡肽大量释放所致的低血压效应，对多种原因引起的休克有明显的治疗作用。能快速对抗阿片类药物过量中毒所致的呼吸抑制、血压下降和中枢抑制等症状。动物实验表明纳洛酮能改善大脑皮质氧的供应，增加神经细胞的电活动。纳洛酮尚具有稳定溶酶体，降低心肌抑制因子的作用。此外，纳洛酮可使长期应用阿片类药物的成瘾者立即出现戒断症状。

【临床应用】

（1）主要用于阿片类药物急性中毒的抢救，拮抗阿片类药物的呼吸抑制作用。包括解除阿片类药物复合麻醉的手术后残余的呼吸抑制及其他中枢抑制症状，或者新生儿受其母体中阿片类镇痛药影响而导致的呼吸抑制；由于纳洛酮作用维持时间比大多数阿片类药物要短得多，因此必须注意要重复用药。

（2）对疑有阿片类药成瘾者能诱发戒断症状，有鉴别诊断价值。

（3）也适用于各种休克、酒精中毒、脊髓和脑创伤等。

【不良反应】 对体内无阿片类药物的患者，纳洛酮几乎没有不良反应。仅少数患者可能会出现口干、恶心呕吐、厌食、震颤、烦躁不安、血压升高和心率加快等反应，这可能与纳洛酮阻断了内啡肽的作用相关。大多数时候这些不良反应可不用处理而自行恢复。对患有心脏病的患者可能诱发心律失常、肺水肿、甚至心肌梗死。

纳 曲 酮

纳曲酮（naltrexone）是阿片受体拮抗药，对 μ 受体拮抗作用最强，对 κ 受体拮抗作用较弱，对 δ 受体拮抗作用最弱。能明显的减弱或完全阻断阿片受体，甚至反转由静脉注射阿片类药物所产生的作用。作用与纳洛酮相似，拮抗效价为纳洛酮的 2 倍。口服吸收迅速，生物利用度可达 60%，而且作用维持时间较长。本品不产生生理或心理依赖性。纳曲酮可用于①阿片成瘾者的鉴别；②能解除患者对阿片的躯体依赖性，减弱正性强化作用和负性强化作用，阻断再吸毒品时的效应，从而在防复吸中起到良好的辅助作用；③治疗酒精依赖。纳曲酮可减少乙醇戒断症状，减少酒精依赖者再次酗酒。

纳曲酮的常见不良反应是腹泻和腹痛。超过推荐剂量的纳曲酮有肝毒性，引起转氨酶增高，急性肝炎或肝衰竭的个体禁用纳曲酮。

本 章 小 结

镇痛药（analgesics）是一类在不影响感觉认知情况下缓解疼痛的药物。镇痛药主要包括以对乙酰氨基酚和阿司匹林为代表的非甾体抗炎药，以吗啡为代表的阿片类镇痛药，以及对三叉神经痛有效的卡马西平等。

吗啡是鸦片中的主要生物碱。吗啡对中枢神经系统具有镇痛、镇静、引起欣快感、呼吸抑制的作用；可增加胃肠道平滑肌、增加肛门括约肌和膀胱括约肌张力，具有止泻的作用，也可引起便秘及少尿等不良反应；可增加支气管平滑肌张力，因此哮喘患者不宜使用。临床上吗啡用于镇痛，缓解心源性哮喘及止泻。主要不良反应是耐受性和成瘾性。呼吸抑制是吗啡急性中毒的致死原因。

可待因也是鸦片中存在的一种生物碱，镇痛作用、不良反应以及成瘾性较吗啡弱，是较好的中枢镇咳药。

人工合成的吗啡类药物包括哌替啶、二氢埃托啡和芬太尼以及美沙酮等。哌替啶作用时间短，不良反应较少，适用于短期镇痛；二氢埃托啡和芬太尼镇痛作用比吗啡强大。喷他佐辛为阿片受体部分激动剂。

阿片受体拮抗剂纳洛酮可用于吗啡类药物中毒的急救。

案例解析

案例 16-1

患者，女，69 岁。肿瘤骨转移患者，腰部剧烈疼痛。镇痛治疗中先嘱咐按时口服曲马多缓释片（每次 100mg/12h）止痛，2 月后，效果不如以前，医嘱改用美施康定（硫酸吗啡控释片，每次 30mg/12h），月余，疼痛再一次加重，建议美施康定 60mg/次，按时服用。

问题：1. 为何口服曲马多，疼痛难忍后才改用硫酸吗啡控释片？

2. 吗啡的剂量从 30mg/次增加到 60mg/次的原因是什么？为何嘱咐患者按时服药？

3. 如何提高改善晚期癌症患者的生活质量？

解析：

1.“癌症患者三级止痛阶梯治疗”就是在对癌痛的性质和原因作出正确的评估后，根据患者的疼痛的程度和原因选择相适应的镇痛剂。

2. 吗啡类药物反复使用情况下机体出现对吗啡的耐受性，此时必须增加剂量才可获得原来的镇痛效果。“按时”给药（3～6h 给药一次）而非“按需”给药有利于降低患者对吗啡类药物的耐受性。

3. 对伴有癌痛的晚期癌症患者生活质量的提高做到缓解疼痛与人文关怀相结合。给予患者积极的心理安慰，希望患者能没有疼痛地度过余生。

中药介绍

乌　　头

乌头是毛茛科乌头属植物（*Aconitum carmichaeli* Debx.）的主根，其侧根成为附子。乌头为散寒止痛要药，适用于风湿、类风湿性关节炎等。乌头中的生物碱乌头碱（aconitine）有剧毒，用之宜慎。乌头中另一种生物碱高乌甲素（lappaconitine），又名拉巴乌头碱，为非麻醉性镇痛药，具有较强的镇痛作用，镇痛起效慢，但维持时间长。另兼有解热、局部麻醉和消肿作用，无依赖性。可用于癌痛、头痛、牙痛、肩臂痛、颈椎痛、腰痛、结石痛、外伤疼痛、风湿痛、胃肠溃疼痛、神经疼痛、坐骨神经痛、妇炎症引发的各种疼痛、术后疼痛。用于感冒发热等各种原因引起的发热，用于术后消炎、消肿、止痛、促进伤口愈合。可替代杜冷丁。

（林　芳）

第十七章　解热镇痛抗炎药

能力要求

1. 能够阐述解热镇痛抗炎药的药理作用和机制，阿司匹林的药理作用、临床应用和不良反应。
2. 能够对解热镇痛抗炎药进行分类。
3. 能够说出抗痛风药的分类和作用机制。

解热镇痛抗炎药（antipyretic-analgesic and anti-inflammatory drugs）是一类可解热、镇痛，且大多数具有抗炎、抗风湿作用的药物。由于本类药物的化学结构、抗炎机制与具有甾体结构的糖皮质激素不同，故本类药物又称为非甾体抗炎药（nonsteroidal anti-inflammatory drugs，NSAIDs）。本类药物化学结构各异，可分为水杨酸类、苯胺类、吲哚类、芳基乙酸类、芳基丙酸类、烯醇酸类、吡唑酮类、异丁芬酸类等。NSAIDs 的主要作用机制是抑制体内环氧合酶（cyclo-oxygenase，COX，又称为前列腺素合成酶），从而减少局部组织的前列腺素（prostaglandin，PG）生成，达到解热、镇痛、抗炎作用。根据 NSAIDs 对 COX 的选择性，将 NSAIDs 分为非选择性环氧合酶抑制药和选择性环氧合酶-2 抑制药。

第一节　药理作用和机制

各种物理、化学、生物性损伤因子可激活磷脂酶 A_2（phospholipase，PLA_2），使得 PLA_2 水解细胞膜磷脂，从而生成花生四烯酸（arachidonicacid，AA）。AA 经 COX 作用生成前列腺素和血栓素 A_2（thromboxane A_2，TXA_2）。AA 也可经脂氧合酶（lipoxygenase，LO）作用生成白三烯（leukotriene，LT）。本类药物通过抑制体内 COX，减少局部组织的前列腺素生成，产生解热、镇痛、抗炎作用（图 17-1）。

1. 解热作用　人体下丘脑具有调节体温的中枢，在生理情况下，它可使产热和散热保持动态平衡。当发生病理反应时，外源性致热原，如病原微生物（细菌、病毒、真菌）、非微生物抗原、炎症渗出物等，可刺激单核细胞和中性粒细胞产生、释放内源性致热原，如白细胞介素 1β（IL-1β）、肿瘤坏死因子（TNF-α）、白细胞介素 6（IL-6）。内热原通过血-脑屏障，促进下丘脑视前区附近部位合成、释放前列腺素 E_2（PGE_2），PGE_2 再作用于下丘脑后部的体温调节中枢，使体温调定点上调，导致产热增多、散热减少，体温升高。本类药物可通过抑制下丘脑体温调节中枢 COX，减少 PG 生成，从而使得上调的体温调定点恢复正常，皮肤血管扩张、血流量增加、出汗增多等散热增多、产热减少，达到解热的作用。

本类药物只降低发热患者的体温，而对正常体温几乎没有影响，也不能使体温降到正常水平以下，故此解热作用与氯丙嗪降温不同。另外，发热是机体的一种防御反应，不同的热型、热程是诊断疾病的重要依据。因此，不宜见热就解。同时，解热只是对症治疗，还应结合发热病因进行标本兼治或者急则治其标、缓则治其本。解热时还应防止体温骤降、出汗过多，致老幼体弱者虚脱、休克。

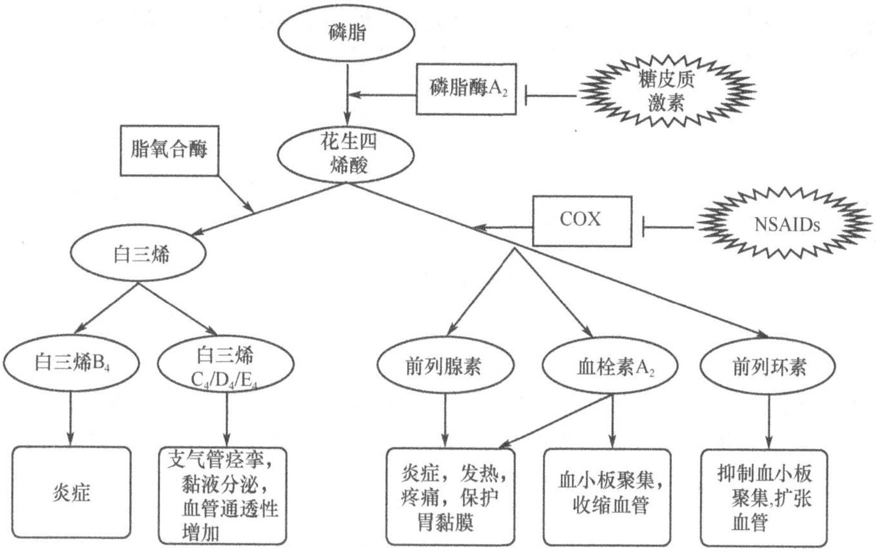

图 17-1 花生四烯酸代谢及 NSAIDs 作用机制

2. 镇痛作用 当炎症反应或组织损伤时，局部组织产生致痛的化学物质如 PG、缓激肽和 5-HT 等，这些物质刺激痛觉感受器引起疼痛。PG 不但有直接而持久的致痛作用，而且增敏痛觉感受器，促进其他致痛物质的作用。本类药物主要通过抑制外周病变部位的 COX，减少 PG 合成而发挥镇痛作用。另外，也能作用于脊髓和皮质下中枢，阻碍中枢神经系统 PG 合成，从而在中枢神经系统产生镇痛作用。与吗啡类镇痛药不同，本类药物只是中等程度的镇痛，对头痛、牙痛、肌肉痛、关节痛、痛经等慢性钝痛疗效较好，对小手术后疼痛、轻度癌症疼痛也有一定疗效，但对尖锐的一过性刺痛（直接刺激痛觉神经末梢引发）、创伤性剧痛和内脏平滑肌绞痛无效。同时，本类药物镇痛时没有呼吸抑制、产生欣快感和成瘾性等不良反应。

3. 抗炎作用 炎症反应时，炎症部位在致炎介质的作用下血管扩张，毛细血管通透性增加，白细胞趋化、聚集，炎症部位表现出红、热、肿、痛等症状。PG 不但导致炎症，还有增敏作用，可增强缓激肽、组胺、5-HT 等致炎物质的作用。本类药物主要通过抑制炎症部位 COX，减少 PG 生成而发挥抗炎作用。另外，本类药物抗炎作用还可能与抑制细胞黏附分子表达，抑制白细胞、血小板黏附有关。

4. 其他 COX 具有 COX-1 和 COX-2 两种亚型。其中，COX-1 为固有型，主要存在于血管、胃、肾和血小板等组织器官中，参与调节血管舒缩、血小板聚集、肾血流量分布，维持胃血流量和胃黏液分泌、保护胃黏膜等功能，有助于维持机体内环境的稳定。COX-2 为诱生型，在病理组织中细胞因子如 IL-1、TNF-α、IL-6 和炎症介质可以诱导产生 COX-2。本类药物的解热、镇痛、抗炎作用与其抑制 COX-2 有关，而抑制 COX-1 则可以抑制血小板聚集、抗血栓形成，导致胃出血、呕吐、腹泻等不良反应。另外，本类药物尚有延缓阿尔茨海默病（Alzheimer disease，AD），抑制肿瘤发生、发展和转移，以及抗氧自由基损伤等作用。

第二节 非选择性环氧合酶抑制药

非选择性环氧合酶抑制药是指对 COX 各种亚型（包括 COX-1 和 COX-2）都有抑制作用的药物。由于本类药物也抑制 COX-1，故临床上可见明显的胃肠道反应、出血倾向等不良反应。

本类药物以水杨酸类为代表，已有100多年历史。另外，本类药物还有苯胺类、吲哚类、芳基乙酸类、芳基丙酸类、烯醇酸类、吡唑酮类、异丁芬酸类等。

一、水杨酸类

水杨酸类药物主要有阿司匹林、水杨酸钠、二氟尼柳等，其中阿司匹林最为常用。水杨酸钠（sodium salicylate）刺激性强，仅外用作为抗真菌药和角质溶解药。

阿司匹林

阿司匹林（aspirin）又称为乙酰水杨酸（acetylsalicylic acid），其历史悠久，至今仍是临床上常用药物。

【体内过程】 本药口服吸收快而完全，大部分在小肠上段吸收，口服后1～2h血药浓度达到峰值。本药进入体内后，被迅速水解成水杨酸，因此阿司匹林血浆 $t_{1/2}$ 约为15min。水解形成的水杨酸盐广泛分布到全身各组织器官，包括关节腔、脑脊液、胎盘和乳汁。水杨酸盐与血浆蛋白结合率为80%～90%，增加药物剂量使游离型药物显著增多，并与其他药物（甲状腺激素、苯妥英钠、青霉素及其他有机酸类NSAIDs）竞争蛋白结合位点，产生药物相互作用。大部分水杨酸在肝脏氧化代谢，其代谢物与甘氨酸、葡萄糖醛酸结合后经肾排泄。本药排泄速度与药物剂量有关，当口服小剂量（1g以下）阿司匹林时，水解生成的水杨酸较少，按一级动力学消除，水杨酸 $t_{1/2}$ 为2～3h。当口服阿司匹林剂量大于1g时，水杨酸生成量大，则按零级动力学消除，水杨酸 $t_{1/2}$ 可达15～30h。尿液pH值影响水杨酸盐排泄，在碱性和酸性尿液中水杨酸盐的排泄量分别为85%和5%。当发生急性水杨酸盐中毒时，可用碳酸氢钠碱化尿液，加速药物排泄以解救中毒。

【药理作用】

（1）解热镇痛：在常用剂量（0.5g）时，本药解热镇痛作用较强而持久。

（2）抗炎抗风湿：本药具有较强的抗炎抗风湿作用，在一定剂量范围内，此作用强度与剂量成正相关。

（3）影响血栓形成：阿司匹林对COX-1和COX-2的抑制作用相当，低浓度阿司匹林抑制血小板COX-1，减少血小板中 TXA_2 生成，抑制血小板聚集，起到抗血栓作用。高浓度阿司匹林直接抑制血管壁COX-1，减少血管壁前列环素（prostacyclin，PGI_2）生成。由于 PGI_2 是 TXA_2 的生理拮抗剂，故高浓度阿司匹林可促进血栓形成。血小板COX-1对阿司匹林的敏感性远较血管壁COX-1高，故临床上可用口服小剂量阿司匹林防治心脑血管栓塞性疾病。

【临床应用】

（1）发热及轻、中度疼痛：临床可用于感冒发热、头痛、牙痛、神经痛、肌肉痛、关节痛、痛经和术后创口痛等。

（2）风湿热及炎症：在大剂量（3～5gd）时，本药抗炎抗风湿作用较强，用药24～48h后可使急性风湿热症状明显好转，减轻红、肿、热、痛等症状。临床最好用至最大耐受量。也可用于急性风湿热的鉴别诊断。

（3）预防血栓形成：每日口服小剂量（50～100mg）阿司匹林可防治血栓性疾病，如冠状动脉粥样硬化性疾病、心肌梗死、缺血性心脏病、脑血栓、手术后有静脉血栓形成倾向者。

（4）其他：脑内COX-2过度表达与阿尔茨海默病有关，口服阿司匹林（100mg/d）可抑制阿尔茨海默病发生。另外，阿司匹林粉末外用可治疗足癣。

【不良反应】 本药小剂量短期应用时，不良反应轻。若长期大剂量应用，则不良反应重。

（1）胃肠道反应：最为常见。阿司匹林为酸性较强的有机酸，口服可直接刺激胃黏膜，引起上腹部不适、恶心、呕吐。大剂量阿司匹林刺激延髓催吐化学感受区（CTZ）也导致恶心、呕吐、胃出血，诱发、加重胃溃疡。因为内源性PG可抑制胃酸分泌及增强胃黏膜屏障保护作用，而本药抑制COX-1，使胃黏膜PG生成减少，以致胃酸分泌增加，胃黏膜保护作用减弱，故胃溃疡患者禁用。本药饭后服用、服用阿司匹林肠溶制剂、合用抗酸药或胃黏膜保护药（硫糖铝、PGE_1衍生物米索前列醇）可减少胃肠道反应。

（2）凝血障碍：本药因抑制COX和TXA_2合成酶，使TXA_2生成减少，TXA_2/ PGI_2下降，从而抑制血小板聚集，延长出血时间。本药大剂量还抑制肝脏合成凝血酶原，引起凝血障碍，加重出血倾向，可用维生素K预防或对抗。故严重肝病、低凝血酶原血症、血友病患者、维生素K缺乏者和产妇禁用。手术前1周也应停用，以防患者出血过多。

（3）过敏反应：偶见皮疹、荨麻疹、血管神经性水肿和过敏性休克。部分哮喘患者服用本药后可诱发、加重支气管哮喘，俗称“阿司匹林哮喘”。其机制在于花生四烯酸经COX途径代谢受阻，于是花生四烯酸经脂氧合酶作用生成大量的白三烯等，导致支气管痉挛，产生哮喘。此种哮喘用肾上腺素治疗无效，可用糖皮质激素和抗组胺药治疗。哮喘和慢性荨麻疹患者禁用阿司匹林，过敏体质者也应慎用本药。

（4）水杨酸反应：对阿司匹林敏感者或阿司匹林使用剂量过大（5g/d）时，可出现头痛、眩晕、恶心、呕吐、耳鸣、听力和视力下降，严重者出现高热、脱水、酸碱平衡失调、精神错乱等症状，总称为水杨酸反应，这是水杨酸中毒的表现。应立即停药，静脉滴注碳酸氢钠以碱化尿液，加速水杨酸盐从尿排泄。

（5）瑞夷综合征：病毒性感染（如流感、水痘、麻疹、流行性腮腺炎）伴有发热的患儿服用阿司匹林后，出现惊厥、频繁呕吐、颅内压增高、昏迷等急性肝脂肪变性-脑病综合征（瑞夷综合征），以肝衰竭合并脑病为突出表现。虽然少见，但预后凶险。故10岁以下病毒感染性患儿不宜用阿司匹林，可用对乙酰氨基酚替代。

（6）肾损害：本药对正常肾功能一般无明显影响，但对老年体弱的患者，可能引起水肿、多尿等肾小管功能损伤，并偶见间质性肾炎、肾病综合征。

二 氟 尼 柳

二氟尼柳（diflunisal，二氟苯水杨酸）为水杨酸衍生物，口服吸收良好，口服2～3h后血液浓度达到峰值，血浆蛋白结合率为90%，在体内不被代谢，主要以结合型药物随尿排泄，少量随乳汁排出。本药通过抑制PG合成而发挥解热、镇痛、抗炎作用。本药镇痛抗炎作用比阿司匹林强、且维持时间长。临床用于轻、中度疼痛，如关节炎、腕、踝关节扭伤及小手术、肿瘤等疼痛，也用于骨关节炎、类风湿性关节炎。本药损害肾功能，但对胃肠道刺激作用比阿司匹林小。

二、苯 胺 类

在苯胺类药物中，非那西汀（phenacetin）使用最早，但因非那西汀毒性较大，目前除用于复方制剂外，均被其活性代谢产物对乙酰氨基酚替代。

对乙酰氨基酚

对乙酰氨基酚（acetaminophen）又名扑热息痛（paracetamol），是非那西汀的体内代谢产物。

【体内过程】 口服易吸收，口服0.5～1h后血药浓度达到峰值，血浆蛋白结合率较低。在常用剂量下，本药在肝脏与硫酸或葡萄糖醛酸结合生成无活性代谢物，从尿排泄，血浆$t_{1/2}$为2～3h。大剂量时，本药代谢生成少量有肝肾毒性的*N*-乙酰对位苯醌亚胺。

【药理作用】 本药解热镇痛作用与阿司匹林相当，但抗炎作用弱。本药主要作用于中枢神经系统，抑制下丘脑COX，减少下丘脑体温调节中枢PG合成，但对外周COX几乎没有作用，因此抗炎作用弱。

【临床应用】 用于感冒发热、头痛、牙痛、神经痛、关节痛、肌肉痛等，尤其适用于对阿司匹林过敏或禁用的患者，以及儿童因病毒性感染引起的发热、头痛。

【不良反应】 本药不良反应较轻，可见恶心、呕吐，偶有皮疹、高热、粒细胞减少、贫血等过敏反应。过量中毒可引起肝损害，严重者可导致肾衰竭（镇痛药性肾病）。因此本药不宜大剂量或长期服用，酒精中毒、肝病、肾功能不全者慎用。

三、吲 哚 类

吲 哚 美 辛

吲哚美辛（indomethacin，消炎痛）是人工合成的吲哚衍生物。

【体内过程】 本药口服吸收迅速而完全，口服后1～2h血药浓度达到峰值，血浆蛋白结合率达90%。直肠给药比口服更易吸收。主要在肝脏代谢，代谢物从尿、胆汁、粪便排泄。另有10%～20%本药以原形从尿排泄。血浆 $t_{1/2}$ 为 2～3h。

【药理作用】 吲哚美辛是最强的COX抑制药之一，对COX-1和COX-2都有强大的抑制作用，也能抑制磷脂酶 A_2。本药抗炎作用比阿司匹林强10～40倍，具有显著的抗炎解热、减轻炎性疼痛等作用。

【临床应用】 吲哚美辛主要用于急性风湿性及类风湿性关节炎、强直性脊柱炎、骨关节炎、癌性发热及其他顽固性发热。由于本药不良反应多，仅用于其他NSAIDs无效或不耐受的病例。

【不良反应】 发生率高，30%～50%患者使用治疗量吲哚美辛后发生不良反应，且约20%患者必须停药。

（1）胃肠道反应：常见恶心、呕吐、腹痛、腹泻等，甚至上消化道溃疡、出血、穿孔。故消化性溃疡患者禁用。饭后服用可减少胃肠道不良反应。

（2）八中枢神经系统：发生率较高，可见头痛、眩晕等，偶有精神失常。故癫痫、精神失常患者禁用。

（3）造血系统：可引起粒细胞及血小板减少、再生障碍性贫血。

（4）肝肾损伤：可见转氨酶升高、黄疸、肾功能不良。

（5）过敏反应：可见皮疹、血管神经性水肿、哮喘、休克等过敏反应，故“阿司匹林哮喘”患者禁用。

四、芳基乙酸类

双 氯 芬 酸

双氯芬酸（diclofenac）是邻氨基苯甲酸类衍生物，抑制COX作用较强。

【体内过程】 本药口服吸收迅速，有首过消除，口服生物利用度为50%，口服后1～2h血药浓度达到峰值，血浆蛋白结合率高达99%。本药在关节滑液积聚，故作用时间较长。本药在肝脏代谢，与葡萄糖醛酸或硫酸结合后，经尿（65%）和胆汁（35%）排泄。

【药理作用】 本药抑制PG合成的作用强大，是一种新型强效抗炎镇痛药。其镇痛、抗炎、解热作用比吲哚美辛强2～2.5倍，比阿司匹林强26～50倍。

【临床应用】 本药主要用于类风湿性关节炎、强直性脊柱炎、骨关节炎、痛风性关节炎等；非关节性的软组织痛，如肌肉痛、腱鞘炎、滑囊炎等；急性轻中度疼痛，如术后疼痛、扭伤、痛经、头痛、牙痛等。

【不良反应】 本药对 COX-2 的抑制作用强于对 COX-1 的抑制作用，故胃肠道反应比阿司匹林、吲哚美辛轻，偶见肝功能异常、白细胞减少。

五、芳基丙酸类

芳基丙酸类主要有布洛芬（ibuprofen，异丁苯丙酸）、萘普生（naproxen）、氟比洛芬（flurbiprofen）、酮洛芬（ketoprofen）等。

布 洛 芬

布洛芬是第一个应用于临床的丙酸类 NSAIDs。

【体内过程】 本药口服吸收快而完全，血浆蛋白结合率高达 99%。90%在肝脏代谢为羟化物或羧化物，再经肾排泄。血浆 $t_{1/2}$ 为 1～2h。本药在关节滑液积聚，故作用时间较长。本药还可透过胎盘屏障。

【药理作用】 本药抗炎镇痛作用比阿司匹林强 16～32 倍。

【临床应用】 主要用于风湿性、类风湿性关节炎和骨关节炎，也用于发热、疼痛。

【不良反应】 本药胃肠道不良反应比阿司匹林轻，但长期服用可致上消化道溃疡。另偶见头痛、眩晕和视物模糊。孕妇、哺乳期妇女及哮喘患者禁用。

六、烯 醇 酸 类

烯醇酸类 NSAIDs 主要有吡罗昔康（piroxicam，炎痛喜康）、美洛昔康（meloxicam）、氯诺昔康（lornoxicam）等。

吡 罗 昔 康

吡罗昔康是烯醇酸类衍生物。

【体内过程】 本药口服吸收完全，但食物减缓吸收。本药存在肠肝循环，口服后 2～4h 血药浓度达到峰值，血浆蛋白结合率高达 99%。血浆 $t_{1/2}$ 个体差异大，平均约 50h。在关节滑液中的药物浓度与血药浓度相当。本药在肝脏中代谢后，经尿和粪便排泄，另有 5%药物以原形从尿排泄。

【药理作用】 吡罗昔康是速效、强效、长效的抗炎镇痛药，其作用比吲哚美辛略强。本药通过抑制 COX 减少局部组织 PG 合成，还抑制中性粒细胞活化。另外，本药还抑制软骨中的黏多糖酶和胶原酶活性，减轻软骨损伤，增强抗炎镇痛作用。

【临床应用】 吡罗昔康主要用于类风湿性关节炎、骨关节炎、急性痛风等。

【不良反应】 约 20%患者出现不良反应，主要是恶心、腹泻等胃肠道反应，严重者可致消化道溃疡。另有皮炎等过敏反应。

七、吡 唑 酮 类

吡唑酮类 NSAIDs 主要有保泰松（phenylbutazone）、羟基保泰松（oxyphenbutazone）。保泰松口服吸收快而完全，口服后 2h 血药浓度达到峰值，血浆蛋白结合率为 90%，血浆 $t_{1/2}$ 为大约 50h，主要在肝脏转化为活性代谢物羟基保泰松而发挥作用。本类药物抗炎抗风湿作用强，而解热作用较弱。临床上主要用于治疗风湿性、类风湿性关节炎、强直性脊柱炎。因本类药物不良反应多，现已少用。

八、异丁芬酸类

舒林酸（sulindac）是吲哚美辛同源物。口服后 90%被吸收，1～2h 血药浓度达到峰值。舒林酸及其活性代谢物存在肠肝循环，并且血浆蛋白结合率较高。舒林酸血浆 $t_{1/2}$ 是 7h，但其活性代谢物的血浆 $t_{1/2}$ 长达 18h。本药经过尿液和粪便排泄。舒林酸在肝脏转化为有活性的硫基代谢物后才有解热、镇痛、抗炎作用。本药作用强于阿司匹林，但不及吲哚美辛。本药适应证与吲哚美辛相似，其不良反应比吲哚美辛轻。

第三节　选择性环氧合酶-2 抑制药

传统的非选择性环氧合酶抑制药由于既抑制 COX-2、又抑制 COX-1，容易导致患者出现胃肠道反应、出血倾向等与 COX-1 抑制相关的不良反应，因此选择性 COX-2 抑制药逐渐研发出来。但目前发现抑制 COX-2 可引发心脏病、脑卒中，故该类药物的安全性还需要进一步评价。常用的选择性 COX-2 抑制药主要有塞来昔布（celecoxib）、尼美舒利（nimesulide）、罗非昔布（rofecoxib）等。

塞 来 昔 布

【体内过程】 塞来昔布口服易吸收，口服后 3h 血药浓度达到峰值。血浆蛋白结合率高，血浆 $t_{1/2}$ 为 11h。主要在肝脏代谢，随尿和粪便排泄。

【药理作用】 本药具有较强的抗炎、镇痛、解热作用。本药选择性抑制 COX-2，其对 COX-2 的抑制作用比对 COX-1 强 375 倍。在治疗量时，本药对 COX-1 无影响，不影响 TXA_2 生成。

【临床应用】 本药主要用于治疗风湿性、类风湿性关节炎，骨关节炎，手术后疼痛、痛经、牙痛，以及肠道腺瘤性息肉。

【不良反应】 本药胃肠道不良反应较轻，可能引起水肿、多尿和肾损害，增加心血管病风险。缺血性心脑血管病患者慎用。

尼 美 舒 利

尼美舒利口服吸收迅速而完全，口服后 1～2h 血药浓度达到峰值，生物利用度高，血浆蛋白结合率高达 99%，血浆 $t_{1/2}$ 为 2～3h，作用持续时间 6～8h。本药不但选择性抑制 COX-2、减少 PG 合成，而且抑制中性粒细胞活化和细胞因子产生，故具有较强的抗炎、镇痛、解热作用。本药抗炎作用比布洛芬、对乙酰氨基酚强。临床主要用于风湿性、类风湿性关节炎，骨关节炎，牙痛，痛经，本药胃肠道不良反应轻。但是，本药可损伤幼儿中枢神经系统和肝脏，故禁用于 12 岁以下儿童。

第四节　抗 痛 风 药

痛风是一种因体内嘌呤代谢紊乱引起的疾病，主要表现为高尿酸血症，尿酸盐在关节、肾脏及结缔组织中析出结晶。急性发作时，尿酸盐结晶沉积于关节，可引起局部粒细胞浸润和炎症反应，最常见的是第一跖趾关节红、肿、热及痛，若未及时治疗则可发展成慢性痛风性关节炎或慢性肾病。急性痛风的治疗原则是迅速缓解急性关节炎症状、纠正高尿酸血症等，可用秋水仙碱、非甾体类抗炎药、激素等药物治疗。慢性痛风的治疗旨在降低血尿酸水平，可用抑制尿酸合成的别嘌醇，促进尿酸排泄的丙磺舒、苯溴马隆、苯磺吡酮（sulfinpyrazone）治疗。

秋 水 仙 碱

秋水仙碱（colchicine）对急性痛风性关节炎有选择性抗炎作用。

【体内过程】 本药口服吸收迅速，存在肠肝循环，口服后 0.5～2h 血药浓度达到峰值，血浆蛋白结合率为 10%～34%。主要在肝脏代谢，经尿、胆汁排泄。

【药理作用】 用药后 12h 内可缓解关节红、肿、热、痛，但本药对一般性疼痛和其他类型关节炎无效。其机制在于：①抑制微管蛋白和纺锤体的形成和功能，阻滞细胞于 G_1 期，抑制粒细胞有丝分裂；②抑制粒细胞向炎症部位的浸润、趋化；③抑制白三烯、IL-1β 等炎性介质的合成与释放。

【临床应用】 用于痛风性关节炎急性发作的治疗，预防复发性痛风关节炎的急性发作。本药也用于白血病、乳腺癌等治疗。

【不良反应】 不良反应较多。常见恶心、呕吐、腹痛、腹泻等胃肠道反应。中毒时，可见水样腹泻、血便、甚至脱水、休克。对肾及骨髓也有损害作用。骨髓增殖低下、肝肾功能不全者和孕妇禁用。

别 嘌 醇

别嘌醇（allopurinol，别嘌呤醇）口服易吸收，口服后 1～1.5h 血药浓度达到峰值，血浆 $t_{1/2}$ 为 2～3h，在肝代谢为有活性的氧嘌呤醇，经尿和粪便排泄。别嘌醇是次黄嘌呤的异构体。黄嘌呤和次黄嘌呤可被黄嘌呤氧化酶催化生成尿酸。别嘌醇及其代谢产物氧嘌呤醇可抑制黄嘌呤氧化酶，使尿酸生成减少，降低血尿酸水平，减少尿酸盐结晶，并可使尿酸盐结晶溶解。本药用于治疗慢性痛风和痛风性肾病，口服后 24h 血尿酸浓度开始下降，其中 2～4 周下降最明显。别嘌醇不良反应少，偶见皮疹、胃肠反应、转氨酶升高、白细胞减少等。痛风患者应多饮水。若使尿液呈中性或碱性，可促进尿酸排泄。

丙 磺 舒

丙磺舒（probenecid）口服吸收完全，血浆蛋白结合率为 85%～95%，主要经肾脏近曲小管主动分泌排泄。本药脂溶性高，易被肾小管重吸收，故排泄较慢，碱化尿液可加速其排泄。丙磺舒可竞争性抑制肾小管对有机酸的转运、抑制肾小管对尿酸的重吸收，从而促进尿酸排泄。本药可治疗慢性痛风，但因没有镇痛和抗炎作用，故不适用于急性痛风。本药不良反应较轻，可见胃肠道反应、皮疹等过敏。丙磺舒可竞争性抑制有机酸如青霉素、头孢菌素在肾小管的分泌，故合用时可增加这些药物的血药浓度，延长其作用时间。

苯 溴 马 隆

苯溴马隆（benzbromarone）是苯并呋喃衍生物，口服易吸收，口服后 4h 血药浓度达到峰值，其在肝脏生成的代谢产物也有活性，主要经胆汁排泄。本药抑制肾小管对尿酸的重吸收，强力促进尿酸排泄，降低血中尿酸浓度。服药后 24h 血尿酸浓度为服药前的 66.5%。

本药不干扰嘌呤核苷酸代谢，适用于慢性痛风和高尿酸血症的长期治疗。本药不良反应较轻，但可致腹泻、粒细胞减少，故患者应定期检查血常规。

本 章 小 结

解热镇痛抗炎药是一类可解热、镇痛，且大多数具有抗炎、抗风湿作用的药物。本类药物主要作用机制是抑制体内环氧合酶，从而减少局部组织的前列腺素生成。本类药物可分为非选择性 COX 抑制药和选择性 COX-2 抑制药两类。非选择性 COX 抑制药主要有 8 类。①水杨酸类：阿司匹林、水杨酸钠、二氟尼柳。②苯胺类：对乙酰氨基酚、非那西汀。③吲哚类：吲哚美辛。④芳基乙酸类：双氯芬酸。⑤芳基丙酸类：布洛芬、萘普生、氟比洛芬、酮洛芬。⑥烯醇酸类：吡罗昔康、美洛昔康、氯诺昔康。⑦吡唑酮类：保泰松、羟基保泰松。⑧异丁芬酸类：

舒林酸。选择性 COX-2 抑制药主要有：塞来昔布、尼美舒利、罗非昔布。

痛风是一种因体内嘌呤代谢紊乱引起的疾病，主要表现为高尿酸血症，尿酸盐在关节、肾脏及结缔组织中析出结晶。治疗急性痛风的药物主要有秋水仙碱，治疗慢性痛风的药物主要有别嘌醇、丙磺舒、苯溴马隆、苯磺吡酮。

中药介绍

麻　　黄

麻黄（ephedrae herba）为麻黄科植物草麻黄 *Ephedra sinica* Stapf、中麻黄 *Ephedra intermedia* Schrenk et C. A.Mey. 或木贼麻黄 *E. equisetina* Bge.的干燥草质茎。麻黄含有生物碱类、黄酮类、挥发油、多糖、酚酸类等多种成分。生物碱类中含量最高的是苯丙胺类，即左旋麻黄碱（*L*-ephedrine）、右旋伪麻黄碱（*D*-pseudoephedrine）、左旋去甲基麻黄碱（*L*-norephedrine）、右旋去甲基伪麻黄碱（*D*-norpseudoephedrine）、左旋甲基麻黄碱（*L*-methylephedrine）和右旋甲基伪麻黄碱（*D*-methylpseudoephedrine）等。挥发油中含有1-α-松油醇（*L*-α-terpineol）、2,3,5,6-四甲基吡嗪（2,3,5,6-tetramethylpyrazine）、1,4-桉叶素（1,4-cineole）和十六烷酸（hexadecanoic acid）等。

麻黄具有强大的发汗解热作用。麻黄水煎剂、挥发油、麻黄生物碱均可使大鼠足跖部汗液分泌增多，呈现出发汗解热作用，且温热环境中此作用更强。麻黄挥发油、麻黄配桂枝煎液对实验性发热兔均有显著的解热作用。生麻黄的发汗解热作用强于蜜炙麻黄与清炒麻黄。挥发油是麻黄发汗解热作用的主要有效成分。

（徐海波）

第十八章 作用于离子通道的药物

能力要求

1. 能够阐述离子通道的特性及作用于离子通道药物的分类及其钙通道阻滞剂主要药理作用、临床应用等。

2. 能够简要说出离子通道的分类及其主要生理功能等。

离子通道（ion channels）是细胞膜中的跨膜蛋白质分子，在脂质双分子层膜上构成具有高度选择性的亲水性孔道，对某些离子能选择通透，被称为“生命物质出入细胞的走廊和门户”，其功能是细胞生物电活动的基础。离子通道是药物作用的重要靶点，多种先天性和获得性疾病可能导致其结构或功能异常，表现出离子通道病，目前，研究比较清楚的离子通道病主要涉及钾、钠、钙、氯通道领域。随着电生理学和分子生物学的迅速发展，特别是膜片钳（patch clamp）技术和分子克隆技术的应用，使人类有能力从分子水平来解释离子通道的结构与功能（structure and function）及与疾病的关系等问题。在此基础上，探讨作用于离子通道的药物的药理作用与机制，为防治心脑血管疾病提供重要靶点。

第一节 离子通道概论

一、离子通道的发展简史

1955 年，Hodgkin 和 Keens 在研究神经轴突膜对钾离子通透性时发现，放射性钾跨轴突膜的运动似乎是通过许多狭窄孔洞的运动，由此提出了“通道”的概念。

直接测定细胞膜的离子通透性（膜电导）开始于应用电压钳技术之后。电压钳技术是 1949 年 Cole 和 Marmont 设计的，后经 Hodgkin、Huxley 和 Katz 等加以改进，成功地应用于枪乌贼巨轴突动作电位离子电流的研究。该技术虽已应用于多种可兴奋细胞的通道研究，但本身还存在许多技术上的限制，如无法应用于直径较小的细胞等，但膜片钳技术可以很好地弥补其不足。膜片钳利用一个玻璃微电极同时完成膜片（或全细胞）电位的钳制和膜电流的记录，该技术的创始人 Neher 和 Sakmann 于 1991 年荣获诺贝尔生物学奖。

二、离子通道的主要特征

离子通道具有两大特性，即离子选择性与门控特性。离子选择性指通道对离子大小的选择性与电荷选择性，在一定条件下，某一种离子只能通过与其相应的通道跨膜扩散。门控特性指离子通道一般都具有相应的闸门，闸门的开启和关闭过程称为门控（gating）。通常情况下，通道的闸门处于关闭状态，只在特定条件下闸门才能开启，引起离子的跨膜转运。一般认为，通道主要表现为三种状态，即激活、关闭、失活。激活（activation）指在外界因素作用下，通道允许某种或某些离子顺浓度差和电位差通过膜，相当于通道开放。关闭指通道处于关闭状态，此时如遇到适当刺激，通道即可进入激活状态，是安静时钠通道所处状态。而失活（inactivation）

是一种与关闭不同的功能状态，不但通道处于关闭状态，而且即使有适当刺激也不能使之进入开放状态。通道的激活、失活及关闭均有其特定条件，使通道蛋白质发生不同的分子构象变化，从而表现出不同的功能状态。

三、离子通道的分类

离子通道按激活方式分为两类。①电压门控离子通道（voltage gated channels），即膜电压变化激活的离子通道。通道开、关一方面与膜电位有关（voltage-dependent）；另一方面与电位变化的时间有关（time-dependent），按通过的离子命名，包括电压依赖型钠通道、钾通道、钙通道等。②配体门控离子通道（ligand gated channels），由递质与通道蛋白分子上的结合位点相结合而开启，按递质或受体命名，如 N 型 ACh 受体、Glu 受体、GABA 受体等。

（一）钠通道

钠通道（sodium channels）是选择性允许 Na^+跨膜通过的离子通道，主要是电压门控离子通道，其功能是维持细胞膜兴奋性与传导性。在心脏、神经和肌肉细胞，动作电位源于快钠通道的激活，Na^+内流引起动作电位的 0 期去极化，现已克隆出 9 种人类钠通道基因。

根据对钠通道阻断剂河豚毒素（tetrodotoxin，TTX）和芋螺毒素（μ-conotoxin，μCTX）的敏感性不同分为三类：即骨骼肌类（对 TTX 和 μCTX 敏感性均高）；神经类（对 TTX 敏感性高，对 μCTX 敏感性低）；心肌类（对 TTX 和 μCTX 敏感性均低）。

（二）钾通道

钾通道（potassium channels）是选择性允许 K^+跨膜通过的离子通道，广泛分布于骨骼肌、神经、心脏、血管、气管、胃肠道、血液及腺体等细胞。是目前发现的亚型最多、作用最复杂的一类离子通道。自从 1987 年成功克隆出第一个钾通道基因后，目前已有几十种亚型。钾通道在调节细胞的膜电位和兴奋性及平滑肌舒缩活性中扮演重要角色。

钾通道按其电生理特性不同分为电压依赖性钾通道、钙依赖性钾通道及内向整流钾通道。

1. 电压依赖性钾通道（voltage-dependent K^+channels） 这类钾通道的活性受膜电位的变化调控，包括如下几种。

（1）外向延迟整流钾通道（delayed rectifier K^+channels）：此类通道在去极化时激活而产生外向电流，与膜的复极化有关。快速激活整流钾电流 I_{Kr} 和缓慢激活整流钾电流 I_{Ks}，为心肌细胞动作电位复极 3 期的主要离子流。

（2）瞬时外向钾通道（transient outward K^+channels）：此类钾通道在去极化明显时才能被激活，其产生的外向电流无整流特性，参与动作电位 1 期的复极过程。该通道激活迅速、失活快。

（3）起搏电流（pacemaker channels，I_f）：I_f是一种超极化激活的时间依赖性内向整流电流，是非特异性阳离子电流，即由一种以上单价阳离子，如 K^+和 Na^+共同携带的离子电流。I_f同时也是窦房结、房室结和希浦系统的起搏电流之一。

2. 钙依赖性钾通道（Ca^{2+}-dependent K^+ channels） 是一类具有电压和钙依赖性的钾通道，去极化和提高$[Ca^{2+}]_i$ 浓度均可激活该通道，使 K^+外流引起膜复极化或超极化。在血管平滑肌中根据电导大小可将该通道分为高电导钙激活的钾通道（BK）、中电导钙激活的钾通道（IK）和低电导钙激活的钾通道（SK）3 个亚型。其中 BK 电导最大，直接参与血管张力的调节。

3. 内向整流钾通道（inward rectifier K^+ channels） 具有内向整流特性，主要有三种：内向整流钾通道（K_{ir}）、ATP 敏感的钾通道（K_{ATP}）及 ACh 激活的钾通道（K_{Ach}），均属于 Kir 钾

通道家族，分别称为内向整流钾通道（Kir2.1），ATP 敏感的钾通道（Kir6.2），乙酰胆碱激活的钾通道（Kir3.X）。

（三）钙通道

钙通道（calcium channels）为细胞外 Ca^{2+}（$[Ca^{2+}]_0$）内流的离子通道，存在于机体各种组织细胞，是调节细胞内钙离子浓度的主要途径。

一般认为，膜上存在两类钙离子通道，即电压门控钙通道和受体调控性钙通道。

1. 电压门控钙通道　目前已克隆出 L、N、T、P、Q 和 R 6 种亚型的电压依赖性钙通道，其中 L-亚型钙通道是细胞兴奋时外钙内流的最主要途径，分布于各种兴奋细胞，也是心肌动作电位 2 相平台期形成的主要离子流。

2. 受体调控性钙通道　这类通道存在于细胞器如肌质网（sarcoplasmic reticulum，SR）和内质网（endoplasmic reticulum，ER）膜上，是储钙释放进入胞质的途径。由于三磷酸肌醇（inositol triphosphate，IP3）或 Ca^{2+}等第二信使激活细胞器上相应受体而引起通道开放，故称为细胞内受体门控离子通道。

（四）氯通道

氯离子是机体细胞最富于生理意义的阴离子，兴奋性和非兴奋性细胞膜如溶酶体、线粒体、内质网等细胞器的质膜均分布有这类通道。它在细胞内外的转运，主要通过 Na^+-K^+-2Cl^-、K^+- Cl^-共同转运体参与，也可经氯通道（chloride channels）进行转运。其主要生理作用是：对于兴奋性细胞能稳定膜电位和抑制动作电位的产生；对于非兴奋性细胞如肥大细胞能维持其负的膜电位，为膜外 Ca^{2+}进入细胞内提供驱动力；还参与调节细胞体积、维持细胞内环境稳定等。

目前已克隆出至少 9 种氯通道基因亚型，现介绍 2 种主要的氯通道。

1. GABA 受体氯通道　属于配体门控氯离子通道（ligand-gated Cl^- channels），当 GABA 与相应受体结合时，该受体被激活，氯通道开放，Cl^-内流增加，神经细胞超极化，导致突触后抑制。

2. 电压敏感氯通道　主要有 3 种亚型：1-型通道（骨骼肌氯通道），去极化时被激活，在复极化和稳定膜电位中起作用；2-型通道，超极化时激活，当细胞肿胀和细胞外酸中毒时激活，产生内向整流电流；3-型通道，主要分布于肾脏，为外向整流和无时间依赖性电流。

四、离子通道的生理功能

离子通道则是细胞活性至关重要的成分，通过调节离子流的动力学，完成信号的跨膜传递。其主要生理功能概括起来有如下几个方面。

（一）决定细胞的兴奋性、不应性、传导性

在神经、肌肉等兴奋性细胞，离子通道主要以生物电活动形式表现兴奋的产生与传导。由于细胞膜内外各种离子分布的不均匀性，造成膜两侧离子浓度差和电位差，从而形成膜电位，膜内外离子的跨膜转运，引起膜电位变化。因此，离子通道的主要功能是形成动作电位、传递信号，从而调节功能活动。

（二）介导兴奋-收缩耦联和兴奋-分泌耦联

在肌肉与腺体等可兴奋细胞发挥生理功能时，首先产生的生理效应是细胞产生动作电位（兴奋），然后才出现肌肉收缩或腺体分泌的反应表现。其中，钙离子通道开放，导致 Ca^{2+}内流是耦联的关键环节。提高细胞内钙浓度可以触发各种生理效应，如肌肉收缩、腺体分泌等。

（三）调节血管平滑肌的舒缩活动

血管平滑肌有钙通道、钾通道、氯通道和非选择性阳离子通道，它们都参与血管平滑肌的舒缩调节。

（四）参与细胞跨膜信号转导过程

在细胞间信息传递过程中，电压门控离子通道与化学门控离子通道发挥重要作用。在神经-肌肉接头信号转导中，神经末梢释放递质需电压门控钙通道参与。在中枢神经系统的突触传递过程中，不同电压门控通道和化学门控通道的参与，使突触前膜或后膜发生去极化或超极化，从而影响突触后神经元的功能状态。

（五）维持细胞正常形态和功能完整性

细胞正常结构与形态的完整性，取决于细胞所处环境的渗透压及水的跨膜转运。而细胞正常体积的维持有赖于离子通道及细胞膜上 Na^+-K^+-2Cl^-、Na^+-Cl^-等转运体的活性，如细胞肿胀时，钾离子通道被激活，K^+外流增加，同时 Cl^-外流增加。

第二节　作用于离子通道的药物

一、作用于钠通道的药物

作用于钠通道的主要是钠通道阻滞药，临床常用药物包括局部麻醉药、抗癫痫药和Ⅰ类抗心律失常药，分别详见第八、十二、十九章。

二、作用于钾通道的药物

该类药物又称为钾通道调控剂，包括钾通道阻滞药和钾通道开放药。细胞外的钾离子浓度为 4mmol/L，远远低于细胞内 150mmol/L 的水平，因此，钾通道开放时，钾离子外流，细胞膜超极化，动作电位时程缩短，继而降低钠、钙通道开放频率，降低膜兴奋性。钾通道阻滞时，钾外流减少或停止，动作电位时程和有效不应期延长。作用于钾通道的药物通过影响钾通道闸门的启闭，促进或阻滞钾外流而发挥药理作用。

（一）钾通道开放药

钾通道开放药（potassium channel openers，PCOs）选择性作用于钾通道，增加细胞膜对钾离子的通透性，促进钾离子外流。目前合成的钾通道开放药都是作用于 KATP 通道的，该通道广泛分布于心脏、骨骼肌、大脑皮质神经元、动脉平滑肌细胞中。PCOs 是一类新型的血管扩张药，其舒张血管平滑肌的作用通过下列几个途径实现。

细胞膜电位更负，电压依赖性钙通道不易开放；钾持续外流，能对抗神经递质及激素的去极化；超极化能阻止胞内对钙的重摄取、储存与释放；促进钠钙交换，胞内钙降低。目前临床主要用于高血压、心绞痛等治疗，常用药物有米诺地尔（minoxidil）、吡那地尔（pinacidil）、二氮嗪（diazoxide）等，详见相关章节。

（二）钾通道阻滞药

钾通道阻滞药（potassium channel blockers，PCBs）指可抑制 K^+通过膜通道的化合物，种类很多，包括无机离子（如 Ba^{2+}、Cs^+），有机化合物（如 TEA、4-AP），多种毒素（如蝎毒、蜂毒等）以及目前临床治疗用药（如格列本脲等磺酰脲类降糖药及索他洛尔等新抗心律失常药，其药理学特性将在后面相关章节中详细介绍）。

三、作用于钙通道的药物

钙通道阻滞剂（calcium channel blockers），又称钙拮抗剂（calcium antagonists），可以选择性阻滞钙通道，抑制细胞外钙内流，降低细胞内钙离子浓度的药物，临床常用的有硝苯地平、维拉帕米、硫氮唑酮等。该类药物主要通过阻断心肌和血管平滑肌细胞膜上的钙离子通道，抑制细胞外钙离子内流，使细胞内钙离子水平降低而引起心血管等组织器官功能改变，主要用于心脑血管疾病，如高血压、心绞痛、心律失常等。

（一）药物分类

目前临床应用的主要是选择性作用于电压依赖性钙通道 L 亚型的药物，根据化学结构特点分为 3 个亚类。

（1）二氢吡啶类：硝苯地平（nifedipine）、氨氯地平（amlodipine）、尼莫地平等。

（2）苯烷胺类：维拉帕米（verapamil）、加洛帕米等。

（3）苯并噻氮□类：地尔硫䓬（diltiazem）、克仑硫□（clentiazem）等。

其他非选择性钙通道阻滞药主要有：普尼拉明、苄普地尔、氟桂利嗪等。

（二）药理作用

1. 对心肌的作用

（1）负性肌力作用：钙通道阻滞药使心肌细胞内钙减少，降低心肌收缩性，表现出负性肌力作用。二氢吡啶类在离体实验中表现出负性肌力作用，但在体内研究中却发现硝苯地平不仅没有明显负性肌力作用，甚至呈现轻微正性肌力作用，这与硝苯地平对外周血管强大的扩张作用导致的交感神经活性反射性增高，从而抵消了药物本身的负性肌力作用有关。维拉帕米、地尔硫䓬对外周血管的扩张能力较硝苯地平弱，不引起反射性交感神经兴奋，在临床上仍表现为负性肌力作用。

（2）负性频率及负性传导作用：窦房结和房室结均为慢反应细胞，其中窦房结的自律性主要依赖于动作电位 4 期 Ca^{2+}内流的缓慢除极，房室结的传导性主要依赖于动作电位 0 期 Ca^{2+}内流的除极。因而钙通道阻断药通过阻断钙内流，从而降低窦房结自律性而减慢心率，同时减慢房室结的传导速度，最终表现为负性频率与负性传导作用。

2. 对平滑肌的作用

（1）血管平滑肌：由于血管平滑肌的肌质网发育差，储钙能力不佳，因此血管收缩过程更依赖于胞外 Ca^{2+}内流，钙通道阻滞药通过减少钙内流产生明显扩血管效应。对缺乏平滑肌的静脉作用弱，主要舒张动脉，特别是冠状血管，能扩张大的输送血管和小的阻力血管，增加冠脉流量及侧支循环量，可用于心绞痛治疗。其次脑血管也对之敏感，以尼莫地平舒张脑血管，增加脑血流量作用明显；还能舒张外周血管，用于外周血管痉挛性疾病。

（2）其他平滑肌：对支气管、胃肠道、输尿管等器官的平滑肌均有舒张作用，但对不同部位的平滑肌作用强度不同，支气管平滑肌的松弛作用较明显。

3. 抗动脉粥样硬化作用 钙参与动脉粥样硬化病理过程的多个环节，钙通道阻滞药减少钙内流，可以减轻钙超载导致的动脉壁损害；还可通过抑制 NADPH 氧化酶活性、降低炎症因子、抑制脂质过氧化、保护内皮细胞等途径产生抗动脉粥样硬化作用。

4. 对肾脏的作用 钙通道阻滞药与其他扩血管药的特点在于不易引起水钠潴留，不明显影响血钾、血尿酸、血脂质及糖代谢。特别是二氢吡啶类药物在降低血压同时，可通过扩张入球小动脉增加肾血流量，还具有一定排钠利尿功能。尤其适用于伴肾功能障碍的高血压和心功能不全的治疗。

5. 其他作用 对红细胞具有保护作用，还有抗血小板聚集作用。

（三）临床应用

1. 高血压 二氢吡啶类已经成为一线抗高血压药物，适用于各型高血压患者。因主要扩张外周动脉血管，降压同时不降低心排血量，可用于控制严重高血压，在治疗高血压伴有肾功能障碍或糖尿病方面具有一定优势。与β受体拮抗药或利尿药合用可增强硝苯地平降压效果，并减少不良反应。对静脉血管的扩张作用不明显，不易引起直立性低血压，目前多推荐使用硝苯地平缓释片或控释片。

2. 心绞痛 用于稳定型和不稳定型心绞痛，以及冠状动脉痉挛所致的心绞痛，如变异型心绞痛效果更优。内容详见抗心绞痛药章节。

3. 心律失常 主要为维拉帕米和地尔硫䓬等，内容详见抗心律失常药物章节。

4. 肥厚型心肌病 通过调节细胞内 Ca^{2+} 浓度，利于改善肥厚型心肌病。

5. 其他 通过扩张外周血管，可治疗雷诺病；另外，还用于治疗动脉粥样硬化、蛛网膜下隙出血、消化道溃疡、支气管哮喘、食管痉挛等疾病。

本章小结

（1）离子通道具有两大特性，即离子选择性与门控特性；按激活方式可分为电压门控离子通道和配体门控离子通道。离子通道的活性是细胞通过其开放和关闭调节相应物质进出细胞速度的能力，对实现细胞各种功能具有重要意义。

（2）离子通道具有非常重要的生理功能，如果编码离子通道亚单位的基因发生突变/表达异常或结构和功能异常，可导致机体整体生理功能紊乱，出现某些先天性和后天获得性疾病，即离子通道病。

（3）作用于不同离子通道的药物，可产生不同药理作用。作用于钠通道药物即钠通道阻滞药，用于局部麻醉、抗癫痫、抗心律失常等；作用于钾通道药物包括钾通道阻滞药和钾通道开放药，主要用于高血压、心律失常等；作用于钙通道药选择性作用于电压依赖性钙通道L亚型的药物，主要用于高血压、心绞痛、心律失常等心血管病的治疗。

（盛艳梅）

第十九章　抗心律失常药

能力要求

1. 掌握抗心律失常药物的分类，抗心律失常药物的药理作用及临床应用。
2. 理解心律失常发生机制及常用抗心律失常药物作用机制。
3. 了解每类药物特有的不良反应。

正常心脏的泵血功能有赖于心脏协调而有规律地收缩、舒张。心律失常时心脏泵血功能发生障碍，影响全身器官的血液供应。心律失常（arrhythmia）是指心动节律或者频率异常。临床上根据心动频率将心律失常分为缓慢型和快速型两类。缓慢型心律失常包括窦性心动过缓、房室传导阻滞等。快速型心律失常包括心房颤动、心房扑动、室上性心动过速和室性心动过速等；心律失常的治疗包括非药物治疗（起搏器和手术等）和药物治疗。药物治疗在目前抗心律失常方面仍然发挥着非常重要的作用。本章所讲的药物是治疗快速型心律失常的药物，该类药物作用于心肌细胞膜上的离子通道，改变心肌的自律性、传导性，恢复心脏的正常节律。临床上很多抗心律失常药又存在致心律失常（proarrhythmia）的毒副作用。要做到合理应用抗心律失常药物，必须掌握心律失常的电生理学基础和抗心律失常药物的作用机制。

第一节　正常的心肌细胞电生理

一、心肌细胞膜电位

心肌细胞在静息状态时，细胞内外的离子分布是不平衡的，使细胞膜两侧呈外正内负的极化状态，这种静息状态的膜电位水平称为静息电位（resting potential，RP）。正常情况下心肌细胞静息电位约为–90mv。当心肌细胞受到刺激而兴奋时，在静息电位的基础上产生的可扩布的电位变化过程，出现除极和复极，即为动作电位（action potential，AP）。快反应细胞的动作电位可分为 0、1、2、3、4 五个时相（图 19-1）。

0 相：（除极期）心肌细胞在适当刺激作用下发生兴奋时，膜内电位由静息状态时的–90mV，迅速上升到+20～+30mV。0 相主要是钠通道激活开放，Na^+大量快速内流所致。0 相上升最大速度与心肌细胞兴奋传导速度有关。

1 相：（快速复极初期）由短暂的 K^+外流和 Cl^-内流所致。

2 相：（缓慢复极期，又称平台期）Ca^{2+}和少量 Na^+的内向离子流，同时伴有少量 K^+的外向流动，是细胞内外离子流动处于平衡状态的结果。

3 相：（快速复极末期）细胞膜对 K^+通透性增加，K^+外流增多，膜电位降低，膜电位恢复到静息水平。

4 相：（静息期）Na^+或 Ca^{2+}缓慢内流，使其恢复到原来水平。

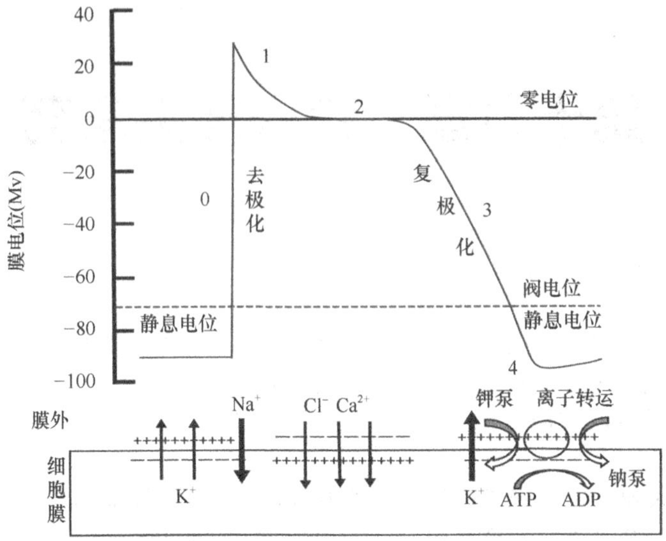

图 19-1 心脏细胞的动作电位特征及离子转运

二、心肌细胞的不应期

心肌细胞受到刺激后产生动作电位的能力即为心肌细胞的兴奋性。心肌细胞兴奋性的变化可分以下几个时期（图 19-2）。

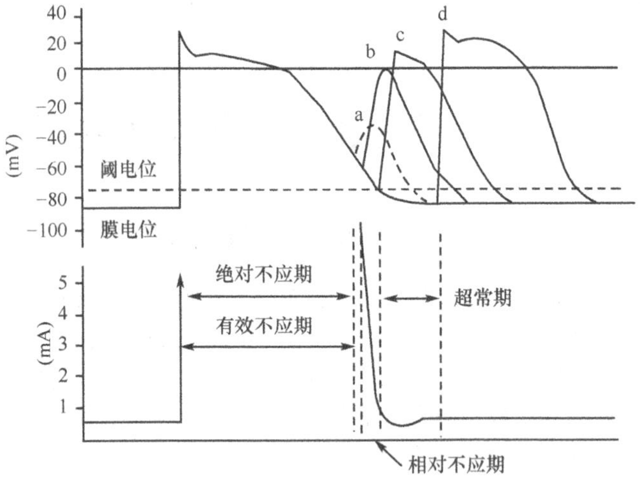

图 19-2 不应期与动作电位时间

a. 局部电流；b、c、d. 可扩布性兴奋

1. 有效不应期 心肌细胞发生一次兴奋时，从动作电位的 0 期开始到 3 期膜内电位恢复到 –60mV 这一段时间，称为有效不应期。在这一时期，心肌细胞对任何刺激都不会产生动作电位。

2. 相对不应期 从有效不应期完毕（膜内电位约–60mV）到复极化基本上完成（约–80mV）的这段期间，给心肌细胞以高于正常阈值的强刺激，可以产生可扩布性兴奋，这一时期为相对不应期。

三、心肌细胞自律性

心肌细胞在没有外来刺激的条件下，能够自动地发生节律性兴奋的能力，称为自动节律性

（自律性）。具有自律性的细胞，为自律细胞。心肌自律性细胞包括窦房结细胞、房室结细胞、浦肯野纤维细胞。影响自律性的因素主要包括 4 期自动去极化的速度、最大复极电位水平和阈电位之间的距离。

四、心肌细胞的膜反应性

膜反应性是指心肌细胞在不同电位水平受到刺激时对刺激的反应能力。这种反应能力可用所产生的动作电位 0 相期最大上升速率（V_{max}）来表示。刺激所诱发的 0 期上升最大速度 V_{max} 与膜电位水平之间的关系呈 S 形曲线。静息电位水平负值越大，0 期上升速度越大，传导速度越快。影响膜反应性的因素很多，一些药物可以使其增高或者降低，如苯妥英钠可升高膜反应性。

第二节　心律失常发生机制

一、冲动传导异常

折返（reentry）是快速性心律失常最常见的发生机制。折返是指一次冲动下传后，又沿着另一个曲折的环形通路返回，再次兴奋已兴奋过的心肌，是引起快速型心律失常的重要机制之一，其形成过程见图 19-3。当心脏内两点间存在不止一条传导通路，而且这些通路具有不同的电生理特征时容易发生解剖性折返。折返分为解剖性折返和功能性折返两类。功能性折返在无明显解剖环路时即可发生，如急性心肌梗死后细胞间耦联（cell-cell coupling）改变所导致的折返型室性心动过速。解剖性折返发生在房室结或房室之间者，表现为阵发性室上性心动过速；发生在心房内的解剖性折返则表现为心房扑动或心房颤动。

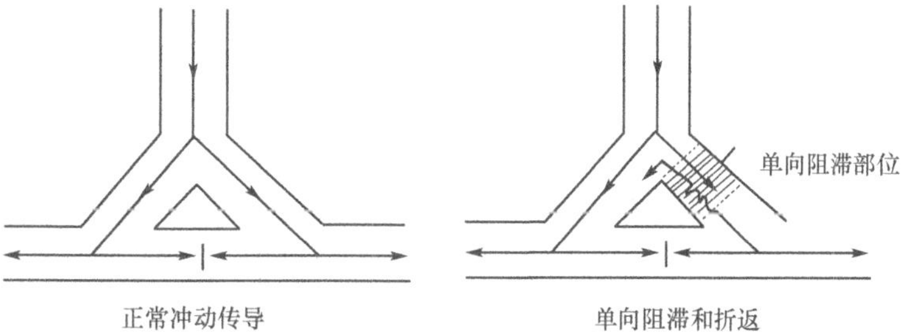

图 19-3　折返形成机制

二、冲动起源异常

1. 自律性改变　自律性源于动作电位的 4 相自动除极，窦房结、房室结和希-浦细胞均具有自律性。当细胞动作电位 4 相自动除极的去极化速率加快、阈电位水平下移或者最大舒张电位水平上移时，膜自动除极到阈电位的时间缩短，自律性升高。交感神经活性增高、低血钾、心肌细胞受到机械牵张时，动作电位 4 相斜率增加，自律性升高。非自律性心肌细胞在舒张期不具有自动除极的功能，但是，当心肌细胞的静息电位由原来的–90mv 升高到–65mv 时，开始出现 4 相自发性除极并产生动作电位，称为异常自律性。在心脏存在器质性病变或外来刺激的作用下，可引起异常自律性。

2. 后除极　某些情况下，心肌细胞在一个动作电位后产生一个提前的除极化，称为后除极（afterdepolarization），后除极的扩布即会触发异常节律，发生心律失常。后除极分两种类型。

（1）早后除极（early afterdepolarization，EAD）：是一种发生在完全复极之前的后除极，常发生在 2 相或 3 相复极，主要由 Ca^{2+}内流增多所致。药物、胞外低钾等都存在诱发早后除极的危险。早后除极所触发的心律失常以尖端扭转型心动过速（torsades de pointes）常见。

（2）迟后除极（delayed afterdepolarization，DAD）：在 4 相中的后除极称为迟后除极，是细胞内钙超载时发生在动作电位完全或接近完全复极时的一种短暂的振荡性除极。强心苷中毒、心肌缺血、细胞外高钙等均可诱发迟后除极。

三、心律失常发生的离子靶点假说

心肌细胞膜上存在多种离子通道，如 I_{Na}，I_{Ca}，I_{Kr}/HERG，I_{Ks}，I_{Kur} I_{k1}，I_{KM3} 等，这些通道表达和功能的平衡是心脏完成正常功能的基础。当某种通道的功能或表达异常时，通道间平衡被打破，将出现心律失常。I_{Na}，I_{Ca}，I_{Kr}/HERG，I_{Ks}，I_{K1} 等离子通道与心律失常发生、发展及消除密切相关，是抗心律失常药物作用的最佳靶点。一个理想的抗心律失常药物应对最佳靶点有作用，至少是对两种以上靶点起作用。

第三节　抗心律失常药的作用机制

一、抗心律失常药的基本作用机制

心律失常发病机制主要包括冲动形成异常和冲动传导异常两大类，因此心律失常药物主要是通过减少异位起搏活动、调节折返环路的传导性或有效不应期以消除折返，从而抑制心律失常的发生。

抗心律失常药物的基本作用机制如下所示。

（一）降低自律性

抗心律失常药物可通过降低动作电位 4 相斜率，抑制窦房结、房室结细胞 4 相 Ca^{2+}内流，抑制房室束、浦肯野纤维等异位起搏点 Na^{+}内流来降低自律性。此外，有些药物还能通过提高动作电位的发生阈值，如钠离子通道阻滞药通过阻滞钠通道提高快反应细胞的动作电位的发生阈值，钙离子通道阻滞药通过阻滞钙通道提高慢反应细胞的动作电位发生阈值。而腺苷和 ACh 可以通过激活 ACh 敏感钾通道，促进 K^{+}外流，增加静息膜电位绝对值，钾通道阻滞药通过阻滞 K^{+}外流而延长有效不应期来降低自律性。

（二）消除折返

消除折返主要是通过改变传导性或延长有效不应期来实现。例如，钙离子通道阻滞药可减慢房室结的传导性，消除房室结折返所致的室上性心动过速，而钾离子通道阻滞药可延长快反应细胞的有效不应期等。

（三）减少后除极

钠通道或钙通道阻滞药（如奎尼丁或维拉帕米）可减少迟后除极的发生，缩短动作电位时程的药物可减少早后除极的发生。

第四节 常用的抗心律失常药物

抗心律失常药物的分类有很多种，最常见的是 Vaughan Williams 分类法，Vaughan Williams 分类法根据药物对电生理的作用特点，将众多化学结构不同的药物归纳为四大类：Ⅰ类钠通道阻滞药；Ⅱ类β肾上腺素受体拮抗药；Ⅲ类延长动作电位时程药（钾通道阻滞药）；Ⅳ类钙通道阻滞药。

一、Ⅰ类钠通道阻滞药

钠通道阻滞药（sodium channels antagonists）为Ⅰ类抗心律失常药，主要作用是抑制 Na^+ 通道开放，降低 0 相上升速率。根据药物阻滞钠通道的程度不同，本类药物又细分为 $Ⅰ_A$ 类、$Ⅰ_B$ 类、$Ⅰ_C$ 类三种。

$Ⅰ_A$ 类适度阻滞钠通道，降低动作电位 0 相上升速率，主要影响传导速度，延长动作电位时程。代表药有奎尼丁、普鲁卡因胺等。

$Ⅰ_B$ 类轻度阻滞钠通道，轻度降低动作电位 0 相上升速率，降低自律性，主要减慢传导速度，APD 缩短或不变。代表药有利多卡因、苯妥英钠等。

$Ⅰ_C$ 类明显阻滞钠通道，显著降低动作电位 0 相上升速率和幅度，减慢传导性的作用最为明显，轻度延长 APD。代表药有普罗帕酮、氟卡尼等。

（一）$Ⅰ_A$ 类代表药物

奎 尼 丁

【体内过程】 奎尼丁（quinidine）口服后几乎全部被胃肠道吸收，吸收快而完全，1～2h 血药浓度达高峰，生物利用度为 70%～80%。血浆蛋白结合率约 80%，心肌中药物浓度较血药浓度高 10 倍。消除 $t_{1/2}$ 为 5～7h。主要经过肝脏 P_{450} 氧化代谢，其羟化代谢物仍有药理活性，20%以原形经尿液排出，酸化尿液中排泄加快。

【药理作用】 奎尼丁与心肌细胞膜钠通道蛋白结合并阻滞钠内流。低浓度可阻滞 I_{Na}、I_{Kr}，较高浓度具有阻滞延迟外向整流钾电流（I_{Ks}）、内向整流钾电流（I_{K1}）、瞬时外向钾电流（I_{to}）及 L 型钙电流（$I_{Ca\text{-}L}$）作用。

（1）降低自律性（心房肌、心室肌、浦氏纤维）：减慢 Na^+ 内流，使动作电位 4 相坡度减小，自律性降低。

（2）延长 APD 和 ERP，消除折返：奎尼丁可减慢 3 相钾外流和 2 相钙内流，因而动作电位时程和有效不应期均可延长，其中有效不应期的延长更明显。

（3）减慢传导：抑制 0 相钠内流，降低 0 相除极的速度和幅度，减慢传导，使病理情况下的单向传导阻滞变为双向传导阻滞，从而取消折返引起的心律失常。

（4）其他：抗胆碱和α受体阻断作用，使外周血管扩张，血压下降反射性兴奋交感神经。

【临床应用】 奎尼丁为广谱抗心律失常药，适用于心房颤动、心房扑动、室上性和室性心动过速的转复和预防，以及频发室上性和室性期前收缩的治疗。对心房颤动、心房扑动目前虽多采用电转律法，但奎尼丁仍有应用价值，用于转律后防止复发。

【不良反应】

（1）胃肠道反应：恶心、呕吐、腹泻等多见于用药早期。

（2）心血管系统反应

1）低血压：奎尼丁的α受体阻断作用使血管扩张、心肌收缩力减弱、血压下降。

2）心律失常：奎尼丁心脏毒性较为严重，中毒浓度可致房室及室内传导阻滞。应用奎尼丁的患者 2%～8%可出现 Q—T 间期延长和尖端扭转型心动过速。

（3）金鸡纳反应：表现为头痛、头晕、耳鸣、腹泻、恶心、听力减退、视力模糊、神志不清、精神失常等反应。

普鲁卡因胺

【体内过程】 普鲁卡因胺（procainamide）口服吸收迅速而完全，1～1.5h 血药浓度达高峰。肌内注射后 0.5～1h、静脉注射后仅 4min 血药浓度即达峰值。生物利用度约 80%，$t_{1/2}$ 为 3～6h。本药在肝代谢为 *N*-乙酰普鲁卡因胺，仍具有抗心律失常作用。原形药及代谢物经肾排出。

【药理作用】 对心肌的直接作用与奎尼丁相似，但无明显阻断胆碱或α肾上腺素受体作用。普鲁卡因胺能降低心肌自律性，减慢房室传导，延长大部分心脏组织的不应期，取消折返。

【临床应用】 临床应用及禁忌证与奎尼丁相同，对房性、室性心律失常均有效。静脉注射或静脉滴注用于抢救危急病例。对室上性心律失常也有效，但对心房颤动和心房扑动疗效差。

【不良反应】 口服胃肠道反应常见；静脉给药可引起低血压。大剂量有心脏抑制作用。过敏反应较常见，如出现皮疹、药物热、白细胞减少、肌痛等。少数患者长期应用可出现红斑狼疮综合征。

丙 吡 胺

【体内过程】 丙吡胺（disopyramide）口服吸收迅速，吸收率为 80%～100%，口服药后 1～3h 血药浓度达峰值，静脉注射后 1min 起效，生物利用度约 83%，治疗浓度范围为 2～7μg/ml。$t_{1/2}$ 为 5～7h，约 25%经肝脏代谢，约 50%从尿排出，约 25%经胆道排出。

【药理作用】 主要为抑制膜对 Na^+ 的通透性。减慢传导。延长心房、心室肌的不应期，也延长预激综合征患者附加传导的不应期及传导时间。

【临床应用】 与奎尼丁基本相同，可有效终止和预防室上性心律失常和室性心律失常。

【不良反应】 主要的不良反应为低血压及心脏抑制。因该药有抗胆碱能作用，可引起口干、便秘、尿潴留等、视力模糊、胃部不适、皮疹、粒细胞减少，均少见。该药还能引起 Q—T 间期延长、加重心力衰竭、心源性休克的病情、尖端扭转型心动过速。

（二）I_B 类代表药物

苯 妥 英 钠

【药理作用】 苯妥英钠（phenytoin sodium）对心肌电生理的作用与利多卡因相似，抑制失活状态的钠通道，降低部分除极的浦肯野纤维自律性。能与强心苷竞争 Na^+-K^+-ATP 酶，抑制强心苷中毒所致的迟后除极及触发活动。

【临床应用】 本药主要用于治疗室性心律失常，特别对强心苷中毒引起的室性心律失常有效，亦可用于其他原因如心肌梗死、心脏手术等所致的室性心律失常，但疗效不如利多卡因。

【不良反应与注意事项】 快速静注容易引起低血压，高浓度可引起心动过缓。低血压时慎用，窦性心动过缓及Ⅱ、Ⅲ度房室传导阻滞者禁用。孕妇用药可致胎儿畸形，禁用。

利 多 卡 因

【体内过程】 利多卡因（lidocaine）首关消除明显，生物利用度低，不宜口服，只能非肠道用药。本药在血液中有约 70%与血浆蛋白结合，体内分布广泛。本药几乎全部在肝中代谢，$t_{1/2}$ 为 2h。

【药理作用】

（1）降低自律性：治疗量利多卡因能降低浦肯野纤维的自律性（减少 4 相钠内流及促进钾外流，降低自律性）；中毒剂量可抑制窦房结。

（2）缩短浦肯野纤维和心室肌的 APD 和 ERP，相对延长 ERP，消除折返。

（3）改变病变区传导：治疗量利多卡因对浦肯野纤维的传导速度无明显影响。但在心肌缺血部位，由于抑制 Na^+内流，减慢传导，使单向传导阻滞变为双向传导阻滞，从而消除折返。对血钾降低或心肌纤维受损而部分除极时，则促使 K^+外流而加速传导。

【临床应用】 利多卡因的心脏毒性低，主要用于治疗室性心律失常，如心脏手术、心导管术、急性心肌梗死或洋地黄中毒所致的室性心动过速或心室颤动。

【不良反应与注意事项】 主要表现在中枢神经系统，如眩晕、头痛、嗜睡或激动不安、感觉异常等。剂量过大可引起心率减慢、房室传导阻滞和低血压。Ⅱ、Ⅲ度房室传导阻滞患者禁用此药。心力衰竭、肝功不全者长期滴注后可产生药物蓄积，儿童或老年人应适当减量。

美　西　律

美西律（mexiletine）是利多卡因的衍生物，抗心律失常作用与利多卡因相似。口服吸收快而完全，口服后 2～4h 血药浓度达峰值，生物利用度为 90%，$t_{1/2}$ 约 12h。主要用于治疗室性心律失常，特别对心肌梗死后急性室性心律失常有效。不良反应与剂量相关，可出现消化道症状，长期服用时可出现神经系统症状，如头痛、震颤、共济失调等。房室传导阻滞、窦房结功能不全、低血压或肝病者慎用。

（三）$Ⅰ_C$类代表药物

普　罗　帕　酮

【体内过程】 普罗帕酮（propafenone）口服吸收良好，主要分布于肝组织，其浓度比心脏及肝脏组织内高 10 倍。单次服药血浆 $t_{1/2}$3～4h，多次服药为 6～7h，口服后 0.5～1h 起效，2～3h 达最大作用，可维持 8h 以上。主要经肝脏代谢，其代谢产物 5-羟基-丙胺基苯丙酮具有药理活性，约 10%以原药经肾排出，90%以上以氧化代谢物经肠道及肾脏清除。

【药理作用】 具有广谱抗心律失常作用。有较强的快通道阻滞作用，对静息状态阻滞比动作电位各位相阻滞更强。延长患者 A—H，H—V 间期。并延长心房肌、心室肌及预激综合征患者附加传导速的 ERP，有轻度负性肌力作用。

【临床应用】 适用于防治室上性和室性期前收缩、室上性和室性心动过速、伴发心动过速和心房颤动的预激综合征。

【不良反应】 不良反应以消化道反应恶心、呕吐、味觉改变等常见。亦可引起心血管系统不良反应如房室传导阻滞、加重充血性心力衰竭，还可引起直立性低血压，其减慢传导作用易致折返，引发心律失常。肝肾功能不全时应减量。

氟　卡　尼

氟卡尼（flecainide）对心脏作用与普罗帕酮相似，可抑制钠通道，明显减慢心肌细胞 0 相最大上升速率并降低幅度，减慢心脏传导。本药对钾通道有明显抑制作用，使心房、心室的 APD 明显延长。口服吸收良好，生物利用度达 90%，主要在肝脏代谢，成年健康人 $t_{1/2}$ 为 14h，肾功不全者 $t_{1/2}$ 超过 20h。对室上性和室性心律失常均有效。不良反应有头晕、乏力、恶心等。最严重的可引起致死性心律失常。

二、Ⅱ类β肾上腺素受体阻断药

阻断心脏β受体，抑制交感神经兴奋所致的起搏电流、钠电流和 L-型钙电流增加，表现为减慢4相舒张期除极速率而降低自律性，降低动作电位 0 相上升速率而减慢传导性。代表药有普萘洛尔等。

普萘洛尔

【体内过程】 普萘洛尔（propranolol）口服吸收完全，首过效应强，生物利用度为30%。血浆蛋白结合率达93%。本药主要在肝脏代谢，肾脏排泄。

【药理作用】

（1）降低自律性：普萘洛尔能降低窦房结、心房和浦肯野纤维自律性，在运动及情绪激动时作用明显。主要与阻断窦房结β受体，防止交感活动对4相除极和异位起搏的作用有关。

（2）减慢传导：本药能减少儿茶酚胺所致的迟后除极发生，减慢房室结传导，延长房室结有效不应期。

【临床应用】 主要用于室上性心律失常，对于交感神经兴奋性过高、甲状腺功能亢进及嗜铬细胞瘤等引起的窦性心动过速效果良好。心肌梗死患者应用本品，可减少心律失常的发生，缩小心肌梗死范围，降低死亡率。可减少肥厚型心肌病所致的心律失常。普萘洛尔还可用于运动或情绪激动所引发的室性心律失常。

【不良反应】 本药可致窦性心动过缓、房室传导阻滞，并可能诱发心力衰竭和哮喘、低血压等。长期应用对脂质代谢和糖代谢有不良影响，故高脂血症、糖尿病患者应慎用。

美托洛尔

美托洛尔（metoprolol）对心脏β_1肾上腺素受体选择性强，使心肌收缩减弱，减慢房室结传导。可用于心律失常、心绞痛、高血压、甲状腺功能亢进、嗜铬细胞瘤的治疗。治疗量的美托洛尔收缩周围血管和支气管的作用不明显。口服吸收迅速而完全，服药后1～2h达峰浓度，$t_{1/2}$为3～4h。不良反应与普萘洛尔相似。

其他具有抗心律失常作用的β肾上腺素受体拮抗药还有阿替洛尔（atenolol），纳多洛尔（nadolol），醋丁洛尔（acebutolol），噻吗洛尔（timolol）等。

三、Ⅲ类延长动作电位时程药

抑制多种钾电流，延长APD和ERP，对动作电位幅度和去极化速率影响小。本类药有胺碘酮等。

胺碘酮

【体内过程】 胺碘酮（amiodarone）口服、静脉注射给药均可。本药口服吸收缓慢，生物利用度约为40%。静脉注射10min左右起效，并维持1～2h。本药主要经肝脏代谢，$t_{1/2}$长达数周，血浆蛋白结合率95%，停药后作用可持续4～6周。

【药理作用】 胺碘酮对心脏多种离子通道均有抑制作用，如K^+通道，Na^+通道，Ca^{2+}通道，非竞争性阻断α、β受体，属于广谱抗心律失常药。胺碘酮降低窦房结和浦肯野纤维的自律性，减慢房室结、浦肯野纤维的传导速度，显著延长心房和浦肯野纤维的APD和ERP。该作用易诱发尖端扭转型室性心动过速。另外，胺碘酮还有扩张血管，能扩张冠状动脉，增加冠状动脉血流量，减少心肌耗氧量。

【临床应用】 胺碘酮为广谱抗心律失常药，对心房扑动、心房颤动、室上性心动过速和室性心动过速效果良好。对反复发作，常规药无效的顽固性室性心动过速也有效。

【不良反应】 本品含碘，长期应用可引起角膜褐色微粒沉着，不影响视力，停药后微粒可逐渐消失。少数患者发生甲状腺功能亢进或减退及肝坏死。个别患者出现间质性肺炎或肺纤维化，长期应用必须定期测肺功能和甲状腺功能。

此药对心脏毒性较小，常见心血管反应如窦性心动过缓、房室传导阻滞及Q—T间期延长。

有房室传导阻滞及Q—T间期延长及对碘过敏者禁用本品。

四、Ⅳ类钙通道阻滞药

抑制L-型钙电流，降低窦房结自律性，减慢房室结传导性。代表药有维拉帕米和地尔硫䓬等。

维拉帕米

【体内过程】 维拉帕米（verapamil）口服吸收迅速而完全，但首过效应明显。口服后2～3h血药浓度达峰值。由于首过效应，生物利用度仅10%～30%。药物主要在肝脏代谢，其代谢物去甲维拉帕米仍有药理活性，消除$t_{1/2}$为3～7h。

【药理作用】 维拉帕米对激活态和失活态的L-型钙通道均有抑制作用。

（1）降低自律性：降低窦房结自律性，降低缺血时心房、心室和浦肯野纤维的异常自律性，减少或取消后除极所引发的触发活动。

（2）减慢传导：减慢窦房结、房室结传导性，此作用除可终止房室结折返，尚能防止心房扑动、心房颤动引起的心室率加快。

（3）延长不应期：延长窦房结、房室结的ERP，大剂量延长浦肯野纤维的ERP。

【临床应用】 为阵发性室上性心动过速首选药。治疗室上性和房室结折返引起的心律失常效果好，对急性心肌梗死、心肌缺血及洋地黄中毒引起的室性期前收缩有效。

【不良反应】 口服可出现便秘、腹胀、头痛、瘙痒等不良反应，静脉给药可致血压降低，暂时窦性停搏；禁用于Ⅱ、Ⅲ度房室传导阻滞、心力衰竭及心源性休克患者。

地尔硫䓬

【体内过程】 地尔硫䓬（diltiazem）口服吸收迅速且完全，长期给药后吸收率可大于90%，首过效应明显，生物利用度仅45%左右，蛋白结合率为80%，主要分布在心、肝、肾等各种器官和组织。静脉注射后，药物迅速出现在胆汁和胃肠道中，说明其存在着肝肠循环过程。消除$t_{1/2}$为4～6h，96%～99%在肝脏代谢，其代谢产物也有活性，代谢产物60%经粪便排泄，40%经尿排出。

【药理作用】 作用与维拉帕米相似，通过抑制钙内流使4相自动除极斜率下降，抑制窦房结及房室结自律性，抑制房室结传导性，但对房室旁路无明显抑制作用。此外，尚有扩血管作用及轻度负性肌力作用。

【临床应用】 心绞痛，包括由冠状动脉痉挛或狭窄所致的心绞痛；高血压，可单用或与其他抗高血压药物合用；室上性快速心律失常；注射剂可用于转复阵发性室上性心动过速、控制心房颤动或心房扑动的心室率。

【不良反应及注意事项】 本药和β受体阻断药合用耐受性良好，但左心室功能不全及传导功能障碍者慎用。低血压、心源性休克、严重心力衰竭、严重心肌病及严重心动过缓患者禁用。

第五节　抗心律失常药的合理应用

抗心律失常药的治疗安全范围较窄，很多抗心律失常药物都有致心律失常作用，严重者可以致死。因而心律失常的治疗应重点应针对原发疾病治疗，同时去除心律失常的诱发因素。一旦采用抗心律失常药治疗，要认真考虑其利弊，只有当心律失常有明显症状时，才可考虑应用抗心律失常药物进行规律治疗。表19-1列出了目前临床常用的抗心律失常药物及其主要的电生理作用。

表 19-1 临床常用的抗心律失常药物

类别	主要作用的离子通道或受体	APD	常用代表药物
I_a	阻滞 Na	延长 +	奎尼丁、普鲁卡因胺、丙吡胺
I_b	阻滞 Na	缩短 +	利多卡因、苯妥英钠、美西律等
I_c	阻滞 Na	不变	普罗帕酮
Ⅱ	阻滞 $β_1$	不变	美托洛尔、阿替洛尔
	阻滞 $β_1$、$β_2$	不变	普萘洛尔
Ⅲ	阻滞 Kr	延长 +++	索他洛尔
	阻滞 Kr、Ks	延长 +++	胺碘酮
Ⅳ	阻滞 Ca	不变	地尔硫䓬、维拉帕米
其他	开放 K	缩短 ++	腺苷

本章小结

心律失常是指心脏冲动的起源、频率、节律、传导速度的异常。心律失常一般分为快速型和缓慢型，本章所介绍的药物均为治疗快速型心律失常的药物。根据药物作用的电生理学特点，主要归纳成以下四大类。

Ⅰ类：钠通道阻滞药，主要作用是抑制 Na^+通道开放，降低 0 相上升速率。根据作用程度的差异，又可将其分为 I_a类、I_b类、I_c类三种。

Ⅱ类：β 肾上腺素受体阻断药，其能阻断肾上腺素能神经对心肌的β受体效应，同时具有阻滞 Na^+通道和缩短复极过程的作用。常用的β肾上腺素受体阻断药有普萘洛尔、阿替洛尔和美托洛尔等。

Ⅲ类：延长动作电位时程药，又称为钾通道阻滞药，可降低细胞膜 K^+电导，减少 K^+外流，选择性延长动作电位时程，主要是延长心房肌、心室肌和浦肯野纤维细胞动作电位时程和有效不应期。代表药有胺碘酮、索他洛尔等。

Ⅳ类：钙通道阻滞药，该类药物通过阻滞 L-型钙通道，使钙电流减小。能降低窦房结、房室结细胞的自律性，减慢房室结传导速度延长房室结细胞膜钙通道复活时间，延长其不应期。代表药有维拉帕米、地尔硫䓬等。

中药介绍

小 檗 碱

小檗碱又称黄连素，一种常见的异喹啉生物碱，分子式 $C_{20}H_{18}NO_4$。它存在于小檗科等四个科十个属的许多植物中。1826 年 M · E · 夏瓦利埃和 G · 佩尔坦从 Xanthoxylonclava 树皮中首次获得。文献报道中，小檗碱具有多种药理作用。主要有抗病原微生物作用、对心血管系统的作用、降血糖作用、抗炎作用及免疫抑制作用等。

在其抗心律失常作用中，主要是通过抗胆碱酯酶作用，增强迷走神经张力，延长动作时程电位，降低心肌自律性，使单向阻滞变双向阻滞而发挥抗心律失常作用。主要用于治疗室性心律失常。

（赵晓燕）

第二十章　肾素-血管紧张素系统药物

能力要求

1. 能够概括比较血管紧张素转化酶抑制药的药理作用，临床应用和不良反应。
2. 能够归纳典型血管紧张素Ⅱ受体拮抗药的药理作用和临床应用。
3. 能够说出肾素-血管紧张素系统的构成及调节作用。

第一节　肾素-血管紧张素系统

肾素-血管紧张素系统（renin-angiotensin-system，RAS）由肾素（renin）、血管紧张素原（angiotensinogen）、血管紧张素转化酶（angiotensin-converting enzyme，ACE）、血管紧张素（angiotensin，Ang）及其相应受体构成。RAS 是调节心血管系统生理功能的重要体液系统，在多种疾病（如高血压、心肌肥大和充血性心力衰竭等）的病理生理过程中发挥着重要的作用。RAS 不仅存在于体液系统，在心、脑、肾与血管中也存在，协同激肽系统调节局部的生理病理过程（图 20-1）。目前，临床广泛应用 RAS 系统药物有 ACE 抑制药（ACEI）和血管紧张素受体阻断药（ARB）等。

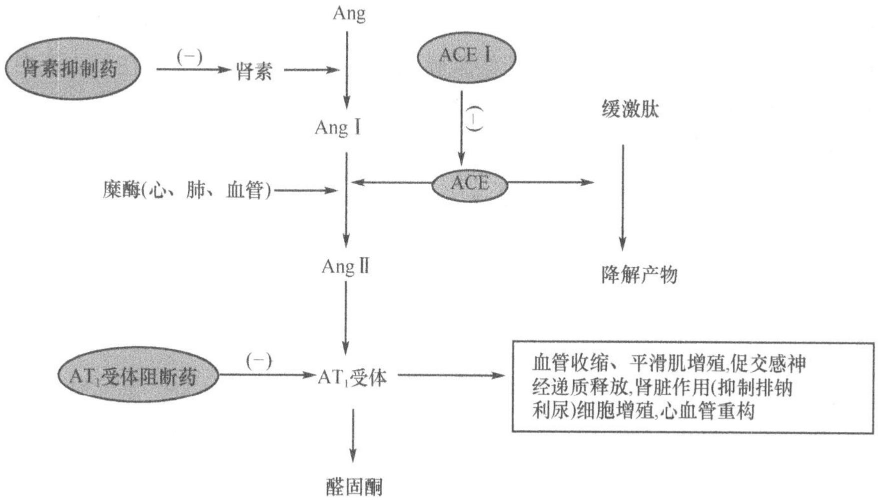

图 20-1　肾素-血管紧张素系统的构成及药物作用环节

由于多种因素的影响，肾脏球旁细胞合成和释放肾素增加，肾素作用于血管紧张素原，使其转化为 10 肽的血管紧张素Ⅰ（Ang Ⅰ）。进而 ACE 切掉 Ang Ⅰ的两个肽，转化为八肽的有活性的血管紧张素Ⅱ（Ang Ⅱ），Ang Ⅱ作用于效应器细胞膜上的血管紧张素受体（angiotensin receptor，AT）亚型 1，即 AT_1 受体，产生收缩血管、促进醛固酮释放、增加血容量和升高血压等作用，同时也产生促进心肌肥大、血管增生等生长激素样作用。ACE 还具有使缓激肽（bradykinin，BK）降解失活的作用。缓激肽则能激活激肽 B_2 受体产生舒张血管、降低血压的一氧化氮（NO）和 PGI_2。此外，在不需要 ACE 的参与下，人心脏和血管组织中的糜酶旁路也可将 Ang Ⅰ转化为 Ang Ⅱ。研究发现，在心脏和肾组织，经糜酶途径产生的 Ang Ⅱ对血管、心肌、肾脏的功能和结构的影响远大于 ACE 途径产生的 Ang Ⅱ。

一、肾 素

肾素是一种酸性蛋白水解酶，主要来自肾脏。它水解血管紧张素原，生成 Ang Ⅰ。肾素的合成和释放受以下因素影响。

1. 交感神经张力 球旁细胞受交感神经支配，效应器上的受体为 β_1 受体。交感神经兴奋时激活 β_1 受体，肾素释放增加。β 受体阻断药与可乐定等联用则能减少肾素释放。

2. 肾内压力感受器 当肾动脉灌注压低于 85mmHg 时或一氧化氮释放增加导致肾内压力降低时，球旁细胞的压力感受器被激活，肾素释放增加。

3. 致密斑机制 远曲小管中的 Na^+ 浓度降低时（如利尿药引起），致密斑被激活，肾素释放增加。

4. 化学与药物因素 Ang Ⅱ浓度升高时能负反馈地抑制肾素的分泌。ACEI 能通过减少 Ang Ⅱ而促进肾素释放。前列腺素、一氧化氮、DA、心房肽和缓激肽等均能促进肾素释放。

5. 细胞内 cAMP 机制 细胞内 cAMP 浓度升高时，肾素分泌增加，故激活腺苷酸环化酶或抑制磷酸二酯酶（如 β 受体激动药、磷酸二酯酶抑制药等）都可因升高细胞内 cAMP 而使肾素释放增加。细胞内 Ca^{2+} 浓度升高则抑制肾素释放，如 Ang Ⅱ、加压素及其他缩血管因素等均增加细胞内 Ca^{2+}，抑制肾素释放，钙通道阻滞药则增加肾素释放。

二、血管紧张素转化酶

ACE，又称激肽酶Ⅱ（kinase Ⅱ），为肽基二肽水解酶，是由 1306 个氨基酸构成的含锌的金属蛋白水解酶。ACE 不但可降解 Ang Ⅰ为 Ang Ⅱ，也能降解缓激肽、P 物质与内啡肽。ACE 有细胞型与血浆型两类，前者存在于细胞膜表面，后者为可溶性，存在于体液中。血液中内源性 Ang Ⅰ与缓激肽主要在肺血管内皮细胞经 ACE 转化，故对血压的调节主要决定于细胞型 ACE 的活性。

三、血管紧张素及其受体

血管紧张素原在多种酶的催化下，生成一系列血管紧张素，有十肽的 Ang Ⅰ，八肽的 Ang Ⅱ，七肽的 Ang Ⅲ等。Ang Ⅰ是 Ang Ⅱ的前体，它无特异性受体，生物活性很低。Ang Ⅱ是 RAS 的主要活性肽，其受体有 1 型（AT_1）与 2 型（AT_2）两种。

AT_1 受体由 359 个氨基酸组成，分布于心、血管、肾、肾上腺、肝、脑、肺等多种器官和组织中，被激活时，对心房与心室产生正性肌力作用，血管收缩，血压升高。其升压机制为：①兴奋血管平滑肌的 AT_1 受体，直接收缩血管；②兴奋肾上腺髓质的 AT_1，促进儿茶酚胺的释放；③激活肾上腺皮质的 AT_1/AT_2 受体，促进醛固酮的释放，增加水钠潴留与血容量；④兴奋交感神经末梢突触前膜 AT_1 受体，促进去甲肾上腺素释放。Ang Ⅱ通过 AT_1 受体对肾脏的血流动力学与肾小球滤过发挥重要的调节作用。在高血压或心力衰竭时，RAS 功能亢进，Ang Ⅱ产生过多，作用于肾小球血管 AT_1 受体，收缩出球小动脉，升高灌注压，增加血浆经肾的滤过率与肾脏对盐和水的重吸收。AT_1 受体又能收缩入球小动脉，减少肾小球血流量与尿量。

AT_2 受体由 363 个氨基酸组成，其功能尚未完全阐明。它广泛分布于胎儿组织，出生后表达迅速衰减，故认为与胎儿发育有关。它能激活缓激肽 B_2 受体与一氧化氮合酶，促进一氧化氮合成、舒张血管、降低血压。它也参与促细胞凋亡，对抗 AT_1 受体的促心血管增殖与重构作用。

第二节　血管紧张素转化酶抑制药

1981 年，第一个可口服有效的 ACE 抑制药卡托普利被批准上市，此后，ACE 抑制药迅速发展，现已成为临床上治疗高血压、充血性心力衰竭等心血管疾病的一类重要药物。由于化学结构的差异，ACE 抑制药在药动学、临床应用与作用效能方面有所不同。

一、构效关系与药物分类

1. ACE 抑制药与 ACE 的结合方式　ACE 抑制药能以特殊的结合方式与 ACE 相结合产生抑制 ACE 的作用。以卡托普利为例，该药结构中有三个基团可与酶的活性部位相结合。一是脯氨酸的末端羧基与 ACE 的正电荷部位（精氨酸）以离子键结合；二是肽链中的羰基与 ACE 的供氢部位以氢键结合；三是巯基与 ACE 的 Zn^{2+}结合，最终使 ACE 失去活性（图 20-2）。

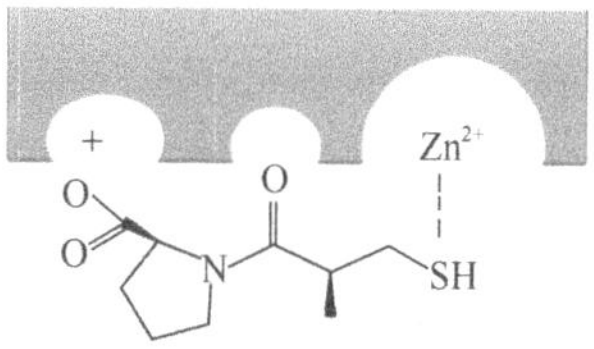

图 20-2　卡托普利与 ACE 的结合

2. 分类及常用药物　含 Zn^{2+}的 ACE 结合位点是 ACE 抑制药有效基团的必须结合位点，一旦结合，ACE 的活性消失。现有的 ACE 抑制药结构中与 Zn^{2+}结合的基团有如下 3 类。

（1）含有巯基（—SH）：如卡托普利。

（2）含有羧基（—COOH）：如依那普利、雷米普利、培哚普利、贝那普利、赖诺普利等。

（3）有磷酸基（POO—）：如福辛普利。

3. 构效关系　ACE 抑制药与 Zn^{2+}结合的亲和力及与“附加结合点”结合的数目决定其作用和作用持续的时间。一般来说，含羧基的 ACE 抑制剂比其他两类与 Zn^{2+}结合牢固，故作用也较强、较持久。许多 ACE 抑制药为前药（prodrug），如依那普利，其结构中含—$COOC_2H_5$，它必须在体内转化为依那普利酸（enalaprilat），才能与 Zn^{2+}结合发挥作用；同理，福辛普利（fosinopril）的—POOR 必须转化为含—POOH 的福辛普利酸（fosinoprilat）才能发挥作用。

二、药理作用及应用

1. 药理作用

（1）阻止 Ang Ⅱ生成：ACE 抑制药可阻止 Ang Ⅱ生成，从而取消 Ang Ⅱ收缩血管、刺激醛固酮释放、增加血容量、升高血压与促肥大增生等作用，有利于高血压、心力衰竭与心血管重构的防治。

（2）保存缓激肽活性：ACE 抑制药在阻止 Ang Ⅱ生成的同时抑制了缓激肽的降解。目前认为缓激肽经激活激肽 B_2受体使一氧化氮和 PGI_2生成增加，而 NO 与 PGI_2都有舒张血管、降低血压、抗血小板聚集、抗心血管细胞肥大增生和重构作用。

（3）保护血管内皮细胞：ACE 抑制药有保护血管内皮细胞的作用，能逆转高血压、心力衰竭、动脉硬化与高血脂引起的内皮细胞功能损伤，恢复内皮细胞依赖性的血管舒张作用。

（4）抗心肌缺血与心肌保护：动物实验显示 ACE 抑制药有抗心肌缺血与梗死作用，能减轻心肌缺血再灌注损伤，保护心肌对抗自由基的损伤。此心肌保护作用可能与激肽 B_2受体、PKC 等有关。

（5）增敏胰岛素受体：卡托普利及其他多种 ACE 抑制药能增加糖尿病与高血压患者对胰岛素的敏感性。此作用与阻滞 Ang Ⅱ无关，因氯沙坦与依普沙坦无此作用。推测是由缓激肽介导的。

2. 临床应用

（1）治疗高血压：ACE 抑制药治疗高血压疗效好。轻中度高血压患者单用 ACE 抑制药常可控制高血压。加用利尿药增效，比加大 ACE 抑制药的剂量更有效。肾血管性高血压因其肾素水平高，ACE 抑制药特别有效，对心、肾、脑等器官有保护作用，且能减轻心肌肥厚，阻止或逆转心血管病理性重构。对于伴有心力衰竭或糖尿病、肾病的高血压患者，ACE 抑制药为首选药。

（2）治疗充血性心力衰竭与心肌梗死：ACE 抑制药能降低心力衰竭患者死亡率，改善充血性心力衰竭预后，延长寿命，其效果比其他血管舒张药和强心药好。ACE 抑制药能降低心肌梗死并发心力衰竭的病死率，能改善患者血流动力学和器官灌流。

（3）治疗糖尿病性肾病和其他肾病：因肾小球囊内压升高可致肾小球与肾功能损伤，糖尿病患者常并发肾脏病变。ACE 抑制药对 1 型和 2 型糖尿病，无论有无高血压均能改善或阻止肾功能的恶化。除多囊肾外，对其他原因引起的肾功能障碍如高血压、肾小球病变、间质性肾炎也有一定疗效，且能减轻蛋白尿。其肾脏保护作用与降压作用无关，而是它舒张肾出球小动脉的结果。但对肾动脉阻塞或肾动脉硬化造成的双侧肾血管病，ACE 抑制药能加重肾功能损伤。

三、不 良 反 应

ACE 抑制药的不良反应轻微，患者一般耐受良好。除偶有恶心、腹泻等消化道反应或头昏、头痛、疲倦等中枢神经系统反应外，主要的不良反应如下所示。

1. 首剂低血压 口服吸收快、生物利用度高的 ACE 抑制药，首剂低血压多见。以卡托普利为例，约 3.3%的患者首次服用 5mg 后平均动脉压降 30%以上。

2. 咳嗽 无痰干咳是 ACE 抑制药较常见的不良反应，也是被迫停药的主要原因。偶尔有支气管痉挛性呼吸困难，可不伴有咳嗽。吸入色甘酸二钠可以缓解。咳嗽与支气管痉挛的原因可能是 ACE 抑制药使缓激肽和（或）前列腺素、P 物质在肺内蓄积的结果，不同 ACE 抑制药引起咳嗽有交叉性，但发生率稍有不同。依那普利与赖诺普利咳嗽的发生率比卡托普利高。而福辛普利则较低。

3. 高血钾 ACE 抑制药能减少 Ang Ⅱ生成，使依赖 Ang Ⅱ的醛固酮分泌减少，因此血钾升高，有肾功能障碍的患者与同时服用保钾利尿药的患者更多见。不同的 ACE 抑制药对血钾的影响大同小异。

4. 低血糖 ACE 抑制药特别是卡托普利能增强对胰岛素的敏感性，因此常伴有降低血糖的作用。

5. 肾功能损伤 在肾动脉阻塞或肾动脉硬化造成的双侧肾血管病患者，ACE 抑制药能加重肾功能损伤，升高血浆肌酐浓度，甚至产生氮质血症。这是因为 Ang Ⅱ可通过收缩出球小动脉维持肾灌注压，ACE 抑制药舒张出球小动脉，降低肾灌注压，导致肾滤过率与肾功能降低，停药后常可恢复。偶有不可逆性肾功能减退发展为持续性肾衰竭者，应予注意。

6. 对妊娠与哺乳的影响 ACE 抑制药用于妊娠的第二期与第三期时，可引起胎儿畸形、胎儿发育不良甚至死胎。亲脂性强的 ACE 抑制药如雷米普利与福辛普利从乳汁中分泌，故哺乳妇女忌用。

7. 血管神经性水肿 可发生于嘴唇、舌头、口腔、鼻部与面部其他部位。偶发于喉头，威胁生命。血管神经性水肿发生的机制与缓激肽或其代谢产物有关。多发于用药第一个月，一旦发生应停药。

8. 含—SH 化学结构的 ACE 抑制药的不良反应 含有—SH 基团的卡托普利可产生味觉障碍、皮疹与白细胞缺乏等与其他含—SH 的药物（如青霉胺）相似的反应。皮疹多为瘙痒性丘疹，常发生于用药几周内，继续服药常可自行消退。服用卡托普利的皮疹发生率比其他 ACE

抑制药要高，且不交叉发生。白细胞缺乏症仅见于肾功能障碍患者，特别是有免疫障碍或服用免疫抑制药的患者。

四、常用ACE抑制药

卡托普利

卡托普利（captopril）口服后吸收迅速，吸收率在75%以上。口服后15min起效，1～1.5h达血药峰浓度。持续6～12h。在血循环25%～30%与蛋白结合。$t_{1/2}$为2h，肾功能损害时会产生药物潴留。降压作用为进行性，约数周达最大治疗作用。在肝内代谢为二硫化物等。本品经肾脏排泄，40%～50%以原形排出，其余为代谢物，可在血液透析时被清除。不能通过血脑-屏障，可通过乳汁分泌和胎盘。可抑制ACE活性，使AngⅡ的生成以及缓激肽的降解减少，扩张血管，降低血压。减少醛固酮分泌、抑制交感神经系统作用也有利于降低血压。同时，可防止或逆转心室、血管病理性重构，改善心功能。降压时不伴有反射性心率加快及直立性低血压发生；可降低肾血管阻力，增加肾血流量；可增强机体对胰岛素的敏感性，不易产生耐受性。可用于治疗高血压、心力衰竭、心肌梗死和糖尿病性肾病的治疗。除咳嗽等前述不良反应外，因含—SH基团，可有青胺霉素样反应，如皮疹、嗜酸粒细胞增多、味觉异常或丧失等。并可有中性粒细胞减少，多发生于用药时间较长、剂量较大或肾功能障碍者，应定期检查血常规。卡托普利禁用于双侧肾动脉狭窄患者。孕妇禁用。

依那普利

依那普利（enalapril）为前药，口服后在肝酯酶作用下，生成二羧酸活性代谢物依那普利酸，对ACE的抑制作用比卡托普利强约10倍，作用出现较缓慢，口服后4～6h作用达高峰，作用可维持24h以上。降压时外周血管阻力降低，心率和心排血量则无明显改变，肾血管阻力也降低，肾血流量增加，对肾小球滤过率无明显影响。长期应用能逆转左心室肥厚和改善大动脉的顺应性。依那普利对血糖和脂质代谢影响很小，口服易吸收，不受食物影响。可用于治疗高血压及慢性心功能不全患者。其不良反应为干咳、低血压、血管神经性水肿、高血钾、急性肾衰竭等，发生率低于10%。

赖诺普利

赖诺普利（lisinopril）口服吸收约30%。服后2～3h起效，4～6h血药浓度达峰值。口服不受食物影响。生物利用度为25%，与血浆蛋白结合不超过10%。有效血药浓度的$t_{1/2}$为11.6h。服药2～3d即可达到稳态血药浓度。药物以原形经肾脏排泄。排泄$t_{1/2}$为30h。在肾功能减退患者，老年人与心力衰竭患者应减量。赖诺普利与ACE结合牢固，故作用持久，抑制ACE作用于持续时间比依那普利稍强。日服一次即可。

贝那普利

贝那普利（benazepril）为前药，在肝脏中水解为贝那普利酸起效。贝那普利作用强，持续时间长。口服吸收快，1h起效，约4h作用达高峰。血浆消除呈双相：初期消除$t_{1/2}$为3h，末期消除$t_{1/2}$为24h。药物大部分代谢失活，经肾脏排泄的活性成分不到1%，部分贝那普利经肝脏排泄，轻至中度肾功能减退或肝硬化对其血药浓度影响不大。对高血压与心力衰竭有效，疗效与依那普利相似或稍强。能增加肾血流、改善肾功能，对多种慢性肾衰竭如肾小球肾病、间质性肾炎、肾血管硬化、糖尿病性肾病等有效。能降低由轻中度肾衰竭发展到末期的危险。

福辛普利

福辛普利（fosinopril）是含有磷酸基（POO—）的ACE抑制药，是前药。生物利用度为36%。70%～80%在肝脏与肠黏膜水解为福辛普利酸起效。血药浓度峰值与降血压作用均在3～

6h 出现。血浆蛋白结合达 95%以上，$t_{1/2}$ 约 12h。由肝肾双通道排泄，故在肾功能减退患者，一般不需要减量。福辛普利在乳汁中有分泌，哺乳妇女忌用。适用高血压及心力衰竭的治疗。常见不良反应是头晕、咳嗽、上呼吸道症状、胃肠道症状、心悸或胸痛、皮疹或瘙痒、骨骼肌疼痛或感觉异常疲劳和味觉障碍。

第三节 血管紧张素Ⅱ受体（AT_1）拮抗药

一、药理作用与临床应用

AT_1受体被阻滞后，Ang Ⅱ收缩血管与刺激肾上腺释放醛固酮的作用受到抑制，导致血压降低。AT_1受体拮抗药能通过减轻心脏的后负荷，治疗充血性心力衰竭。其阻止 Ang Ⅱ促心血管细胞增殖肥大作用，能防治心血管的重构。

AT_1受体被阻滞后，反馈性地增加血浆肾素 2～3 倍，导致血浆 Ang Ⅱ浓度升高。但由于AT_1受体已被阻滞，这些反馈性作用难以表现。但是血浆中升高的 Ang Ⅱ通过激活 AT_2受体，可激活缓激肽-一氧化氮途径，产生舒张血管、降低血压和抑制心血管重构等作用，有益于高血压与心力衰竭的治疗。AT_1受体被阻滞后醛固酮产生减少，水钠潴留随之减轻，但对血钾影响甚微。

AT_1受体拮抗药，在受体水平阻断 RAS，与 ACE 抑制剂比较具有作用专一的特点，对受体具有高度选择性，作用持久，无激动剂活性等优点。目前，临床应用的有氯沙坦、缬沙坦、厄贝沙坦、坎地沙坦、依普沙坦与替米沙坦等。可用于高血压或心力衰竭的治疗。

二、常用 AT_1受体拮抗药

氯 沙 坦

氯沙坦（losartan）口服易吸收，吸收率为 33%，口服后有 14%的氯沙坦在人体肝脏内代谢为 5-羧酸代谢物 EXP3174，后者在给药后 3～4h 血药浓度达峰值。不易透过血脑-屏障。大部分药物在体内被肝脏细胞色素 P_{450}系统代谢。对 AT_1受体有选择性拮抗作用，对 AT_1受体的亲和力比对 AT_2受体的亲和力高 20 000～30 000 倍。氯沙坦能拮抗 Ang Ⅱ对肾脏入球小动脉与出球小动脉的收缩作用，对高血压、糖尿病合并肾功能不全患者有保护作用。氯沙坦可促进尿酸排泄，可减轻高血压患者应用利尿药后可能引起的高尿酸血症。长期应用能抑制左心室心肌肥厚和血管壁增厚。可用于高血压的治疗。不良反应较少。少数患者用药后出现眩晕，干咳发生率比服用 ACE 抑制药明显减少，对血脂及葡萄糖含量无影响，也不引起直立性低血压。禁用于孕妇、哺乳期妇女及肾动脉狭窄者。低血压及严重肾功能不全、肝病患者慎用。应避免与补钾或留钾利尿药合用。

缬 沙 坦

缬沙坦（valsartanan）对 AT_1受体的亲和力比 AT_2受体强 24 000 倍。4～6h 可获最大降压效果，降压作用可持续 24h，缬沙坦长期给药也能逆转左心室肥厚和血管壁增厚。可单用或与其他抗高血压药物合用治疗高血压。不良反应发生率较低，主要有头痛、头晕、疲乏等。低钠或血容量不足、肾动脉狭窄、胆汁性肝硬化或胆道梗阻患者，服用缬沙坦有可能引起低血压。用药期间应慎用留钾利尿药与补钾药。孕妇与哺乳期妇女禁用。

厄 贝 沙 坦

厄贝沙坦（irbesartan）对 AT_1受体的选择性比 AT_2受体高 8500～10 000 倍，比氯沙坦对

AT_1受体亲和力强约10倍。3～4h降压作用达峰值，疗效可持续24h以上。口服易吸收，生物利用度为60%～80%，吸收不受食物的影响。血浆蛋白结合率90%。$t_{1/2}$可达11～15h。在体内主要经肝脏代谢，部分药物随尿及粪便排出体外。可单用或与其他抗高血压药物合用治疗高血压。厄贝沙坦用于高血压合并糖尿病性肾病患者，能减轻肾损害，减少尿蛋白，增加肌酐清除率。

坎地沙坦

坎地沙坦（candesartan）是坎地沙坦酯的活性代谢物，对AT_1受体具有强效、长效、选择性较高等特点。它对AT_1受体的亲和力比氯沙坦高50～80倍。口服生物利用度为42%，食物不影响其吸收。血浆蛋白结合率为99.5%。坎地沙坦酯口服后在体内迅速水解为坎地沙坦，后者的血浆$t_{1/2}$为3～11h。坎地沙坦经肾及胆汁排出体外。可用于高血压的治疗。长期应用能逆转左心室肥厚，对肾脏也有保护作用。不良反应较少。禁忌证同其他AT_1受体阻断药。

知识拓展

"沙坦"类药物的潜在新用途

ARB类（"沙坦"类）药物在高血压、心力衰竭及其他心脑血管疾病的防治中具有广泛的应用前景，其潜在的临床新用途也在不断发现。研究发现，RAS可以促进血管生成和肿瘤细胞生长，有些肿瘤还携带AT_1受体；Ang Ⅱ可通过AT_1受体在体内外促进卵巢癌、宫颈癌和恶性胶质细胞瘤等恶性肿瘤细胞的生长；AT_1受体阻断可减少放、化疗对患者产生的毒性。结果提示，"沙坦"类药物可能具有潜在的抗肿瘤作用。

本章小结

肾素-血管紧张素系统是调节心血管系统生理功能的重要体液系统，在高血压、心肌肥大和充血性心力衰竭等多种疾病的病理生理过程中发挥着重要作用。

临床常用的作用于肾素-血管紧张素系统的药物主要有ACEI类和ARB类等。以卡托普利为代表的ACEI类药物可通过抑制ACE，使Ang Ⅱ生成减少；减少缓激肽的降解，保存缓激肽活性，使一氧化氮和PGI_2生成增加，从而发挥较强的降压作用。此外，ACEI类药物还具有改善血流动力学，降低肾血管阻力，抑制和逆转心血管重构，保护血管内皮细胞，改善肾功能和增敏胰岛素受体等药理作用。广泛应用于治疗高血压、充血性心力衰竭、心肌梗死及糖尿病肾病。以缬沙坦为代表的ARB类药物与AT_1受体具有高亲和力，可通过完全阻断AT_1受体而拮抗Ang Ⅱ的作用。临床多应用于治疗高血压和慢性充血性心力衰竭。

（李小强）

第二十一章　抗高血压药

能力要求

1. 能够说出常用抗高血压药物的分类。

2. 能够阐述利尿药抗高血压的药理作用、作用机制、临床应用；钙通道阻滞药抗高血压药理作用和不良反应；β受体阻断药抗高血压药理作用和作用机制；ACE抑制剂抗高血压药理作用、作用机制、临床应用和不良反应；AT_1受体阻断药氯沙坦的药理作用、作用机制。

3. 能够合理选用抗高血压药物治疗高血压。

高血压是临床常见病和多发病，也是心脑血管病的最主要危险因素。抗高血压药是一类能降低血压用于治疗高血压的药物。世界卫生组织（WHO）将高血压定义为收缩压≥140mmHg和（或）舒张压≥90mmHg。高血压应依据血压水平分类（表21-1）。通常我们所说的高血压是指原发性高血压，是一种以动脉压升高为特征的进行性“心血管综合征”，患者病因不明，可伴有血管、心脏、脑和肾等器官功能性或者器质性改变的全身性疾病，已经成为我国心脑血管病（包括冠心病、脑卒中、心力衰竭和肾衰竭）的最主要危险因素，占高血压患者90%～95%。少数高血压是由某些确定的病因或原因引起，称为继发性高血压或症状性高血压，占高血压患者的5%～10%。持续的血压升高，如果得不到有效的治疗，可导致心、脑、肾、全身血管损害，严重时发生脑卒中、心肌梗死、心力衰竭、肾衰竭、主动脉夹层等危及生命的临床并发症。

表21-1　血压水平的定义和分类

类别	收缩压（mmHg）	舒张压（mmHg）
正常血压	＜130	＜85
正常高值	130～139	85～89
高血压		
1级（轻度）	140～159	90～99
2级（中度）	160～179	100～109
3级（重度）	≥180	≥110
单纯收缩期高血压	≥140	＜90

坚持降压治疗能有效预防或延迟并发症发生，有效控制高血压的疾病进程，预防高血压急症、亚急症等重症高血压发生。坚持健康的生活方式包括合理膳食、限制钠盐摄入、戒烟限酒、适量运动、心理平衡等和服用降压药是治疗高血压的主要方法，两者缺一不可。健康的生活方式是基础，合理用药是血压达标的关键。两者必须结合，才能有效控制高血压。

高血压病因复杂，已知体内许多系统与血压的调节有关，其中最主要的有交感神经-肾上腺素系统和肾素-血管紧张素-醛固酮系统。抗高血压药物能够作用于影响血压调节的任一环节，而使血压下降。

第一节 抗高血压药物分类

动脉血压形成的基本因素是心排血量和外周血管阻力。心排血量受心脏功能、回心血量和血容量的影响，外周血管阻力受小动脉紧张度的影响。交感神经系统和肾素-血管紧张素系统调节着上述两种因素，使血压维持在一定的范围内。根据抗高血压药物的作用和作用部位可将其分为以下几类。

1. 利尿药 氢氯噻嗪。

2. 肾素-血管紧张素系统抑制药

（1）血管紧张素转换酶（ACE）抑制药：如卡托普利、依那普利、雷米普利。

（2）血管紧张素Ⅱ（AngⅡ）受体阻断药：如氯沙坦、缬沙坦。

3. 钙通道阻滞药 如硝苯地平、氨氯地平。

4. 肾上腺素受体阻断药

（1）β肾上腺素受体阻断药：如普萘洛尔、美托洛尔、阿替洛尔、比索洛尔。

（2）α_1肾上腺素受体阻断药：如哌唑嗪、特拉唑嗪、多沙唑嗪。

（3）α、β肾上腺素受体阻断药：如拉贝洛尔、卡维地洛。

5. 交感神经抑制药

（1）中枢性降压药：如可乐定、甲基多巴、莫索尼定。

（2）神经节阻断药：如樟磺咪芬。

（3）去甲肾上腺素能神经末梢阻断药：如利血平、胍乙啶。

6. 血管扩张药

（1）血管平滑肌扩张药：如肼屈嗪、硝普钠。

（2）钾通道开放药：如米诺地尔。

目前，国内外应用广泛或称为第一线抗高血压药物的是利尿药、钙通道阻滞药、β受体阻断药和ACE抑制药四大类药物。血管紧张素Ⅱ受体阻断药是近几年发展的新药，临床应用实践相对较短，但因这类药物具有许多优点，临床应用越来越多，故将其置于上述四大类药物之后，统称为常用抗高血压药物。其他抗高血压药物如中枢性降压药和血管扩张药等较少单独应用。

第二节 常用抗高血压药物

一、利尿药

高钠、低钾膳食是导致我国大多数高血压患者发病的主要危险因素之一。以药物改变体内Na^+平衡成为治疗高血压的主要方法之一。利尿药主要通过排钠利尿、降低高血容量负荷发挥降压作用，并可增强其他降压药的作用，仍是目前最常用的抗高血压药。

用药初期，利尿药降低血压与循环血量、心排血量降低有关。长期用药，利尿药使血管平滑肌细胞内Na^+含量降低，细胞内Na^+与细胞外Ca^{2+}交换减少，导致细胞内Ca^{2+}浓度降低，使血管平滑肌对去甲肾上腺素等缩血管物质的反应性减弱，血管平滑肌松弛。

各种利尿药中以噻嗪类利尿药为最常用。

氢氯噻嗪

【体内过程】 口服吸收迅速而完全，2h后即有显著的排Na^+和利尿，4～6h血药浓度达高峰，持续 12h。95%经肾脏排泄。$t_{1/2}$ 约为 2.5h。

【药理作用】 降压作用确切、温和、持久，降压过程平稳，不会引起直立性低血压。抗高血压作用在 2～4 周达到最大效应。降压效能较低，对正常人无降压作用。

【临床应用】 单用治疗轻度高血压，尤其适用于老年高血压、单纯收缩期高血压或伴心力衰竭患者。与其他降压药如 β 受体阻断药、ACE 抑制药、钙通道阻滞药等合用治疗中、重度高血压，能克服其他抗高血压药引起的水钠潴留。限制食盐的摄入能增强其降压作用。氢氯噻嗪（6.25～25mg/d）对代谢影响很小。

【不良反应】 大剂量利尿剂可引起低血钾、低血镁、高血糖、高尿酸血症、高血脂等（详见第二十七章）。

【禁忌证】 高脂血症和痛风患者忌用。

吲 哒 帕 胺

吲哒帕胺为非噻嗪类吲哚衍生物。

【体内过程】 口服后 94%经胃肠道吸收，无首过效应，吸收不受食物影响。在体内广泛代谢，产生的各种代谢产物 23%经大便排泄，70%由尿中排泄，5%～7%以原形从尿中排泄。$t_{1/2}$ 为 13.9～17.8h。

【药理作用】 是新型长效降压药，每日服药一次，利尿作用比氢氯噻嗪强，有明显的扩血管作用，长期应用可减轻或逆转左心室肥厚。

【临床应用】 用于轻度和中度高血压，伴有水肿者更适宜，也适用于高脂血症。每日服药 1 次，降压作用可维持 24h。

【不良反应】 不良反应少，对血糖和血脂代谢无明显影响，伴有高脂血症患者可用吲达帕胺代替噻嗪类利尿药。

【禁忌证】 严重肝、肾功能不全和急性脑血管疾病患者禁用。

二、肾素-血管紧张素系统抑制药

卡 托 普 利

【体内过程】 口服吸收快，生物利用度约为 75%。食物可减少其吸收，宜在饭前 1h 服用。给药后 1h 血药浓度达峰值。血浆蛋白结合率约为 30%。体内分布广，但分布至中枢神经系统和哺乳妇女乳汁中的浓度较低，$t_{1/2}$ 为 2～3h。部分在肝脏代谢，40%～50%原形药物随尿排出，其余部分则以其代谢物形式从肾脏排泄。

【药理作用】 卡托普利（captopril，巯甲丙脯酸，开搏通）在体内外均能抑制 ACE，使血浆中 Ang Ⅱ和醛固酮浓度降低，血管扩张，外周阻力降低，产生降压作用，降压时不伴有反射性心率加快。可抑制缓激肽降解，促进一氧化氮和 PGI_2 的生成，增强血管扩张效应。卡托普利也可抑制交感神经活性，使血管扩张，血压下降。可逆转高血压患者左心室心肌肥厚和心血管组织重构。能降低肾血管阻力，使肾血流量增加。卡托普利还能增加糖尿病及高血压患者对胰岛素的敏感性。

【临床应用】 用于各型高血压。单用时降压效果为 50%～60%，与其他降压药合用疗效可增至 80%～90%。尤其适用于高血压伴有左心室心肌肥厚、心力衰竭、糖尿病肾病及胰岛素抵抗、急性心肌梗死患者。重型及顽固性高血压与利尿药或 β 受体阻断药合用疗效较好。

【不良反应】 主要不良反应为刺激性干咳、皮疹、瘙痒、嗅觉改变等。久用因减少醛固酮的分泌，可致高血钾。少数患者可发生中性粒细胞减少，应定期检查血常规。少数患者出现血管神经性水肿。

【禁忌证】 孕妇、双侧肾动脉狭窄者禁用。

氯沙坦

【体内过程】 氯沙坦（losartan，洛沙坦）口服吸收良好，生物利用度为 33%，$t_{1/2}$ 为 2h，血浆蛋白结合率＞99%。每日服药 1 次，降压作用可维持 24h。

【药理作用】 氯沙坦是第一个用于临床口服非肽类 AT_1 受体阻断药，对抗 Ang Ⅱ的绝大多数药理学作用，从而产生降压作用。具有高效、长效、低毒的特点。其降压不影响心率，略微增加肾血流，保持肾小球滤过率，增加尿酸排出。

【临床应用】 用于治疗各型高血压，尤其适用于有使用 ACE 抑制药适应证，但因严重咳嗽不能耐受的患者。对伴有肾病、糖尿病和慢性心功能不全的患者有良好疗效。若用药 3～6 周后血压下降仍不理想，可加用利尿药。

【不良反应】 不良反应较少，咳嗽及血管神经性水肿发生率等较低，可引起头晕和直立性低血压。

【禁忌证】 禁用于孕妇、哺乳妇女及肾动脉狭窄者。低血压、严重肾功能不全和肝病患者慎用。

三、钙通道阻滞药

钙通道阻滞药（calcium channel blockers）又称为钙拮抗药，是一类能选择性阻滞电压依赖性钙通道，抑制细胞外 Ca^{2+} 内流，使进入细胞内的 Ca^{2+} 含量减少，导致小动脉平滑肌舒张、外周阻力降低而发挥降压作用。钙通道阻滞药从化学结构上分为二氢吡啶类和非二氢吡啶类。前者对血管平滑肌具有选择性，较少影响心脏，是治疗高血压的重要药物，常用的有硝苯地平、尼群地平、尼莫地平、尼索地平、氨氯地平等。非二氢吡啶类常用的有维拉帕米、地尔硫卓等，对血管和心脏均有作用。

硝苯地平

【体内过程】 硝苯地平（nifedipine）又名心痛定，为短效制剂，口服 15～20min 起效，血浆蛋白结合率为 92%～95%，$t_{1/2}$ 为 2～5h，在肝内代谢，经肾脏排泄。

【药理作用】 硝苯地平主要阻滞血管平滑肌 L 型钙通道，有强大扩张血管作用，使总外周血管阻力下降而降低血压。由于血压下降，可引起反射性交感神经兴奋，表现为心率加快、心排血量增加、血浆肾素活性增高，加用 β 受体阻断药可对抗这些作用并增强降压效应。

【临床应用】 临床用于轻、中、重度高血压。口服剂量 10～40mg/d，每日用药 2～4 次。可单用或与利尿药、β 受体阻断药、ACE 抑制药等合用，尤其适用于老年高血压、单纯收缩期高血压、伴稳定型心绞痛、冠状动脉或颈动脉粥样硬化及周围血管病患者。因使用方便，不良反应较少，目前多推荐使用缓释与控释剂型。并可减轻降压造成的交感活性增强，适应于高血压的长期治疗。

【不良反应】 主要由于血管舒张作用所引起，有头痛、低血压、肢端麻木、面部潮红、心悸、踝部水肿。部分患者心绞痛加重。

【禁忌证】 低血压、肥厚性梗阻型心肌病及严重主动脉缩窄者禁用。心力衰竭极有可能发展为心肌梗死的不稳定型心绞痛发作时慎用。

氨氯地平

氨氯地平（amlodipine，洛活喜）为新一代长效二氢吡啶类钙通道阻滞药，起效慢，作用持续时间长。吸收缓慢，用药后 6～12h 血药浓度达峰值，生物利用度为 60%～80%，$t_{1/2}$ 为 35～48h，常用口服剂量 2.5～10mg/d，每日 1 次，持续 24h 稳定控制血压。不良反应同拉西地平。

四、β肾上腺素受体阻断药

β受体阻断药广泛用于高血压、冠心病、心律失常、心力衰竭等多种心血管疾病的临床治疗。其治疗高血压价廉、安全、有效，长期应用一般不引起水钠潴留，亦无明显的耐受性。常用药物有普萘洛尔、美托洛尔、阿替洛尔、拉贝洛尔、卡维地洛等。

普萘洛尔

【体内过程】 普萘洛尔（propranolol，心得安）脂溶性高，口服吸收完全，肝脏首过消除显著，生物利用度约为25%，$t_{1/2}$为6 h，血药浓度个体差异可达20倍。降压作用起效缓慢，通常口服2～3周后才出现降压作用。优点为不引起直立性低血压，长期应用不产生耐受性。

【药理作用】 非选择性β受体阻断药，对β_1、β_2受体都有作用。无内在拟交感活性。用药初期，使心率减慢、心排血量降低、外周阻力增加、血压不变或略降；长期用药，外周阻力降低、心排血量仍减少、收缩压和舒张压均下降。通过减少心排血量、抑制肾素释放、在不同水平通过抑制交感神经活性（中枢部位压力感受性反射及外周神经水平）、增加前列环素的合成等多种机制产生降压作用。

【临床应用】 用于各种程度的原发性高血压。作为一线降压药可单独使用，也可与其他降压药联合应用，对年轻高血压患者、心排血量及肾素活性偏高者疗效较好，对心肌梗死患者、高血压伴有心绞痛患者疗效尤佳。

【不良反应】 常见的不良反应有眩晕、疲倦、嗜睡、胃肠紊乱（恶心、腹泻等），较严重的有心动过缓、充血性心力衰竭、房室传导阻滞、支气管痉挛、低血糖、外周血管收缩甚至痉挛、雷诺症状、疲劳、失眠、精神忧郁、性欲减退等。长期或大量使用还可使血清高密度脂蛋白降低、总胆固醇与三酰甘油水平升高。若突然停药，还可引起严重的心律失常或心绞痛发作。

【禁忌证】 窦性心动过缓、重度房室传导阻滞、支气管哮喘患者禁用；高脂血症、甲状腺功能亢进、糖尿病患者慎用。

阿替洛尔

阿替洛尔（atenolol）降压机制与普萘洛尔相同，对心脏的β_1受体有较大的选择性，对血管及支气管的β_2受体的影响较小，但较大剂量时也有作用。口服吸收完全，生物利用度为40%～50%，$t_{1/2}$为3～4h，主要在肝脏代谢，10%以原形经肾脏排泄，无膜稳定作用和内在拟交感活性。用于各种程度高血压的治疗，开始口服12.5mg/次，1～2次/日，以后可逐渐增加剂量至50mg/次，2次/日。老年高血压患者及肾功能不良者，适当减量。

拉贝洛尔

拉贝洛尔（labetalol）为非选择性β受体阻断药，兼有α_1受体阻断作用。口服吸收迅速，用药后1～2h血药浓度达峰值，$t_{1/2}$为2～8h，具有高度亲脂性，主要由肝代谢。适用于各种程度的高血压及高血压急症、妊娠期高血压、嗜铬细胞瘤、麻醉或手术时高血压。合用利尿药可增强其降压效果。治疗高血压的初用剂量为口服，100mg/次，2次/日，以后每隔2～3日增加100mg/次，2次/日，一般维持量为200～400mg/次，2次/日。

卡维地洛

卡维地洛（carvedilol）为新一代α、β受体阻断药，口服吸收快，首关消除显著，单次口服25mg或50mg后1～2h即可达到血药浓度峰值，生物利用度22%，$t_{1/2}$为6～9h。对心脏产生较好的保护作用，还具有扩张微血管、改善微循环、清除氧化自由基、阻断钙离子通道等特点，临床广泛应用于轻度至中度高血压的治疗，对高血压伴有肾功能不全或糖尿病患者的治疗效果较好。初用剂量为口服12.5mg/次，1次/日，以后增至25mg/次，1次/日，但是最高剂量不超过 50mg/d，2 次/日。肝功能不全者忌用。

第三节 其他经典抗高血压药物

一、中枢性降压药

中枢性降压药包括可乐定（clonidine）、甲基多巴（methyldopa）、莫索尼定（moxonidine）和利美尼定（rilmenidine）等，可以分为两类：第一代中枢降压药和第二代中枢降压药。第一代典型代表药为可乐定，可乐定虽然有较好的降压效果，曾广泛用于高血压的治疗，但由于口干、嗜睡、阳痿、停药后血压反跳等严重不良反应已受临床医师冷落。莫索尼定为可乐定类似物，是第二代中枢降压药物中的代表药，是一种比较有效的抗高血压药，降压效果与可乐定相仿，但镇静、口干等不良反应较第一代明显减轻，停药时也不产生反跳现象，且具有高效、长效的优点。

可 乐 定

【体内过程】 口服易吸收，口服生物利用度为 75%，服后 1.5～3h 血药浓度达峰值，$t_{1/2}$ 为 5.2～13h，体内分布均匀，易透过血脑-屏障。50%经肝代谢，50%以原形随尿排泄。

【药理作用】 可乐定降压作用中等偏强，并可抑制胃肠分泌及运动，其降压机制主要是激动延髓嘴端腹外侧区（rostral ventrolateral medulla，RVLM）的 I_1 咪唑啉受体（I_1 受体，imidazoline-I_1），使交感神经张力下降、外周血管阻力降低。此外，降压作用也与激动延髓背侧孤束核突触后膜 α_2 受体，抑制交感神经中枢的传出冲动，使外周血管扩张，血压下降有关。通过激动中枢 α_2 受体，兴奋抑制性神经元而镇静。过大剂量的可乐定也可兴奋外周血管平滑肌上的 α_2 受体，引起血管收缩，使降压作用减弱。

【临床应用】 用于其他抗高血压药无效的中度高血压的治疗。常用量：口服，最初剂量为 0.075mg/次，2 次/日，以后递增 0.075mg，一般中度高血压患者用量为 0.2～0.6mg/d，重度高血压患者剂量为 0.6mg/d。可乐定因可减少胃液分泌，尤其适用于伴有溃疡病的高血压患者。也用于吗啡类药成瘾者的戒毒治疗药，还可用于偏头痛的预防。其溶液剂滴眼用于治疗开角型青光眼。

【不良反应】 有口干、便秘、嗜睡、眩晕、阳痿、腮腺肿痛等。久用可致水钠潴留，与利尿药合用可减轻。可乐定不宜用于高空作业或驾驶机动车辆的人员，以免因精力不集中、嗜睡而导致事故发生。长期服用突然停药可出现短时间的交感神经功能亢进现象，如头痛、心悸、出汗、精神激动、血压骤升等，可能是突然停药引起 NA 大量释放所致，可用 α 受体阻断药酚妥拉明对抗血压的骤升，此时仍可继续用可乐定治疗。

莫 索 尼 定

莫索尼定为第二代中枢性降压药，作用强度与可乐定相似，选择性作用于中枢延髓嘴端腹外侧区 I_1 咪唑啉受体，具有高度选择性和亲和力。口服吸收较快、完全，血浆 $t_{1/2}$ 为 2.5h。长期用药有良好的降压效果，并能逆转高血压患者的心肌肥厚，可用于治疗轻、中度高血压。口服 0.2mg/次，1～2 次/日。由于莫索尼定对中枢及外周 α_2 受体作用较弱，因此嗜睡、口干等不良反应少见，无停药反跳现象

二、血管平滑肌扩张药

血管平滑肌扩张药通过直接扩张血管，降低外周阻力而产生降压作用。根据药物对动脉和

静脉的选择性不同，分为主要扩张小动脉药和扩张小动脉与静脉药，前者如肼屈嗪，后者如硝普钠等。由于这类药物不良反应较多，一般不单独用于治疗高血压，仅在利尿药、β受体阻断药或其他降压药无效时才加用该类药物。

硝 普 钠

【体内过程】 硝普钠（sodium nitroprusside）口服不吸收，静脉滴注给药1～2min血压明显下降，停药5min内血压回升至给药前水平。本品对光敏感，易被破坏，药液宜新鲜配制，避光保存和使用。

【药理作用】 可直接舒张小动脉和静脉平滑肌，属于硝基扩血管药。在血管平滑肌内代谢产生一氧化氮，一氧化氮激活鸟苷酸环化酶，生成cGMP，而产生强大的舒张血管作用。

【临床应用】 适用于高血压急症及高血压危象、高血压脑病、恶性高血压等，以及高血压合并急性心肌梗死或冠状动脉功能不全者，也可用于高血压伴有心力衰竭者和手术麻醉时的控制性低血压。常用粉针剂，每瓶50mg，临用前用5%葡萄糖液3～5ml溶解，再用500ml葡萄糖液稀释避光静脉滴注。

【不良反应】 可出现恶心、呕吐、精神不安、肌肉痉挛、头痛等不良反应，长期或大量应用，或肾功能减退时，可致血中硫氰酸盐蓄积产生乏力、畏食、恶心、定向障碍、精神变态等中毒症状。长期使用可导致甲状腺功能减退。

【禁忌证】 肝肾功能不全者禁用。

三、钾通道开放药（钾外流促进药）

钾通道开放药（potassium channel openers，KCO）有米诺地尔（minoxidil）、吡那地尔（pinacidil）、尼可地尔（nicorandil）等。这类药物可促进钾通道开放、血管平滑肌舒张、血压下降，是一类新型的血管扩张药。

米 诺 地 尔

【体内过程】 口服易吸收，生物利用度约为90%，给药后1h血药浓度达峰值，$t_{1/2}$为4h，肝内代谢，代谢产物随尿排出。

【药理作用】 舒张小动脉，降低外周血管阻力使血压下降。降压时引起反射性交感神经兴奋，使心率加快和心排血量增加。米诺地尔可激活ATP敏感性K^+通道，促进细胞内K^+外流，使血管平滑肌细胞膜超极化，导致血管舒张，血压下降。

【临床应用】 用于重度原发性和肾性高血压，不宜单独使用。开始口服2.5mg/次，1～2次/日，逐渐增至5～10mg/次，1～2次/日，一般不超过40mg/d。

【不良反应】 有水钠潴留、心率加快、多毛症。

四、去甲肾上腺素能神经末梢阻断药

此类药物作用于去甲肾上腺素能神经末梢部位，通过影响儿茶酚胺的储存和释放而产生降压作用，代表药有利血平和胍乙啶。利血平通过抑制囊泡的胺泵摄取NA而引起递质储存耗竭，使交感神经功能减弱而致血压下降，降压作用缓和持久。由于利血平不良反应多，现已少用。胍乙啶通过影响NA释放，使交感神经兴奋性降低，小动脉扩张，血压下降，但是直立性低血压明显，在降压同时，易引起肾、脑血流量减少。主要用于重症高血压。

五、神经节阻断药

樟磺咪芬（trimetaphan camsylate）、美卡拉明（mecamylamine）、六甲溴铵（hexamethonium bromide）等为神经节阻断药，能够阻断交感神经节和副交感神经节。阻断交感神经节支配占优势的血管，可使血管扩张，血压显著下降，但因为同时阻断副交感神经节，所以不良反应较多而且严重，目前仅用于高血压危象、主动脉夹层动脉瘤、外科手术中的控制性低血压等。

六、α_1 肾上腺素受体阻断药

α_1 受体阻断药可选择性阻断血管平滑肌突触后膜 α_1 受体，使血管扩张，外周阻力降低及回心血量减少。目前临床常用的 α_1 受体阻断药有哌唑嗪（prazosin），特拉唑嗪和近年来问世的多沙唑嗪，曲马唑嗪。

哌　唑　嗪

【体内过程】　哌唑嗪口服易吸收，口服后 1～3h 血药浓度达高峰，降压作用可维持 6～8h 时，大部分经肝代谢，仅 10%原形经肾脏排泄，$t_{1/2}$ 约为 3h。

【药理作用】　选择性阻断血管平滑肌突触后膜 α_1 受体，使小动脉和小静脉舒张，外周血管阻力降低，血压下降。降压时不伴有反射性心率加快和肾素释放，对肾血流量及肾小球的滤过率也无明显影响。长期服用对脂质代谢产生有益的影响，而对糖代谢并无不良作用。使前列腺增生患者排尿困难减轻。

【临床应用】　可单独治疗轻、中度高血压或伴有肾功能不良、高脂血症、前列腺增生的患者。与利尿药和 β 受体阻断药合用可增强降压作用。

【不良反应】　主要不良反应为首次用药时出现“首剂现象”，即在首次服用哌唑嗪 30～90min 出现严重直立性低血压，表现为晕厥、心悸等。将首次剂量减半，临睡前服用可避免。其他不良反应常见口干、头痛、鼻塞、乏力、心悸等。

知识拓展

抗高血压新药研究进展

1. 内皮素（ET）受体拮抗剂　能够舒张血管降低血压。波生坦（bosentan）是首个可口服的非肽类、非选择性 ETA/ETB 受体阻滞药。

2. 5-HT 受体激动药　5-HT 对心脑血管系统的作用主要通过 $5\text{-}HT_{1A}$ 和 $5\text{-}HT_{2A}$ 两种受体实现。乌拉地尔（urapidil）是 $5\text{-}HT_{1A}$ 激动药，酮色林（ketanserin）是 $5\text{-}HT_{2A}$ 拮抗药，它们的共同点是非高度选择性地作用于 5-HT 受体，具有外周和中枢降压双重作用机制。

3. 神经肽 Y2 受体拮抗剂　神经肽 Y（NPY）对血压的调节主要有直接收缩血管，增强交感神经递质与缩血管物质及抑制舒血管活性物质的作用。有三种受体亚型（Y1，Y2，Y3），抑制 NPYY2 受体可产生较为明显的降压作用。

4. 肾素抑制药　作为降血压药效应类似或优于 ACEI 和 AT_1 受体阻断药。近来开发的非肽类肾素抑制药，如阿利克林（aliskiren）等选择性高、口服有效、降血压作用与对肾素的抑制相平行。

5. 基因治疗　基因治疗高血压为我们提供了一条新的途径，成为当前研究的热点。主要有降低基因表达、诱导基因表达和 RNA 干扰。

第四节　抗高血压药物的合理应用

持续的血压升高可伴有血管、心脏、脑和肾等器官功能性或器质性改变，已经成为我国心脑血管病的最主要危险因素。但是我国高血压患者的知晓率、治疗率及控制率处于较低水平。而且近几年随着社会经济的高速发展、不良生活方式的出现和人口老龄化的加速等原因，高血

压的发病率呈逐渐上升趋势，成为危害人们身体健康最严重的疾病之一。高血压的主要治疗目标是使高血压患者的血压达到目标水平，最大限度地降低心血管并发症发生与死亡的总体危险，需要治疗所有可逆性心血管危险因素、亚临床靶器官损害及各种并存的临床疾病。坚持治疗，血压达标，能最大限度地减少、延缓并发症的发生，提高生活质量，延长寿命。所以必须长期坚持规范合理服用降压药。

一、有效降压，平稳降压

在患者能耐受的情况下，逐步降压达标。一般高血压患者，应将血压降至140/90mmHg以下。65岁及以上老年人的收缩压应控制在150mmHg以下，如能耐受还可进一步降低。伴有肾脏疾病、糖尿病或病情稳定的冠心病的高血压患者治疗更宜个体化，一般可以将血压降至130/80mmHg 以下。脑卒中后的高血压患者一般血压目标为＜140/90mmHg。处于急性期的冠心病或脑卒中患者，应按照相关指南进行血压管理。舒张压低于60mmHg的冠心病患者，应在密切监测血压的前提下逐渐实现收缩压达标。应及时将血压降低到上述目标血压水平，但并非越快越好，应平稳降压。大多数高血压患者，应根据病情在数周至数月内将血压逐渐降至目标水平。年轻、病程较短的高血压患者，可较快达标。但老年人、病程较长或已有靶器官损害或并发症的患者，降压速度宜适度缓慢。

二、根据高血压程度选药

1级高血压患者即收缩压140～159mmHg和（或）舒张压90～99mmHg，可首先采用非药物疗法，即减少钠盐摄入、增加钾盐摄入、控制体重、不过量饮酒、定期体育锻炼、减轻精神压力等，在生活方式干预数周后，血压仍≥140/90mmHg时，再开始降压药物治疗。常用降压药物包括钙通道阻滞药、ACE抑制药、AT_1受体阻断药、利尿剂和β受体阻滞剂五类均可用于高血压的初始治疗和维持治疗。一般而言，高盐膳食及老年患者、单纯收缩期高血压患者，对钙通道阻滞药、噻嗪类利尿剂的降压反应较好。青、中年患者则对ACE抑制药或AT_1受体阻断药、β受体阻滞剂反应较好；伴代谢异常者，对ACE抑制药或AT_1受体阻断药反应较好。此外，α受体阻滞剂、中枢降压药、直接扩血管药有时亦可应用于某些高血压人群。

三、高血压并发症和特殊人群的药物选择

1. 伴冠心病 首先确保患者获得适当的冠心病治疗，主要有阿司匹林、β受体阻滞剂和他汀类药物等。对稳定型心绞痛患者可加用长效钙通道阻滞药，心肌梗死后患者加用ACE抑制药或AT_1受体阻断药。

2. 伴脑卒中 常用的五类降压药均可用于脑卒中的二级预防，其中利尿剂和钙通道阻滞药在中国应用较多，预防脑卒中效果良好。

3. 伴肾脏疾病 优先考虑应用ACE抑制药或AT_1受体阻断药，血压不能有效控制者，加用钙通道阻滞药或小剂量利尿剂。肾功能严重障碍者，慎用或不用ACE抑制药、AT_1受体阻断药，可用钙通道阻滞药、呋塞米（速尿）等。

4. 老年高血压 常用的五大类降压药物均可以选用。对于合并前列腺增生或使用其他降压药而血压控制不理想的患者，α受体阻滞剂亦可以应用，同时注意防止直立性低血压等不良反应。对于合并双侧颈动脉狭窄≥70%并有脑缺血症状的患者，降压治疗应慎重，不应过快、过度降低血压。

5. 高血压急症、高血压危象 高血压急症口服卡托普利、硝苯地平等；高血压危象临床常采用静脉滴注血管扩张药硝普钠。

6. 妊娠期高血压 妊娠期间禁用 ACE 抑制药或 AT_1 受体阻断药。必要时谨慎使用降压药。常用的静脉降压药物有拉贝洛尔和硫酸镁；口服药物包括 β 受体阻滞剂、阿米洛利、肼屈嗪或钙拮抗剂等；硫酸镁是治疗严重先兆子痫的首选药物。

四、降压药物应用的基本原则

1. 小剂量开始 绝大多数患者需要长期甚至终身服用降压药。小剂量开始有助于观察治疗效果和减少不良反应。如效果欠佳，可逐步增加剂量。

2. 优先应用长效制剂 尽可能使用每日给药 1 次，有持续 24h 降压作用的长效药物，以有效控制夜间血压与晨峰血压，更有效预防心脑血管并发症发生。如使用中、短效制剂，则需给药 2～3 次/d，以达到平稳控制血压。

3. 靶器官保护 由于高血压患者需终身使用降压药，长期治疗中常伴有一些重要脏器的损害和并发一些其他心血管疾病，因此在抗高血压治疗中必须考虑逆转或阻止靶器官损伤。靶器官的保护作用比较好的药物是 ACE 抑制药、AT_1 受体阻断药和长效钙通道阻滞药。

4. 联合用药 可增加降压效果又不增加不良反应，在低剂量单药治疗疗效不满意时，可以采用两种或多种降压药物联合治疗。在目前常用的五类药物中，钙通道阻滞药和 ACE 抑制药或 AT_1 受体阻断药、ACE 抑制药或 AT_1 受体阻断药和利尿剂、钙通道阻滞药和 β 受体阻断药、钙通道阻滞药和利尿剂联用都是可行的。

5. 个体化 患者的体质各有差异，高血压的发病机制不同，一类药物对部分患者有效，对另一部分患者也许并不适宜。因此应根据患者具体情况和耐受性及个人意愿或长期承受能力，选择适合患者的降压药物。

案例解析

案例 21-1

患者，男，62 岁，有高血压病史 17 年，合并慢性肾功能不全和肾性高血压。此次就诊时血压 180/100mmHg，尿常规蛋白（+），尿素氮 14.8mmol/L，尿酸 420μmol/L，肌酐 330μmol/L。

根据患者病情，建议使用哪类抗高血压药物？

解析：

对有蛋白尿或微量白蛋白尿的高血压患者首选 ACE 抑制药或 AT_1 受体阻断药。噻嗪类利尿剂与 ACE 抑制药或 AT_1 受体阻断药合用可明显增加后者的降压作用。但对于高尿酸血症，以及明显肾功能不全者需慎用噻嗪类利尿剂，如需使用，应使用袢利尿剂，如呋塞米等。钙通道阻滞药舒张外周血管作用强，降压效果好，能够减少肾钙化和肾小球硬化。所以建议该患者使用厄贝沙坦、左旋氨氯地平和速尿片。用药 1 周后患者血压控制在 132/83mmHg。

本章小结

抗高血压药是一类能降低血压用于治疗高血压的药物。本章所述及的药物均为治疗高血压的药物。根据抗高血压药物的作用和作用部位可以分为以下几类。

Ⅰ类：利尿药，代表药有氢氯噻嗪等

Ⅱ类：肾素-血管紧张素系统抑制药

1. 血管紧张素转换酶（ACE）抑制药，代表药有卡托普利、依那普利、雷米普利等。

2. 血管紧张素Ⅱ（AngⅡ）受体阻断药，代表药有氯沙坦、缬沙坦等。

Ⅲ类：钙通道阻滞药，代表药有硝苯地平、氨氯地平

Ⅳ类：肾上腺素受体阻断药

1. β肾上腺素受体阻断药，代表药有普萘洛尔、美托洛尔等。

2. α_1肾上腺素受体阻断药，代表药有哌唑嗪等。

3. α、β肾上腺素受体阻断药，代表药有拉贝洛尔、卡维地洛等。

Ⅴ类：交感神经抑制药

1. 中枢性降压药，代表药有可乐定等。

2. 神经节阻断药，代表药有樟磺咪芬等。

3. 去甲肾上腺素能神经末梢阻断药，代表药有利血平、胍乙啶。

Ⅵ类：血管扩张药

1. 血管平滑肌扩张药，代表药有肼屈嗪、硝普钠。

2. 钾通道开放药，代表药有米诺地尔。

其中利尿药、钙通道阻滞药、β受体阻断药、ACE抑制药和AT_1受体阻断药统称为常用抗高血压药物。高血压的主要治疗目标是使高血压患者的血压达到目标水平，最大限度地降低心血管并发症发生与死亡的总体危险。降压药物应用应从小剂量开始，优先应用长效制剂和联合用药。根据高血压程度、高血压并发症及特殊人群选择降压药物，并且在抗高血压治疗中必须考虑逆转或阻止靶器官损伤。

中药介绍

丹 参

丹参（*Salvia miltiorrhizan* Bge.）为唇形科鼠尾草属多年生草本植物丹参 *salvia miltiorrhiza* Bge.的干燥根及根茎。在我国应用历史悠久，始载于《神农本草经》，列为上品，性微寒，味苦。其化学成分主要有脂溶性丹参酮类化合物和水溶性酚酸类化合物两大类。

丹参对高血压有治疗作用：①丹参扩张冠状动脉作用强，可以扩张外周血管、增加器官血流量、使血压下降。②改善微循环。丹素酮$Ⅱ_A$磺酸钠，能增加冠状动脉血流、减慢心率、抑制胆固醇的合成、降低低密度脂蛋白、缓解微血管痉挛、提高微循环流速和流量。③丹参能有效改善血液流变学、降低血液黏稠度、改善红细胞变形性、降低血浆纤维蛋白原、抑制血小板聚集、阻止血栓形成。

（周 茹）

第二十二章　抗慢性充血性心力衰竭药

能力要求

1. 能够阐述治疗慢性充血性心力衰竭药物的分类、药理作用、作用机制、临床应用及不良反应。

2. 能够简要说出慢性充血性心力衰竭的病理生理学基础及药物合理应用原则。

第一节　充血性心力衰竭的病理生理学变化及充血性心力衰竭药物分类

充血性心力衰竭（congestive heart failure，CHF）是各种心脏疾病导致心功能不全的终末阶段，临床症状包括疲乏、呼吸困难、体位性水肿或肺水肿等。

一、CHF 的病理生理学

心力衰竭发生时，心脏的结构和功能发生改变，代偿性激活神经内分泌系统，机体交感神经系统、肾素-血管紧张素-醛固酮系统激活，血液及心肌组织中内皮素、精氨酸加压素、心房利钠肽和脑利钠肽等增多。神经内分泌系统的激活又在心肌重构和心力衰竭进展过程中产生重要影响。

（一）心脏功能与结构变化

1. 功能变化　心力衰竭时因心肌受损，导致心肌收缩力减弱，心率加快，前、后负荷及心肌耗氧量均增加，同时发生收缩功能或舒张功能障碍，表现为心肌收缩性下降和（或）心室舒张不协调，心室顺应性降低。

2. 结构变化　心力衰竭时心肌长期处于超负荷状态，如心肌梗死、心律失常、高血压、氧自由基等均可引发心肌细胞凋亡。同时，心肌过度牵张，细胞内钙超载等引起心肌细胞肥大，心肌细胞外基质成分增多堆积，胶原量增加，心肌组织纤维化，导致心肌重构（remodeling），表现为心肌肥厚、心腔扩大、心脏的收缩功能和舒张功能障碍，最终发展为心力衰竭。

（二）神经内分泌变化

心力衰竭发病过程中，心脏的神经内分泌调节机制均发生明显变化，在早期有一定代偿意义，后期可促进病情恶化。

1. 交感神经系统激活　心力衰竭时由于心排血量降低，反射性兴奋交感神经系统，早期可使心排血量增加，改善组织器官灌注不足的状态。交感神经长期激活则可增加心脏的耗氧量和后负荷，导致心肌细胞凋亡，心肌重构，促进病情恶化。

2. 肾素-血管紧张素-醛固酮系统（RAAS）激活　心力衰竭时肾血流量减少，肾素-血管紧张素-醛固酮系统激活，血管紧张素Ⅱ和醛固酮水平升高，导致全身小动脉收缩，外周阻力增加，水钠潴留等，使心脏功能和结构发生变化。

3. 精氨酸加压素（AVP）增多　AVP 通过与特异受体的结合，增加细胞内 Ca^{2+} 含量而收缩血管，增加心脏负荷。

4. 内皮素（ET）增多 心力衰竭时多重刺激因素都能促进血液及心肌中 ET 量增加，产生收缩血管作用，同时还有正性肌力作用和明显的促生长作用，引起心室重构。

5. 肿瘤坏死因子（TNF-α）增多 心力衰竭时在缺氧等应急刺激下，外周 TNF-α 生成增多，引起发热、恶病质等，还有负性肌力作用，使心力衰竭恶化。

6. 血管内皮松弛因子（EDRF）减少 EDRF 具有扩张血管、抗血小板聚集、抗血管平滑肌增生、逆转心肌重构等作用。其分泌减少，扩血管作用减弱，患者的运动耐量降低，不利于心功能恢复。

另外，心力衰竭发生时患者体内的心房利钠肽（ANP）、脑利钠肽（BNP）等分泌增加，具有扩张血管、排钠利尿等作用，有利于心力衰竭症状的改善。

（三）心肌肾上腺素 β 受体信号转导的变化

交感神经系统长期激活可能导致心肌 β 受体信号转导发生明显改变。

1. β_1 受体下调 可减轻儿茶酚胺类物质对心脏的不利影响。

2. β_1 受体与 Gs 蛋白脱耦联或脱敏 可使心脏对受体激动剂的敏感性降低，同时腺苷酸环化酶活性降低，cAMP 生成减少，细胞内钙浓度降低，使心肌收缩力减弱。

另外，G 蛋白脱偶联受体激酶（GPKs）活性增加，使已被激动剂占领并与 G 蛋白相偶联的 β 受体被 GPKs 磷酸化后形成磷酸化受体，进一步和抑制蛋白结合而与 G 蛋白脱偶联，使受体减敏。

二、治疗 CHF 药物的分类

治疗 CHF 的药物主要通过增加心肌收缩力、减轻心脏前后负荷等发挥作用，根据治疗药物的药理作用特点，分类如图 22-1 所示。

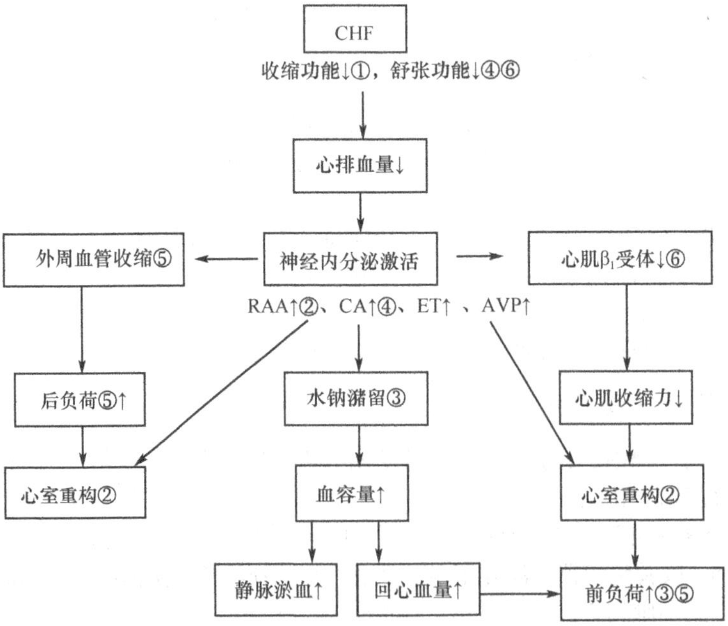

RAA.肾素血管紧张素-醛固酮；CA.儿茶酚胺；ET.内皮素；AVP.精氨酸加压素；
①强心苷类；②RAAS抑制药；③利尿药；④β受体阻断药；⑤血管扩张药；
⑥其他.非苷类正性肌力药或钙通道阻滞药

图 22-1 CHF 的病理生理变化及药物作用

1. 强心苷类　如地高辛等。

2. 肾素-血管紧张素-醛固酮系统抑制药

（1）血管紧张素转化酶抑制药：如卡托普利、依那普利等。

（2）血管紧张素Ⅱ受体（AT_1）阻断药：如氯沙坦等。

（3）醛固酮受体拮抗药：如螺内酯等。

3. β肾上腺素受体阻断药　如卡维地洛等。

4. 利尿药　如氢氯噻嗪、呋塞米等。

5. 血管扩张药　如硝酸异山梨酯、硝普钠等。

6. 其他

（1）磷酸二酯酶抑制药：如氨力农等。

（2）β肾上腺素受体激动药：如多巴酚丁胺等。

（3）钙通道阻滞药：如氨氯地平等。

第二节　强心苷类

强心苷类（cardiac glycosides）是一类直接作用于心肌具有增强心肌收缩力作用的苷类化合物，因其只能改善 CHF 的短期症状而不能改善预后，其临床应用受到一定限制，已不再作为治疗 CHF 的首选药物。该类药物有地高辛（digoxin）、洋地黄毒苷（digitoxin）、毛花苷丙（lanatoside C）、毒毛花苷 K（strophanthin K）等，其中地高辛最为常用。

【体内过程】　强心苷类药物是由苷元和稀有糖键相连的苷类化合物（图 22-2），其药动学特点差异大。一般来说强心苷类的口服吸收率、血浆蛋白结合率和生物转化率与其化学结构上的羟基数成反比，而肾脏排泄率与羟基数成正比。根据半衰期长短分为长效、中效和短效 3 类。洋地黄毒苷脂溶性高，口服吸收好，大部分经肝脏代谢后经肾脏排出，但有部分形成肝肠循环，$t_{1/2}$ 达 5～7 日，为长效强心苷。地高辛口服吸收后在体内分布广泛，生物利用度个体差异大，约 2/3 以原形经肾脏排泄，$t_{1/2}$ 为 33～36h，属中效强心苷。毛花苷丙及毒毛花苷 K 口服不吸收，需静脉给药，大部分以原形经肾脏排出，显效快，属短效强心苷。

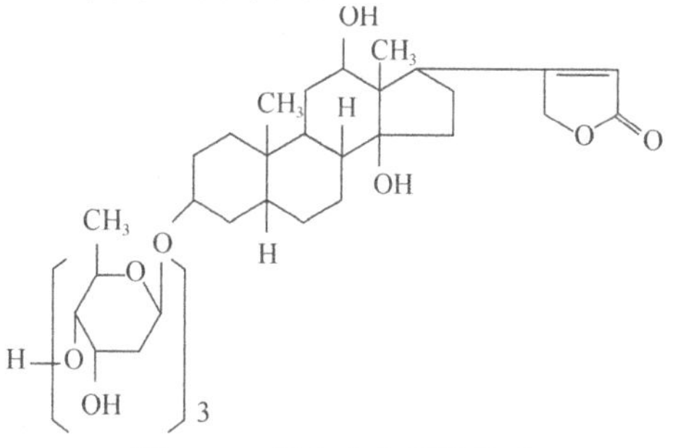

图 22-2　强心苷化学结构式

【药理作用】　各类强心苷药理作用基本相同，其作用强度、起效快慢和持续时间存在差异。

（1）对心脏的作用

1）正性肌力作用（positive inotropic effect）：强心苷选择性地作用于心脏，显著增加衰竭心脏的心肌收缩力。表现为心肌收缩时最高张力和最大缩短速率的提高，使心肌收缩有力而敏捷，因此舒张期相对延长，有利于衰竭心脏充分休息、增加静脉回流，加上其负性频率作用，降低衰竭心脏的心肌耗氧量。因此，强心苷发挥正性肌力作用增加心排血量的同时不引起心肌耗氧量增加，有利于心力衰竭症状的改善，也是区别于非苷类正性肌力药物的优势所在。

强心苷产生正性肌力作用的机制与增加心肌细胞内的 Ca^{2+}含量有关。心肌收缩过程需要 Ca^{2+}的参与，目前认为强心苷与心肌细胞膜上的 Na^+-K^+-ATP 酶结合，并抑制其活性，导致心肌细胞内 Na^+增加，K^+减少。由于细胞内 Na^+增多，诱发 Na^+-Ca^{2+}双向交换机制，使心肌细胞内 Ca^{2+}增加，从而增强心肌收缩力，发挥正性肌力作用，见图 22-3。

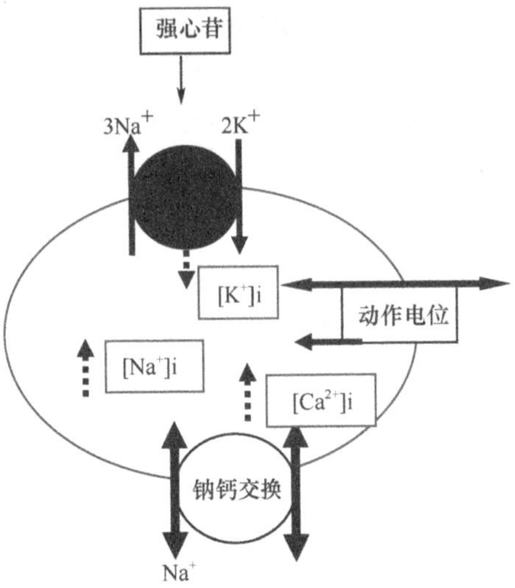

图 22-3 强心苷作用机制示意图

2）负性频率作用（negative chronotropic effect）：治疗量强心苷对正常心率影响小，主要针对心率过快及伴有心房颤动的 CHF 患者减慢心率作用显著。CHF 时由于心排血量减少，反射性提高交感神经活性，引起心率加快。应用强心苷后，心排血量增加，反射性地兴奋迷走神经，增加心肌对迷走神经的敏感性，窦房结、房室结受到抑制，心率减慢，房室传导减慢。故强心苷过量引起的心动过缓和传导阻滞可用阿托品对抗。

3）对心肌电生理特性的影响：强心苷对心肌电生理的影响随用药剂量、心肌细胞的部位和病变情况而不同。

治疗剂量下，强心苷降低反射性兴奋交感神经张力，同时兴奋迷走神经，降低窦房结自律性，减慢房室结传导；强心苷亦可因兴奋迷走神经，促进 K^+外流，加大心房肌细胞膜静息电位，加快心房传导速度。高浓度时，强心苷可过度抑制 Na^+-K^+-ATP 酶，使细胞内失 K^+，提高自律性；细胞内 Ca^{2+}增加可引起 Ca^{2+}振荡、早后除极、迟后除极等。中毒剂量下，强心苷也可增强中枢交感活动引起各种心律失常，以室性期前收缩、心动过速多见。

（2）对神经和内分泌系统的作用：中毒剂量的强心苷可兴奋延髓催吐化学感受区引起呕吐，还可兴奋交感神经中枢而引起快速型心律失常。

强心苷可改善神经内分泌异常，通过兴奋脑干副交感神经中枢减慢心率和房室结传导；通过降低心力衰竭患者血浆肾素活性，进而减少 AngⅡ及醛固酮含量，对 CHF 时过度激活的肾素-血管紧张素-醛固酮系统产生拮抗作用。

（3）对肾脏的作用：强心苷对 CHF 患者有明显利尿作用。其利尿机制：一方面心功能改善后，心排血量增加，肾血流量和肾小球滤过率增加发挥间接利尿作用；另一方面通过抑制肾小管 Na^+-K^+-ATP 酶，减少肾小管对 Na^+重吸收而产生直接利尿作用。

（4）对血管的作用：强心苷能直接收缩血管平滑肌，导致外周阻力升高。但心力衰竭患者用药后，其对交感神经活性的抑制效应超过了其直接收缩血管的效应，外周阻力下降，心排血量增加，组织灌流量改善，动脉血压不变或略升。

【临床应用】 随着近年来 ACE 抑制药和 β 受体阻断药的应用，强心苷现多用于以收缩功能障碍为主，对利尿药、ACE 抑制药、β 受体阻断药疗效欠佳的心力衰竭患者及部分心律失常如心房颤动、心房扑动、阵发性室上性心动过速患者的治疗。

（1）CHF：利用强心苷增强心肌收缩性，增加心排血量的作用，改善组织器官缺血症状，同时由于心排空完全，舒张期延长，回心血量增多，解除静脉系统淤血症状。但由于不同原因引发的心力衰竭病情不同，疗效存在差异。

1）疗效较好：对伴有心房颤动或心室率过快心力衰竭患者疗效最好，对瓣膜病、先天性心脏病、动脉硬化和高血压引起的心力衰竭效果良好。

2）疗效较差：继发于甲状腺功能亢进、严重贫血、维生素 B_1 缺乏等疾病的心力衰竭，由于强心苷不能改善其心肌能量代谢障碍的状态，所以疗效差。对肺源性心脏病、活动性心肌炎或严重心肌损伤引起的心力衰竭疗效较差且易发生中毒。

3）无效：伴有机械性阻塞的心功能不全如缩窄性心包炎、严重二尖瓣狭窄等，强心苷不能改善其心室舒张和充盈障碍，所以无效。

（2）某些心律失常

1）心房颤动：即心房发生细弱而不规则的颤动，其最大的危害是过多的心房冲动下传到心室引起心室率过快，心排血量减少，导致严重循环障碍。此时运用强心苷可通过兴奋迷走神经或抑制房室结，减慢房室传导，增加房室结中隐匿性传导，降低心室率，增加心排血量，从而改善循环障碍。此时运用强心苷旨在减慢过快的心室率而非消除心房颤动，实际上对大多数患者并不能终止心房颤动。

2）心房扑动：此时心房的冲动相比心房颤动时少，但更强而规则，更易于传入心室引起心室率过快而难以控制。强心苷可通过不均一地缩短心房有效不应期，首先使心房扑动转为心房颤动，继而发挥治疗心房颤动的作用。强心苷是治疗心房扑动最常用的药物，部分患者在转为心房颤动后停用强心苷可恢复窦性节律，因停用强心苷相当于取消了缩短不应期的作用，使心房有效不应期延长，终止折返激动，恢复窦性节律。

3）阵发性室上性心动过速：强心苷通过增强迷走神经功能，降低心房兴奋性而终止阵发性室上性心动过速发作。

【不良反应及防治】 强心苷治疗指数小，一般治疗量接近中毒量的 60%，且患者对强心苷的敏感性个体差异大，又容易受多种因素的影响，如伴有低血钾、低血镁、酸血症、肾功能不全、合并用药等情况更易诱发中毒。

（1）不良反应表现

1）胃肠道反应：表现为厌食、恶心、呕吐、腹泻等，是最常见的早期中毒症状。应注意与用药量不足、心力衰竭未得到控制引起的胃肠反应加以鉴别。剧烈呕吐导致失钾可加重强心苷中毒，应注意补钾并减量或停药。

2）神经系统反应：头痛、眩晕、疲乏、噩梦、幻觉等，还可出现黄视、绿视症及视力模糊等视觉障碍，视觉障碍是强心苷中毒的特异性症状，为临床停药指征。

3）心脏毒性反应：是最严重、最危险的不良反应，约有 50%的病例发生各种类型心律失常。

A. 快速型心律失常：最多见和最早见的是室性期前收缩，约占心脏毒性的 1/3，也可发生二联律、三联律及由异位节律点自律性增高引起的房性或室性心动过速，甚至发生心室颤动。

B. 房室传导阻滞：程度各异，严重者可出现完全阻滞。与强心苷兴奋迷走神经和高度抑制 Na^+-K^+-ATP 酶导致细胞内低 K^+、静息膜电位降低有关。

C. 窦性心动过缓：由于强心苷抑制窦房结，降低自律性，中毒时可发生心动过缓，心率降至 60 次/分以下作为停药指征。

（2）强心苷中毒的防治

1）预防：①注意诱发或加重强心苷中毒的因素，如低血钾、低血镁、酸碱平衡失调等，预防发生；②及时发现中毒的先兆，如胃肠道反应、视觉障碍、室性期前收缩、窦性心动过缓等，应及时减量或停药；③严格掌握适应证，有条件时可监测血药浓度。

2）治疗：根据中毒症状的类型和严重程度采取相应的措施，补钾是强心苷轻度中毒的有效治疗药物。①快速型心律失常：可用氯化钾缓慢静脉滴注。必须注意补 K^+不可过量，尤其肾功能不全患者应注意防止高血钾发生，严重房室传导阻滞患者不能补充钾盐以防心脏停搏。②缓慢型心律失常：包括窦性心动过缓、房室传导阻滞等，可用阿托品、异丙肾上腺素静脉注射治疗，注意不宜补钾。③危及生命的地高辛中毒：可使用地高辛抗体 Fab 片段作静脉注射治疗，可使强心苷与 Na^+-K^+-ATP 酶解离，对严重中毒效果明显。

【药物相互作用】 排钾利尿药因引起低血钾诱发强心苷中毒，应谨慎合用并注意补钾。奎尼丁能使部分患者地高辛血药浓度提高 1 倍，提高的程度与奎尼丁用量相关，其他抗心律失常药如胺碘酮、维拉帕米等也能提高地高辛血药浓度，合用时宜减量应用。苯妥英钠因能增加地高辛的代谢而降低其血药浓度。拟肾上腺素药可提高心肌自律性，使心肌对强心苷的敏感性增高而导致强心苷中毒。

【给药方法】

（1）负荷量加维持量疗法：负荷量即全效量，亦称“洋地黄化”量，指短时间内给予足量强心苷，以充分发挥疗效。分速给法和缓给法，速给法适宜于病情较急且两周内未使用强心苷的患者，于 24h 内分次给足全效量；缓给法适宜于慢性病例，于 2～4 日内给足全效量，然后给予维持量继续治疗。

（2）无负荷量的维持量疗法：即每日给予一定剂量，经 4～5 个 $t_{1/2}$ 使药物达到 C_{ss} 发挥治疗作用。这种给药方法安全有效，简便易行，现多采用。特别适宜于轻中度 CHF 患者，对于病情较重者，可联合应用 ACEI 和利尿药等，能迅速缓解病情。

知识拓展

心房颤动简称房颤，是最常见的心律失常之一，是由心房主导折返环引起许多小折返环导致的房律紊乱。心房颤动时心房激动的频率达 300～600 次/分，心跳频率往往快而且不规则，心房失去正常的有效收缩，引起严重并发症，如心力衰竭和动脉栓塞。心房颤动可以是阵发性的，也可以自行终止，其患病率的增加还与冠心病、高血压和心力衰竭等疾病的增加密切相关。

心房扑动简称房扑，是一种快速异位心律失常，发生于心房内，冲动频率较房性心动过速更快，心率 250～350 次/分。其临床表现主要取决于心室率的快慢、心室率变化的急骤程度及心脏的状态。在突然发生快速型心房扑动伴有心脏疾患时，患者可出现类似阵发性心动过速的一系列症状，感到心悸、呼吸困难，甚至出现心绞痛、心力衰竭，或脑、肺、肢体动脉栓塞现象。心房扑动可突然中止发作，亦可先转为心房颤动，而后恢复窦性心律。

阵发性室上性心动过速是指起源于心房或房室交界区的心动过速，大多数是由于折返激动所致，少数由自律性增加和触发活动引起。心率快，多在 160～220 次/分，节律规则。心电图连续 3 次以上室上性过早搏动称为阵发性室上性心动过速，包括房性和交界区性心动过速，有时两者心电图上难以鉴别，则统称为阵发性室上性心动过速。

第三节　作用于肾素-血管紧张素-醛固酮系统药

肾素-血管紧张素-醛固酮系统过度激活在心衰心肌损伤、心肌重构中起重要作用，肾素-血管紧张素-醛固酮系统抑制药主要包括血管紧张素转化酶抑制药（ACEI）和血管紧张素Ⅱ受体（AT_1）阻断药，能防止和逆转心室重构，提高心脏及血管的顺应性，可缓解心力衰竭的症状，提高生活质量，降低病死率，改善预后。故这类药物已经成为治疗 CHF 的重要药物，广泛用于临床。

一、血管紧张素转化酶抑制药

临床常用的药物有卡托普利（captopril）、依那普利（enalapril）、贝那普利（benazepril）、雷米普利（ramipril）等。这些药物治疗心力衰竭的作用机制相似（详见第二十章）。

【抗 CHF 作用】 ACE 抑制药可抑制体循环及局部组织中 AngⅠ向 AngⅡ的转化，使血液及组织中 AngⅡ含量降低；抑制缓激肽的降解，使血中缓激肽含量增加；可减少醛固酮生成，减轻水钠潴留。

（1）抑制心肌及血管重构：AngⅡ和醛固酮是促进心肌细胞增生、纤维化，导致心肌及血管重构的主要因素。ACEI 通过减少 AngⅡ和醛固酮生成，减弱了两者的促细胞增殖作用，能有效阻止或逆转 CHF 心室肥厚的发生，提高心肌和血管的顺应性，改善左心室功能，降低 CHF

病死率。

（2）对血流动力学的影响：ACEI 通过抑制血管紧张素 I 转化酶活性，使血液及组织（如心脏、血管内皮等）中 AngⅡ含量降低，同时缓激肽含量增加，使全身阻力血管和容量血管舒张，心脏前后负荷降低，增加心排血量，改善心脏功能。ACE 还能降低肾血管阻力，增加肾血流量，改善肾功能。

（3）其他：ACEI 抑制醛固酮分泌，水钠潴留减轻，回心血量减少，心脏前负荷降低。还通过拮抗交感神经的活性，恢复下调的β受体，降低血中儿茶酚胺和精氨酸加压素的含量等改善心脏功能。

【临床应用】 ACEI 对各阶段心力衰竭者均有益，既能消除或缓解心力衰竭症状，防止和逆转心肌肥厚，改善生活质量，降低病死率。已作为一线药物广泛用于临床，轻度患者可单独应用，能延缓早期 CHF 患者的病情进展；中重度患者可与利尿药、β受体阻断药、强心苷类药物合用。特别对舒张性心力衰竭患者疗效明显优于强心苷类药物。亦是治疗和预防急性心肌梗死或有显著左心室功能异常的 CHF 最好的药物。无禁忌证者均可应用，包括无症状的 CHF，但应注意从小剂量开始。

二、血管紧张素Ⅱ受体阻断药

临床常用的药物有氯沙坦（losartan）、缬沙坦（valsartan）、厄贝沙坦（irbesartan）等（详见第二十章）。

血管紧张素Ⅱ受体（AT_1）阻断药直接阻断 AngⅡ与其受体的结合，拮抗 AngⅡ的缩血管作用和促心血管重构作用，对其他非 ACE 途径如食糜酶产生的 AngⅡ也有拮抗作用，发挥与 ACEI 类似的效应。短期应用表现为降低心脏前后负荷，改善血流动力学，长期应用可预防及逆转心血管重构，改善心功能，降低 CHF 患者的病死率。

本类药物因不影响缓激肽代谢，不良反应较少，不易引起咳嗽、血管神经性水肿等，常作为对 ACEI 不耐受患者的替代品。长期应用对心率无影响，不易产生耐受性，特别适用于血浆肾素活性高、AngⅡ增多所致心室重构的 CHF。

三、醛固酮受体拮抗药

CHF 时血中醛固酮的浓度显著升高，一方面引起水钠潴留，通过其明显的促生长作用，引起心房、心室、大血管的重构，加速心力衰竭进程。一方面阻止心肌摄取 NA 使其游离浓度增加，诱发冠状动脉痉挛和心律失常，增加 CHF 的室性心律失常及猝死率发生。临床研究证明，常规治疗基础上，加用非选择性醛固酮受体拮抗药螺内酯（spironolactone）可通过防止左心室心肌间质纤维化，改善血流动力学及临床症状，明显降低 CHF 的病死率。但因其有性激素样作用所致男性乳腺增生等副作用限制了其应用。依普利酮（eplerenone）是新型的选择性醛固酮受体拮抗药，因其不作用于雄激素和孕酮受体，避免了螺内酯的性激素样副作用，是治疗 CHF 安全有效的安全药物。在 ACE 抑制药/AT_1受体拮抗剂或β受体拮抗剂治疗的基础上，加用该药可进一步降低心肌梗死合并左心室功能低下 CHF 患者的病死率。

第四节 β肾上腺素受体阻断药

CHF 时交感神经张力持续增高，可造成心肌细胞内 Ca^{2+}超负荷和儿茶酚胺增加，冠状动脉血流减少和心肌耗氧量增加，促进心力衰竭的恶化。β受体阻断药虽可抑制心肌收缩力，但长期应用，通过抑制肾素-血管紧张素-醛固酮系统，降低交感神经活性，使心脏负荷减轻，并逆转心室重构，改善患者的生活质量，降低病死率，目前已被推荐作为治疗慢性心力衰竭的常规用药。临床常选用的药物有卡维地洛(carvedilol)、比索洛尔(bisoprolol)、美托洛尔(metoprolol)等，与ACEI合用，可进一步增加疗效。

【抗CHF作用】

(1) 阻断心脏β_1受体，降低交感神经张力，拮抗过量儿茶酚胺对心脏的毒性作用，使心率减慢，心肌耗氧量降低。

(2) 抑制RAAS，减弱AngⅡ和醛固酮的作用，防止和逆转心室重构，降低心脏前后负荷，改善心功能。

(3) 长期应用可上调心肌β_1受体，改善β_1受体对儿茶酚胺的敏感性，改善心肌收缩功能。

此外，β受体阻断药具有防止细胞内钙超载，减少氧自由基等心肌保护作用，还具有明显的抗心肌缺血及抗心律失常等作用，可改善CHF症状，降低其猝死的发生。

【临床应用】 主要适用于扩张型心肌病及缺血性CHF，长期应用可阻止临床症状恶化、改善心功能、降低猝死率及心律失常的发生率。但初期应用β受体阻断药治疗CHF可因抑制心肌收缩力，使血压下降、心率减慢、心排血量降低、心功能恶化，故应严格掌握适应证，从小剂量开始并合用强心苷，以消除负性肌力作用的不良影响。

【注意事项】

(1) 正确选择适应证，以扩张型心肌病CHF为最佳。

(2) 较长时间用药，一般心功能改善的平均奏效时间为3个月。

(3) 应从小剂量开始，逐渐增加至使患者能够耐受又不加重病情的剂量，做到个体化给药。

(4) 需要合并使用其他抗CHF药，如利尿药、ACE抑制药和地高辛。

(5) 严重心动过缓、严重左心室功能减退、明显房室传导阻滞、低血压及支气管哮喘等患者慎用或禁用。

知识拓展

扩张型心肌病(dilated cardiomyopathy，DCM)：以往曾被称为充血性心肌病，是多种因素长期作用引起心肌损害的最终结果。其特点是左心室(多数)或右心室明显扩大，且均伴有不同程度的心肌肥厚，心室收缩功能减退，以心脏扩大、心力衰竭、心律失常、栓塞为基本特征，病死率较高。约20%的DCM患者有心肌病家族史。近年来，扩张型心肌病的诊断率逐渐增加，据估计，年诊断率约为8/10万，部分未被诊断的轻型患者可能会使实际患病率更高。文献资料表明年龄轻、早期得到诊断及近年应用ACEI、β受体阻滞药者增多，是扩张型心肌病生存率增高的原因。

第五节 利 尿 药

体内水钠潴留可增加心脏前负荷，加重CHF，因此利尿药目前仍作为治疗CHF的基础药物。

【抗CHF作用】

(1) 促进水、钠排泄，减少血容量和回心血量，降低心脏前负荷，改善心功能；

(2) 通过排钠作用，降低血管壁中的Na^+浓度，通过Na^+-Ca^{2+}交换，使细胞内Ca^{2+}浓度降低，对缩血管物质的敏感性下降，血管扩张，降低心脏后负荷，有利于改善心脏泵血功能，减轻心力衰竭症状。

此外，利尿药还可降低静脉压，消除或缓解静脉淤血及其所引发的肺水肿和外周水肿，对心力衰竭伴有水肿或有明显淤血症状的患者尤为适用。

【临床应用】 轻度CHF，可单独应用噻嗪类利尿药，对伴有容量负荷增加征象如水肿或有明显充血者效果较好。中度心力衰竭可用留钾利尿药与其他两类利尿药合用，可以拮抗肾素-血管紧张素-醛固酮系统激活引起的醛固酮水平升高，增强利尿效果，同时防止低钾症的发生。重度心力衰竭、慢性心力衰竭急性发作、急性肺水肿或全身水肿者，应静脉注射呋塞米。

【注意事项】 因大剂量利尿药明显减少有效循环血量，反射性兴奋交感神经，导致心力衰竭恶化，提倡小剂量应用；利尿药引起的水电解质平衡紊乱，尤其是低钾血症是诱发心律失常的主要原因之一，与强心苷类合用时更易发生，应注意补充钾盐或与留钾利尿药合用。

第六节　血管扩张药

CHF 时往往伴随心脏前、后负荷增加，血管扩张药可迅速降低心脏的前、后负荷，改善心功能，增加心排血量，临床常作为治疗 CHF 的辅助用药。常用的药物有硝酸甘油(nitroglycerin)、硝酸异山梨酯（isosorbide dinitrate）、肼屈嗪（hydralazine）、硝普钠（nitroprusside sodium）、哌唑嗪（prazosin）等。

1. 扩张静脉为主的药物 硝酸酯类的硝酸甘油（nitroglycerin）和硝酸异山梨酯（isosorbide dinitrate），主要作用是扩张静脉，使静脉容量增加，回心血量减少，降低心脏前负荷，减轻肺水肿和呼吸困难症状，还可增加缺血心肌的冠状动脉流量，改善心肌血液供应，提高患者的运动耐力。

2. 扩张动脉为主的药物 肼屈嗪（hydralazine）可扩张小动脉，降低外周阻力，降低心脏后负荷，增加心排血量，缓解组织缺血的症状，还能明显增加肾血流量。由于反射性兴奋交感神经系统和肾素-血管紧张素-醛固酮系统，不宜长期单独应用。主要用于肾功能不全或 ACE 抑制药不能耐受的 CHF 患者。

3. 扩张动脉、静脉的药物 硝普钠（nitroprusside sodium）可扩张小动脉和小静脉，降低心脏前、后负荷，改善心力衰竭症状。口服无效，静脉滴注 2～5min 见效，由于起效迅速，常用于控制危急的 CHF，也适用于需要迅速降低血压的急性肺水肿、高血压危象等危重病例。

哌唑嗪（prazosin）选择性阻断 α 受体，扩张动、静脉，降低心脏的前、后负荷，增加心排血量。

第七节　其他治疗慢性心功能不全药

这类药物可改善心力衰竭症状，但不降低病死率，不宜用做常规治疗。主要包括非苷类正性肌力药（β 受体激动药、磷酸二酯酶抑制药）和钙通道阻滞药。

一、磷酸二酯酶抑制药

磷酸二酯酶抑制药（phosphodiesterase inhibitor，PDEI）属于正性肌力扩血管药，通过抑制磷酸二酯酶（PDE）Ⅲ活性而显著增加心肌细胞内 cAMP 含量，从而产生增加心肌收缩力和扩张动、静脉作用，改善心力衰竭症状。主要用于 CHF 做短期支持疗法，尤其对强心苷、利尿药等反应不佳的患者。常用药物有米力农（milrinone）、氨力农（amrinone）、维司力农（vesnarinone）、匹莫苯（pimobendan）等。

米 力 农

米力农是双吡啶类衍生物，选择性抑制 PDE Ⅲ活性，为氨力农的替代品。其抑酶活性较氨力农强，不良反应发生率较氨力农低，但仍可发生心律失常、低血压、心绞痛样疼痛等，且可能增加患者病死率，故不宜作常规治疗用药，仅供短期静脉给药治疗严重急性或其他药物疗效不佳的 CHF。

维 司 力 农

维司力农口服有效，可产生正性肌力作用和中度扩血管效应。其作用机制复杂，包括抑制 PDE Ⅲ的活性，但作用较米力农弱；能激活细胞膜 Na^+通道，促进 Na^+内流；同时抑制 K^+通道，延长动作电位时程；也因增加 cAMP 含量而促进 Ca^{2+}内流，使细胞内 Ca^{2+}增加，产生一定正性肌力作用。用于心力衰竭患者可缓解其临床症状，提高生活质量。

匹 莫 苯

匹莫苯是苯并咪唑类衍生物。该药不仅抑制 PDE Ⅲ，还能提高心肌收缩成分对细胞内 Ca^{2+}的敏感性，使心肌收缩力增强。且其正性肌力作用可在不增加钙离子的前提下产生，避免因 Ca^{2+}超载带来的心律失常和细胞损伤等，是开发正性肌力新药的研究方向。临床试验还表明该药可增加患者的运动耐力，减轻心力衰竭症状，对中重度心力衰竭患者有效，且其不良反应较双吡啶类药物轻。

二、β 肾上腺素受体激动药

CHF 时交感神经处于激活状态，内源性儿茶酚胺的长期影响使 β 受体向下调节，心肌细胞对儿茶酚胺类药物的敏感性下降。β 肾上腺素受体激动药通过增强心肌收缩力和心脏射血指数，增加心排血量，主要适用于对强心苷反应不佳或禁忌的 CHF 者，更适合伴有心率减慢或传导阻滞的患者。其中 DA 和多巴酚丁胺（dobutamine）常用于进行性心力衰竭的短期维持治疗，而肾上腺素、异丙肾上腺素对于心力衰竭治疗几乎不起作用，甚至可因增加心肌耗氧量而加重心力衰竭。

DA

小剂量 DA 时主要扩张肾、肠系膜及冠状血管，增加肾血流量和肾小球滤过率，促进排钠。较大剂量激动受体，促进 NE 释放，抑制其摄取，能增加外周血管阻力和心排血量。大剂量时激动 α 受体，致外周血管收缩，心脏后负荷增加。故 DA 常作静脉滴注主要用于急性心衰。

多巴酚丁胺

多巴酚丁胺（dobutamine）化学结构和体内过程与多巴胺相似，临床使用含有右旋多巴酚丁胺和左旋多巴酚丁胺的消旋体。口服无效，临床上静脉给药。

【药理作用】 主要激动 β_1受体，对 β_2受体作用相对较弱，能明显增强心肌收缩力，使心排血量增加，肾血流量亦相应增加，此剂量下一般不明显加快心率；在静滴速度过快或浓度过高时，可引起心率加快，这可能与外周阻力变化不大和心脏 β_1受体激动时正性肌力作用有关。

【临床应用】 静脉短期滴注可增加心排血量。主要用于强心苷反应不佳的严重左心室功能不全和心肌梗死后心功能不全患者，注意血压明显下降者不适宜。剂量过大或静滴速度过快，可使心率加快，引起心律失常。

【不良反应】 主要不良反应为心率加快和心律失常，用药期间因可使心肌耗氧量增多，偶见心肌梗死患者增加梗死面积，应引起重视，连续给药可出现耐受性。禁用于心房颤动及梗阻型肥厚性心肌病患者。

三、钙通道阻滞药

钙通道阻滞药具有扩张血管、降低心脏后负荷和抗心肌缺血等作用，理论上应有益于 CHF 的治疗。但大量临床研究资料表明，第一代和第二代钙通道阻滞药均不能改善收缩期功能障碍 CHF 患者的症状，降低其病死率。因此，钙通道阻滞药不适宜作为 CHF 治疗的一线药物，目前主要用于舒张期功能障碍的 CHF 患者。

本章小结

强心苷类药物不影响 CHF 的自然进程，只能改善患者的近期症状而不能改善预后，已经不再作为心力衰竭治疗的首选药物，其最佳适应证是心力衰竭合并心房颤动。现多用于以收缩功能障碍为主的低排血量性心力衰竭，对伴有部分心律失常如心房颤动、心室率过快的心力衰竭疗效较好。

ACEI 类药可防止和逆转心肌肥厚，不仅能消除或缓解心力衰竭症状，提高生活质量，而且能降低患者的病死率。

利尿药对心力衰竭伴有水肿或有明显淤血者尤为适用，注意防治水电解质紊乱，提倡小剂量应用。

β 受体阻断药虽抑制心肌收缩力，但长期应用可以改善 CHF 症状，降低病死率。目前已被推荐作为治疗慢性心力衰竭的常规用药，主要适用于扩张型心肌病。

β 受体激动药主要适用于对强心苷反应不佳或禁忌的 CHF 者，更适合伴有心率减慢或传导阻滞的患者。

中药介绍

附　子

附子为毛茛科植物乌头（*Aconitum carmichaeli* Debx.）的子根加工品。附子中含有多种生物碱，其中以乌头碱（aconitine）、中乌头碱（mesaconitine）、次乌头碱（hypaconitine）等为主。此外，还分离出消旋-去甲乌药碱、氯化甲基多巴胺、去甲猪毛菜碱等活性成分。附子经炮制后，生物碱含量减少，其毒性亦显著降低。

文献研究表明，熟附片煎剂对离体心脏、在体心脏及戊巴比妥钠所致的衰竭心脏均有明显强心作用，过量可出现心律失常。生附子因含有大量乌头碱，对心脏有较强毒性，经久煮后毒性明显降低，但强心成分仍然存在。其中去甲乌药碱为其主要强心成分之一，对β受体的内在活性较异丙肾上腺素弱，是 β 受体部分激动剂，能增强衰竭心脏的心肌收缩力与心率，使心排血量增加同时心肌耗氧量亦增加。临床上附子注射液治疗冠心病、肺心病等伴有心力衰竭的患者有一定治疗作用，附子Ⅰ号治疗病窦综合征和缓慢性心律失常患者有较好疗效。

（盛艳梅）

第二十三章　抗心绞痛药

能力要求

1. 能够阐述硝酸甘油、普萘洛尔、硝苯地平抗心绞痛的药理作用、临床应用、不良反应。

2. 能够较合理选用本章药物治疗心绞痛（angina pectoris）。

3. 能够理解每类药物的使用注意，能够解释各类药物联合用药的依据。

第一节　概　　述

心绞痛是冠状动脉供血不足，心肌急剧的，暂时的缺血、缺氧综合征，为缺血性心脏病的常见症状。其典型的临床表现为胸骨后部或左心前区出现阵发性绞痛、闷痛，并可放射至左上肢、颈部或下颌部。疼痛原因是由于缺血、缺氧的代谢产物，如乳酸、丙酮酸或类激肽样物质在心肌组织聚积，刺激神经末梢经交感神经传入中枢所致。其发作时一般持续数分钟，若得不到及时缓解则可能发展为心肌梗死（myocardial infarction）。

根据 WHO“缺血性心脏病的命名及诊断标准”，临床上将心绞痛分为以下 3 种类型。

1. 劳累性心绞痛（exertional angina）　其特点是由劳累、情绪波动或其他增加心肌耗氧量的因素所诱发，休息或舌下含服硝酸甘油可缓解。根据病程、发作频率及转归，此类心绞痛又可分为：①稳定型心绞痛；②初发型心绞痛；③恶化性心绞痛。

2. 自发性心绞痛（angina pectoris at rest）　心绞痛与心肌耗氧无明显关系，多发生于安静状态，发作时症状重、持续时间长，且不易被硝酸甘油缓解，包括：①卧位型心绞痛，休息或熟睡时发生；②变异型心绞痛，为冠脉痉挛所诱发；③急性冠状动脉功能不全；④梗死后心绞痛。

3. 混合性心绞痛（mixed pattern of angina）　其特点是心肌需氧量增加或无明显增加时可能发生。

不稳定型心绞痛（unstable angina pectoris）一词，近年来被广泛使用，它包括了上述除劳累性心绞痛中的稳定型以外的所有类型的心绞痛，还包括冠状动脉成形术后心绞痛、冠状动脉旁路术后心绞痛等新类型。不稳定型心绞痛多是由于动脉粥样硬化斑块破裂，诱发血小板黏附和集聚，从而导致冠状动脉血流量减少而引起。

一、心绞痛的病理生理学基础和抗心绞痛药物的作用方式

心绞痛发作是由于心肌供氧与需氧失去平衡。心肌对氧的需求急剧增加和冠状动脉供血不足是导致心绞痛的重要病理生理机制。

（1）心肌供氧主要取决于：①心肌血中的含氧量：正常情况下，心肌血中的含氧量已接近于最大量（心肌细胞能摄取血氧含量的 65%～75%），即使再增加血中的氧含量，心肌也难以从中摄取更多的氧。因此，增加供氧主要依靠增加冠状动脉的血流量。②冠状动脉的血流量，冠状动脉血流量主要取决于冠状动脉阻力、灌注压、侧支循环及心脏舒张时间等因素。一般情

况下，动脉粥样硬化可引起冠脉管腔狭窄或部分闭塞，狭窄区以下的小动脉因缺血、缺氧，已处于明显的舒张状态，此时只有增加冠脉血流量，扩张较大的心外膜血管和促进侧支的开放，才能增加冠状动脉的血流量。

（2）心肌耗氧量主要取决于：①心肌的基本代谢。②心室壁肌张力，是影响心肌耗氧量十分重要的因素，室壁肌张力越高，耗氧越多。而室壁肌张力又与心室容积和心室腔内压力（相当于收缩期动脉血压）成正比，故心室容积越大、心室腔内压力越高，耗氧也越多。③每分射血时间（每搏射血时间×心率），每分钟射血时间越长，耗氧也越多（因为射血时，室壁肌张力最高）。④心肌收缩力，收缩力越强，氧耗越多。临床上常将影响耗氧量的主要因素简化为“三项乘积”（收缩压×心率×左心室射血时间）或“二项乘积”（收缩压×心率）作为估计心肌耗氧量的指标。

基于心绞痛的病理生理基础可见降低心肌耗氧量、扩张冠状动脉、改善冠脉供血是缓解心绞痛的主要治疗对策。此外，当血栓完全堵塞了冠状动脉后，将诱发心肌梗死，梗死后若得不到及时治疗可能导致患者死亡。目前，临床常应用血管紧张素Ⅰ转化酶抑制药（ACEI）、钙通道阻滞药和抗血小板药等，通过发挥其保护血管、抗冠状动脉粥样硬化、抗血小板聚集及逆转心肌重构等作用，在心绞痛治疗中也起到较好作用。另外，近年来经皮冠状动脉成形术（PTCA）和冠状动脉搭桥术（CABG）等，在冠心病的治疗中也有一定成效。

二、抗心绞痛药物的分类

心绞痛的治疗原则是改善冠状动脉供血和降低心肌的耗氧，同时积极治疗动脉粥样硬化。抗心绞痛药一般可缓解心肌缺血、缺氧症状，但难以从根本上改变冠状动脉粥样硬化的病理损伤。

目前临床上用于治疗心绞痛的药物主要有以下三类。

1. 硝酸酯类药物 如硝酸甘油（nitroglycerin）等。

2. β 肾上腺素受体阻断药 如普萘洛尔（propranolol）等。

3. 钙通道阻滞药 如硝苯地平（nifedipine）等。

第二节 硝酸酯类

硝酸酯类抗心绞痛的作用由英国医生 Lauder Brunton 于 1867 年发现，硝酸甘油为硝酸酯类的代表药物。本类药物均含有硝酸多元酯结构，脂溶性高，分子中—O—NO_2 为其药理作用的关键结构。

硝酸甘油

【体内过程】 硝酸甘油口服因首过消除明显，生物利用度低（约 20%），故不宜口服。本品舌下含服可经口腔黏膜迅速吸收，1～2min 即可起效，疗效持续 20～30min，$t_{1/2}$ 为 2～4min。硝酸甘油其他剂型也可经皮肤吸收或气雾吸入等途径给药。该药主要在肝脏经有机硝酸酯还原酶代谢，经尿液排出。

【药理作用】 硝酸甘油的基本作用为松弛平滑肌，特别是松弛血管平滑肌，包括静脉、动脉和冠脉血管，从而降低心肌耗氧或增加心肌供氧。其松弛平滑肌的机制为：该药在平滑肌细胞中能与硝酸酯受体结合，并被受体的巯基还原成具有血管内皮舒张作用的一氧化氮（NO），NO 又激活平滑肌细胞中鸟苷酸环化酶（GC），进而增加平滑肌细胞内 cGMP 的含量，后者再激活平滑肌细胞中依赖 cGMP 的蛋白激酶，促使肌球蛋白去磷酸化，而松弛平滑肌，产生明显的扩血管效应。

（1）降低心肌耗氧量：①硝酸甘油最小有效量即可明显舒张静脉血管（容量血管），减少回心血量，可缩小心室容积、降低室壁张力，降低心脏的前负荷，减少心肌耗氧量；②稍大剂量可明显舒张较大的动脉血管，对小动脉、毛细血管作用较小。通过降低心脏的射血阻力，从而减小心室腔内压力，降低心脏的后负荷，显著降低心肌耗氧量。硝酸甘油治疗剂量用药后，可使左、右心室腔的容积和舒张末压降低，心率无改变或少许反射性增加。总体而言，可使心脏总耗氧量降低，改善心绞痛。

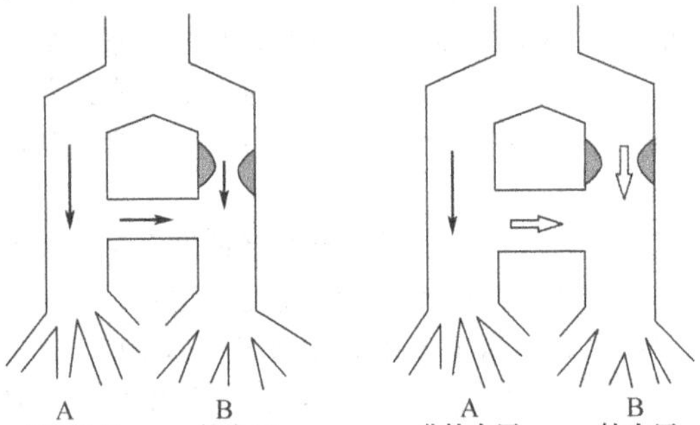

图 23-1　硝酸甘油改善缺血区的血供

（2）改善缺血区的血供：硝酸甘油可明显舒张冠脉中较大的心外膜血管（输送血管）及促进侧支血管开放，对小动脉（阻力血管）的舒张作用较弱。这是因为心绞痛发生时，冠状动脉因粥样硬化或痉挛而发生狭窄，缺血区的小动脉因缺血、缺氧已处于极度舒张状态。此时，由于非缺血区阻力大于缺血区，所以使用硝酸甘油后，可迫使血液顺压力差从输送血管经侧支血管流向缺血区，从而增加缺血区的血液供应（图 23-1）。

（3）增加心内膜血供：冠状动脉从心外膜垂直穿过心肌，贯穿心室壁成网状分布于心内膜下。因此，心内膜血管极易受到心肌收缩的挤压，心内膜下区域也易发生缺血、缺氧。心绞痛急性发作时，心室舒张末压力增高，可造成心内膜下区域严重缺血，使用硝酸甘油可通过扩张静脉血管，减少回心血量，降低心室内压力；扩张动脉血管，降低心室壁张力，因而利于血液由心外膜向心内膜缺血区有效灌注，增加心内膜缺血区的血液供应。

（4）保护心肌细胞：硝酸甘油释放 NO，促进内源性 PGI_2、降钙素基因相关肽（calcitonin gene-related peptide，CGRP）等生成释放，对心肌细胞具有直接保护作用，可减轻心肌缺血损伤，缩小心肌梗死面积，改善左室重构等。此外，硝酸甘油还能抑制血小板聚集和黏附，有利于冠心病、心绞痛的治疗。

【临床应用】 硝酸甘油既可用于缓解心绞痛急性发作的治疗作用，也可作为预防用药，甚至还可用作诊断性的治疗。

（1）各类型心绞痛：该药是预防和治疗心绞痛最常用的药物，对各型心绞痛均有效，为稳定型心绞痛的首选治疗药物。

（2）急性心肌梗死：该药不仅能减少心肌耗氧量，尚有抗血小板聚集和黏附的作用，故可降低心肌梗死的病死率及心肌梗死并发症的发生。

（3）慢性心功能不全：硝酸甘油可降低心脏的前、后负荷，故也可用于心力衰竭的治疗。

【不良反应】 硝酸甘油不良反应轻，临床应用较为安全。

（1）急性不良反应：多数不良反应是由其治疗性扩张血管作用而引起，如头、面、颈、皮肤血管扩张可引起面颊部皮肤潮红、脑膜血管舒张引起搏动性头痛，眼内血管扩张则可引起眼压升高等。大剂量应用可出现直立性低血压及晕厥，血压过度下降可致冠脉灌注压过低，并可反射性兴奋交感神经，反而加快心率、增强心肌收缩力而加重心绞痛。超剂量时还会引起高铁血红蛋白症，表现为呕吐、发绀等。因此，用药时宜采取坐位，若出现直立性低血压应采取头低位，以利于静脉回流。

（2）耐受性：硝酸酯类药物持续使用易导致耐受性的产生，且本类药物之间存在交叉耐受性，一般停药 1～2 周后耐受性可消失。耐受性发生原因可能与硝酸酯受体中的巯基耗竭有关，新近研究表明自由基的生成也参与了耐受性的发生。减少耐受性的发生，可采取以下给药方法：①宜从最小有效量开始应用；②采用间歇疗法；③补充巯基供体药物；④大剂量应用时，应适当减少给药次数，或使用缓控释制剂。

【注意事项】 硝酸酯类药物若与抗高血压药物合用，由于本类药物扩张血管的作用可使降压作用明显增强，故合用时应酌情减量；阿司匹林可降低本类药物在肝脏的清除率，合用可引起硝酸酯类药物血药浓度升高。

硝酸异山梨酯

硝酸异山梨酯（isosorbide dinitrate，消心痛，异舒吉）的作用及机制与硝酸甘油相似，其作用较弱，起效较慢，但持续时间较久（因其代谢产物，仍具有扩张血管及抗心绞痛的作用）。另外，本品剂量范围个体差异较大，不良反应较多，现已少用，多用控释片（异舒吉）、缓释胶囊（长效易脉顺）等。

知识拓展

心血管疾病、心脑缺血再灌注损伤及神经退行性疾病（阿尔茨海默病和帕金森）的发生发展都与一氧化氮自由基有着密切的关系。一氧化氮自由基涉及生命活动的许多方面，可谓“分子小而神通大”，NO 也曾被美国 Science 杂志评选为 1992 年的“明星”分子。三位美国科学家因研究一氧化氮自由基获得 1998 年诺贝尔生理学奖或医学奖。他们曾在 1986 年大胆推测内皮松弛因子（endothelium-derived relaxing factor，EDRF）是一氧化氮或是与一氧化氮密切相关的某种化合物，这篇论文随即在药理学界引起轰动。随后 1987 年，英国科学家 Salvador Moncade 等证实 EDRF 就是一氧化氮自由基，他的这一发现被认为是达到了当时血管生理学和药理学的巅峰，甚至有不少科学家认为，Moncade 对 EDRF 和一氧化氮做出了关键性研究。我国科研工作者自 1990 年以来亦开展了对一氧化氮自由基的研究工作，也有一定深度。

第三节 β 肾上腺素受体阻断药

β 肾上腺素受体阻断药于 20 世纪 60 年代开始用于心绞痛的治疗，是继硝酸甘油之后又一类治疗缺血性心脏病的药物。临床治疗药物有十余种，其中普萘洛尔、美托洛尔、阿替洛尔较为常用。

普萘洛尔

【药理作用】

（1）降低心肌耗氧量：心绞痛发作时，心肌及血液中儿茶酚胺类物质水平增高，可使心肌耗氧量增加。此类药物由于阻断心肌 β_1 受体，使心肌收缩力减弱、心率减慢，舒张期延长，从而明显降低心肌耗氧量。但本药因抑制心肌收缩力，可增大心室容积；延长心室射血时间，增高室壁张力，因而可继发性使心肌耗氧量增加，但总体效应仍可降低心肌耗氧量。

（2）增加缺血区血液供应：①冠脉血管 β 受体阻断后，心肌正常区域小动脉（阻力血管）收缩，迫使血液向已代偿性扩张的缺血区灌注；②由于心率减慢，舒张期延长，有利于血液从心外膜血管流向心内膜缺血区。

（3）改善心肌代谢：该药能减少非酯化脂肪酸生成，增加缺血心肌组织对葡萄糖的利用，维持缺血心肌的能量供给。

【临床应用】 β 受体阻滞剂为治疗稳定型心绞痛和不稳定型心绞痛的有效药物，可提高患者生活质量。

（1）稳定型心绞痛：本类药物尤其适用于对硝酸酯类不敏感或疗效差的稳定型心绞痛，对伴有心律失常及高血压的心绞痛患者尤为适用。

（2）不稳定型心绞痛：本类药物因可阻滞心肌β受体，尤其适用于伴交感神经张力高的心绞痛患者。但因其可阻断冠状动脉β受体，使α受体作用占优势，易致冠脉收缩，故不宜用于冠状动脉痉挛所诱发的变异型心绞痛。

（3）急性心肌梗死：本品能缩小心肌梗死范围，降低梗死后患者死亡率、猝死率。

【不良反应】 本类药物的不良反应大多是因为β受体被阻断所引起的。

（1）心功能抑制：表现为心脏抑制、心动过缓、血压降低（阻滞 β_1 受体），故严重心功能不全者禁用。

（2）诱发和加重哮喘：非选择性β受体阻滞剂（可阻滞 β_2 受体）和无内在拟交感活性的药物，诱发和加重哮喘更甚，故哮喘或慢性阻塞性肺疾病患者禁用。

（3）反跳现象：长期应用该药，由于β受体的上调，如果突然停药，可出现反跳现象，表现为心动过速、室性心律失常、心绞痛加重，甚至发生心肌梗死或猝死，故长期应用应逐渐减量停药。

（4）影响脂代谢：由于本品能阻滞 β_2 受体，长期应用可影响脂代谢而升高血脂，故禁用于高血脂的患者。

第四节 钙通道阻滞药

钙通道阻滞药（calcium channel blockers）为20世纪70年代以来防治缺血性心脏疾病的一类主要药物，本类药物均为二氢吡啶类钙通道阻滞药，可单独应用，也可与硝酸酯类或β受体阻断药合用防治心绞痛。钙拮抗药作用机制为可与心肌细胞或平滑肌细胞的电压依赖性L型 Ca^{2+} 通道的特异性受体或位点结合，阻滞 Ca^{2+} 的内流，减弱心脏和血管平滑肌的收缩力，从而具有广泛的药理作用和临床应用，主要药物常用维拉帕米、硝苯地平、地尔硫䓬、氨氯地平等。

硝 苯 地 平

【药理作用】 硝苯地平能阻滞心肌和血管平滑肌细胞膜上 Ca^{2+} 通道，既可阻滞细胞外 Ca^{2+} 内流，又减少储备 Ca^{2+} 的释放，从而降低细胞内游离的 Ca^{2+} 的浓度。

（1）降低心肌耗氧量：①钙通道阻滞剂可作用于血管平滑肌，抑制 Ca^{2+} 内流，致血管平滑肌松弛。本品主要舒张动脉，尤其对冠状动脉具有强大的舒张作用，可舒张大的输送血管和小的阻力血管；同时本品还具有较强的扩张外周血管作用，减轻心脏负荷。②降低心肌细胞内 Ca^{2+}，降低心肌收缩力和减慢心率。③拮抗交感神经活性，这是由于交感神经末梢释放递质的过程需要 Ca^{2+} 的参与。基于上述原因，硝苯地平可明显降低心肌耗氧量。

（2）增加缺血区的血液供应：①本药阻滞冠状动脉 Ca^{2+} 通道最为敏感，对输送血管及阻力血管具有扩张作用，且对痉挛状态血管有显著的解除痉挛作用；②还可促进冠脉侧支循环开放，增加缺血区的血液供应。

（3）保护缺血心肌细胞：心肌缺血时或再灌注时细胞内 Ca^{2+} 的超负荷可造成心肌细胞尤其是线粒体功能严重损害。该药能阻滞 Ca^{2+} 内流，降低心肌因 Ca^{2+} 超负荷所造成的心肌损害，有利于心功能的恢复。

【临床应用】 钙通道阻滞药因能松弛支气管平滑肌，故适合于心肌缺血伴支气管哮喘患者。

（1）变异型心绞痛：本药对冠状动脉痉挛所致的变异型心绞痛疗效显著，为最佳适应证。

（2）稳定性心绞痛：本药对稳定型心绞痛及心肌梗死有效；对不稳定型心绞痛的治疗有一定局限性，这是因为硝苯地平有继发性交感兴奋作用，可增加心肌缺血的危险，此时可考虑合用β受体阻断药。

（3）急性心肌梗死：硝苯地平能促进侧支循环，缩小梗死区面积，可与β受体阻断药合用有协同作用。β受体阻断药可消除钙拮抗药引起的反射性心动过速，后者可抵消前者收缩血管作用。

第五节　心绞痛的联合用药

单一使用抗心绞痛药物常常导致疗效不佳，以下为临床常采用的联合用药方案。

1. β受体阻断药与硝酸酯类　应选择药动学特征相似的药物合用，适用于治疗稳定型心绞痛，两药能协同降低心肌耗氧量。硝酸酯类因血管扩张、反射性引起心率加快、心肌收缩加强的副作用可被普萘洛尔改善，而普萘洛尔增大心室容积的副作用可被硝酸酯类药物缓解抵消（表23-1）。两类药物合用可以减少药物用量、提高疗效、减缓耐受性、减少不良反应的发生，但联合用药应注意适量减少药物的使用剂量，以防直立性低血压。

表23-1　硝酸酯类、β受体阻断药及钙拮抗药对影响心肌耗氧量诸因素的影响

影响心肌耗氧量因素	硝酸酯类	β受体阻断药	钙拮抗药
室壁张力	↓	±	↓
心室容量	↓	↑	±
心室压力	↓	↓	↓
心率	↑	↓	±
收缩性	↑	↓	±

2. 硝酸酯类药物和钙通道阻滞药　硝酸酯类主要扩张静脉，可降低缺血心肌的前负荷，而钙通道阻滞药主要扩张小动脉，主要降低心肌的后负荷，且钙通道阻滞药还能扩张冠状动脉，改善心肌的血液供应。这两类药物联合用药，用于治疗变异型或较为严重的稳定型心绞痛。两药合用比单一应用能发挥更好的抗心绞痛作用，联合用药时最好选择作用缓和或新型的钙拮抗剂。

本章小结

心绞痛是冠状动脉供血不足引起的心肌急剧的、暂时的缺血与缺氧综合征，临床治疗药物主要有以下三类。

Ⅰ类：硝酸酯类药物，代表药物为硝酸甘油，对各种类型心绞痛均有效。其基本作用为松弛血管平滑肌，扩张血管，降低心肌耗氧量，增加心肌缺血区及心内膜缺血区的血液供应，并可保护缺血的心肌细胞减轻缺血损伤。其主要不良反应与其血管扩张作用有关，连续用药易于耐受。

Ⅱ类：β肾上腺素受体阻断药，代表药物普萘洛尔，通过阻断心脏β受体，使心肌收缩力减弱、心率减慢，可明显减少心肌耗氧量，改善心肌缺血区血供。本品不宜用于变异型心绞痛。

Ⅲ类：钙通道阻滞药，代表药物硝苯地平，通过阻断血管、心肌 Ca^{2+} 通道，可明显降低心肌耗氧量，增加缺血区的血流供应，保护心肌细胞。本品对变异型心绞痛疗效最佳。

中药介绍

丹 参

丹参（salviae miltiorrhizae radix et rhizoma）为唇形科鼠尾草鼠植物丹参 *Salvia miltiorrhiza* Bge.的根茎，味苦，性微寒，归心、肝经，具有祛瘀止痛、活血通经、清心除烦之功效，主要有效成分为脂溶性二萜类化合物和水溶性酚酸类化合物，包括丹参酮Ⅰ（tanshinone Ⅰ）、丹参酮$Ⅱ_A$（tanshinone $Ⅱ_A$）、丹参酸A（salvianic acid A，丹参素）等。临床上丹参可用于治疗以心绞痛为主要表现的冠心病、脑血管病等。

丹参具有一定的血管扩张作用，丹参、丹参酮$Ⅱ_A$、丹参素等对垂体后叶素所致的心肌缺血有保护作用，可增加冠脉血流量，明显缩小缺血心肌的梗死面积；丹参注射液可增加微循环血流量，扩张收缩状态的微动脉，促进侧支循环的开放；丹参还可改善实验动物的全血黏度和血浆比黏度，改善血液流变学，预防和逆转心肌重构，保护心肌组织等。

（张彦燕）

第二十四章　调血脂药与抗动脉粥样硬化药

能力要求

1. 能够熟练掌握他汀类（statins）、贝特类（fibrates）、考来烯胺（cholestyramme）的药理作用、作用机制、临床应用及主要不良反应。

2. 能够熟悉烟酸（micotinic acid）和依折麦布（ezetimibe）的药理作用及临床应用。

3. 能够了解普罗布考（probucol）和鱼油的药理作用及临床应用。

动脉粥样硬化（atherosclerosis，AS）是一种常见的心血管疾病。本病是一种慢性炎症过程，主要发生在大动脉及中动脉，特别是冠状动脉、脑动脉和主动脉，是心脑血管疾病的主要病理学基础。心、脑血管疾病的发生及发展与动脉粥样硬化病变有关，防治动脉粥样硬化是防治心脑血管疾病的重要措施。用于防治动脉粥样硬化的药物称为调血脂药（lipid regulating agent）和抗动脉粥样硬化药（antiatheroscleroticdrugs）。

轻度动脉粥样硬化常采用饮食治疗、坚持适量体力活动及合理安排工作生活等一般性疗法。重度的患者除一般性疗法外，需联合抗动脉粥样硬化的药物治疗。此外还可以采取手术治疗、基因治疗等方法。

目前，治疗动脉粥样硬化主要采用调血脂治疗，最常用的是他汀类药物，其他的治疗药物还包括贝特类药物、胆汁酸结合树脂、烟酸及胆固醇吸收抑制剂和多烯脂肪酸等。

第一节　血脂异常与动脉粥样硬化

一、正常脂蛋白代谢

血浆中所含有的脂类统称为血脂，包括三酰甘油（TG）、胆固醇（cholesterol，CH）、胆固醇脂（cholesteryl ester，CE）、游离脂肪酸（free fatty acid，FFA）和磷酯（phospholipid，PL），胆固醇酯和游离胆固醇相加为总胆固醇（total cholesterol，TC）。血浆中的脂类能与血浆中的载脂蛋白（apoprotein，apo）结合形成脂蛋白复合物，是脂类在血液中存在、转运及代谢的形式。脂蛋白复合物呈球形颗粒，内部为非极性分子，如胆固醇酯和三酰甘油，颗粒表面由磷脂、游离胆固醇及载脂蛋白组成的单分子层外壳覆盖。

apo 是一组水溶性的多肽，主要有 A、B、C、D、E 五类，又各分为若干亚组分，是构成血浆脂蛋白的重要组分，赋予脂类以可溶的形式，迄今为止已从血浆中分离出 18 种。apo 不仅在结合、转运脂质和稳定脂蛋白结构上面发挥重要的作用，而且还可以调节脂蛋白代谢关键酶的活性，参与脂蛋白受体的识别，介导血浆脂蛋白同细胞表面受体结合。如 apo AⅠ可以激活血浆中的卵磷脂胆固醇酯酰转移酶（lecithin cholesterol acyl transferase，LCAT），并且可以识别高密度脂蛋白（HDL）受体。apo AⅡ可以稳定 HDL 的结构，激活肝脂肪酶（HL），促进 HDL 的成熟及胆固醇逆向转运。apo B 48 可以促进乳糜微粒（CM）的合成。apo B100 可以识别低密度脂蛋白（LDL）受体。apo CⅠ可以激活卵磷脂胆固醇酯酰转移酶（LCAT）。apo CⅡ可以激活脂蛋白脂肪酶（LPL）。apo D 可以促进胆固醇及 TG 在 VLDL、LDL 与 HDL 间的转运。

apo E 参与识别 LDL 受体。

脂蛋白根据密度的不同可分为乳糜微粒（chylomicron，CM）、极低密度脂蛋白（very low density lipoprotein，VLDL）、低密度脂蛋白（low density lipoprotein，LDL）、中间密度脂蛋白（intermediate density lipoprotein，IDL）、高密度脂蛋白（high density lipoprotein，HDL）及脂蛋白（a）[LP（a）]。IDL 是 VLDL 在血浆的代谢物。

CM 主要含有外源性三酰甘油，是转运外源性三酰甘油和胆固醇到肝脏及外周组织的主要形式，而 VLDL、LDL、IDL 可将肝内合成的内源性脂质转运至肝外组织。一般 CM 和 VLDL 直径较大，不易透过血管内膜，因此均无致动脉粥样硬化作用。但病理情况下 CM 和 VLDL 的分解代谢产物直径相对较小，胆固醇含量相对较高，因而会产生强烈的致动脉粥样硬化作用。

VLDL 在肝细胞内合成，是转运肝脏合成的 TG 进入血液循环的主要形式。VLDL 中的载脂蛋白 apo CⅡ激活 LPL，并水解其内的 TG，进而转变为 IDL。部分的 IDL 与肝细胞膜 apo E 受体结合，由肝细胞摄取代谢；未被肝细胞摄取的 IDL，其 TG 被 HL 和 LPL 进一步水解，转变为 LDL 继续进行代谢。

LDL 由 VLDL 转变而来，富含胆固醇，主要功能是把胆固醇运输到全身各处细胞。大部分 LDL 是通过其中的 apo B100 和 apo E 特异性结合 LDL 受体，使 LDL 吞入细胞内降解。少部分（约 1/3）LDL 被周围组织（包括血管壁）摄取异化。

HDL 是颗粒最小的血浆脂蛋白，主要功能是将外周的胆固醇转给 LDL 或 IDL，而后被肝脏利用，担负着将内源性胆固醇（以胆固醇酯为主）从组织往肝脏的逆向转运，因此具有保护血管的作用。HDL 是抗动脉粥样硬化因子，是冠心病的保护因子，俗称“血管清道夫”。

LP（a）是一种特殊独立的血浆脂蛋白，生理作用尚不清楚。20 世纪 80 年代末，人们发现其与动脉粥样硬化有关，并且与纤溶酶原（PLG）的结构具有高度同源性，LP（a）仍是当今脂蛋白研究中热门的内容之一。

二、血脂异常与动脉粥样硬化

1. 血脂异常的类型 血脂异常是血液脂质代谢异常的简称，按病因可以分为原发性和继发性两大类，原发性血脂异常指由于遗传因素或后天的饮食习惯、生活方式及其他自然环境因素等引起的脂质代谢异常，根据升高的脂蛋白类型不同可分为 6 种类型，其中Ⅱa 型、Ⅱb 型、Ⅲ型、Ⅳ型易发冠心病。各型高脂蛋白血症的特点见表 24-1。继发性血脂异常多由于代谢紊乱性疾病或其他因素所致，如肾病综合征、糖尿病、甲状腺功能低下、肝脏疾病和药物因素（如应用 β-肾上腺素受体阻断药、噻嗪类利尿药等）。血脂代谢异常主要表现为易致动脉粥样硬化的脂蛋白（如 IDL、LDL、VLDL）及其载脂蛋白（如 apo B）和 LPL（a）含量过高，或是抗动脉粥样硬化的脂蛋白（如 HDL）及其载脂蛋白（如 apo A）含量过低，前者称为高脂血症或高脂蛋白血症。

表 24-1 原发性高脂血症的类型

类型	升高的脂蛋白	Ch	TG	致动脉粥样硬化的作用
Ⅰ	CM	+	+++	—
Ⅱ	LDL	++	—	高度
Ⅱ	LDL、VLDL	++	++	高度
Ⅲ	IDL	++	++	中度
Ⅳ	VLDL	+	++	中度
Ⅴ	CM、VLDL	+	++	—

注：“+”代表轻度升高；“++”代表轻度升高；“+++”代表轻度升高；“—”代表没变化

2. 动脉粥样硬化的危险因素　①高血脂：流行病学调查表明，动脉粥样硬化与血清三酰甘油及胆固醇水平的升高成正相关，与 HDL-胆固醇的水平呈负相关。②高血压：是动脉粥样硬化发生的重要因素，由于高血压对动脉血管壁形成压力，易引起血管内膜壁的损伤，从而刺激血管平滑肌细胞的增生及细胞间质的合成增加。③吸烟：吸烟者血中碳氧血红蛋白浓度可达10%～20%，致使动脉壁内氧合不足及内膜下层脂肪酸合成增多。此外，吸烟可使血中高密度脂蛋白含量降低，血清胆固醇含量增高，导致易患动脉硬化。④糖尿病：糖尿病患者的生物调节作用发生障碍，常伴有脂质代谢的紊乱及血清过氧化脂质异常，与动脉粥样硬化的形成密切相关。⑤其他：诸如年龄、肥胖，以及有高血压、冠心病、糖尿病家族史患者动脉粥样硬化的发生率都较高。

3. 非药物疗法　对血浆脂质的代谢紊乱，首先要采用饮食控制、调节生活方式，以及避免和纠正其他的心血管危险因素。①合理膳食：限制热量的摄取，强调低胆固醇和低动物脂肪饮食；②增加体力活动和运动：体力活动和运动有利于脂肪和碳水化合物的代谢，有利于减轻体重和调节血脂；③保持心理平衡：现代社会节奏加快，竞争日益激烈，精神紧张，压力得不到释放，长期会导致内分泌失调，易引起高血压、心脏病；④戒烟：有关资料显示，吸烟者心血管病发病率和死亡率比不吸烟者增加 1.6 倍，高达 25%可避免的心血管病死亡与吸烟有关，吸烟是动脉粥样硬化的主要危险因素之一。

知识拓展

对动脉粥样硬化发病机制的解释较多，如脂质浸润学说、血栓形成学说、平滑肌细胞增生学说等。目前多支持损伤-反应学说，认为是由于多种因素造成血管内膜损伤，内膜通透性增加，异常血脂（主要是 LDL-C）进入内膜，氧化修饰成为氧化 LDL（ox-LDL），后者被进入内膜的单核细胞（进入内膜后转化为巨噬细胞）吞噬，巨噬细胞吞噬大量脂质后变为泡沫细胞，形成脂质条纹。因氧化修饰的脂质有细胞毒作用，使单核细胞变性、坏死、崩解，以致局部产生脂质分解产物，这些物质与局部载脂蛋白等共同形成粥样斑块并诱发局部炎症反应，形成动脉粥样硬化。

正常情况下，巨噬细胞合成和分泌大量物质能杀灭吞入的微生物和灭活毒性物质；巨噬细胞吞噬脂质后能产生大量氧化代谢产物，如过氧化物和超氧阴离子，造成内皮进一步损伤；活化的巨噬细胞还能分泌多种生长因子，刺激平滑肌细胞和成纤维细胞增生和迁移，进一步参与病变进展。

第二节　调血脂药

对血脂异常者通过饮食和其他生活方式调节的非药物干预后血脂水平仍不正常，应根据血脂异常的类型，动脉粥样硬化病变的症状或存在的其他心血管疾病危险因素，应尽早采用调血脂药，通过调节血脂或脂蛋白代谢紊乱治疗高脂蛋白血症。

一、主要降低 TC 和 LDL 的药物

TC 或 LDL 升高是冠心病的重要危险因素，降低 TC 或 LDL 的血浆水平可降低冠心病和脑血管病的发病率和死亡率。

（一）他汀类

他汀类又称羟甲基戊二酸甲酰辅酶 A（3-hydroxy-3-methylglutaryl CoA，HMG-CoA）还原

酶抑制剂，简称 HMG-CoA 还原酶抑制剂。HMG-CoA 还原酶是肝细胞合成胆固醇过程中的限速酶，催化 HMG-CoA 生成甲羟戊酸（mevalonic acid，MVA）。MVA 生成是内源性胆固醇合成的关键步骤，抑制 HMG-CoA 还原酶则减少内源性胆固醇合成。

1976 年从橘青霉（*Penicillium citricum*）培养液中发现美伐他汀（compactin）有抑制 HMG-CoA 还原酶的作用，因其不良反应严重而未被应用。1979 年从红曲露菌（*Munascus ruber*）发现 monacolin K；1990 年从土曲霉菌（*Aspergillus terreus*）发现 movinolin，后证明两者为同一物质，即洛伐他汀（lovastatin），是第一个应用于临床的 HMG-CoA 还原酶抑制剂。继而又分离、合成了一系列的他汀类药物。辛伐他汀（simvastatin）是洛伐他汀的甲基化衍生物，而普伐他汀（pravastatin）是美伐他汀的活性代谢产物，阿托伐他汀（atorvastatin）、氟伐他汀（fluvastatin）和瑞舒伐他汀（rosuvastatin）是人工合成品。

他汀类具有二羟基庚酸结构，或为内酯环或为开环羟基酸，是抑制 HMG-CoA 还原酶的必需基团，但是内酯环必须转换成相应的开环羟基酸形式才呈现药理活性。一般具内酯环型的洛伐他汀和辛伐他汀亲脂性较强，具开环羟基酸形式的普伐他汀亲水性较强，氟伐他汀则介于两者之间。

【体内过程】 他汀类药物均能被肠道吸收，一般以羟酸型吸收较好，内酯型吸收后在肝脏内水解成活性的羟酸型。洛伐他汀和辛伐他汀是无活性的内酯环，口服后被代谢成具有活性的羟酸型。氟伐他汀和阿托伐他汀等为含氟的活性物质。口服氟伐他汀几乎被完全吸收，其余他汀类的吸收率为 40%～75%。他汀类药物的肝首过效应均较高，很少进入外周组织，大部分药物在肝代谢，经胆汁由肠道排出，少部分（5%～20%）由肾排出。常用的他汀类药动学特点见表 24-2。

表 24-2 常用他汀类药物的药动学特点

	洛伐他汀	辛伐他汀	普伐他汀	氟伐他汀	阿托伐他汀	瑞舒伐他汀
口服吸收（%）	30	60～85	35	＞98	12	20
$t_{1/2}$（h）	3	1.9	1.5～2	1.2	14	19
血浆蛋白结合率（%）	≥95	＞95	50	≥98	≥98	88
肝摄取率（%）	≥70	≥80	45	≥70		
排泄途径：肾（%）	＜10	13	20	5	＜2	10
肝（%）	85	60	70	＞90	＞95	90
剂量范围（mg/d）	10～80	5～40	10～40	20～40	10～80	5～40
食物对生物利用度的影响（%）	+50	0	−30	0	0	−20

【药理作用与作用机制】

（1）调血脂作用及作用机制：他汀类有明显的调血脂作用。在治疗剂量下，对 LDL-C 的降低作用最强，TC 次之，降 TG 作用很弱，调血脂作用呈剂量依赖性，用药 2 周出现明显疗效，4～6 周达高峰，而 HDL-C 略有升高，长期应用可保持疗效。

人体内胆固醇主要由肝脏合成，在胆固醇合成过程中 HMG-CoA 还原酶使 HMG-CoA 转换为中间产物甲羟戊酸（MVA）。他汀类与 HMG-CoA 的化学结构相似，且对 HMG-CoA 还原酶的亲和力高出 HMG-CoA 数千倍，对该酶发生竞争性的抑制作用，使胆固醇合成受阻。他汀类除了使血浆胆固醇浓度降低外，还通过负反馈调节导致肝表面 LDL 受体代偿性增加或活性增强，使血浆 LDL 降低，继而导致 VLDL 代谢加快，再加上肝合成及释放 VLDL 减少，也导致 VLDL 及 TG 相应降低。HDL 的升高，可能是由于 VLDL 减少的间接结果。由于各种他汀类与 HMG-CoA 还原酶亲和力不同，所以调血脂的结果各异。

（2）非调血脂性作用：又称他汀类的多效性作用（pleiotropic effects），主要包括以下几方面。

1）改善血管内皮功能，提高血管内皮对扩血管物质的反应性。

2）抑制血管平滑肌细胞（VSMCs）的增殖和迁移，促进 VSMCs 凋亡。

3）降低血浆 C 反应蛋白，减轻动脉粥样硬化过程的炎性反应。

4）抑制单核/巨噬细胞的黏附和分泌功能。

5）通过抑制血小板聚集和提高纤溶活性发挥抗血栓作用等。

6）抗氧化作用：氧化 LDL 是粥样斑块中的主要成分，影响斑块稳定性，在斑块破裂后又能诱发血栓形成。斑块内的 LDL 极易发生氧化修饰，他汀类通过清除氧自由基，发挥抗氧化作用。

7）减少动脉壁巨噬细胞及泡沫细胞的形成，使动脉粥样硬化斑块稳定和缩小：基质金属蛋白酶（MMP）能分解基质成分，加速胶原降解，从而降低纤维帽的抗张强度，引起斑块破裂。TNF-α 由 T 淋巴细胞释放，使胶原合成的结构蛋白损伤，增加了纤维帽的脆性；其次，TNF-α 还能刺激细胞表达 MMP，使斑块易于破裂。他汀类能显著下调体内 MMP 的表达，降低巨噬细胞活性，并能降低斑块中 T 淋巴细胞活性，干扰 TNF-α 的转录途径，下调斑块中 TNF-α 含量，使斑块稳定。这些作用均有助于抗动脉粥样硬化。

（3）肾保护作用：他汀类不仅有依赖降低胆固醇的肾保护作用（纠正因脂质代谢异常而引发的慢性肾损害），同时具有抗细胞增殖、抗炎症、免疫抑制、抗骨质疏松等作用，减轻肾损害的程度，从而保护肾功能。

【临床应用】

（1）调节血脂：他汀类主要用于杂合子家族性和非家族Ⅱa 型、Ⅱb 型和Ⅲ型高脂蛋白血症，也可用于 2 型糖尿病和肾病综合征引起的高胆固醇血症。对病情较严重者可与胆汁酸结合树脂合用。近年的大规模临床试验证明，对冠心病一级和二级预防有效而安全，可使冠心病发病率和死亡率明显降低。

（2）肾病综合征：他汀类对肾功能有一定的保护和改善作用，除与调血脂作用有关外，可能还与他汀类抑制肾小球膜细胞的增殖、延缓肾动脉硬化有关。

（3）预防心脑血管急性事件（prevention of acute cardiocerebrovascular attack）：他汀类因能增加粥样斑块的稳定性或使斑块缩小，故可减少缺血性脑卒中、稳定型和不稳定型心绞痛发作、致死性和非致死性心肌梗死的发生。

（4）其他：抑制血管成形术后再狭窄（restenosis after percutaneous transluminal coronary angioplasty）、缓解器官移植后的排异反应和治疗骨质疏松症（osteoporosis）等。

【不良反应及注意事项】　他汀类不良反应较少而轻；大剂量应用时患者偶可出现胃肠反应、肌痛、皮肤潮红、头痛等暂时性反应；偶见有无症状性转氨酶升高、肌酸磷酸激酶（CPK）升高，停药后即恢复正常。偶有横纹肌溶解症（rhabdomyolysis），以西立伐他汀和辛伐他汀引起肌病的发病率高，氟伐他汀的发病率低，绝大多数是肌病，极少数发展成为横纹肌溶解症；超大剂量他汀类可引起犬的白内障，人体用药应注意；用药期间应定期检测肝功能，有肌痛者应检测 CPK，必要时停药；孕妇、儿童、哺乳期妇女、肝、肾功能异常者不宜应用。有肝病史者慎用。

【药物相互作用】　他汀类与胆汁酸结合树脂类联合应用，可增强降低血清 TC 及 LDL-C 的效应；若与贝特类或烟酸联合应用可增强降低 TG 的效应，但也能增加肌病的发生率；若同时与其他影响 CYP3A4 的药物，如环孢素、某些大环内酯类抗生素（如红霉素）、吡咯类抗真菌药（如伊曲康唑）等合用，也能增加肌病的危险性；若与香豆素类抗凝药同时应用，有可能使凝血酶原时间延长，应注意检测凝血酶原时间，及时调整抗凝血药的剂量。

洛伐他汀

洛伐他汀是从红曲霉中提取的霉菌代谢物，是第一个应用于临床的 HMG-CoA 还原酶抑制剂。洛伐他汀为无活性的内酯环结构，口服吸收后在体内水解成开环羟酸型呈现药理活性；在胃肠道的吸收率约为30%，对肝有高度选择性；调血脂作用稳定可靠，有剂量依赖性，一般用药两周呈现明显效应，4～6周可达最佳治疗效果。

辛伐他汀

辛伐他汀为洛伐他汀的甲基衍生物，亦为无活性的内酯；调血脂作用较洛伐他汀强一倍；升高HDL和apo AⅠ的作用强于阿托伐他汀；临床试验证明，长期应用辛伐他汀在有效降低胆固醇，同时能显著延缓动脉粥样硬化病变进展和病情恶化，减少心脏事件和不稳定心绞痛的发生。

普伐他汀

普伐他汀为开环活性结构，口服吸收快，亲水性强。本药除稳定、安全的降脂作用外，尚能抑制单核/巨噬细胞向内皮的黏附和聚集，具有抗炎作用，表明其能通过抗炎作用减少心血管疾病。研究证实，对急性冠脉综合征患者，早期应用普伐他汀能迅速改善内皮功能，减少冠脉再狭窄和心血管事件的发生。

氟伐他汀

氟伐他汀是第一个人工合成的、氟苯吲哚环的甲经内酯衍生物，吲哚环模拟HMG-CoA还原酶的底物，MVA内酯模拟产物-甲经戊酸，所以氟伐他汀能同时阻断HMG-CoA还原酶的底物和产物，进而抑制MVA生成胆固醇发挥调血脂作用。氟伐他汀在发挥调血脂作用的同时，增加NO活性，改善内皮功能，抗血管平滑肌细胞增殖，预防斑块形成，并且此药能降低血浆Lp（a）水平，抑制血小板活性和改善胰岛素抵杭；口服吸收迅速而完全，首过消除明显；是他汀类药物中与其他药互相作用最少、引起肌病最低的药物。

阿托伐他汀

阿托伐他汀口服吸收快，1～2h血药浓度达高峰，经肝脏代谢，产生的活性代谢产物其主要作用。与氟伐他汀有相似的作用特性和适应证，但是降低TG作用较强，大剂量对纯合子家族性高胆固醇血症也有效。

瑞舒伐他汀

瑞舒伐他汀抑制HMG-CoA还原酶活性的作用较其他常用的他汀类药物强，作用时间长，因而抑制胆固醇合成的作用明显强于其他的他汀类药物；能明显降低LD-C，升高HDL-C。降低LDL-C起效快，服用两周后，即可下降10%。口服给药，$t_{1/2}$为3h，生物利用度为20%；用于治疗高脂血症和高胆固醇血症。

（二）胆汁酸结合树脂

此类药物不溶于水，进入肠道后不被吸收，与胆汁酸牢固结合阻断胆汁酸的肝肠循环和反复利用，从而减少胆固醇的吸收，使血浆TC和LDL-C水平降低。

考来烯胺和考来替泊

考来烯胺，又称消胆胺，考来烯胺为苯乙烯型强碱性阴离子交换树脂类，其氯化物呈白色或淡黄色球状颗粒或粉末，无臭或有氨臭。

考来替泊（colestipol）又称降胆宁，为二乙基五胺环氧氯丙烷的聚合物，是弱碱性阴离子交换树脂，呈淡黄色，无臭无味，有亲水性，含水分约50%，但不溶于水。氯能与其他阴离子交换，1.6g考来烯胺能结合胆盐100mg。

【药理作用与作用机制】 该类药物可降低TC和LDL-C，apoB也相应降低，但HDL几乎无改变。胆酸作为胆固醇在体内代谢的主要去路，正常情况下，95%可在空肠和回肠被重吸收。用药后，它们在肠道中螯合胆酸，阻止其重吸收而中断肝肠循环，减少外源性胆固醇的吸收，促进内源性胆固醇在肝脏代谢成为胆酸。用药后可使胆固醇的排泄量增加10倍之多。

胆固醇生成胆酸的过程由7-α羟化酶催化，胆酸能反馈性抑制此酶活性。本类药物阻碍了胆酸的重吸收，促进其排出，于是解除了胆酸对7-α羟化酶的抑制作用，加速胆固醇向胆酸的转化，降低血浆和肝脏中胆固醇的含量。外源性胆固醇吸收减少和内源性胆固醇代谢进入胆酸增加导致了肝细胞表面LDL受体增加或活性增强，从而使血浆中TC和LDL-C水平降低。

考来烯胺和考来替泊在肠道通过离子交换与胆汁酸结合后发生下列作用：①被结合的胆汁酸失去活性，减少食物中脂类（包括胆固醇）的吸收；②阻滞胆汁酸在肠道的重吸收；③由于大量胆汁酸丢失，肝内胆固醇经7-α羟化酶的作用转化为胆汁酸；④由于肝细胞中胆固醇减少，导致肝细胞表面LDL受体增加或活性增强；⑤LDL-C经受体进入肝细胞，使血浆TC和LDL-C水平降低；⑥该类药物可以反馈性地增强HMG-CoA还原酶的活性，使胆固醇的合成增多，故与他汀类合用，可增强其降脂作用。

本品能降低TC和LDL-C，其强度与剂量有关，也相应降低apo B，但对HDL几无改变，对TG和VLDL的影响较小。

【临床应用】 主要用于治疗以TC和LDL-C升高为主，而且适用于TG水平正常不能使用他汀类的高胆固醇血症患者，如Ⅱa、Ⅱb及家族性杂合子高脂血症，对纯合子家族性高胆固醇血症无效。对Ⅱb型高脂血症者，应与降TG和VLDL的药物配合应用。

临床上主要与其他调血脂药联合应用，如与他汀类，可起到协同作用；考来烯胺与普罗布考合用，既有协同降脂作用，又可减少不良反应。

【不良反应】 本类药物不良反应较多，由于应用剂量较大，考来烯胺有特殊的臭味和一定的刺激性，少数人用药后可能出现胃肠道不良反应，如便秘、腹胀、嗳气和食欲减退等，一般在两周后可消失，若便秘过久，应停药；偶可出现短时的转氨酶升高、高氯性酸血症或脂肪痢等。

【药物相互作用】 本类药物在肠腔内与他汀类、氯噻嗪、保泰松、苯巴比妥、洋地黄毒苷、甲状腺素、口服抗凝剂、脂溶性维生素（维生素A、维生素D、维生素E、维生素K）、叶酸及铁剂等结合，影响这些药物的吸收，应尽量避免配伍使用，必要时可在服用此药1h前或4h后服用上述药物。

（三）酰基辅酶A胆固醇酰基转移酶抑制药

甲亚油酰胺

甲亚油酰胺（melinamide）抑制酰基辅酶A胆固醇酰基转移酶（acyl-coenzyme A cholesterol transferase，ACAT），阻止细胞内胆固醇向胆固醇酯的转化，减少外源性胆固醇的吸收，阻滞胆固醇在肝内形成VLDL，并且阻止外周组织胆固醇酯的蓄积和泡沫细胞的形成，有利于胆固醇的逆向转运，使血浆及组织胆固醇降低。

ACAT使细胞内胆固醇转化为胆固醇酯，促进肝细胞VLDL的形成和释放.使血管壁胆固醇蓄积，提高胆固醇在小肠的吸收，促进巨噬细胞和泡沫细胞的形成，因而促进动脉粥样硬化病变的形成过程。因此，抑制ACAT可发挥调血脂和抗动脉粥样硬化的效应。

甲亚油酰胺适用于Ⅱ型高脂蛋白血症；服药后约50%经门静脉吸收，在体内分布广，最后大部分被分解，约7%自胆汁排出；不良反应轻微，可有食欲减退或腹泻等。

（四）胆固醇吸收抑制剂

依折麦布

依折麦布是第一个上市的胆固醇吸收抑制剂，降低胆固醇的吸收，发挥调血脂作用。

【药动学】 口服后吸收迅速，$t_{1/2}$ 约为 22h。吸收后大部分在小肠和肝脏经葡萄糖醛酸酸化快速代谢为酚羟基葡萄糖醛酸化合物，代谢物和原型药物经胆汁及肾脏排出。

【药理作用与作用机制】 依折麦布作为第一个胆固醇吸收抑制剂，主要阻断胆固醇的外源性吸收途径，吸收后进入肝肠循环并被糖脂化。依折麦布及其糖脂化代谢产物反复作用于胆固醇吸收部位——小肠细胞刷状缘，通过抑制表达胆固醇吸收的 NPC1L1 转运蛋白活性，选择性地抑制饮食和胆汁中的胆固醇跨小肠壁转运到肝脏中，持久地抑制胆固醇的吸收，从而降低胆固醇和相关植物甾醇的吸收，使肝脏胆固醇储存减少，导致肝脏 LDL 受体合成增加，LDL 代谢加快，使血浆中 LDL-C 水平降低。此外，依折麦布可降低高脂血症患者的 TC、apo B 和 TG 水平，并增加 HDL-C 水平，与 HMG-CoA 还原酶抑制剂合用更能有效地改善血浆 TC、LDL-C、apo B、TG 和 HDL-C 水平。

【临床应用】 适用于原发性（杂合子家族性或非家族性）高胆固醇血症、纯合子家族性高胆固醇血症、纯合子谷甾醇血症（或植物甾醇血症）。临床上与他汀类药物联用分别从胆固醇的内、外源性途径对血脂水平进行调节。

【不良反应】 少，口服后少数患者出现疼痛、痉挛和无力的肌肉失调症状、血清肌酸激酶升高、氨基转氨酶升高、血小板减少等不良反应。怀孕或哺乳期妇女、中至重度肝功能损伤患者及 10 岁以下儿童禁用此药。

二、主要降低 TG 及 VLDL 的药物

（一）贝特类

贝特类又称苯氧酸类，20 世纪 60 年代上市的药物氯贝丁酯（安妥明，clofibrate）是第一个应用于临床的贝特类药物，能显著降低 TG 及 VLDL 的作用，曾广泛应用。后经大规模和长期临床试验，发现严重不良反应，特别是肝胆系统并发症，且不降低冠心病的死亡率，现已少用。近年来新开发的、目前应用的新型贝特类吉非贝齐（gemfibrozil）、苯扎贝特（benzafibrate）、非诺贝特（fenofibrate）、环丙贝特（ciprofibrate），调血脂作用增强而不良反应减少。根据国际上对此类药物治疗后受益与风险的评价，认为除非患者有严重的高三酰甘油血症又禁用他汀类或不能耐受他汀类，否则贝特类不应该作为高脂血症的一线治疗药物。

【体内过程】 贝特类药物口服吸收快而完全，在血液中与血浆蛋白结合率达到 92%～96%，不易分布到外周组织。最后大部分在肝内与葡萄糖醛酸结合、少量以原型经肾排出。各个药物的 $t_{1/2}$ 不完全相同，吉非贝齐和苯扎贝特具活性酸形式，吸收后起效快，作用时间短，$t_{1/2}$ 为 1～2h；非诺贝特 $t_{1/2}$ 为 20h，环丙贝特 $t_{1/2}$ 为 17～42h。

【药理作用】 贝特类既有调血脂作用又有非调脂作用，能降低血浆 TG、VLDL-C、TC、LDL-C；能升高 HDL-C。但是各种贝特类的作用强度不同，吉非贝齐、非诺贝特和苯扎贝特作用较强。非调脂作用有抗凝血、抗血栓和抗炎性作用等，共同发挥抗动脉粥样硬化的效应。

（1）调血脂作用：贝特类可以引起明显降低 VLDL、TG、TC、LDL-C，升高 HDL-C。实验证明吉非贝齐可以增加 HDL-C 而降低冠心病和脑卒中的发生率。但是各种贝特类的作用强度不同，吉非贝齐、非诺贝特和苯扎贝特作用较强。

（2）非调血脂作用：贝特类具有降低某些凝血因子的活性和加强纤维蛋白溶解等作用，通过抗凝血、抗血栓和抗炎等作用，共同发挥抗动脉粥样硬化的效应。

【药物作用机制】 可能主要与激活过氧化物酶体增殖激活受体（peroxisome proliferator activated receptor-α，PPAR-α），调节 LPL、apo CⅢ、apo AⅠ等基因的表达而发挥的。它们可以降低 apo CⅢ转录，增加 LPL 和 apo AⅠ的生成和活性有关，同时促进肝脏摄取脂肪酸，并抑制 TG 的合成，使含 TG 的脂蛋白减少。PPAR-α 活化后能增加诱导型一氧化氮合酶

（iNOS）活性，使 NO 生成增多，从而抑制巨噬细胞表达基质金属蛋白酶-9（MMP-9），与稳定动脉粥样硬化斑块有关。PPAR-α 也是一种炎症调节因子，激活后除能调节血脂外，还能降低动脉粥样硬化过程中的炎症反应，抑制血管平滑肌细胞增殖和血管成形术的再狭窄。另外，贝特类具有降低某些凝血因子的活性，减少纤溶酶原激活物抑制物（PAI-1）的产生等非调血脂作用。

【临床应用】 主要用于以 VLDL 升高为主的原发性高 TG 血症，对Ⅲ型高脂蛋白血症和混合型高脂蛋白血症有较好的疗效，也可用于低 HDL 和动脉粥样硬化疾病风险的患者（常见于 2 型糖尿病患者），同时也可与其他调血脂药联合应用于严重药物抵抗的血脂异常患者。

【不良反应及注意事项】 一般耐受良好，常见的不良反应主要为胃肠道反应，如食欲不振、恶心、腹胀等。其次为乏力、头痛、失眠、皮疹、阳痿等。偶有肌炎、尿素氮增加、转氨酶升高，停药后可恢复。

氯贝丁酯不良反应较多且严重，可致心律失常、胆囊炎和胆石症及增加胃肠道肿瘤的发病率。贝特类药物能增强口服抗凝药的抗凝活性因此与口服抗凝药合用时，应适当减少抗凝药的剂量。与他汀类联合应用，可能增加肌病的发生。患肝胆疾病、孕妇、儿童及肾功能不全者禁用。

吉非贝齐

吉非贝齐口服吸收迅速而完全，起效快，作用时间短，$t_{1/2}$ 为 1.5～2h，66%经尿排出，6%经粪便排出；降低血浆 TG 和 VLDL，起效快、稳定，对血浆 TG 明显增高和伴有 HDL 降低或 LDL 升高类型的高脂血症疗效最好；长期应用可明显降低冠心病的死亡率。

非诺贝特

非诺贝特为第二代苯氧酸类化合物，口服吸收快，50%～75%被吸收，血浆蛋白结合率为 99%，在肠道或肝脏转化为活性物质，$t_{1/2}$ 约为 20h，约 66%随尿排泄，25%随粪便排出，肾功能不全者慎用。本品除有调血脂作用外，还可以明显改善内皮功能、减轻炎症反应、增加胰岛素敏感性及减少微量白蛋白尿，有助于减少糖尿病并发症，尤其适用于 2 型糖尿病及代谢综合征的患者；同时，能明显地降低血浆纤维蛋白原和血尿酸水平，降低血液黏稠度，改善血流动力学，冠脉造影证明能阻止冠脉腔的缩小；严重肾功能不全、肝功能不全、原发性胆汁性肝硬化、胆石症患者、儿童及孕妇禁用。

苯扎贝特

苯扎贝特口服易吸收，排泄较快，48h 后 94.6%经尿排出，3%由粪便排出，无蓄积性，肾功能不全者应慎用；作用及应用同吉非贝齐，能降低 VLDL、TG 水平；除调血脂作用外，还能降低空腹血糖，用于伴有血脂升高的 2 型糖尿病；并降低血浆 FFA、纤维蛋白原和糖化血红蛋白水平，抑制血小板聚集；长期应用可使血浆 Lp（a）水平降低；孕妇及肾功能不全者禁用。

（二）烟酸类

烟酸是一种水溶性 B 族维生素，是许多重要代谢过程的必需物质，在剂量如克数量级应用时，则具有调血脂作用。

【体内过程】 口服吸收迅速而完全，生物利用度约为 95%，$t_{1/2}$ 为 20～45min。血浆蛋白结合率低，迅速被肝、肾和脂肪组织摄取，代谢物及原型经肾排出。

【药理作用与作用机制】 大剂量烟酸可通过抑制肝 TG 的产生和 VLDL 的分泌而降低血清 TG、LDL-C 和 LP（a）水平，同时升高 HDL-C 水平，预防实验性动脉粥样硬化，并证明其抗动脉粥样硬化作用与体内转化烟酰胺的作用有关。如将烟酸与其他物质结合成酯，服用后在体内释放出烟酸仍然有效。烟酸降低血浆 TG 和 VLDL，服药后 1～4h 生效；降 LDL 作用慢而弱，用药5～7日生效，3～5周达最大效应。若与胆汁酸结合树脂合用，可使其作用增强，若再加他汀类作用还可增强。最近认为烟酸为少有的降低Lp（a）药物。

烟酸通过降低细胞cAMP的水平，使脂肪酶的活性降低，从而抑制脂肪组织中TG的分解，减少肝合成TG的原料，减少VLDL的合成和释放，也使LDL来源减少。烟酸能增加LPL的活性，促进CM和VLDL中TG的清除。烟酸升高HDL是由于使TG浓度降低导致HDL分解代谢减少所致。HDL的增加有利于胆固醇的逆行转运，阻止动脉粥样硬化病变的发展。此外，烟酸还可抑制TXA_2的生成，增加PGI_2的生成，发挥抑制血小板聚集和扩张血管的作用。

【临床应用】 烟酸类属广谱调血脂药，除Ⅰ型以外的各型高脂血症均可用，对Ⅱb和Ⅳ型作用最好，但主要作为他汀类药物和饮食的辅助药物；适用于混合型高脂血症、高TG血症、低HDL血症及高Lp（a）血症，也可以用于他汀类药物禁用的患者；若与他汀类或贝特类合用，可提高疗效。

【不良反应及注意事项】 由于用量较大，开始常有皮肤潮红及瘙痒等，若在用药前30min给予阿司匹林可使反应减轻。阿司匹林不仅能缓解烟酸所致的皮肤血管扩张，还能延长其$t_{1/2}$，并能防止烟酸所致的尿酸浓度升高。另外，烟酸刺激胃黏膜，加重或引起消化道溃疡，餐时或餐后服用可以减轻。长期应用可致皮肤干燥、色素沉着或棘皮症；偶有肝功能异常、糖耐量降低，并可使循环中尿酸增加而诱发痛风等，停药后可以恢复；痛风、溃疡病、糖尿病及肝功能异常者禁用。

阿昔莫司

阿昔莫司（acipimox）是1980年发现的烟酸异构体，口服吸收快而全，不与血浆蛋白结合，原型由尿排出，$t_{1/2}$约为2h。药理作用类似烟酸；可使血浆TG明显降低，HDL升高，与胆汁酸结合树脂伍用可加强其降LDL-C作用，作用较强而持久；此外，尚能降低血浆纤维蛋白浓度和全血黏度。除用于Ⅱb型、Ⅲ型和Ⅳ型高脂血症外，也适用于高Lp（a）血症及2型糖尿病伴有高脂血症患者；不良反应较少较轻；对本品过敏及消化道溃疡者、孕妇、哺乳期妇女、儿童禁用。

三、降低Lp（a）的药物

流行病学调查证明，血浆Lp（a）升高是动脉粥样硬化的独立危险因素，也是经皮穿刺腔内冠状动脉成形术（percutaneous transluminal coronary angioplasty，PTCA）后再狭窄的危险因素。其原因可能一方面是apo（a）与纤溶酶原有高度的相似性，竞争性地抑制纤溶酶原活化，促进血栓形成；另一方面是增进单核细胞向内皮的黏附，参与泡沫细胞的形成；降低血浆Lp（a）水平，已经成为防治动脉粥样硬化研究的热点。现已证明烟酸、烟酸戊四醇酯、烟酸生育酚酯、阿昔莫司、新霉素及多沙唑嗪等可降低血浆Lp（a）水平。

案例分析

案例24-1

患者，男，75岁，因心悸4个月入院。患者自述4月前于夜间睡眠时出现心悸，无明显胸闷、胸痛，自服速效救心丸等药物可缓解。此后多次出现上述症状，均在夜间发生。各项检查结果显示，BP 178/104mmHg；血脂：TC 4.75mmol/L，TG 0.73mmol/L，LDL-C 3.50mmol/L，HDL-C 1.42mmol/L；冠状动脉CT结果显示右冠状动脉、左冠状动脉前降支、回旋支弥漫性钙化斑块，继发管腔狭窄。

临床诊断为：①冠状动脉粥样硬化性心脏病；②高血压（3期）。

根据患者病情，建议使用哪些调血脂药物治疗？

解析：

该患者血压偏高，达到高血压（3 期）的诊断标准，临床症状及冠脉 CT 结果都支持冠状动脉粥样硬化性心脏病的临床诊断。血脂检查结果显示该患者 TC 和 LDL-C 显著增高。建议使用主要降低 TC 和 LDL 的调血脂药物，如他汀类的阿托伐他汀、瑞舒伐他汀或烟酸类，也可联合使用胆固醇吸收抑制剂依折麦布。同时建议患者服用抗高血压药，如美托洛尔、硝苯地平、卡托普利等药物治疗高血压。

第三节 抗氧化药

氧自由基（oxygen free radical）在动脉粥样硬化的发生和发展中发挥重要作用。已经证明，氧化型 LDL（ox-LDL）影响动脉粥样硬化病变发生和发展的多个过程，如：①损伤血管内皮，促进单核细胞向内皮黏附并向内皮下转移。②阻止进入内皮下的单核细胞所转化的巨噬细胞返回血流。③巨噬细胞可无限制地摄取 ox-LDL 而成为泡沫细胞。④促进内皮细胞释放血小板衍化生长因子(platelet derived growth factor, PDGF)等，导致血管平滑肌细胞(vessel smooth muscle cells，VSMCs）增殖和迁移；巨噬细胞亦摄取 ox-LDL 成为泡沫细胞。⑤泡沫细胞的脂质积累形成脂质条纹和斑块。⑥被损伤的内皮细胞还可导致血小板聚集和血栓形成。研究表明 Lp（a）和 VLDL 也可被氧化而增强其致动脉粥样硬化作用；具抗动脉粥样硬化效应的 HDL 也可被氧化，转化为致动脉粥样硬化因素。因此，防止氧自由基对脂蛋白的氧化修饰，已成为阻止动脉粥样硬化发生和发展的重要措施。

普罗布考

普罗布考原为降血脂药，用于临床，但因其降低 HDL-C 而未受重视。近年来发现，普罗布考有较强的抗氧化作用，对动脉粥样硬化有较好防治效果。

【体内过程】 口服吸收差，低于 10%，且不规则，饭后服用可增加吸收，吸收后主要蓄积于脂肪组织和肾上腺，消除缓慢，$t_{1/2}$ 长。血清中浓度较低，长期服用 3～4 个月达稳态。血清中普罗布考 95%分布于脂蛋白的疏水核，主要经胆道途径排泄，仅有 2%经尿排泄；粪便中以原型为主，尿中以代谢物为主。

【药理作用与作用机制】

（1）抗氧化作用：其抗氧化作用强，被摄入后分布于 LDL 并易于进人动脉内膜，本身被氧化成普罗布考自由基，降低血浆氧自由基浓度，阻断脂质过氧化，减少脂质过氧化物（lipid peroxides，LPO）的产生及其引起的单核细胞黏附和迁移，内皮细胞损伤、清道夫受体摄取 ox-LDL 成泡沫细胞等，增加过氧化物酶体增生物激活受体的表达和活性，清除自由基；能抑制 ox-LDL 的生成及其引起的一系列病变过程，如内皮细胞损伤、单核细胞向内皮下游走、清道夫受体摄取 ox-LDL 成泡沫细胞、VSMCs 增殖及迁移等。

（2）调血脂作用：可使血浆 TC 和 LDL-C 下降，而 HDL-C 及 apo A1 同时明显下降，对血浆 TG 和 VLDI 一般无影响，若与他汀类或胆汁酸结合树脂合用，可增强其调血脂作用。

（3）对动脉粥样硬化病变的影响：较长期应用可使冠心病发病率降低，使已形成的动脉粥样硬化病变停止发展或消退，黄色瘤明显缩小或消除。

普罗布考为疏水性抗氧化剂，抗氧化作用强，进入体内分布于各脂蛋白，本身被氧化为普罗布考自由基，阻断脂质过氧化，减少脂质过氧化物的产生，减缓动脉粥样硬化病变的一系列过程；同时普罗布考能抑制 HMG-CoA 还原酶，使胆固醇合成减少，并能通过受体及非受体途径增加 LDL 的清除，血浆 LDL-C 水平降低；通过提高胆固醇酯转移蛋白和 Apo E 的血浆浓度，使 HDL 颗粒中胆固醇减少，HDL 颗粒变小，提高 HDL 数量和活性，增加 HDL 的转运效率，使胆固醇逆行转运清除加快。普罗布考的抗动脉粥样硬化作用可能是抗氧化和调血脂作用的综合结果。

【临床应用】 用于各型高胆固醇血症，包括纯合子和杂合子家族性高胆固醇血症；对继发于肾病综合征或糖尿病的Ⅱ型高脂蛋白血症也有效；较长期服用，可使肌腱黄色瘤消退，阻止动脉粥样硬化病变发展或促进病变消退，冠心病发病率降低。普罗布考可预防经皮穿刺腔内冠状动脉成形术（PTCA）后的再狭窄。

【不良反应】 少而轻，以胃肠道反应为主，如恶心、呕吐、腹泻、腹胀、腹痛等，偶有嗜酸性粒细胞增多、肝功能异常、高尿酸血症、高血糖、血小板减少、肌病、感觉异常等。因该药使部分患者心电图 Q—T 间期延长，故用药期间注意心电图的变化，Q—T 间期延长者慎用，不宜与延长 Q—T 间期的药物合用；近期有心肌损伤者禁用；儿童、妊娠期和哺乳期妇女慎用。

维 生 素 E

维生素 E（vitamine E）有很强的抗氧化作用。即它本身苯环的羟基失去电子或 H^+，以清除氧自由基和过氧化物或抑制磷脂酶 A_2 和脂氧酶，以减少氧自由基的生成，阻断过氧化物和丙二醛（malondialdehyde，MDA）的生成。它本身生成的生育醌，可被维生素 C 或氧化还原系统复原，继续发挥作用；能防止脂蛋白的氧化修饰及其所引起的一系列动脉粥样硬化病变过程，如抑制 VSMCs 增殖和迁移，抑制血小板黏附和聚集，抑制黏附分子的表达和功能，减少白三烯的合成，增加 PGI_2 的释放，阻止单核细胞向内皮的黏附等，从而发挥抗动脉粥样硬化的效应。

第四节 多烯脂肪酸

多烯脂肪酸（polyenoic fatty acids）是指有 2 个或以上不饱和键结构的脂肪酸，又称多不饱和脂肪酸类（polyunsaturated fatty acids，PUFAs）。根据不饱和键在脂肪酸链中开始出现位置，分为 *n*-3（或 *ω*-3）型及 *n*-6（或 *ω*-6）型多烯脂肪酸。

一、*n*-3（或 *ω*-3）型多烯脂肪酸

n-3 型 PUFA，除 a-亚麻油酸外，主要有二十碳五烯酸（eicosapentaenoic acid，EPA）和二十二碳六烯酸（docosahexenoic acid，DHA）等长链 PUFAs，主要存在于海洋生物藻、鱼及贝壳类中。

【药理作用与机制】 EPA 和 DHA 主要来自海洋生物，流行病学调查发现，格林兰爱斯基摩人心血管病发生率低主要与食用海鱼等海生动物有关，后经证实这些动物的油脂中富含 *n*-3 型多烯脂肪酸，有调血脂及抗动脉粥样硬化的效应。

（1）调血脂作用：EPA 和 DHA 有明显的调血脂作用，EPA 不仅是脂肪合成酶的抑制剂且对脂肪酸的氧化分解具有促进作用，从而抑制 TG 的合成。降低 TG 及 VLDL-TG 的作用较强，升高 HDL-C。DHA 能使 HMG-CoA 还原酶减少，降低 TC 的合成和 LDL-C，而 EPA 作用弱。EPA 和 DHA 的调血脂作用可能与抑制肝合成 TG 和 Apo B，并提高 LPL 活性促进 VLDL 分解有关。

（2）非调血脂作用：EPA 和 DHA 可取代花生四烯酸（arachidonic，AA），作为三烯前列腺素和五烯白三烯的前体发挥下列作用：①取代 AA 形成 TXA_3，减弱 TAX_2 促进血小板聚集和收缩血管作用；在血管壁形成 PGI_3，PGI_3 仍有 PGI_2 的扩血管和抗血小板聚集作用，所以呈现较

强的抗血小板聚集、抗血栓形成和扩张血管的作用。②由于抗血小板，抑制血小板衍生生长因子（PDGF）的释放，从而抑制 VSMCs 的增殖和迁移。③红细胞膜上的 EPA 和 DHA 可增加红细胞的可塑性，改善微循环；④EPA 和 DHA 对动脉粥样硬化早期的白细胞-内皮细胞炎性反应的多种细胞因子表达呈明显的抑制作用。

【临床应用】 适用于高 TG 性高脂血症；对心肌梗死患者的预后有明显改善；亦可用于糖尿病并发高脂血症等，常作为联合用药或辅助用药。

【不良反应】 一般无不良反应，但若长期或大剂量应用，可出现出血时间延长、血小板减少、免疫反应降低等。

二、*n*-6 多烯脂肪酸

n-6 型 PUFA 主要来源于植物油，如大豆油、玉米油及葵花籽油等，有亚油酸（linoleic acid，LA）和 γ-亚麻酸（γ-linolenic acid，γ-LNA），常用的有月见草油（evening primrose oil）和亚油酸（linoleic acid）。

月见草油含亚油酸约 70%，γ-亚麻酸 6%～9%。制剂中的亚油酸和 γ-亚麻酸本身有较弱的调血脂作用，后者在体内有可能转化为二高-γ-亚麻酸（di-homo-Y-Iinolenic acid，DGLA），经第 I 系列前列腺素代谢产生 PGE_1，呈现调血脂及抗血小板聚集等效应，用于防治冠心病及心肌梗死等，但作用较弱。亚油酸与其他脂肪酸一起，以甘油酯的形式存在于动植物油脂中，进入体内后能转化为系列 *n*-6 多烯脂肪酸，软化血管，降低血脂，促进微循环，防止胆固醇在血管壁的沉积，发挥调血脂和抗动脉粥样硬化作用，常做成胶丸或与其他调血脂药和抗氧化药制成多种复方制剂应用。

第五节　黏多糖和多糖类

黏多糖是由氨基己糖或其衍生物与糖醛酸构成的二糖单位多次重复组成的长链，典型代表为肝素。肝素具有以下作用，从多方面发挥抗动脉粥样硬化效应：①降低 TC、LDL、TG、VLDL，升高 HDL；②对动脉内皮有高度亲和性，中和多种血管活性物质，保护动脉内皮；③抑制白细胞向血管内皮黏附及其向内皮下转移的抗炎性反应；④阻滞 VSMCs 的增殖迁移；⑤加强酸性成纤维细胞生长因子（aFGF）的促微血管生成；⑥抗血栓形成等。因抗凝血作用过强，且口服无效，不便应用。为此，人们研究既有类似肝素的抗动脉粥样硬化作用、又无不利于抗动脉粥样硬化时副作用的低分子量肝素（low molecular weight heparin，LMWH）和类肝素（heparinoids）。

低分子量肝素

低分子量肝素是由肝素解聚而成，平均分子质量为 4～6kDn。由于分子质量低，生物利用度较高，与血浆、血小板、血管壁蛋白结合的亲和力较低，抗凝血因子Ⅹa 活力大于抗凝血因Ⅱa 活力，抗凝血作用较弱，抗血栓形成作用强，常用制剂有依诺肝素（enoxaparin）、替地肝素（tedelparin）、弗希肝素（fraxiparine）、洛吉肝素（logiparin）及洛莫肝素（lomoparin）等 10 多种产品，主要用于不稳定型心绞痛、急性心肌梗死及 PTCA 后再狭窄等。

天然类肝素

天然类肝素（natural heparinoids）是存在于生物体类似肝素结构的一类物质，如硫酸乙酰肝素（heparan sulfate）、硫酸皮肤素（dermatan sulfate）、硫酸软骨素（chondroitin sulfate）及冠心舒等。

冠心舒（脑心舒）是从猪肠黏膜提取的含硫酸乙酰肝素、硫酸皮肤素和硫酸软骨素的复合物。它们有抗凝血因子Ⅱa 作用弱，抗凝血因子Ⅹa 作用强和 $t_{1/2}$ 长的特点。冠心舒有调血脂、降低心肌耗氧量、抗血小板、保护血管内皮和阻止动脉粥样硬化斑块形成等作用，用于心及脑缺血性病症。研究证明冠心舒具有与肝素相同强度的抑制 VSMCs 增殖作用，而抗凝血作用仅为肝素的 1/47，且口服有效，表明天然类肝素可能是有较好前景的抗动脉粥样硬化药。另外，海洋酸性糖酯类，如藻酸双酯钠（polysaccharide sulfate）也具有肝素样的药理特性，能调血脂、抗血栓形成、保护动脉内皮及阻止动脉粥样硬化病变的发展等，临床用于缺血性心脑血管疾病。

本 章 小 结

主要调血脂药与抗动脉粥样硬化药见表 24-3。

表 24-3 主要调血脂药与抗动脉粥样硬化药

药物类别	代表药物	作用机制	药理作用	临床应用	不良反应
他汀类	洛伐他汀	抑制 HMG-CoA 还原酶	抑制胆固醇合成	高胆固醇血症	肝功能减退、肌病
胆酸结合树脂	考来烯胺	与胆酸结合抑制胆酸再吸收	抑制胆固醇吸收	高胆固醇血症	胃肠道反应
胆固醇吸收抑制剂	依折麦布	抑制 NPC1LI 转运蛋白活性	抑制胆固醇吸收	高胆固醇血症	少见
贝特类	非贝特	激动 PPAR-α	降低血浆 TG	高 TG 血症	肝功能减退、肌病
烟酸类	烟酸	降低 VLDL	降低血浆 TG、LDL-C	Ⅰ型以外的各型高脂血症	潮红、心悸
抗氧化剂	普罗布考	阻断脂质过氧化	抗氧化，降低 TC、LDL-C	高胆固醇血症	胃肠道反应

中 药 介 绍

常用调血脂的单味中药有山楂、何首乌、泽泻、决明子、大黄、灵芝、虎杖、参三七、蒲黄、红花、丹参、水飞蓟、女贞子、月苋草、茺蔚子、广地龙、人工虫草、茶树根、荷叶、玉竹、桑寄生、麦芽、葛根、郁金、茵陈。

决 明 子

决明子为豆科一年生草本植物决明 *Cassia obtusifolia* L.或小决明 *Cassia tora* L.的干燥成熟种子，是豆科植物决明或小决明的干燥成熟种子，以其有明目之功而名之。秋季采收成熟果实，晒干，打下种子，除去杂质。决明子味苦、甘、咸，性微寒，入肝、肾、大肠经；润肠通便，降脂明目，有缓泻、降血压及调血脂作用，主要有效成分为蒽醌类、萘并-吡咯酮类、脂肪酸类、氨基酸类和无机元素。

动物实验表明，决明子能抑制血清胆固醇升高和主动脉粥样硬化斑点形成，能明显增加血清 HDL-C 含量及提高 HDL-C/TCM 比值，改善体内胆固醇的分布状况。蒽醌糖苷是决明子降血脂的主要成分之一，它能减少肠道对胆固醇的吸收，增加排泄，通过反馈调节 LDL-C 代谢，降低血清胆固醇水平，延缓和抑制动脉粥样硬化斑块的形成。

中药含有的黄酮类化合物对凝血因子具有较强的抑制作用，故表现出较好的抗凝血作用。实验表明不同浓度的决明子黄酮类化合物可以不同程度地抑制二磷酸腺苷（ADP）诱导的大鼠血小板凝集。此外，黄酮类化合物还可降低血管内皮细胞羟脯酸代谢，使内壁的胶原或胶原纤维含量相对减少，利于防止血小板黏附凝集和血栓形成，有利了防治动脉粥样硬化。

临床上，决明子对中老年人便秘、高血压、高脂血症、糖尿病等疾病均有较好的疗效。以决明子为主药的决明降脂片用于冠心病或慢性肝炎所引起的高脂血症、血清胆固醇增高症治疗效果不错。这些为决明子“润肠通便，降脂明目”等功效在中医临床上用于血脂异常、动脉粥样硬化等症提供了科学依据。

（曹亚军）

第二十五章　利尿药与脱水药

能力要求

1. 能够阐述呋塞米（furosemide，速尿，呋喃苯胺酸）、氢氯噻嗪（hydrochlorothiazide）、螺内酯（spironolactone）、氨苯喋啶（triamterene）的药理作用、临床应用及不良反应。

2. 能够归纳利尿药（diuretics）的分类、甘露醇（mannitol）的作用及临床应用。

3. 能够说出其他利尿脱水药的作用特点及临床应用。

第一节　利　尿　药

利尿药是一类作用于肾脏，主要通过抑制肾小管对电解质及水的重吸收，促进水和电解质排泄，使尿量增加的药物。临床主要用于治疗各种原因引起的水肿，亦可用于治疗非水肿性疾病，如高血压、尿崩症、高血钙、青光眼等。

一、利尿药作用的生理学基础

尿液的生成过程包括三个环节：肾小球滤过、肾小管和集合管的重吸收及分泌。

（一）肾小球滤过

血液中的成分除蛋白质和血细胞外，均可经肾小球滤过而形成原尿。原尿量的多少取决于肾血流量和有效滤过压。正常人每日原尿量可达 180L，但排出的终尿仅为 1～2L，说明约 99%的原尿在肾小管被重吸收。故目前常用的利尿药不是作用于肾小球，而是直接作用于肾小管和集合管，通过减少对水、电解质的重吸收而发挥利尿作用（图 25-1）。

（二）肾小管重吸收与分泌

1. 近曲小管　是 Na^+重吸收的主要部位，原尿中 65%～70%的 Na^+在此主动重吸收，主要是通过 Na^+-H^+交换。即细胞内的 CO_2 和 H_2O 在碳酸酐酶的催化下生成 H_2CO_3，H_2CO_3 又解离成 H^+和 HCO_3^-，H^+由细胞内分泌到小管液中，同时将小管液中的 Na^+交换到细胞内。药物抑制近曲小管 Na^+的主动重吸收导致管腔内 Na^+和 Cl^-增加，可产生利尿作用，但因为使远曲小管对 Na^+和 Cl^-的重吸收代偿性增加，因此产生的利尿作用较弱。

2. 髓袢升支粗段　原尿中 20%～30%的 Na^+在此段被重吸收。此段 NaCl 的重吸收依赖于管腔膜上的 Na^+-K^+-$2Cl^-$同向转运体。重吸收的 Na^+由基侧质膜上的 Na^+，K^+-ATP 酶主动转运至细胞间质，K^+则扩散回管腔，形成 K^+的再循环。当原尿流经此段，Na^+和 Cl^-被重吸收而水不被重吸收，使管腔液渗透压逐渐由高渗降为低渗，此为肾对尿液的稀释功能。同时 Na^+重吸收到髓质间质后，髓质的渗透压逐渐升高，当尿液流经集合管时，在抗利尿激素（antidiuretic hormone，ADH）调节下，大量水被再吸收，使尿液浓缩，此为肾对尿液的浓缩功能。高效利尿药选择性阻断 Na^+-K^+-$2Cl^-$同向转运体，减少髓袢升支粗段 NaCl 重吸收，一方面降低肾的稀释功能，另一方面由于髓质高渗无法维持而降低肾的浓缩功能，产生强大的利尿作用。由于 K^+的再循环造成管腔内正电位，驱动 Mg^{2+}和 Ca^{2+}的重吸收，因此高效利尿药不仅增加 NaCl 的排出，也增加 Ca^{2+}和 Mg^{2+}的排出。

3. 远曲小管和集合管　原尿中 5%～10%的 Na^+在远曲小管和集合管被重吸收。在远曲小管起始段 NaCl 的重吸收主要通过 Na^+-Cl^-同向转运体完成。与升支粗段一样，此段对水通透性较低，NaCl 的重吸收进一步稀释了小管液。噻嗪类利尿药通过选择性阻断 Na^+-Cl^-同向转运体而产生作用，该过程仅影响尿液的稀释过程，不影响尿液的浓缩过程，故此类药的利尿作用较高效能利尿药弱。远曲小管末段和集合管的主动重吸收方式为 Na^+-K^+交换和 Na^+-H^+交换。Na^+-K^+交换受醛固酮调节，而 Na^+-H^+交换受碳酸酐酶活性影响。螺内酯、氨苯蝶啶等利尿药，通过拮抗醛固酮或阻滞 Na^+通道，引起保钾排钠而利尿。

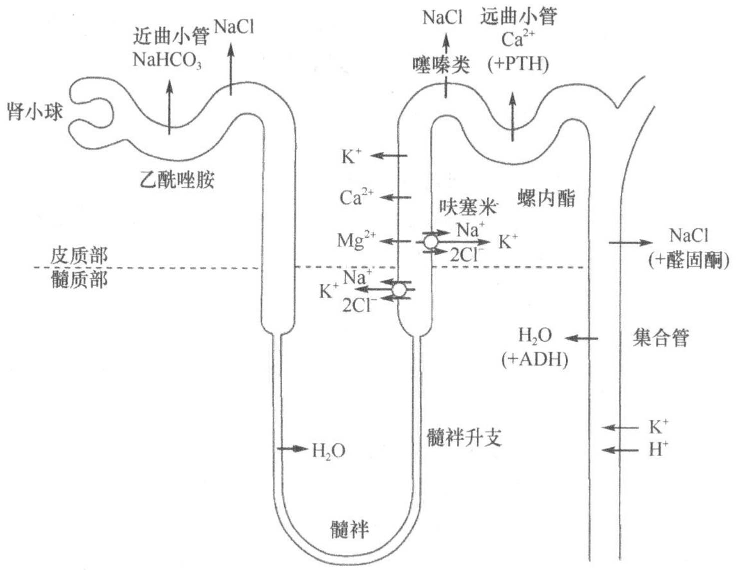

图 25-1　肾小管转运系统及利尿药作用部位

二、常用利尿药

根据利尿药的效能和作用部位，可将其分为如下三类。

1. 高效利尿药　作用强大，主要作用于髓袢升支粗段髓质部和皮质部，抑制 Na^+的重吸收 15%～25%，如呋塞米、依他尼酸、布美他尼（bumetanide）等。

2. 中效利尿药　利尿效能中等，主要作用于远曲小管近端，抑制 Na^+的重吸收 5%～10%，如噻嗪类、氯噻酮等。

3. 低效利尿药　利尿作用弱于上述两类，抑制 Na^+的重吸收 1%～3%，如作用于远曲小管和集合管的螺内酯、氨苯喋啶、阿米洛利等，以及作用于近曲小管的碳酸酐酶抑制药乙酰唑胺等。

（一）高效利尿药

高效利尿药主要作用部位在髓袢升支粗段，又称袢利尿药，本类药物化学结构各不相同，但药理作用相似，利尿作用迅速强大。常用药物有呋塞米、依他尼酸、布美他尼。

呋　塞　米

呋塞米是目前最常用的高效利尿药。

【体内过程】　呋塞米口服吸收好，生物利用度达 50%～69%；口服 30min 后起效，1～2h 达峰浓度，静脉注射约 5min 起效，约 1h 达峰浓度，维持 2～3h。血浆蛋白结合率为 95%～99%，可通过肾近曲小管分泌，以原型经肾排出。

【药理作用】

（1）利尿作用：呋塞米主要作用于髓袢升支粗段髓质部和皮质部，抑制 Na^+-K^+-$2Cl^-$同向转运体，从而抑制 NaCl 的重吸收，降低肾的稀释和浓缩功能，故利尿作用强大而迅速，可使尿中 Na^+、Cl^-、K^+、Ca^{2+}、Mg^{2+}的排出增加。

（2）舒张血管作用：呋塞米可舒张肾血管，增加肾血流，增加肾皮质的供血。还可舒张全身静脉，降低心脏前负荷，扩张肺部容量血管，减轻肺水肿，降低左室压力。

【临床应用】

（1）急性肺水肿和脑水肿：静脉注射呋塞米能迅速扩张容量血管，使回心血量减少，迅速缓解肺水肿症状，可作为急性肺水肿的首选药。同时由于利尿作用，使血液浓缩，血浆渗透压增高，也有利于消除脑水肿，对脑水肿合并心力衰竭者尤为适用。

（2）其他严重水肿：可治疗心、肝、肾等各类水肿，主要用于其他利尿药无效的严重水肿患者。

（3）急、慢性肾衰竭：急性肾衰竭时，静脉注射呋塞米可舒张肾血管，增加肾血流，改善肾缺血；同时其强大的利尿作用，可使阻塞的肾小管得到冲洗，减少肾小管的萎缩和坏死，用于慢性肾衰竭，可增加尿量，减轻水肿；但禁用于无尿的肾衰竭患者。

（4）加速某些毒物的排泄：配合输液，可使尿量显著增加，加速毒物排泄；主要用于某些经肾排泄的药物中毒的抢救，如巴比妥类、水杨酸类等。

（5）其他：适用于伴有肺水肿或肾衰竭的高血压患者，也可用于治疗高钾血症和高钙血症。

【不良反应】

（1）水与电解质紊乱：常因过度利尿所引起，表现为低血容量、低血钾、低血钠、低氯性碱血症，长期应用还可引起低血镁，其中以低钾血症最为常见。低血钾可增强强心苷对心脏的毒性，低血钾对肝硬化的患者可能诱发肝性脑病。故应注意及时补充钾盐或加服保钾利尿药。

（2）高尿酸血症：本类药在肾小管和尿酸竞争有机酸分泌通道，抑制尿酸排泄，可导致高尿酸血症而诱发或加重痛风。

（3）耳毒性：表现为耳鸣、听力减退或暂时性耳聋，呈剂量依赖性。耳毒性的发生机制可能与药物引起内耳淋巴液电解质成分改变、损伤耳蜗管内基底管毛细胞有关。肾功能不全或同时使用其他耳毒性药物，如氨基糖苷类抗生素时，可增加耳毒性。

（4）胃肠道反应：可有恶心、呕吐、上腹部不适等症状，大剂量时尚可出现胃肠出血；宜餐后服用。

布美他尼

布美他尼利尿作用机制与呋塞米相同，其作用强度为呋塞米的 40～60 倍，具有用药剂量小、速效、高效、短效、低毒等特点。临床作为呋塞米的代用品，用于各种顽固性水肿和急性肺水肿，对伴有听力缺陷患者及肾衰竭患者尤为适宜；也可用于某些对呋塞米无效的病例；不良反应与呋塞米相似但较轻。

（二）中效利尿药

中效利尿药包括噻嗪类和氯噻酮。噻嗪类是临床广泛应用的一类口服利尿药和降压药，代表药物有氢氯噻嗪、氢氟噻嗪（hydroflumethiazide）、环戊噻嗪（cyclopenthiazide）等。氯噻酮（chlortalidone）虽无噻嗪环但利尿作用与噻嗪类相似。

氢氯噻嗪

【体内过程】 脂溶性高，口服吸收迅速而完全，口服后 1～2h 起效，4～6h 血药浓度达高峰，作用持续时间为 6～12h，以有机酸的形式从肾小管分泌排泄，与尿酸的分泌产生竞争，可使尿酸的分泌速率降低。

【药理作用】

（1）利尿作用：增强 NaCl 和水的排出，产生温和持久的利尿作用。其作用机制是抑制远曲小管近端 Na^+-Cl^-共转运子，抑制 NaCl 的重吸收。由于转运至远曲小管的 Na^+增加，促进了 Na^+-K^+交换。故 K^+的排泄也增多，长期服用可引起低血钾。本类药对碳酸酐酶有一定的抑制作用，故略增加 HCO_3^-的排泄。此外，还能促进远曲小管 Ca^{2+}重吸收，而减少尿 Ca^{2+}含量。

（2）抗利尿作用：能明显减少尿崩症患者的尿量及口渴症状。其抗利尿作用机制尚不明确，可能因排 Na^+使血浆渗透压降低而减轻口渴感。

（3）降压作用：噻嗪类利尿药是常用的降压药，用药早期通过利尿、血容量减少而降压，长期用药则通过扩张外周血管而产生降压作用。

【临床应用】

（1）水肿：可用于各种原因引起的水肿，对轻、中度心源性水肿疗效较好，是充血性心力衰竭的主要治疗药物之一；对肾性水肿的疗效与肾功能损害程度有关，受损较轻者效果较好；肝性水肿在应用时要注意防止低血钾诱发肝性脑病。

（2）高血压：本类药物是治疗高血压的基础药物之一，多与其他降压药合用。（见第 21 章抗高血压药）。

（3）其他：可用于肾性尿崩症及加压素无效的垂体性尿崩症；也可用于高尿钙伴有肾结石患者，可抑制高尿钙引起的肾结石形成。

【不良反应】

（1）水、电解质紊乱：如低血钾、低血钠、低血镁、低氯性碱血症等，其中以低血钾最常见，合用保钾利尿药可防治。

（2）高尿酸血症：痛风者慎用。

（3）代谢变化：可导致高血糖、高脂血症。噻嗪类利尿药可使糖尿病患者以及糖耐量异常的患者血糖升高，长期应用可使血清胆固醇及低密度脂蛋白升高，故糖尿病、高脂血症患者慎用。

（4）过敏反应：本类药物与磺胺类药物有交叉过敏反应；可见皮疹、皮炎等，偶见严重的过敏反应，如溶血性贫血、血小板减少、坏死性胰腺炎等。

（三）低效利尿药

低效利尿药按作用方式不同可分为保钾利尿药和碳酸酐酶抑制药两类，其中保钾利尿药在集合管和远曲小管通过直接拮抗醛固酮受体或抑制管腔膜上的 Na^+通道而起作用。

螺 内 酯

螺内酯又称安体舒通，是人工合成的甾体化合物，其化学结构与醛固酮相似。

【体内过程】 口服吸收迅速，利尿作用弱、缓慢、持久，服药后 1 日开始起效，药效维持时间长，可达 5～6 日。

【药理作用】 通过与醛固酮竞争远曲小管和集合管的醛固酮受体，对抗醛固酮而产生排钠保钾的作用，促进水钠的排出；仅对远曲小管和集合管有作用，故利尿作用较弱。

【临床应用】 用于治疗与醛固酮升高有关的顽固性水肿，如肝硬化、充血性心力衰竭及肾病综合征引起的水肿；常与排钾利尿药合用，以增强利尿效果，预防血钾紊乱。

【不良反应】 久用可引起高血钾，肾功能不全及血钾偏高者禁用；此外，还有性激素样副作用，表现为女性面部多毛、月经紊乱、男性乳房女性化、性功能障碍等。

氨苯蝶啶和阿米洛利

氨苯蝶啶和阿米洛利（amiloride）两者结构不同，但药理作用相同。

【药理作用】 抑制远曲小管、集合管的Na^+通道，抑制Na^+重吸收及K^+的分泌，促进Na^+的排出而利尿。单用利尿作用较弱，且可引起血钾增高，宜与噻嗪类合用。

【临床应用】 与排钾利尿药合用治疗顽固性水肿或腹水。

【不良反应】 长期应用易致高血钾，肾功能不全及血钾偏高者禁用；抑制二氢叶酸还原酶，引起叶酸缺乏，可诱发巨幼红细胞贫血。

乙酰唑胺

乙酰唑胺（acetazolamide）为碳酸酐酶抑制药，通过抑制碳酸酐酶，使近曲小管H^+产生减少，Na^+-H^+交换减少，产生弱的利尿作用；同时抑制睫状肌上皮细胞碳酸酐酶活性，使房水生成减少而降低眼压，目前临床主要用于治疗青光眼。

本品严重不良反应少见，可见过敏反应、代谢性酸中毒、低血钾、尿结石、嗜睡、感觉异常等。肝、肾功能不全患者慎用。

第二节 脱 水 药

脱水药是通过提高血浆晶体渗透压，使组织脱水，同时在肾脏产生高渗性利尿作用的药物，故又称渗透性利尿药。此类药物有甘露醇、山梨醇（sorbitol）、高渗葡萄糖（glucose）等。

甘 露 醇

甘露醇口服不吸收，临床常用的是20%的高渗溶液静脉注射或静脉滴注。

【药理作用】

（1）脱水作用：该药在血管内不向组织分布，使血浆晶体渗透压升高，促使细胞内液、组织间液向血管转移而使组织脱水。另外口服给药则可产生渗透性腹泻作用。

（2）利尿作用：该药以原型从肾小球滤过排泄，同时不被肾小管重吸收，使管腔液形成高渗而呈现利尿作用。

【临床应用】

（1）预防急性肾衰竭：急性肾衰竭早期应用本品，可降低肾间质水肿、保持尿量、稀释肾小管内有害物质，从而保护肾小管免于坏死。

（2）脑水肿：通过脱水作用使颅内压降低，是治疗脑水肿及各种原因引起的颅内压增高的首选药。

（3）青光眼：通过脱水作用降低眼压，用于青光眼的急性发作及术前降眼压。

【不良反应】 较轻，可见眩晕、头痛、视物模糊等；禁用于慢性心功能不全、活动性颅内出血患者。

山 梨 醇

山梨醇是甘露醇的同分异构体，其药理作用、临床应用及不良反应与甘露醇相似。本品水溶性较大，临床常用25%的高渗溶液。药物进入体内后一部分在肝内代谢转化为果糖而失效，故其利尿作用较甘露醇弱。心功能不全患者应慎用本品。

葡 萄 糖

50%葡萄糖高渗溶液静脉注射可产生脱水和渗透性利尿作用。因其可从血管扩散到组织，易被迅速代谢，故作用弱，维持时间短。单独用于脑水肿时，葡萄糖可迅速进入脑脊液，使颅内压升高，产生“反跳”现象。故常与甘露醇交替使用，治疗脑水肿。

案例解析

案例 25-1

患者，男，42 岁，风湿性心脏瓣膜病十余年，两日前因着凉感冒，感觉胸闷；今晨患者出现严重呼吸困难，不能平卧，频繁咳嗽并咯出粉红色泡沫样痰，伴大汗和口唇发绀，双肺底闻及湿罗音。诊断为风湿性心脏瓣膜病伴急性肺水肿。

1. 该患者应选用何种利尿药减轻水肿的症状，为什么？

2. 该患者能否用甘露醇脱水利尿，为什么？

解析：

该患者诊断为风湿性心脏瓣膜病伴急性肺水肿，高效利尿药呋塞米除具有强大的利尿作用外，还可扩张肺部容量血管，使回心血量减少，迅速缓解肺水肿症状，可作为急性肺水肿的首选药。同时由于呋塞米舒张全身静脉，降低心脏前负荷，降低左室压力，有利于消除心源性水肿。

本章小结

利尿药根据效能和作用部位分为高效利尿药、中效利尿药、低效利尿药三类。高效利尿药（如呋塞米）主要作用于髓袢升支粗段，选择性地抑制 NaCl 的重吸收，用于严重水肿、急性肺水肿和脑水肿、急性肾衰竭等，常见的不良反应为水电解质紊乱；中效利尿药（如噻嗪类）抑制远曲小管近端 Na^+-Cl^-共转运子，抑制 NaCl 的重吸收，用于水肿、高血压、尿崩症的治疗，可产生电解质紊乱、高尿酸血症、高血糖、高脂血症等不良反应；低效利尿药（如螺内酯）主要作用于远曲小管和集合管，用于治疗顽固性水肿，可致高血钾，常与排钾利尿药（噻嗪类）合用，以增强疗效，调节体内血钾的平衡。

中药介绍

茯　苓

茯苓为多孔菌科卧孔菌属真菌茯苓 *Poria cocos*（Schw.）Wolf 的干燥菌核，是一种常用中药，具有健脾补中、养心安神、利水渗湿的功能，主要含多聚糖类、β-茯苓聚糖、羧甲基茯苓多糖、茯苓多糖、茯苓素、茯苓酸、三萜类、卵磷脂、蛋白质及多种微量元素等成分。

茯苓素是利尿消肿的主要成分，茯苓素能激活细胞膜上的 Na^+，K^+-ATP 酶，从而产生利尿作用。实验证明，茯苓素不仅能结合到肾细胞醛固酮受体上，提高钠与钾比值，且具有剂量依赖关系；对于水肿患者，其有利于尿液的排出，恢复肾功能，消除蛋白尿。临床报道用茯苓治疗 55 例心源性水肿，有明显的利尿作用。另有研究证明茯苓多糖能有效防止乙二醇法制造的大鼠肾结石模型中草酸钙的形成和沉积，具有较明显的防石作用。

（张芳艳）

第二十六章　作用于呼吸系统药物

能力要求

1. 能够根据平喘药的分类和临床应用特点合理选用相应药物。
2. 能够清晰解释中枢性镇咳药与外周性镇咳药的区别。
3. 了解祛痰药的应用情况。

呼吸系统疾病属临床常见病和多发病，近年随着工业化的发展，空气质量受到影响，使得此类疾病发病率呈现上升趋势。呼吸系统疾病虽然发病原因不同，但是一般均表现咳嗽、咳痰及喘息的共同症状，应用镇咳、祛痰和平喘药物可发挥对症治疗作用，有助于减轻症状，改善气道功能，防止并发症的发生。

第一节　平　喘　药

平喘药是具有解除支气管平滑肌痉挛、扩张支气管作用的药物，用于缓解、消除或预防支气管哮喘。

哮喘的发病机制非常复杂，涉及遗传、表观遗传和环境等诸多因素，目前的观点认为，哮喘是在一定因素影响下发生的慢性气道炎性疾病，常表现为支气管收缩、气道高反应性、气道黏膜水肿、黏液分泌增加及气道重塑等。哮喘与气道上皮细胞及多种炎性细胞和细胞因子有关系，其中 Th_2 细胞是与哮喘关系最密切的淋巴细胞，Th_2 细胞主要分泌 IL-4、IL-5、IL-13 等，正常 Th_1/Th_2 平衡被打破，引起异常的免疫应答，这被认为是哮喘发病的关键机制，表现为 Th_1 型细胞因子（IL-12、IFN-γ 等）减少，Th_2 细胞分泌的细胞因子（IL-4、IL-5、IL-13 等）的增多和功能亢进。另外，嗜酸性粒细胞的募集，肥大细胞或嗜碱性粒细胞脱颗粒释放组胺、半胱氨酰白三烯、前列腺素等活性物质等都是哮喘发生过程中的重要机制。值得注意的是，成年人哮喘的重要标志分子，如 Th_{17} 和 Th_2 分泌的细胞因子在儿童严重哮喘患者中难以检测到，这反映出成年人哮喘与儿童哮喘可能存在一定差异，临床上也会出现对平喘药反应的不同。在美国，目前的建议是哮喘治疗将患者分成不同年龄阶段分别进行，年龄层次包括 0～4 周岁，5～11 周岁，12 周岁及以上，其中 5～11 周岁为最近划分的年龄阶段。

平喘药物发展较快，根据目前临床应用情况可分为：肾上腺素受体激动药，如肾上腺素（adrenaline，epinephrine）、异丙肾上腺素（isoprenaline）、沙丁胺醇（salbutamol，舒喘灵）等；茶碱类，如氨茶碱（aminophyltine，theophyllamine，euphylline）等；抗胆碱类药，如异丙托溴铵（ipratropium bromide）等；肾上腺皮质激素类药，如倍氯米松（beclomethasone）、布地萘德（budesonide）等；肥大细胞膜稳定药，如色甘酸钠（cromolyn sodium）等；白三烯受体拮抗剂，如孟鲁司特（montelukast）、扎鲁司特（zafirlukast）等；抗组胺药，如酮替芬（ketotifen，噻哌酮）、氯雷他定、阿司咪唑、西替利嗪；免疫抑制药，如甲氨蝶呤等；免疫调节药，如胸腺素、中药黄芪等，以及近年流行的过敏原特异免疫性免疫疗法。

一、肾上腺素受体激动药

肾上腺素受体激动药主要通过兴奋呼吸道部位的肾上腺素 β_2受体，发挥舒张气道平滑肌，缓解哮喘急性发作时气道痉挛的作用，主要机制为：β_2受体激动，激活腺苷酸环化酶使平滑肌细胞内 cAMP 浓度上升，细胞内 Ca^{2+}水平下降，松弛支气管平滑肌。肥大细胞膜上的 β 受体激动后可抑制脱颗粒过程，预防过敏性哮喘发作。长期应用情况下，支气管平滑肌细胞膜上的 β_2受体数目会发生下调，使疗效减低，甚至引起哮喘反跳病情加重，故本类药物不宜长期连续应用。传统肾上腺素受体激动类平喘药选择性低，目前对于此类药物，临床主要开发对 β_2受体有选择性兴奋的药物。

肾上腺素

肾上腺素对 α 受体、β 受体均有强大的兴奋作用。皮下或肌内注射能迅速控制哮喘急性发作，数分钟内可见效，维持时间为 1～2h。其作用的机制为：①兴奋呼吸道平滑肌上 β_2受体，舒张支气管平滑肌；②兴奋肥大细胞与嗜碱性粒细胞膜 β_2受体，抑制过敏介质的释放；③兴奋呼吸道黏膜血管 α 受体，减少气道黏膜充血和水肿。

肾上腺素作用时间较短，易耐受，对心血管影响作用较广，因此不作为常用平喘药，只用作控制哮喘急性发作。不良反应主要是心血管系统的副作用，包括可激动心脏 β_1受体引起心动过速，甚至心律失常；兴奋 α 受体可引起收缩压明显增高，加重心脏负担等。

异丙肾上腺素

异丙肾上腺素又称喘息定，属于 β 受体激动药，对 α 受体几乎无作用。平喘作用强大，其松弛支气管平滑肌作用强于肾上腺素，吸入给药 1min 起效，可维持 1～2h，主要用于支气管哮喘急性发作。

异丙肾上腺素对 β_1和 β_2受体均具有明显激动作用，常见不良反应为其 β_1作用所引起，包括心率加快、心悸等兴奋心脏作用。肌震颤现象与激动骨骼肌上的 β_2受体有关。长期反复应用可产生严重的心律失常，尤其心肌缺血患者或严重缺氧时，应特别注意。

麻黄碱

麻黄是传统平喘中药，其中的主要效应成分为麻黄碱（ephedrine）。麻黄碱能兴奋 α 和 β 受体，作用与肾上腺素相似但较弱，特点是作用缓慢、温和、持久，口服有效，可用于轻症哮喘和预防哮喘发作。麻黄碱可兴奋中枢，引起失眠。

β_2受体激动剂

选择性 β_2受体激动剂是目前临床主要应用的拟肾上腺素类平喘药，这类药物对 α 受体无影响，对 β_1受体亲和力低，因此常规剂量给药很少产生心血管不良反应。常用药物包括如下几种。

沙丁胺醇对 β_2受体作用选择性高，对 α 受体无作用，平喘作用与异丙肾上腺素相似，较特布他林强；口服 30min 起效，2～3h 达最大效应，可维持 4～6h，气雾吸入 5min 起效，维持 3～4h。沙丁胺醇作用时间明显长于异丙肾上腺素，适用于夜间哮喘发作，是目前临床应用较为安全常用的平喘药。

特布他林（terbutaline，brethine，bristurin，bronchodil，博利康尼，叔丁他林，间羟舒喘灵，以丁肾上腺素）β_2受体作用选择性高有口服、吸入、静脉滴注等多种给药途径，皮下注射 5～15min 生效，30～60min 达高峰，持续 1.5～5h，气雾吸入后 5min 见效，作用持续 4～6h。

班布特罗（bambuterol）是特布他林的前体，在体内水解释放出特布他林发挥平喘作用，持续时间 24 h 以上，为口服长效 β_2受体激动药。

福莫特罗（formoterol）为苯乙醇胺衍生物，新型长效选择性 β_2受体激动药，作用强而持久，吸入后约 2min 起效，2h 达高峰，持续 12h；除松弛支气管平滑肌作用外，有明显的抗炎作用，可明显抑制嗜酸性粒细胞聚集与浸润，主要用于慢性哮喘与慢性阻塞性肺病；疗效维持时间长，可用于控制哮喘夜间发作。

克仑特罗（clenbuterol）又称盐酸双氯醇胺、克喘素、氨哮素，为强效选择性 β_2 受体激动药，松弛支气管平滑肌作用为沙丁胺醇的 100 倍，有增强纤毛运动和溶解黏液作用；口服易吸收，10～15min 起效，维持 6～8h。气雾吸入 5～10min 起效，维持 4h；心血管系统不良反应较少，少数患者有心悸、手颤、口干、头晕等现象。

二、茶 碱 类

茶碱（theophylline）是甲基黄嘌呤的衍生物，为支气管扩张药，能直接松弛气道平滑肌。其作用机制涉及以下方面。①抑制磷酸二酯酶（PDE）：PDE 能水解 cAMP，茶碱为非选择性 PDE 抑制剂，因此能使气道平滑肌细胞内 cAMP 水平升高，cAMP 通过激活蛋白激酶 A（PKA）而舒张支气管平滑肌，扩张气道。除此以外，还可能存在其他舒张气道平滑肌的机制，如干扰气道平滑肌的钙离子转运等。②促进内源性儿茶酚胺类活性物质释放。③阻断腺苷受体：腺苷能使肥大细胞释放组胺等过敏性物质，诱发支气管收缩，茶碱为腺苷受体阻断药，可对抗腺苷诱发的支气管收缩。④能增加膈肌收缩力，减轻膈肌疲劳，有利于改善呼吸功能。⑤增强心肌收缩力，可用于心源性哮喘。⑥免疫调节及抗炎作用。⑦促进纤毛运动。

【临床应用】

（1）支气管哮喘：主要用于慢性哮喘，防止急性发作。茶碱起效较慢，作用不及 β_2 受体激动药。在急性哮喘发作时如吸入 β_2 受体激动药疗效不显著时可静脉注射茶碱，两类药的效应有相加作用。

（2）慢性阻塞性肺病：可明显改善气促症状和肺功能。

（3）中枢型睡眠呼吸暂停综合征：茶碱可用于呼吸中枢病变导致的通气不足，增强通气功能，改善症状。

（4）茶碱可用于心源性哮喘的治疗。

【不良反应】 茶碱安管范围窄，不良反应较多见，尤其对于老年患者。不良反应发生率与其血药浓度密切相关，茶碱有效血浆浓度为 10～20μg/ml；超过 20μg/ml 即可引起不良反应，可见上腹部疼痛、恶心、呕吐、头痛、不安、失眠、震颤、胃食管反流、心动过速、易激动等，严重时出现心律失常、低血压、低血钾、低血镁、血糖升高、代谢性酸中毒、精神失常、惊厥、昏迷，甚至呼吸、心搏停止致死。故发现毒性症状应立即停药。茶碱的不良反应个体差异较大，因此应定期进行血药浓度监测。

氨 茶 碱

本品茶碱与二乙胺形成的复盐，含茶碱 77%～85%。该药碱性较强，局部刺激性大，口服易引起胃肠刺激症状，宜饭后服药减轻局部刺激，不宜肌内注射及直肠给药。静脉注射疗效较好，可在急性重度哮喘或哮喘持续状态时静脉注射或滴注，但药物浓度不宜过高，注射速度不宜过快，因可引起心律失常、血压骤降等严重反应，可致死，故应稀释和缓慢注射。儿童与老年人对氨茶碱的敏感性较成人高，须注意调整药物用量。

胆 茶 碱

胆茶碱（choline theophylline）是胆碱与茶碱的复盐，含茶碱 60%～64%，水溶性大，口服易吸收。口服后对胃黏膜刺激性小，患者易接受，对心脏和中枢神经系统作用不明显，一般用于不能耐受氨茶碱的病例。

三、M胆碱受体拮抗药

异丙溴托铵为阿托品的异丙基衍生物，对 M_1、M_2、M_3 等胆碱受体亚型无选择性，但对呼吸道平滑肌具有较高的选择性，因此不易出现阿托品样的全身性不良反应。本品雾化吸入时可在局部发挥舒张平滑肌作用，不影响痰液分泌，主要用于防治支气管哮喘和喘息性慢性支气管炎，对 β_2 受体激动药耐受患者有效；起效较慢，尤适用于老年人哮喘。

泰乌托品（tiotropium）为长效 M 胆碱受体阻断药，平喘作用较强，不良反应较少。

四、糖皮质激素类

糖皮质激素类（glucocorticoids）药物气雾吸入被认为是哮喘治疗最为有效的方法，该类药物全身应用时影响较广，不良反应较多。气雾剂的应用在很大程度上克服了这一缺陷，使其成为哮喘的标准治疗方法。但近年也有发现长期吸入糖皮质激素能使气道上皮基底膜变厚，平滑肌增生，不可逆地增加气道反应性等。哮喘的主要病理机制是慢性呼吸道炎症，糖皮质激素类具有强大的抗炎、抗过敏作用，影响多种炎性细胞和炎性分子，可抑制哮喘炎症反应的多个环节，包括：诱导脂皮素 1（lipocortin 1）生成从而抑制磷脂酶 A_2；诱导磷脂酶 A_2 抑制蛋白如巨皮素（macrocortin）的产生；抑制细胞膜磷脂释放花生四烯酸，使白三烯及前列腺素的合成减少；抑制 iNOS 和 COX_2，阻断炎性介质产生；抗过敏，减少组胺等过敏性介质释放；抑制气道高反应性；增强气道对儿茶酚胺类的敏感性等。由于其强大的作用，使糖皮质激素成为哮喘持续状态或急性发作的重要抢救药物。

倍氯米松为地塞米松的衍生物，局部抗炎作用较地塞米松强数百倍，气雾吸入能取得满意疗效，且无全身不良反应，药效高峰在用药后 10 日出现，需预先用药；长期应用不抑制肾上腺皮质功能，如每日总量超过 2mg 时，可抑制下丘脑-垂体-肾上腺皮质轴的功能，但远轻于口服制剂；可长期低剂量或短期高剂量应用于中度或重度哮喘患者；哮喘持续状态的患者不宜应用，气雾吸入每次 100μg，每日 3～4 次。

布地萘德在肝内代谢较快，故全身反应较少，对下丘脑-垂体-肾上腺轴的抑制作用小；局部抗炎作用、应用及不良反应与倍氯米松相似；用于控制或预防哮喘发作。

氟尼缩松（flunisolide）作用与倍氯米松相似，但作用时间较长，一日用药 2 次。

五、抗过敏平喘药

1. 肥大细胞膜稳定药

色甘酸钠

色甘酸钠又称色甘酸二钠（disodium cromoglycate），对速发型过敏反应有明显抑制作用。色甘酸钠没有松弛气道平滑肌、抗炎等作用，其主要作用是稳定肥大细胞膜，抗原作用之前用药可预防肥大细胞脱颗粒释放组胺等过敏性物质所导致的哮喘。色甘酸钠的作用机制包括：①稳定肥大细胞膜，抑制肺组织肥大细胞过敏性介质的释放，机制可能是在肥大细胞膜外侧的 Ca^{2+} 通道部位与 Ca^{2+} 形成复合物，加速 Ca^{2+} 通道的关闭，使 Ca^{2+} 内流受到抑制，从而阻止肥大细胞脱颗粒。②抑制气道感觉神经末梢功能与气道神经源性炎症，抑制二氧化硫、缓激肽、冷空气等刺激引起的支气管痉挛，并能抑制运动性哮喘发作。③阻断肥大细胞、巨噬细胞和嗜酸性粒细胞介导的反应，抑制非特异性支气管高反应性。

【临床应用】 主要用于哮喘的预防性治疗，能防止变态反应或运动引起的速发和迟发性哮喘反应。

【不良反应】 不良反应少见。

奈多罗米钠（nedocromil sodium，tilade）可用于糖皮质激素依赖患者，减少激素的用量。本品属于吡喃喹啉二羧酸衍生物，有肥大细胞稳定作用，作用强于色甘酸钠，还有明显抗炎作用，被认为是目前抗炎作用最强的非甾体抗炎平喘药，可抑制肥大细胞释放白三烯、组胺等炎症介质，对嗜酸性粒细胞、中性粒细胞及巨噬细胞的功能均有抑制，可用于慢性哮喘或长期预防性平喘药，因其起效较缓慢，对哮喘急性发作宜合用支气管舒张药。

2. 抗组胺药

酮 替 芬

本品具有强大的 H_1受体阻断作用；另外具有色甘酸钠样的作用；可加强 β_2受体激动药的作用，预防和逆转久用 β_2受体激动药所产生的受体“向下调节”作用。可单用，或与茶碱类、β_2受体激动药合用防治轻、中度哮喘。不良反应有嗜睡、头晕、口干等。

3. 抗白三烯药

白 三 烯

白三烯（LTs）是哮喘发病过程中的重要炎性介质，可由嗜酸性粒细胞、巨噬细胞、肥大细胞等多种炎性细胞释放。白三烯类物质可促进气道黏液分泌，增加微血管通透性，引起气道水肿，刺激缓激肽释放，具有强大致炎效果。白三烯受体拮抗药扎鲁司特、孟鲁司特能竞争性拮抗白三烯受体，抑制白三烯引起的气道炎症反应；口服 20mg/次，可用于哮喘的预防和长期治疗；与糖皮质激素合用可获得协同抗炎作用，可用于对吸入糖皮质激素无效的哮喘患者。

六、其他平喘药

其他平喘药包括免疫抑制剂，如甲氨蝶呤、环孢素 A 等；免疫调节剂，包括胸腺素、中药黄芪等；抗原制剂，如卡介苗等；另外还有抑制 IgE 生成药；5-脂氧酶（5-LOX）抑制药；PAF 拮抗药，调节 IL-4、IL-5、IL-13 等关键细胞因子的药物，CXC 趋化因子受体 2 拮抗剂等也是有希望的平喘药物。

第二节 镇 咳 药

咳嗽是呼吸道疾病的常见症状，但也是机体的保护性反射之一。咳嗽能够促进痰液和异物排出，保持呼吸道通畅。应用镇咳药主要是为了减轻患者痛苦，防止疾病进展和避免剧烈咳嗽引起并发症。在应用镇咳药前，应尽量查出咳嗽病因并进行对因治疗；如有积痰应配合使用祛痰药，防止呼吸道阻塞或激发感染。目前的镇咳药按照作用部位的不同常分为两类：①中枢性镇咳药；②外周性镇咳药；也有的药物兼有两种作用。镇咳药可通过抑制咳嗽反射的任何环节发挥镇咳作用。

一、中枢性镇咳药

阿片类药物中镇咳作用最强的是吗啡，但易产生依赖性，主要用于支气管癌或主动脉瘤引起的剧烈咳嗽；急性肺梗死或急性左心衰竭伴有的剧烈咳嗽。

可 待 因

可待因（甲基吗啡，codeine）是阿片类生物碱之一，但依赖性较小。镇咳作用强度约为吗啡的 1/4，镇痛作用强度约为吗啡的 1/10～1/7。可待因镇咳剂量不抑制呼吸，是临床常用药中最有效的镇咳药，主要用于各种原因引起的剧烈干咳，也用于中等疼痛的镇痛；口服或注射均可吸收，口服 20min 起效，0.75～1h 达到血药浓度峰值，肌内注射后 0.25～1h 达到血药浓度峰值，作用持续 4～6h；久用也可出现依赖性。

喷托维林

喷托维林（咳必清，pentoxyverine）人工合成的非成瘾性中枢镇咳药，对咳嗽中枢有选择性抑制作用，镇咳作用约为可待因的 1/3，并有阿托品样作用和局部麻醉作用，轻度抑制呼吸道感受器及传入神经末梢，松弛支气管平滑肌，减轻气道阻力，因此兼具外周镇咳作用；适用于上呼吸道感染引起的干咳、阵咳，对小儿百日咳效果好；偶见轻度头痛、头晕、口干、恶心、腹胀、便秘等不良反应；青光眼患者禁用。

右美沙芬

右美沙芬（右甲吗南，dextromethorphan）是吗啡类左吗喃甲基醚的右旋异构体，为中枢性镇咳药，强度与可待因相似或略强；无镇痛作用或催眠作用，长期服用无成瘾性；治疗量无呼吸中枢抑制作用，亦无依赖性和耐受性，临床应用较广，主要用于干咳，常与抗组胺药合用；安全范围大，不良反应少见，偶有头晕、轻度嗜睡、口干、便秘、恶心、呕吐等；青光眼患者、妊娠 3 个月内妇女及有精神病史者禁用；中毒量时可有中枢抑制作用。

氯哌斯汀

氯哌斯汀（咳平，cloperastine）为苯海拉明的衍生物，可缓解支气管痉挛和充血水肿，松弛支气管平滑肌，有助于止咳；口服后 20～30min 起效，维持 3～4h；不良反应轻，无耐受性。

二、外周性镇咳药

苯左那酯

苯左那酯（退嗽露，benzonatate，tessalon）有较强的局部麻醉作用，为丁卡因的衍生物，对局部感受器和神经末梢有麻醉作用；减弱局部刺激作用；镇咳强度略弱于可待因，不抑制呼吸反能增加每分通气量；临床用于干咳、阵咳，也用于预防咳嗽。

苯丙哌林

苯丙哌林（咳快好，benproperine）为非成瘾性镇咳药，能抑制牵张感受器引起的肺-迷走神经反射，对咳嗽中枢也有一定的直接抑制作用，松弛平滑肌，镇咳作用比可待因强且不抑制呼吸；适用于刺激性干咳。

缓和性制剂

缓和性制剂如含糖的甘草流浸膏等，口服后药液部分覆盖于咽部黏膜，减弱刺激，缓解咳嗽。

第三节　祛痰药

能使痰液变稀，黏稠度降低而易于排出的药物称祛痰药。祛痰药常可加速黏膜纤毛运动，促进积痰排出，减少痰液刺激呼吸道黏膜，有助于镇咳、平喘和控制继发感染，可分为黏液分泌促进药和黏痰溶解药。

一、黏液分泌促进药

氯化铵

氯化铵（ammonium chloride）于黏液分泌促进药，口服刺激胃黏膜的迷走神经末梢，反射性增加呼吸道腺体分泌，由于支气管腺体分泌物主要是黏液浆液，因此可使痰液稀释而易于咳出。本品多配成复方制剂应用，适用于急性呼吸道炎症痰黏稠难咳出者；溃疡病及肝肾功能不良者慎用。

愈创甘油醚

愈创甘油醚（glyceryl guaiacolate）属于恶心性祛痰药，并有较弱的抗菌作用，单用或配成复方制剂用于慢性支气管炎、支气管扩张等，无明显的不良反应。

二、黏痰溶解药

乙酰半胱氨酸

乙酰半胱氨酸（痰易净，acetylcysteine）为半胱氨酸的*N*-乙酰化物，可通过药物结构中的巯基与黏蛋白二硫键互换作用，使黏痰中黏蛋白肽链的二硫键断裂，从而降低痰液黏稠度，使其易于咳出。本品有特殊臭味，可导致支气管痉挛，支气管哮喘患者应慎用。

溴 己 新

溴己新（必消痰，bromhexine，bisolvon）可使痰液中酸性黏蛋白纤维断裂，也可促使支气管腺体黏液分泌增加，使痰的黏稠度降低而易于咯出，另外还有镇咳作用；溃疡病及肝功不良患者慎用。

知识拓展

传统的镇咳药为阿片类药物，如可待因。由于阿片类药物具有嗜睡、恶心、便秘，以及众所周知的依赖性等不良反应，因此人们也在努力研究非阿片类的镇咳药以满足临床需求，有希望成为新型镇咳药的种类包括痛敏肽（nociceptin）、神经激肽（neurokinin）和缓激肽（bradykinin）受体拮抗剂、大麻素类（cannabinoids）、辣椒素（vanilloid）受体1拮抗剂（TRPA1拮抗剂）、钠离子依赖型通道阻滞剂，以及传入神经上的钙离子依赖型大电导钾离子通道激活剂等等。一种嘌呤能受体P2X3是介导咳嗽神经高敏感性的关键受体，这种受体的拮抗剂AF-219已进入临床试验阶段，被认为是很有希望的镇咳药。

本章小结

呼吸系统疾病用药主要用于平喘、镇咳、祛痰。平喘药物种类较多，按不同作用机制分为肾上腺素受体激动药，如沙丁胺醇等；茶碱类，如氨茶碱等；抗胆碱类药，如异丙托溴铵等；肾上腺皮质激素类药，如布地萘德等；肥大细胞膜稳定药，如色甘酸钠等；白三烯受体拮抗剂，如孟鲁司特等；抗组胺药，如酮替芬等；免疫抑制药，如甲氨蝶呤等；免疫调节药，如胸腺素及中药黄芪等，另有近年流行的过敏原特异免疫性免疫疗法。其中被认为目前最为安全有效的是气雾吸入的糖皮质激素类药物。镇咳药分为中枢性镇咳药和外周性镇咳药，中枢性镇咳药作用较强，但须注意成瘾性及中枢抑制作用。祛痰药有利于促进痰液排出。

中药介绍

具有止咳平喘祛痰效果的中药主要有：半夏、桔梗、旋覆花、浙贝、川贝、竹茹、竹沥、杏仁、枇杷叶、桑白皮、葶苈子、百部、紫苑、款冬花、白果等。成药主要有：麻杏止咳糖浆、牛黄蛇胆川贝液、川贝枇杷露、百合固金丸、桂龙咳喘宁、急支糖浆等。以下以麻黄为例说明止咳平喘中药的研究情况。

麻黄（ephedrae herba）为麻黄科植物草麻黄 *Ephedra sinica* Stapf、木贼麻黄 *Ephedra equisetina* Bge.和中麻黄 *Ephedra intermedia* Schrenk et C.A.Mey.的草质茎。麻黄有效成分主要是麻黄碱、伪麻黄碱等生物碱类成分。

麻黄是著名的平喘药，其中的麻黄碱具有拟肾上腺素作用，因此麻黄能够解除支气管平滑肌的痉挛状态。现代药理研究表明，麻黄还能够兴奋心血管系统，使血压升高，心肌收缩力加强及心排出量增加；能够兴奋中枢神经系统；具有发汗作用和解热抗炎作用；其利尿作用可能与扩张肾血管使肾血流量增加有关。麻黄中的伪麻黄碱收缩鼻黏膜毛细血管的作用较好，主要用于感冒时鼻黏膜充血引起的鼻塞等症状，是感冒药的常用配伍组成成分。

（余　黎）

第二十七章　作用于消化系统的药物

能力要求

1. 能够阐述抗消化性溃疡药药理作用、临床应用及不良反应；掌握增强胃动力药的作用及临床应用。

2. 能够学会说出熟悉抗消化性溃疡药的分类；学会应用止吐药、利胆药。

3. 能够学会选择泻药及止泻药。

消化系统疾病是临床常见病、多发病，主要有消化性溃疡、胃食管反流病、炎症性肠病、胆道疾病、胰腺和肝脏疾病等。中枢神经系统通过内脏神经调节消化系统以实现摄入、容纳、消化、吸收和排泄的功能，同时，消化系统的这些功能还受体内复杂的激素调节。本章所述及的药物均以胃肠道为主要作用靶点。

第一节　抗消化性溃疡药物

消化性溃疡（peptic ulcer，PU）是主要发生在胃或十二指肠球部的慢性疾病，病情具有自然缓解和反复发作的特点，是消化道的常见病。人群中的平均发病率为10%～12%，包括胃溃疡（gastric ulcer，GU）和十二指肠溃疡（duodenal ulcer，DU），临床以十二指肠溃疡较多见，好发于青壮年。消化性溃疡的病因和发病机制各异。

消化性溃疡的治疗原则包括消除病因、解除症状、愈合溃疡、防止复发和避免并发症。临床对消化性溃疡的药物治疗经历了很大的变化，自1910年Schiwatz提出“无酸，便无溃疡”的观点后，抗酸或抑酸成为主要治疗措施。直到20世纪80年代H_2-受体拮抗药（H_2-receptor antagonist，H_2-RA）的应用，成为消化性溃疡治疗史的里程碑，而随后的质子泵抑制剂（proton pump inhibitor，PPI）也进一步提高了消化性溃疡的治疗效果。此外胃黏膜保护剂，如硫糖铝、前列腺素E衍生物等的应用及对幽门螺杆菌（helicobacter pylori，Hp）的根除治疗法，使药物彻底治愈消化性溃疡成为了可能。

一、抗酸及抑制胃酸分泌药物

降低胃内酸度的药物包括抗酸药（antacids）和抑酸药。抗酸药为无机碱类能直接中和胃酸，缓解消化性溃疡的疼痛症状；抑酸药则能抑制胃酸的分泌，是目前临床治疗消化性溃疡的首选药物。

（一）抗酸药

抗酸药为弱碱性物质，口服后能直接中和胃酸从而降低胃内酸度，对消化性溃疡的止痛效果较好，但不能抑制胃酸分泌，且作用时间短服药次数多，容易导致便秘和腹泻等不良反应，故很少单独应用，临床一般选用2～3种药物组成的复方制剂。

1. 氢氧化铝（aluminium hydroxide）　作用缓慢、持久，具有中和、吸附胃酸，收敛、止血，保护溃疡的作用；主要用于胃及十二指肠溃疡、反流性食管炎及上消化道出血；长期服用可引起便秘。氢氧化铝可妨碍膳食内磷酸盐的吸收，在老年人长期服用可导致低磷血症和高钙血症，引起肾结石、骨质疏松症。氢氧化铝含多价铝离子，可与四环素类形成配合物，故不宜合用；还可干扰地高辛、华法林、双香豆素、奎尼丁、氯丙嗪、普萘洛尔、吲哚美辛、异烟肼及巴比妥类的吸收或消除，也不宜同时使用。

2. 氢氧化镁（magnesium hydroxide）　作用强大、持久，与胃酸作用生成氯化镁，具有致泻作用；适用于伴有便秘的胃酸过多症、胃及十二指肠溃疡患者；口服后少量可吸收，肾功能不良者可导致镁中毒；长期服用可导致低血钾；过量或发生过敏反应时，可出现腹痛、腹泻、皮疹、皮肤瘙痒。

3. 铝碳酸镁（hydrotalcite）　作用迅速而持久，能增加黏液中的 HCO_3^-储存，增强黏膜的抗酸缓冲能力；适用于胃及十二指肠溃疡、急慢性胃炎、胆汁反流性胃炎、食管炎，以及非溃疡性消化不良。含有铝、镁两种金属离子，可相互抵消便秘和腹泻的副作用，但个别患者仍可能出现腹泻；可干扰四环素类药物的吸收。

4. 三硅酸镁（magnesium trisilicate）　与胃酸作用生成氧化镁和二氧化硅，中和胃酸和保护胃黏膜；用于胃及十二指肠溃疡，反流性食管炎、慢性胃炎；不良反应及注意事项同氢氧化镁。

（二）抑酸药

胃酸的分泌是由胃黏膜壁细胞的一种特殊酶（H^+，K^+-ATP 酶）所介导，此酶又称质子泵或酸泵。各种刺激，包括组胺、促胃液素和乙酰胆碱作用于相应的受体，激活质子泵，引起胃酸分泌，因此质子泵在胃酸分泌过程中是最重要的终末环节。抑制胃酸分泌的药物按机制分四类：H_2-RA，抗胆碱药，促胃液素受体拮抗药和质子泵抑制剂。抗胆碱药哌仑西平（pirenzepine）和促胃液素受体拮抗药丙谷胺（proglumide）等对溃疡疗效不理想，现已少用。临床常用的抑酸药主要是 H_2-RA 和质子泵抑制剂。西咪替丁（cimetidine，甲氰米胍）为第一代的 H_2-RA，雷尼替丁（ranitidine）为第二代 H_2受体拮抗药，第三代 H_2受体拮抗药有法莫替丁（famotidine）、尼扎替丁（nizatidine）等。而质子泵抑制剂（如奥美拉唑、兰索拉唑、泮托拉唑、雷贝拉唑和埃索美拉唑等）是目前抑酸作用最强的药物。

组胺受体拮抗药（H_2-RA）

【体内过程】　口服给药胃肠吸收迅速而良好，平均生物利用度为 30%～100%，达峰时间为 1～3.5h；胃排空缓慢时吸收延迟；血浆蛋白结合率为 15%～20%，广泛分布于全身组织；44%～70%以原型从尿中排出，$t_{1/2}$为 1.5～4h，慢性肾功能不良患者 $t_{1/2}$明显延长；可通过胎盘屏障，也能进入乳汁。

【药理作用及作用机制】　内源性及外源性组胺与胃壁细胞的 H_2受体结合后，促使细胞内的 cAMP 水平增高，继而激活碳酸酐酶，使 H_2CO_3分解为 H^+和 HCO_3^-。组胺受体拮抗药与组胺化学结构相似，因而竞争性拮抗内源性及外源性组胺与 H_2受体的结合，抑制胃酸的分泌。

西咪替丁能明显抑制基础和夜间胃酸分泌，也能抑制由组胺、五肽促胃液素、胰岛素和进食等刺激的泌酸作用。西咪替丁还具有轻度抑制胃蛋白酶分泌，保护胃黏膜细胞和增加胃黏膜血流量的作用。雷尼替丁的抑酸作用强大，其效价强度为西咪替丁的 5～8 倍，维持时间也更长。法莫替丁阻断 H_2受体和抑制胃酸分泌作用比雷尼替丁更强，为西咪替丁的 40 倍，持续时间长。罗沙替丁（roxatidine）和尼扎替丁是两种新型的 H_2受体拮抗药，其抑制胃酸分泌的作用与其他 H_2受体拮抗药相同。

【临床应用】　适用于胃十二指肠溃疡、胃泌素瘤（卓-艾综合征）、应激性溃疡、急性上消化道出血和反流性食管炎等。各种 H_2-RA 的抑酸作用及药动学特性虽有不同，但在临床标准剂量下药物疗效大致相同。本类药物对十二指肠溃疡疗效优于胃溃疡，治愈率 70%～80%，疗程约 4 周，胃溃疡需 6～8 周。

【不良反应】 较轻，以西咪替丁较多见，常见头晕、头痛、疲乏、嗜睡、口干、轻泻、潮红、肌痛等反应，偶见一过性转氨酶增高、严重肝炎和肝坏死、间质性肾炎等；具有轻度抗雄性激素作用，长期应用或剂量较大（每日 1.6g 以上）时可引起男性乳房发育、阳痿、精子数量减少及女性溢乳等；少数患者可发生可逆性粒细胞减少和血小板减少；可通过血脑-屏障，有一定神经毒性，症状类似抗乙酰胆碱药中毒，毒扁豆碱可对抗。

【禁忌证】 有药物过敏史者禁用，孕妇和哺乳期妇女忌用，儿童慎用；慢性萎缩性胃炎不宜使用。

【注意事项】 西咪替丁为肝药酶 P_{450} 抑制剂，同时也可减少肝血流量，降低多种药物在体内的分解代谢，如香豆素类、茶碱、苯妥英钠、苯巴比妥、卡马西平、普萘洛尔、奎尼丁、维拉帕米、地西泮等，使这些药物的血药浓度增高，作用时间延长。抗酸剂和甲氧氯普胺可减少西咪替丁 20%～30%的吸收。本品与酮康唑同服可使后者的吸收减少约 50%。由于硫糖铝需经胃酸水解后起效，本品抑制胃酸分泌，可使硫糖铝疗效降低。

H^+，K^+-ATP 酶抑制剂（PPI）

【体内过程】 目前临床应用的 PPI 为苯并咪唑环类化合物，呈弱碱性，在胃液中易降解，口服给药均为肠溶制剂；口服后吸收迅速，奥美拉唑生物利用度为 37%～60%，食物可延缓吸收；兰索拉唑和泮托拉唑分别为 85%、77%。PPI 口服后达峰时间为 1～3h，奥美拉唑血浆蛋白结合率 95%～96%，$t_{1/2}$ 约为 1h，主要由肝脏代谢，代谢产物经尿液排出体外。

【药理作用及作用机制】 质子泵是各种原因所致壁细胞泌酸的共同、最终环节。PPI 与质子泵特异性结合，抑制 H^+，K^+-ATP 酶活性，从而产生强大的抑制胃酸分泌的作用。奥美拉唑对基础、夜间、五肽促胃液素和进食等各种刺激引起的胃酸分泌均有强大的抑制作用。健康志愿者和十二指肠溃疡患者，一次口服 20mg 奥美拉唑后，可使 6h 内胃酸分泌停止，24h 胃内胃酸分泌减少 60%～70%，抑酸作用可持续 24h 之久。本品对胃液总量和胃蛋白酶的分泌也有一定的抑制作用。兰索拉唑与奥美拉唑药理作用相似；泮托拉唑 40mg 抑酸效果优于奥美拉唑 20mg。

研究发现 PPI 还具有抗 Hp 的作用，此外 PPI 可通过抑制胃酸分泌，提高胃液值，使不耐酸的抗菌药物能发挥最大的杀菌能力，从而与抗菌药物发挥协同抗 Hp 感染的作用。

【临床应用】 消化性溃疡，胃食管反流病，胃泌素瘤，非甾体抗炎药诱发的溃疡；静脉注射可用于消化性溃疡急性出血的治疗；与克拉霉素、阿莫西林或其他抗菌药合用可杀灭幽门螺杆菌。

【不良反应】 轻微，少数患者有腹泻、疲乏、恶心、呕吐、腹痛、便秘、皮疹等，个别有血清转氨酶和胆红素增高。

【禁忌证】 对苯并咪唑类化合物过敏者禁用本类药物，肝功能患者及老年患者慎用，孕妇及哺乳期妇女不宜使用。

【注意事项】 PPI 经肝细胞色素 P450 酶代谢，奥美拉唑对肝细胞色素 P450 酶尚有一定抑制作用，可延长双香豆素、地西泮、苯妥英钠等药物的消除 $t_{1/2}$，代谢减慢。

二、保护胃黏膜药

保护胃黏膜药也称增强胃黏膜屏障功能的药物，正常情况下胃、十二指肠黏膜具有一系列的防御和修复机制（包括黏液-碳酸氢盐屏障、胃黏膜屏障、黏膜血流量、前列腺素、表皮生长因子等），当发生消化性溃疡时，由于受到胃酸、胃蛋白酶、胆汁、乙醇、Hp 及药物和其他有害物质的侵袭，导致黏膜屏障功能失衡。胃黏膜保护药主要通过增强黏膜的防御和修复作用，促进溃疡的愈合。临床常用的药物有如下几种。

硫 糖 铝

【体内过程】　硫糖铝是硫酸蔗糖和氢氧化铝的复合物，不溶于水，口服后约有5%经胃肠道吸收，大部分由肠道经粪便排出，少量代谢产物经肾脏排出。

【药理作用及作用机制】　硫糖铝没有抗酸作用，也不抑制胃酸分泌。其抗溃疡作用有以下几方面：①与溃疡处炎性渗出蛋白形成大分子复合物覆盖于溃疡表面，形成保护膜，阻止胃酸、胃蛋白酶和胆汁酸对溃疡面的渗透、侵蚀。②吸附胃蛋白酶和胆汁酸，抑制其活性。③能吸附表皮生长因子（EGF）积聚于溃疡处，保护胃黏膜；促进胃黏膜合成前列腺素E，刺激表面上皮分泌碳酸氢盐，改善黏液质量，加速组织修复。④近年研究表明，硫糖铝还具有弱的抗Hp作用。

【临床应用】　适用于消化性溃疡病，疗效与H_2-RA相似，治疗4周后十二指肠溃疡和胃溃疡愈合率分别为59%～85%和36%～61%；8周后愈合率分别为79%～91%和75%～94%。还可用于急性胃黏膜损伤或出血、应激性溃疡和反流性食管炎。硫糖铝片剂在酸性环境中作用强，且易与蛋白质相结合，故主张餐前嚼碎服用，对不能口服片剂的患者可选择硫糖铝的混悬剂由胃管内注入。

【不良反应】　硫糖铝吸收少，故不良反应轻微，主要副作用为便秘，偶见口干、恶心、腹泻等，长期服用可致低磷血症。在肾功能正常情况下，长期服用本品可使血浆铝略有增加，但不致蓄积中毒。

【禁忌证】　习惯性便秘者；肾功能不全者、低磷血症患者不宜长期服用。

【药物相互作用】　硫糖铝可降低地高辛、华法林、喹诺酮类药物、苯妥英钠、氨茶碱、脂溶性维生素等的吸收，同时服用应间隔2h再服用上述药物；硫糖铝与西咪替丁合用可降低本品疗效，应间隔半小时或1h。

枸橼酸铋钾

【体内过程】　口服本品仅有少量吸收，主要在胃内局部发挥作用。吸收入血后的微量铋剂在肾脏中浓度最高，少量分布在肺、脾、肝、大脑、心和骨骼肌主要从尿排出。

【药理作用及作用机制】　枸橼酸铋钾（colloidal bismuth subcitrate，CBS）具有胃黏膜保护和抑制Hp双重作用。①保护胃黏膜：CBS在酸性条件下，能与溃疡面上蛋白质与氨基酸络合而凝结，形成保护屏障，抵御胃酸和蛋白酶的消化作用，有利于溃疡的愈合。CBS能够抑制胃蛋白酶的活力，与胆汁酸结合，刺激内源性前列腺素的释放，促进胃黏液的分泌，改善胃黏膜局部的微循环，促进上皮修复等保护细胞的作用。②抑制Hp：CBS在试管内对Hp的最小抑菌浓度（MIC）为4～50mg/L，且不易产生耐药性，与抗菌药物联合应用有协同作用。其机制可能与破坏细菌细胞壁合成、影响细胞膜功能和抑制蛋白质合成等有关。

【临床应用】　疗效与H_2-RA基本相似，主要应用于单独应用H_2-RA疗效不佳的Hp阳性的十二指肠和胃溃疡病，也可用于有明显症状的Hp阳性的慢性胃炎。治疗消化性溃疡CBS常用剂量为颗粒剂1包/次，胶囊1粒/次，4次/日，3次餐前半小时服用和1次睡前2h服用，疗程一般为2～4周，1年内不可重复用药。

【不良反应及禁忌证】　CBS在常规剂量下和服用周期内比较安全，不良反应少而轻。少数可见便秘、灰褐色大便、口腔不适、失眠、乏力等；因血铋浓度超过100μg/L有发生神经毒性（铋中毒性脑病）的危险，有肝、肾功能不良者应慎用及减量；严重肾功能不全、孕妇和哺乳妇女忌用。

【注意事项】　CBS不能与食物、牛奶、抗酸剂或钙剂同服，应间隔0.5～1h，与四环素类同时服用可减少后者的吸收。

米索前列醇（misoprostol）

【体内过程】　口服后吸收快，达峰时间为半小时，1.5h可完全吸收，消除$t_{1/2}$为20～40min，4～8h完全从血浆消失。米索前列醇通过脂肪酸氧化系统代谢，不在肝脏进行，故不影响细胞色素氧化酶P450活性，肝病时也不影响其代谢，代谢产物主要经尿液排出，少量经粪便排出。

【药理作用及机制】 前列腺素（PG）良好的细胞保护作用是其治疗消化性溃疡的药理基础。米索前列醇为人工合成前列腺素E（PGE）的衍生物，克服了天然PG遇酸即灭活的缺点，且作用时间长、效力高和副作用少；可抑制基础胃酸的分泌和各种刺激所致的胃酸分泌。PGE还具有“适应性细胞保护”功能，通过加强胃黏膜屏障，增加胃十二指肠黏液分泌、刺激碳酸氢盐分泌，减少氢离子逆弥散，保持胃黏膜血供等途径保护胃黏膜免受胃酸、胆汁酸、碱液、非甾体抗炎药、乙醇等的损害，防止黏膜坏死，促进黏膜修复。

【临床应用】 米索前列醇是目前预防和治疗NSAID类药物所致胃十二指肠黏膜损伤最有效的药物，保护作用可达67%～90%，对胃十二指肠溃疡的疗效与西咪替丁相似。

【不良反应及禁忌证】 主要不良反应为腹部痉挛性疼痛和腹泻，与食物同时服用可延缓吸收、降低血药浓度、减少腹泻等不良反应发生。对前列腺类药物过敏者禁用；哮喘、青光眼患者不适宜使用；米索前列醇对妊娠子宫有收缩作用，故孕妇禁用；心、肝、肾或肾上腺皮质功能不全者禁用。脑血管或冠状动脉病变患者、低血压、癫痫患者慎用。

【药物相互作用】 与抗酸药合用可加重腹泻、腹痛等不良反应。与保泰松联合应用可发生神经系统不良反应。

其他具有胃十二指肠黏膜保护作用的药物有如下几种。

1. 替普瑞酮（teprenone） 萜烯类衍生物，增加胃黏液合成分泌，使黏液层中的脂类含量增加，疏水性增强，防止胃液中 H^+回渗作用于黏膜细胞；不良反应轻微，极少数患者有胃肠道反应皮肤瘙痒，谷丙转氨酶（ALT）谷草转氨酶（AST）轻度增高。

2. 麦滋林（marzulene） 由99%谷氨酰胺和0.3%的水溶性奥组成，前者增加胃黏膜前列腺素 E_2 合成，促进黏膜细胞增殖，增加黏液合成，增强黏膜屏障；后者抑制致炎物质作用，发挥抗炎效果，抑制胃蛋白酶活性；可减轻溃疡病症状，促进溃疡愈合，不良反应发生的率在0.55%以下，偶见恶心呕吐便秘腹泻腹痛，极少数患者有面部潮红。

三、根除幽门螺杆菌药

Hp是消化性溃疡发病中最重要的因素，约90%的十二指肠溃疡和70%胃溃疡与Hp感染有关。在控制症状和促进溃疡愈合方面以 H_2-RA和PPI应用最广，但停药后还易复发，都不能彻底根治溃疡病，而只有彻底消灭Hp才有可能根治溃疡病，达到真正的治愈。由于大多数抗菌药在胃酸环境中活性较低且不能穿透黏液层到达细菌，单用某一种抗菌药疗效都较低。因而发展了以铋剂或PPI为基础的三联或四联疗法（选择一种PPI和或CBS制剂，合用克拉霉素、阿莫西林、甲硝唑或替硝唑中的两种抗菌药物）根除率可达90%左右，同时还可减少Hp耐药性的产生，成为了抗Hp治疗消化性溃疡的主要趋势。

目前，Hp菌株对甲硝唑的耐药性正在迅速上升，而呋喃唑酮抗Hp作用强，不易产生耐药性，可取代甲硝唑。

知识拓展

根除幽门螺杆菌三联疗法方案

1. 铋剂加两种抗菌药 如枸橼酸铋钾+甲硝唑（或替硝唑）+阿莫西林，疗程1～2周，治愈率86%～90%。

2. 质子泵抑制剂加两种抗菌药 如奥美拉唑+克拉霉素+甲硝唑（或阿莫西林），治疗1周，Hp感染治愈率86%～90%；或奥美拉唑+阿莫西林+甲硝唑，疗程1～2周，治愈率为77%～83%。

3. H_2-RA加抗菌药 如雷尼替丁+阿莫西林+甲硝唑，疗程两周，治愈率80%～85%，或雷尼替丁+铋剂+克拉霉素（或阿莫西林），疗程两周。

第二节　消化功能调节药

本节包括助消化药物、止吐药和胃肠促动药、止泻药与吸附药、泻药、利胆药和胆石溶解药等内容。

一、助消化药

助消化药多为消化液中成分或促进消化液分泌的药物，能促进食物消化及增加食欲。

胃蛋白酶（pepsin）来自动物胃黏膜。胃蛋白酶常与稀盐酸同服，辅助治疗胃酸及消化酶分泌不足引起的消化不良和其他胃肠疾病。本品不能与碱性药物配伍。

胰酶（pancreatin）含蛋白酶、淀粉酶、胰脂酶，口服用于消化不良并能促进食欲。

乳酶生（biofermin）为干燥活的乳酸杆菌制剂，能分解糖类产生乳酸，提高肠内容物的酸性，抑制肠内腐败菌繁殖，减少发酵和产气；用于消化不良腹泻及小儿消化不良性腹泻；不宜与抗菌药或吸附药同时服用，以免降低疗效。

二、止吐药

呕吐是多种胃肠疾病引起的临床表现，是一种复杂的反射活动，也是机体的保护性反应。参与呕吐反射的中枢部位包括呕吐中枢和化学催吐感受区，一些化学药物治疗、放射病，以及尿毒症时体内蓄积的有毒物质，均可以直接刺激化学催吐感受区，产生呕吐。此外，一些外周刺激也能通过反射导致呕吐，如胃及十二指肠等内脏感受神经刺激；咽部迷走神经的感觉神经末梢受到刺激及内耳前庭的位置感觉改变等。处理呕吐时应该针对其原因选用不同药物。

1. H_1 受体拮抗药　如苯海拉明、茶苯海明、美克洛嗪等具有中枢镇静剂止吐作用，可用于预防和治疗晕动病，内耳性眩晕病等。

2. M 胆碱能受体阻断药　东莨菪碱、阿托品、苯海索等。此类药物通过阻断呕吐中枢的和外周反射途径中的 M 受体，降低迷路感受器的敏感性和抑制前庭小脑通路的传导，产生抗晕动病和预防恶心呕吐的作用，其中以东莨菪碱的作用较为明显。

3. 多巴胺（D_2）受体阻断药　氯丙嗪具有阻断中枢化学感受区（CTZ）的多巴胺（D_2）受体作用，降低呕吐中枢的神经活动，能有效地减轻轻度化学治疗引起的恶心呕吐，但不能有效地控制化疗药物（如顺铂、多柔比星、氮芥等）引起的恶心呕吐。使用本品时应注意其中枢神经系统作用。

4. 5-HT_3 受体激动药　甲氧氯普胺（胃复安，metoclopramide）、西沙比利等，详见胃肠促动药（gastro-kinetic agent）。

三、胃肠促动药

胃肠促动药是指促进胃肠道平滑肌的协调运动，加快胃肠道内容物转运和排空及协调胃肠功能，有利于减少胃食管反流的药物主要用于治疗功能性胃肠道动力障碍，用于不愿长期服用抑酸剂治疗的患者，或与抑酸剂联合治疗胃食管反流病。

（一）甲氧氯普胺

【体内过程】　口服和直肠给药吸收良好，肝脏的首关消除个体差异大，生物利用度为32%～97%；口服后 15～20min 开始起效，达峰时间为 0.5～1.0h。血浆蛋白结合率低，容易透过血脑-屏障和胎盘，乳汁中药物浓度高于血浆；30%药物以原型从尿中排泄，其余药物及其代谢物与硫酸盐和葡萄糖醛酸结合，自尿和胆汁排除，$t_{1/2}$ 为 2.6～5h；在肝、肾功能不全时 $t_{1/2}$ 延长。

【药理作用及作用机制】 甲氧氯普胺为第一代促动力药，主要作用途径：①阻断胃肠道多巴胺 D_2 受体，减弱了多巴胺能中间神经元对胃肠道初级运动神经元的抑制作用，还可激动 5-HT_3 受体，促进乙酰胆碱的释放；提高静止状态时胃肠道括约肌张力；增加食管下端括约肌张力和收缩的幅度，使食管下端压力增加，防止胃内容物反流至食管；增加胃和食管蠕动，从而促进胃的排空；促进幽门和十二指肠扩张，增进十二指肠和空、回肠的蠕动。②阻断延脑极后区 D_2 受体，抑制化学感受器触发区（chemoreceptor trigger zone，CTZ），具有强大的中枢性镇吐作用。③阻断垂体结节漏斗部 D_2 受体，促进催乳素的分泌；阻断黑质纹状体 D_2 受体，产生锥体外系反应。

【临床应用】 用于反流性食管炎和胆汁反流性胃炎，功能性消化不良；抗肿瘤药、放射治疗和手术后呕吐；诊断性十二指肠插管前服用，有助于顺利插管。钡餐造影检查时减轻恶心、呕吐反应。口服：成人为 5～10mg/次，4 次/日，餐前半小时服；用于止吐时短期应用，对反流性食管炎、胃炎等，2～8 周为一疗程。注射：静脉缓注或肌内注射，成人每次 10～20mg。每日剂量不宜超过 0.5mg/kg，否则易引起锥体外系反应。肝、肾功能不全患者，剂量减半。

【不良反应】 一般剂量时常见的不良反应为嗜睡，偶见激动、便秘、腹泻、荨麻疹、口干、舌或眶周水肿，头颈发硬和高铁血红蛋白血症。在较大剂量时，可出现锥体外系症状，如静坐不能、运动困难、肌张力增强、角弓反张和抽搐等；可显著增加血浆催乳素水平，可刺激女性泌乳、男性乳房发育。

【禁忌证】 正在使用单胺氧化酶抑制剂，三环类抗郁药和拟交感胺类药物的病人；机械性胃肠梗阻；消化道出血和穿孔；嗜铬细胞瘤和对甲氧氯普胺过敏者均禁用。

【注意事项】 甲氧氯普胺与阿托品类抗胆碱能药有拮抗作用，两者不能同时应用；可增强拟胆碱能药作用，两者合用时应注意作用和不良反应的增加。甲氧氯普胺可降低左旋多巴的效力，拮抗多巴胺的作用；由于缩短胃和小肠排空时间，可使地高辛和西咪替丁的吸收减少；增加阿司匹林、左旋多巴、锂化合物、乙醇和地西泮等的吸收；因其可致锥体外系不良反应，不能与吩噻嗪和丁酰苯类药物同时使用。

（二）多潘立酮（domperidone）

【体内过程】 口服后吸收迅速，达峰时间为 30min。不易透过血脑-屏障，所以基本无锥体外系反应，主要在肝内代谢，$t_{1/2}$ 为 7h，66%由粪排出，30%由尿排出。

【药理作用及作用机制】 多潘立酮为第二代促胃动力药，通过阻断多巴胺 D_2 受体，促进胃肠道动力；具有增强食管下端括约肌张力，增进胃肠道蠕动，协调胃窦和幽门括约肌的运动，促进食管和胃的排空；延脑极后区 CTZ 和垂体部位缺乏有效的血脑-屏障，因此多潘立酮仍可以阻断 CTZ 和垂体漏斗部 D_2 受体，有显著的镇吐作用并能促进催乳素分泌。

【临床应用】 用于功能性消化不良、糖尿病性胃瘫、反流性食管炎、胃炎、胃下垂和抗癌化疗或放疗引起的呕吐。多潘立酮片（吗丁啉，motilium），成人 10mg，儿童 0.3mg/kg，3～4 次/日。疗程一般为 7 日；慢性病例可延长；服用 2～4 周，可产生耐受性，药效降低；用于癌症止吐，剂量可增加 1 倍；肝、肾功能不全者剂量减少。

【不良反应与禁忌证】 轻度腹痛、腹泻、便秘、口干、皮疹、困倦、溢乳等；禁忌证与甲氧氯普胺相同，婴幼儿慎用。

（三）西沙必利

【体内过程】 西沙必利口服吸收迅速，生物利用度 40%～50%，血浆蛋白结合率为 97.5%，西沙必利在体内经 CYP3A4 催化代谢，$t_{1/2}$ 为 7～10h。肝病和老年人清除降低，$t_{1/2}$ 延长，肾功能不全患者药物的清除无影响。

【药理作用及作用机制】 西沙必利是第三代促动力代表药物，为 5-HT_4 受体的激动剂，选择作用于消化道平滑肌肠肌神经丛抑制性中间神经元的受体，促进乙酰胆碱释放，增加食管下端括约肌的张力，促进食管的蠕动和对酸的清除，还能增强胃的蠕动和排空，增进胃窦、幽门、十二指肠的协调，以及小肠和结肠的动力，加速胆囊的收缩和排空，对消化道的作用范围比甲氧氯普胺和多潘立酮广，故西沙比利为一种全消化道促动力药。

【临床应用】 主要用于对其他治疗不耐受或疗效不佳的严重胃肠道动力性疾病，如慢性特发性或糖尿病性胃轻瘫，慢性假性肠梗阻，胃食管反流病；成人用片剂每日 15～30mg，分 2～3 次于饭前 15min 服用。每日最高服药剂量为 30mg；婴幼儿用混悬剂，0.2～0.3mg/（kg·次），3～4 次/日，日剂量不超过 0.8mg/kg。

【不良反应及】 一般反应包括：稀便、腹泻、腹鸣、偶有腹痛、头晕、头痛等，大多在治疗早期出现且短暂。最严重的不良反应是心脏不良反应：可干扰心肌复极化，使心电图 Q-T 间期延长，甚至引起尖端扭转型室性心动过速，导致突然死亡，从而局限了西沙比利的临床应用，仅作为二线用药。

【禁忌证】 机械性肠梗阻，消化道出血或穿孔，有心脏病和心电图 Q-T 间期延（大于 340ms）者及对西沙比利过敏者禁用；早产、新生儿忌用。

【注意事项】 西沙必利与 H_2-RA 同时应用，可增加后者的吸收；与抗胆碱药合用，疗效降低；与吗啡、镇静剂、抗凝剂、乙醇等合用，可加快吸收、增加血浓度和药效；禁止同时服用 CYP3A4 抑制药，如酮康唑、伊曲康唑、咪康唑、氟康唑、红霉素、克拉霉素、竹桃霉素等，也不可与西柚汁同服，以免代谢抑制，诱发严重的心律失常。

（四）莫沙必利和伊托必利

莫沙必利（mosapride）为近年研制的新型胃动力药，作用与西沙比利相似，为选择性 5-HT_4 受体激动药，难以透过血脑-屏障，也不阻断多巴胺 D_2 受体，因而没有锥体外系副作用，主要用于功能性消化不良，可缓解胃灼热、嗳气、恶心、呕吐、早饱、上腹胀等消化道症状；也可用于胃食管反流病、糖尿病性胃轻瘫及部分胃切除患者的胃功能障碍。口服，一次 5mg，3 次/日，饭前服用；安全性优于西沙必利，不良反应主要表现为腹泻、腹痛、口干、皮疹及倦怠、头晕等，偶见转氨酶升高和嗜酸性粒细胞增多。

伊托必利（itopride）也是新型胃动力药，具有双重作用机制：一方面阻断多巴胺 D_2 受体，刺激内源性乙酰胆碱释放；另一方面通过抑制胆碱酯酶，抑制乙酰胆碱的水解，显著增强胃和十二指肠的运动，作用强度为多潘立酮的 10 倍，难以透过血脑-屏障，无锥体外系反应，但能通过阻断延脑极后区 CTZ 部位的多巴胺 D_2 受体，产生中等强度的镇吐作用。本品临床主要用于功能性消化不良，成人口服 50mg/次，3 次/日；安全性较好，不引起心电图 Q-T 间期延长；常见不良反应为皮疹、发热、腹痛、腹泻、头痛、便秘等。

四、止泻药与泻药

（一）止泻药与吸附药

腹泻是常见的一种症状，应针对病因进行治疗，但对腹泻剧烈或持续时间太长的患者，可适当给予止泻药。阿片制剂用于较严重的非细菌感染性腹泻，临床使用的制剂有阿片酊（opium tincture）；复方樟脑酊（tincture camphor compound），它是阿片酊的复方制剂。

地芬诺酯（diphenoxylate，苯乙哌啶）是人工合成的哌替啶衍生物，对肠道运动的影响类似于阿片类，通过激动 μ 阿片受体，减少胃肠推进性蠕动发挥其止泻作用；临床应用于急慢性功能性腹泻，可减少排便的频率；不良反应轻而少见，可能有嗜睡恶心呕吐腹胀和腹部不适；大剂量 40～60mg 和长期应用时可引起依赖性，过量时可导致严重中枢抑制甚至出现昏迷。

洛哌丁胺（loperamide）是氟哌啶醇的衍生物，有类似哌啶结构；主要作用于胃肠道 μ 阿片受体，很少进入中枢，止泻作用比吗啡强 40～50 倍。洛哌丁胺还可与钙调蛋白结合降低许多钙依赖的酶的活性，还可阻止乙酰胆碱和前列腺素释放，拮抗平滑肌收缩而抑制肠蠕动和分泌，止泻作用快、强、持久；不良反应较少，类似地芬诺酯；大剂量时对中枢有抑制作用，儿童更敏感；过量时可用纳洛酮对抗治疗。

鞣酸蛋白（tannalbin）属收敛剂，含鞣酸 50%左右，口服后在肠内分解释放鞣酸，使肠黏膜表面蛋白质凝固、沉淀，从而减轻刺激，降低炎性渗出物，发挥收敛止泻作用。临床用于急性肠炎及非细菌性腹泻的治疗。次水杨酸铋（bismuth subsalicylate）、碱式碳酸铋（bismuth subcarbonate）也有收敛作用，用于治疗非特异性腹泻。药用炭（medicinal charcoal）或称活性炭、白陶土（kaolin）及复方的矽炭银吸附药（agysical）能吸附肠道内气体，起止泻和阻止毒物吸收的作用。

双八面体蒙脱石（思密达）为吸附性止泻药，具有层纹状结构及非均匀性电荷分布，对消化道内的病毒、病菌及其产生的毒素有固定、抑制作用；对消化道黏膜有覆盖能力，并通过与黏液糖蛋白相互结合，从而提高黏膜屏障对攻击因子的防御功能，发挥止泻作用；体内不吸收，随粪便排出体外；主要用于食道、胃、十二指肠疾病引起的相关疼痛症状的辅助治疗，以及成人及儿童急、慢性腹泻。

（二）泻药

泻药是刺激肠蠕动、软化粪便、润滑肠道促进排便的药物，临床主要用于治疗功能性便秘，按作用机制分为刺激性泻药（contact cathartics）、渗透性泻药（osmotic laxatives）和润滑性泻药（surface-active agents）。

1. 刺激性泻药 又称为接触性泻药主要作用是刺激结肠推进性蠕动产生泻下作用，这类药物有如下几种。

酚酞（phenolphthalein）又称果导，口服后与碱性肠液反应形成可溶性钠盐具有刺激肠壁的作用，同时也抑制水分的吸收；导泻作用温和，用药后 6～8h 排出软便；口服后约 15%被吸收，主要由肾排出，尿液为碱性时呈红色。酚酞有肝肠循环—次给药可以维持 3～4 日，适用于习惯性便秘；临床治疗效果个体差异较大；不良反应偶致过敏反应、肠绞痛、心、肺、肾损害及出血倾向等；长期使用可致水电解质丢失和结肠功能障碍。

比沙可啶（bisacodyl）与酚酞同属二苯甲烷类刺激性泻药，口服或直肠给药后，转换成有活性的代谢物在结肠产生较强刺激作用。一般口服 6h 内直肠给药后 15～60min 起效，排软便。该药有较强刺激性可致胃肠痉挛直肠炎等。蒽醌类（anthraquinones）：大黄、番泻叶等中药含有蒽醌苷类物质，它在肠道内分解释出蒽醌刺激结肠推进性蠕动，4～8h 可排软便或引起腹泻。丹蒽醌（danthron）是游离蒽醌，口服后 6～12h 排粪便。

2. 渗透性泻药 或称容积性泻药，口服后肠道吸收很少，增加肠容积而促进肠道推进性蠕动，产生泻下作用。

硫酸镁（magnesium sulfate）和硫酸钠（sodium sulfate）也称盐类泻药，大量口服后其硫酸根离子、镁离子在肠道难被吸收，产生的肠内容物高渗又可抑制肠内水分的吸收，增加肠腔容积，扩张肠道，刺激肠道蠕动。此外，硫酸镁还有利胆作用，主要用于外科术前或结肠镜检查前排空肠内容物；辅助排除一些肠道寄生虫或肠内毒物。通常用 10～15g 加 250ml 温水服用，1～4h 发生较剧烈的腹泻；大约 20%镁离子可能被肠道吸收，肾功能障碍患者或中枢抑制的患者可能发生毒性反应；妊娠期妇女、月经期妇女、体弱和老年人慎用。

乳果糖（lactulose）口服不吸收，到结肠后被细菌分解成乳酸刺激结肠局部渗出，引起粪便容积增加降低血氨作用。

纤维素类（celluloses），如植物纤维素、甲基纤维素（methylcellulose）等口服后不被肠道吸收：增加肠腔内容积，保持粪便湿度，产生良好的通便作用。

3. 润滑性泻药　通过局部润滑并软化粪便发挥作用，如液状石蜡（liquid paraffin）有明显润滑作用；此外，甘油、纤维素类等也有类似作用。

五、利　胆　药

临床的胆道疾病多数需手术治疗，但对胆结石、急慢性胆囊炎等疾病可以药物治疗。这类药物主要通过促进胆汁分泌、降低胆汁中胆固醇饱和度，或增强胆囊收缩、舒张 Oddi's 括约肌等发挥溶石或利胆消炎的作用。利胆药是指对肝细胞有直接作用，促进胆汁生成和分泌，增加胆汁排出量，并能反射引起胆囊的收缩，松弛胆总管括约肌，促进胆囊的排空，消除胆汁淤积和胆道炎症的药物。常用药物见表 27-1。

表 27-1　常用利胆溶石药物

药名	作用及应用	注意事项
亮菌甲素 armillarisin　A	促进胆汁分泌，解除 Oddi's 括约肌的痉挛，促进免疫功能及增强吞噬细胞吞噬作用；主要用于治疗急性胆囊炎、慢性胆囊炎急性发作及胆道感染	肌内注射 2～4 次/日；口服 3 次/日，疗程 2～3 月。严重胆道梗阻者禁用
羟甲香豆素 hymecromone	舒张 Oddi's 括约肌，加强胆囊收缩，增加胆汁分泌和抑菌，利胆作用明显利于胆石排出，用于胆石症、胆囊炎、胆道感染、胆囊术后综合征等	口服 3 次/日，饭前服用。肝功能不全及胆道梗阻慎用
去氢胆酸 dehydrocholic acid	胆酸衍生物，吸收后在肝脏转化为羟基酮和胆酸，作用与胆汁和胆盐相似，可刺激肝细胞分泌大量低密度低黏度胆汁，促进胆汁引流、脂肪消化和吸收，用于胆囊及胆道功能失调、胆囊切除后综合征、慢性胆囊炎、胆石症等；与阿托品或硫酸镁合用于胆道小结石排出	口服 3 次/日；静脉注射 0.5g/d，以后根据病情逐渐加至 2g/d。胆道完全阻塞和严重肝功能减退者禁用
羟甲烟胺 nicotinylmethylamide	具有刺激胆汁分泌，抑菌作用；保护肝细胞；用于胆囊炎和胆管炎、肝炎后胆汁分泌或排泄障碍、胆石症、胃十二肠炎等	口服 3 次/日，静脉给药应缓慢推注。肝功能严重缺陷、胆道梗死、胆囊积脓、肝性脑病患者禁用
茴三硫 anethol trithione	促进胆汁、胆汁酸和胆固醇分泌，升高还原性谷胱甘肽增强肝脏的解毒功能；用于治疗胆囊炎、胆结石、急慢性肝炎	口服 3 次/日。长期服用可致甲状腺功能亢进。胆道阻塞患者禁用
熊去氧胆酸 ursodeoxycholic acid	促进胆汁分泌，增加胆固醇在胆汁中溶解度，防止胆结石形成；拮抗疏水性胆酸的细胞毒作用，免疫调节作用；适用于不适宜手术的胆固醇性结石；是目前治疗原发性胆汁性肝硬化的首选药；慢性肝病也有广阔应用前景	晚餐前顿服或分两次服用，疗程至少 2～3 月，一般 1～2 年。禁用于急性胆囊炎、胆管炎、胆道完全梗阻和严重肝功能不全、孕妇和哺乳妇女

案例解析

案例 27-1

患者，男，45 岁，有关节痛史 13 年，长期服用阿司匹林治疗。近 12 年，每于秋冬季节感觉上腹痛，多在餐后腹痛，至下次餐前缓解。近 10 日上腹痛复发，1 日前粪便转为黑色柏油状，呕出咖啡色液体约 200ml，伴有眩晕、出汗，测血压 80/60mmHg，心率 120 次/分，巩膜皮肤无黄染，腹部无压痛，肝脾未触及，腹部移动性浊音阴性。

解析：

该患者有服用 NSAIDS 病史呈慢性病程，反复发作餐后腹痛，且发作呈周期性。符合胃溃疡的典型表现，近期呕血黑粪伴眩晕，无肝硬化体征，提示溃疡并发上消化道大量出血。建议患者经输血和输晶体液，以及抑酸止血治疗后选择 PPI 联合胃黏膜保护药进行治疗，同时进一步检测幽门螺杆菌，若为阳性即选择根除幽门螺杆菌三联疗法进行治疗。

本章小结

作用于消化系统的药物主要有抗消化性溃疡药和消化功能调节药，主要用于治疗消化性溃疡、胃食管反流病、胆道疾病、胰腺和肝脏疾病等。

抗消化性溃疡药：主要包括如下几种。①抗酸药；代表药物有氢氧化铝等，通过直接中和胃酸从而降低胃内酸度，对消化性溃疡的止痛效果较好，但不能抑制胃酸分泌。②抑制胃酸分泌的药物；代表药物有 H_2-RA 和 H^+, K^+-ATP 抑制药，是临床最重要的治疗消化性溃疡的药物。③胃黏膜保护药；代表药有硫糖铝等，通过增强黏膜的防御和修复作用，促进溃疡的愈合。④根除 HP 的药物；主要有阿莫西林、克拉霉素、硝基咪唑类等抗菌药。

消化功能调节药：主要包括如下几种。①助消化药；胃蛋白酶等能促进食物消化及增加食欲。②止吐药。③促胃动力药；甲氧氯普胺、多潘立酮等促胃动力药通过促进胃肠道平滑肌的协调运动，加快胃肠道内容物转运和排空及协调胃肠功能，有利于减少胃食管反流，主要用于治疗功能性胃肠道动力障碍。④止泻及泻药。⑤利胆药。去氢胆酸及鹅去氧胆酸等利胆药通过促进胆汁生成和分泌，增加胆汁排出量，并能反射引起胆囊的收缩，松弛胆总管括约肌，促进胆囊的排空，消除胆汁淤积和胆道炎症。

中药介绍

黄 连

黄连（Coptidis rhizoma.）别名：味连、川连、鸡爪连，属毛茛科、黄连属多年生草本植物，叶基徨，坚纸质，卵状三角形，三全裂，中央裂片卵状菱形，羽状深裂，边缘有锐锯齿，侧生裂片不等 2 深裂；叶柄长 5～12cm。野生或栽培于海拔 1000～1900m 的山谷凉湿荫蔽密林中，有清热燥湿，泻火解毒之功效。其味入口极苦，有俗语云“哑巴吃黄连，有苦说不出”，即道出了其中滋味。

黄连传统用于湿热痞满，呕吐吞酸，泻痢，黄疸，高热神昏，心火亢盛，心烦不寐，血热吐衄，目赤，牙痛，消渴，痈肿疔疮；外治湿疹，湿疮，耳道流脓。酒黄连善清上焦火热，用于目赤，口疮；姜黄连清胃和胃止呕，用于寒热互结，湿热中阻，痞满呕吐；萸黄连舒肝和胃止呕，用于肝胃不和，呕吐吞酸。现代药理实验发现黄连还具有抗幽门螺杆菌作用及抗氧化作用，可用于消化性溃疡的治疗。

（李晓冰）

第二十八章　影响血液系统及造血系统的药物

能力要求

1. 能够阐述肝素（heparin）、低分子量肝素、华法林（warfarin）、尿激酶（urokinase）、链激酶（streptokinase）、组织纤维蛋白溶酶原激活剂（tissue-type plasminogen activator，t-PA）、维生素 K（vitamine K）、氯吡格雷（clopidogrel）、铁剂、维生素 B_{12}、叶酸（folic acid）的药理作用、临床应用和不良反应。

2. 能够描述氨甲苯酸（aminomethylbenzoic acid）、氨甲环酸（tranexamic acid）、右旋糖酐（dextran），以及促红细胞、白细胞生成的造血细胞因子的特点及应用。

第一节　抗凝血药

一、血液凝固

凝血和抗凝血、纤溶和抗纤溶系统的动态平衡，以维持机体血液的流动性，若出现平衡失调，可出现血栓栓塞性疾病，或发生出血性疾病。

血液凝固是血液形成血凝块的过程，即在机体多种凝血因子参与下的系列蛋白水解、活化的连锁过程，是血管损伤后机体为了避免出血、血液丢失而发生的正常生理过程。其包括通过内源性凝血途径和外源性凝血途径，最终生成纤维蛋白，形成血凝块，而纤维蛋白又可在机体抗凝因子的作用下降解而产生抗凝作用（图 28-1）。

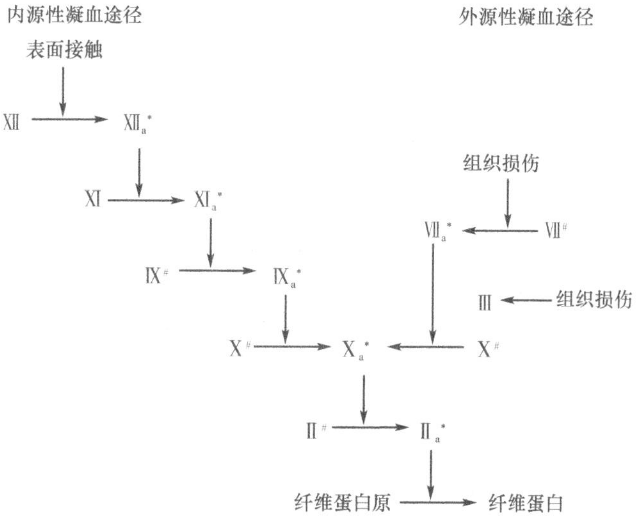

图 28-1　凝血过程及常用抗凝药作用靶点

*标记为肝素主要作用点；#为香豆素类药物主要作用点

二、抗 凝 血 药

肝 素

肝素为机体肥大细胞和嗜碱性粒细胞分泌的氨基葡聚糖，机体组织中肺含量最高，但因最早发现于肝脏而得名。药用肝素主要从猪小肠黏膜或牛肺提取，化学结构为 *D*-葡萄糖醛酸、硫酸化的 *L*-艾杜糖醛酸和 *D*-葡萄糖胺交替组成的氨基葡聚糖，天然肝素分子质量为 5000～40 000，药用分子质量为 12 000～15 000，其中硫酸根约占 40%。

【体内过程】 肝素为带大量负电荷的大分子氨基葡聚糖，口服在肠道被破坏而失活，肌内注射易导致血肿，皮下注射吸收缓慢而不规则，所以常需静脉给药。静注后起效迅速，大部分被巨噬细胞内吞、降解，少量以原型从尿缓慢排泄。肝素静注的生物 $t_{1/2}$ 1～2h，可因剂量增加而延长；肺气肿、肺栓塞患者 $t_{1/2}$ 缩短，肝、肾功能严重障碍患者则明显延长。

【药理作用及机制】

1. 抗凝血作用 肝素在体内、体外均有强大的抗凝作用，可阻止血块形成和延长形成时间，但不能溶解血栓。静注后迅速起效，血液凝固时间、凝血酶时间及凝血酶原时间均延长。

抗凝血酶Ⅲ（antithrombin Ⅲ，ATⅢ）为一种丝氨酸蛋白酶抑制剂，为分子质量 58 000 的糖基化多肽，能等摩尔地与丝氨酸蛋白酶类凝血因子包括凝血因子$Ⅱ_a$、凝血因子$Ⅺ_a$、凝血因子$Ⅸ_a$、凝血因子$Ⅹ_a$、凝血因子$Ⅶ_a$的丝氨酸活性部位结合，使这些凝血因子失活，但在正常情况下该反应速度较慢。肝素与 ATⅢ赖氨酸结合，使 ATⅢ空间构象发生变化，活性中心精氨酸暴露，与凝血因子结合更易，可使凝血因子$Ⅹ_a$失活速率提高 500～1000 倍，$Ⅱ_a$失活速率提高 2000～4000 倍，抗凝作用因而加强。肝素激活 ATⅢ后迅速解离，可循环利用，而 ATⅢ可被中性粒细胞弹性蛋白酶失活，由于长期使用而耗竭。

2. 其他作用 除抗凝作用外，肝素可抑制血小板聚集、激活纤溶系统、促进血管内皮释放脂蛋白脂酶、抑制血管内皮细胞增生和产生抗炎作用。

【临床应用】

（1）血栓栓塞性疾病：肝素可抑制血栓的形成、扩大，主要用于心肌梗死、肺栓塞、脑血管栓塞、外周静脉血栓和心血管手术时栓塞等。对于急性动、静脉血栓形成，肝素可产生快速抗凝作用。

（2）弥散性血管内凝血（DIC）：早期由于发生凝血使纤维蛋白原及其他凝血因子耗竭而发生严重的继发性出血，早期静注肝素可防止凝血因子的消耗。

（3）体外抗凝：用于输血，体外循环和血液透析等的抗凝。

【不良反应】

（1）出血：过量易致出血，应严格控制用量，并严密监测凝血时间，一旦出血立即停药，用硫酸鱼精蛋白对抗，1mg 硫酸鱼精蛋白大约可对抗 100U 肝素，要注意硫酸鱼精蛋白剂量过大本身也产生抗凝血作用。

（2）血小板减少：发生率约 3%，多发生于肝素使用的 5～10 日，其机制可能是肝素与血小板因子 4 形成复合物，刺激机体产生抗血小板特异性抗体。一旦发生，应停药，由于与低分子量肝素存在交叉反应，而不能换用，可换用重组水蛭素、阿加曲班或达那肝素、璜达肝素等。

（3）过敏反应：偶见发热、哮喘、荨麻疹、鼻炎、结膜炎。

（4）其他：转氨酶升高，但与肝功能异常无关，停药可消失；血钾升高，可能与肝素抑制醛固酮合成有关，长期使用可致骨质疏松。

禁用于肝素过敏、血小板功能不全和血小板减少症、严重高血压、活动性肺结核、内脏肿瘤、溃疡、脑出血及亚急性心内膜炎、孕妇、先兆流产、肾功能不全、外科手术后及血友病患者，不能与碱性药物合用。

低分子量肝素

该药是从普通肝素分离制备获得，分子质量 1000～10 000，平均分子质量一般为 4500，其药动学及药效学特性与普通肝素不同。①由于相对分子质量小，组分相对均一，皮下注射吸收比肝素规则，药动学特征更具可预见性，生物利用度 90%，$t_{1/2}$ 4～5h；②相对分子质量小，与 ATⅢ形成复合物后，不能结合Ⅱ$_a$，因而与X$_a$结合，选择性高，选择性抑制X$_a$活性（一分子X$_a$可催化大约 1000 分子凝血酶生成），而对Ⅱ$_a$及其他凝血因子作用较弱，不影响已形成的凝血酶。残存的凝血酶足以保证初级止血功能，所以抗血栓作用强，抗凝作用弱；③主要用于高危患者的静脉血栓栓塞的预防，治疗静脉血栓形成、肺动脉栓塞、不稳定心绞痛；④出血发生率低于肝素，不需监测活化部分凝血激酶时间（activated partial thromboplastin time，APTT），但肾功能不良患者仍需要监测 APTT；⑤血小板减少症和骨质疏松发生率低于肝素；⑥严重出血可用鱼精蛋白对抗，但效果不及肝素。

临床常用的低分子量肝素有替地肝素（tedelparin）、依诺肝素（enoxaparin）、瑞维肝素（reviparin）、弗希肝素（fraxiparin）、洛吉肝素（logiparin）、亭扎肝素（tinzaparin）、洛莫肝素（lomoparin）、那屈肝素（nadroparin）等，由于这些肝素的相对分子质量和硫酸化程度不同，药动学特征不完全相同。

磺达肝素

磺达肝素（fondaparinux）为人工合成的戊糖聚合物，分子质量 1500，皮下注射吸收完全而规则，2h 达峰，血浆蛋白结合率 94%，主要以原型从肾脏排泄，$t_{1/2}$ 为 17～21h；仅与凝血因子X$_a$结合，因而选择性抑制X$_a$活性；用途与低分子量肝素相似，更少见血小板减少副作用；肾功能不良患者禁用。

硫酸皮肤素

硫酸皮肤素（dermatan sulfate）主要存在于皮肤、血管、心瓣膜和肌腱，为由 *N*-乙酰氨基半乳糖和 *L*-艾杜糖醛酸二糖重复单位构成的氨基葡聚糖，药用从猪皮和牛肺等组织中提取。硫酸皮肤素能激活血浆蛋白酶抑制剂肝素辅助因子Ⅱ（HCⅡ），增强 HCⅡ对凝血酶活性的抑制作用；口服可吸收，体外具有抗凝作用，体内给药可用于治疗血栓性疾病，较少发生出血副作用。

达那肝素

达那肝素（danaparoid）为非肝素氨基葡聚糖混合物，含 4%硫酸软骨素、84%硫酸乙酰肝素和 12%硫酸皮肤素，分子质量平均为 5500；能增强 ATⅢ对凝血因子X$_a$的灭活，治疗剂量下不明显延长凝血酶原时间（prothrombin time，PT）和 APTT；主要用于预防深部静脉血栓形成，也可用于肝素致血小板减少患者的抗凝；不良反应主要为出血，由于结构与肝素有一定相似而导致血小板减少，可致过敏而加重哮喘。

水蛭素

水蛭素（hirudin）为天然存在的最强的凝血酶抑制剂，其抗凝作用不依赖于 AT Ⅲ，能紧密结合凝血酶的催化位点和底物结合位点，使凝血酶的蛋白水解功能受到抑制，纤维蛋白生成受阻而产生抗凝作用；也能灭活与纤维蛋白结合的凝血酶，对已形成的血栓有溶栓作用。

来匹卢定（lepirudin）为重组水蛭素，氨基酸序列与天然水蛭素极为相似，仅氨基末端一个异亮氨酸被亮氨酸取代，63 位酪氨酸残基上无硫酸；口服吸收差，需注射给药。$t_{1/2}$ 约 1.3h，大部分以原型经肾脏排出，肾功能不全者排出时间延长；主要用于肝素诱导血小板减少症；也用于预防手术后的血栓形成，防治冠状动脉成形术后再狭窄、不稳定型心绞痛、急性心肌梗死后溶栓的辅助治疗、DIC、血液透析中血栓形成等；对血小板影响小，较少引起出血，但有抗原性；同类药物地西卢定（desirudin）为合成的重组水蛭素，63 位酪氨酸残基上无硫酸。比伐卢定（bivalirudin）为人工合成的由 20 个氨基酸组成的水蛭素类似短肽。

阿 加 曲 班

阿加曲班（argatroban）为人工合成的精氨酸衍生物，属小分子的凝血酶抑制剂，与来匹卢定作用相似，抗凝作用不依赖于 ATⅢ，紧密结合凝血酶的催化位点，对与纤维蛋白结合血栓的作用优于肝素和水蛭素；静脉给药的血浆蛋白结合率约 54%，$t_{1/2}$ 40～50min，肝脏代谢，经胆汁排泄，肝功能不良的患者 $t_{1/2}$ 可延长 2 倍，而肾功能不良患者不需调整剂量。

华 法 林

华法林（warfarin）又名苄丙酮香豆素，是香豆素类抗凝剂（coumarin anticoagulants）的主要代表，其他尚有双香豆素（dicoumarol）、双香豆素乙酯（ethyl biscoumacetate，双香豆素乙酸乙酯）、醋硝香豆素（acenocoumarol，硝苄丙酮香豆素）等。它们均有 4-羟基香豆素的结构，作用和用途相似，而所用剂量、作用快慢和维持时间长短有所不同。

【体内过程】 华法林口服在胃肠道吸收迅速，生物利用度近 100%，血浆蛋白结合率 99.5%，主要与血液中白蛋白结合，分布容积很小；主要经肝脏 CYP2C9、CYP2C19、CYP2C8、CYP2C18、CYP1A2 和 CYP3A4 代谢，代谢产物超过 90%经肾排泄，血浆 $t_{1/2}$ 约 40h，而醋硝香豆素大部分以原型经肾排出。

【药理作用及机制】 γ 谷氨酰羧化酶的辅酶是氢醌型维生素 K，在羧化反应发生的同时，氢醌型维生素 K 转变为维生素 K 环氧化物，后者需要在维生素 K 环氧化物还原酶的作用下才能转变为氢醌型维生素 K。香豆素类药物的结构与维生素 K 相似，竞争性抑制维生素 K 环氧化物还原酶，阻止氢醌型维生素 K 的生成，进而阻止凝血因子Ⅱ、凝血因子Ⅶ、凝血因子Ⅸ、凝血因子Ⅹ，以及抗凝蛋白 C 和抗凝蛋白 S 的前体谷氨酸残基 γ 羧化，凝血因子停留在前体阶段，而产生抗凝作用，故体外无抗凝作用；由于对已羧化的凝血因子无影响，由于需要等凝血因子Ⅱ、凝血因子Ⅶ、凝血因子Ⅸ、凝血因子Ⅹ、抗凝蛋白 C 和抗凝蛋白 S 耗竭后才产生作用，其清除时间分别为 50h、6h、24h、36h、8h 和 30h，因此起效时间至少需要 8～12h，但真正达到良好的抗凝作用需要数日；停药后因各凝血因子的重新形成需一定的时间，故作用时间可持续 3～14 日；需要注意的是由于也抑制了抗凝蛋白 C 和抗凝蛋白 S 的形成，在初始用药的 36h 内可能会导致凝血倾向。

【临床应用】 常规应用于血栓性疾病的预防和降低凝血倾向，如心房颤动和心脏瓣膜病所致血栓栓塞；心脏瓣膜修复术，需长期服用华法林；肺栓塞、深部静脉血栓形成患者，用肝素或溶栓药后，常规用华法林维持 3～16 个月，预防复发。与肝素相比，香豆素类口服有效，但是起效慢，维持时间长，加上遗传因素导致剂量不易控制，必须密切监测凝血功能。

【不良反应】 过量易致出血，应密切监测 PT。一旦发生出血倾向，应立即停药，给予维生素 K 对抗，一般在给药 24h 后，PT 可恢复正常；如果发生严重出血，还应配合使用复合因子Ⅸ浓缩剂或新鲜血浆；易通过胎盘屏障，可导致胎儿凝血障碍，尚可致胎儿骨骼形成异常，所以孕妇禁用；可致皮肤坏死，可能与抗凝蛋白 C 缺乏有关；还可增加骨质疏松的风险。

【药物相互作用】 合用肝药酶抑制剂，如西咪替丁等可增强抗凝作用，合用肝药酶诱导剂，如巴比妥类等，减弱抗凝作用；合用血浆蛋白结合率高的药物，如保泰松、甲苯磺丁脲等，抗凝作用可能增加；本类药物与血小板抑制剂，如阿司匹林、广谱抗生素等可发生协同作用。

利 伐 沙 班

利伐沙班（rivaroxaban）为噁唑烷酮类衍生物，口服易吸收，食物影响小，生物利用度 80%～100%，2～4h 达峰，与白蛋白结合，结合率大于 90%，2/3 由肝 CYP3A4 和 CYP2J2 代谢，1/3 以原型经排泄，$t_{1/2}$ 为 7～11h。

本品为新型的口服抗凝药物，高选择性地竞争抑制呈游离状态和与凝血酶原结合的X_a，对血小板聚集没有直接作用；与华法林相比，治疗窗宽，吸收不受食物与其他药物的影响，量效关系稳定，X_a抑制可维持24h，出血风险低，剂量调整无需常规凝血功能监测。利伐沙班可简化术后的抗凝治疗方案，主要用于预防髋关节和膝关节置换术后患者深静脉血栓和肺栓塞的形成，也用于预防非瓣膜性心房纤颤患者脑卒中和非中枢神经系统性栓塞，降低冠状动脉综合征复发的风险等。常见转氨酶升高、贫血、恶心、术后出血等。出血一旦发生，目前尚无特异性拮抗剂上市，X_a衍生物重组体 andexanet alfa 与沙班类药物高亲和力，已完成Ⅲ期临床实验，并获 FDA 孤儿药资格。同类药物有奥米沙班（otamixaban）、阿哌沙班（apixaban）等。

达比加群

达比加群（dabigatran）为合成的非肽类凝血酶抑制剂，与凝血酶的纤维蛋白特异结合位点特异结合，阻止纤维蛋白原裂解为纤维蛋白，抑制凝血酶诱导的血小板活化和聚集，具有能口服、强效、用药无需特殊凝血功能监测、与 P450 没有相互作用、与低分子量肝素有相似的效应等特点。

达比加群酯为前体药物，口服吸收后，在体内转化为活性的达比加群。胶囊剂型的生物利用度约 7%，2h 达峰，血浆蛋白结合率 35%，达比加群不被肝代谢，不影响肝药酶，主要以原型经肾排泄，$t_{1/2}$为 12～17h。

本品对预防深静脉血栓和肺动脉栓塞有较好的作用。达比加群酯目前适应证仅为关节置换术后血栓形成的预防，特别适合需要长期用药时替代肝素，对深静脉血栓的作用并不优于肝素；临床研究用于包括非瓣膜性房颤、急性冠状动脉综合征、急性症状性静脉血栓形成和缺血性脑卒中等血栓形成；主要不良反应为胃肠出血、消化不良，可能与此药物含酒石酸，降低 pH 有关；还可增加心肌梗死的风险；肾功能不能者禁用；一旦发生出血，可考虑使用达比加群抗体艾达司珠单抗（idarucizumab）。

知识拓展

肝素为黏多糖硫酸酯，为非常重要的医学抗凝剂，但是其生理功能并不清楚。事实上，血液的抗凝主要依靠血管内皮细胞释放的硫酸乙酰肝素蛋白聚糖。而肝素主要储存于肥大细胞分泌颗粒，释放进入有损伤发生的脉管系统区域，因此其主要生理功能可能是在损伤区域防御细菌及其他外源性物质的侵入。

第二节　抗血小板药

血小板的黏附、聚集和释放功能，是血栓形成尤其是动脉系统血栓形成的重要因素之一。血小板功能主要受三大类物质调节：①产生于血小板，作用于血小板内部物质，如 cGMP、cAMP、PG 内环氧化物和 TXA_2；②产生血小板并作用于血小板膜表面受体的物质，如 5-HT、PGE_2、PGD_2和 ADP 等；③来源于血小板外并作用于血小板膜上受体的物质，如儿茶酚胺、凝血酶、胶原和 PGI_2等。抗血小板药（antiplatelet drugs）是能减少血小板聚集，抑制血栓形成的一大类药物，根据血小板功能调节的环节，分为三类：①影响血小板代谢酶的药，如环氧合酶抑制剂（阿司匹林）、TXA_2合成酶抑制剂[利多格雷（ridogrel）]、腺苷酸环化酶活化剂（PGI_2）和磷酸二酯酶抑制剂（双嘧达莫）等；②ADP 拮抗剂，如噻氯匹定和氯吡格雷等；③血小板 GPⅡ$_b$/Ⅲ$_a$受体阻断剂，如阿昔单抗等。

一、影响血小板代谢酶的药

（一）TXA_2抑制剂

奥扎格雷

奥扎格雷（ozagrel）$t_{1/2}$约 2h，经肾排泄，抑制 TXA_2合成酶，可减少 TXA_2的合成，抑制血小板聚集，解除血管痉挛；用于急性栓塞性脑梗死、蛛网膜下腔出血手术后血管痉挛及其并发脑缺血症状的改善、支气管哮喘治疗；不良反应表现为胃肠道反应、过敏、转氨酶升高、出血倾向等。

利多格雷

该药抑制 TXA_2合成酶作用强，减少 TXA_2的合成，且中等程度拮抗 TXA_2受体，拮抗 TXA_2的作用，主要用于心肌梗死、心绞痛及缺血性脑卒中的治疗，但有研究表明其对血小板血栓及冠状动脉血栓的作用并不优于阿司匹林及水蛭素；不良反应主要为胃肠道反应等。

吡考他胺（picotamide）同样为 TXA_2合成酶抑制剂和 TXA_2受体拮抗剂。伊非曲班（ifetroban）为选择性 TXA_2受体拮抗剂。

（二）环氧合酶抑制剂

阿司匹林为环氧合酶抑制剂的代表药物，由于其含有乙酰基团结构，在小剂量时能使血小板 COX1 乙酰化，持久抑制 COX1，减少 TXA_2的生成，而其他 COX 抑制剂作用弱，主要用于防治心脑血管血栓形成。

（三）PDE 抑制剂

双嘧达莫

双嘧达莫（dipyridamole）又名潘生丁，可通过多重机制发挥体内外抗凝作用，如抑制腺苷摄取、激活腺苷酸环化酶、抑制磷酸二酯酶，从而增加 cGMP 的浓度；直接刺激血管内皮细胞产生 PGI_2、通过抑制 TXA_2合成酶减少血小板 TXA_2生成，从而抑制血小板聚集；作用弱，多与阿司匹林、华法林等合用；口服易吸收，达峰时间约 75min，血浆蛋白结合率 99%，$t_{1/2}$为 10h；由肝代谢，主要经肾脏排出；不良反应有头晕头痛、呕吐、腹泻、皮疹和瘙痒，罕见心绞痛和肝功能不全。

西洛他唑（cilostazol）为 PDE_3抑制剂，增加 cGMP 的浓度，口服易吸收，血浆蛋白结合率 95%～98%，$t_{1/2}$为 1～13h。由肝 CYP3A4 和 CYP2C19 代谢，主要经肾脏排泄；主要用于外周血管疾病导致的间隙性跛行；不良反应有头痛、腹泻、心率加快等。

（四）前列腺素类

内源性 PGI_2 由血管内皮细胞合成，具有强大的抗血小板聚集及松弛血管平滑肌作用，药用依前列醇（epoprostenol，PGI_2）为其人工合成品。PGI_2 通过激动 PGI_2 受体，激活腺苷酸环化酶，增加 cAMP 含量，促进胞浆内 Ca^{2+}浓度降低，因而抑制血小板聚集和分泌，扩张血管；用于急性心肌梗死等，作用时间短，$t_{1/2}$为 2～3min；静脉滴注常见眩晕、头痛、血压下降、心率加速等。

二、ADP 拮抗剂

血小板上存在嘌呤能受体 P2Y，即 ADP 受体。ADP 激活 P2Y，使血小板表面 $GPⅡ_b/Ⅲ_a$空间构象发生改变，纤维蛋白原结合位点充分暴露，促进纤维蛋白原与血小板表面 $GPⅡ_b/Ⅲ_a$

结合，导致血小板聚集。血小板 P2Y 受体有 $P2Y_1$ 和 $P2Y_{12}$ 两种亚型，抑制其中一种即可产生抗血小板作用。

噻氯匹定

噻氯匹定（ticlopidine）为噻吩并吡啶的衍生物，口服吸收迅速，生物利用度＞80%，血浆蛋白结合率 98%，肝代谢，$t_{1/2}$ 约 12h，肾排泄为主；口服后 8～11 日疗效达峰，停药后作用可持续数日。该药不可逆拮抗 $P2Y_{12}$ 受体，从而抑制血小板聚集。可用于脑卒中、不稳定性心绞痛的继发心脑血管血栓的预防，疗效至少与阿司匹林相当，主要适用于阿司匹林不能耐受或者需要合用的患者；不良反应主要为过敏、恶心、呕吐、腹泻、出血，可发生严重的中性粒细胞减少和血小板减少。

氯吡格雷

氯吡格雷与噻氯匹定同属于噻吩并吡啶类，为 $P2Y_{12}$ 受体拮抗剂，口服生物利用度＞50%，血浆蛋白结合率 94～98%，肝代谢，$t_{1/2}$ 为 7～8h，肾和胆汁排泄。其主要优点是抗血小板聚集作用强于噻氯匹定，而不良反应轻，较少发生中性粒细胞减少和血小板减少，但有抗血小板作用仍较弱、起效比噻氯匹定慢（需要负荷剂量）和个体差异大的缺点；个体差异大主要是由于 CYP2C19 遗传多态性决定；主要不良反应是胃肠道反应、栓塞性血小板减少。

普拉格雷

普拉格雷（prasugrel）为新型噻吩并吡啶衍生物，与噻氯匹定、氯吡格雷同样为前药，口服迅速吸收，生物利用度＞79%，血浆蛋白结合率98%，在肠和血清酯酶、肝 CYP3A4 和 CYP2B6 的作用下转化为活性产物，不可逆结合 $P2Y_{12}$ 受体。抗血小板聚集作用比氯吡格雷强，起效比噻氯匹定快，能有效地降低非致死性心脏病和卒中导致的死亡；主要不良反应为出血，威胁生命的出血风险更多于氯吡格雷。

替格雷洛

替格雷洛（ticagrelor）为核苷类似物，口服 F36%，血浆蛋白结合率大于 99.7%，肝 CYP3A4 代谢，$t_{1/2}$ 约 7h，主要经胆汁排泄，能与 $P2Y_{12}$ 受体可逆结合并抑制。由于替卡格雷与 $P2Y_{12}$ 受体结合是可逆的，停药后血小板功能很快得到恢复，在停药 1～5 日后出血率较低，更适合冠状动脉搭桥患者；作用比氯吡格雷强、快、更具出血可预见性，比氯吡格雷更能有效地降低心血管死亡率，本身具有活性而不依赖肝功能；缺点是 $t_{1/2}$ 短，需要每日两次服药，依从性差，可引起呼吸困难等不良反应。该药物为 P-糖蛋白（P-gP）的抑制剂，可能影响地高辛等药物的血药浓度。

三、血小板 $GPⅡ_b/Ⅲ_a$ 受体拮抗剂

阿昔单抗

阿昔单抗（abciximab）为血小板表面 $GPⅡ_b/Ⅲ_a$ 的人/鼠嵌合单克隆抗体，可竞争性地抑制纤维蛋白原与血小板表面 $GPⅡ_b/Ⅲ_a$ 结合，进而抑制血小板聚集。血浆 $t_{1/2}$ 短，为 10～30min，而血小板结合时间长，停止静脉灌注后抑制作用可持续 18～48h；具有作用强，不良反应少的特点；临床用于不稳定型心绞痛、降低心肌梗死发生率，以及冠状动脉形成术后急性缺血性并发症的预防；主要不良反应是出血，尤其是胃肠道出血，可见血小板减少。

同类药物替罗非班（tirofiban）为人工合成的非肽小分子，特异性拮抗 $GPⅡ_b/Ⅲ_a$，具有起效快、作用时程短（停药 4～8h 后凝血参数可恢复正常）的特点。依替巴肽（eptifibatide）为响尾蛇毒液蛋白衍生的环七肽，对 $GPⅡ_b/Ⅲ_a$ 选择性比阿昔单抗高，对玻璃黏附蛋白受体没有作用，血 $t_{1/2}$ 约 2.5h，而血小板结合时间短，作用时程较短为 6～12h。

第三节 纤维蛋白溶解药

纤维蛋白溶解药能转化纤溶酶原为纤溶酶，从而溶解纤维蛋白，由于对已形成的血栓也有溶解作用，故此类药物也称为溶栓药。

链 激 酶

链激酶为由β溶血性链球菌产生的一种蛋白质，分子质量约47 000，本身没有酶活性，与血浆纤溶酶原结合成复合物后，致纤溶酶原构象变化、活性部位暴露，进一步催化纤溶酶原转变为纤溶酶，而纤溶酶能溶解刚形成的血栓中的纤维蛋白，使血栓溶解。$t_{1/2}$为40～80min。

本品主要用于急性血栓栓塞性疾病，如急性肺栓塞、深部静脉栓塞，以及导管给药所致的血栓及心肌梗死的早期治疗，在血栓形成6h内用药效果最佳。受链球菌感染过的患者，体内有抗链激酶抗体，可拮抗其作用，故需加大首剂负荷量；多次给药后机体易产生抗体，因而疗程不宜超过4日，以后宜改用t-PA。

其主要不良反应为注射部位血肿、过敏和出血。严重出血可用氨基己酸等对抗。

尿 激 酶

尿激酶为肾产生的含411个氨基酸的双链丝氨酸蛋白酶，其能直接激活纤维蛋白溶酶原转变为纤溶酶，溶解血栓。$t_{1/2}$为15～20min；临床用途和不良反应与链激酶相似，无抗原性但价格昂贵。

葡 激 酶

葡激酶（staphylokinase）为金黄色葡萄糖菌合成的一种单链蛋白，分子质量15 500，含有136个氨基酸；药用为重组葡激酶；作用机制与链激酶相同；$t_{1/2}$为70min；主要用于急性心肌梗死等血栓栓塞性疾病；不良反应与链激酶相似。

阿 尼 普 酶

阿尼普酶（anistreplase）为茴酰化纤溶酶原链激酶激活剂复合物，是链激酶与赖氨酸纤溶酶原以1∶1形成的复合物。由于纤溶酶原被乙酰化而活性中心暂时被封闭，纤溶酶原进入血液后弥散到血栓的纤维蛋白表面，复合物中赖氨酸纤溶酶原活性部位与纤维蛋白结合，去乙酰化，活性部位重新开放，血栓中纤维蛋白表面的纤溶酶原激活为纤溶酶，从而溶解血栓。其抗栓作用具有较高的纤维蛋白溶栓作用选择性；$t_{1/2}$约90min；主要用于发病6h内的急性心肌梗死患者的血管再通；不良反应有过敏、血压下降、出血等。

阿 替 普 酶

血管内皮细胞能合成释放t-PA，属含527个氨基酸残基的丝氨酸蛋白酶。当循环中没有纤维蛋白存在时，t-PA几乎没有纤溶酶原激活作用，对正常的纤溶酶产生没有明显影响，而与纤维蛋白、纤溶酶原结合为复合物后，对纤溶酶原激活作用增加几百倍，而发挥抗栓作用。

阿替普酶（alteplase）为重组t-PA，经肝脏代谢，$t_{1/2}$约5min；临床上主要用于心肌梗死、脑卒中、肺栓塞的溶栓治疗，越早使用效果越好；价格昂贵，出血发生率相对较低，可发生过敏反应、低血压。

同类药物瑞替普酶（reteplase）为从大肠埃希菌获得的重组单链非糖基化的人组织纤溶酶原激活剂，由t-PA的527个氨基酸的357个氨基酸组成，$t_{1/2}$为13～16min。该药与纤维蛋白的亲和力小于阿替普酶，因此在静脉灌注后能迅速进入血栓，发挥抗栓作用，而减少出血风险。适应证和不良反应与阿替普酶相似。替奈普酶（tenecteplase）为从中华仓鼠卵巢细胞获得的含527个氨基酸修饰的人t-PA cDNA糖基化蛋白，与阿替普酶相比，其纤维蛋白选择性更高，更不易受到内源性纤溶酶原激活抑制剂的影响。

蚓　激　酶

蚓激酶（lumbrokinase）为从人工养殖的赤子爱胜蚓中提取的蛋白水解酶复合物，分子质量 16 000～45 000，可以直接水解纤维蛋白，也可激活纤维蛋白溶酶原变成纤溶酶，间接水解纤维蛋白；主要用于短暂性脑缺血发作、脑梗死恢复期治疗和缺血性卒中二级预防，也可用于心肌梗死、不稳定心绞痛、糖尿病血管并发症、眼底静脉血栓等血栓性疾病；为口服制剂；不良反应主要为轻度头痛、头晕、便秘、恶心等。

第四节　促凝血药及抗纤维蛋白溶解药

促凝血药（coagulants）通过激活凝血过程的某些凝血因子而参与凝血过程，主要用于某些凝血功能低下引起的出血性疾病防治。

一、维 生 素 K

维生素 K 为 2-甲基-1，4-萘醌的衍生物，天然存在的为维生素 K_1、维生素 K_2 为脂溶性维生素，绿色植物含维生素 K_1，肠道细菌产生维生素 K_2，并能把维生素 K_1 转变成维生素 K_2。而维生素 K_3、维生素 K_4 和维生素 K_5 由人工合成，为水溶性维生素。

【体内过程】　维生素 K_1、维生素 K_2 口服吸收需胆盐协助，维生素 K_3、维生素 K_4 和维生素 K_5 从肠吸收不需胆盐协助，可直接进入血液循环。各种维生素 K 肌内注射均很快被吸收，主要以原型经胆汁或尿中排出。

【药理作用】　凝血因子Ⅱ、凝血因子Ⅶ、凝血因子Ⅸ、凝血因子Ⅹ、抗凝蛋白 C 和抗凝蛋白 S 前体在肝脏谷氨酸残基 γ 羧化酶的作用下转变凝血因子Ⅱ、凝血因子Ⅶ、凝血因子Ⅸ、凝血因子Ⅹ、抗凝蛋白 C 和抗凝蛋白 S，该羧化酶的辅酶为氢醌型维生素 K。在谷氨酸残基 γ 羧化反应的同时，氢醌型维生素 K 转化为氧化型维生素 K，后者又在维生素 K 环氧化物还原酶的作用下，还原成氢醌型维生素 K 而循环再利用。

如果维生素 K 环氧化物还原酶被抑制，或维生素 K 摄取障碍，可使维生素Ⅱ、维生素Ⅶ、维生素Ⅸ、维生素Ⅹ合成减少，导致凝血酶原时间延长并引起出血。

【临床应用】

（1）维生素 K 缺乏症：主要用于阻塞性黄疸、胆瘘患者，胆汁分泌不足导致的维生素 K 吸收障碍；新生儿及早产儿肝脏维生素 K 合成不足、广谱抗生素长期使用导致维生素 K 合成不足等引起的出血性疾病。

（2）抗凝药过量的解毒：双香豆素类或水杨酸过量引起的出血，维生素 K 可竞争性拮抗其抗凝的作用。

【不良反应】　少见，而维生素 K_3 具有一定毒性。静脉注射过快可出现面部潮红、出汗、胸闷、支气管痉挛，甚至血压急剧下降，危及生命。偶见过敏反应。口服维生素 K_3、维生素 K_4 引起恶心、呕吐等胃肠道反应。葡萄糖-6-磷酸脱氢酶缺乏的患者可诱发溶血性贫血。肝肾功能不全者慎用。

二、凝血因子制剂

凝　血　酶

凝血酶（thrombin）为胰蛋白酶样的丝氨酸蛋白酶，由凝血酶原转变而来，能切去血纤蛋白原中肽 A 和 B，催化血纤蛋白原水解为纤维蛋白，此外也能使Ⅴ、Ⅺ、Ⅷ转变为$Ⅴ_a$、$Ⅷ_a$、$Ⅺ_a$。药用凝血酶为从猪、牛血提取的无菌制剂，主要用于局部止血，应用于创口使血液凝固而止血；口服或局部灌注也用于消化道止血；必须直接与创面接触，才能起止血作用；严禁注射；遇酸、碱、重金属发生反应而降效，应新鲜配制使用；同类药物巴曲酶注射液（立止血）为注射用蛇毒凝血酶。

凝血酶原复合物

凝血酶原复合物（prothrombin complex）从健康人血浆分离而得，为主要含有凝血因子Ⅱ、凝血因子Ⅶ、凝血因子Ⅸ、凝血因子Ⅹ的混合制剂；$t_{1/2}$为 18～32h；主要用于先天性凝血因子Ⅸ缺乏的乙型血友病、肝脏疾病、香豆素类抗凝药过量及维生素 K 依赖性凝血因子Ⅱ、凝血因子Ⅶ、凝血因子Ⅸ、凝血因子Ⅹ等缺乏所致的严重出血；不良反应有过敏、血栓，肝病患者易引起 DIC，应慎用。

抗血友病球蛋白

抗血友病球蛋白（antihemophilic globulin）又名冻干人凝血因子Ⅷ、抗甲种血友病因子。含凝血因子Ⅷ及少量纤维蛋白原。目前已有纯的重组人 FⅧ，主要用于治疗甲型血友病、溶血性血友病、抗因子Ⅷ抗体所致严重出血，输注过快可引起发热、头痛、荨麻疹等。

卡 巴 克 络

卡巴克络（carbazochrome）又名卡络柳钠、安特诺新、安络血，为肾上腺素的氧化产物，作用于血小板表面 α 受体，增加细胞内钙离子浓度，促进 5-HT、ADP 和 TXA2 的释放，促使受损的毛细血管断端回缩、血小板黏附和聚集而发挥止血作用；用于治疗毛细血管脆性增加所致的出血，如视网膜、出血过敏性紫癜、肠道出血、鼻出血等；不良反应小，因含水杨酸，长期反复应用可产生水杨酸反应；用量过大可诱发精神失常，有精神病史或癫痫病史者慎用。

酚 磺 乙 胺

酚磺乙胺（etamsylate）又名止血敏，可促进血小板释放、提高毛细血管内皮细胞抵抗力、减少扩张血管和抑制血小板聚集的 PGs 的释放，收缩血管、降低毛细血管通透性，增强血小板聚集和黏附，缩短凝血时间；静脉注射可维持 4～6h，主要以原型经肾排泄。用于手术前后的出血，也可用于血小板功能不良、血管脆性增加而引起的出血；不良反应有皮疹、恶心、头痛、低血压等，可出现过敏性休克。

三、抗纤维蛋白溶解药

氨 甲 苯 酸

氨甲苯酸又名对羧基苄胺、抗血纤溶芳酸、止血芳酸。为赖氨酸的类似物，与纤溶酶原和纤溶酶中的赖氨酸结合位点结合，阻断纤溶酶的作用、抑制纤维蛋白凝块的裂解而止血，生物利用度约 70%，$t_{1/2}$为 60min。

本品临床主要用于纤溶酶过度活化、纤溶亢进所致的出血，如子宫、甲状腺、前列腺、肝、脾、胰、肺、肾上腺、脑等富含纤溶酶原激活物的脏器外伤或手术后的出血，以及鼻、喉、口腔局部止血；抗慢性渗血效果较好；常见不良反应有胃肠道反应；用量过大可致血栓形成或诱发心肌梗死；静脉注射过快可致低血压；肾功能不全者禁用。

同类药物氨甲环酸又名抗血纤溶环酸、止血环酸、凝血酸。生物利用度约 34%，$t_{1/2}$为 3.1h。抗纤溶活性为氨甲苯酸的 7～10 倍，为临床最常用的制剂，但不良反应较氨甲苯酸多。氨基已酸（aminocaproic acid）的结构、作用特点和应用与氨甲苯酸相似，吸收迅速，12h 内 50%以原型从肾清除，$t_{1/2}$为 2h；不良反应表现为胃肠道反应、发热、血栓形成、低血压、肌溶解和肌痛等。

第五节　抗贫血药

贫血属血液系统最常见的疾患，为循环血液中的红细胞数目和/或血红蛋白含量较长期低于正常值的病理现象。常见三种类型贫血：缺铁性贫血，在我国较多见，由血液丢失过多或铁吸收不足所致，主要表现为红细胞体积小，血红蛋白含量低于正常；巨幼红细胞性贫血，由叶酸或维生素 B_{12} 缺乏所致，主要表现为红细胞体积大，平均血细胞血红蛋白含量高，白细胞及血小板亦有异常；再生障碍性贫血，为感染、药物、放疗等因素致骨髓造血功能障碍，主要表现为红细胞、粒细胞及血小板均减少。抗贫血药（antianemic drugs）主要根据贫血的类型选择不同的药物进行治疗。

一、铁　　剂

常用的铁剂有多种，硫酸亚铁(ferrous sulfate)为无机铁的代表，枸橼酸铁铵(ferri ammonium citrate)、富马酸亚铁（ferrous fumarate）、山梨醇铁（iron sorbitex）和右旋糖酐铁（iron dextran）等为有机铁。

【体内过程】　血红素铁比非血红素铁容易吸收，有机铁比无机铁容易吸收。酸性环境有利于无机铁溶解而有助于吸收，抗酸药等可妨碍铁的吸收；Fe^{2+}比 Fe^{3+}易以被动转运方式在小肠上段吸收，少部分主动转运吸收，因而还原性物质，如果糖、半胱氨酸、维生素 C 等有助于铁的吸收。磷酸盐、鞣酸、考来烯胺、四环素等能与铁形成难溶性物质，影响铁吸收。

吸收入肠黏膜细胞的 Fe^{2+}，一部分被氧化成 Fe^{3+}与去铁铁蛋白结合成铁蛋白而储存，另一部分与转铁蛋白结合成复合物，再与胞浆膜上的转铁蛋白受体结合，然后通过受体介导的胞饮作用进入到细胞内，而转铁蛋白被释出细胞外，恢复其转铁功能。

【作用与用途】　铁是组成血红蛋白、肌红蛋白、血红素酶、金属黄素蛋白酶、过氧化氢酶等必需的元素。铁可吸附在骨髓有核红细胞膜上，进入细胞内与线粒体原卟啉结合形成血红素，再与珠蛋白结合形成血红蛋白。

铁剂主要用于治疗铁的摄入缺乏、需要量增加、失血过多所致的缺铁性贫血。用药 10～15 日网织红细胞达高峰，4～8 周血红蛋白接近正常。血红蛋白正常后，常需减半继续服药 2～3 个月，方可使体内铁储存恢复正常。

【不良反应】　无机铁的不良反应多于有机铁，常见呕吐、腹部不适、腹泻、腹痛等；也可发生便秘，可能是由于硫化氢与铁生成硫化铁，减少了硫化氢肠蠕动刺激作用。小儿误服过量铁剂（>1g）可引起急性中毒，表现为恶心、呕吐、休克、血性腹泻、惊厥，甚至死亡。解毒措施包括用碳酸氢钠洗胃，胃内给予去铁铵等。

二、叶　　酸

叶酸又称为维生素 B_9，由谷氨酸、蝶啶及对氨苯甲酸组成，蛋黄、绿叶蔬菜、豆类、面包酵母、肝、肾等含量丰富，叶酸为水溶性，不耐热，易氧化。人体细胞不能合成叶酸，只能从食物中摄取。

【药理作用及机制】　食物中主要以叶酸多聚谷氨酸盐的形式存在，吸收后在十二指肠黏膜上皮细胞(富含二氢叶酸还原酶和甲基化酶)被转化成 N^5-甲基四氢叶酸(methyltetrahydrofolic acid）进入循环，然后转甲基给维生素 B_{12}（vitamin B_{12}）后转化为四氢叶酸，四氢叶酸作为辅酶，传递一碳单位，参与体内多种生化过程，包括嘌呤核苷酸的从头合成；胸腺嘧啶脱氧核苷酸的合成；某些氨基酸的互变，如同型半胱氨酸转变为甲硫氨酸，丝氨酸转变为甘氨酸等。叶酸缺乏，上述生化反应受阻，其中最明显的是导致 DNA 合成障碍，而 RNA 及蛋白质合成影响较小，引起巨幼红细胞贫血。

【临床应用】 叶酸主要作为各种原因所致的巨幼红细胞性贫血的补充治疗，维生素 B_{12} 可促进叶酸的利用，两者合用效果更好。二氢叶酸还原酶抑制剂所致的巨幼红细胞性贫血，必须用含四氢叶酸的制剂，如亚叶酸钙（calcium folinate）治疗。对于维生素 B_{12} 缺乏所致的"恶性贫血（pernicious anaemia）"，单用叶酸只可纠正血象，不能改善神经症状。

三、维生素 B_{12}

维生素 B_{12} 为含钴的水溶性 B 族维生素，动物和植物均不能合成，只有细菌和古生菌具有其合成的酶。动物内脏、肉类、牛奶、蛋黄中广泛存在。具有辅酶活性的天然维生素 B_{12} 为甲钴铵和 5′-脱氧腺苷钴胺素。药用氰钴胺为灰色链霉菌发酵合成，性质稳定，价格较低，在体内转化为甲钴铵和 5′-脱氧腺苷钴胺素，另有羟钴胺、甲钴铵、硝钴胺等，价格更昂贵。

【体内过程】 酸性环境有利于食物中维生素 B_{12} 的释放，消化酶使与蛋白结合的维生素 B_{12} 解离，口服维生素 B_{12} 必须与胃壁细胞分泌的内因子形成复合物，免受肠道细菌破坏并进入远端回肠被其受体识别而吸收入门静脉，然后经钴胺素传递蛋白到达靶器官。

【药理作用及机制】 维生素 B_{12} 为细胞分裂和维持神经组织髓鞘完整所必需的辅酶，参与体内多种生化代谢。

（1）促进四氢叶酸的循环利用和某些氨基酸互变：维生素 B_{12} 为同型半胱氨酸甲基转移酶的辅酶，催化 N^5-甲基四氢叶酸转甲基给维生素 B_{12} 后转化为四氢叶酸和甲基维生素 B_{12}，促进四氢叶酸的利用，如转甲基反应受阻，会导致叶酸缺乏相同的症状，如巨幼红细胞性贫血；同时，甲基维生素 B_{12} 可转甲基给同型半胱氨酸，生成甲硫氨酸。

（2）促进脂肪代谢：维生素 B_{12} 可以转变为脱氧腺苷维生素 B_{12}，后者是甲基丙二酰辅酶 A 变位酶的辅酶，催化甲基丙二酰辅酶 A 变为琥珀酰辅酶 A 进入三羧酸循环而代谢。维生素 B_{12} 不足时，导致甲基丙二酰辅酶 A 堆积，由于其结构与丙二酰辅酶 A 相似，合成的异常脂肪酸与神经鞘膜的类脂结合，造成鞘膜病变，引起周围神经炎。然而，也有新的证据表明维生素 B_{12} 缺乏的神经症状可能是由于甲硫氨酸合成障碍所致。

【临床应用】 主要用于治疗维生素 B_{12} 缺乏所致的恶性贫血和巨幼红细胞贫血；也可用于氰化物中毒的解救，恶性贫血的辅助诊断，以及神经萎缩、神经炎、神经痛等神经系统疾病、肝脏疾病等的辅助治疗。

四、促红细胞生成素

促红细胞生成素（erythropoietin，EPO）是一种作用主要为调控红细胞生成的分子质量为 34 000～39 000 的糖蛋白。在胎儿和围产期新生儿期主要由肝脏分泌，而成人主要由肾间质成纤维细胞、皮质管周毛细血管和小管上皮细胞分泌，少量在肝脏产生。

【药理作用】 EPO 激动骨髓红祖细胞表面特异性的 EPO 受体，刺激红祖细胞的增殖与分化，也能促进网织红细胞从骨髓的释放。此外，可引起高血压、刺激血管生成、增加铁吸收、保护缺血性神经元损伤。

临床使用的 rhEPO 是利用 DNA 重组技术合成的重组人红细胞生成素（recombinant human erythropoietin），$t_{1/2}$ 约 5h，内源性 EPO 和不同的重组体约有不同。

【临床应用】 临床用于慢性肾病、脊髓发育不良等多种原因所致的贫血，疗效确切；也可用于改善肿瘤、化疗，以及某些免疫性疾病，如风湿关节炎、AIDS 和严重寄生虫病所致的贫血，也能促进骨髓移植患者造血功能的恢复。由于铁是合成血红蛋白的原料，因此伴有铁缺乏的患者不敏感，如果适当补充一定量的铁和叶酸，EPO 的疗效会增加。

【不良反应】　常见的不良反应有血红蛋白和红细胞比容增加、血压升高和血栓形成，少见过敏反应。

第六节　促白细胞生成药

临床常用的促白细胞生成药主要有粒细胞集落刺激因子、粒细胞-巨噬细胞集落刺激因子等。

非格司亭

【药理作用】　人粒细胞集落刺激因子（granulocyte colony-stimulating factor，G-CSF）也称为集落刺激因子 3，是由血管内皮细胞、单核细胞、成纤维细胞及其他免疫细胞合成的糖蛋白。天然存在的 G-CSF 有 174 个和 180 个氨基酸两种形式，前者的重组体为目前药物的靶标。

G-CSF 与骨髓粒祖细胞表面特异性受体结合，刺激已具有中性粒细胞定向分化能力的粒祖细胞增殖与分化，促进粒细胞的释放、增加成熟中性粒细胞的吞噬功能，延长其循环中的存活时间，增加骨髓造血干细胞动员进入外周血液。另外 G-CSF 可能为中枢神经系统的神经营养因子，调节神经可塑性，抑制神经元凋亡。

非格司亭（filgrastim）为重组人 G-CSF，约含 175 个氨基酸序列的糖蛋白，分子质量为 18k，与人 G-CSF 的结构略有不同，但其生物活性相似。

【临床应用】　主要用于治疗严重中性粒细胞减少症，如肿瘤的化疗和放疗、骨髓移植、再生障碍性贫血、骨髓肿瘤浸润、AIDS 等患者的中性粒细胞减少症。用药后可使中性粒细胞增加，缩短中性粒细胞缺乏时间，降低由于中性粒细胞下降引起的细菌和真菌感染的发病率；还可动员骨髓造血干细胞进入外周血液，而用于干细胞移植术。

【不良反应】　主要表现为过敏、骨痛，用于干细胞移植术时可罕见脾破裂。

沙格司亭

【药理作用】　粒细胞-巨噬细胞集落刺激因子（granulocyte-macrophage colony stimutaing factor，GM-CSF）也称为集落刺激因子 2，为白细胞生成因子，主要由单核细胞、T 淋巴细胞、肥大细胞、成纤维细胞、NK 细胞、血管内皮细胞合成。GM-CSF 是比 G-CSF 作用更广的多潜能造血生长因子，能刺激早期和晚期粒祖细胞的增殖与分化，对红祖细胞和巨核细胞系祖细胞也有作用；促进中性粒细胞、嗜酸性细胞、嗜碱性粒细胞和单核细胞的合成与释放，增强成熟中性粒细胞的功能。增加骨髓造血干细胞动员进入外周血液，但弱于 G-CSF；与 IL-2 共同作用刺激 T 细胞增殖和炎症部位的激活。

沙格司亭（sargramostim）为重组人 GM-CSF，为含 127 个氨基酸的糖蛋白，有 15 500、15 800 和 19 500 三种分子质量，$t_{1/2}$ 与重组人 G-CSF 相似，为 2～7h。

【临床应用】　主要用于化疗患者、骨髓移植患者、再生障碍性贫血、AIDS 患者中性粒细胞减少症的治疗。

【不良反应】　比 G-CSF 多而重，表现为发热、不适、关节痛、肌肉疼痛、过敏反应、组织水肿和胸腔及心包积液。

知识拓展

造血生长因子是一类能刺激骨髓的造血干细胞的增殖与分化的糖蛋白。目前应用临床的主要有重组人促红细胞生成素、粒细胞集落刺激因子、粒细胞-巨噬细胞集落刺激因子、促血小板生成素以及白介素 11 等。促血小板生成素（thrombopoietin，TPO）和白介素-11

（interleukin-11，IL-11）是内源性调节血小板生成的主要物质，主要用于治疗实体瘤化疗药物引起的血小板减少。罗米司亭（romiplostim）为含 2 个相同单链亚单元，每个单链包含 IgG Fc 恒定区域的 TPO 模拟肽。艾曲波帕（eltrombopag）为口服非肽类小分子 TPO 受体激动剂。

第七节　血容量扩充药

血容量扩充药又称血浆代用品，其能提高血浆胶体渗透压、增加血浆容量和维持血压的作用，也能阻止红细胞及血小板聚集，降低血液黏滞性，从而改善微循环。目前最常用的是右旋糖酐、人血白蛋白等。

右 旋 糖 酐

右旋糖酐为高分子的葡萄糖聚合物，因其聚合的葡萄糖分子数目不同，而有不同分子质量的产品。常用的有中分子右旋糖酐 70（dextran70）、低分子右旋糖酐 40（dextran40）和小分子右旋糖酐 10（dextran10）。

【作用和用途】 为血容量扩充药，能提高血浆胶体渗透压、增加血浆容量和维持血压，阻止红细胞及血小板聚集，降低血液黏滞性，从而有改善微循环的作用。其作用强度、维持时间依相对分子质量由大至小而逐渐减弱。

临床上常用的中分子右旋糖酐，主要用作血浆代用品，用于出血性休克、创伤性休克及烧伤性休克等。低分子、小分子右旋糖酐，能改善微循环，预防或消除血管内红细胞聚集和血栓形成等，亦有扩充血容量作用，但作用较中分子右旋糖酐短暂，用于各种休克所致的微循环障碍、弥漫性血管内凝血、心绞痛、急性心肌梗死及其他周围血管疾病等。

【不良反应】 偶有过敏反应、关节痛、出血等，少见血压下降、呼吸困难和胸闷，罕见过敏性休克。

人血白蛋白

人血白蛋白（human serum albumin）能增加血容量和维持血浆胶体渗透压；能结合阴离子和阳离子，输送物质，也可将有毒物质输送到解毒器官；人血白蛋白还可作为氮源为组织提供营养。

本品临床上可用于失血创伤、烧伤引起的休克；脑水肿及损伤引起的脑压升高；肝硬化及肾病引起的水肿或腹水、低蛋白血症；新生儿高胆红素血症；心肺分流术、烧伤的辅助治疗、血液透析的辅助治疗和成人呼吸窘迫综合征。

不良反应表现为寒战、发热、颜面潮红、皮疹、恶心呕吐等。输注过快可导致肺水肿，偶见过敏反应。

案例解析

案例 28-1

患者，女，25 岁，孕 16 周。其父曾罹患萎缩性胃炎，此次进行产前检查，发现平均血细胞血红蛋白浓度略低于正常，医生怀疑为巨幼红细胞性贫血。

分析该病可能对胎儿的影响。

解析：

该患者可能也罹患萎缩性胃炎，应明确诊断。维生素 B_{12} 缺乏一方面可导致胎儿同样的巨幼红细胞性贫血，并可能合并铁摄入不足，同时可能导致神经管发育异常。

本章小结

抗凝血药肝素增强 ATⅢ作用，低分子量肝素主要影响凝血因子X_a，水蛭素直接抑制凝血酶，而达比加群直接抑制凝血酶，可口服；华法林拮抗维生素 K，影响凝血因子Ⅱ、Ⅶ、Ⅸ、Ⅹ的合成，利伐沙班为可口服的选择性X_a抑制剂。噻氯匹啶、氯吡格雷等为竞争血小板 ADP 受体 $P2Y_{12}$的抗血小板药物，而阿昔单抗阻断血小板 GP$Ⅱ_b$/$Ⅲ_a$受体，用于急性心肌梗死和不稳定性心绞痛并发血栓。链激酶、尿激酶、t-PA 与纤溶酶原形成复合物，使纤溶酶原转变成纤溶酶，用于急性血栓栓塞性疾病；而氨甲苯酸、氨甲环酸为纤维蛋白溶解抑制药。维生素 K 为肝谷氨酸残基γ羧化酶的辅酶，参与维生素 K 依赖凝血因子的生成。

铁剂用于缺铁性贫血，维生素 B_{12}用于巨幼红细胞性贫血。EPO 刺激红祖细胞的增殖与分化，促进网织红细胞从骨髓的释放。非格司亭、沙格司亭主要刺激粒细胞集落形成单位，促进中性粒细胞成熟、释出及功能。

右旋糖酐能扩充血容，维持血压；抑制血小板和红细胞聚集，降低血液黏滞性，改善微循环，用于低血容量性休克、血栓形成。

中药介绍

灵　芝

灵芝（ganoderma），外形呈伞状，菌盖肾形、半圆形或近圆形，为多孔菌科真菌灵芝的子实体，主含氨基酸、多肽、蛋白质、真菌溶菌酶，以及糖类（多糖和还原糖）、麦角甾醇、三萜类、香豆精甙、挥发油、硬脂酸、苯甲酸、生物碱、维生素 B_2及维生素 C 等；孢子还含甘露醇、海藻糖。

有报道灵芝注射液在体外对 ADP 和胶原诱导的人血小板聚集有明显抑制作用，健康人每日服紫芝 0.2g，连续 1 周，对 ADP 诱导的血小板聚集有明显抑制作用，对胶原诱导者作用较差。心肌梗死或脑梗死患者服灵芝 2 周，体内外试验均能抑制 ADP 诱导的血小板聚集，服药后对体外血栓形成也有明显抑制作用。

（杨俊卿）

第二十九章　作用于子宫平滑肌的药物

能力要求

1. 掌握缩宫素（cxytocin）的主要药理作用和临床用途。

2. 熟悉前列腺素类（PGs）、麦角生物碱类及中药益母草（leonuri herba）等药物药理作用和临床用途。

3. 了解利托君、硫酸镁对子宫平滑肌的药理作用和临床用途。

临床上很多药物都可作用于子宫平滑肌，从而影响子宫平滑肌的功能，如雌激素类药物促进子宫内膜增生，促进子宫发育，提高子宫平滑肌对缩宫素的敏感性；孕激素（progestogens）作用于子宫平滑肌对维持妊娠具有重要意义。根据药物对子宫平滑肌产生不同药理效应，该类药物分为两类：子宫平滑肌兴奋药（oxytocics）和子宫平滑肌抑制药。兴奋子宫平滑肌的药物能增强子宫平滑肌收缩力，常可用于催产、引产及产后出血等；抑制子宫平滑肌的药物则被用于痛经和防止早产。

第一节　子宫平滑肌兴奋药

子宫平滑肌兴奋药也称为子宫平滑肌收缩药，是一类选择性兴奋子宫平滑肌增强子宫收缩的药物。其功能在很大程度上受女性激素的影响。由于使用的药物、剂量及子宫生理状态不同，用药后可引起子宫节律性收缩或强直性收缩的效应。前者用于引产和催产，后者用于产后出血和子宫复位。有些药物还用于人工流产。根据结构，这类药物分为垂体后叶素激素类、前列腺素类、麦角生物碱类及其他药物。因本类药物可能造成子宫破裂与胎儿窒息等严重后果，所以必须慎重使用并严格控制剂量。

一、垂体后叶素激素类

缩　宫　素

缩宫素又称催产素（pitocin），是垂体后叶素的主要成分之一。缩宫素的前体物质（前激素）在下丘脑合成并储存于分泌颗粒中，并以每日 3mm 的速度转运至神经垂体。前激素在转运至垂体的过程中，转化为缩宫素或血管加压素，两种激素储存于神经末梢。临床应用的缩宫素可从动物脑垂体后叶中提取或化学合成，化学合成品不含加压素，无升压作用。

【体内过程】　常用制剂为注射液、鼻喷雾剂及口腔黏膜制剂。在消化道易被酶破坏，故口服无效。肌内注射吸收良好，3～5min 起效，维持 20～30min。静脉注射作用快而短，故需要时，可静脉滴注给药；也能经鼻腔和口腔黏膜吸收，可透过胎盘；大部分经肝、肾破坏；其 $t_{1/2}$ 较短，仅 5～12min。妊娠期间，血浆中出现缩宫素酶，能使缩宫素失活。

【药理作用及机制】

（1）增强子宫收缩作用：缩宫素直接引起子宫平滑肌兴奋，增强子宫收缩力和增加其收缩频率。其作用强度取决于剂量和性激素水平。小剂量（2.5～5U）缩宫素产生模拟正常分娩的作用，一方面加强子宫底部平滑肌的节律性收缩，频率加快，另一方面使子宫颈平滑肌松弛。这种收缩性质和特点有利于促进胎儿娩出。大剂量（5～10U），肌张力逐渐增高，可致强直性收缩，可导致胎儿窘迫和子宫破裂。故用缩宫素催产或引产时，要严格控制药物剂量。缩宫素对子宫平滑肌的作用受体内雌激素和孕激素水平的影响。孕激素能降低子宫平滑肌对缩宫素的敏感性，而雌激素则增强缩宫素对子宫平滑肌的收缩作用。在妊娠早期，由于体内孕激素水平升高，子宫对缩宫素敏感性较低；可使子宫处于保护性抑制状态。在妊娠后期雌激素水平逐渐升高，子宫对缩宫素的反应性增强，在临产妇女中，小剂量缩宫素就能明显增强子宫收缩力，并诱发分娩。故小剂量缩宫素即可用于催产也可用于引产。

缩宫素对子宫产生作用的机制包括两点，一方面通过激动缩宫素受体引起子宫收缩；另一方面促进子宫内膜和蜕膜细胞产生前列腺素。人的子宫平滑肌上存在缩宫素受体，在不同妊娠期，受体数目存在差异。随妊娠时间延长，缩宫素受体数目逐渐增加。缩宫素受体被激动后，受体与 G 蛋白偶联，通过 G 蛋白激活磷脂酶 C（PLC），促进三磷酸肌醇（IP_3）的生成而使胞浆内 Ca^{2+}增加，也可直接导致细胞膜去极化后电压依赖性钙通道激活，最终导致平滑肌收缩加强。另外，缩宫素促进 PGF_2 及其代谢物的合成，能加强子宫平滑肌收缩和子宫颈扩张。

（2）促进乳腺排射功能：乳腺小叶分支被平滑肌和肌上皮细胞所包绕，这些组织细胞收缩时可使乳汁从乳腺小叶进入较大的窦中，便于婴儿吮吸，此即乳腺的排射功能。缩宫素能使肌上皮细胞收缩，促进乳汁分泌。如果哺乳期妇女缺乏催乳素时，可用缩宫素排乳。

（3）其他作用：大剂量还能引起短暂而显著的血管平滑肌舒张，引起收缩压和舒张压均降低。但用于催产时，不影响血压。此外，大剂量缩宫素尚有弱的抗利尿作用和抗 ACTH 的作用。

【临床应用】　缩宫素在临床上主要用于妇产科疾病及症状的治疗。

（1）引产和催产：对胎位正常、产道正常的产妇，因宫缩无力难产时，可用小剂量缩宫素以增强子宫节律性收缩频率和幅度，促进分娩。对于死胎、过期妊娠或因严重疾病等原因需提前终止妊娠者，可用其引产，如早产儿羊水破裂、子宫内发育迟缓和胎盘功能不全（如糖尿病、子痫前期和子痫）。缩宫素为常用的引产药。

（2）产后出血和子宫复旧不全：胎儿娩出或治疗性流产成功后，希望子宫能变的坚硬并收缩，以减少出血的发生率及范围。此时可立即皮下或肌内注射缩宫素，以维持子宫张力。可用于产后出血或不可避免流产及不全流产后的止血，但作用短暂，常与麦角新碱配合用来止血。

（3）缩宫素激惹实验：又称宫缩应激实验，就是用人为的方法诱发宫缩，并用胎儿监护仪记录胎心变化，了解胎盘在宫缩时一过性缺氧的变化，测定胎儿储备能力；是判断胎盘老化，了解胎儿在宫内安危的重要手段，临床常用缩宫素，因存在假阳性的可能，故仅供参考。

（4）其他：也可用于催乳、产褥期产妇乳房充血及乳腺炎引起的泌乳不畅。

【不良反应】　催乳素引起恶心、呕吐、血压升高等反应。大剂量可致子宫破裂及广泛性软组织撕裂，也易引起胎儿窘迫。凡有头盆不称、胎位不正、产道梗阻、有剖宫产史和有子宫肌瘤剔除史者禁用本品。

案例解析

案例 29-1

患者，女，32 岁，教师。于某日上午 12：00 剖宫术产 1 男婴，手术经过顺利。术后查子宫恢复良好，血压、脉搏正常，返回病房。14：00 左右突然阴道出血量多，超过经量，伴有大血块。

体格检查：患者一般状况良好，精神清晰，无贫血貌。腹部切口辅料无渗出，宫底脐上一指，轮廓清晰。T：37℃，P：72 次/min，BP：110/70mmHg。此患者被诊断为产后出血。

根据患者病情，建议使用什么药物？

解析：

治疗原则及药物如下所示。

1. 垂体后叶素类药物 大剂量缩宫素。

2. 麦角生物碱类药物 麦角新碱。

3. 子宫按摩 按摩下腹部，使膀胱排清尿液。

二、麦角生物碱类

麦角（ergot）是寄生在黑麦及其他禾本科植物子房中的一种麦角菌的干燥菌核。目前已用人工方法生产。麦角中含有多种生物碱，重要的有麦角新碱、麦角胺和麦角毒，它们的药理作用各不相同。根据化学结构，麦角生物碱类可分为两类：①氨基酸麦角碱类，包括麦角胺（ergotamine）和麦角毒（ergotoxine），口服吸收不佳，对血管作用显著，子宫兴奋作用慢而持久；②氨基麦角碱类，以麦角新碱（ergometrine，ergonovine）为代表，易溶于水，口服吸收好，对子宫兴奋作用快、强。

麦角新碱

麦角新碱为麦角成分中作用最强，毒性反应最小的一种，常用马来酸盐。

【药理作用】 麦角新碱能明显增加子宫活动。小剂量时其收缩频率或强度增加，然后正常放松；剂量加大则宫缩加强并延长，张力提高，甚至形成持续收缩。下段与宫体肌肉同时收缩，不利于胎儿娩出，故只能用于产后。麦角新碱直接作用于子宫平滑肌，增加节律收缩的张力、频率与幅度，故作用迅速、强而持久，可使子宫肌发生强直性收缩，使胎盘附着处肌层内血管受到压迫而止血，缩短第三产程及减少出血。故本品主要用于产后子宫收缩乏力所致产后出血和子宫复原不全，而不适用于催产和引产。

【体内过程】 麦角新碱口服吸收快而完全，10min 内即见子宫紧张度增加，60～90min 达血药浓度高峰。肌内注射为口服剂量的 1/10，静脉注射剂量为肌注的 1/2，5min 内即现子宫兴奋效应。静脉注射 0.2mg 后，药物迅速从血浆分布到外周组织，其 α 相 $t_{1/2}$ 为 20～30min，β 相消除 $t_{1/2}$ 为 20～30min 以上，临床作用可持续约 3h。肌内注射 0.2mg，t_{max} 为 0.5h，达峰浓度 3mg/ml，2h 总血浆清除率为 120～240ml/min。分娩时静脉或肌内注射，生物利用度可增加至 78%。本品在肝内代谢，经肾脏随尿排出。

【临床应用】 临床上主要用于妇产科疾症的治疗。

（1）子宫出血：产后或其他原因引起的子宫出血可以用麦角新碱，使子宫强直收缩，压迫血管而止血。

（2）产后子宫复原：产后十日内，子宫复原很快。如子宫复原缓慢，容易发生出血或感染。因此，服用麦角制剂等子宫兴奋药可加速子宫复原。常用麦角硫浸膏或麦角新碱。

【不良反应】 由于产后或流产后子宫出血的用药时间较短，药物的某些不良反应较其他麦角生物碱少见。但静脉给药时，可出现头痛、头晕、耳鸣、腹痛、恶心、呕吐、胸痛、心悸、呼吸困难、心率过缓；也有可能突然发生严重高血压，在用氯丙嗪后可以有所改善甚至消失。如使用不当，可能发生麦角中毒，表现为持久腹泻、手足和下肢皮肤苍白。

甲麦角新碱

本药为麦角新碱的半合成衍生物，常用马来酸盐，是作用强而持久的子宫收缩药。本药能直接作用于子宫平滑肌，对子宫体和子宫颈均有兴奋作用。其作用的强弱与子宫生理状态和用药剂量有关。妊娠子宫对本药较未孕子宫敏感，临产或产后子宫更为敏感。本药大剂量时可使子宫肌强直性收缩，从而使肌层内血管受到机械性压迫而止血。本药对周围血管的效应较麦角胺类生物碱弱，血压极少升高，用于预防和治疗产后或流产后子宫收缩无力或缩复不良所致的子宫出血。

三、前列腺素类

前列腺素（PG）广泛存在于人和动物的组织和体液中，是一类具有多种生理活性，对心血管的平滑肌有显著地抑制作用，可降低血压，对非血管的平滑肌有显著的兴奋作用，如对呼吸系统和消化系统有生理和药理作用。与生殖系统有关的主要是前列腺素 E（PGE）和前列腺素 F（PGF）两型，其中 α 类即 PGE_2 和 $PGF_{2\alpha}$ 活性最强，对各期妊娠子宫均有收缩作用。

PGs 是一类 20 碳不饱和脂肪酸，对机体多种功能有调节作用。其中明显影响子宫的有：地诺前列酮（前列腺素 E_2，PGE_2，dinoprostone）、地诺前列素（前列腺素 $F_{2\alpha}$，$PGF_{2\alpha}$，dinoprost）和 15-甲基前列腺素 $F_{2\alpha}$（15-Me-$PGF_{2\alpha}$，卡前列素，carboprost）等。

PGE_2 可直接作用于子宫肌，刺激妊娠的子宫肌产生类似足月临产后的子宫收缩，致使流产，也可直接使宫颈变软，有利于宫颈扩张。在整个孕期均可引起子宫收缩，对妊娠中期引产效果较好，也可用于足月引产和产后止血。临床上用于过期妊娠、先兆子痫，以及胎儿宫内生长迟缓时的引产、过期流产、28 周前的宫腔内死胎及良性葡萄胎时排除宫腔内容物，常与宫缩药同用。

吉美前列素为 PGE_1 的衍生物、硫前列酮和甲烯前列素为 PGE_2 的类似物。这些药物药理作用同地诺前列酮但选择性较高，不良反应少，作用维持时间长。

地诺前列素 α 的药理作用同 PGE_2，可用于妊娠中期人工流产，也适用于过期流产、胎死宫内或较明显的胎儿先天性畸形的引产；低浓度药液静脉滴注可用于足月妊娠时引产；动脉造影时可做为血管扩张药动脉注射。

15-甲基前列腺素 $F_{2\alpha}$ 对子宫平滑肌有直接引起收缩的作用，有协同抗早孕作用。该药与抗孕激素米非司酮或丙酸睾酮合并使用，用于终止妊娠及子宫收缩无力导致的顽固性产后出血。

卡前列甲酯作用同卡前列素，比较稳定，作用持久；阴道给药有明显子宫收缩作用和扩宫颈作用。

四、其　　他

米非司酮为炔诺酮衍生物，是孕激素受体的拮抗剂，阻碍黄体酮与黄体酮受体的结合发挥抗孕激素作用，但无雌激素、雄激素活性。具有终止早孕、抗着床、诱导月经和促进宫颈成熟的作用。抗早孕机制主要是通过与黄体酮竞争受体，使黄体酮维持蜕膜发育的作用受到抑制，胚囊从蜕膜剥离。米非司酮能明显增加妊娠子宫对前列腺素的敏感性。米非司酮和前列腺素类药物序贯用药，可提高完全流产率，米非司酮与糖皮质激素受体亦有一定结合力。

米非司酮，除用于抗早孕、催经止孕、胎死宫内引产外，还用于妇科手术操作，如宫内节育器的放置和取出、取内膜标本、宫颈管发育异常的激光分离及宫颈扩张和刮宫术，不良反应可见恶心、呕吐、头晕、腹痛等。子宫痉挛所致疼痛，可用止痛药处理。

知识拓展

药物流产又称药流，是指用米非司酮片加米索前列醇药物口服终止早期妊娠。近年来已广泛应用于临床。在怀孕早期无需手术、而用打针或服药的方法达到人工流产。应用药物使妊娠终止，是近 20 年来的新发展。目前常用的药物是米非司酮片和米索前列醇联合应用，前者使子宫蜕膜变性坏死、宫颈软化，后者使子宫兴奋、子宫收缩，促使胚胎排出。

中药介绍

益 母 草

益母草为唇形科、益母草属植物，全草入药。益母草含益母草碱、水苏碱、益母草定、益母草宁等多种生物碱及苯甲酸、氯化钾等；生用或熬膏用；味辛苦、性凉，活血、祛淤、调经、消水，治疗妇女月经不调，胎漏难产，胞衣不下，产后血晕，瘀血腹痛，崩中漏下，尿血、泻血，痈肿疮疡。现代药理学研究表明益母草具有很多药理作用，包括兴奋子宫、改善血流动力学、保护缺血心肌、改善血液流变学、抗血栓形成及抗心肌肥厚作用。

【药理作用】

（1）兴奋子宫：实验研究证明，益母草中有效成分为益母草碱，其对子宫有明显的兴奋作用，可使子宫收缩频率、幅度及张力增加，其作用稍弱于垂体后叶素。其对未孕或已孕子宫都有作用，已孕子宫更为敏感，用于产后子宫复原、恶露排出、月经不调等。

（2）改善血流动力学、保护缺血心肌：通过阻断β受体，减慢心率，减弱心肌收缩力，减少心输出量；能改善血液流变学、抗血栓形成。益母草能抑制磷酸二酯酶活性，提高血小板内cAMP含量，使微血流从粒状变为线状；闭锁的毛细血管重新开放。

（3）利尿及防治急性肾小管坏死。

【临床用途】 用于产后子宫出血和复旧不全、急性肾小球肾炎、冠心病、心绞痛等。

第二节　子宫平滑肌抑制药

子宫平滑肌抑制药又称抗分娩药（tocolytic drugs）。本类药物可抑制子宫平滑肌，使子宫收缩力减弱，收缩节律减慢，临床上用于防治早产或暂时终止分娩，还用于痛经。目前，能抑制子宫平滑肌并具有治疗价值的药物包括5类，分别是β_2肾上腺素能受体激动药、硫酸镁、钙通道阻滞药、前列腺素合成酶抑制药、缩宫素拮抗药等。

利 托 君

利托君又名盐酸羟苄羟麻黄碱，利妥特灵。

【药理作用和作用机制】 为β拟交感神经药，属于肾上腺素能β_2受体激动剂，主要作用位置是子宫肌层，通过与子宫平滑肌细胞膜上β_2受体受体结合，激活腺苷酸环化酶，细胞内cAMP浓度升高，降低细胞内游离钙的浓度，使子宫平滑肌松弛。本品可抑制子宫平滑肌的兴奋，表现为子宫平滑肌张力下降，子宫收缩力降低，尤其对妊娠子宫平滑肌的异常收缩具有良好抑制作用，能使宫缩强度减弱，并缩短宫缩时间，使子宫处于安静状态，以达到安胎的作用。本化合物是美国FDA批准的唯一用于预防早产的药物。

【不良反应】 常见于胃肠道、中枢神经和心血管系统。

（1）一般不良反应：静脉输注常出现孕妇和胎儿心率增加，还可有震颤、恶心、呕吐、头痛、红斑及神经过敏心烦意乱焦虑不适等。口服影响较轻，可使母体心率略有增加，但对母体血压及胎儿心律影响很小或无影响。10%～15%的患者有震颤，其他少见的有恶心、皮疹、心律不齐等。

（2）本品对β_2受体的激动作用选择性不强，它同时也作用于β_1受体，故可发生心悸、胸闷、胸疼和心律失常等反应，反应严重者应中断治疗。

本品禁用于妊娠不足20周和分娩进行期（子宫颈扩展大于4cm或开全80%以上）的孕妇。

有严重心血管疾患的患者禁用。分娩前有任何原因的大出血，特别是前置胎盘及胎盘剥脱者禁用。

其他 β_2 肾上腺素能受体激动药，如沙丁胺醇（salbutamol）、克伦特罗（clenbuterol）、海索那林（hexoprenaline）等也都具有松弛子宫平滑肌作用，这些药物选择性地兴奋 β_2 受体，特异性抑制子宫平滑肌收缩，对妊娠子宫和非妊娠子宫都有作用。早产妇女使用本药后，可延缓分娩，使妊娠时间接近正常，防治早产。

硫　酸　镁

【药理作用】　静脉给药后，镁离子可拮抗钙离子并抑制中枢神经的活动，抑制运动神经-肌肉接头乙酰胆碱的释放，阻断神经肌肉连接处的传导，降低或解除肌肉收缩作用，同时对血管平滑肌有舒张作用，使痉挛的外周血管扩张，降低血压，因而对子痫有预防和治疗作用。对子宫平滑肌收缩也有抑制作用，表现为子宫平滑肌收缩减弱，降低胎盘血管阻力，增加子宫动脉血流量，可用于治疗早产。

【临床用途】　临床用于抗早产时，常与沙丁胺醇合用，效果更好。可作为解痉药物治疗中重度妊娠高血压综合征、先兆子痫和子痫。禁用 β 受体激动药的产妇，可用本药治疗早产。

【不良反应】　静脉注射硫酸镁常引起潮热、出汗、口干等症状，快速静脉注射时可引起恶心、呕吐、心慌、头晕，个别出现眼球震颤，减慢注射速度症状可消失。出现肌肉兴奋性受抑制，感觉反应迟钝，膝腱反射消失，呼吸开始受抑制，可发生呼吸停止和心律失常，心脏传导阻滞，浓度再升高，可使心搏停止。

钙通道阻滞药可松弛离体子宫平滑肌，明显拮抗缩宫素所致的子宫兴奋作用。其中，硝苯地平（nifedipine）可用于防治早产。

本 章 小 结

子宫平滑肌兴奋药包括有缩宫素、麦角生物碱、垂体后叶素、地诺前列酮等药物。这些药物通过激动缩宫素受体，能直接兴奋子宫平滑肌，麦角生物碱选择性兴奋子宫平滑肌。这些药物主要用于催生、引产及产后出血。

子宫平滑肌抑制药包括沙丁胺醇、利托君和硫酸镁等。沙丁胺醇、利托君等能激动子宫平滑肌上的 β_2 受体，抑制子宫平滑肌收缩，使血管平滑肌松弛，进而增加子宫胎盘的血流量，改善宫内供氧环境；硫酸镁通过拮抗钙离子，使子宫平滑肌松弛，主要用于防治早产和妊娠高血压综合征。

中 药 介 绍

当　归

当归（angelicae sinensis radix）为伞形科多年生草本植物当归的根。祖国医学认为，当归味甘而重，故专能补血，其气轻而辛，故又能行血，补中有动，行中有补，为血中之要药。因而，它既能补血，又能活血；既可通经，又能活络。凡妇女月经不调，痛经，血虚闭经，面色萎黄，衰弱贫血，子宫出血，产后瘀血，例经月经来潮时，出现口鼻流血等妇女的常见病，都可以用当归治疗。当归的功效与作用有很多，尤其适合女性使用。

现代研究表明当归挥发油对子宫均有直接抑制作用，使节律性收缩逐渐变小至消失，呈弛缓状态。并对抗垂体后叶素、组胺、肾上腺素及乙酰胆碱等引起的子宫收缩。

（张　梅）

第三十章　肾上腺皮质激素类

能力要求

1. 能够根据糖皮质激素（glucocorticoid，glucocorticosteroid）的药理作用、临床应用及不良反应选择合适的药物和正确的用法。

2. 能够阐明糖皮质激素的药理作用机制和用法。

3. 能够解释促肾上腺皮质激素（adrenocorticotropic hormone，ACTH）和盐皮质激素类药物的应用。

4. 了解皮质激素的构效关系特点；了解皮质激素抑制剂的应用。

肾上腺解剖学上可分为皮质部和髓质部，皮质部产生肾上腺皮质激素（adrenocortical hormones），髓质部可分泌肾上腺素。肾上腺皮质由内向外依次分为：网状带、束状带和球状带三层，肾上腺皮质激素是肾上腺皮质各部位分泌产生的各种激素的总称。网状带主要合成性激素类；束状带合成糖皮质激素，如氢化可的松等；球状带分泌盐皮质激素（mineralocorticoid），如醛固酮、去氧皮质酮等。此外，肾上腺皮质激素的生成和分泌受垂体促肾上腺皮质激素（ACTH，促皮质素，corticotrophin）调节，ACTH 受下丘脑促肾上腺皮质激素释放激素（corticotropin releasing hormone，CRH）调节，构成下丘脑-垂体-皮质激素腺轴。CRH 由室旁核的神经元分泌，具有昼夜节律性，可以促进 ACTH 的合成和释放。ACTH 由腺垂体的垂体前叶促肾上腺皮质细胞分泌产生，属于促激素，主要作用是促进肾上腺皮质束状带分泌糖皮质激素。ACTH 的分泌受下丘脑 CRH 控制可呈现一定的昼夜节律性，此外，室旁核分泌的血管升压素（vasopressin，VP）也可促进 ACTH 的合成和分泌。糖皮质激素具有负反馈调节垂体 ACTH 和下丘脑 CRH 分泌的作用，当血液中的糖皮质激素水平升高时，可以抑制垂体 ACTH 和下丘脑 CRH 的分泌（图 30-1）。

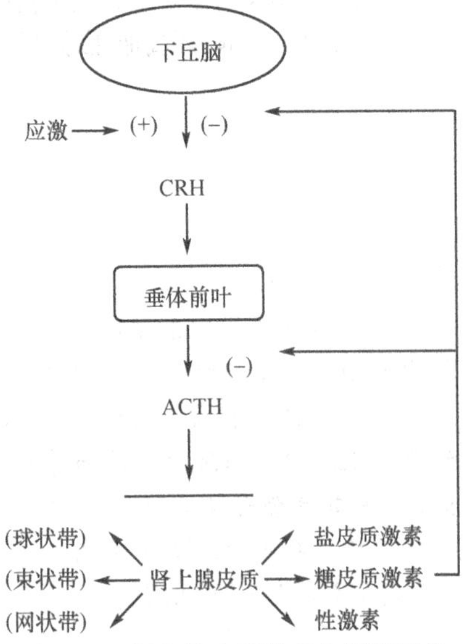

图 30-1　肾上腺皮质激素分泌的调节

【化学结构与构效关系】　肾上腺皮质激素类的基本结构为甾核（steroid），其共同的结构为甾核 A 环的 $C_{4\sim5}$ 为双键，C_3 上有酮基，C_{17} 上有 β 醇酮基，C_{20} 上有一个羰基，这些结构为保持生理功能所必需。人工合成的种类第 1、第 2 位碳原子间多为双键，在机体内还原灭活作用减弱，故作用强于天然皮质激素和少数人工合成品。

糖皮质激素和盐皮质激素的主要区别在于糖皮质激素 C_{17} 有羟基，C_{11} 有氧或羟基，而盐皮质激素 C_{17} 无羟基，C_{11} 无氧或有氧但与 C_{18} 结合。

构效关系包括：可的松或氢化可的松 $C_{1\sim2}$ 引入双键分别成为泼尼松或泼尼松龙，糖代谢和抗炎作用增强 4～5 倍，水盐代谢作用减弱；泼尼松龙 C_6 上引入 α 甲基成为甲泼尼龙，抗炎作用强于泼尼松龙；泼尼松龙 C_9 位上引入氟，C_{16} 位上引入甲基，抗炎作用明显提高，水钠潴留作用明显减弱，如地塞米松等；如 C_6、C_9 位同时引入氟，则抗炎作用和水钠潴留作用均明显增强，如氟轻松，用于皮肤局部抗炎；泼尼松龙 C_{16} 位上引入羟基，C_9 位上引入氟，则成为曲安西龙，抗炎作用增强，对水盐代谢影响不大。

各化合物结构见图 30-2。

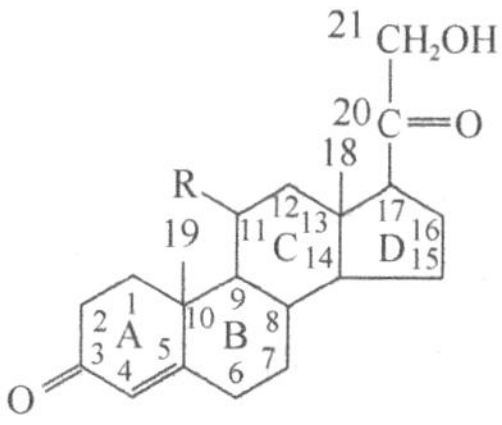

肾上腺皮质激素的基本结构

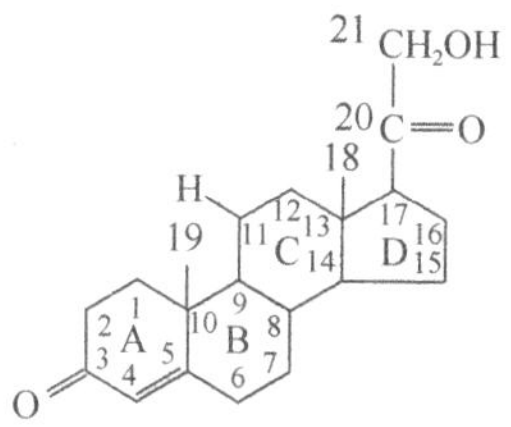

去氧皮质酮
desoxycoktone

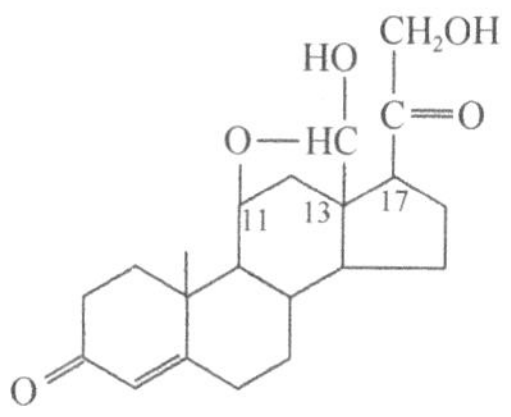

醛固酮
aldosterone

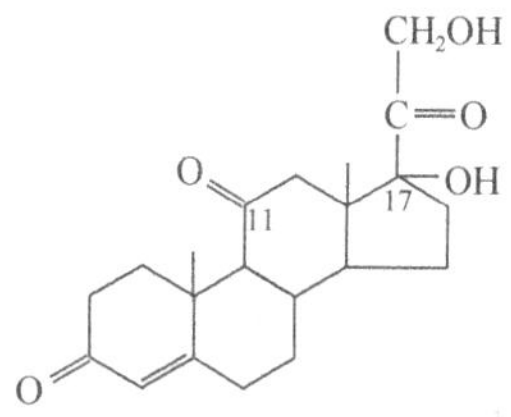

可的松
cortisone

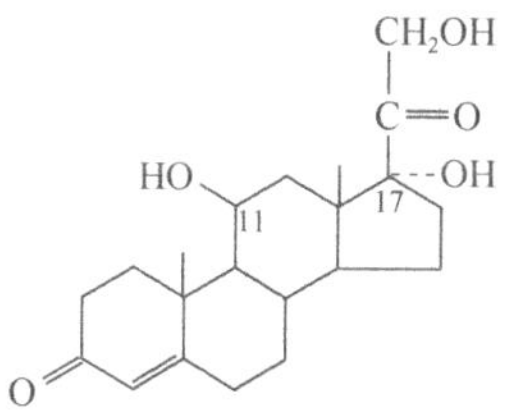

氢化可的松
hydrocortisone

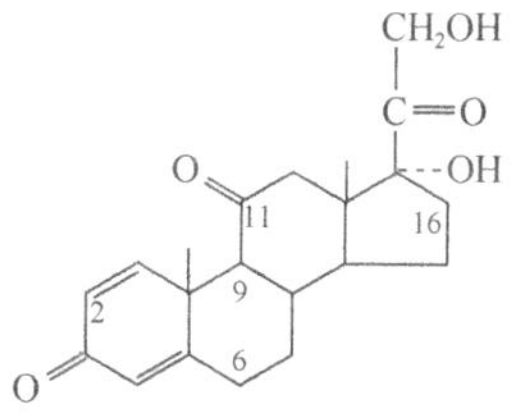

泼尼松
prednisone

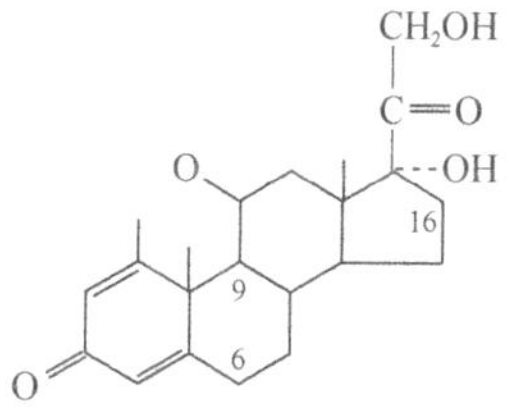

泼尼松龙
prednisolone

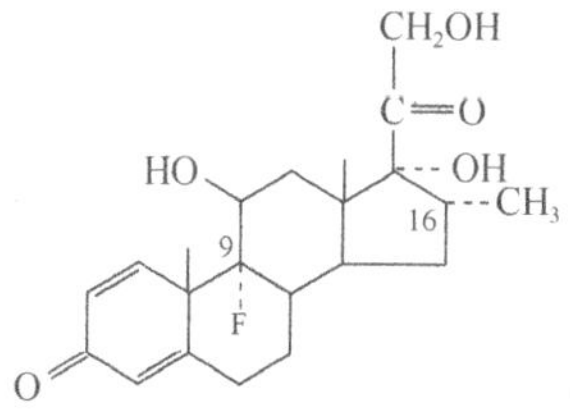

地塞米松
dexamethasone

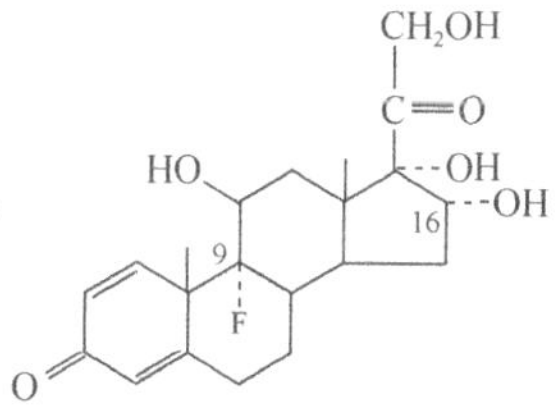

曲安西龙
triamcinolone

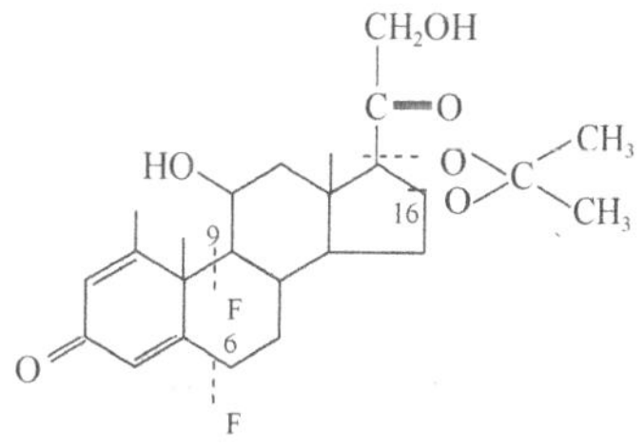

氟轻松
fluocinolone acetonide

图 30-2　肾上腺皮质激素类药物的化学结构

第一节　糖皮质激素

肾上腺皮质激素一般即指糖皮质激素，是根据其对糖代谢的影响作用而命名。糖皮质激素对细胞功能的影响十分广泛，涉及生长发育、维持机体稳定、新陈代谢、识别和免疫调节等多个方面。由于其作用多种多样，因而成为世界上应用最广的处方药物。尽管糖皮质激素是临床应用的中坚药物，但其副作用同样多而复杂，不适当的用药方法或长期、大量应用，也会导致多种严重的不良反应和并发症。

【体内过程】 由于是甾体类药物，脂溶性大，口服、注射均可吸收（表 30-1）。可的松或氢化可的松口服后 1～2h 血药浓度达到高峰，一次给药作用持续 8～12h。长时间大量用药可能引起全身作用，增加不良反应发生的可能性。氢化可的松进入血液后约 80%与皮质激素运载蛋白（transcortin，corticosteroid binding globulin，CBG）结合，10%左右与白蛋白结合，10%为游离型。其结合形式无生物活性，游离型发挥作用。雌激素可促进 CBG 在肝脏中合成，妊娠过程中雌激素增加，血中 CBG 浓度增高，用雌激素治疗的患者血中 CBG 也同样增高，一般认为糖皮质激素与 CBG 结合后会失去激素的作用。另外，CBG 增高使得游离型氢化可的松减少，可反馈性地引起 ACTH 释放，又使游离型达到正常水平。当有肝脏、肾脏疾病时 CBG 减少，游离型皮质激素会增多，易引起不良反应。可的松和泼尼松在肝脏代谢为氢化可的松和泼尼松龙后才有活性，因此严重肝功能不全患者宜直接选用氢化可的松和泼尼松龙。与肝药酶诱导剂合用时，须注意增加皮质激素的用量。

表 30-1 常用糖皮质激素类药物的比较

药物名称	药物效应			等效口服剂量（mg）
	抗炎	外用	水钠潴留	
短效				
hydrocortisone 氢化可的松	1	1	1	20
cortisone 可的松	0.8	0	0.8	25
中效				
prednisone 泼尼松	4	0	0.3	5
prednisolone 泼尼松龙	5	4	0.3	5
methylprednisolone 甲泼尼松龙	5	5	0	4
meprednisone 甲基泼尼松	5	—	0	4
triamcinolone 曲安西龙	5	5	0	4
paramethasone 对氟米松	10	—	0	2
fluprednisolone 氟泼尼松龙	15	7	0	1.5
长效				
betamethasone 倍他米松	25～40	10	0	0.6
dexamethasone 地塞米松	30	10	0	0.75

【药理作用及机制】 生理状态下糖皮质激素主要作用是调节物质代谢过程，临床超生理剂量应用时，除了对代谢的影响外，还具有抗炎、免疫抑制、抗休克等重要的药理作用。

（1）对物质代谢的影响

1）糖代谢：糖皮质激素在维持血糖的正常水平及肝脏与肌肉糖原含量方面有重要作用，能增加肝糖原、肌糖原含量同时升高血糖，其机制为：促进糖原异生，可利用一些氨基酸及其中间代谢物合成糖原；减慢葡萄糖分解，促进中间代谢产物再合成葡萄糖从而增加血糖；减少机体组织对葡萄糖的利用等。

2）蛋白质代谢：糖皮质激素能促进胸腺、淋巴结、肌肉、皮肤、骨组织等的蛋白质分解代谢，使血中游离氨基酸含量与尿氮排泄量增加，引起负氮平衡；大剂量糖皮质激素可抑制蛋白质合成，用药后可引起肌肉和皮肤中蛋白质含量降低，骨质形成障碍等。因此，长期用药时须注意平衡蛋白质代谢。

3）脂质代谢：短期使用的情况下对脂肪代谢影响不大，大剂量长期使用的时候由于能促进脂肪分解，增高血浆胆固醇，并可激活四肢皮下的脂酶，使四肢脂肪分解；还可使脂肪重新分布在面部、上胸部、颈背部、腹部和臀部，形成向心性肥胖，表现为“满月脸，水牛背”，呈现出躯干胖而四肢瘦的特殊体型；脂肪分解产生的游离脂肪酸进入肝组织氧化分解，可诱发糖尿病患者酮症酸血症。

4）核酸代谢：糖皮质激素通过影响核酸代谢实现对代谢的影响，如氢化可的松可诱导合成某种 mRNA，表达抑制细胞膜转运功能的蛋白质，从而抑制细胞对葡萄糖、氨基酸等能源物质的摄取，抑制细胞合成代谢（包括 RNA 合成）。皮质激素还能通过促进肝细胞中多种 RNA 及酶蛋白合成，进而影响糖和脂肪的代谢。

5）水和电解质代谢：糖皮质激素也有一定的类似盐皮质激素样保钠排钾作用，对水盐平衡也有调节作用，若与利尿药合用，应注意避免低钾血症。糖皮质激素能增加肾小球滤过率和拮抗抗利尿激素，减少肾小管对水的重吸收，产生利尿作用；能促进肾脏对钙的排出，减少小肠对钙的吸收。因此糖皮质激素长期或大量使用时，可引起低血钙，导致骨质疏松；而肾上腺皮质功能不全时，则常伴有高血钙。

（2）抗炎作用：糖皮质激素的抗炎作用十分强大，能抑制各种炎症反应，包括物理性（如烧伤、创伤）、化学性（如酸、碱）、免疫性（如各型变态反应）、感染性（如细菌、病毒）及无菌性（如缺血性组织损伤）炎症。这种抗炎作用是非特异性的，对病原微生物等无影响。在炎症初期，本类药物能增高血管的紧张性，抑制局部血管扩张，减轻充血，降低毛细血管的通透性，减轻渗出和水肿，同时抑制白细胞浸润及吞噬作用，减少各种炎性介质的释放，从而改善红、肿、热、痛等症状。在慢性炎症或急性炎症后期，糖皮质激素可通过抑制毛细血管和成纤维细胞的增生，抑制胶原蛋白和黏多糖等的生成和肉芽组织增生，防止炎症引起的粘连及瘢痕形成，减轻后遗症。但必须注意的是，炎症反应是机体的一种防御反应，炎症后期的反应与组织修复作用有关。因此，糖皮质激素在抑制炎症、减轻症状的同时，会降低机体的防御功能，可能导致感染扩散、创口愈合延迟。

糖皮质激素抗炎作用的基本机制是基因效应（基因组效应）。具有甾体结构的激素属于脂溶性很高的分子，易于通过细胞膜进入细胞，与胞浆内的糖皮质激素受体（glucocorticoid receptor，GR）结合。GR 由约 800 个氨基酸构成，存在 GRα 和 GRβ 两种亚型，两者的区别主要是羧基端的激素结合区域有差别。GRα 活化后产生经典的激素效应，GRβ 作为 GRα 拮抗体起作用，不具备与激素结合的能力。未活化的 GRα 在胞浆内与热休克蛋白 90（heat shock protein 90，HSP_{90}）等结合成一种复合体。其三维结构可防止 GRα 作用于 DNA，因而复合体无活性。这种复合体与激素（配基）结合后，空间构型发生变化，HSP 与 GRα 分离，随之类固醇-受体复合体易位进入细胞核，在细胞核内与特异性 DNA 位点即靶基因的启动子（promoter）序列的糖皮质激素反应元件（glucocorticoid response element，GRE）或负性糖皮质激素反应元件（negative glucocorticoid response element，nGRE）相结合，通过影响基因转录（增加或减少），改变介质相关蛋白的水平，产生广泛作用，从而对炎症细胞和分子产生影响而发挥抗炎作用，具体表现如下所示。

1）对炎症抑制蛋白及某些靶酶的影响：①诱生炎症抑制蛋白脂皮素 1（lipocortin 1）的生成，继而抑制磷脂酶 A_2，影响花生四烯酸代谢连锁反应，减少具有扩血管作用的前列腺素，如 PGE_2、PGI_2 等和有趋化作用的白三烯类（LTA_4，LTB_4，LTC_4 和 LTD_4）等炎症介质的生成，降低血管通透性，从而产生抗炎作用；②抑制诱生型 NO 合成酶和环氧化酶 2（COX-2）等的表达，阻断相关介质的产生，发挥抗炎作用。

2）对细胞因子及黏附分子的影响：糖皮质激素不仅抑制多种炎性细胞因子，如 TNF-α、IL-1、IL-2、IL-3、IL-5、IL-6、IL-8、巨噬细胞集落刺激因子（GM-CSF）的产生，而且可在转录水平上直接抑制黏附分子，如 E-选择素及 ICAM-1（intercellular adhesion molecule 1）的表达，从而强烈抑制由此介导的炎症反应；糖皮质激素还影响细胞因子及黏附分子生物效应的发挥。此外，能减少 NO 生成，减少炎症部位的血浆渗出。

3）对炎细胞凋亡的影响：糖皮质激素可引起 c-myc、c-myb 等细胞增殖相关基因表达下调，激活 caspase 和特异性核酸内切酶表达增加，继而发生细胞凋亡。进一步研究发现，糖皮质激素诱导的细胞凋亡是 GR 依赖性的，可被 GR 拮抗剂 RU38486 所阻断。目前认为，诱导细胞凋亡作用是内源性和外源性 GC 抗炎作用的重要分子机制之一。

快速效应是糖皮质激素发挥作用的另一重要机制。它主要包括非基因的受体介导效应和生化效应两类。非基因效应的主要特点为起效迅速，对转录和蛋白质合成抑制剂不敏感。例如，血浆内可的松（cortisone）与 ACTH 之间的负反馈机制对细胞的作用发生在数分钟内，显然不是基因效应的结果。又如，大剂量激素的抗过敏作用，这一效应在数分钟内发生，对放线菌素 D（dactinomycin，DACT）抵抗，提示为类固醇非基因效应的结果。快速效应的可能机制是：① 除了类固醇核受体外，尚存在细胞膜类固醇受体，类固醇的快速非基因效应与细胞膜类固醇受体相关（非基因的受体介导效应）。这一受体的主要结构已清楚并已被克隆。②非基因的生化效应，已证实激素对细胞能量代谢有直接影响。甲泼尼龙可影响生物膜的生化特性，其对线粒体内膜的直接影响将导致离子通透性增加，并继而导致氧化磷酸化耦联的解离。糖皮质激素还可以不通过减少细胞内 ATP 的产生直接抑制阳离子循环。③激素与 GR 结合的过程中，HSP_{90} 等与 GRα 分离后，可进一步激活某些信号通路产生快速效应。

（3）免疫抑制与抗过敏作用：糖皮质激素对于免疫反应有多方面的抑制作用，解除多种过敏性疾病的症状，抑制因过敏反应而产生的病理变化，如过敏性充血、水肿、渗出、皮疹、平滑肌痉挛及细胞损害等，能抑制组织器官的移植排异反应，对于自身免疫性疾病也能发挥疗效。

1）对免疫系统的抑制作用：一般认为，糖皮质激素小剂量主要抑制细胞免疫，大剂量可抑制体液免疫过程。糖皮质激素对免疫系统（主要是淋巴组织）的抑制作用，随动物种属不同而有很大差异。小鼠、大鼠、家兔等对其较敏感，用药后能使胸腺缩小，脾脏淋巴结减少，血中淋巴细胞溶解；而豚鼠、猴和人的敏感性则较差：糖皮质激素不能使正常人淋巴细胞溶解，不能使免疫球蛋白合成或补体代谢明显下降，也不能抑制特异性抗体的合成。但糖皮质激素能干扰淋巴组织在抗原作用下的分裂和增殖，阻断致敏 T 淋巴细胞所诱发的单核细胞和巨噬细胞的募集从而抑制器官移植排异反应及皮肤迟发性过敏反应等。

目前认为糖皮质激素抑制免疫的机制与下列因素有关。①诱导淋巴细胞中 DNA 降解：这是具有糖皮质激素特异性的激素诱导核 DNA 降解，只发生于淋巴组织；②对淋巴细胞物质代谢的影响：减少葡萄糖、氨基酸及核苷的跨膜转运过程，抑制淋巴细胞中 DNA、RNA 和蛋白质的生物合成，减少淋巴细胞中 RNA 聚合酶的活力和 ATP 的生成；③诱导淋巴细胞凋亡：体内和体外试验均发现胸腺细胞凋亡现象，包括皱缩、膜起泡、染色体凝缩、核碎裂，形成凋亡小体等。诱导凋亡作用主要是影响 CD4/CD8 双阳性的未成熟淋巴细胞，还能诱导 B 淋巴细胞凋亡；④抑制核转录因子 NF-κB 活性：NF-κB 是转录调节因子，它在胞浆内与 NF-κB 抑制蛋白 IκB 结合呈非活性状态，一旦被激活便与 IκB 解离而转入核内与特异的启动子结合，进而调控基因的表达。NF-κB 过度激活可导致多种炎性细胞因子的生成，与移植排斥反应、炎症等疾病发生有关。糖皮质激素一方面通过其受体直接与 NF-κB 异源二聚体的 p65 亚基（RelA）相互作用，抑制 NF-κB 与 DNA 结合，阻断其作用；另一方面是增加 NF-κB 抑制蛋白 IκBα 基因的转录，促进 IκBα 的合成，IκBα 于胞核内与激活的 NF-κB 结合，使 NF-κB 脱离靶基因 κB 位点回至胞浆中，进而在胞浆内重新配置，从而发挥免疫抑制作用。

2）抗过敏作用：在免疫过程中，由于抗原-抗体反应引起肥大细胞或嗜碱性粒细胞脱颗粒而释放组胺、5-HT、过敏性慢反应物质、缓激肽等，从而引起一系列过敏性反应症状。糖皮质激素被认为能减少上述过敏介质的产生，从而减轻过敏性症状。

（4）抗休克作用：糖皮质激素临床常用于严重休克，特别是感染后的中毒性休克的治疗。动物试验显示其对内毒素和出血性休克具有保护作用。一般认为大剂量糖皮质激素抗休克的作用与下列因素有关：①扩张痉挛收缩的血管和兴奋心脏、加强心脏收缩力。②抑制某些炎性因子的产生，减轻全身炎症反应综合征及组织损伤，使微循环血流动力学恢复正常，改善休克状态。③稳定溶酶体膜，减少心肌抑制因子（myocardial depressant factor，MDF）的形成。MDF具有抑制心肌收缩力，收缩内脏血管等促进休克发生的作用。糖皮质激素阻止 MDF 的产生，故有助于终止或延缓休克的发展。④提高机体对细菌内毒素的耐受力。对败血症中毒性休克患者，糖皮质激素能对抗细菌内毒素对机体的刺激，减轻细胞损伤，缓解毒血症症状，发挥保护机体的作用；但对外毒素则无防御作用。

（5）其他作用

1）允许作用（permissive action）：糖皮质激素对有些组织细胞无直接效应，但可以为其他激素发挥作用创造有利条件，称为允许作用；如糖皮质激素可增强儿茶酚胺的血管收缩作用和高血糖素的血糖升高作用。

2）退热作用：糖皮质激素用于严重的中毒型感染，如肝炎、脑膜炎、败血症及晚期癌肿的发热，常具有迅速而良好的退热作用。这可能与其能抑制体温中枢对致热原的反应，稳定溶酶体膜，减少内源性致热原的释放有关。但是在发热诊断未明前，不可滥用糖皮质激素，以免掩盖症状使诊断发生困难。

3）中枢神经系统：氢化可的松可减少脑中 γ -氨基丁酸的浓度，提高中枢的兴奋性，有些患者因大量长期应用，或由于对糖皮质激素较敏感在用小剂量时亦可引起欣快、激动、失眠等，偶可诱发精神失常；且能降低大脑的电兴奋阈，促使癫痫发作，故精神病患者和癫痫患者宜慎用；大剂量对儿童能产生惊厥。

4）血液与造血系统：糖皮质激素能增强骨髓造血功能，使红细胞和血红蛋白含量增加，大剂量可使血小板和纤维蛋白原增多并缩短凝血酶原时间；刺激骨髓中的中性白细胞释放入血而使中性白细胞数增多，但却降低其游走、吞噬等功能，因而减弱对炎症区的浸润与吞噬活动。对淋巴组织有明显影响。糖皮质激素可使血液中淋巴细胞、单核细胞和嗜酸性粒细胞减少，但存在明显的动物种属差异。在糖皮质激素敏感动物，淋巴细胞的减少主要是由于细胞的溶解或死亡，而在不敏感的种属，则与血液中淋巴细胞向其他组织，如骨髓的分布等有关。临床上可见，在肾上腺皮质功能减退者，淋巴组织增生，淋巴细胞增多；而在肾上腺皮质功能亢进者，淋巴细胞减少，淋巴组织萎缩。

5）骨骼：糖皮质激素增多症患者或长期大量应用本类药物时可出现骨质疏松，特别是脊椎骨，故可有腰背痛，甚至发生压缩性骨折、鱼骨样及楔形畸形。因糖皮质激素可以抑制成骨细胞的活动力，减少骨中胶原的合成，促进胶原和骨基质的分解，使骨盐不易沉着，骨质形成发生障碍。此外，大量糖皮质激素可促进尿中排钙，使骨盐进一步减少。

【临床应用】

（1）自身免疫性疾病、器官移植排斥反应和过敏性疾病。

1）自身免疫性疾病：如严重风湿热、风湿性心肌炎、风湿及类风湿关节炎、全身性红斑狼疮、结节性动脉周围炎、皮肌炎、自身免疫性贫血和肾病综合征等应用皮质激素后可缓解症状。对多发性皮肌炎，糖皮质激素为首选药。一般采用综合疗法，不宜单用，以免引起不良反应。糖皮质激素的分泌具有昼夜节律性，每日上午 8：00～10：00 为分泌高峰，随后逐渐下降，午夜 12：00 为低潮，这是由 ACTH 昼夜节律所引起。临床用药可随这种节律进行，即长期疗法中对某些慢性病采用隔日一次给药法，将一日或两日的总药量在隔日早晨一次给予，此时正值激素正常分泌高峰，对肾上腺皮质功能的抑制性影响较小。

2）过敏性疾病：如荨麻疹、花粉热、血管神经性水肿、过敏性鼻炎、支气管哮喘和过敏性休克等，主要由于抗原与附着于肥大细胞或嗜碱性粒细胞上的抗体（IgE）结合，当抗原-抗体反应时，使细胞受损，释放出大量生物活性物质，如组胺、5-HT、缓激肽、过敏毒素（anaphylatoxin）、慢反应物质及白三烯类等，因而引起支气管平滑肌收缩，毛细血管通透性增加，组织水肿等病变。此类疾病一般发作快，消失也快，治疗主要应用肾上腺素受体激动药和抗组胺药物。对严重病例或其他药物无效时，可应用本类激素作辅助治疗，目的是抑制抗原-抗体反应所引起的组织损害和炎症过程。新药倍氯米松（二丙酸氯地米松）气雾剂，平喘疗效好，但应将剂量控制在每日 0.4mg 以下，否则易出现不良反应。

3）器官移植排斥反应：异体器官移植手术后所产生的免疫性排斥反应也可使用糖皮质激素。一般于术前 1～2 日开始口服泼尼松，每日 100mg，术后第一周改为每日 60mg，以后逐渐减量。若发生排斥反应，可采用大剂量氢化可的松静脉滴注，排斥反应控制后再逐步减少剂量至最小维持量，并改为口服。若与环孢霉素 A 等免疫抑制剂合用，疗效更好，并可减少两药的剂量。

（2）严重感染或炎症

1）严重急性感染：主要用于中毒性感染或同时伴有休克者，如中毒性菌痢、暴发型流行性脑膜炎、中毒性肺炎、重症伤寒、猩红热及败血症等，在应用有效的抗菌药物治疗感染的同时，可用糖皮质激素作辅助治疗。因糖皮质激素能增加机体对有害组织刺激的耐受性，减轻中毒反应，有利于争取时间，进行抢救。病毒性感染一般不用激素，因为用后可减低机体的防御能力反而使感染扩散加剧。但对严重传染性肝炎、流行性腮腺炎、麻疹和乙型脑炎等，也有缓解症状的作用。

对于多种结核病的急性期，特别是渗出为主的结核病，如结核性脑膜炎、胸膜炎、心包炎、腹膜炎，在早期应用抗结核药物的同时辅以短程糖皮质激素，可迅速退热，减轻炎症渗出，使积液消退，减少愈合过程中发生的纤维增生及粘连，但剂量宜小，一般为常规剂量的 1/2～2/3。目前认为，在有效抗结核药物的作用下，糖皮质激素的治疗并不引起结核病灶的恶化。

2）抗感染治疗及防止某些炎症的后遗症：如果炎症发生在人体重要器官，由于炎症损害或恢复时产生粘连和疤痕，将引起严重功能障碍，这时可用糖皮质激素以减少炎性渗出，防止组织过度破坏，抑制粘连及疤痕的形成，如结核性脑膜炎、脑炎、心包炎、风湿性心瓣膜炎、损伤性关节炎、睾丸炎及烧伤后疤痕挛缩等，早期应用皮质激素可减少炎性渗出，减轻愈合过程中纤维组织过度增生及粘连，防止后遗症的发生。对眼科疾病，如虹膜炎、角膜炎、视网膜炎和视神经炎等非特异性眼炎，应用后也可迅速消炎止痛、防止角膜混浊和疤痕粘连的发生。局部滴眼后，房水内药物可达到有效浓度，因此眼前（浅）部炎症只需局部用药，眼后（深）部炎症则需全身给药。有角膜溃疡者禁用。局部滴眼可使眼压升高。对药物性皮炎仍可使用，用药原则以开始剂量大，以后逐渐减小为好。

（3）抗休克治疗：感染中毒性休克时，在有效的抗菌药物治疗下，可及早、短时间内突击使用大剂量皮质激素；24h 内至少应予相当于 1～2g 氢化可的松的量或更多，用药 24～48h，最多不超过 72h，待微循环改善、脱离休克状态时停用，且尽可能在抗菌药物之后使用，停药则在撤去抗菌药物之前。对过敏性休克，皮质激素为次选药，可与首选药肾上腺素合用，对病情较重或发展较快者，可同时静脉推注地塞米松 5～10mg 或静脉滴注氢化可的松 200～400mg（稀释于 5%～10%葡萄糖液 100～200ml 中），以后视病情决定用量，好转后逐渐减少用量。对低血容量性休克，在补液补电解质或输血后效果不佳者，可合用超大剂量的皮质激素。

（4）血液病：糖皮质激素多用于治疗儿童急性淋巴细胞性白血病，目前采取与抗肿瘤药物联合的多药并用方案，其中泼尼松用量为每日 40～60mg，晨服一次，连续 4 周但用于急性非淋巴细胞性白血病的疗效较差。此外，还可用于再生障碍性贫血、粒细胞减少症、血小板减少症和过敏性紫癜等的治疗，停药后易复发。

（5）局部应用：对于一般性皮肤病，如湿疹、肛门搔痒、接触性皮炎、牛皮癣等都有疗效，多采用氢化可的松、泼尼松龙或肤氢松等软膏、霜剂或洗剂局部用药。当肌肉韧带或关节劳损时，可将醋酸氢化可的松或醋酸泼尼松龙混悬液加入 1%普鲁卡因注射液，肌内注射，也可注入韧带压痛点或关节腔内以消炎止痛。

（6）替代疗法（replacement therapy）：用于急、慢性肾上腺皮质功能不全（insufficiency）

者，垂体前叶功能减退及肾上腺次全切除术后。

【用法与剂量】

（1）大剂量冲击疗法：适用于急性、重度、危及生命的疾病的抢救，常用氢化可的松静脉给药，首剂200～300mg，一日量可超过1g，以后逐渐减量，疗程不超过3～5日。例如，抑制器官移植急性排斥危象时，可采用氢化可的松静脉给药，3日序贯用量为3g、2g和1g，必要时加用环磷酰胺（cyclophosphamide，环磷氮芥，癌得星，CTX），常可迅速见效。大剂量应用时宜并用氢氧化铝凝胶等以防止急性消化道出血。

（2）一般剂量长期疗法：多用于结缔组织病和肾病综合征等，常用泼尼松口服，开始每日10～30mg，一日3次，获得临床疗效后，逐渐减量，每3～5日减量1次，每次按20%左右递减，直到最小维持量。最小维持量应比生理上分泌的皮质激素量稍高，按泼尼松计算，生理量应为7.5mg（相当于氢化可的松37.5mg）。维持量用法有两种：①每日晨给药法，即每晨7：00～8：00给药1次，用短时间作用的糖皮质激素，如可的松，氢化可的松等。②隔晨给药法，即每隔一日，早晨7：00～8：00给药1次。此法应当用中效的皮质激素，如泼尼松、泼尼松龙，而不用长效的激素，以免引起对下丘脑-垂体-肾上腺轴的抑制。在长时间使用激素治疗过程中，遇下列情况之一者，应撤去或停用皮质激素：①维持量已减至正常基础需要量，如泼尼松每日5～7.5mg，经过长期观察，病情已稳定不再活动者。②因治疗效果差，不宜再用激素，应改药者。③因严重副作用或并发症，难以继续用药者。

（3）小剂量替代疗法：适用于治疗急、慢性肾上腺皮质功能不全症（包括肾上腺危象、阿狄森氏病）、垂体前叶（腺垂体）功能减退及肾上腺次全切除术后。一般维持量，可的松每日12.5～25mg，或氢化可的松每日10～20mg。

【不良反应与注意事项】

（1）长期大剂量应用引起的不良反应

1）医源性肾上腺皮质功能亢进：又称类肾上腺皮质功能亢进综合征（Cushing′s syndrome，库欣综合征），是过量激素引起物质代谢和水盐代谢紊乱的结果，表现为满月脸、水牛背、向心性肥胖、皮肤变薄、多毛、浮肿、低血钾、高血压、糖尿病等，一般不需特殊治疗，停药后症状可自行消失，必要时可加用降压药，降血糖药治疗，并采用低盐、低糖、高蛋白饮食及加用氯化钾等措施。高血压、动脉硬化、水肿、糖尿病、心及肾功能不全者禁用或慎用糖皮质激素。

2）诱发或加重感染：糖皮质激素具有免疫抑制作用，抗炎不抗菌，故长期应用可降低机体的防御功能，诱发感染或使体内潜在病灶扩散，特别是在原有疾病已使抵抗力降低的白血病、再生障碍性贫血、肾病综合征等患者更易发生，还可使原来静止的结核病灶扩散恶化，故必要时应合并应用有效抗生素，如肺结核、淋巴结核、脑膜结核、腹膜结核等患者，必要时应合用抗结核药。

3）消化系统并发症：因可刺激胃酸、胃蛋白酶的分泌并抑制胃黏液分泌，降低胃肠黏膜的抵抗力，可诱发或加重胃、十二指肠溃疡，甚至造成消化道出血或穿孔；少数患者可诱发胰腺炎或脂肪肝。

4）心血管系统并发症：长期应用，由于钠、水潴留和血脂升高可引起高血压和动脉粥样硬化。

5）骨质疏松、肌肉萎缩、伤口愈合迟缓等：糖皮质激素减少钙、磷的肠道吸收并增加其排泄，促蛋白质分解并抑制其合成，长期应用抑制骨细胞活力，容易造成骨质疏松。骨质疏松多见于儿童、绝经妇女和老人；严重者可产生自发性骨折；由于抑制生长激素的分泌和造成负氮平衡，还可影响生长发育；对孕妇偶可引起胎儿畸形。

6）神经精神异常：有癫痫或精神病史者禁用或慎用，儿童大剂量可致惊厥。

7）白内障、青光眼：长期大剂量应用糖皮质激素时容易发生。

（2）停药反应

1）医源性肾上腺皮质功能不全：长期应用尤其是连日给药的患者，减量过快或突然停药时，可引起肾上腺皮质萎缩和功能不全。这是由于长期大剂量使用糖皮质激素，反馈性抑制垂体-肾上腺皮质轴所致。多数患者可无表现，但如果遇到严重应激情况出现，如感染、创伤、手术等的时候，可发生肾上腺危象，表现为恶心、呕吐、乏力、低血压和休克等，需及时抢救。其防治方法：停药须经缓慢的减量过程，不可骤然停药，停用激素后连续应用 ACTH 7 日左右；在停药 1 年内如遇应激情况（如感染或手术等），应及时投予足量的激素。

肾上腺皮质功能的恢复时间与剂量、用药时间长短和个体差异等有关。停用激素后，垂体分泌 ACTH 的功能一般需经 3～5 个月才恢复；肾上腺皮质对 ACTH 起反应功能的恢复需 6～9 个月，甚至 1～2 年才能恢复。

2）反跳现象：患者症状基本稳定后，突然停药或减量过快，引起原有病情复发或加重的现象。其发生原因可能是患者对激素产生了依赖性或病情尚未完全控制造成的，常需加大剂量再行治疗，待症状缓解后再缓慢减量至停药。

（3）禁忌证：糖皮质激素对人体有有利和不利的两方面。当适应证和禁忌证并存时，应全面分析，权衡利弊，慎重决定。一般说，病情危急的适应证，虽有禁忌证存在，仍不得不用，待危急情况过去后，尽早停药或减量。对慢性疾病，尤其需要大量激素时，必须严格掌握适应证。糖皮质激素的禁忌证有：严重的精神病（过去或现在）和癫痫，活动性消化性溃疡病，新近胃肠吻合术，骨折，创伤修复期，角膜溃疡，肾上腺皮质功能亢进症，严重高血压，糖尿病，孕妇，抗菌药物不能控制的感染，如水痘、麻疹、霉菌感染等。

案例解析

案例 30-1

患者，女，45 岁，有系统性红斑狼疮病史。尿蛋白检查 8.1g/24h，尿酸 349μmol/L，血清肌酐 80μmol/L，血浆白蛋白 22g/L，有水肿。

根据患者病情，建议使用什么药物，何种疗法？

解析：

本病例患者 24h 尿蛋白过高，血浆蛋白含量过低，显示肾脏功能损害严重，符合肾病综合征特点。肾病综合征通常是由异常的免疫性疾病造成的肾脏损伤引起，如本例患者所患的系统性红斑狼疮。糖皮质激素是治疗肾病综合征的主要药物，能够增加肾小球通透性，降低尿蛋白，保护肾功能，降低肾损伤；同时也是治疗红斑狼疮等自身免疫性疾病的常用药物，因此本病可以选用糖皮质激素进行治疗。考虑到患者病情较急、较重，故建议采用皮质激素大剂量冲击疗法。

第二节　盐皮质激素类药

盐皮质激素类药主要有醛固酮（aldosterone）和 去氧皮质酮（desoxycorticosterone）两种。盐皮质激素对维持机体正常的水、电解质代谢起着重要作用。

【体内过程】 醛固酮在肠内不易吸收，而肌内注射后吸收良好，在体内 70%～80%与血浆蛋白相结合，在肝中迅速地被代谢失效，因此无蓄积作用。去氧皮质酮在肠内吸收不良，而且在肠内易被破坏。现主要应用去氧皮质酮油剂注射液作肌内注射。去氧皮质酮在体内变为孕二醇，从尿中排泄。

【药理作用及机制】 醛固酮主要作用于肾脏的远曲小管，它促进远曲小管中 Na^+、Cl^-的重吸收和 K^+、H^+的排出，其中保 Na^+的作用是原发的。由于 H^+的排出增多，尿氨的排出也增加。此外，醛固酮对唾液腺、汗腺、肌肉和胃肠道黏膜细胞也同样有保 Na^+、排 K^+的作用。故醛固酮分泌过多可使唾液、汗液和粪中 Na^+降低而 K^+增高 。

醛固酮保 Na^+排 K^+机制可能与类固醇的基因效应有关。它通过与肾远曲小管上皮细胞内特殊受体（醛固酮结合蛋白质）相结合，转位进入细胞核，作用于染色质 DNA，引起某种特异 mRNA 的合成，生成一类醛固酮诱导蛋白（aldosterone induced protein，AIP），使上皮钠通道（epithelial sodium channel，ENaC）活性增大，表现为 ENaC 开放频率及开放数目增加，从而促进肾小管细胞膜对 Na^+的重吸收，醛固酮的保 Na^+作用可被放线菌 D 所抑制，但排 K^+作用则不被抑制。

去氧皮质酮在机体内分泌量微，具有与醛固酮相似的潴钠排钾作用。其潴钠作用只有醛固酮的 1%～3%，但远较氢化可的松大。本品对糖代谢几乎无作用。

【临床应用】　去氧皮质酮与糖皮质激素（如可的松或氢化可的松）合用作为替代疗法，治疗慢性肾上腺皮质功能减退症，以纠正患者失钠、失水和钾潴留等，恢复水和电解质的平衡。对于较轻型的患者，可不必用药，只要多吃一些食盐，就可恢复钠钾的平衡。在替代疗法中，有人单用糖皮质激素即可见效，较重的患者或单用糖皮质激素无效的患者，可加用去氧皮质酮治疗。替代疗法的同时，每日须补充食盐 6～10g。如伴有其他疾病，如活动性结核病者，尚应积极进行结核病等原发疾病的治疗。

第三节　促肾上腺皮质激素及皮质激素抑制剂

一、促肾上腺皮质激素

天然的促肾上腺皮质激素（ACTH）由垂体前叶嗜碱细胞合成分泌，是一种由 39 个氨基酸组成的多肽。它的生理活性主要依赖于前 24 个氨基酸残基，氨基酸残基 25～39 则主要与 ACTH 的免疫原性有关。它的合成和分泌受到 CRH 的调节，对维持机体肾上腺正常形态和功能具有重要作用。糖皮质激素对下丘脑及垂体前叶起着长负反馈作用，可抑制 CRH 及 ACTH 的分泌。在生理情况下，下丘脑、垂体和肾上腺三者处于动态平衡（图 30-1）。

ACTH 缺乏，将引起肾上腺皮质萎缩、分泌功能减退。ACTH 还有控制本身释放的短负反馈调节。人工合成的 ACTH 仅有 24 个氨基酸残基，免疫原性明显降低，故过敏反应显著减少。

ACTH 口服后在胃内被胃蛋白酶破坏而失效，只能注射应用。血浆 $t_{1/2}$为 10min。其主要作用是促进糖皮质激素分泌，但只有在皮质功能完好时方能发挥治疗作用。一般在给药 2h 后，肾上腺皮质才开始分泌氢化可的松。临床上可用于诊断垂体前叶-肾上腺皮质功能水平状态及长期使用皮质激素的停药前后的皮质功能水平，以防止因停药而发生皮质功能不全。

二、皮质激素抑制药

盐皮质激素类抑制药物（adrenocortical inhibitors），如抗醛固酮类药物中的螺内酯（安体舒通）等。皮质激素抑制剂可代替外科的肾上腺皮质切除术，临床常用的有米托坦和美替拉酮等。

米　托　坦

米托坦（mitotan，双氯苯二氯乙烷，O，P′-DDD）为杀虫剂滴滴涕（DDT）一类化合物，能相对选择性地作用于肾上腺皮质细胞，使肾上腺皮质束状带及网状带细胞萎缩、坏死，但不影响球状带，故醛固酮分泌不受影响。对肾上腺皮质的正常细胞或瘤细胞都有损伤作用。

口服后，临床发现约有 40%的药物被吸收。停止给药后 6～9 周，在血浆中仍能测到微量的米托坦。此药能分布于全身各部，但脂肪是其主要储藏器官，其水溶性的代谢产物约占给药量的25%，由尿中排出。口服量的60%以原型药形式由粪中排出。用药后血、尿中氢化可的松及其代谢物迅速减少；主要用于不可切除的皮质癌、切除复发癌及皮质癌术后辅助治疗；可有厌食、恶心、腹泻、皮疹、嗜睡、头痛、眩晕、乏力、中枢抑制及运动失调等反应，减小剂量这些症状可以消失；若由于严重肾上腺功能不全而出现休克，或严重的创伤时，可给予肾上腺皮质类固醇类；未见治疗过程对肝脏、肾脏和骨髓明显损伤的报道。

美替拉酮

美替拉酮（metyrapone）又称甲吡酮，能抑制11β-羟化反应，干扰11-去氧皮质酮转化为皮质酮，抑制 11-去氧氢化可的松转化为氢化可的松，而降低它们的血浆水平；又能反馈性地促进ACTH分泌，导致11-去氧皮质酮和11-去氧氢化可的松代偿性增加，故尿中17-羟类固醇排泄也相应增加；临床用于治疗肾上腺皮质肿瘤和产生ACTH的肿瘤所引起的氢化可的松过多症和皮质癌；还可用于垂体释放ACTH功能试验；不良反应较少，可有眩晕、消化道反应等。

氨鲁米特

氨鲁米特（aminoglutethimide），又称氨基苯哌啶酮、氨基导眠能（aminoglutethimide），能抑制胆固醇转变成 20-α-羟胆固醇，从而对氢化可的松和醛固酮的合成产生抑制作用，能有效减少肾上腺肿瘤和ACTH过度分泌时氢化可的松的增多。它也能与美替拉酮合用，治疗由垂体所致ACTH过度分泌诱发的库欣综合征，为了防止肾上腺功能不足，可给予生理剂量的氢化可的松。

酮康唑

酮康唑（ketoconazole）是一种抗真菌的咪唑类衍生物，其机制是抑制胆固醇侧链分裂阻断真菌类固醇的合成，但由于哺乳类动物组织对其敏感性远较真菌为低，因此它对人体类固醇合成的抑制作用仅在高剂量时才会出现，对肾上腺和性腺类固醇的抑制无选择性。酮康唑主要用于治疗库欣综合征和前列腺癌。

知识拓展

1855年Thomas Addison报道了Addison's疾病。到1880年，通过肾上腺切除动物模型的研究，人们逐渐意识到该病与肾上腺关系密切。第二次世界大战成了肾上腺皮质激素类药物研究的良好契机，1941年皮质激素的制备更被美国列为三大优先资助项目之一，极大促进了这类药物的发展。从1930年开始研究肾上腺中所产生激素的Edward Kendall和1935年与其合作的Philip Hench对肾上腺皮质激素的研究做出了巨大贡献。到1940年，已有28种肾上腺分泌激素被各实验室鉴定，Kendall鉴定了其中四种，这时的制备能力仍然很低，可以获得作为研究的药量不多。1948年，Hench等成功地将默克公司制备的可的松应用于临床治疗风湿关节炎；1949年4月Hench和Kendall宣布成果，同时获得成功的还有ACTH的临床治疗；1950年，就是临床治疗成功后两年，由于在“肾上腺皮质激素研究”中所取得的成就，Kendall，Hench和Reichstein获得了当年诺贝尔生理学和医学奖。

本章小结

肾上腺皮质不同部位可分泌产生盐皮质激素、糖皮质激素和性激素，这些成分均具有甾核基本结构，其中糖皮质激素是最为常用的皮质激素类。糖皮质激素的作用十分广泛，包括：影响糖、蛋白质、脂质、水和电解质等物质代谢；强大的抗炎、免疫抑制、抗休克及允许作用等，是具有多种临床应用的重要药物。由于糖皮质激素所针对的疾病常需要长期用药等原因，使其不良反应也极为多见，通过采用大剂量冲击疗法等不同的用法药方法，可有效减少不良反应的发生。盐皮质激素主要用于相应皮质功能不足的替代疗法。促皮质素可用于诊断皮质功能水平。

中药介绍

甘　草

甘草（glycyrrhizae radix et rhizoma）是豆科植物甘草 *Glycyrrhiza uralensis* Fisch.、胀果甘草 *Glycyrrhiza inflata* Bat. 或光果甘草 *Glycyrrhiza glabra* L.的根和根茎，有效成分主要是三萜皂苷类，包括甘草酸（glycyrrhizin，甘草甜素）、甘草次酸（glycyrrhetic acid）等，以及黄酮类、多糖类成分。

甘草是使用频率极高的中药，具有缓急止痛、调和诸药的作用。现代药理研究表明甘草具有显著的抗炎等效应，其作用机制，与其所含甘草次酸、甘草酸等成分所具有的皮质激素类结构有关。甘草次酸等化合物可能具有增强肾上腺皮质功能或直接的皮质激素样作用，而甘草的不良反应，如水钠潴留等作用也与这些成分的结构和功效有关。

（余　黎）

第三十一章 甲状腺激素及抗甲状腺药

能力要求

1. 能够阐述抗甲状腺药的分类和硫脲类抗甲状腺药物的药理作用及作用机制、应用及主要不良反应。
2. 能够概括甲状腺激素（thyroid hormones）的作用和用途，以及大、小剂量碘剂对甲状腺功能的影响及临床应用。
3. 能够说出其他抗甲状腺药（antithyroid drugs）的作用和应用特点。

甲状腺激素是甲状腺合成和分泌的激素，是机体维持正常代谢、促进生长发育所必需的。甲状腺功能低下（hypothyroidism）时，该激素分泌过少，需补充甲状腺激素；而甲状腺功能亢进（hyperthyroidism，甲亢）时，该激素分泌过多，需应用抗甲状腺药治疗，抑制其合成和分泌。

第一节 甲状腺激素

甲状腺激素由甲状腺素（四碘甲状腺原氨酸，3,5,3′,5′-tetraiodothyronine，T_4）和三碘甲状腺原氨酸（3,5,3′-triiodothyronine，T_3）组成，正常人每日释放量 T_4 为 70~90μg，T_3 为 15~30μg。T_3 和 T_4 均含无机碘，其结构中有两个相互垂直的苯环，其中环Ⅰ有带羧基的侧链，环Ⅱ有酚羟基，是维持 T_3 和 T_4 活性的基本结构（图 31-1）。

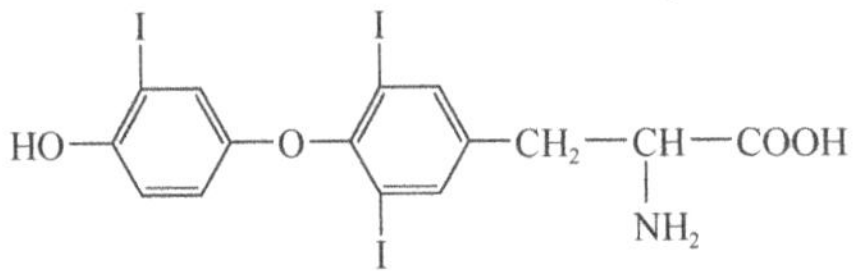

三碘甲状腺原氨酸(T_3)

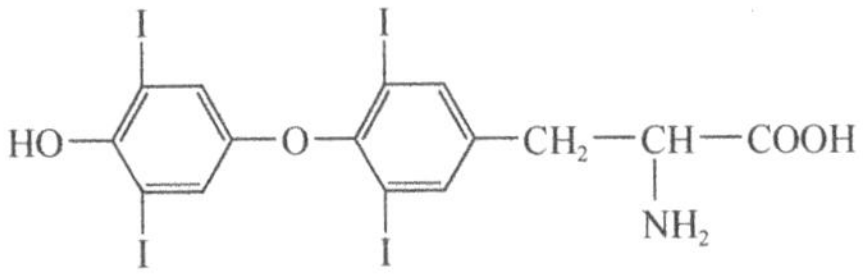

四碘甲状腺原氨酸(T_4)

图 31-1 甲状腺激素的化学结构

【甲状腺激素的合成、储存、分泌及调节】

（1）碘的摄取：甲状腺腺泡细胞膜上的碘泵具有很强的摄取碘的能力，因此血液中的碘（I^-）被碘泵主动摄取和浓集。正常人甲状腺中碘化物的浓度为血浆浓度的 25 倍，甲亢时可高达 250 倍，故摄碘率的检查是判断甲状腺功能的重要指标之一。

（2）合成：①碘的活化和酪氨酸的碘化，在胞内 I^- 被过氧化物酶氧化成活性碘（I^+）。活性碘与甲状腺球蛋白（thyroglobulin，TG）上的酪氨酸残基结合，生成一碘酪氨酸（monoiodothyrosin，MIT）和二碘酪氨酸（diiodotyrosine，DIT）。②碘化酪氨酸的耦联，在过氧化物酶作用下，一分子 DIT 和一分子 MIT 耦联生成 T_3，两分子 DIT 耦联成 T_4。

（3）储存：T_3 和 T_4 仍与 TG 结合，储存于腺泡腔胶质内。

（4）释放：在蛋白水解酶的作用下，TG 分解、释放出 T_3、T_4 进入血液。T_4 约占分泌总量的 90%以上，T_4在外周组织脱碘酶作用下可转化成 T_3，T_3生物活性比 T_4高 5 倍左右。

（5）调节：T_3、T_4的合成和释放受垂体分泌的促甲状腺激素（thyroid-stimulating hormone，TSH）的调节，TSH 的分泌又受下丘脑分泌的促甲状腺激素释放激素（thyrotropin releasing hormone，TRH）的调节；而血液中 T_3和 T_4的浓度则负反馈性调节 TSH 和 TRH 的释放（图 31-2）。

【体内过程】 口服均易吸收，T_3和 T_4的生物利用度分别为 90%~95%和 50% ~70%，其中 T_4吸收率因肠内容物等的影响而不恒定。两者与血浆蛋白的结合率均可达 99%以上，但 T_3蛋白亲和力低于 T_4，其游离量是 T_4的 10 倍。T_3作用快而强，维持时间短，$t_{1/2}$为 2 日；而 T_4作用弱而慢，维持时间长，$t_{1/2}$为 5 日。T_3和 T_4主要在肝脏和肾线粒体内脱碘，并与葡萄糖醛酸或硫酸结合经肾排泄。可通过胎盘，也可进入乳汁，故妊娠和哺乳期妇女慎用。

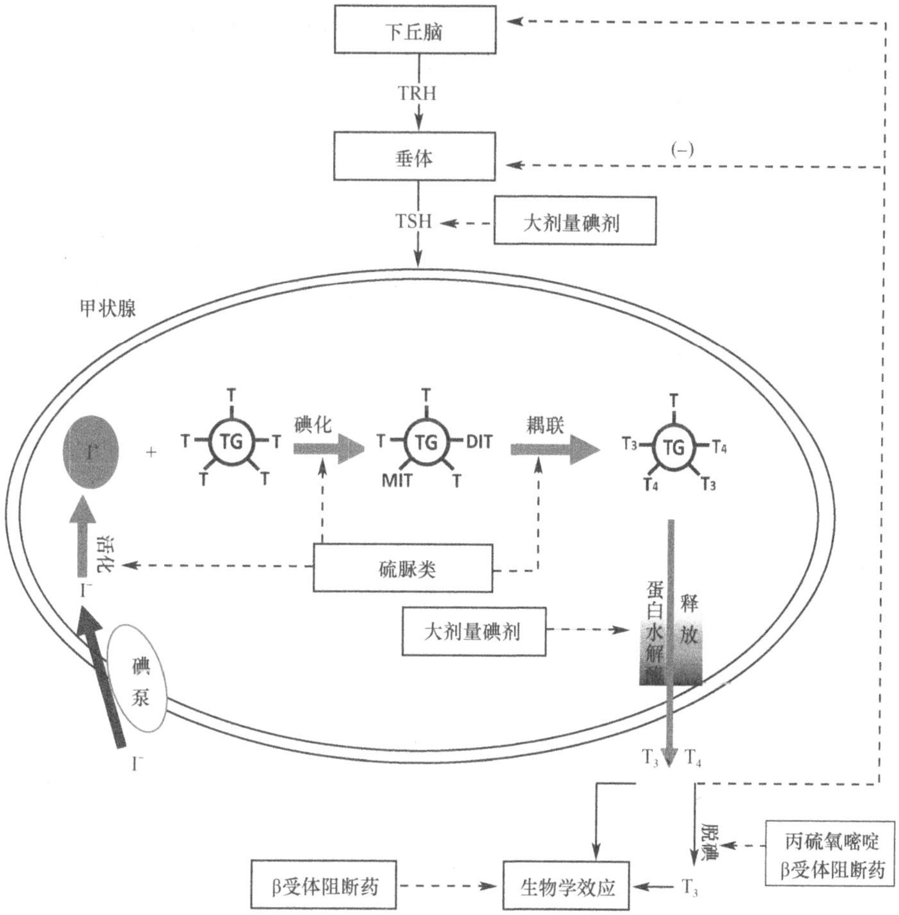

图 31-2　甲状腺激素的合成、释放与调节及抗甲状腺药物的作用环节

T. 酪氨酸；TG. 甲状腺球蛋白；MIT. 一碘酪氨酸；DIT. 二碘酪氨酸；T_3. 三碘甲状腺原氨酸；T_4. 甲状腺素

【生理、药理作用】

（1）维持正常生长发育：甲状腺激素能促进蛋白质的合成，调控机体生长发育，对婴幼儿骨骼和中枢神经系统的生长和发育尤为重要。在人体胚胎或婴幼儿期，如因缺碘或母体使用抗甲状腺药可导致甲状腺功能不足，造成患儿智力低下、身材矮小，引起呆小病（克汀病）；成年人甲状腺功能不全时，出现中枢神经兴奋性降低的症状，如神情冷漠、反应迟钝、记忆力减退等，并且由于蛋白质合成减少而组织间黏蛋白增多、结合大量水分从而引起黏液性水肿。

（2）促进代谢：甲状腺激素能够促进糖、蛋白质及脂肪的代谢，加速物质氧化，提高基础代谢率，增加组织器官的耗氧量和产热量。因此甲状腺功能亢进时基础代谢率增高，出现怕热多汗、消瘦、乏力等症状；而甲状腺功能低下时基础代谢率降低，则出现畏寒怕冷等症状。

（3）提高机体交感-肾上腺系统的反应性：甲状腺激素可提高机体对儿茶酚胺的敏感性，因此甲状腺功能亢进患者容易情绪激动、烦躁易怒、失眠、心率加快等，严重者发生甲状腺功能亢进性心脏病。

【作用机制】 甲状腺激素的作用是通过激动其特异性的核受体而产生的。甲状腺激素受体（thyroid hormone receptor，TR）是核内受体，在垂体、心、肝脏、肾脏、骨骼肌、肺、肠等组织细胞中均有分布。血液中 T_4、T_3 与血浆蛋白解离后，进入细胞核，与核内的 TR 结合形成激素-受体复合物，再与靶基因的启动/调节区内的甲状腺激素反应元件（thyroid hormone response elements，TRE）结合，从而启动、调节靶基因转录，加速相关蛋白和酶的生成，由此发挥生理效应。TR 对 T_3 的亲和力比 T_4 约大 10 倍，85%~90%的 TR 与 T_3 结合，因此 TR 又被称为 T_3 受体。TR 数目易受很多因素影响，如饥饿、营养不良等可使 TR 数目减少。

此外，甲状腺激素还有“非基因作用”，通过与核糖体、线粒体和细胞膜上的受体结合，影响转录后的过程、能量代谢及膜的转运功能，促使葡萄糖、氨基酸等进入细胞内，多种酶和细胞活性进一步加强。

【临床应用】 甲状腺激素主要用于甲状腺功能低下的替代疗法。

（1）呆小病：应尽早诊治，发育可维持正常。若治疗过晚，躯体发育虽可正常，但智力低下。治疗应从小剂量甲状腺激素开始，逐渐增加剂量，至症状明显好转时改为维持量，有效者应终生治疗，并应根据症状及时调整剂量。

（2）黏液性水肿：从小剂量开始给予甲状腺激素，逐渐增至足量，2~3 周后如基础代谢率恢复正常，可逐渐减为维持量。老年及心血管疾病患者增量宜缓慢，以防过量诱发或加重心脏病变。垂体功能低下者因易发生急性肾上腺皮质功能不全，宜先用糖皮质激素再用甲状腺激素。黏液性水肿昏迷者必须立即注射大量 T_3，待清醒后改为口服。

（3）单纯性甲状腺肿：应尽量明确原因，由于缺碘所致者应补碘，原因不明者可给予适量甲状腺激素，以补充内源性激素的不足，并可抑制 TSH 过多分泌，缓解甲状腺腺体代偿性增生肥大。甲状腺结节不能消失者，需手术治疗。

（4）其他：①甲状腺功能亢进患者服用抗甲状腺药时，加服 T_4 有利于减轻突眼、甲状腺肿大及防止甲状腺功能低下。但 T_4 不易通过胎盘屏障，不能防止抗甲状腺药剂量过大对胎儿甲状腺功能的影响，故甲亢孕妇一般不加服 T_4。②甲状腺癌术后应用 T_4 可抑制残余甲状腺癌变组织，减少复发，用量需较大。③T_3 抑制试验，用于单纯性甲状腺肿和甲亢患者的鉴别诊断。服用 T_3 后，摄碘率比用药前对照值下降 50%以上者为单纯性甲状腺肿，摄碘率下降小于 50%者为甲状腺功能亢进症。

【不良反应】 甲状腺激素过量可引起甲状腺功能亢进症的临床表现，如心悸、手震颤、多汗、体重减轻、失眠等症状，重者可腹泻、呕吐、发热、脉搏快而不规则等。老年人和有心脏疾病的患者甚至发生心绞痛、心力衰竭等。一旦发生应立即停药，并给予 β 受体阻断药对抗。

【药物相互作用】 抑制胃酸分泌的药物，如 H^+、K^+-ATP 酶抑制剂，H_2 受体阻断剂等可影响甲状腺激素的吸收。而氢氧化铝、碳酸钙、硫糖铝和硫酸亚铁等，可结合甲状腺激素减少其吸收；利福平（rifampicin，PFR）、苯妥英钠、巴比妥类、卡马西平等因可诱导肝药酶，加速甲状腺激素的代谢，减弱其作用，故合用时应增加甲状腺激素的用量。

第二节　抗甲状腺药

抗甲状腺药是指能降低血中甲状腺激素的浓度，使机体的代谢状态恢复正常，从而暂时或长期消除甲状腺功能亢进的药物，目前常用的有硫脲类（thioureas）、碘（iodine）和碘化物（iodide）、放射性碘（radioiodine）和β受体阻断药四类。

一、硫　脲　类

硫脲类是最常用的抗甲状腺药，可分为两类：①硫氧嘧啶类，包括甲硫氧嘧啶（methylthiouracil，MTU）和丙硫氧嘧啶（propylthiouracil，PTU）；②咪唑类，包括甲巯咪唑（thiamazole，他巴唑）和卡比马唑（carbimazole，甲亢平），见图 31-3。

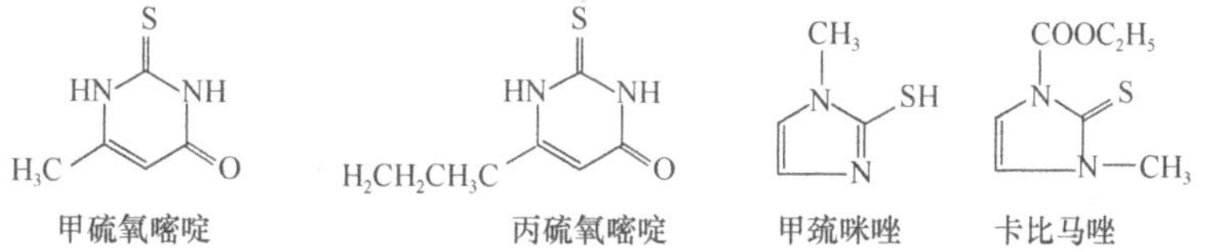

图 31-3　硫脲类抗甲状腺药物的化学结构

【体内过程】 硫氧嘧啶类口服吸收迅速，达峰时间为 2h，生物利用度约为 80%，血浆蛋白结合率约为 75%，体内分布广，但以甲状腺中浓度为最高。其主要在肝脏代谢，部分与葡萄糖醛酸结合后排出，$t_{1/2}$ 约为 1.5h；易通过胎盘，也可进入乳汁。甲巯咪唑的血浆 $t_{1/2}$ 为 6~13h，药物浓度在甲状腺组织中可维持 16~24h。卡比马唑在体内转化成甲巯咪唑后发挥作用。

【药理作用及作用机制】

（1）抑制甲状腺激素的合成：硫脲类通过抑制甲状腺过氧化物酶，进而影响酪氨酸的碘化及耦联，最终抑制甲状腺激素的生物合成；硫脲类并不是直接抑制甲状腺过氧化物酶，而是本身作为过氧化物酶的底物被碘化，活性碘不能结合到甲状腺球蛋白上，从而影响酪氨酸的碘化及耦联。本类药物对已合成的甲状腺激素无效，须待体内已合成的激素被消耗后才能显效，因此起效缓慢，用药后 2~3 周甲状腺功能亢进症状才得以改善，1~2 个月基础代谢率恢复正常。

（2）控制血清 T_3 水平：丙硫氧嘧啶抑制外周组织 T_4 向 T_3 的转化，迅速控制血清中生物活性较强的 T_3 水平，因此在重症甲状腺功能亢进、甲状腺危象时列为首选药。

（3）免疫抑制作用：硫脲类具有轻度免疫抑制作用，能轻度抑制免疫球蛋白的合成，使甲状腺刺激性免疫球蛋白（thyroid stimulating immunoglobulin，TSI）水平降低。因此，对甲状腺功能亢进症患者除能控制高代谢症状外，硫脲类对其病因也具有一定治疗作用。

【临床应用】

（1）甲状腺功能亢进症的内科治疗：适用于轻症、不宜手术或 ^{131}I 治疗者，如儿童、青少年、术后复发及年老体弱或兼有心、肝、肾和出血性疾病等的中、重度甲状腺功能亢进患者。开始治疗时，应给以大剂量硫脲类以对甲状腺激素的合成产生最大抑制作用，1~3 个月后甲状腺功能亢进症状可明显缓解。当基础代谢率接近正常时，即可递减药量，直至维持量，疗程 1~2 年。内科治疗可使 40%~70%患者获痊愈。

（2）甲亢手术治疗的术前准备：对行甲状腺次全切除术的甲状腺功能亢进患者，为减少麻醉和手术后的并发症及术后甲状腺危象的发生，术前应先服用硫脲类药物，使甲状腺功能恢复或接近正常。因用硫脲类后 TSH 分泌反馈性增加，腺体代偿性增生、组织脆且充血，不利于进行手术，故须在手术前两周左右加服大剂量碘剂。

（3）甲状腺危象的治疗：甲状腺危象是指在感染、外伤、手术和情绪激动等各种诱因作用下，甲状腺激素突然大量释放入血，使患者发生高热、虚脱、心力衰竭、水和电解质紊乱等，严重时可致死亡。临床上除消除诱因、对症治疗外，主要是给予大剂量碘剂以抑制甲状腺激素的释放，同时立即应用 2 倍于治疗量的硫脲类以阻止甲状腺激素合成。

【不良反应及注意事项】

（1）过敏反应：最为常见。多为皮肤瘙痒和药疹等，少数伴有发热，一般不需停药可逐渐消失。

（2）消化道反应：常见厌食、呕吐、腹痛、腹泻等，罕见黄疸性肝炎。

（3）粒细胞缺乏症：为硫脲类最严重的不良反应，发生率为 0.3%~0.6%。多发生在治疗后的 2~3 个月内，故应定期检查血象。若用药后出现咽痛、发热等，应立即停药并进行相应检查。注意与甲亢自身引起的白细胞数偏低相区别。

（4）甲状腺肿及甲状腺功能减退：长期使用或用药过量，由于血液中甲状腺激素水平显著下降，TSH 分泌反馈性增加，引起腺体代偿性增生、肿大、充血，重者可出现压迫症状，还可诱导甲状腺功能减退，及时发现并停药常可恢复。

硫脲类可通过胎盘屏障，并易进入乳汁，因此哺乳和妊娠期妇女禁用。因可增加 TSH 分泌，促使甲状腺癌发展，故结节性甲状腺肿合并甲状腺功能亢进及甲状腺癌的患者禁用。

【药物相互作用】 巴比妥类、酚妥拉明、妥拉唑林、锂盐、对氨基水杨酸、保泰松、维生素 B_{12}、磺胺类和磺酰脲类等均能不同程度抑制甲状腺功能，与硫脲类合用可增加抗甲状腺的效应；因碘剂能延缓硫脲类起效时间，一般两者不应合用。

二、碘和碘化物

碘和碘化物是最早用于防治甲状腺病的药物，常用的有碘化钾（potassium iodide）、碘化钠（sodium iodide）及复方碘溶液（liquor iodine Co，卢戈液，Lugol's solution）。

【药理作用】

（1）小剂量碘促进甲状腺激素的合成：甲状腺以碘为原料合成甲状腺激素。当机体摄碘不足时，甲状腺激素合成减少，TSH 分泌反馈性增多，引起甲状腺组织代偿性增生，形成单纯性甲状腺肿，在食盐中加入小剂量碘可有效预防该病的发生。

（2）大剂量碘产生抗甲状腺作用：主要机制是大剂量碘能够抑制谷胱甘肽还原酶，使还原型谷胱甘肽减少，从而降低 TG 对蛋白水解酶的敏感性，使甲状腺激素不能和 TG 解离，最终抑制甲状腺激素的释放；对抗 TSH 的作用，腺体缩小，血管减少；还能抑制过氧化物酶，影响酪氨酸碘化和耦联过程，减少甲状腺激素的合成。

对甲状腺功能亢进症患者和正常人大剂量碘都能产生抗甲状腺作用。其作用快而强，用药 1~2 日起效，10~15 日达最大效应。如继续用药，细胞内碘离子浓度增高到一定程度，细胞摄碘即自动降低，胞内碘离子浓度下降，从而失去抑制激素合成的效应，因此大剂量碘不能单独用于甲状腺功能亢进症内科治疗。

【临床应用】

（1）单纯性甲状腺肿：缺碘地区按 1∶100 000~1∶10 000 的比例在食盐中加入碘化钾或碘化钠，对早期患者疗效显著；如腺体太大或已有压迫症状者，需考虑手术治疗。

（2）甲状腺功能亢进症手术前准备：大剂量碘能对抗 TSH 的作用，使腺体缩小变韧、血管减少、有利于手术进行并减少出血。一般在术前 2 周给予复方碘溶液。

（3）甲状腺危象：可将碘化物加到 10%葡萄糖溶液中静脉滴注，或服用复方碘溶液，以抑制甲状腺激素的释放。其抗甲状腺作用发生迅速，并在二周内逐渐停服，需同时配合服用硫脲类药物。

【不良反应】

（1）一般反应：如口腔和咽喉烧灼感、呼吸道刺激、鼻窦炎和眼结膜炎症状及流涎、唾液腺肿大等，停药后逐渐消退。

（2）过敏反应：用药后立即或数小时内发生，主要有发热、皮疹、皮炎、血管神经性水肿，严重者喉头水肿可致窒息。一般停药可消退，必要时采取抗过敏措施。

（3）诱发甲状腺功能紊乱：长期或过量服用，可诱发甲状腺功能亢进；也可能诱发甲状腺功能减退和甲状腺肿等；可通过胎盘和进入乳汁，新生儿和婴儿甲状腺功能出现异常或甲状腺肿，严重者可因压迫气管而致死。

三、β受体阻断药

【药理作用】　β受体阻断药，如普萘洛尔（propranolol）等通过阻断β受体，可改善甲状腺功能亢进病人心率加快、心肌收缩力增强等交感神经兴奋的症状；可抑制外周组织的 T_4 脱碘成为 T_3；此外，还可适当减少甲状腺素的分泌。

【临床应用】　β受体阻断药是治疗甲状腺功能亢进症和甲状腺危象的常用辅助药，适用于不宜用抗甲状腺药、不宜手术及 ^{131}I 治疗的甲状腺功能亢进症患者，单用时作用有限，与硫脲类合用疗效显著。

【不良反应】　应注意β受体阻断药对心血管系统和气管平滑肌等的不良反应。

四、放射性碘

放射性碘临床常用 ^{131}I，其 $t_{1/2}$ 为 8 日，用药后 60 日内机体可消除其放射性的 99%以上。

【药理作用】　甲状腺摄取、浓集 ^{131}I 后，主要释放β射线（99%）和γ射线（1%），β射线在组织内射程为 0.5~2mm，辐射作用仅限于甲状腺内，且增生组织对辐射作用敏感，故只破坏甲状腺实质，极少波及周围正常组织，可产生类似手术切除部分甲状腺的作用。释出的γ射线，在体外可检测到，用于检查甲状腺摄碘功能。

【临床应用】

（1）甲状腺功能亢进：适用于不宜手术或术后复发及硫脲类无效或过敏的甲状腺功能亢进症患者。一般用药后 1 个月见效，见效前应加用其他抗甲状腺药控制症状。

（2）甲状腺功能检查：小剂量用于甲状腺功能检查。摄碘率高，摄碘高峰时间前移为甲状腺功能亢进。

【不良反应】　本药剂量过大易致甲状腺功能低下，故应严格控制剂量，一旦发生可补充甲状腺激素对抗。儿童处于生长发育期，对辐射较敏感；卵巢可浓集 ^{131}I，故低于 20 岁的患者、妊娠或哺乳期妇女和肾功能不佳者不宜使用；此外，禁用于甲状腺危象、重症浸润性突眼症及甲状腺不能摄碘者。

知识拓展

甲状腺功能亢进症是由多种原因导致甲状腺功能增强，甲状腺激素（T_3、T_4）分泌过多或在血液中水平增高所导致的机体神经系统、循环系统、消化系统、心血管系统等多系统的一系列高代谢征候群及高兴奋症状和眼部症状。临床上甲亢患者主要表现为：心慌、心动过速、怕热、多汗、食欲亢进、消瘦、体重下降、疲乏无力及情绪易激动、性情急躁、失眠、思想不集中、眼球突出、手舌颤抖、甲状腺肿大、女性可有月经失调甚至闭经，男性可有阳痿或乳房发育等。上述均是典型甲亢的临床表现，但是并非每位甲亢患者均表现出所有的临床症状。

案例解析

案例 31-1

患者，女，42 岁，主因“消瘦、失眠、心悸 3 月”就诊。主诉近 3 月来无明显诱因出现心慌、多汗、怕热。食量较前明显增加，易饥饿，但体重较前明显下降，近 3 月体重下降约 10kg。烦躁，易怒，失眠，劳累后心慌、气短更明显。查体：T37.2℃，P114 次/分钟，R27 次/分钟，Bp100/60mmHg，双眼轻微突出，双手细颤，甲状腺Ⅱ°肿大。甲状腺全套提示：T_3、T_4均升高，TSH 下降。诊断：甲状腺功能亢进。

问题：

针对该患者，应选用哪些抗甲状腺药治疗？使用这些药物治疗后可能出现的主要不良反应及防治措施。

解析：

该患者可使用硫脲类和 β 受体阻断药等抗甲状腺药。硫脲类药物，如甲巯咪唑最严重的不良反应为粒细胞缺乏症，故应定期检查血象。β 受体阻断药，如普萘洛尔应注意其对心血管系统的不良反应。

本章小结

甲状腺激素具有维持正常生长发育、促进代谢及提高机体交感-肾上腺系统的反应性等药理作用，临床可用于呆小病、黏液性水肿、单纯性甲状腺肿等的治疗，但过量可引起甲状腺功能亢进。

目前常用的抗甲状腺药有以下四类。

硫脲类：代表药有甲巯咪唑、丙硫氧嘧啶等，主要通过抑制甲状腺激素的合成而发挥作用，是目前甲状腺功能亢进内科治疗的主要药物，其最严重的不良反应为粒细胞缺乏症。

碘及碘化物：小剂量碘是合成甲状腺激素的原料，用于预防单纯性甲状腺肿；大剂量碘通过抑制甲状腺激素的释放而产生抗甲状腺作用，用于甲状腺术前准备及甲状腺危象的治疗。

β 受体阻断药：代表药有普萘洛尔等，可改善甲亢患者的心率加快、心肌收缩力增强等交感神经兴奋的症状，是治疗甲状腺功能亢进和甲状腺危象的常用辅助药。但应注意其对心血管系统和气管平滑肌等的不良反应。

放射性碘：代表药有 ^{131}I。β 射线可破坏甲状腺实质，产生类似手术切除部分甲状腺的作用。γ 射线，可在体外检测，用于甲状腺摄碘功能的检查。

中药介绍

夏 枯 草

夏枯草是唇形科夏枯草 *Prunella vulgaris* L.的干燥果穗。因“此草夏至后即枯”而得名。夏枯草味苦、辛，性寒，功在清肝泻火、散结消肿，为古代治疗瘿病的要药之一。夏枯草中的化学成分主要包括三萜、甾体、黄酮、香豆素、有机酸等多类成分，在已分离出的三萜类化合物中以齐墩果酸、熊果酸含量为最高。

文献报道夏枯草用于治疗甲状腺炎、甲状腺肿大均有显著疗效。在经典治疗的基础上联合应用夏枯草口服液治疗甲状腺肿疾病，与传统治疗组作对照，结果表明联合应用夏枯草口服液治疗组甲状腺肿较对照组缩小明显；治疗毒性弥散性甲状腺肿患者，夏枯草治疗组治愈率高于对照组。

临床上常用夏枯草口服液治疗甲状腺肿大、乳腺增生、肺结核、急性黄疸型传染性肝炎、高血压等疾病。

（郑　萍）

第三十二章　胰岛素及其他降血糖药

能力要求

1. 能够熟练阐述胰岛素（insulin）及其他降血糖药的作用机制、作用特点及不良反应。
2. 能够学会临床如何选择和应用胰岛素及其他降血糖药。
3. 能够简要叙述新型降血糖药的作用特点。

糖尿病（diabetes mellitus）是一组以血糖水平升高为特征的代谢性疾病。糖尿病的发病率持续上升，已成为全世界发病率和死亡率最高的5种疾病之一，尤以中国、印支次大陆及非洲等发展中国家增加显著，我国发病率居世界第2位。糖尿病可分为1型、2型、其他特殊类型糖尿病和妊娠期糖尿病。1型是由于胰岛B细胞自身免疫性破坏，胰岛素分泌绝对缺乏，必须使用胰岛素治疗；2型主要是胰岛素抵抗和B细胞分泌缺陷所致。在糖尿病患者中，2型占总数的90%以上，治疗以控制饮食和口服降糖药为主，也有部分患者需用胰岛素治疗。以高血糖素样肽-1（glucagons-like peptide-1，GLP-1）和DDP-Ⅳ抑制剂等为新靶点的药物的成功上市，为糖尿病治疗提供了新的用药选择。另外，也有越来越多的报道将胰岛细胞移植给1型糖尿病患者，成功重建了患者胰岛素分泌能力，为治疗糖尿病开辟了新的途径。

第一节　胰　岛　素

案例解析

案例32-1

患者，女，55岁。因“头晕、头痛1月”就诊。既往有“2型糖尿病”病史10年，使用胰岛素治疗。血压：162/96mmHg。空腹血糖：6.8mmol/L。诊断：2型糖尿病并原发性高血压。处方：口服普萘洛尔片，20mg，3次/日；胰岛素3餐前30min皮下注射，早12U中8U晚10U。精蛋白锌胰岛素8U，睡前皮下注射。

问题：

1. 该处方存在何种不合理用药？
2. 该处方应如何调整？

解析：

普萘洛尔为非选择性β受体阻断药，可抑制由于低血糖引起代偿性交感肾上腺活动增加所致的低血糖先兆症状，故可掩盖低血糖的症状，不宜觉察。另外，普萘洛尔能抑制交感神经引起的脂肪和糖原分解而使血糖降低。选择性β受体阻断药，如阿替洛尔、美托洛尔与胰岛素之间无类似相互作用。故处方调整：阿替洛尔替代普萘洛尔。

胰岛素是一种由两条多肽链组成的酸性蛋白质，A链含21个氨基酸残基，B链30个氨基酸残基，A、B两链通过两个二硫键以共价相连。药用胰岛素由猪、牛胰腺提取或通过DNA重组技术人工合成或将猪胰岛素B链第30位的丙氨酸用苏氨酸替代而获得人胰岛素。胰岛素结构有种属差异，非人源胰岛素虽不直接妨碍在人体发挥作用，但可成为抗原，引起过敏反应。而重组胰岛素抗原性弱，较少引起过敏反应。

【体内过程】　胰岛素作为一种蛋白质，普通制剂易被消化酶所破坏，口服无效，必须注射给药。皮下注射吸收快，尤以前臂外侧和腹壁明显，亦可肌肉、静脉注射。$t_{1/2}$ 约 10min，但作用可维持数小时，主要在肝、肾灭活，经谷胱甘肽转氨酶还原二硫键，再由蛋白水解酶水解成短肽或氨基酸，也可被肾胰岛素酶直接水解，10%以原型自尿液排出。因此，严重肝肾功能不良能影响其灭活。为延长胰岛素作用时间，制成中、长效制剂。中效、长效制剂加入微量锌制成混悬剂，不可静脉注射。各制剂特点见表 32-1。

表 32-1　胰岛素各制剂特点

类型	药名	给药途径	给药时间	作用时间（h）		
				开始	高峰	维持
速效	赖脯胰岛素（优泌乐） 门冬胰岛素（诺和锐）	IH	餐时或餐前、餐后立即注射	0.25	0.5～1.5	3～4
短效	胰岛素	IH	餐前 0.5h，3～4 次/日	0.5	2～4	6～8
		IV	急救	立即	0.5	2
中效	低精蛋白锌胰岛素	IH	餐前 0.5h，1～2 次/日	2～4	6～10	10～16
	珠蛋白锌胰岛素	IH	餐前 1h，1～2 次/日	2～4	6～10	12～18
长效	精蛋白锌胰岛素	IH	餐前 0.5～1h，1 次/日	3～4	12～24	24～36
	地特胰岛素	IH	早餐/晚餐前，1 次/日	6～8	无峰值	24
	甘精胰岛素	IH	任意时间，1 次/日	1～2	无峰值	24

注：IH. 皮下注射；IV. 静脉注射

【药理作用】　胰岛素主要促进肝脏、脂肪、肌肉等靶组织糖原和脂肪的储存。

（1）促进糖原的合成和储存，加速葡萄糖的氧化和酵解，并抑制糖原分解和异生而降低血糖。

（2）促进脂肪合成，减少游离脂肪酸和酮体的生成，增加脂肪酸和葡萄糖的转运，使其利用率增加。

（3）增加氨基酸的转运和核酸、蛋白质的合成，抑制蛋白质的分解。

（4）加快心率，加强心肌收缩力和减少肾血流，在伴发相应疾病时应予充分注意。

（5）促进 K^+进入细胞，降低血 K^+浓度。

【作用机制】　胰岛素属多肽类激素，分子较大，不易进入靶细胞而只作用于膜受体，通过第二信使而产生生物效应。胰岛素受体（insulin　receptor，Ins R）是由两个 α-亚单位及两个 β-亚单位组成，α-亚单位在胞外，含胰岛素结合部位，β-亚单位为跨膜蛋白，其胞内部分含酪氨酸蛋白激酶，胰岛素和 Ins R 的 α 亚基结合后迅速引起 β 亚基的自身磷酸化，进而激活 β 亚基上的酪氨酸蛋白激酶，由此导致对其他细胞内活性蛋白的连续磷酸化反应，产生降血糖等生物效应（图 32-1）。

【临床应用】

（1）糖尿病：临床上胰岛素可用于各型糖尿病，主要用于：① 1 型糖尿病；② 重度 2 型糖尿病；③轻型、中型糖尿病经饮食控制及口服降血糖药治疗无效的 2 型患者；④ 糖尿病合并高热、重症感染、消耗性疾病、妊娠、创伤及手术前后；⑤ 糖尿病发生各种急性或严重并发症，如糖尿病酮症酸中毒及高渗性非酮症性糖尿病昏迷；⑥ 全胰腺切除引起的继发性糖尿病。

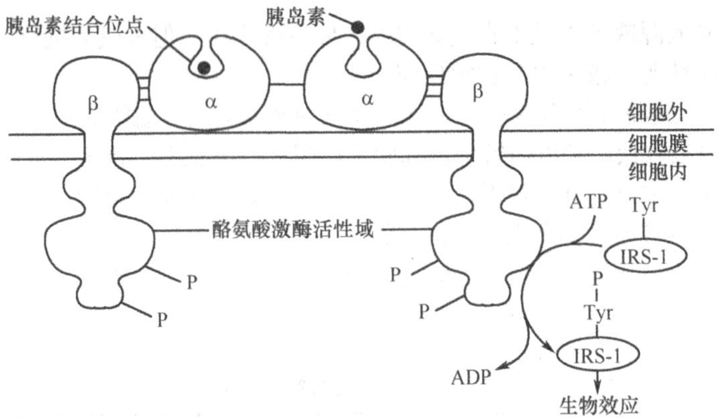

图 32-1　胰岛素受体结构及信号转导示意图

IRS-1. 胰岛素受体底物-1；Tyr. 酪氨酸蛋激酶；α、β.亚单位；P.磷酸残基

（2）细胞内缺钾：胰岛素与葡萄糖合用可促使 K^+进入细胞内，故临床上将葡萄糖、胰岛素及氯化钾组成合剂，以纠正细胞内缺 K^+，并可提供能量，减少缺血心肌中的游离脂肪酸，防治心肌梗死时的心律失常。

【不良反应】

（1）低血糖症：大多由于胰岛素过量，未按时按量进餐，或运动过多等诱因引起，多见于消瘦或病情严重者，是最重要、也是最常见的不良反应。其早期表现为饥饿感、出汗、心跳加快、焦虑、震颤等症状，严重者可引起昏迷、休克及脑损伤，甚至死亡。为防止低血糖症的严重后果，应教会患者熟知反应。轻者可饮用糖水或摄食，严重者应立即静脉注射 50%葡萄糖。必须在糖尿病患者中鉴别低血糖昏迷和酮症酸中毒性昏迷及非酮症性糖尿病昏迷。速效胰岛素过量引起的低血糖反应主要来自交感肾上腺系统的代偿性兴奋的症状；中效、长效制剂引起的低血糖反应则多由于中枢神经功能障碍。

（2）过敏反应：较多见，一般反应轻微，如注射部位瘙痒、肿胀、红斑，少数出现荨麻疹，血管神经性水肿，偶可引起过敏性休克。其原因有两个：①来自动物与人的胰岛素结构差异所致；②制剂纯度较低，杂质所致。若用高纯度制剂或人胰岛素可降低过敏反应。

（3）胰岛素抵抗：正常或高于正常浓度的胰岛素只引起低于正常的生物效应称胰岛素抵抗（insulin resistance），可分为急性抵抗性和慢性抵抗性。

1）急性抵抗性：多因并发感染、创伤、手术等应激状态所致。血中出现拮抗胰岛素作用的物质增多、pH 降低时，可减少胰岛素与受体结合，或血中有大量游离脂肪酸和酮体时，可妨碍葡萄糖的摄取、利用，使胰岛素作用锐减，需短时间内增加胰岛素剂量达数百乃至数千单位，只要正确处理诱因，调整酸碱、水电平衡，加大胰岛素剂量，常可取得良好疗效。

2）慢性抵抗性：临床指每日需用胰岛素 200U 以上，且无并发症者。其形成原因复杂，至少有如下三个。① 受体前异常：主要因胰岛素抗体与胰岛素结合后妨碍胰岛素向靶部位转运所致。② 受体水平变化：高胰岛素血症时靶细胞上的胰岛素受体数目减少；老年、肥胖、肢端肥大症及尿毒症时胰岛素受体数目也减少；酸中毒时受体与胰岛素之亲和力减低。③ 受体后失常：靶细胞膜上葡萄糖转运系统及某些酶系统失常等都可能妨碍胰岛素的正常作用而表现为胰岛素抵抗性。

（4）脂肪萎缩：见于注射部位，女性多于男性。应用高纯度胰岛素制剂可减少。

（5）Somogyi 现象（低血糖后高血糖或索莫基现象或苏木杰现象）：是指糖尿病患者胰岛素使用过量引起午夜低血糖，由此晨起出现高血糖的一种现象。其主要原因是睡前或晚餐前胰岛素用量过大，造成夜里低血糖。低血糖又引起调节机制的代偿反应，即对抗胰岛素激素的增加，如肾上腺素、生长激素、糖皮质激素、高血糖素等，使血糖上升，也可出现糖尿甚至酮尿，产生反应性高血糖。

Somogyi 现象

患者，男，67 岁，2 型糖尿病史 12 年，平时皮下注射胰岛素控制血糖。近 1 月多饮多尿症状加重，空腹血糖明显升高（在 20～28mmol/L 波动），自行加大晚餐前胰岛素用量（早 18U，晚 14U，餐前半小时皮下注射），症状无好转。查随机血糖 24.6mmol/L，尿常规：葡萄糖（++）酮体（+++）；糖化血红蛋白：9.51%。立即监测发现患者 3Am 血糖 3.0mmol/L，但患者无明显不适。晨起空腹血糖 20mmol/L。结合血糖监测和糖化血红蛋白，考虑为 Somogyi 现象，予以减少晚餐前胰岛素用量后，夜里未再监测到低血糖现象，空腹血糖逐渐降至 7～10mmol/L，多饮多尿症状明显好转。

当胰岛素用量略超需要而发生轻度低血糖时，可不出现明显症状，却能引起调节机制的代偿反应，即对抗胰岛素激素的增加，如肾上腺素、生长激素、糖皮质激素、高血糖素等，使血糖上升，也可出现糖尿甚至酮尿，容易误认为胰岛素用量不足而得不到正确处理。其原因主要是由于疾病本身病变，胰岛不能分泌足够的胰岛素，不能使血糖保持正常，而产生反应性高血糖，甚至产生酮症。对此种空腹高血糖应需与真正的血糖升高相区别。最好是查清晨 3：00 的血糖，以明确有无低血糖。对此种患者的处理，不是增加胰岛素剂量，而是减少晚餐前或睡前的胰岛素剂量。

第二节　口服降血糖药

案例分析

案例 32-2

患者，男，58 岁，因“反复四肢关节疼痛 2 年，伴多饮、多尿、多食 1 月”就诊，诊断为：①类风湿关节炎；②2 型糖尿病。给予保泰松和格列本脲治疗。服用 1h 后即出现出汗、饥饿、心慌、颤抖、面色苍白、躁动，继之昏迷不醒。查血糖 2.6mmol/L。立即静脉注射 50%GS 症状缓解，30min 后恢复正常。

问题： 试分析病例现象产生的原因。

解析： 由于格列本脲和保泰松的血浆蛋白结合率均高（超过 90%），而发生竞争性置换作用，使游离药物的浓度上升而引起低血糖反应。

目前常用口服降血糖药包括磺酰脲类（sulfonylureas，SU）、双胍类、胰岛素增敏剂、α-葡萄糖苷酶抑制剂及餐时血糖调节剂等。

一、磺 酰 脲 类

磺酰脲类的共同结构是苯磺酰脲，只是侧链不同。第一代磺酰脲类包括甲苯磺丁脲（tolbutamide，D_{860}）与氯磺丙脲（chlorpropamide）；第二代磺酰脲类是在苯环上接一带芳香环的碳酰胺，如格列本脲（glibenclamide，优降糖）、格列吡嗪（glipizide），作用可增加数十至上百倍；第三代磺酰脲类是在磺酰脲的尿素部分加一个二环杂环，则不仅可降血糖，且能改变血小板功能，对糖尿病患者的凝血和血管栓塞倾向有益，如格列美脲（glimepiride）和格列齐特（gliclazide）。

【体内过程】 磺酰脲类药在胃肠道吸收迅速而完全，与血浆蛋白结合率高。多数药物在肝内氧化成羟基化合物，并迅速从尿中排出。甲苯磺丁脲服后3～5h达峰值，$t_{1/2}$为4～6h，作用维持6～10h，每日给药三次；代谢产物可使尿蛋白测定出现假阴性。氯磺丙脲$t_{1/2}$长约36h，作用维持30～60h，部分以原型由肾小管分泌排出，每日只需给药一次。格列本脲服后2～6h达峰值，作用维持16～24h。格列吡嗪服后1～2h达峰值，$t_{1/2}$为2～4h，作用维持6～10h，灭活及排泄快，较少发生持续低血糖。格列齐特吸收迅速，$t_{1/2}$为10～12h，95%在肝内代谢，5%原型自尿排泄。格列美脲口服吸收完全，2.5h达峰值，$t_{1/2}$为5～8h，作用维持24h，主要由肝代谢，从尿排出。格列齐特吸收较快，2～6h达峰值，$t_{1/2}$为10～12h，作用维持24h。经肝脏代谢成无活性的代谢物，大部分给经肾排泄，少量随粪排泄。格列喹酮吸收完全，2～3h达峰值，$t_{1/2}$约1.5h，作用维持2～3h。大部分代谢产物经胆道系统从粪便中排泄。格列波脲的口服吸收快，约95%与血浆蛋白结合主要在肝脏代谢，$t_{1/2}$约8小时，约70%以代谢物形式从肾排出，作用持续24h。

【药理作用及机制】

（1）降血糖作用：对正常人和胰岛功能尚存的患者有效，但对1型糖尿病患者及切除胰腺的糖尿病患者无效。其机制是：①刺激胰岛B细胞释放胰岛素。当该类药物与胰岛B细胞膜上磺酰脲受体结合后，可阻滞与受体相偶联的ATP敏感钾通道而阻止钾外流，致使细胞膜除极化，增强电压依赖性钙通道开放，促进胞外钙内流。胞内游离钙浓度增加后，触发胞吐及胰岛素释放。②增加胰岛素与靶组织的结合能力。长期服用且胰岛素已恢复至给药前水平的情况下，其降血糖作用仍然存在，这可能与其增加靶细胞膜上胰岛素受体的数目和亲和力有关，也有可能与抑制高血糖素的分泌，提高靶细胞对胰岛素的敏感性有关。③可降低血清糖原水平。

（2）对水排泄的影响：格列本脲、氯磺丙脲有抗利尿作用，但不降低肾小球滤过率，这是促进ADH分泌和增强其作用的结果，可用于尿崩症。

（3）对凝血功能的影响：这是第三代磺酰脲类的特点，能使血小板黏附力减弱，刺激纤溶酶原的合成。

【临床应用】

（1）用于胰岛功能尚存的2型糖尿病且单用饮食控制无效者。

（2）尿崩症：只用氯磺丙脲，0.125～0.5g/d，可使患者尿量明显减少。

【不良反应】 常见不良反应为皮肤过敏、胃肠不适、嗜睡及神经痛，也可致肝损害，尤以氯磺丙脲多见。少数患者有白细胞、血小板减少及溶血性贫血，因此需定期检查肝功能和血象。较严重的不良反应为持久性低血糖症，常因药物过量所致，格列本脲较多见，老人及肝、肾功能不良者发生率高，故老年及肾功能不良的糖尿病患者忌用。格列吡嗪、格列波脲较少引起低血糖。格列喹酮由于经胆道系统从粪便中排泄，因此，肾功能不全者如选择磺酰脲类，则为首选。格列齐特能改善糖尿病患者眼底病变及代谢、血管功能紊乱等，故更适合老年人。

【药物相互作用】 由于磺酰脲类血浆蛋白结合率高（90%左右），可与一些蛋白结合率高的药物，如磺胺类药、水扬酸类、保泰松、呋塞米、吲哚美辛、青霉素、双香豆素等发生竞争性置换作用，使游离药物的浓度上升而引起低血糖反应。保泰松还能抑制肝微粒体酶，使磺酰脲类药的代谢减少，能增强药效。消耗性患者血浆蛋白低，黄疸患者血浆胆红素水平高，也能竞争血浆蛋白结合部位，更易发生低血糖。乙醇抑制糖原异生和肝葡萄糖输出，故患者饮酒会导致低血糖。另一方面，氯丙嗪、糖皮质激素、噻嗪类利尿药、口服避孕药均可降低磺酰脲类的降血糖作用，须予注意。β受体阻断药，如普萘洛尔能抑制交感神经兴奋引起的脂肪和肌糖原分解而使血糖降低；并且抑制由于低血糖引起代偿性交感肾上腺活动增加所致的低血糖先兆症状，合用时宜慎重；与降压药，如可乐定、利血平、哌乙啶等均能增强外周组织对胰岛素的敏感性，促进糖的利用，合用时可增强降血糖药的作用，宜减少剂量。

二、双　胍　类

双胍类常用的有二甲双胍（metformin，甲福明）、苯乙双胍（phenformin，苯乙福明）。苯乙双胍曾广泛运用，但由于乳酸中毒较多且重，目前已少用。二甲双胍降糖作用较苯乙双胍弱，但毒性较小，现为临床主要应用的双胍类药物。

【体内过程】　二甲双胍口服吸收率仅 50%。2h 达峰值，$t_{1/2}$ 约 3h，作用维持 8h，不与血浆蛋白结合，几乎全部由尿排泄，故在肾功能减退时可在体内大量蓄积，引起乳酸中毒。

【药理作用及机制】　该类药物可降低糖尿病患者的血糖，但对正常人血糖无影响。降糖不依赖胰腺 B 细胞，而是增加外周组织摄取葡萄糖，降低葡萄糖在肠的吸收及糖原异生，抑制高血糖素释放等。另外，二甲双胍可增加胰岛素的敏感性，促进外周胰岛素与受体结合，促进受体磷酸化，激活酪氨酸激酶和葡萄糖转运体 4 的转位，从而改善组织对胰岛素的敏感性。

【临床应用】　主要用于轻症糖尿病患者，尤适用于肥胖及单用饮食控制及体育锻炼治疗无效的 2 型糖尿病。也可用于 1 型糖尿病患者，与胰岛素合用，可减少胰岛素用量，还可用于对胰岛素抵抗综合征的治疗；与磺酰脲类降血糖药合用，具协同作用。

【不良反应】　常见恶心、呕吐、腹泻、口中有金属味或疲倦、体重减轻等；如果肠道反应较重，应于进餐中或餐后服用；有乳酸性酸血症、酮血症等严重不良反应，但二甲双胍少见；肾功能损害患者禁用。

三、胰岛素增敏剂

胰岛素抵抗是指各种原因使胰岛素促进葡萄糖摄取和利用的效率下降，机体代偿性的分泌过多胰岛素产生高胰岛素血症，以维持血糖的稳定。糖耐量减低（IGT）人群 75%存在胰岛素抵抗，2 型糖尿病患者胰岛素抵抗的发生率为 85%左右。胰岛素抵抗理论使人们对 2 型糖尿病治疗从单纯增加胰岛素的数量转移到增加对胰岛素的敏感性上来。噻唑烷酮类是一类新型的胰岛素增敏剂，能改善 B 细胞功能，显著改善胰岛素抵抗及相关代谢紊乱，对 2 型糖尿病及其心血管并发症均有明显疗效，主要包括吡格列酮（pioglitazone）、罗格列酮（rosiglitazone）、环格列酮（ciglitazone）、恩格列酮（englitazone）等。

【药理作用】

（1）改善胰岛素抵抗：降低高胰岛素血症，使靶细胞胰岛素受体上调，增强对胰岛素的敏感性。

（2）降低高血糖：使患者空腹血糖、餐后血糖降低。

（3）改善胰岛 B 细胞功能：可增加胰岛的面积、密度和胰岛中胰岛素含量而对胰岛素的分泌无影响；通过降低血浆胰岛素及游离脂肪酸水平，减轻对胰腺的毒性，减少细胞死亡来阻止胰岛 B 细胞的衰退。

（4）改善脂肪代谢紊乱：能显著降低 2 型糖尿病患者 LDL、VLDL 和三酰甘油，增加总胆固醇和 HDL-C 的水平。

（5）对 2 型糖尿病血管并发症的防治作用：可抑制血小板聚集、炎症反应和内皮细胞的增生，抗动脉粥样硬化；还可延缓蛋白尿的发生，使肾小球的病理改变明显减轻。

【作用机制】　该类药物改善胰岛素抵抗及降糖的机制与竞争性激活过氧化物酶增殖体受体 γ（peroxisomal proliferator activated receptor γ，PPARγ），调节胰岛素反应性基因的转录有关。PPAR-γ 激活后通过下列途径改善胰岛素抵抗：①活化的 PPAR-γ 与几种核蛋白形成杂化二聚体复合物，导致脂肪细胞分化产生大量小脂肪细胞，增加了脂肪细胞总量，提高和改善胰岛素的敏感性。②增强胰岛素信号传递。研究发现，该类药物可阻止或逆转高血糖对酪氨酸蛋白激酶的毒性作用，促进胰岛素受体底物-1的磷酸化。罗格列酮尚可增加胰岛素受体数量。③降低脂肪细胞瘦素（leptin）和肿瘤坏死因子-α（TNF-α）的表达，因为TNF-α通过干扰胰岛素受体酪氨酸磷酸化和增加对抗丝氨酸磷酸化的作用，能引起对体内、外胰岛素的抵抗。④改善胰岛B细胞功能。⑤增加外周组织葡萄糖转运体-1及葡萄糖转运体-4等的转录和蛋白合成，增加基础葡萄糖的摄取和转运。

【临床应用】 主要用于治疗胰岛素抵抗和2型糖尿病。

【不良反应】 该类药物低血糖发生率低，主要有嗜睡、肌肉和骨骼痛、头痛、消化道症状等，少数可出现乏力、水肿、肝功能损害。但近年来研究发现该类药物具有的明显不良反应导致了一些品种的退市和限制使用。其中曲格列酮因明显特异性肝毒性而退市；罗格列酮因致心血管事件，2010年和2011年在欧盟和美国下架，其他国家限制使用（无法用其他降糖药或其他降糖药无法达到血糖目标时考虑；心力衰竭、缺血性心肌病、骨质疏松症禁用）；2011年FDA认为吡格列酮使用1年以上可能增加患膀胱癌风险。

四、α-葡萄糖苷酶抑制剂

α-葡萄糖苷酶抑制剂主要有阿卡波糖（acarbose，拜唐苹）、伏格列波糖（voglibose）、米格列醇（miglitol）。

【药理作用及机制】 碳水化合物经初步消化成低聚糖等，进入小肠经α-葡萄糖苷酶分解为葡萄糖在小肠吸收。α-葡萄糖苷酶抑制剂竞争性抑制位于小肠的α-葡萄糖苷酶，使碳水化合物分解为葡萄糖的速度减慢，从而减缓肠道内葡萄糖的吸收，降低餐后高血糖。α-葡萄糖苷酶抑制剂不刺激B细胞分泌胰岛素，但可降低餐后胰岛素水平，说明可增加胰岛素的敏感性。阿卡波糖对淀粉酶也有抑制作用，而伏格列波糖仅对α-葡萄糖苷酶抑制，对淀粉酶无抑制作用。

【临床应用】 单独应用或与其他降糖药合用，可降低患者的餐后血糖。

【不良反应】 主要为胃肠道反应，是由于未被吸收的糖类滞留肠道，细菌作用后产气，出现腹胀、腹痛、腹泻、胃肠痉挛性疼痛、顽固性便秘等；尚有肠鸣、恶心、呕吐、食欲减退等。服药期间应增加饮食中碳水化合物的比例，并限制单糖的摄入量，以提高药物的疗效。合用其他降糖药，如胰岛素、磺脲类或二甲双胍类药物时有发生低血糖的可能。

五、餐时血糖调节剂

格列奈类为非磺酰脲类促胰岛素分泌剂，使用后可增加胰岛素的分泌量。目前用于临床的主要有瑞格列奈和那格列奈。由于格列奈类药物具有起效快、作用时间短，且促胰岛素分泌作用与血糖浓度有关，具有血糖依赖性，即血糖高时其作用增强，血糖低时其作用则减弱，因而降低餐后高血糖的作用较强，同时低血糖发生率较低。因此，格列奈类被称为餐时血糖调节剂。

【体内过程】 口服迅速经胃肠道吸收入血，15min起效，1h左右达峰，$t_{1/2}$约1h，通过肝药酶 P450系统代谢，其中超过90%随胆汁进入消化道经粪便排出，其余经尿排泄。

【药理作用及机制】 通过与胰岛B细胞膜上的特异性受体结合，促进与受体偶联的ATP敏感性K^+通道关闭，抑制K^+从B细胞外流，使细胞膜除极化，从而开放电压依赖的Ca^{2+}通道，使细胞外Ca^{2+}进入胞内，促进储存的胰岛素分泌。

【临床应用】 主要适用于2型糖尿病患者，老年糖尿病患者也可服用，且适用于糖尿病肾病者。因其结构中不含硫，故对磺脲类药物过敏者仍可使用。

【不良反应】 轻度低血糖，视觉异常，腹痛、腹泻、恶心、呕吐和便秘等胃肠道症状，少见肝功酶异常及皮肤过敏反应。

第三节　其他新型降血糖药

高血糖素样肽及其类似物和分解抑制剂由于具有新的靶点和显著的优点已成为新型降血糖药，为糖尿病患者的治疗提供了新的用药选择。

一、以高血糖素样肽-1 为作用靶点的药物

胰高血糖素样肽-1（GLP-1）是由肠道 L 细胞分泌的一种肽类肠促胰素，具有以下生理作用：①以葡萄糖依赖方式作用于胰岛 B 细胞，促进胰岛素基因的转录，增加胰岛素的生物合成和分泌；②刺激 B 细胞的增殖和分化，抑制 B 细胞凋亡，从而增加胰岛 B 细胞数量，抑制高血糖素的分泌，抑制食欲及摄食，延缓胃内容物排空等。这一作用具有葡萄糖依赖性，效应的强弱与血糖浓度高低有关，血糖越高，作用越强，血糖下降时减弱，血糖低至 3.36mmol/L 时不再刺激胰岛素分泌。由于这一特点，可避免引起严重低血糖。这些功能都有利于降低餐后血糖并使血糖维持在恒定水平。

然而，GLP-1 在体内可迅速被广泛存在的二肽基肽酶Ⅳ（DPP-Ⅳ）降解而失去活性，$t_{1/2}$ 不到 2min，限制了其临床应用。因此，目前使用的药物为 GLP-1 结构修饰的类似物和 DPP-Ⅳ抑制剂。

艾塞那肽（exenatide）是一种人工合成的长效 GLP-1 受体激动剂，药理作用与 GLP-1 生物学作用相同，$t_{1/2}$ 约 10h。艾塞那肽适应证是采用二甲双胍、磺酰脲类制剂，或两种药物联合治疗达不到目标血糖水平的患者。艾塞那肽目前是注射用药，每日给药两次（通常在早餐和晚餐之前）。该药最常见的副作用是胃肠反应，如恶心、呕吐、腹泻等，一般为轻到中度，通常随继续用药而减轻。其禁忌证包括严重的胃肠道疾病和明显的肾功能不全（肌酐廓清率小于 30ml/min）。

利拉鲁肽（liraglutide）是人 GLP-1 的类似物，是在 GLP-1 结构的基础上稍作调整，使其有了明显的抗 DPP-Ⅳ降解作用，所以每日一次注射即可有效控制血糖。用于成人 2 型糖尿病患者控制血糖，适用于单用二甲双胍或磺脲类药物最大可耐受剂量治疗后血糖仍控制不佳的患者，与二甲双胍或磺脲类药物联合应用，不良反应主要为注射部位反应，通常都为轻度。

西他列汀（sitagliptin phosphate）为 DPP-IV 抑制药，口服给药，可显著抑制 DPP-IV 活性，减少 GLP-1 降解增加内源性 GLP-1 水平，而产生降血糖效应。该药用于治疗 2 型糖尿病，发生低血糖的危险低于格列本脲，不良反应可见低血糖、鼻咽炎、上呼吸道感染、头痛和轻微胃肠道反应。类似药物还有沙格列汀（saxagliptin）和 维格列汀（vildagliptin）等。

二、胰淀粉样多肽类似物

醋酸普兰林肽（pramlintide acetate）是胰淀粉样多肽（胰淀素，淀粉不溶素）的一种合成类似物，与内源性胰淀粉样多肽有着相同的生物学功能，是继胰岛素之后第二个用于治疗 1 型糖尿病的药物。普兰林肽与胰淀粉样多肽的氨基酸序列差异表现在前者第 25 位、第 28 位和第 29 位上由脯氨酸所替代，较好地克服了天然胰淀粉样多肽不稳定、易水解、黏稠性大、易凝集的缺陷。普兰林肽可以延缓葡萄糖的吸收，抑制胰高血糖素的分泌，减少肝糖生成和释放，因而具有降低糖尿病患者体内血糖波动频率和波动幅度，改善总体血糖控制的作用。普兰林肽 20min 达峰，$t_{1/2}$ 为 50min，主要经肾脏代谢和排泄，可用作 1 型和 2 型糖尿病的辅助治疗药物，主要用于单用胰岛素，以及联合应用胰岛素和磺脲类药物和／或二甲双胍仍无法取得预期疗效的糖尿病患者。普兰林肽可与胰岛素合用，但不能取代胰岛素，不良反应有关节痛、咳嗽、头

晕、疲劳、头痛及咽炎等。

本章小结

（1）胰岛素具有降低血糖、促进脂肪和蛋白质的合成并抑制分解的作用。主要用于1型糖尿病及2型糖尿病血糖未能控制良好的患者等。

（2）口服降血糖药主要有：①磺酰脲类，可刺激胰岛B细胞释放胰岛素，对胰岛功能尚存的2型糖尿病有效，药物，如甲苯磺丁脲、格列本脲等。②双胍类，通过促进组织摄取和利用葡萄糖而降低血糖，药物，如二甲双胍。③葡萄糖苷酶抑制药，主要通过抑制α-葡萄糖苷酶而降低餐后血糖，药物，如阿卡波糖等。④胰岛素增敏剂能改善胰岛素抵抗，降低血糖，如吡格列酮和罗格列酮等。⑤餐时血糖调节剂用于控制餐后高血糖，其降血糖机制与磺酰脲相似，但降血糖具有血糖依赖性，如瑞格列奈和那格列奈等。

（3）新型降血糖药主要以GLP-1为作用靶点，分为①GLP-1受体激动剂，主要通过以葡萄糖依赖方式增加胰岛素合成和分泌，如艾塞那肽和利拉鲁肽。② DPP-Ⅳ抑制药，通过减少GLP-1降解而产生降糖效应，如西他列汀、沙格列汀和维格列汀等。

另外，普兰林肽是胰淀粉样多肽类似物，与内源性胰淀粉样多肽有着相同的生物学功能，能降低血糖，并有降低糖尿病患者体内血糖波动频率和波动幅度，改善总体血糖控制的作用。

中药介绍

黄　芪

黄芪（astragall radix）为豆科黄芪属植物膜荚黄芪 *Astragalus membranaceus*（Fisch.）Bge.及蒙古黄芪 *Astragalus membranaceus*（Fisch.）Bge.var. monghodicus（Bge.）HSiao 的根，主要含苷类、多糖、黄酮、氨基酸、微量元素等。

黄芪对糖尿病患者具有降低血糖和增加胰岛素敏感性的作用，其降低血糖不是通过增加胰岛素的分泌或释放，而是通过增加组织对葡萄糖的摄取和利用，通过增加糖原合成酶活性、胰岛素受体底物活性、蛋白激酶B和蛋白激酶C活性，使骨骼肌细胞和心肌组织葡萄糖转运蛋白水平增加，增加糖原合成酶活性而增加胰岛素敏感性，从而降低血糖。

临床上黄芪在治疗糖尿病的处方中，使用频率最高，达76.9%。现代研究进一步证实，黄芪还能促进血液循环，改善微循环等，并广泛作用于心血管、肾脏、神经系统及消化系统，这对病因复杂的糖尿病的治疗，尤其适宜。

（马松涛　杨　霞）

第三十三章　性激素类与计划生育药

能力要求

1. 能够阐述性激素类与计划生育药物的分类，解释激素替代治疗的概念。
2. 能够说明性激素的分泌及调节机制。
3. 能够说出计划生育药的基本用法及避孕机制。

性激素（sex hormones）是性腺分泌的激素，包括雌激素、孕激素和雄激素，属甾体化合物。目前临床应用的性激素类药物是人工合成品及其衍生物。常用的避孕药（contraceptives）大多属于雌激素与孕激素的复合制剂。

【性激素的分泌及调节】　性激素的分泌受下丘脑-垂体前叶的调节。下丘脑分泌促性腺激素释放激素（gonadotropin-releasing hormone，GnRH），促进垂体前叶分泌促卵泡素（follicle stimulating hormone，FSH）和黄体生成素（luteinizing hormone，LH）。FSH 刺激卵巢滤泡的发育与成熟，并使其分泌雌激素，对男性则促进睾丸中精子的生成。LH 促进卵巢黄体生成，并使其分泌孕激素，对男性可促进睾丸间质细胞分泌雄激素。

性激素对下丘脑及垂体前叶的分泌有反馈作用，可通过三种途径实现：①长反馈，为性激素对下丘及垂体前叶的反馈作用。例如，在排卵前，雌激素水平较高，可直接或间接通过下丘脑促进垂体前叶分泌 LH，导致排卵，这一反馈过程是正反馈调节。在黄体期，雌、孕激素水平均高，通过负反馈减少下丘脑 GnRH 的分泌，抑制排卵。常用的甾体避孕药就是根据这一负反馈而设计的。②短反馈，是指垂体分泌 FSH、LH 通过负反馈作用减少下丘脑 GnRH 的释放。③超短反馈，为下丘脑分泌的 GnRH 反作用于下丘脑，实现自行调节。

妇女的月经周期受神经内分泌调控。青春期，下丘脑周期性释放 GnRH，引起 LH 和 FSH 释放增加。早期卵泡期，约每小时产生 1 次 GnRH 释放，血清雌激素迅速升高。此时血中 FSH 水平有所降低，但不影响雌二醇浓度的持续升高，原因可能为雌激素加强内膜细胞的分化与生长，使 LH 受体数量增加。雌激素高峰也诱导 LH 大量分泌，在黄体酮配合下，刺激卵泡破裂、排卵，发展成黄体。进入黄体期，黄体分泌较多的黄体酮和雌激素（第二次升高），尤其是黄体酮。黄体酮和雌激素浓度提高，抑制下丘脑 GnRH 释放，LH 与 FSH 血中浓度下降。若未怀孕，几日后黄体停止功能，孕激素和雌激素水平下降，此类激素作用后增生的子宫内膜脱落，产生月经。雌激素和孕激素分泌减少，垂体 FSH 和 LH 的分泌又开始增加，重复下一周期。如怀孕，胎盘分泌绒毛膜促性腺激素，使黄体功能维持一定时间，适应妊娠的需要。

【性激素的作用机制】　性激素属甾体激素，其受体位于细胞核内，作用于 DNA，影响 mRNA 转录和蛋白质合成，产生不同效应。

第一节　雌激素类药及雌激素拮抗药

一、雌激素类药

【来源】　卵巢分泌的天然雌激素（estrogens）主要是雌二醇（estradiol，E2）。从孕妇尿中提出的雌酮（estrone，E1）、雌三醇（estriol，E3）及其他雌激素，多为雌激素的肝脏代谢产物。

天然雌激素活性较低，目前临床常用的雌激素类药物多以雌二醇为母体，人工合成的高效衍生物，主要有炔雌醇（ethinylestradiol）、炔雌醚（quinestrol）、及戊酸雌二醇（estradiol valerate）等，它们均有类固醇样结构。近年来，结合雌激素（雌酮硫酸盐和马烯雌酮硫酸盐混合物）因应用方便、长效、不良反应较少等特点而被广泛应用。此外，一些结构较简单的非甾体类药物也具有雌激素样作用，如己烯雌酚（diaethylstilbestrol，又名乙芪酚 stilbestrol）等。

【体内过程】 口服天然雌激素经胃肠道吸收，在肝内迅速被破坏，生物利用度低，故需注射给药。其代谢产物大部分形成葡萄糖醛酸或硫酸酯，随尿排出，部分通过胆汁排出，形成肝肠循环。

人工合成的炔雌醇、炔雌醚、己烯雌酚等在肝内代谢缓慢，其中炔雌醇、炔雌醚吸收后储存于体内脂肪组织中，故口服疗效高，维持时间长。酯类衍生物或油溶液制剂，肌内注射吸收缓慢，作用时间延长。

大部分雌激素易从皮肤和黏膜吸收，故可制成贴片经皮给药，也可制成霜剂或栓剂用于阴道发挥局部作用。

【生理及药理作用】

（1）对未成年女性：雌激素促进女性性器官的发育和成熟，维持女性第二性征。

（2）对成熟女性：保持女性第二性征，并在孕激素协同下，使子宫内膜产生周期性变化，形成月经周期，增强子宫平滑肌对缩宫素的敏感性；也可使阴道上皮增生，浅表层细胞角化。

（3）对排卵的影响：小剂量雌激素，可促进性腺激素分泌，促进排卵；大剂量雌激素，则通过下丘脑-垂体系统的负反馈机制，减少下丘脑 GnRH 的释放及 FSH 和 LH 分泌，从而抑制排卵。

（4）对乳腺的影响：小剂量雌激素能刺激乳腺导管及腺泡的生长发育；大剂量雌激素则抑制催乳素对乳腺的刺激作用，减少乳汁分泌。

（5）对代谢的影响：雌激素具有轻度水钠潴留作用，使血压升高；增加骨骼的钙盐沉积，加速骨骺闭合；对青春期生长发育有促进作用；预防绝经期妇女骨质丢失；降低低密度脂蛋白、升高高密度脂蛋白水平；降低糖耐量等诸多作用。

（6）其他：雌激素尚可增加凝血因子Ⅱ、凝血因子Ⅶ、凝血因子Ⅸ、凝血因子Ⅹ的活性，促进血液凝固。在应用较大量的雌激素避孕药时可能会发生血栓；而低含量雌激素避孕丸通常不会发生。此外，雌激素具有抗雄激素作用。

【临床应用】

（1）绝经期综合征：是指更年期妇女由于卵巢功能降低，雌激素分泌不足，垂体促性腺激素分泌增多，产生内分泌平衡失调所致的一系列症状，如面颈红热、恶心、失眠、情绪不安等，也称更年期综合征。应用雌激素替代治疗可抑制垂体促性腺激素的分泌，从而减轻其症状；对于绝经后和老年性骨质疏松症，也可适量补充雌激素，减少骨质丢失，防止骨折发生；对因雌激素缺乏引起的老年性阴道炎和女阴干枯症，局部用药有效。

（2）卵巢功能不全和闭经：原发性或继发性卵巢功能低下患者，用雌激素替代治疗，可促进子宫、外生殖器及第二性征的发育。雌激素与孕激素合用，可产生人工月经周期。

（3）功能性子宫出血：雌激素可促进子宫内膜增生，修复出血创面而止血，也可适当配伍孕激素，以调整月经周期。

（4）乳房胀痛及退乳：部分妇女停止授乳后，乳汁继续分泌而致乳房胀痛，大剂量雌激素能干扰催乳素对乳腺的刺激作用，使乳汁分泌减少而退乳消痛。

（5）晚期乳腺癌：雌激素能缓解绝经期后晚期乳腺癌不宜手术患者的症状。有研究认为，乳腺癌的发病与内源性雌酮有关，绝经期妇女卵巢停止分泌雌二醇，肾上腺分泌的雄烯二酮在周围组织可转化为雌酮，雌酮持续作用于乳腺是导致乳腺癌的重要原因。大剂量雌激素可抑制垂体前叶分泌促性腺激素，而减少雌酮的产生。但绝经前和绝经期5年以内的乳腺癌患者禁用，主要原因是雌激素可促进肿瘤的生长。

（6）前列腺癌：大剂量雌激素抑制垂体促性腺激素的分泌，使睾丸萎缩及雄激素分泌减少，同时又能拮抗雄激素的作用，故能治疗前列腺癌。

（7）痤疮：青春期痤疮是由于雄激素分泌过多，刺激皮脂腺分泌，引起腺管阻塞及继发感染所致。雌激素可抑制雄激素分泌，并可拮抗雄激素作用。

（8）避孕：与孕激素合用可避孕。

（9）其他：雌激素能增加骨骼钙沉积，可与雄激素合用治疗老年性骨质疏松。雌激素尚有升高白细胞作用，可用于治疗放射线引起的白细胞降低症。有报道，小剂量雌激素长期应用可有效预防冠心病和心肌梗死等心血管疾病。此外，局部应用雌激素对老年性阴道炎及女阴干枯症有效。

【不良反应及注意事项】

（1）常见厌食、恶心、呕吐及头昏等，减少剂量或从小剂量开始逐渐增量可减轻症状。

（2）长期大量应用雌激素可使子宫内膜过度增生，引起子宫出血，故患有子宫内膜炎者慎用。此外，雄激素还可以增加子宫癌的发生率。

（3）大剂量雌激素可引起水钠潴留导致水肿；肝功不良者可致胆汁淤积性黄疸，高血压、肝功能不良者慎用。

二、雌激素拮抗药

雌激素拮抗药竞争性拮抗雌激素受体，从而抑制或减弱雌激素的作用。目前供临床应用的有氯米芬（clomifene）、他莫昔芬（tamoxifen，三苯氧胺，TAM）、雷洛昔芬（raloxifene）等。

氯　米　芬

氯米芬（clomifene）与己烯雌酚的化学结构相似，为三苯乙烯衍生物。本药有较弱的雌激素活性和中等程度的抗雌激素作用，可阻断下丘脑的雌激素受体，消除雌二醇的负反馈抑制，促进垂体前叶分泌促性腺激素，诱发排卵；临床用于功能性不孕症、功能性子宫出血、月经不调、晚期乳腺癌及长期应用避孕药后引发的闭经等。本药长期大剂量应用可引起卵巢肥大。卵巢囊肿者禁用。

案例解析

案例 33-1

1. 患者，女，52岁，绝经2年，自诉无诱因潮热症状严重，情绪不稳定易怒，夜间失眠，白天精神不振。同时自觉阴道干燥，分泌物少，性生活困难。根据患者意愿可选择雌激素口服，或外用以缓解症状。

2. 患者，女，19岁，自诉闭经半年，13岁月经初潮后月经一直不规律，周期2～3个月不等，经量少。近半年无月经来潮。妇科检查子宫发育较小。此患者选用雌孕激素序贯法3个月到半年，加用甲状腺素片和维生素E以促进子宫发育。用药后患者月经来潮。

3. 女性患者，36岁，近2个月月经中期少量阴道出血，持续2～3日，且近1年月经周期缩短，由原来的30日缩短到现在的20～22日。患者由于雌激素缺乏导致排卵期出血，孕激素不足致周期缩短，补充后症状消失。

第二节　孕激素类药

【来源】　孕激素主要由黄体分泌，妊娠3～4个月后，黄体即萎缩而由胎盘分泌，直至分娩。天然孕激素为黄体酮（progesterone，孕酮），含量很低，且口服无效。临床应用的孕激素均为人工合成及其衍生物。

【分类】 按化学结构，孕激素类药可分为如下两类。

（1）17α-羟孕酮类：从黄体酮衍生而得，如甲羟孕酮（medroxyprogesterone，安宫黄体酮，proven）、甲地孕酮（megestrol）等。在这类孕激素的 17 位加上较长的酯链则作用延长，如长效的羟孕酮己酸酯（17a - hydroxyprogesterone caproate）。

（2）19-去甲睾酮类：从妊娠素衍生而得。如炔诺酮（norethisterone）、双醋炔诺酮（etynodiol diacetate）、炔诺孕酮（norgestrel，18 -甲基炔诺酮，高诺酮）等。

【体内过程】 黄体酮经口服后在胃肠道和肝脏迅速破坏，需注射或舌下给药。其血浆蛋白结合率高，在肝脏代谢，代谢产物多与葡萄糖醛酸结合，从肾排出。人工合成的高效的炔诺酮、甲地孕酮等，在肝脏破坏较慢，可口服给药。油溶液肌内注射可发挥长效作用。

【生理及药理作用】

（1）生殖系统

1）月经后期，孕激素在雌激素作用的基础上，促进子宫内膜继续增厚、充血、腺体增生并分支，由增殖期转为分泌期，有利于受精卵的着床和胚胎发育。

2）与缩宫素竞争受体，降低子宫对缩宫素的敏感性，抑制子宫收缩起到保胎作用。

3）与雌激素一起促进乳腺腺泡发育，为哺乳作准备。

4）一定量的孕激素可抑制 LH 分泌，从而抑制排卵。

（2）代谢：为肝药酶诱导剂，可促进药物代谢；对抗醛固酮，引起 Na^+和 Cl^-排泄增加并利尿；促进蛋白质分解，增加尿素氮的排泄。

（3）体温：可轻度升高体温，月经周期中期排卵时的体温较平时约高 0.56℃，持续到月经来临，此作用与孕激素密切相关。

【临床应用】

（1）功能性子宫出血：黄体功能不足可引起子宫内膜不规则成熟与脱落，导致子宫持续性的出血。应用孕激素可使子宫内膜同步转为分泌期，在行经期有助于子宫内膜全部脱落。

（2）痛经和子宫内膜异位症：雌、孕激素复合避孕药可抑制子宫痉挛性收缩而止痛，还可使异位的子宫内膜萎缩退化。

（3）先兆流产和习惯性流产：对黄体功能不足所致流产，可用大剂量孕激素安胎，但对习惯性流产，疗效不确切。19-去甲睾酮激素不宜用于先兆流产和习惯性流产的治疗，因其具有雄激素样作用，使女性胎儿男性化。

（4）子宫内膜腺癌、前列腺增生和前列腺癌：大剂量孕激素可使子宫内膜癌细胞分泌耗竭而致退化。大剂量孕激素可反馈地抑制垂体前叶分泌间质细胞刺激激素（interstitial cell stimulating hormone，ICSH），减少睾酮分泌，促进前列腺细胞萎缩退化。

【不良反应】 较少，偶见恶心、呕吐、头痛、乳房胀痛及腹痛。大剂量黄体酮可致胎儿生殖器畸形。19-去甲睾酮激素大剂量可引起肝功能障碍，可使女性胎儿男性化。

第三节 雄激素类药和同化激素类药

一、雄激素类药

【来源】 天然雄激素（androgens）主要是由睾丸间质细胞分泌的睾酮（testosterone，睾丸素）。肾上腺皮质、卵巢和胎盘也分泌少量的睾酮。临床多用人工合成的睾酮衍生物，如甲睾酮（methyltestosterone，甲基睾酮）、丙酸睾酮（testosterone propionate，丙酸睾丸素）和苯乙酸睾酮（testosterone phenylacetate，苯乙酸睾丸素）等。

【体内过程】 睾酮口服易被肝脏破坏，故生物利用度甚低，一般用其油溶液肌内注射或植入皮下。睾酮的酯类化合物吸收缓慢，作用时间延长，如植入皮下，作用可长达6周，代谢产物与葡糖醛酸结合，随尿排出。甲睾酮不易被肝脏破坏，可口服和舌下给药。

【生理及药理作用】

（1）生殖系统：促进男性器官及副性器官的发育和成熟，促进男性第二性征形成，促进精子的生成及成熟。大剂量反馈抑制垂体前叶分泌促性腺激素，对女性可减少雌激素分泌，并有直接抗雌激素作用。

（2）同化作用：能明显地促进蛋白质的合成（同化作用），减少蛋白质的分解（异化作用），造成正氮平衡，从而促进肌肉增长，体重增加，减少尿氮排泄，同时有水潴留、钠潴留、钙潴留、磷潴留现象。

（3）骨髓造血功能低下时，大剂量的雄激素可促进肾脏分泌促红细胞生成素（erythropoietin），也可直接刺激骨髓造血功能，故使红细胞生成增加。

【临床应用】

（1）睾丸功能不全：对无睾症（两侧睾丸先天或后天缺损）或类无睾症（睾丸功能不足）、男子性功能低下者，可用做替代疗法。

（2）功能性子宫出血：通过对抗雌激素作用，使子宫平滑肌和子宫血管收缩，子宫内膜萎缩而止血，更年期患者较适用。对严重出血病例，可用己烯雌酚、黄体酮和丙酸睾酮等三种混合物作注射，可达止血目的，停药后易出现撤退性出血。

（3）晚期乳腺癌：雄激素可缓解部分患者的病情。这可能与其抗雌激素活性有关，也可能与其抑制垂体前叶分泌促性腺激素，因而减少雌激素的分泌有关；还可对抗催乳素对癌组织的刺激作用。其治疗效果与癌细胞中的雌激素受体含量有关，含量高者，疗效较好。

（4）贫血：丙酸睾酮或甲睾酮可显著改善骨髓造血功能，因而可用于再生障碍性贫血及其他贫血。

（5）虚弱：由于雄激素的同化作用，可用小剂量的雄激素治疗各种消耗性疾病、骨质疏松、生长延缓、长期卧床、损伤、放疗等情况，使患者食欲增加，加快体质恢复。

【不良反应】

（1）女性患者长期应用可引起女性男性化，如痤疮、多毛、声音变粗、闭经、乳腺退化、性欲改变等。男性患者可发生性欲亢进，也可出现女性化，这是由于雄激素在性腺外组织转化为雌激素所致，长期用药后的负反馈作用使睾丸萎缩，精子生成减少。

（2）17α位有烷基取代的睾酮类药物干扰肝内毛细胆管的排泄功能，引起胆汁淤积性黄疸，如发现黄疸应立即停药。

【注意事项】 孕妇及前列腺癌患者禁用。因雄激素有水钠潴留作用，对肾炎、肾病综合征、肝功能不良、高血压及心力衰竭患者也应慎用。

二、同化激素类药

雄激素有较强的同化作用，但用于女性，常出现女性男性化现象，使其临床应用受到一定限制。同化激素（anabolic hormone）则是以同化作用为主，男性化作用较弱的睾酮的衍生物，如苯丙酸诺龙（nandrolone phenylpropionate）、司坦唑醇（stanozolol）及美雄酮（metandienone）等。

同化激素临床上主要用于蛋白质同化或吸收不良，以及蛋白质分解亢进或损失过多的病例，如营养不良、严重烧伤、术后恢复期、老年骨质疏松及恶性肿瘤晚期等。用药时应同时增加食物中蛋白质成分。

同化激素长期应用可引起水钠潴留，女性患者男性化，偶可见胆汁淤积性黄疸；肾炎、心力衰竭和肝功能不良患者应慎用，孕妇及前列腺癌患者禁用。

第四节　计划生育药

计划生育是我国的一项基本国策。药物避孕是控制生育的主要方法之一，自 1960 年应用以来，减少了亿万人的出生。这类药物问世使人类历史上第一次可以方便、经济、可靠地控制无计划生育。

生殖是一个复杂的生理过程，包括精子和卵子的形成、成熟、排放、受精、着床及胚胎发育等多个环节，阻断其中任何一个环节均可达到避孕或终止妊娠的目的。避孕药是目前避孕方法中一种安全、有效及使用方便、较理想的避孕方法。现有的避孕药大多为女性避孕药，男用药较少。

知识拓展

紧急避孕及方法

紧急避孕是指在无避孕或觉察到避孕措施失误的情况下，于几小时或几日内立即采用的防止意外妊娠的补救措施 我国每年人工流产中约 50% 是未采用避孕措施或者是能觉察到的避孕失误。为了防止意外妊娠、降低人工流产率和保护妇女身心健康，采取安全可靠的紧急避孕，对无保护性生活或避孕失败进行补救是必要和有效的。

目前美国食品药物管理局（FDA）认证使用的紧急避孕方法包括紧急避孕药及放置含铜宫内节育器（IUD）。世界卫生组织的资料证实，紧急避孕药物的临床效果与用药时间密切相关，无保护性性交后越早用药，避免意外妊娠的效果越好，由于是在无保护的性交后偶尔使用，所以一般无绝对用药禁忌。

常用避孕方式比较，见表 33-1。

表 33-1　常用避孕方式比较

方法	左炔诺孕酮		醋酸乌利司他片	含铜宫内节育器	复合口服避孕药
剂量	1.5mg	0.75mg(一次两片)	30mg	无	
有效窗	0～120h（72～120h 效果差）BMI≥30kg/m 效果差		0～120h	0～120h	0～72h
有效性	52%～100%		62%～85%	>99%	56%～89%
费用	$48	$41	$50	≥$700	不定
限制	非处方药适用各年龄层的男女	年龄≥17 岁的非处方药；<17 岁的处方药	处方药	适用于育龄妇女，但需要医生的操作介入	处方药

一、主要抑制排卵的避孕药

本类药物多为不同类型的雌激素和孕激素配伍组成的复方。目前常用的甾体避孕药多属此类。

【药理作用】

（1）抑制排卵：对排卵有显著地抑制作用，用药期间避孕效果达 90%以上。一般认为外源性激素通过负反馈机制抑制下丘脑 GnRH 的释放，从而减少 FSH 分泌，使卵泡的生长成熟过程受到抑制，同时孕激素又抑制 LH 释放，两者协同作用而抑制排卵。动物实验证明，甾体避孕药的抗排卵作用可被外源性促性腺激素所防止，此结果支持上述说法。停药后可很快恢复排卵功能。

（2）抗着床作用：该类药物抑制子宫内膜正常增殖，使其萎缩，不利于受精卵着床。

（3）使宫颈黏液黏稠度增加，不利于精子进入宫腔。

（4）其他：该类药物还可以影响子宫和输卵管平滑肌的正常活动，使受精卵不能适时地到达子宫；抑制黄体内甾体激素的生物合成等。

本类药物应用不受月经周期的限制，排卵前、排卵期及排卵后服用，都可影响孕卵着床。

【分类及用法】

（1）短效口服避孕药：如复方炔诺酮片、复方甲地孕酮片及复方炔诺孕酮片等（其成分见表 33-2），服用方法是：从月经周期第 5 日开始，每晚服药 1 片，连服 22 日，不能间断。一般于停药后 2～4 日就可以发生撤退性出血，形成人工月经周期。下次服药仍从月经来潮第 5 日开始。如停药 7 日仍未来月经，则应立即开始服下一周期的药物。一旦漏服时，应于 24h 内补服 1 片。

（2）长效口服避孕药：是以长效雌激素类药物炔雌醚与孕激素类药物，如炔诺孕酮或氯地孕酮等配伍而成的复方片剂，服法是：从月经来潮当日算起，第 5 日服第 1 片，最初两次间隔 20 日，以后每月服 1 次，每次 1 片。

表 33-2 几种甾体避孕制剂的成分

制剂名称	孕激素（mg）	雌激素（mg）
短效口服避孕药		
复方炔诺酮片（口服避孕药片Ⅰ号）	炔诺酮 0.6	炔雌醇 0.035
复方甲地孕酮片（口服避孕药片Ⅱ号）	甲地孕酮 1.0	炔雌醇 0.035
复方炔诺孕酮甲片	炔诺孕酮 0.3	炔雌醇 0.03
长效口服避孕药		
复方炔诺孕酮乙片	炔诺孕酮 12.0	炔雌醚 3.0
复方氯地孕酮片	氯地孕酮 12.0	炔雌醚 3.0
复方次甲氯地孕酮片	16 -次甲氯地孕酮 12.0	炔雌醚 3.0
长效注射避孕药		
复方己酸孕酮注射液（避孕针 1 号）	己酸孕酮 250.0	戊酸雌二醇 5.0
复方甲地孕酮注射液	甲地孕酮 25.0	雌二醇 3.5
探亲避孕药		
甲地孕酮片（探亲避孕 1 号片）	甲地孕酮 2.0	
炔诺酮片（探亲避孕片）	炔诺酮 5.0	
双炔失碳酯片（53 号避孕针）	双炔失碳酯 7.5	

（3）长效注射避孕药：如复方己酸孕酮注射液（避孕针 1 号）和复方甲地孕酮注射液，用法是：第一次于月经周期的第 5 日深部肌内注射 2 支，以后每隔 28 日或于月经周期的第 11～12 日注射一次，每次 1 支。注射后一般于 14 日左右月经来潮。如发生闭经，仍应按期给药，不能间断。

（4）埋植剂：以己内酯小管（约 Φ2mm×30mm）装入炔诺孕酮 70mg，形成棒状物，植入臂内侧或左肩胛部皮下。

（5）多相片剂：为了使服用者的激素水平近似月经周期水平，并减少月经期间出血的发生率，可将避孕药制成多相片剂，如炔诺酮双相片、三相片和炔诺孕酮三相片。双相片是开始 10

日每日服 1 片含炔诺酮 0.5mg 和炔雌醇 0. 035mg 的片剂，后 11 日每日服 1 片含炔诺酮 1mg 和炔雌醇 0.035mg 的片剂，这种服用法很少发生突破性出血。三相片则分为开始 7 日每日服 1 片含炔诺酮 0.5mg 和炔雌醇 0.035mg 的片剂，中期 7 日每日服用 1 片含炔诺酮 0.75mg 和炔雌醇 0.035mg 的片剂，最后 7 日每日服用 1 片含炔诺酮 1mg 和炔雌醇 0.035mg 的片剂，其效果较双相片更好。炔诺孕酮三相片为开始 6 日每日服用 1 片含炔诺孕酮 0.05mg 和炔雌醇 0.03mg 的片剂，中期 5 日每日服用 1 片含炔诺孕酮 0.075mg 和炔雌醇 0.04mg 的片剂，后 10 日每日服用 1 片含炔诺孕酮 0.125mg 和炔雌醇 0.03mg 的片剂，这种服法更符合人体内源性激素的变化规律，临床效果更好。

【不良反应】

（1）类早孕反应：少数用药妇女在用药初期出现头晕、恶心、择食、乳房胀痛等轻微的类早孕反应，一般坚持用药 2～3 个月后可减轻或消失。

（2）子宫不规则出血：常发生于用药后最初几个周期，可加服炔雌醇。

（3）闭经：有 1%～2%服药妇女发生闭经，原月经史不正常者较易发生。如连续 2 个月闭经，应停药。

（4）乳汁减少：少数哺乳妇女用药可使乳汁减少。

（5）凝血功能亢进：国外报道甾体避孕药可引起血栓性静脉炎和血管栓塞，如肺栓塞和脑血管栓塞等，可能与其中雌激素成分有关。国内尚未见报道，但仍应注意。

（6）轻度损害肝功能：与肝良性腺瘤及肝局灶性结节增生有一定关系，用药妇女应定期检查肝脏。

（7）其他：可能出现痤疮、皮肤色素沉着，个别人可能血压升高。

【注意事项】 充血性心力衰竭或者其他水肿倾向者慎用。急慢性肝病及糖尿病需要用胰岛素治疗者不宜使用。研究表明避孕药可减少子宫内膜癌、卵巢癌、子宫肌瘤，以及乳腺纤维囊性和纤维腺性病变的发生率，而增加子宫颈癌和乳腺癌的发病率。如长期用药出现乳房肿块，则立即停药。宫颈癌患者禁用。

二、抑制着床避孕药

抑制着床避孕药也称探亲避孕药，可使子宫内膜发生各种功能和形态变化，阻碍孕卵着床。我国多用大量炔诺酮（5mg/次）或甲地孕酮（2mg/次）或双炔失碳酯（anordrin，53 号抗孕片）。本类药物的应用时间不受月经周期的限制，用法是同居当晚或事后服用，14 日以内必须连服 14 片，如超过 14 日，应接服Ⅰ号或Ⅱ号避孕药。

三、抑制精子避孕药（男性避孕药）

男性避孕药主要为激素类避孕药，包括雄激素（androgen）、孕激素-雄激素复合剂。另外，棉酚（gossypol）亦可用作男性避孕药。

（一）雄激素

睾 酮

临床上作为男性避孕药的有庚酸睾酮（testosterone enanthate）、十一酸睾酮（testosterone undecanoate）、戊酸睾酮（testosterone pentanoate）等。

【体内过程】 睾酮口服易吸收，但在进入全身循环前大部分被肝脏代谢，因此口服几乎无效。庚酸睾酮 $t_{1/2}$ 相对短，需要每 2 周肌内注射。十一酸睾酮和戊酸睾酮 $t_{1/2}$ 较长，分别可每 4 周和 6 周注射一次。

【药理作用与临床应用】 睾酮类雄激素药物通过增加血中雄激素水平反馈性的抑制垂体促性腺激素 FSH、LH 的分泌，进而抑制精子的发生，达到避孕效果。临床上用于男性性功能减退、男性青春期发育迟缓、绝经女性晚期乳腺癌姑息性治疗及男用避孕等。

【不良反应】 庚酸睾酮反复应用可引起血脂和血脂蛋白的改变，使高密度脂蛋白胆固醇（HDL- C）降低，低密度脂蛋白胆固醇（LDL-C）升高。还可引起睾丸体积缩小、痤疮、性欲亢进、体重增加及血红蛋白增加等副反应。十一酸睾酮最常见的不良反应为注射部位胀痛、痤疮及性欲改变，性欲的改变在使用期间以增强为主，停药后性欲减弱，未发现严重不良反应。戊酸睾酮对血脂影响小，对性功能无明显影响。

（二）孕激素-雄激素复合剂

孕激素和雄激素在较大剂量时可反馈性抑制腺垂体促性腺激素的分泌，从而抑制精子的发生。两者合用的优点在于具有协同作用，并可减少各药剂量，降低副作用发生。孕激素还可能直接作用于睾丸，影响精子发生；某些孕激素还具有抗雄激素特性，导致精子发生停滞。而雄激素可补充体内睾酮的不足，用以维持正常性功能。推荐男用避孕药有雄激素+长效醋酸甲羟孕酮、雄激素+左炔诺孕酮、雄激素+庚酸炔诺酮等。

（三）孕激素

环 丙 孕 酮

环丙孕酮（cyproterone）是一种强效孕激素，为抗雄激素药物，可在雄激素的靶器官竞争性对抗雄激素。大剂量时可抑制促性腺急速的分泌，减少睾丸内雄激素结合蛋白的产生，抑制精子生成，干扰精子的成熟过程。环丙孕酮可影响肝功能、糖代谢、肾上腺皮质功能等，因此用药期间要检测相应功能。由于环丙孕酮可抑制性功能，故未成年者禁用。

（四）棉酚

棉酚是棉花根、茎和种子中所含的一种黄色酚类物质。

动物试验表明，棉酚可破坏睾丸细精管的生精上皮，使精子数量减少，直至无精子，停药后可逐渐恢复。I 期临床试验结果表明，每日 20mg，连服两个月即可达节育标准，有效率达 99%以上。

不良反应有胃肠道刺激症状、心悸及肝功能改变等；还可引起低血钾症状，由于棉酚可能引起不可逆性精子障碍，尚不能作为常规避孕药使用。

四、外用避孕药

目前常用的外用避孕药多是一些具有较强杀精作用的药物，如孟苯醇醚（menfegol）及烷苯醇醚（alfenoxynol）。孟苯醇醚 0.2%溶液即可迅速杀死精子。该药膜放入阴道深部能快速溶解发挥杀精作用，同时可形成黏液，阻碍精子运动。烷苯醇醚可损害精子顶部，破坏精子的膜结构，使精子失去穿透卵子的能力。

杀精剂使用简便，不影响人体内分泌功能，但其避孕失败率高于其他屏障避孕法，如与其他屏障避孕法合用将更加有效。

本 章 小 结

性激素是性腺分泌的激素，包括雌激素、孕激素和雄激素，属甾体化合物。常用的避孕药大多属于雌激素与孕激素的复合制剂。性激素的分泌受下丘脑-垂体前叶的调节。性激素对下丘脑及垂体前叶的分泌有反馈作用，可通过长反馈、短反馈和超短反馈三种途径实现自行调节。

大部分天然性激素活性较低，常用的性激素类药物多是人工合成的高效衍生物。临床主要用于体内特定性激素自身合成、分泌缺失，而进行的激素替代治疗及避孕。

生殖是一个复杂的生理过程，包括精子和卵子的形成、成熟、排放、受精、着床及胚胎发育等多个环节，阻断其中任何一个环节均可达到避孕或终止妊娠的目的。故可将避孕药分为抑制排卵、抑制着床、抑制精子和外用避孕药。

中药介绍

植物雌激素

植物中一类具有雌激素样或抗雌激素作用的活性成分被称为植物雌激素（phytoestrogen，PE），其杂环多酚类结构类似于内源性雌激素，能够与哺乳动物或人的雌激素受体（estrogen receptor，ER）结合。植物雌激素在体内具有双向调节作用：在体内雌激素水平较低时有拟雌激素作用；当体内雌激素水平较高时可发挥抗雌激素活性，故又被称为“选择性雌激素受体调节剂”（selective estrogen receptor modulators，SERMs）。植物雌激素作为一类不良反应较小，对生殖系统、骨骼系统、心血管系统及中枢神经系统等方面具有广泛作用的天然化合物，备受人们关注。

植物雌激素与内源性雌二醇结构类似，含有杂环酚羟基。根据其化学结构主要分为 4 大类：黄酮类（flavones）（包括黄酮、异黄酮、黄酮醇、二氢黄酮、查耳酮等，其中以异黄酮类为主），香豆素类（coumarins），木脂素类（lignans）及二苯乙烯类（stilbenes）。此外，尚有醌类（quinones）、三萜类（triterpenoids）、甾醇类（sterols）及真菌雌激素类（fungal estrogen）等。

长期以来，许多中草药植物被广泛应用于妇女保健和妇科病症的治疗，这些中药所含的植物雌激素在其中发挥的药效作用不容忽视。相关研究报道显示，红花、川牛膝、丹参、女贞子、枸杞、甘草、肉苁蓉、淫羊藿、补骨脂、菟丝子、葛根均具有一定的雌激素样活性。

（罗 敏）

第三十四章　影响自体活性物质的药物

能力要求

1. 能够阐述常用抗组胺药物的作用机制、临床应用和主要不良反应。
2. 能够描述作用于 5-HT、细胞膜磷脂、肽类药物的作用机制及应用。

自体活性物质（autacoids）是一大类内源性活性物质，由机体多种组织产生，作用于局部或邻近的靶器官（部分可进入血液循环），产生特定的生理或病理作用，由于其主要在局部代谢，又称局部激素（local hormones）。它主要包括前列腺素、白三烯、组胺、5- HT、激肽类、一氧化氮、利尿钠肽、降钙素基因相关肽（calcitonin gene-related peptide）、神经肽 Y、血管活性肠肽、腺苷、P 物质、血管紧张素等，某些也具有一定的递质、激素等功能。

第一节　组胺及抗组胺药物

一、组胺及其受体

组胺（histamine）是广泛存在于人体组织的自身活性物质，经组氨酸经脱羧酶催化脱羧形成，高浓度存在于肥大细胞、嗜碱性粒细胞、肠嗜铬细胞、神经元等。主要通过组胺-N-甲基转移酶或二胺氧化酶代谢后，再经单胺氧化酶-B（MAO-B）和醛脱氢酶转化。抗原与肥大细胞等胞膜表面 IGE 结合后，细胞脱颗粒释放组胺，参与机体免疫反应，增加毛细血管的通透性；而存在于胃肠嗜铬细胞和脑神经元的组胺则主要起神经递质的作用。

组胺主要通过激动组胺受体发挥作用，组胺受体有 H_1、H_2、H_3 和 H_4 四种亚型。H_1 为 Gq 偶联的受体，主要存在于平滑肌、内皮细胞、感觉神经和中枢神经系统，2-甲基组胺（2-methylhistamine）为其激动剂。H_1 激动，激活 PLC，增加 IP3 和 DG 水平，兴奋胃肠道和支气管平滑肌，增加毛细血管的通透性，扩张血管，引起晕动病和睡眠抑制、皮肤瘙痒。H_2 为 Gs 偶联的受体，主要存在于胃、心脏和肥大细胞，英普咪定（impromidine）为其特异性的激动剂。H_2 激动，激活 AC，增加 cAMP 水平，促进胃酸分泌、扩张血管、兴奋心脏和负反馈抑制肥大细胞释放组胺。H_3 为 Gi 偶联的受体，主要存在于外周和中枢神经系统神经末梢突触前膜，α-甲基组胺（α- methylhistamine）为其激动剂。H_3 激动，抑制 AC，降低 cAMP 水平，调节中枢和外周组胺及其他递质的释放，H_3 基因敲除的动物食物摄取和体重增加。H_4 为 Gi 偶联的受体，主要存在于白细胞（尤其是嗜酸白细胞）和肥大细胞，4-甲基组胺（4- methylhistamine）为其激动剂。H_4 激动，抑制 AC，降低 cAMP 水平，主要与肥大细胞趋化有关。H_4 也存在于骨髓、胸腺、脾脏、结肠和小肠。有研究表明组胺尚能激活脑和肠道上皮细胞的配体门控的氯通道。

组胺的临床应用已较少，可用于真假胃酸缺乏症的诊断药物，以及作为变应性皮肤病和哮喘的阳性对照药物。倍他司汀（betahistine）为人工合成的 H_1 受体激动剂，用于内耳眩晕病、慢性缺血性脑血管病和头痛等；而 H_2 受体激动剂培他唑（betazole）主要用于胃酸分泌功能检查。H 受体激动剂的临床价值不大，但是 H 受体拮抗药在临床上却价值重大，根据受体亚型有

H_1受体拮抗剂、H_2受体拮抗剂、H_3受体拮抗剂和H_4受体拮抗剂，但目前只有前两类药物广泛用于临床。

二、H_1受体拮抗药

人工合成的H_1受体拮抗药一般具有与组胺相似的乙基胺结构，对H_1受体有较强亲和力，但无内在活性，故能竞争性拮抗H_1受体（氯雷他定、西替利嗪为反向激动剂）。H_1受体拮抗药根据体内过程与药理作用特点分为第一代抗组胺药和第二代抗组胺药。前者主要包括苯海拉明（diphenhydramine）、异丙嗪（promethazine）、曲吡那敏（pyribenzamine）、氯苯那敏（chlorphenamine）等；后者如阿司咪唑（astemizole）、特非那定（terfenadine）、氯雷他定（loratadine）、西替利嗪（cetirizine）、非索非拉定（fexofenadine）、左卡巴司汀（levocabastine）和阿伐斯汀（acrivastine）等。

【体内过程】 多数H_1受体阻断药口服吸收良好，血药浓度约2h达峰。第一代抗H_1药作用持续4～6h，异丙嗪6～12h，布克利嗪16～18h，美克洛嗪12～24h，组织分布广，易通过血脑-屏障，肝代谢后，经尿排泄；第二代抗H_1药特非那丁、阿司咪唑和氯雷他定肝代谢产物具有活性，作用持续时间超过12h，不容易通过血脑-屏障，而超过60%的西替利嗪以原型从肾排泄。

【药理作用】

（1）抗外周组胺H_1受体效应：H_1受体拮抗药可拮抗组胺引起的胃、肠、气管、支气管和子宫平滑肌收缩；能部分拮抗组胺激动H受体导致的血管扩张、通透性增加、组织水肿和血压下降。

（2）中枢作用：第一代抗组胺药有镇静与嗜睡作用，以苯海拉明、异丙嗪作用最强，赛庚定和曲吡那敏次之，氯苯那敏最小，而苯茚胺略有中枢兴奋作用；第二代抗组胺药不能透过血脑-屏障，较少导致明显中枢作用。

（3）其他作用：第一代抗组胺药多数有抗胆碱样作用，如苯海拉明、异丙嗪、美克洛嗪和布克利嗪等，从而产生抗晕止吐作用，而第二代抗组胺药不明显。

常见H_1受体拮抗药的作用特点见表34-1。

表34-1 常见H_1受体拮抗药的作用特点

药物	镇静催眠	抗晕止吐	抗胆碱
苯海拉明	+++	++	+++
异丙嗪	+++	++	+++
曲吡那敏	++	–	–
氯苯那敏	+	–	++
布可立嗪	+	+++	+
美克洛嗪	+	+++	+
赛庚定	++	+	++
苯茚胺	略兴奋	–	++
阿司咪唑	–	–	–
特非那定	–	–	–
氯雷他定	–	–	–
西替利嗪	–	–	–
氮卓斯汀	–	–	–
左卡巴斯汀	–	–	–

注：+++. 作用强；++. 作用中等；+. 作用弱；–. 无作用

【临床应用】

（1）皮肤黏膜变态反应性疾病：用于由组胺释放所引起的荨麻疹、枯草热和过敏性鼻炎等皮肤黏膜变态反应疾病。对昆虫咬伤引起的皮肤瘙痒和水肿也有良效；对药疹和接触性皮炎有止痒效果；对慢性过敏性荨麻疹与 H_2 受体阻断药合用效果比单用好。第二代的氮卓司汀尚能抗 5-HT、白三烯等作用，因而可用于支气管哮喘的预防。

（2）晕动病及呕吐：苯海拉明、异丙嗪、布克利嗪、美克洛嗪对晕动病、妊娠呕吐及放射病呕吐有镇吐作用。

（3）失眠：对中枢有明显抑制作用的异丙嗪、苯海拉明可用于失眠的治疗。

【不良反应】　第一代 H_1 受体拮抗药常见镇静、嗜睡、乏力等，故服药期间应避免驾驶车、船及进行高空作业。此外尚有消化道反应及头痛、口干、排便排尿困难和视力模糊等。布克利嗪和美克洛嗪可致动物畸胎，妊娠早期禁用。第二代 H_1 受体拮抗药特非那定和阿司咪唑可阻断心肌细胞膜的钾通道，致 Q—Tc 间期延长，引起尖端扭转型室性心动过速，可致晕厥、心搏停止。由于两药主要由肝 CYP3A4 代谢，在与 CYP3A4 抑制剂合用时更易发生，因而两药在中国、美国等部分国家撤市。氯雷他定、西替利嗪及特非那定的代谢产物非索非拉定此副作用不明显。

三、H_2 受体拮抗药

H_2 受体拮抗药以含有甲硫乙胍的侧链代替 H_1 受体阻断药的乙基胺链，它能拮抗组胺激动 H_2 受体引起的胃酸分泌，对 H_1 受体无作用，主要用于消化性溃疡的治疗，具体内容详见作用于消化系统药物章节。

知识拓展

H_3 受体主要存在于外周和中枢神经系统组胺能神经末梢突触前膜，负反馈调节组胺及其他递质（乙酰胆碱、去甲肾上腺素、多巴胺和 5-HT 等）的释放。目前 H_3 受体的激动剂正被开发用于胃保护剂、抗炎药物、抗惊厥药物，以及用于心力衰竭、心肌梗死、脓毒性休克、肥胖、认知功能障碍和儿童注意力缺陷型多动症患者等多个方面。

H_4 受体主要表达于骨髓和白细胞，调节白细胞从骨髓的释放与浸润，也表达于肝脏、结肠、小肠、脾脏、睾丸、胸腺、扁桃体和气管，调节肥大细胞的趋化。Clobenpropit 可激动 H_4 受体。目前，H_4 受体拮抗剂，如 VUF-6002 开发用于变态反应性疾病，如哮喘等。

案例解析

案例 34-1

患者，女，34 岁，职业司机，以皮肤瘙痒、反复发作的一过性风团为主要症状就诊，医师确诊为慢性荨麻疹，患者肝肾功能正常。医生考虑给予患者处方氯雷他定。试分析医师考虑给予患者使用氯雷他定的药理学依据。

解析：

慢性荨麻疹首先考虑 H_1 受体拮抗药。氯雷他定为第二代 H_1 受体拮抗药，肝代谢产物活性更强，较少透过血脑-屏障，镇静副作用小。但是考虑到患者职业为司机，某些个体可能仍会导致明显镇静作用，因此，一般不建议使用该药物。地氯雷他定的中枢作用更弱，可能比氯雷他定合适。

第二节　膜磷脂代谢产物类药物及其拮抗药

细胞膜磷脂在磷脂酶 A_2（PLA_2）催化衍生为花生四烯酸（arachidonic acid，AA）和血小板活化因子（platelet activating factor，PAF）。AA 在环氧合酶（cyclooxygenase，COX）作用下形成 PGE_2、$PGF_{2\alpha}$、PGD_2、血栓烷 A_2（thromboxane A_2，TXA_2）和前列环素（prostacyclin，PGI_2）；在 5-LO 作用下生成白三烯（LTs），包括 LTA_4、LTB_4、LTC_4、LTD_4、LTE_4、LTF_4 和 LTG_4等，后五者又称为半胱氨酸白三烯（cysLTs）。

一、常用前列腺素药物

前列地尔（alprostadil，PGE_1）可直接扩张血管和抑制血小板聚集，增加血流量，改善微循环。静脉或动脉输注可治疗动脉导管未闭和严重肢体缺血，与抗高血压药和血小板聚集抑制剂有协同作用，阴茎注射可用于诊断和治疗阳痿。

依前列醇（epoprostenol，PGI_2）能明显舒张血管和抑制血小板聚集，可替代肝素用于体外循环和肾透析时防止血栓形成，也可用于缺血性心脏病、多器官功能衰竭、外周血管痉挛性疾病和肺动脉高压。

米索前列醇（misoprostol）能抑制基础胃酸分泌，以及组胺、五肽促胃液素等引起的胃酸分泌；治疗胃溃疡和十二指肠溃疡的治愈率与 H_2受体阻断剂近似，对 H_2受体阻断剂无效者也有效，同类药物有罗沙前列醇（rosaprostol）和恩前列素（enprostil）。

地诺前列酮（dinoprostone，PGE_2）在整个孕期均可引起子宫收缩，其阴道栓剂可用于 2～3 月妊娠的流产。卡前列素（carboprost，15-甲基 $PGF_{2\alpha}$）主要用于其他药物无效的宫缩无力导致的产后顽固性出血，以及终止早孕。硫前列酮（sulprostone）临床用于抗早孕、扩宫颈及中期引产、宫缩乏力所致出血。

二、白三烯拮抗药

1. $CysLT_1$受体拮抗剂　CysLT 受体有 $CysLT_1$和 $CysLT_2$两种亚型。扎鲁司特（zafirlukast）、孟鲁司特（montelukast）和普鲁司特（pranlukast）为 LTD_4结构类似物，竞争性拮抗 $CysLT_1$受体，松弛支气管平滑肌，用于季节性过敏性鼻炎、荨麻疹和哮喘的治疗。

2. LTB_4受体拮抗剂　能抑制白细胞趋化、游走和聚集，兼有抗氧化和减轻细胞损伤作用。LY-293111 具有抑制中性粒细胞趋化和聚集作用，正开发用于慢性阻塞性肺疾病的预防。

3. 5-LO 抑制剂　齐留通（zileuton）口服吸收迅速，$t_{1/2}$为 2.5h，经肝 CYP1A2、CYP2C8/9 和 CYP3A4 代谢，抑制 5-LO，减少 LTB_4和 CysLT 的生成，用于支气管哮喘发作的预防和轻中度慢性支气管哮喘的治疗，可减少糖皮质激素的用量。动物研究表明齐留通单独/合用伊马替尼对慢性白血病的控制有益。其不良反应主要为鼻窦炎、恶心和咽喉部疼痛，约 2%患者可出现转氨酶升高。

第三节　5-HT 及其拮抗药物

5-羟色胺（5-HT）又名血清素（serotonin），主要分布于人体胃肠道、中枢神经系统和血小板，可作为自体活性物质，主要调节肠道运动；还可作为神经递质分布于中枢神经系统和肠道神经丛，通过作用于相应受体而调节机体情绪、食欲、睡眠和认知等多种生理功能。5-HT 受体非常复杂，目前有7个亚型的功能研究较多。

一、5-HT受体激动药

1. $5\text{-}HT_{1B}$ 和 $5\text{-}HT_{1D}$ 受体激动剂 主要为5-HT的衍生物，代表药物为舒马普坦（sumatriptan），能选择性激动脑和脑脊膜血管平滑肌 $5\text{-}HT_{1B}$ 和 $5\text{-}HT_{1D}$ 受体，导致血管收缩，对其他受体没有明显作用，主要用于急性偏头痛发作治疗，其作用与麦角类相当或更强，已成为最主要的抗偏头痛药物，在急性发作后要尽早使用，但不推荐用于预防。舒马普坦口服生物利用度为14%～17%，1.5h起效，$t_{1/2}$ 为1～2 h；那拉普坦（naratriptan）口服生物利用度为70%，2h起效，$t_{1/2}$ 约5.5h；佐米普坦（zolmitriptan）口服生物利用度40%，1.5h起效，$t_{1/2}$ 为2.8h，代谢产物活性更强；夫罗曲普坦（frovatriptan）3h起效，$t_{1/2}$ 为27h。普坦类药物的主要不良反应包括感觉异常、肌无力、颈痛、冠脉痉挛性胸闷和不适、心律失常，禁用于缺血性心脏病患者。此外，肝肾功能不良、外周血管疾病患者禁用那拉普坦，外周血管疾病患者禁用夫罗曲普坦。

2. $5\text{-}HT_{1A}$ 受体激动剂 丁螺环酮（buspirone）、伊沙匹隆（ipsapirone）等为选择性 $5\text{-}HT_{1A}$ 受体部分激动剂，为有效的非苯二氮䓬类抗焦虑药，而无明显镇静与抗癫痫作用，用于轻度到中度的不伴惊恐发作的一般性焦虑患者，主要不良反应为头晕、困倦、短暂记忆丢失和兴奋。

3. $5\text{-}HT_4$ 受体激动剂 西沙必利（cisapride）选择性激动肠壁神经节丛神经细胞的 $5\text{-}HT_4$ 受体，促进神经末梢Ach的释放，增加上消化道胃肠动力，提高食管括约肌张力，促进胃排空，临床用于治疗胃食管反流症和胃肠动力失调疾病。其主要经肝CYP3A4代谢，$t_{1/2}$ 约10h，由于可致Q—T间期明显延长，目前在美国为限制性使用。同类药物伦扎必利（renzapride），还能拮抗 $5\text{-}HT_3$ 受体，主要用于伴便秘的应激性结肠综合征。替加色罗（tegaserod）为 $5\text{-}HT_4$ 受体部分激动药，主要用于应激性结肠综合征，以及慢性便秘患者，由于其心血管副作用，已从印度和美国撤市。

4. 芬氟拉明（fenfluramine）和右芬氟拉明（dexfenfluramine） 促进中枢5-HT递质释放和抑制5-HT再摄取，增加中枢细胞外5-HT的水平，间接激动5-HT受体。由于其强大的抑制食欲作用而曾广泛用于体重控制和肥胖症治疗，右芬氟拉明是消旋体芬氟拉明作用的2倍，代谢产物为强的 $5\text{-}HT_{2B}$ 受体激动剂。由于可致严重的肺动脉高压和心瓣膜异常而撤出市场。

5. 选择性5-HT再摄取抑制剂 氟西汀（fluoxetine）、西酞普兰（citalopram）、舍曲林（scrtraline）、帕罗西汀（paroxetine）和氟伏沙明（fluvoxamine）等，选择性抑制5-HT再摄取，增加中枢神经末梢突触间隙5-HT的水平，间接激动5-HT受体。广泛应用于抑郁症治疗，能明显改善抑郁症症状，而无明显的心脏毒性和抗胆碱副作用。

6. 麦角生物碱（ergot alkaloid） 按化学结构分为胺生物碱和肽生物碱两类，可影响5-HT、α受体和DA受体。美西麦角（methysergide，二甲基麦角新碱）和麦角新碱（ergonovine）属于胺生物碱。美西麦角是 $5\text{-}HT_{2B}$ 受体的拮抗剂，其次为 $5\text{-}HT_{2C}$ 受体、$5\text{-}HT_{1A}$ 受体，对子宫平滑肌影响小，用于偏头痛的预防和反复发作的搏动性头痛的治疗，但不用于急性偏头痛的治疗，主要不良反应为腹膜后、胸膜等组织纤维化。麦角新碱主要激动 $5\text{-}HT_2$ 受体，其次是α受体，部分激动DA受体，明显兴奋子宫平滑肌而被广泛用于产后出血。麦角胺（ergotamine）属肽生物碱，其结构与DA、5-HT和去甲肾上腺素相似，为α受体的部分阻断药、$5\text{-}HT_2$ 受体的部分激动药，能明显收缩血管，减少动脉搏动，可显著缓解偏头痛，用于偏头痛的诊断、频繁发作的中度偏头痛和非频繁发作的重度偏头痛急性发作时的治疗，有时合用咖啡因。

二、5-HT受体拮抗药

1. 赛庚啶（cyproheptadine）和苯噻啶（pizotyfine） 选择性阻断 $5\text{-}HT_2$ 受体，还具有

H_1受体阻断作用和较弱的抗胆碱作用；可用于荨麻疹、湿疹、接触性皮炎、皮肤瘙痒和过敏性鼻炎等的治疗，也可用于预防偏头痛发作，其作用机制尚不清楚；不良反应主要为口干、恶心、乏力、嗜睡；由于兴奋下丘脑摄食中枢，使食欲增加，体重增加；青光眼、前列腺增生及尿闭患者忌用，驾驶员及高空作业者慎用。

2. 酮色林（ketanserin） 选择性阻断平滑肌等组织的5-HT_2受体（5-HT_{2A}强、5-HT_{2C}弱），兼具H_1受体阻断作用和较弱的血管α_1受体阻断作用，可对抗5-HT引起的血小板聚集，主要用于治疗高血压和血管痉挛性疾病；同类药物利坦色林（ritanserin）仅有强的5-HT_2受体阻断作用（5-HT_{2A}强于5-HT_{2C}），几乎无H_1和α_1受体阻断作用；与抗精神病药合用，以减轻阴性症状，也用于神经障碍的治疗。

3. 昂丹司琼（ondansetron） 口服吸收好，由肝$CYP1A_2$、$CYP2D_6$和$CYP3A_4$代谢，可选择性拮抗5-HT_3受体，镇吐作用强大，主要用于手术和癌症患者化疗伴发的严重恶心、呕吐，对放射性、妊娠呕吐也有效，但是对晕动病呕吐无效；主要不良反应有头痛、便秘或腹泻等，伴长Q—T间期的患者慎用；同类药物有格拉司琼（granisetron）、多拉司琼（dolasetron）等。

第四节 血管活性肽及其影响药物

血管活性肽（vasoactive peptide）是一类生物活性多肽，有的收缩血管，如血管紧张素Ⅱ（angiotensin Ⅱ）、内皮素（endothelins, ETs）、抗利尿激素（vasopressin）、神经肽Y（neuropeptide Y）和尾加压素（urotensin）；有的舒张血管，如激肽类（kinins）、血管活性肠肽（vasoactive intestinal peptide）、利尿钠肽（natriuretic peptides）、神经降压肽（neurotensin）、P物质（substance P）、降钙素基因相关肽和肾上腺髓质素（adrenomedullin）等。

一、激肽及其影响药物

激肽是一类强力扩血管肽，由激肽释放酶（kallikrein）作用于蛋白底物激肽原（kininogen）生成，包括胰激肽（kallidin）、甲二磺酰赖氨酰缓激肽（methionyllysylbradykinin）和缓激肽（bradykinin），前两者均含缓激肽结构。影响激肽释放酶-激肽系统的药物主要包括激肽释放酶抑制剂、激肽酶Ⅱ抑制剂和B_2受体拮抗剂等。

1. 激肽释放酶抑制剂 代表药物抑肽酶（aprotinin），主要自牛肺提取，由58个氨基酸组成，为激肽释放酶抑制剂，抑制激肽原型成激肽，也能抑制胰蛋白酶、糜蛋白酶等蛋白水解酶，用于减少动脉搭桥手术患者对血液制品的需求、治疗血浆激肽过高的急性胰腺炎、中毒性休克等和改善肿瘤症状，由于可致高死亡率和肾坏死而于2007年撤市。

同类药物艾卡拉肽（ecallantide）为人工合成的60个氨基酸多肽，皮下注射的$t_{1/2}$为1.5～2.5h，肾排泄，抑制激肽释放酶，减少缓激肽生成；主要用于成人遗传性血管性水肿，取代抑肽酶，对ACEI所致的血管性水肿效果差；主要不良反应为头痛、乏力、恶心、腹泻等，严重的不良反应为过敏反应。

2. 激肽酶Ⅱ抑制剂（ACEI） 卡托普利等抑制激肽酶Ⅱ，减少缓激肽的降解，增强缓激肽的作用，主要用于高血压、心力衰竭和糖尿病性肾病的治疗。具体介绍见抗高血压药物和治疗心力衰竭的药物等章节。

3. B_2受体拮抗剂 第一代B_2受体拮抗药几乎没有临床价值；第二代B_2受体拮抗药艾替班特（icatibant）为人工合成的10肽，具B_2受体选择性高、作用强、作用时程长（大于1h）、口服有效等特点，可用于控制16岁以上患者遗传性血管性水肿的急性发作，尤其是ACEI诱导的发作；第三代非肽类B_2受体拮抗剂FR173657等在炎症、疼痛、哮喘等治疗方面可能有良好的应用前景。B_2受体激动剂可能对高血压、心肌肥厚等有良效，处于研发中。

二、内皮素及抑制药

前内皮素原在内肽酶作用下生成大内皮素，在内皮素转化酶（endothelin converting enzyme，ECE）作用下最后生成 ETs，为含两个二硫键的 21 个氨基酸多肽。ETs 有 ET_1、ET_2和 ET_3 3 个亚型，主要通过 G 蛋白偶联 ET_A和 ET_B受体起作用。

1. 内皮素转化酶抑制剂（ECE inhibitor，ECEI） 是一类具有良好开发前景的心血管类药物，磷酸阿米酮（phosphoramidone）为第一个 ECEI，但特异性较低，对金属蛋白酶也有抑制作用，主要作为药理学工具药。

2. 内皮素受体拮抗剂 波生坦（bosentan）拮抗 ET_A和 ET_B，口服生物利用度 50%，肝脏代谢，$t_{1/2}$5h，主要用于肺动脉高压治疗；西他生坦（sitaxsentan）、达卢生坦（darusentan）和安贝生坦（ambrisentan）选择性拮抗 ET_A，口服生物利用度更高，$t_{1/2}$为 10～15h，对肺动脉高压、高血压等疾病有较好疗效。

内皮素抑制剂的不良反应主要表现为肝功能异常、头痛、低血压、心率加快、皮肤潮红、水肿、恶心、呕吐、致畸等，要严密监测肝功和血常规。西他生坦还可抑制华法林代谢，影响凝血功能。

三、P 物质及其影响药物

P 物质（substance P，SP）是由 11 个氨基酸组成的神经多肽，为速激肽家族成员之一，主要激动 G 蛋白偶联受体神经激肽（neurokinin 1，NK_1）受体。

阿瑞匹坦（aprepitant）口服生物利用度约 60%，肝 CYP3A4 代谢，$t_{1/2}$为 9～13h，是第一个批准用于治疗化疗药物引起的呕吐的 NK_1受体拮抗剂，也可用于手术后呕吐的预防。福沙吡坦（fosaprepitant）为阿瑞匹坦的前药，注射给药。同类药物维替吡坦（vestipitant）正开发用于呕吐、焦虑、失眠和耳鸣等疾病。

四、利尿钠肽及其影响药物

利尿钠肽具有排钠利尿、血管扩张等作用，主要包括心房利尿钠肽（atrial natriuretic polypeptide，ANP）、脑利尿钠肽（brain natriuretic peptide，BNP）、C 型利尿钠肽（type C natriuretic peptide，CNP）、尿扩张素（urodilatin，Uro）和树眼镜蛇属利钠肽（dendroaspis natriuretic peptide，DNP）等。

奈西立肽（nesiritide）为含 32 个氨基酸的重组人 BNP，持续静脉给药用于急性失代偿性心力衰竭的治疗，但可引起致命性肾损。乌拉立肽（ularitide）为人工合成的 Uro 类似物，正开发用于严重心力衰竭和伴水钠滞留的肝硬化，并对肾功能有益。血管肽酶抑制剂，如山帕曲拉（sampatrilat）等可同时抑制中性内肽酶和 ACE，增加利尿钠肽水平、降低 AngⅡ的含量，开发用于高血压和心力衰竭的治疗。

五、血管紧张素及影响药物

肾素-血管紧张素系统（RAS）与循环功能的调节密切相关，可导致血管收缩、血压升高、心血管重构。具体药物介绍见抗高血压药物、治疗心力衰竭药物等章节。

本章小结

H_1受体拮抗药主要用于皮肤黏膜变态反应性疾病，苯海拉明、异丙嗪、布克利嗪、美克洛嗪对晕动病、妊娠呕吐及放射病呕吐有镇吐作用，异丙嗪、苯海拉明还可用于失眠。第一代H_1受体拮抗药常见镇静、嗜睡、乏力等，特非那定和阿司咪唑等可致Q—Tc间期延长。H_2受体拮抗药主要用于消化性溃疡。

前列地尔可治疗动脉导管未闭、急性心肌缺血、诊断和治疗阳痿。依前列醇用于防止血栓形成，也可用于缺血性心脏病、多器官功能衰竭、外周血管痉挛性疾病和肺动脉高压。米索前列醇、恩前列醇、罗沙前列醇可抑制胃液分泌。地诺前列酮、卡前列素、硫前列酮分别用于流产、产后顽固性出血、终止妊娠。扎鲁司特等用于季节性过敏性鼻炎、哮喘。齐留通可预防或减轻支气管哮喘。

普坦类用于急性偏头痛。丁螺环酮、伊沙匹隆为抗焦虑药。西沙必利和伦扎必利用于胃食管反流症等胃肠动力失调。替加色罗用于应激性结肠综合征。美西麦角用于偏头痛的预防和反复发作的搏动性头痛的治疗，麦角新碱用于产后出血。麦角胺用于偏头痛的诊断、治疗。赛庚啶和苯噻啶用于荨麻疹和过敏性鼻炎等的治疗。酮色林用于高血压和血管痉挛性疾病。格拉司琼镇吐作用强大。

抑肽酶用于治疗急性胰腺炎、中毒性休克等血浆激肽过高症和肿瘤症状的改善。艾替班特用于遗传性血管性水肿。波生坦用于肺动脉高压。阿瑞匹坦用于治疗化疗药物引起的呕吐。奈西立肽和乌拉立肽用于严重心力衰竭。

中药介绍

荆　芥

荆芥(*schizonepetae herba*)，属多年生植物。味平，性温，为发汗、解热药，有发汗解表，宣毒透疹和血止血作用；用于风疹痒疹、疹出不透、疮疡等；与防风配伍时为祛风止痒方剂的基础，在可用于风疹、皮肤瘙痒等症，常与蛇床子、土茯苓、蝉蜕等配合使用。

本品尚可促使皮肤血液循环加强，有轻微的解热镇痛作用；可促进皮肤感染性疾病的愈合与病损组织的吸收。

（杨俊卿）

第三十五章　治疗骨质疏松症药物

能力要求

1. 能够对治疗骨质疏松症（osteporosis）的药物进行分类，并合理选用药物治疗各型骨质疏松症。

2. 能够简单阐述治疗骨质疏松症药物的作用机制。

3. 能够说出骨质疏松症的类型。

第一节　骨质疏松症概述

骨质疏松症（osteoporosis，OP）是以骨量减少，骨质量受损及骨强度降低，导致骨脆性增加，易发生骨折为特征的全身性骨病。其直接的危害是骨折的发生率明显提高。据统计，老年人常见的髋部骨折、腕部骨折及无明显症状的脊椎骨折，绝大多数是由骨质疏松症引起的。

骨质疏松症分为三类，一类为原发性骨质疏松症，是一种随着年龄的增长必然发生的生理性退行性病变，约占所有骨质疏松症的 90%；第二类为继发性骨质疏松症，它是由其他疾病（如甲状腺功能亢进、男性性腺发育不全、卧床不起）或药物（长期应用肝素）等因素所诱发的骨质疏松症。第三类为特发性骨质疏松症，多见于 8～14 岁的青少年或成人，多半有家族遗传病史，女性多于男性。妊娠妇女及哺乳期女性所发生的骨质疏松也可列入特发性骨质疏松，以便引起人们的重视。原发性骨质疏松症最为常见，可细分为两大类：①Ⅰ型高转换型骨质疏松症，为绝经后骨质疏松症，常见于绝经不久的妇女，由破骨细胞介导，小梁骨快速丢失，雌激素缺乏所致；②Ⅱ型低转换型，包括老年性骨质疏松症。一般认为发生在 65 岁以上女性和 70 岁以上男性的老年人（国外把 70 岁以上老年妇女骨质疏松列为Ⅱ型骨质疏松症），与高龄、慢性钙缺乏有关，因骨松质（小梁骨）和密质（骨质）缺失而易致骨折。

我国老年人群总数逐年增多，而骨质疏松症是影响老年女性和男性的一个日趋严重的老年病。2015 年 1 月，有报道显示国内 40 岁以上人口中有 1.12 亿人口患有骨质疏松症，其中男女比例约 1：2。另外，在目前临床工作中对骨质疏松症检出率、漏诊率和认知率很低，有部分二级、三级城市及农村对骨质疏松的认识甚至是盲点。所以，我国的骨质疏松症的诊断及其防治日趋重要。根据主要作用机制，目前治疗骨质疏松症的药物可分为 3 大类：骨矿化促进药、骨形成促进药和骨吸收抑制药。而药物治疗的真正目的是为了降低骨折的风险。

知识拓展

骨 代 谢

骨的主要成分是钙和磷酸盐。健康男性和女性体内分别含有约 1300g 和 1000g 钙，99% 存在于骨和牙齿中。每日进行的骨重构涉及约 700mg 钙。除此之外，钙在维持许多重要的生理功能中起关键作用，如细胞的信号传导、肌肉的兴奋、血液凝固和收缩等。细胞外钙以三种形式存在：离子型（50%）、蛋白结合型（40%）、复合物型（10%）。骨中的磷酸盐主要以羟磷灰石形式存在。80%的磷存在于骨组织，15%存在于软组织中。磷酸盐不仅是骨的重要组成成分，在维持所有细胞的结构和功能上也起非常关键的作用，如酶的反应、细胞内缓冲、氢从肾脏的排泄等。磷酸盐吸收是一个由骨化三醇调节的需能过程。钙和磷酸盐在体内的稳态的调控主要由甲状旁腺素（parathyroid hormone，PTH）和维生素 D 相互作用来实现，降钙素（calcitonin）也起部分作用。

骨代谢的主要形式是骨重建，在破骨细胞作用下不断吸收旧骨，在成骨细胞作用下又合成新骨，骨吸收和骨形成的协调活动形成了体内骨转换的稳定状态。

第二节 骨矿化促进药

一、钙 剂

临床应用的钙制剂可分为以下两类。①无机钙：包括碳酸钙（calcium carbonate）、磷酸钙（calcium phosphate）、氧化钙（calcium oxide），或者来自于经过机械加工的动物贝壳和骨骼；②有机酸钙：包括葡萄糖酸钙（calcium gluconate）、乳酸钙（calcium lactate）等。

钙是骨质矿化的主要原料，有了足够的钙才能有效地发挥维生素 D_3 的催化效果，达到增强骨质正常钙化的作用。服用钙剂对于绝经后的妇女，尤其是钙摄入低者，也有防止骨丢失和预防骨折的作用。钙剂是治疗骨质疏松症的基础药物，也可用于佝偻病、骨软化病等的治疗。但单纯补钙往往达不到理想的效果，常与维生素 D、雌激素等药物联合应用，以增强疗效。

我国营养学会制定的每日钙摄入推荐量成人为 800mg（元素钙），绝经后妇女和老年人为 1000mg。目前的膳食营养调查显示，我国老年人平均每日从饮食中获得的钙约为 400mg，故每日应补充的元素钙为 500～600mg。钙剂的补充宜少量多次服用，饭后半小时或晚上睡前服用较餐前更好，但应注意食物对钙吸收的影响。钙剂应与维生素 D 同时补充，以促进肠钙吸收。

临床研究表明，每日适量钙剂的摄入是安全的，不增加肾结石的发生，但尚不能肯定对心血管事件有无不良影响。钙剂过量可引起高钙血症（hypercalcemia）、高尿钙症，表现为厌食、恶心、呕吐、腹痛、肌无力、精神紊乱、烦渴、多尿、骨痛、肾结石等。用药期间应定期监测血清钙、尿钙水平。

碳 酸 钙

碳酸钙（calcium carbonate）补充体内钙的不足，用于绝经后奶制品摄入不足的妇女，服用本品可减缓骨质的减少，临床试验证明可减少骨折的发生率；尚可用于低钙血症和用于胃十二指肠溃疡患者发挥抗酸作用。碳酸钙因中和胃酸时会释放二氧化碳，故可引起嗳气和继发性胃酸过多；另外，由于其在胃内产生的氯化钙至碱性肠液中可形成碳酸钙和磷酸钙，故可引起便秘。长期大剂量使用可致高血钙和肾结石，肾功能不良或老年患者应慎用。

二、维生素 D 及其活性代谢物

维生素 D 及其活性代谢物包括天然维生素 D，即维生素 D_2（calciferol）和维生素 D_3（cholecalciferol）；维生素 D 活性代谢物为骨化三醇（calcitriol）和阿法骨化醇（alfacalcidol）。

【体内过程】 天然维生素 D 无生理活性，需经肝细胞微粒体的 25-羟化酶催化转为骨化二醇[25-（OH）$_2D_2$]，后者与血浆中的 α-球蛋白结合转运至肾脏，再经肾小管上皮细胞线粒体内 1α 羟化酶催化，羟化生成具有活性的骨化三醇[1,25-（OH）$_2D_3$]。具有活性的维生素 D 与其靶器官（小肠、骨及肾）的受体结合而发挥作用。阿法骨化醇需经肝脏羟化为骨化三醇发挥作用。

【药理作用与作用机制】 维生素 D 能促进骨形成、提高骨密度、稳定骨量、增加肌肉张力，从而有效地预防骨质疏松症，缓解骨质疏松症患者的疼痛，并降低骨折发生率。其作用机制是维生素 D 作用于维生素 D 受体，调节基因转录，在维持正常骨钙化、钙平衡及促进肠道钙吸收等方面具有重要作用。①促进小肠和肾小管对钙磷的吸收；②抑制甲状旁腺激素过度分泌造成的骨吸收增强及促进破骨细胞增生的作用；③提高成骨细胞的功能，促进钙磷沉积于骨组织中，使骨钙化，并促进牙齿健全；④在甲状旁腺激素协同作用下，促进骨钙入血，维持血浆钙磷平衡；⑤通过靶器官上的骨化三醇受体参与细胞内钙调节，控制细胞的分化和生长等。

【临床应用】 适用于原发性骨质疏松症及糖皮质激素诱发的继发性骨质疏松症，尤其适用于老年患者，是治疗骨质疏松症的基础药物。临床上，天然维生素 D 或活性维生素 D 制剂常与钙剂合用以加速小肠对钙的转运，提高疗效；也用于佝偻病、骨软化病等的治疗。

根据中国原发性骨质疏松症 2011 年诊治指南，维生素 D 推荐补充剂量为：成年人 200U/d，老年人及缺乏日照的人群为 400～800U/d，用于治疗骨质疏松症时可达 800～1200U/d。欧美地区推荐维生素 D 补充量相对较大，美国及国际骨质疏松基金会最新指南推荐：年龄>50 岁的健康人 800～1000U/d，对于肥胖、骨质疏松、缺乏日照、吸收不良的人群甚至可补充到 2000U/d。维生素 D 为脂溶性，需要借助脂肪吸收，因而推荐饭后服用。

【不良反应与注意事项】 天然维生素 D 的主要不良反应有食欲不振、恶心、呕吐、胃痛、腹泻等消化道反应，亦可出现皮疹、失眠和头痛。活性维生素 D 过量或合用钙剂时易发生高钙血症、高钙尿症及肾结石，需检测血钙、尿钙及血清碱性磷酸酶等指标，及时调整剂量，以防发生高血钙。

大量或注射使用维生素 D 可发生中毒，早期症状为厌食、恶心、倦怠、烦躁不安、低热、呕吐、顽固性便秘和体重下降；严重时出现惊厥、血压升高、心律失常、烦渴、尿频、夜尿、脱水酸中毒、蛋白尿和管型尿，甚至出现慢性肾衰竭。一旦出现中毒症状，应立即停用维生素 D。如血钙过高可静注呋塞米以加速钙的排泄，或每日口服泼尼松抑制肠腔内钙的吸收，一般 1～2 周后血钙可降至正常；重症可口服氢氧化铝或依地酸二钠以减少肠钙吸收，亦可皮下或肌内注射降钙素，并需保持水、电解质平衡。

维生素 D_2、维生素 D_3

维生素 D_2（calciferol）、维生素 D_3（cholecalciferol）口服吸收良好，但须依赖于胆汁的帮助，服药后 12～24h 显效，作用持续时间可达数月；主要用于治疗佝偻病、婴儿手足搐搦症、维生素 D 缺乏症、骨软化症和骨质疏松症等，其用量根据血钙浓度决定。

骨 化 三 醇

骨化三醇（calcitriol） 为活性维生素 D，主要用于慢性肾功能不全所致的肾性骨病（尤其是长期血液透析的患者）、骨质疏松症、维生素 D 依赖性佝偻病、甲状旁腺功能减退症等，用药期间应每周测定血钙 2 次，同时给予足量的钙剂。

阿法骨化醇

阿法骨化醇（alfacalcidol）需经肝脏羟化为骨化三醇而发挥作用，主要用于慢性肾衰竭合并骨质疏松症、甲状旁腺功能减退、抗维生素 D 佝偻病、老年性或绝经后骨质疏松症等的治疗。

第三节　骨吸收抑制药物

一、双膦酸盐类

双膦酸盐类（bisphosphonate，BP）是一类与含钙晶体有高度亲和力的人工合成化合物。20 世纪 70 年代开始用于临床，通常用二钠盐。此类药物为焦磷酸盐的耐酶同类物，焦磷酸盐正常时能抑制骨的矿化作用。焦磷酸盐中的 P-O-P 结构被 P-C-P 取代成二膦酸盐，变得更为稳定。根据研究时间先后，目前将此类药物分为三代：第一代主要代表药物为依替膦酸（etidronate）、氯膦酸（clodronate），效价最低；第二代主要有阿仑膦酸（alendronate）、帕米膦酸（pamidronate）、替鲁膦酸（tiludronate），此类药物的效价比第一代高 10～100 倍；第三代药物有唑来膦酸（zoledronate）、利塞膦酸（risedronate）、奥帕膦酸（olpadronate）、伊本膦酸（ibandronate）等，效价是第一代的 10 000 倍。处于不同研究阶段的药物有 300 多种。我国研发的药物主要有依替膦酸、氯膦酸、帕米膦酸、阿仑膦酸等。这些药物作用机制相同，主要是药动学特性有所不同。

双膦酸盐与骨有很强的亲和性，选择性吸附在骨基质表面，被破骨细胞摄入后产生抑制骨吸收的作用。其作用机制为：在分子水平可代谢转换为 ATP 类似物堆积于破骨细胞内，影响其多种酶的活性，并可抑制破骨细胞甲羟戊酸代谢和蛋白质的异戊烯化（含氮双膦酸盐类），在细胞水平表现为抑制破骨细胞的骨吸收功能，抑制破骨细胞的增殖、分化和募集，促进破骨细胞的凋亡。此外也有刺激成骨细胞增殖和分化的作用。

双膦酸盐是治疗骨质疏松症最常用的一线骨吸收抑制药物，主要用于治疗老年性及其他原因所致的骨质疏松症、畸形性骨炎（Paget disease）、乳腺癌和前列腺癌、癌症患者的高钙血症。第二代、第三代药物还能用于癌症治疗。

双膦酸盐药物总体安全性较好，主要不良反应为胃肠道反应（口服制剂）、低钙血症、肾功能损害（静脉制剂）、矿化障碍（依替膦酸钠）、自发性骨干骨折等，而下颌骨坏死极其罕见，主要见于肿瘤患者并接受大剂量静脉制剂的病例。因双膦酸盐可通过胎盘及乳汁分泌，故孕妇、哺乳期妇女禁用。

第一代药物：依替膦酸二钠

【体内过程】 口服后 1%～6%的依替膦酸二钠（etidronate disodium）（羟乙膦酸钠）吸收进入血中，食物特别是奶影响吸收，因此必须空腹服用；不经肝脏代谢，约 50%吸收剂量 24h 内迅速从尿中排泄，其余化学性吸收进入骨中并缓慢消除；血中消除 $t_{1/2}$ 约 6h，而骨中 $t_{1/2}$ 超过 90 日；未吸收的药物经粪便排泄出体外。

【临床应用】 主要用于治疗骨质疏松症、畸变形性骨炎、乳腺癌和前列腺癌、癌症患者的高钙血症。

【不良反应与注意事项】 不良反应包括恶心、胃痛和腹泻。骨矿化受损伴随骨痛、骨软化和骨折增加已有报道。这些副作用似与剂量有关，大剂量[10～20mg/（kg·d）]发生率高，而小剂量[5mg/（kg·d）]时骨痛发生率约为 10%。如已发生骨折须停用本品。对于肾功能不佳的患者用药须十分小心。食物尤以高钙食物的存在会损害本品在胃肠道的吸收。本品应在每餐前后 2h 口服，以保证吸收完全。

第二代药物：帕米膦酸钠

帕米膦酸钠（pamidronate sodium）在体内抑制骨吸收的浓度下不抑制磷酸钙的结晶形成，适用于骨吸收亢进的疾病，主要用于由恶性肿瘤引起的高钙血症和溶骨性癌转移引起的骨痛。

其主要不良反应有发热、低血钙、肝谷丙转氨酶和谷草转氨酶活性升高、血小板减少、肌酐升高，应注意用药中血钙的变化。

第三代药物：唑来膦酸

唑来膦酸（zoledronic acid）作为第三代双磷酸盐类药物，具有很强的抗骨质吸收作用，主要用于畸形性骨炎和癌症晚期的高钙血症。本品最常见的不良反应有（大于 10%）发热，常见的有（1%～10%）各类血细胞减少、精神错乱、恶心、疲劳、关节痛、心动过缓、肌酐升高、味觉倒错、口渴、低钙血症、低磷酸盐血症、潜在癌症恶化、便秘和呼吸困难。

二、降　钙　素

降钙素是由哺乳动物甲状腺滤泡旁细胞和非哺乳脊椎动物后腮腺体中分泌的一种多肽激素，均含有 32 个氨基酸残基。来源不同的降钙素其氨基酸线性排序不同，人与鲑降钙素在 18 位上氨基酸不同。目前应用于临床的人工合成的降钙素类似物有 2 种，鲑鱼降钙素和鳗鱼降钙素，其中尤以鲑鱼降钙素（密盖息）最为常用。

【体内过程】 可注射、口服或鼻腔喷雾给药。皮下或肌注给药的生物利用度约 70%，1h 达 C_{max}，作用持续 8～24h，95%经肾脏排出。

【药理作用与作用机制】

（1）降低血钙：降钙素通过激动降钙素受体，作用于骨骼、肾脏和肠道使血钙降低。①直接抑制破骨细胞的骨吸收，使骨骼释放钙减少；促进骨骼吸收血浆中的钙；对抗甲状旁腺素（PTH）促进骨吸收的作用。②抑制肾小管近端对钙的重吸收，增加尿钙排泄。③抑制肠道对钙的转运等。

（2）其他作用：能抑制前列腺素合成和增强 β 内啡肽作用，具有镇痛作用，能缓解或减轻骨痛、腰背和四肢疼痛，也可抑制胃壁细胞分泌胃酸。

【临床应用】

（1）畸形性骨炎：用于治疗中度至重度症状明显的畸形性骨炎。畸形性骨炎具有骨痛和骨畸形、心力衰竭及耳聋等症状的患者应考虑用本品治疗。大多数畸形性骨炎患者只有少部分骨受累而无症状。

（2）高钙血症：多种原因可引起高钙血症，如维生素 D 中毒、肿瘤、甲状腺和甲状旁腺功能亢进等。鲑鱼降钙素用于高钙血症危象的早期治疗，此时需要迅速降低血清钙的浓度。

（3）绝经期骨质疏松：骨质疏松患者血清中降钙素浓度比正常人低，且与骨矿质平行。降钙素能使骨矿质增加，使骨折发生率减少；降钙素还有镇痛作用，可治疗骨质疏松症带来的进行性骨痛。

（4）其他：可用于治疗骨生成缺陷症，少数患者显示临床生化指标和/或症状改善。

【不良反应与注意事项】 可引起恶心、呕吐、腹泻、面部潮红、手部麻刺感，继续用药或减小用量可减轻；也可出现皮疹、口中异味、食欲减退、尿频、头痛、头昏、发冷、胸压迫感、气短、虚弱等反应；注射局部可出现炎症反应；大剂量可出现继发性甲状腺功能低下。降钙素类似物可导致过敏反应，因此在第 1 次使用前均应按药品说明书进行皮肤测试。

三、雌激素类及雌激素受体调节剂

（一）雌激素类

常用的雌激素有尼尔雌醇（nilestriol）、妊马雌酮（conjugated estrogen）、甲羟孕酮（medroxyprogesterone）、炔雌醇（ethinylestradiol）、替勃龙（tibolone）。

【药理作用与作用机制】 雌激素能有效地预防绝经后骨丢失，增加骨质，保持骨量，减缓骨质疏松的进程，对骨的各个部位有保护作用，减少骨折发生率。其防治绝经后骨质疏松症的机制包括：①通过钙代谢激素调节系统，增加血中 1,25（OH）$_2D_3$ 水平，促进降钙素的分泌，从而增加肠钙的吸收，抑制骨钙到血液中的转移；②抑制 PTH 调节的骨吸收作用；③作用于成骨细胞和破骨细胞的雌激素受体，并能促进破骨细胞凋亡，从而直接影响骨重建，有效地防止骨质的丢失。

【临床应用】 雌激素类是防治原发性 I 型骨质疏松症的首选药，此疗法称为激素替代疗法（hormone replacement therapy，HRT）。由于 HRT 存在增加肿瘤的风险，临床上必须根据获益与风险比来衡量是否采用，主要适用于骨折风险高的相对较年轻的绝经后妇女，特别是伴有潮热、盗汗等绝经症状的患者；HRT 还可用于 50 岁以前存在原发性卵巢早衰，在绝经期出现骨质稀少或骨质疏松的妇女，以及有骨质疏松症家族史和心血管疾病家族史的患者；HRT 亦可预防或延缓未到自然绝经期而切除卵巢的妇女发生骨质疏松症；与孕激素合用对骨质疏松的防治作用增强，用药半年可使骨密度增加 8%～10%。

【不良反应】 大剂量服用可引起子宫内膜增生，长期使用增加乳腺癌、子宫内膜癌、深静脉血栓形成及肺栓塞的发生率。雌激素依赖型肿瘤、雌激素可能促进生长的肿瘤（肾、肝肿瘤，黑色素瘤）、妊娠期妇女，以及有异常阴道出血、严重肝肾功能障碍、凝血异常等患者禁用。

替 勃 龙

替勃龙（tibolone）及其 3 种代谢产物分别具有弱的雌激素、孕激素和雄激素活性。其代谢产物 3α-OH 替勃龙和 3β-OH 替勃龙具有雌激素活性，替勃龙△4 异构体具有孕激素样和雄激素样作用；主要用于自然绝经和手术绝经引起的各种症状及骨质疏松症的防治；不良反应较轻，偶有体重变化、眩晕、阴道出血、肝功能异常等，伴有肾功能障碍、偏头痛和癫痫病患者可引起体液潴留；禁用于妊娠、已确诊或怀疑有激素依赖性肿瘤、血栓性静脉炎、不明原因的阴道出血和严重肝病患者。

依 普 黄 酮

依普黄酮（ipriflavone）属植物性雌激素类药物，也可合成。

【体内过程】 依普黄酮口服吸收率约 60%，90min 达峰浓度（C_{max}）主要分布于胃、肠、肝和骨中，经肝脏氧化代谢后由肾脏排泄，$t_{1/2}$ 为 9.8h，代谢产物也具有一定的生物活性。

【药理作用与临床应用】 依普黄酮具有雌激素样作用，能增强成骨细胞的增建，促进骨胶原形成和矿化，增加骨量；减少破骨细胞前体细胞的增殖和分化，抑制破骨细胞活性，降低骨吸收；也能增加降钙素的分泌，间接产生抗骨吸收作用；对人和动物的生殖系统无明显影响；适用于原发性骨质疏松症的防治，提高骨量减少者的骨密度。

【不良反应】 仅有轻微的胃肠道反应。但重度食管炎、胃炎、消化性溃疡、胃肠功能紊乱、中重度肝肾功能不良和高龄患者慎用，低钙血症患者禁用。

（二）雌激素受体调节剂

选择性雌激素受体调节剂（selective estrogen receptor modulators，SERMs）是一类具有拟雌激素作用和抗雌激素作用的结构多样的人工合成的非甾体化合物，通过与雌激素受体的高度结合，选择性地作用在不同靶组织的雌激素受体的激动剂和拮抗剂，在某些部位（如肿瘤）起到阻断雌激素受体的作用，而在其他部位（如骨骼）则起到刺激雌激素受体的作用。

SERMs 的组织特异性使它对骨骼、子宫、乳腺等存在不同的作用，从而发挥雌激素的有益效果，又尽可能降低了对生殖系统的刺激。SERMs 不增加乳腺癌和子宫内膜癌的风险，且能降低血清胆固醇，对心血管也有保护作用，故有较好的应用前景。

SERMs 根据其化合物的结构可分为以下四大类：①三苯乙烯的衍生物，以他莫昔芬（tamoxifen）为代表，拖瑞米芬、屈洛米芬为第一代 SERM。②苯并噻吩类，以雷诺昔芬（raloxifene）为代表的第二代 SERM。③苯并吡喃类，以拉索昔芬（lasofoxifene）为第三代 SERM。④其他类型主要有雌二醇类衍生物和哚类化合物、黄酮类化合物及蒽醌类化合物等。

他 莫 昔 芬

他莫昔芬（tamoxifen）是最早人工合成的 SERM，临床上用于乳腺癌的治疗，它还能选择性与骨细胞上雌激素受体结合而在骨组织发挥弱雌激素激动剂的作用，抑制骨丢失，但由于他莫昔芬长期应用可导致子宫内膜增生及子宫内膜癌，所以临床上不把它作为骨质疏松的预防和治疗用药。

雷 诺 昔 芬

雷诺昔芬（raloxifene）是临床上防治绝经后骨质疏松症的上市药物，它在骨和心血管系统具有雌激素样的作用，提高骨矿物质密度及降低血清胆固醇，同时对子宫及乳腺有抗雌激素的作用，即不刺激子宫和乳腺，长期用药还有降低乳腺癌的报道。Ⅲ期临床试验显示，雷洛昔芬能显著减少绝经后妇女 34%～50%的椎体骨折，此数据与双膦酸盐相近，但在降低骨转换指标、提高骨密度方面稍弱于双膦酸盐。雷洛昔芬的不良反应主要是轻度增加静脉血栓形成，禁用于有静脉栓塞病史、有血栓倾向及长期卧床的患者，少数患者服药期间会出现潮热和下肢痉挛，症状严重时暂停药物。

第四节　骨形成促进药物

一、甲状旁腺素

甲状旁腺素（PTH）由甲状旁腺主细胞分泌，人甲状旁腺素为 84 个氨基酸组成的单链多肽，分子质量 9000。目前临床应用的药物有两种，包括重组人 PTH 1-84（recombinant human PTH_{1-84}，$rhPTH_{1-84}$）及重组人 PTH 1-34（recombinant human PTH_{1-34}，$rhPTH_{1-34}$），每日皮下注射可有效降低椎体与非椎体骨折。

【药理作用】 PTH 通过两种 G 蛋白偶联受体 PTH-1 和 PTH-2，作用于骨骼、肾脏和胃肠道等靶器官，使血钙浓度增加，磷酸盐浓度降低。①对骨骼的作用：能高效、选择性地增加成骨细胞的活性及数量，刺激成骨细胞形成新骨。不仅可预防雌激素水平下降而导致的骨量丢失，而且能逆转骨量丢失，增加骨密度，显著降低绝经后妇女发生骨折的危险。但 PTH 对骨重建具有双重作用，小剂量时促进骨形成，而大剂量时则抑制成骨细胞，同时动员骨钙入血，提高血钙浓度。②对肾脏的作用：促进远曲小管对钙的重吸收；抑制近曲小管对磷酸盐的重吸收并加速其排泄；促进肾脏的 25-（OH）-D_3 羟化为 1,25-（OH）$_2$-D_3，使肠对钙的吸收增加，血钙浓度提高。

【临床应用】 适用于男性骨质疏松症和绝经期后妇女骨质疏松症，可显著增加椎体骨小梁的体积、骨矿密度、骨松质的骨量，使整个骨骼的强度和质量提高，减少骨折的危险。

PTH 抗骨质疏松治疗有两个特点：①持续应用促成骨作用会减弱，临床试验证实其有效降低骨折的时间最长为 30 个月，中位数时间为 19 个月，停药后骨密度会逐渐下降，因此停药后必须加用抗骨吸收药物；②治疗作用会受其他抗骨质疏松药物的影响，与双膦酸盐合用的疗效较单独应用 PTH 疗效差。

由于价格昂贵，PTH 的应用受到了限制，目前一般应用于严重骨质疏松症或对其他抗骨质疏松药物不耐受的患者。另外，也可用于假性和原发性甲状旁腺功能减退症的鉴别诊断，若静脉注射后患者尿磷增多，血钙升高，血中 1,25-（OH）$_2$-D_3 生成增多，可初步诊断为甲状旁腺功能减退。

【不良反应】 大剂量可引起骨溶解，增加骨质疏松性骨折的危险；过量导致血钙浓度过高，引起肾脏和血管骨化，心肾疾病患者应慎用；也可引起过敏反应，用药前应做皮试；用药期间应测定血钙浓度，在医师严密监护下使用。

二、维生素 K 剂

天然存在的维生素 K 根据其侧链不同可分为维生素 K_1 和维生素 K_2（MK-*n*）两种，维生素 K_1 为单一化合物，而维生素 K_2 是一系列含有 2-甲基-1，4- 萘醌母核及 C_3 位带有数量不等的异戊二烯结构单元侧链化合物的统称，其中具有高活性及重要药用价值的是维生素 K_2（20）（MK-4）及 K_2（35）（MK-7）。防治骨质疏松的维生素 K_2 类药物主要是 MK-4。

维生素 K 的经典作用是维持机体的正常凝血，促进肝脏合成凝血酶原（因子Ⅱ），参与凝血因子Ⅷ、凝血因子Ⅸ、凝血因子Ⅹ及蛋白 C、蛋白 S 合成。但是近年来的大量研究表明，MK 还具有促进骨形成，增加骨密度，维持骨健康，防治骨质疏松的临床作用。另外，与现有的绝大多数市售防治骨质疏松药物不同的是，维生素 K 为人体内源性物质，安全用量范围大，具有良好的用药安全性，适用于从婴儿到中老年各年龄人群。

临床使用的口服维生素 K_2 制剂为四烯甲萘醌胶囊（固力康），每次 1 片（15 mg），每日 3 次，饭后服用。维生素 K_2 为脂溶性维生素，在小肠内吸收，其吸收依赖于胆盐，故空腹服用吸收差，合并肝胆疾病伴脂肪吸收障碍者口服维生素 K_2 效果不良。维生素 K_2 常见的不良反应为胃肠道反应，一般程度轻微，少数患者出现皮肤瘙痒、水肿和转氨酶暂时性轻度升高，不可与华法林合用。

三、雄激素及同化激素类

临床应用的雄激素和同化激素主要有苯丙酸诺龙（nandrolone phenylpropionate）、司坦唑醇（stanozolol）、甲睾酮（methyltestosterone）、丙酸睾酮（testosterone propionate）、达那唑（danazol）、普拉睾酮（prasterone）和十一酸睾酮（testosterone undecanoate）。这类药物能通过促进成骨细胞的产生，抑制骨吸收，从而增加骨量和骨密度，临床适用于由于衰老、运动减少、服用糖皮质激素导致的骨质疏松，主要不良反应是肝脏毒性、男性化、血清脂蛋白异常等，限制了此类药物的长期应用。

四、锶　　盐

锶盐作为一种新的化合物，具有抗骨吸收和增进骨形成双重作用，从而使其成为治疗骨质疏松的新型药物，代表了在骨质疏松症治疗上一个新的重要发展方向。但锶对骨质疏松症治疗的作用机制尚未完全阐明。人工合成的锶盐雷奈酸锶（srontium ranelate，SR）是新一代的抗骨质疏松药物，可同时作用于成骨细胞和破骨细胞，具有抑制骨吸收、促进骨形成的双重作用，可显著提高骨密度，降低绝经后骨质疏松症患者椎骨（40%～50%）及非椎骨骨折（16%）的风险。

该药物于 2004 年在欧盟通过批准，用于治疗女性绝经后骨质疏松症，以减少发生椎体和髋部骨折的风险。2012 年，其适应证扩展至治疗骨折风险增高的男性骨质疏松症。2012 年 3 月，在发现静脉血栓栓塞和严重过敏性皮肤反应后，欧洲药品管理局（EMA）对雷奈酸锶的获益/风险进行了回顾性分析，建议该药物禁用于有血栓性疾病、有血栓病史及短期或长期制动的患者。而到 2013 年 4 月，EMA 发布消息，因为严重的心脏问题风险增加，限制骨质疏松症治疗药物雷奈酸锶的使用，建议雷奈酸锶仅用于治疗骨折高危的绝经后女性的严重骨质疏松症，以及骨折风险增高的男性严重骨质疏松症；同时限制雷奈酸锶在患心脏疾病或循环疾病患者中的使用，以进一步减少心脏风险。

案例解析

案例 35-1

患者，女，70 岁，因“间断腰背痛 10 年，加重半年”就诊。患者自 10 年前出现劳累后腰背酸痛，休息可缓解，无明显活动受限。近半年来患者腰背痛渐加重，严重时翻身、上下楼受限，睡眠受影响，夜间下肢“抽筋”。患者平时户外活动少，发病以来体重稳定，身高较年轻时缩短 9cm（由 165cm 降低为 156cm）。

骨代谢相关指标：血钙 2.45mmol/L（正常值 2.25～2.75mmol/L），磷 1.09mmol/L（正常值 0.97～1.61mmol/L）；血 PTH 45.5pg/ml（正常值 12～65pg/ml），25 羟维生素 D12ng/ml（正常值 >30ng/ml）。

影像学检查：胸腰椎侧位片示骨质疏松，腰 1 椎体（L1）楔形变；双能 X 线吸收测定法（DXA）测量骨密度示 L2：4 0.691g/cm^2，T 值：3.6；股骨颈（Neck）0.621g/cm^2，T 值：2.3；全髋 0.591g/cm^2，T 值：2.9。

根据患者病情，如何选择药物进行治疗？

解析：

患者为老年绝经后女性，慢性病程，主要表现为逐渐加重的腰背痛、活动受限、身高缩短及脆性骨折史，X 线检查示椎体压缩性骨折，骨密度监测示 T 值为–2.3～–3.9，因此该患者为绝经后严重骨质疏松症伴椎体压缩性骨折诊断明确，建议使用激素补充疗法及活性维生素 D_3 治疗为主。

本章小结

骨质疏松症是以骨量减少，骨质量受损及骨强度降低，导致骨脆性增加，易发生骨折为特征的全身性骨病。根据主要作用机制，目前治疗骨质疏松症的药物可分为 3 大类：骨矿化促进药、骨形成促进药和骨吸收抑制药。而药物治疗的真正目的是为了降低骨折的风险。

骨矿化促进药：包括钙剂、活性维生素 D 及其活性代谢物。其主要药理作用是促进骨质的矿化进程，且活性维生素 D_3 还可增强肌力及神经肌肉协调性，避免跌倒、减少其相关骨折发生率。

骨吸收抑制药：包括双膦酸盐类药物、降钙素、雌激素及雌激素受体调节剂。其主要药理作用是抑制破骨细胞活性，减少骨吸收。

骨形成促进药：包括甲状旁腺激素（PTH1-34 片段）和维生素 K 剂。其主要药理作用是促进成骨细胞活性，增加骨形成。

中药介绍

淫羊藿

中医学理论认为，无论是妇女绝经后引起的高代谢（转换）型骨质疏松症还是其他原因引起的低代谢（转换）型骨质疏松症，其本质都是由人体的衰老而导致机体骨吸收和骨形成这一对矛盾体（阴阳）失衡所引起的，而造成这种失衡的原因，则与全身性多环节功能紊乱有关。中医防治骨质疏松症时，要根据患者病情采用辨证施治、治本兼治标的原则进行治疗。

淫羊藿为小檗科植物淫羊藿、箭叶淫羊藿、巫山淫羊藿、朝鲜淫羊藿等多种淫羊藿的茎叶。味性归经：辛、甘，温。归肝、肾经，主治功能：补肾阳，强筋骨，祛风湿。现代研究发现淫羊藿的叶和茎中含有淫羊藿苷（icariin）、淫羊藿次苷（icariside）、去氧甲基淫羊藿苷（des- O-methylicariin）、β-去水淫羊藿素（β-anhydroicaritin）、淫羊藿糖苷（epimedoside）A、淫羊藿糖苷B、淫羊藿糖苷C、淫羊藿糖苷D、淫羊藿糖苷E等多种物质。

淫羊藿作为我国常用中药之一，治阳痿早泄，腰酸腿痛，四肢麻木，半身不遂，神经衰弱，健忘，耳鸣，目眩等症。近年来，国内外运用补肝肾、强筋骨、活血化瘀等方面的单味中药对骨质疏松症的防治作用研究较多。研究发现淫羊藿主要通过提高成骨细胞的活性，抑制破骨细胞产生从而降低骨吸收，达到抗骨质疏松的作用。

（罗 敏）

第三十六章　抗菌药物概论

能力要求

1. 能够根据抗菌药物的作用机制解释抗菌药物（antibacterial drugs）的抗菌活性。
2. 能够应用抗菌药物的常用术语评价抗菌药物的活性及特点。
3. 能够阐述宿主机体、病原体和药物三者之间的相互作用和辩证关系。

第一节　概　　述

化学治疗药物（chemotherapeutic drugs）是指用于治疗细菌、病毒、立克次体、螺旋体、衣原体、支原体、真菌、原虫等感染及肿瘤的药物。化学治疗的目的是利用化疗药物对病原微生物或肿瘤细胞具有强大的选择性抑制或杀灭作用，而对宿主无显著的毒性和损害性，在临床发挥对疾病的防治作用。抗菌药物是指对病原菌具有抑制或杀灭活性，用于预防和治疗细菌性感染的药物。其中仅具有抑制病原菌生长繁殖的能力而无杀灭作用的抗菌药物称为抑菌药（bacteriostatic drugs），如四环素类、大环内酯类、磺胺类药物等；而不仅具有抑制病原菌生长繁殖的能力，而且具有杀灭作用的抗菌药物称为杀菌药（bactericidal drugs），如青霉素类、头孢菌素类、氨基糖苷类药物等。

抗菌药物包括抗生素和人工合成抗菌药，抗生素是微生物（细菌、真菌和放线菌属）的代谢产物，能在低浓度时杀灭或抑制其他微生物的有机物质。抗生素分为天然的和人工半合成的，前者由微生物产生，后者是对天然抗生素进行结构改造获得的半合成产品，如青霉素 G（penicillin G）是从青霉菌培养液中获取的一种天然抗生素，但由于其不耐酸和不耐青霉素酶等缺点，在青霉素母核连接不同侧链从而合成了具有耐酸或耐酶的系列衍生物，如青霉素 V、甲氧西林、阿莫西林等。人工合成抗菌药主要包括喹诺酮类和磺胺类等化学药物。

抗菌药物可以抑制或杀灭病原微生物，但在一定的条件下病原微生物可对其产生耐药性；药物进入体内后通过影响微生物从而对机体具有防治作用时，也产生不良反应；反之，机体对药物也会进行吸收、分布、代谢和排泄等体内过程的处理；与此同时，机体的免疫防御和病原微生物的免疫逃避之间也产生相互作用。另外，药物、微生物和机体对其他两者之间的相互作用过程中也具有影响和调控作用。因此，在应用化疗药物防治病原微生物感染性疾病过程中，应该考虑宿主机体、病原体和药物三者之间的相互作用和辩证关系（图 36-1）。

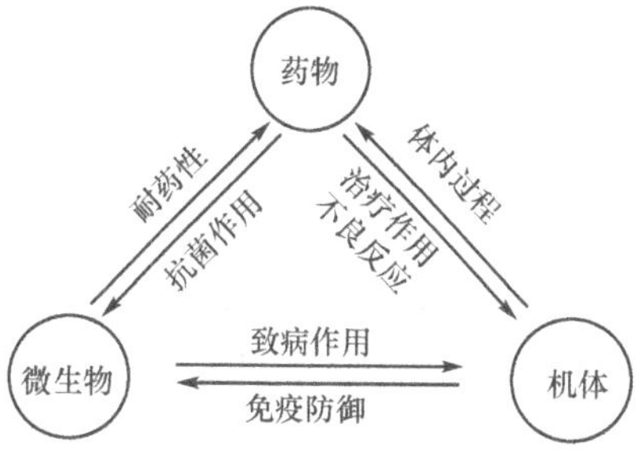

图 36-1　药物、机体与微生物之间的相互作用及调控关系

第二节　抗菌药物的常用术语

抗菌谱（antibacterial spectrum）指抗菌药物的抗菌范围，是临床选用抗菌药物的基础。某

些抗菌药仅对一种细菌或局限于某属细菌有抗菌作用，称为窄谱抗菌药，如异烟肼（isohiazid, INH）仅对结核杆菌有作用，而对其他细菌无效。某些抗菌药对多种病原微生物均有效，称为广谱抗菌药，如氟喹诺酮类药物，不仅对革兰阳性菌、革兰阴性菌有很强的抗菌作用，而且对结核杆菌、衣原体、支原体亦有作用。

化疗指数（chemotherapeutic index, CI）是评价化学治疗药物有效性与安全性的指标，常以化疗药物的半数动物致死量 LD_{50} 与治疗感染动物的半数有效量 ED_{50} 之比来表示（LD_{50}/ED_{50}），或者用 5%的致死量 LD_5 与 95%的有效量 ED_{95} 之比来表示（LD_5/ED_{95}）。化疗指数越大，表明该药物的毒性越小，临床应用价值越高。但应注意，对青霉素类等药物，化疗指数大，几乎对机体无毒性，但可能发生过敏性休克这种严重不良反应。

最低抑菌浓度（minimum inhibitory concentration, MIC）是测定抗菌药物体外抗菌活性大小的一个指标，指在培养细菌 18～24h 后能抑制培养基内病原菌生长的最低药物浓度。能抑制 50%或 90%受试病原菌的最低药物浓度，分别以 MIC_{50} 和 MIC_{90} 表示。

最低杀菌浓度（minimum bactericidal concentration, MBC）是指能够杀灭培养基内细菌或使细菌数减少 99.9%的最低药物浓度。能将 50%或 90%受试菌株的活菌总数杀灭减少 99.9%所需的最低药物浓度，分别以 MBC_{50} 和 MBC_{90} 表示。有些药物的 MIC 和 MBC 很接近，如氨基糖苷类抗生素；有些药物的 MBC 比 MIC 大，如 β-内酰胺类抗生素。

首次接触效应（first exposure effect, FEE）是指抗菌药物在初次接触细菌时有强大的抗菌效应，再次接触或与细菌连续接触，并不明显地增强或再次出现这种明显的抗菌效应，需要间隔一定时间（数小时）以后才会再起作用。氨基糖苷类抗生素有明显的首次接触效应。

抗菌后效应（post antibiotic effect, PAE）指抗生素与细菌短暂接触后，抗生素浓度下降至 MIC 以下，细菌生长仍受到持续抑制的效应，如氨基糖苷类抗生素、两性霉素 B（amphotericin B，庐山霉素，fungilin）、氟喹诺酮类等均具有较长的 PAE，可能是因为：①血药浓度虽低于 MIC，但可能仍有药物滞留于作用靶点或胞质周围间隙中；②细菌合成新的酶类或可逆的非致死性损伤的修复需要一定时间。

第三节　抗菌药物的作用机制

细菌维持其生长繁殖，有赖于其结构完整和代谢功能正常。抗菌药物通过作用于病原菌的某些靶位，干扰其正常的生化代谢过程，影响其结构和功能，使细菌失去生长繁殖的能力，最终达到抑制或杀灭病原菌的作用。根据抗菌药物对细菌的干扰环节不同，抗菌机制主要有以下四个方面。

一、抑制细菌细胞壁的合成

细菌细胞壁位于细胞浆膜之外，是维持细菌细胞外形完整的坚韧结构，其主要成分是肽聚糖（peptidoglycan），又称黏肽（mucopetide）。根据细菌细胞壁的构造和化学组成不同，可将其分为革兰阳性菌（G^+菌）与革兰阴性菌（G^-菌）。革兰阳性菌细胞壁厚为 20～80nm，肽聚糖层数多，为 15～50 层，含量约占细胞壁干重的 50%～80%，肽聚糖结构由聚糖骨架、四肽侧链和五肽交联桥三部分组成。磷壁酸是革兰阳性菌细胞壁的特有成分，根据结合部位的不同，分为壁磷壁酸与膜磷壁酸两种，前者与肽聚糖的 *N*-乙酰胞壁酸相连，后者与细胞膜中的磷脂相连，两者均伸到肽聚糖的表面，构成革兰阳性菌重要的表面抗原。革兰阴性菌细胞壁厚约 10nm，肽聚糖层数少，为 1～3 层，仅占细胞壁干重的 1%～10%，类脂质较多，占 60%以上。肽聚糖层外侧有类似细胞膜的外膜结构，由磷脂、脂多糖及一组特异蛋白组成，是革兰阴性菌对外界的保护屏障。脂多糖由类脂 A、核心多糖和特异性多糖组成，为细菌的内毒素，与细菌的致病性有关，也是革兰阴性的菌体抗原，决定了细菌的抗原性。由于细菌细胞壁位于细胞浆膜之外，而哺乳类细胞无细胞壁，因此特异性抑制细菌细胞壁合成是理想的抗菌机制。

青霉素类、头孢菌素类、磷霉素、万古霉素、杆菌肽等抗菌药物均可以通过抑制细胞壁的合成而发挥作用，然而它们干扰细菌细胞壁生物合成的环节不同。青霉素与头孢菌素属于 β-内酰胺类抗生素，主要与青霉素结合蛋白（penicillin binding proteins，PBPs）结合，抑制转肽作用，阻碍了肽聚糖的交叉联结，导致细菌细胞壁缺损；磷霉素结构与细菌磷酸烯醇丙酮酸相似，通过与丙酮酸转移酶竞争结合影响细胞壁的合成；万古霉素主要通过阻止 *N*-乙酰胞壁酰基和 *N*-乙酰葡糖酰基参与肽聚糖骨架的形成而干扰细菌细胞壁的合成；杆菌肽的机制主要使焦磷酸酶失活，从而特异性地抑制细菌细胞壁合成阶段的脱磷酸化作用，影响了磷脂的转运和向细胞壁支架输送黏肽，从而抑制了细胞壁的合成。

二、影响细菌细胞膜的通透性

细菌细胞膜与一般生物膜特性类似，是双层类脂中镶嵌着蛋白质的一种半透膜，厚为 8～10nm，外侧紧贴细胞壁，具有选择性运输和屏障作用，能防止细菌细胞质内的蛋白质、氨基酸、核苷酸和磷脂等重要生命物质漏出膜外。某些革兰阳性细菌细胞膜内褶形成小管状结构，扩大了细胞膜的表面积，提高了细菌代谢效率。某些革兰阴性细菌还具有细胞外膜，通常不形成内膜系统。

抗革兰阴性杆菌的多肽类（多黏菌素类）、抗真菌的多烯类抗生素（两性霉素 B 和制霉菌素）及吡咯类（酮康唑、咪康唑、伊曲康唑、氟康唑）抗菌药物主要通过损伤细菌细胞膜，影响其功能而发挥抗菌作用。多黏菌素 E 含有多个阳离子极性基团和一个脂肪酸直链肽，其阳离子能与细胞膜中的磷脂结合，使膜功能受损；两性霉素 B 能选择性与真菌细胞膜中的麦角固醇结合，在细胞膜上形成孔道，增加膜通透性，细菌内的蛋白质、氨基酸、核苷酸等重要物质外漏，导致细菌死亡。

三、抑制细菌蛋白质的合成

细菌蛋白质的合成在细胞质内通过核糖体循环完成，包括合成起始、肽链延伸及合成终止三阶段。细菌核糖体的沉降系数为 70S，在核糖体循环起始阶段中可解离为 50S 和 30S 两个亚基；而哺乳类细胞的核糖体沉降系数为 80S，可解离为 60S 和 40S 两个亚基，与细菌核糖体的生理和生化功能不同，抗菌药物可以选择性影响细菌蛋白质合成的不同阶段而具备抗菌活性。

抗菌药物分别作用于细菌蛋白质合成的以下阶段抑制其合成。①起始阶段：氨基糖苷类抗生素与 30S 核糖体亚基结合，通过固定 30S 和 50S 核糖体复合物而抑制 mRNA 与核糖体结合，在起始阶段干扰细菌蛋白质的合成，从而导致细菌死亡。②肽链延伸阶段：四环素类抗生素通过与细菌核糖体 30S 亚基结合，阻止氨基酰 tRNA 与 mRNA 核糖体复合物 A 位结合，阻碍肽链的形成；氯霉素通过与核糖体 50S 亚基结合，抑制肽酰基转移酶，影响肽链的延长与蛋白质合成；大环内酯类能与核糖体 50S 亚基可逆性结合，抑制氨基酰 tRNA 从核糖体 A 位转移到 P 位，干扰细菌蛋白质合成。③终止阶段：氨基糖苷类抗生素阻止终止因子与 A 位结合，使合成的肽链不能从核糖体释放出来，致使核糖体循环受阻及无功能的异常蛋白质产生。

四、影响细菌叶酸和核酸代谢

叶酸是一种水溶性维生素，参与嘌呤和嘧啶的合成，从而进一步合成 DNA 和 RNA。由于细菌细胞的通透性差，细菌不能直接利用环境中的叶酸，而必须自身合成。细菌以蝶啶、对氨苯甲酸（PABA）为原料，在二氢蝶酸合酶作用下生成二氢蝶酸，二氢蝶酸与谷氨酸生成二氢叶酸，在二氢叶酸还原酶的作用形成四氢叶酸，四氢叶酸作为一碳单位载体的辅酶参与了嘧啶核苷酸和嘌呤核苷酸的合成。磺胺类药物与PABA结构相似，与PABA竞争二氢蝶酸合酶，影响细菌体内的叶酸代谢，由于叶酸缺乏，细菌体内核苷酸合成受阻，导致核酸、核蛋白的合成受到抑制，细菌生长繁殖不能进行。

核酸是由许多单核苷酸相互连接而成的生物大分子化合物，为生命的最基本物质之一，分为DNA和RNA。喹诺酮类药物主要是抑制细菌回旋酶（拓扑异构酶Ⅱ），从而抑制细菌的DNA复制，导致细菌死亡。利福平能特异性地抑制依赖于DNA的RNA聚合酶（转录酶）活性，阻碍mRNA的合成而杀灭细菌。抗真菌药氟胞嘧啶在体内代谢为氟尿嘧啶，替代尿嘧啶进入真菌的核糖核酸中，从而干扰了真菌的DNA合成。

第四节　细菌耐药性的产生及其机制

细菌耐药性的产生是细菌在自身生存过程中的一种特殊表现形式。天然抗生素是细菌产生的保护自身安全的次级代谢产物，用以抵御对其构成威胁的其他微生物。人类将细菌产生的这种化学物质作为抗菌药物用于杀灭病原体的同时，细菌也会通过改变自身代谢途径或合成出相应的酶灭活抗菌药物，从而导致细菌耐药性。细菌耐药性可分为固有耐药（intrinsic resistance）和获得性耐药（acquired resistance）。固有耐药性又称天然耐药性，是指细菌对某些抗菌药物天然不敏感，其耐药基因来自亲代，由细菌染色体基因决定而代代相传。如链球菌对氨基糖苷类抗生素天然耐药，以及肠道阴性杆菌对青霉素G天然耐药。获得性耐药是由于细菌DNA的改变导致其获得耐药性表型，耐药基因来源于基因突变或获得新基因，通过改变自身的代谢途径，使其不被抗菌药物杀灭。如金黄色葡萄球菌产生β-内酰胺酶而对β-内酰胺类抗生素耐药。在原先对药物敏感的细菌群体中出现了对抗菌药物的耐药性，这是获得耐药性与固有耐药性的重要区别。同时，细菌的获得性耐药可因为不再接触抗菌药物而消失，也可由质粒将耐药基因转移给染色体而代代相传，成为固有耐药。细菌耐药的发生机制主要有以下几种方式（图36-2）。

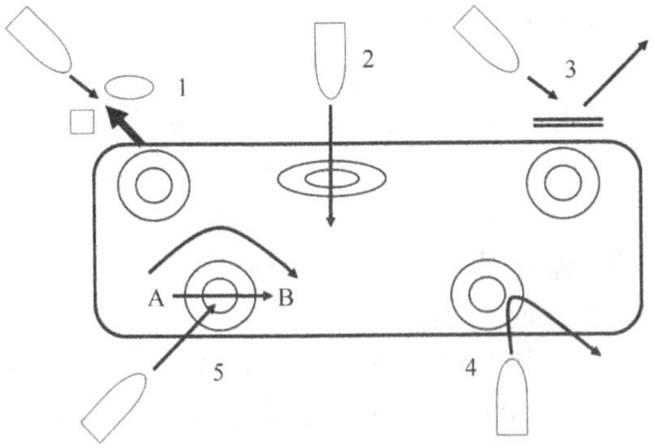

图36-2　细菌对抗菌药物的耐药机制

1. 产生灭活酶；2. 改变靶位结构；3. 通透性降低；4. 外排增加；5. 改变代谢途径

一、产生灭活酶

细菌通过质粒和染色体基因表达生成的灭活酶是耐药性产生的重要机制之一，使抗菌药物在作用于细菌之前即被酶破坏而失去抗菌活性。耐药细菌产生的灭活酶主要有以下几种。

1. β-内酰胺酶　裂解β-内酰胺环而使具有β-内酰胺化学结构的抗菌药物丧失活性。β-内酰胺酶因细菌所接触的抗菌药物不同而形成的类别有所差异，并具有不同特性的β-内酰胺酶谱，如主要水解青霉素类抗生素的酶称青霉素酶，既能水解青霉素类又能水解头孢菌素类抗生素的酶称头孢菌素酶，且其类型随着新抗菌药物在临床的应用不断增加。

2. 氨基糖苷类抗生素钝化酶　许多革兰阴性杆菌、肠球菌属细菌及金黄色葡萄球菌在接触氨基糖苷类抗生素后，产生使氨基糖苷类抗生素钝化而失去抗菌作用的酶，此酶称为钝化酶或修饰酶。常见的氨基糖苷类钝化酶有乙酰转移酶、腺苷转移酶和磷酸转移酶。乙酰转移酶将乙酰辅酶A的乙酰基转移至氨基糖苷类抗生素的游离氨基上使其乙酰化；腺苷转移酶将三磷酸腺苷的一磷酸腺苷转移至氨基糖苷类抗生素的游离羟基上使其腺苷化；磷酸转移酶则将三磷酸腺苷的磷酸根转移至氨基糖苷类抗生素的游离羟基上使其磷酸化，这些酶通过使氨基糖苷类的结构发生改变而失去抗菌活性。另外，由于氨基糖苷类抗生素分子结构中存在着多个作用位点，可同时被多种不同的钝化酶所修饰。

3. 其他酶类　大肠埃希菌产生的酯酶能水解大环内酯类抗生素结构中的内酯环，使其丧失抗菌活性；金黄色葡萄球菌等革兰阳性菌和某些革兰阴性杆菌可产生氯霉素乙酰转移酶可使氯霉素结构中的羟基乙酰化成无抗菌活性的乙酰化代谢产物；金黄色葡萄球菌产生的核苷转移酶可使大环内酯类、林可霉素等抗生素核苷化、乙酰化或水解而丧失活性。

二、改变抗菌药物作用靶位

由于细菌自身发生突变或细菌产生某种酶的修饰作用，使抗菌药物无法发挥作用，主要有如下几点。

1. 细胞膜上与抗菌药物相结合的靶蛋白发生改变　药物与靶蛋白的亲和力下降或不能与其结合，细菌产生耐药。如肺炎链球菌通过此机制对青霉素产生高度耐药。

2. 细菌与抗菌药物接触之后合成一种新的靶蛋白　但药物不能与新合成的靶蛋白结合，产生高度耐药。如耐甲氧西林金黄色葡萄球菌由于合成了一种新的青霉素结合蛋白组分 PBP_{2a}，且这种 PBP_{2a} 的功能超过敏感细菌原有青霉素结合蛋白的功能，其与β-内酰胺类抗生素的亲和力也极低，形成耐药机制。

3. 靶蛋白数量的增加　细菌也可增加靶蛋白的生成数量，保证有足够量的靶蛋白用以维持细菌的生长和繁殖，从而使抗菌药物不能达到原有的抗菌效果。如肠球菌对β-内酰胺类的耐药性则是既产生β-内酰胺酶，又增加青霉素结合蛋白的量，同时降低青霉素结合蛋白与抗生素的亲和力，形成对多种抗菌药物产生耐药性。

三、改变渗透屏障通透性

渗透屏障是细菌对外界不利因素的一种防卫机制，渗透屏障通透性的改变是细菌对抗菌药物产生耐药的重要机制。细菌对抗菌药物渗透性的屏障作用主要包括细菌细胞壁和细胞膜的改变，以及生物被膜的形成。

1. 细胞壁通透性的改变　肠球菌等革兰阳性球菌的细胞壁坚厚，氨基糖苷类和多黏菌素类抗生素不易渗透通过此类细菌的细胞壁，因此在临床使用时需较大剂量或与β-内酰胺类抗生素合用才能发挥其抗菌作用。青霉素类抗生素穿透细菌细胞壁的能力不同，因此抗菌谱有所差异。而粪肠球菌细胞壁通透性及代谢途径的改变，导致细菌对万古霉素的耐药性增加。

2. 细胞外膜通透性的改变　如多种广谱抗菌药都不能通过铜绿假单胞菌的外膜进入菌体内，因此铜绿假单胞菌对这些抗菌药具有天然耐药性。但铜绿假单胞菌外膜存在孔道蛋白特异性通道，碳青霉烯类抗生素亚胺培南能通过进入菌体内发挥强大的抗菌作用，而当铜绿假单胞菌多次接触抗生素后，菌株孔道蛋白的结构基因突变，通道失活而发生障碍，抗菌药进入菌体明显减少，铜绿假单胞菌对亚胺培南亦产生特异性耐药。

四、增强主动外排系统功能

细菌主动外排系统是能将有害底物排出菌体外的一组转运蛋白，其过量表达可引起细菌对抗菌药物的耐药。细菌的主动外排系统由内膜转运载体、外膜孔道蛋白和连接两者的连接蛋白组成。大肠埃希菌、金黄色葡萄球菌、表皮葡萄球菌、铜绿假单胞菌、肺炎链球菌、化脓链球菌、空肠弯曲菌等细菌能将进入胞体的抗菌药物通过外排系统泵出体外，因而对 β-内酰胺类、氟喹诺酮类、四环素类、氯霉素、大环内酯类等抗菌药物产生多重耐药。目前已知的细菌多重耐药外排系统有 5 种，分别是：耐药结节细胞分化超家族（resistance nodulation cell division family，RND）、主要易化子超家族（major facilitator superfamily，MFS）、小多重耐药家族（small multidrug resistance family，SMR）、多药和毒性化合物外排家族（multidrug and toxic compound extrusion family，MATE）和 ATP 耦联盒家族（ATP binding cassette，ABC）。敏感细菌同样有主动外排系统的存在，但其功能状态远低于耐药细菌的主动外排系统。

五、改变细菌代谢途径

细菌可通过改变代谢途径逃避抗菌药物的作用，如呈休眠状态的细菌可出现对多种抗菌药物耐药。金黄色葡萄球菌可以通过增加对氨基苯甲酸的产量，对氨基苯甲酸是细菌合成二氢叶酸的必需物质，磺胺类药物因化学结构与对氨基苯甲酸相似，与二氢叶酸合成酶结合后阻碍细菌利用对氨苯甲酸合成叶酸，达到抑菌和杀菌的目的；但当细菌内对氨基苯甲酸产量增高，与磺胺类竞争结合二氢叶酸合成酶，从而导致细菌对磺胺类抗菌药物耐药。

随着抗菌药物在临床的广泛使用，细菌的耐药性已引起了广泛关注。在 20 世纪 90 年代，WHO 首次认为细菌对抗生素的耐药问题已经是全球性问题。新的抗菌药物被研发并应用于临床后，细菌会产生新的耐药基因或新的耐药途径，随着细菌组学技术的快速发展和 X 射线晶体衍射技术、计算机模型技术等新技术陆续应用于细菌耐药分子机制的研究，将为抗菌药物新靶点的发现提供有力帮助。

第五节　抗菌药物临床应用基本原则

抗菌药物的发明是人类与细菌感染性疾病斗争中的伟大成就，有效治愈了许多细菌感染性疾病，但随着抗菌药物的广泛应用，尤其是头孢菌素类、青霉素类和喹诺酮类等抗菌药物的滥用，促进了细菌耐药性及多重耐药性的发展。耐药基因在同种或不同种细菌之间移动，更导致了多重耐药细菌（multiple resistant bacteria）的产生，对三类或三类以上抗菌药物同时耐药，甚至成为对几乎所有类别的抗菌药物耐药的泛耐药菌株（pandrug-resistant bacteria），比如泛耐不动杆菌，对氨基糖苷、青霉素、头孢菌素、碳青霉烯、四环素类、氟喹诺酮及磺胺类等耐药。多重耐药性已成为一个世界范围内的严重问题，导致抗菌药物对于耐药细菌治疗失败的同时，也引起各种不良反应和药源性疾病，甚至危及生命。

抗菌药物的合理应用是指在明确疾病诊断的指征下，根据抗菌药物的抗菌谱和 PK/PD 参数选用恰当的药物，采用合适的剂量与疗程，达到抑制或杀灭病原菌，是提高抗菌药物疗效、降低不良反应发生率及减少或延缓细菌耐药发生的关键。2012 年 4 月，原中国卫生部颁布了抗菌药物临床应用管理办法，旨在对临床抗菌药物的使用建立分级管理系统，该办法明确了抗菌药物的选择、采购和医疗机构临床使用流程、监测和早期预警监测、干预和撤药，对医生开具抗菌药物处方进行了限制，要求医生在患者全面查体、血液检查和尿检结果的基础上谨慎地应用抗菌药物。

一、细菌性感染的确认诊断

对感染性疾病病原菌的尽早正确诊断，是合理应用抗菌药物的先决条件。在患者应用抗菌药物之前，应根据患者的症状、体征、实验室检查等明确诊断感染是否由细菌或真菌导致。有条件的医疗机构，对临床诊断为细菌性感染的患者应在开始抗菌治疗前，及早从患者的血液、痰液或感染局部采样经培养分离出病原菌，并对病原菌进行细菌体外抗菌药物敏感性试验。若由结核分枝杆菌、非结核分枝杆菌、支原体、衣原体、螺旋体、立克次体及部分原虫等病原微生物所致的感染亦可以考虑应用抗菌药物。如果缺乏上述病原微生物感染的临床或实验室证据，或者感染由病毒导致的，均无应用抗菌药物指征。

二、根据适应证选择合适的抗菌药物

由于抗菌药物的抗菌谱、药物效应动力学（药效学）和药物代谢动力学（药动学）特点等不同，因此各种抗菌药物的临床适应证有所不同。在导致感染的病原菌尚未分离确认或无法获取培养标本时，或抗菌药物敏感性试验没有获得明确的结果前，可根据患者的感染部位、基础疾病、发病情况等推测可能的病原体，并结合当地细菌耐药性监测数据采用经验治疗；一旦细菌诊断和药物敏感性试验明确，则应根据各种抗菌药物的抗菌作用及其体内过程特点，按临床适应证选择相应的抗菌药物。各类抗菌药物适应证和注意事项具体可参考国家卫生和计划生育委员会发布的 2015 年版《抗菌药物临床应用指导原则》。

三、制订合理的抗菌治疗方案

根据病原菌种类、感染部位、感染严重程度和患者的情况及抗菌药物药效学和药动学特点制订合理的抗菌治疗方案，包括抗菌药物的品种选择、给药剂量、给药途径、给药次数、疗程及联合用药。

1. 品种选择 进行经验治疗者可根据可能的病原菌及当地耐药状况选用抗菌药物；病原菌及药敏试验结果明确者可根据结果尽可能选择针对性强、窄谱、安全、价格适当的抗菌药物。

2. 给药剂量 一般按各种抗菌药物的治疗剂量范围给药。治疗单纯性下尿路感染时，由于多数药物尿药浓度远高于血药浓度，宜选择接近药物治疗剂量范围低限的较小剂量应用；治疗如中枢神经系统等抗菌药物不易达到的部位的感染，或血流感染、感染性心内膜炎等重症感染时，宜选择接近抗菌药物治疗剂量范围高限的较大剂量应用。

3. 给药途径 对于轻度、中度感染可接受口服给药的患者，应选择口服吸收良好的抗菌药物，不必采用静脉或肌内注射给药。重症感染、全身性感染患者初始治疗应予静脉给药，以确保药效；病情好转能口服时应及早转为口服给药。皮肤黏膜局部应用抗菌药物后吸收较少，在感染部位不能达到有效浓度，易导致耐药菌产生或引起过敏反应，因此治疗全身性感染或脏器感染时应避免局部应用抗菌药物。抗菌药物的局部应用只限于少数情况，如全身给药后在感染部位难以达到治疗浓度时可加用局部给药作为辅助治疗。此情况见于治疗中枢神经系统感染时某些药物可同时鞘内给药；包裹性厚壁脓肿脓腔内注入抗菌药物及眼科感染的局部用药等。某些皮肤表层及口腔、阴道等黏膜表面的感染可采用抗菌药物局部应用或外用，但应避免将主要供全身应用的品种作局部用药。局部用药宜采用刺激性小、不易吸收、不易导致耐药性和不易致过敏反应的杀菌剂。青霉素类、头孢菌素类等易产生过敏反应的药物不可局部应用，氨基糖苷类等耳毒性药不可局部滴耳。

4. 给药次数 为保证药物在体内能发挥最大抗菌效果，应根据药物的药动学和药效学特点相结合的原则给药。时间依赖性抗菌药（如青霉素类、头孢菌素类、克林霉素、红霉素（erythromycin）等）应每日多次给药，浓度依赖性抗菌药（如氟喹诺酮类和氨基糖苷类等），可每日一次给药。

5. 疗程 抗菌药物疗程因感染不同而异，一般宜用至感染症状消退后72～96h，有局部病灶者需用药至感染灶控制或完全消散，特殊情况需妥善处理；但脓毒血症、感染性心内膜炎、化脓性脑膜炎、伤寒、布鲁菌病、骨髓炎、溶血性链球菌咽炎、扁桃体炎、深部真菌病、结核病等需较长的疗程方能彻底治愈，并防止复发。

6. 联合用药 目的是利用抗菌药物的协同作用而减少用药剂量和提高疗效，从而减少或降低药物的毒性等不良反应，延迟和减少细菌耐药性的产生。单一药物能有效治疗的感染不需联合用药，仅在下列情况时需要联合用药：①病原菌尚未查明的严重感染，包括免疫缺陷者的严重感染。②单一抗菌药物不能控制的感染性心内膜炎或脓毒血症等重症感染，需氧菌及厌氧菌混合感染，两种或两种以上病原菌感染，以及多重耐药菌或泛耐药菌感染，③需长疗程治疗，但病原菌易对某些抗菌药物产生耐药性的感染，如结核病或某些侵袭性真菌病。④毒性较大的抗菌药物，联合用药时剂量可适当减少，但需有临床资料证明其同样有效。例如，两性霉素B与氟胞嘧啶联合治疗隐球菌脑膜炎时，前者的剂量可适当减少，以减少其毒性反应。联合用药时宜选用具有协同或相加作用的药物联合，如青霉素类、头孢菌素类或其他β-内酰胺类与氨基糖苷类联合。联合用药通常采用两种药物联合，3种及3种以上药物联合仅适用于个别情况，如结核病的治疗。联合用药过程中应注意药物理化性质方面的配伍禁忌，以及联合用药后药物不良反应的可能增多，用药时需密切观察和做好应对措施。

知识拓展

为应对日益严重的抗生素耐药问题，2012年7月，美国通过了《鼓励开发抗生素法案》，其他很多国家也相继颁布了相应的新抗生素研发激励措施。2014年6月，美国FDA密集公布了用于治疗耐药淋病奈瑟菌的药物AZD0914（阿斯利康制药公司研制）和吸入式抗生素Arikayce（Insmed制药公司研制）的突破性药物认证，通过了噁唑烷酮类新型抗耐药菌药物Sivextro（Cubist制药公司研制）的审批；2014年8月，通过了用于治疗急性细菌性皮肤和皮肤结构感染的新型药物Orbactiv（Medicines制药公司研制）的审批；2014年9月，用于尿路感染、院内细菌性肺炎及复杂腹腔感染的新型抗菌药物 Relebactam（默沙东制药公司研制）正式进入FDA快速审批通道。2015年1月，美国公布《抵抗抗菌药耐药性》专项预算，计划通过HHS投入超过12亿美元；2015年3月，美国政府公布为期5年的抵抗抗生素耐药性国家行动计划，该专项财政针对抗菌药耐药性的总投入超过了22亿美元。

本章小结

抗菌药物是指对病原菌具有抑制或杀灭活性，用于预防和治疗细菌性感染的药物，分为抑菌药和杀菌药。抗菌谱指抗菌药物的抗菌范围，是临床选用抗菌药物的基础。最低抑菌浓度和最低杀菌浓度是衡量抗菌药物抗菌活性的指标。

抗菌药物的作用机制主要包括抑制细菌细胞壁的合成，影响细菌细胞膜的通透性，抑制细菌蛋白质的合成，以及影响细菌叶酸和核酸代谢。细菌耐药性的产生机制主要包括产生灭活酶，改变抗菌药物作用靶位，改变渗透屏障通透性，增强主动外排系统功能，以及改变细菌代谢途径。

（李明凯）

第三十七章　β-内酰胺类抗生素

能力要求

1. 能够阐述常用青霉素类（penicillins）药物的药理作用、作用机制、抗菌谱、适应证、不良反应及抢救措施；各代头孢菌素的特点、临床应用；碳青霉烯类的特点、临床应用；β-内酰胺酶抑制剂与β-内酰胺类抗生素（β-lactams）联合用药的药理学基础。

2. 能够归纳β-内酰胺类抗生素的共同结构特点。

3. 能够了解并知晓β-内酰胺类抗生素的分类，半合成青霉素的类别，头孢菌素抗生素的分类及代表药物名称，单环类、头霉素类（cephamycins）、氧头孢烯类（oxacephems）代表药物的名称、抗菌谱及临床应用。

β-内酰胺类抗生素是一类化学结构中含β-内酰胺环结构的抗生素，是临床最常用的一类抗生素，包括青霉素类、头孢菌素类、碳青霉烯类、单环类、头霉素类、氧头孢烯类等。该类药物除单环类外，均具有两个环，即β-内酰胺环和噻唑环（或噻嗪环）。本类药物具有杀菌活性强、毒性低、适应证广及临床疗效好等优点。

第一节　青霉素类

青霉素类自20世纪40年代使用以来，由于它杀菌力强、毒性低、价格低廉，迄今为止仍是处理敏感菌所致各种感染的首选药物。青霉素类的基本结构是由母核6-氨基青霉烷酸（6-amino-penicillanic acid，6-APA）及侧链组成（图37-1），6-APA是由一个噻唑环（A）连接一个β-内酰胺环（B）组成，其中，β-内酰胺环为维持抗菌活性的最基本结构，侧链则主要与抗菌谱及某些药动学特性有关。按其来源不同，分为天然青霉素和半合成青霉素两类。

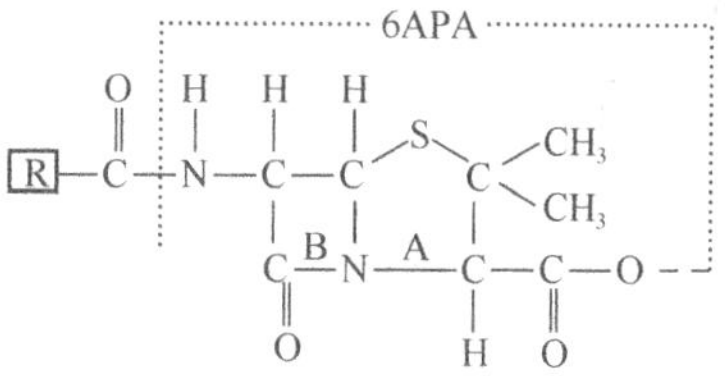

图37-1　6-APA

A. 氢化噻唑环；B. β-内酰胺环

一、天然青霉素

青霉素G（图37-2）又名苄青霉素（benzylpenicillin）。

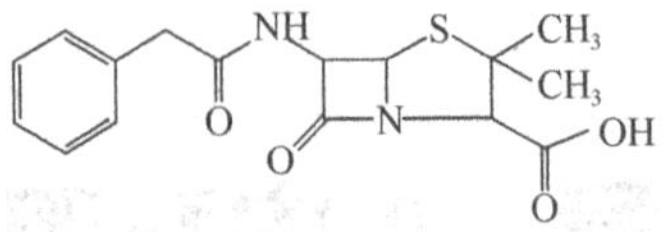

图 37-2 青霉素 G 结构

青霉素是青霉菌培养液中提取的 5 种青霉素（X、F、G、K、双 H）之一，是一种有机酸，其化学性质相对稳定，抗菌作用强，产量高，毒性低，价格廉，所以常用。青霉素可与金属离子或有机碱结合成盐，常有钠盐、钾盐、普鲁卡因盐和苄星盐。其钠盐和钾盐干燥粉末性状稳定，可在室温下保存数年而仍保留抗菌活性，易溶于水，但其水溶液极不稳定，易被酸、碱、醇、氧化剂、金属离子分解破坏，且不耐热，室温放置 24h 大部分降解失效，并产生有抗原性的致敏物质，故必须临用现配。本药剂量用国际单位 U 表示，理论效价：青霉素 G 钠 1670U≈1mg，青霉素 G 钾 1598U≈1mg。其他青霉素均以 mg 为剂量单位。

【体内过程】 口服易被胃酸破坏，吸收少而不规则，肌内注射吸收迅速而完全，0.5h 达血药浓度峰值。青霉素脂溶性低，进入细胞内较少，主要分布于细胞外液，并能广泛分布于全身各处，但在各部位、各组织中的浓度有较大差别。青霉素 G 约 60%与血浆白蛋白结合，肝、胆、肾、肠道、精液、关节液及淋巴液中均有大量分布。房水与脑脊液中含量也较低，但脑膜炎症时较易进入，一般可达相当于血浆 5%的浓度，因此对于敏感菌株有显著效果。青霉素主要以原型迅速经肾排泄，其中 10%经肾小球滤过排出，90%经肾小管分泌排出，$t_{1/2}$ 为 0.5～1.0h，无尿患者可延长达 10h。丙磺舒可与青霉素竞争从肾小管分泌，从而阻碍青霉素自肾排出。两药合用时能提高青霉素的血药浓度，延长维持时间。

为了延长青霉素的作用时间，可采用复合混悬剂，如普鲁卡因青霉素（procaine penicillin G），苄星青霉素（benzathinepenicillin G；长效西林，bicillin）。它们肌内注射后在注射部位缓慢溶解吸收，前者一次肌内注射 40 万 U 可维持 24h，后者一次肌内注射 120 万 U 可维持 15 日，但两者血药浓度低，只用于轻症患者或风湿病患者预防细菌感染。

【抗菌谱及作用特点】 青霉素 G 抗菌作用强，但抗菌谱较窄。敏感菌有：①革兰阳性球菌，如溶血性链球菌、草绿色链球菌、肺炎球菌、金黄色葡萄球菌等；②革兰阴性球菌，如脑膜炎奈瑟菌和淋病奈瑟菌等；③革兰阳性杆菌，如白喉棒状杆菌、炭疽芽孢杆菌、破伤风芽孢杆菌等；④螺旋体、放线菌，如梅毒螺旋体、钩端螺旋体、牛放线菌等。青霉素 G 对大多数革兰阴性杆菌作用弱，对病毒、真菌、支原体、立克次体无效。

青霉素 G 的抗菌特点：①对革兰阳性菌作用强，对革兰阴性杆菌作用弱，因革兰阴性杆菌胞壁黏肽含量少，胞浆渗透压低，且细胞壁外有一层外膜，使青霉素 G 不易透入发挥作用；②对繁殖期细菌作用强，对静止期细菌作用弱，因青霉素 G 对已合成的细菌细胞壁无影响；③选择性高，对人和动物的毒性小，因哺乳动物的细胞没有细胞壁。

【抗菌作用机制】 青霉素与其他 β-内酰胺类作用机制均相似，其结构中 β-内酰胺环与存在于细菌细胞膜上的青霉素结合蛋白（penicillin-binding proteins，PBPs）结合，抑制转肽酶活性，阻碍细胞壁主要成分黏肽的交叉联结，导致细胞壁缺损，丧失屏障作用，菌体内的高渗透压使水分不断内渗，菌体肿胀、变形，加上自溶酶的作用，细菌最终破裂、溶解而死亡。

其作用的靶分子——PBPs 是细菌细胞壁合成过程中不可缺少的具有催化活性的 D-肽酶，如转肽酶、羧肽酶、肽链内切酶，它们是在细菌生长繁殖过程中起重要作用的蛋白质。青霉素和其他 β-内酰胺类抗生素作为 PBPs 底物的结构类似物，竞争性地与酶活性位点共价结合，从而抑制 PBPs，干扰细菌细胞壁的合成，以达到杀灭细菌的作用（图 37-3）。

青霉素 β-内酰胺环中的酰胺键可使转肽酶乙酰化而失活，从而阻碍细菌细胞壁黏肽合成。在使细菌合成细胞壁缺损的同时，还使细菌细胞壁中的自溶酶抑制剂失活，使自溶酶活化，从而导致菌体细胞裂解。青霉素对处于繁殖期正大量合成细胞壁的细菌作用强，而对已合成细胞壁，处于静止期者作用弱，故称繁殖期杀菌剂。

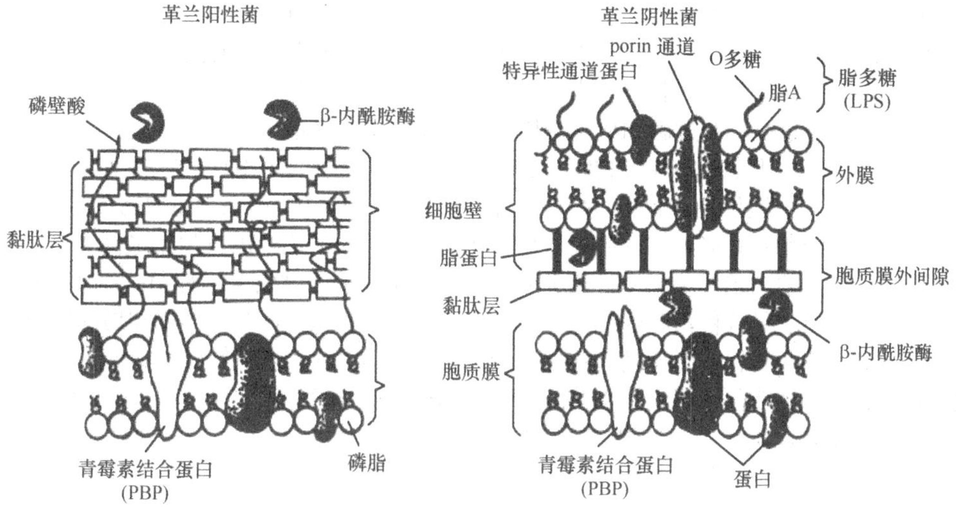

图 37-3　革兰阳性菌和革兰阴性菌细胞壁结构的比较

【耐药机制】　细菌对β-内酰胺类抗生素产生耐药的机制如下所示。

（1）产生水解酶：β-内酰胺酶（β-lactamase）是一类由细菌产生的能够使抗菌药物结构中β-内酰胺环水解裂开、使药物失去抗菌活性的水解酶；能够产生这种酶的细菌常被称为耐β-内酰胺类抗生素细菌。β-内酰胺酶的产生是细菌对抗菌药物（β-内酰胺类）耐药最常见的机制。这类酶自从1940年发现至今已达200多种，它们是随着β-内酰胺类抗生素不断更新换代的使用过程逐渐诱导细菌产生的。这些酶的基因存在于细菌的染色体或质粒中，其基因表达可能是在接触抗生素后开始的。此酶分为窄谱（底物专一性强，如青霉素酶、头孢菌素酶）、广谱及超广谱三大类。广谱、超广谱对底物选择性差，可水解多种β-内酰胺类抗生素。在对抗产生β-内酰胺酶的细菌时，使用β-内酰胺酶抑制剂抑制β-内酰胺酶活性可增强β-内酰胺类抗生素的作用。

（2）菌体内PBPs结构发生改变，使β-内酰胺类抗生素对PBPs亲和力降低，导致β-内酰胺类抗生素不能破坏细菌细胞壁而出现细菌耐药。耐甲氧西林金黄色葡萄球菌通过这种方式抵抗β-内酰胺类抗生素。

（3）酶与药物牢固结合：广谱青霉素和第二代、第三代头孢菌素可与β-内酰胺酶迅速牢固地结合使药物滞留于细胞膜外间隙中而不能到达靶点（PBPs）发生抗菌作用，此种耐药性又称“牵制机制”。

（4）菌膜通透性发生改变，导致β-内酰胺类抗生素进入菌体内的量减少而耐药。

（5）缺乏自溶酶，使菌体自溶减少而使药物的杀菌作用下降。

【临床应用】　本药肌内注射或静脉滴注为治疗敏感的革兰阳性球菌和杆菌、革兰阴性球菌及螺旋体所致感染的首选药。

（1）革兰阳性球菌感染：溶血性链球菌感染，如咽炎、中耳炎、扁桃体炎、蜂窝织炎、猩红热等；草绿色链球菌引起的心内膜炎；肺炎球菌感染，如大叶性肺炎、支气管炎、脓胸等；金黄色葡萄球菌感染，如疖、脓肿、骨髓炎、败血症等。

（2）革兰阳性杆菌感染：可用于破伤风、白喉、气性坏疽等，治疗时应配合特异的抗毒素血清。

（3）革兰阴性球菌感染：淋病奈瑟菌感染，如淋病；脑膜炎奈瑟感染，如流行性脑脊髓膜炎。

（4）其他感染：螺旋体感染，如钩端螺旋体病、梅毒、回归热等；放线菌感染，如局部肉芽肿样炎症、脓肿、多发性瘘管、肺部感染及脑脓肿等，应大剂量、长疗程用药。

【不良反应及防治】 青霉素类抗生素的毒性很小，是化疗指数最大的抗生素。但青霉素类抗生素引起的过敏反应在各种药物中居首位，发生率最高可达10%。

（1）过敏反应：以皮肤过敏和血清病样反应常见，多不严重，停药后可消失。少数严重者可发生过敏性休克，表现为心悸、胸闷、面色苍白、喉头水肿、出冷汗、脉搏细弱、惊厥和昏迷等，发生迅猛，如抢救不及时可迅速死亡。因此使用青霉素时，应高度重视防治过敏性休克。各种给药途径或应用各种制剂都能引起过敏性休克，但以注射用药的发生率最高。

过敏反应的主要防治措施：①详细询问家族史、用药史、过敏史，对青霉素过敏者禁用；②初次注射、更换批号或停药时间超过24h以上者，均应皮试；③避免滥用和局部用药；④药物应新鲜配制，避免在饥饿时用药，注射后应观察30min；⑤用药前做好急救准备，一旦发生过敏性休克，应立即皮下或肌内注射 0.1%肾上腺素 0.5～1ml，需要时可加糖皮质激素和抗组胺药，同时采用其他急救措施，如吸氧、输液、给予升压药等。

（2）赫氏反应：应用青霉素G治疗梅毒、钩端螺旋体、鼠咬热或炭疽等感染时，可有症状加剧现象，表现为全身不适、寒战、发热、咽痛、肌痛、心跳加快等症状。此反应可能是大量病原体被杀死后释放的物质所引起的。

（3）其他不良反应：肌内注射可产生局部疼痛，红肿或硬结；大剂量长时间注射对中枢神经系统有毒性（如引起抽搐、昏迷等），停药或降低剂量可以恢复。

二、半合成青霉素

青霉素G具有高效、低毒等优点，但也有不耐酸、不耐酶、口服无效、易产生耐药性、抗菌谱窄等缺点。为弥补青霉素的不足，在天然青霉素的6-APA基础上，通过改变其侧链结构分别获得了具有耐酸、耐酶、广谱等特点的半合成青霉素。其抗菌机制、不良反应与青霉素相似。

半合成青霉素主要分为以下几类。

1. 耐酸青霉素类 包括青霉素V（penicillin V，苯氧甲青霉素）和非奈西林等，

本类药物特点：耐酸可以口服，但不耐酶，抗菌谱与青霉素G相同，抗菌活性较青霉素G弱，故不宜用于严重感染。

青 霉 素 V

【药动学】 青霉素V耐酸，口服吸收好。成人口服本品约250mg后约60%由十二指肠吸收，45min左右达高峰浓度。但食物可以减少药物吸收，血浆蛋白结合率为80%，肾排泄率为20%～40%，约30%经肝脏代谢，$t_{1/2}$为1～2h。

【药理作用和临床应用】 本品抗菌谱与青霉素G相同，主要作用于细菌繁殖期而起抗菌作用，对敏感的链球菌、肺炎球菌及葡萄球菌等革兰阳性菌具有明显的抗菌作用，本品不仅口服吸收良好，且被青霉素酶破坏的速度较青霉素G慢，故对耐药金葡菌比后者作用强，本品可用于敏感菌所致的轻度的扁桃体炎、咽喉炎、猩红热、肺炎、支气管炎、中耳炎及各种脓肿症等。

【不良反应】 同青霉素G。

2. 耐酶青霉素类 常用的有苯唑西林（oxacillin）、氯唑西林（cloxacillin）、双氯西林（dicloxacillin）与氟氯西林（flucloxacillin），

本类药物共同特点：耐酸可以口服，耐酶，对革兰阳性菌的作用不及青霉素G，对革兰阴性肠道杆菌或肠道球菌亦无明显作用，主要用于耐青霉素G的金葡菌感染及需长期用药的慢性感染。

苯唑西林

【药理作用及特点】 苯唑西林为窄谱半合成、耐青霉素酶、耐酸青霉素，可口服与注射给药，作用机制同青霉素，但对青霉素敏感阳性球菌的抗菌作用不如青霉素，比青霉素差 10 倍，本品不被金黄色葡萄球菌产生的青霉素酶所破坏；对产酶金黄色葡萄球菌有强大的抗菌作用；对不产酶菌株的抗菌作用不如青霉素 G，如对链球菌属的抗菌活性仅为青霉素的 1/10；对革兰阴性杆菌无效。

【临床应用】 主要用于耐青霉素金黄色葡萄球菌所致的各种感染，如败血症、心内膜炎、烧伤、骨髓炎、呼吸道感染、软组织感染等，也可用于化脓性链球菌或肺炎球菌与耐青霉素葡萄球菌所致的混合感染。

【不良反应】 同青霉素 G。与青霉素 G 有交叉过敏反应，大剂量静脉给药可引起惊厥，转氨酶升高或引起非特异性肝炎。

3. 广谱青霉素类 包括氨苄西林（ampicillin）、阿莫西林（amoxycillin，羟氨苄青霉素）及匹氨西林（pivampicillin）等。

本类药物共同特点：耐酸可口服，不耐酶而对耐药金葡菌感染无效，对革兰阳性菌和革兰阴性菌均有杀菌作用，但对革兰阳性菌的作用略逊于青霉素 G，对铜绿假单胞杆菌无效。在临床，氨苄西林主要用于伤寒、副伤寒，也可用于尿路和呼吸道感染。阿莫西林对慢性支气管炎的疗效优于氨苄西林。

氨苄西林

【药动学】 氨苄西林是青霉素苄基上的氢被氨基取代，虽耐酸可口服，但吸收不完全，严重感染仍需要注射给药，体内分布广，尤以肝肾浓度最高，在胆汁内的浓度为平均血药浓度的 9 倍，主要以原型（80%）从肾脏排出，$t_{1/2}$ 为 1～1.5h。

【药理作用】 适用于敏感致病菌所致呼吸道感染、泌尿系统感染、消化道感染、耳鼻喉感染、皮肤、软组织感染，脑膜炎，败血症，心内膜炎等，严重病例应与氨基糖苷类抗生素合用。

【不良反应】 与青霉素相似，以过敏反应较为常见。皮疹是最常见的反应，多发生于用药后 5 日，呈荨麻疹或斑丘疹；亦可发生间质性肾炎；过敏性休克偶见；胃肠道反应，如舌炎、胃炎、恶心、呕吐、肠炎、腹泻及轻度腹痛等也较多见；个别患者出现粒细胞和血小板减少。

阿莫西林

【作用特点和抗菌谱】 阿莫西林为对位羟基氨苄西林，口服后迅速吸收且完全，血中浓度约为口服吸收同量氨苄西林的 2.5 倍，$t_{1/2}$ 为 1～1.3h。对肺炎链球菌、溶血性链球菌等链球菌属、不产青霉素酶葡萄球菌、粪肠球菌等需氧革兰阳性球菌，大肠埃希菌、奇异变形杆菌、沙门菌属、流感嗜血杆菌、淋病奈瑟菌等需氧革兰阴性菌的不产 β 内酰胺酶菌株及幽门螺杆菌具有良好的抗菌活性。

【临床应用】 主要用于敏感菌所致的呼吸道、尿路、胆道感染及伤寒治疗。此外也可用于慢性活动性胃炎和消化性溃疡的治疗。

【不良反应】 恶心、呕吐、腹泻及假膜性肠炎等胃肠道反应；皮疹、药物热和哮喘等过敏反应；贫血、血小板减少、嗜酸性粒细胞增多等；由念珠菌或耐药菌引起的二重感染（superinfections）等。

4. 抗铜绿假单胞菌广谱青霉素类 包括哌拉西林（piperacillin，氧哌嗪青霉素）、羧苄西林（carbenicillin）、磺苄西林（sulbenicillin）、替卡西林（ticarcillin）、呋苄西林（furbenicillin）、阿洛西林（azlocillin）、美洛西林（mezlocillin）等。

本类药物共同特点：不耐酸不能口服，不耐酶，广谱且对铜绿假单胞菌作用较强。用途：

主要用于治疗铜绿假单胞菌、大肠埃希菌及其他肠杆菌科细菌所致的感染。

哌 拉 西 林

【作用特点】 哌拉西林采用肌内注射和静脉给药，血浆蛋白结合率低，脑中药物浓度较高。$t_{1/2}$ 为 1h。敏感菌：铜绿假单孢菌、大肠埃希菌、变形杆菌、肺炎克雷伯菌、淋球菌、不产 β-内酰胺酶的沙门菌属、志贺菌属、脆弱类杆菌、肠球菌；不敏感菌：产气杆菌、柠檬酸杆菌、普鲁威登菌和不动杆菌、沙雷菌属、产酶流感嗜血杆菌。

【临床应用】 敏感菌所致感染，如败血症、尿路感染、呼吸道感染、胆道感染、腹腔感染、盆腔感染及皮肤、软组织感染等；与氨基糖苷类药连用于粒细胞减少症免疫缺陷患者的感染。

【不良反应】 抑制血小板聚集，大剂量或长期应用易引起凝血功能障碍导致出血；少数患者在用药过程中出现皮疹、皮肤瘙痒或发热症状，并可引起白细胞减少、血清转氨酶升高等。

5. 主要作用于革兰阴性菌的青霉素类 包括美西林和替莫西林。

本类药物共同特点：对革兰阴性菌产生的β-内酰胺酶稳定但对革兰阳性菌的作用甚微，因此主要用于革兰阴性菌感染的治疗。

知识拓展

早在唐朝时，长安城的裁缝会把长有绿毛的糨糊涂在被剪刀划破的手指上来帮助伤口愈合，就是因为绿毛产生的物质（青霉素菌）有杀菌的作用，也就是人们最早使用的青霉素。20 世纪 40 年代以前，若某人患了肺结核，那么就意味着此人不久就会离开人世。为了改变这种局面，科研人员进行了长期探索，然而在这方面所取得的突破性进展却源自一个意外发现。

在 1928 年夏弗莱明外出度假时，把实验室里在培养皿中正生长着细菌这件事给忘了。3 周后当他回实验室时，注意到一个与空气意外接触过的金黄色葡萄球菌培养皿中长出了一团青绿色霉菌——青霉菌。弗莱明发现青霉菌能分泌一种物质杀死细菌，他将这种物质命名为“青霉素”。

然而遗憾的是弗莱明一直未能找到提取高纯度青霉素的方法，于是他将这点青霉菌菌株一代代地培养，并于 1939 年将菌种提供给准备系统研究青霉素的澳大利亚病理学家弗洛里和生物化学家钱恩。

1940 年，英国病理学家弗洛里（Howard Walter Florey）和生物化学家钱恩用青霉素重新做了实验。他们给 8 只小鼠注射了致死剂量的链球菌，然后给其中的 4 只用青霉素治疗。几个小时内，只有那 4 只用青霉素治疗过的小鼠还健康活着。此后一系列临床实验证实了青霉素对链球菌、白喉杆菌等多种细菌感染的疗效。1941 年前后弗洛里与钱恩实现了对青霉素的分离与纯化，并发现其对传染病的疗效，但是青霉素会使个别人发生过敏反应，所以在应用前必须做皮试。通过一段时间的紧张实验，弗洛里、钱恩终于用冷冻干燥法提取了青霉素晶体。之后，弗洛里在一种甜瓜上发现了可供大量提取青霉素的霉菌，并用玉米粉调制出了相应的培养液。在这些研究成果的推动下，美国制药企业于 1942 年开始对青霉素进行大批量生产。到了 1943 年，制药公司已经发现了批量生产青霉素的方法。当时英国和美国正在和纳粹德国交战。这种新的药物对控制伤口感染非常有效。

因这项伟大发明，1945 年，弗莱明、弗洛里和钱恩因“发现青霉素及其临床效用”而共同荣获了诺贝尔生理学奖和医学奖。1953 年 5 月，中国第一批国产青霉素诞生，揭开了中国生产抗生素的历史。截至 2001 年年底，中国的青霉素年产量已占世界青霉素年总产量的 60%，居世界首位。

案例解析

案例 37-1

患者，男，48 岁，临床表现为连续性咳嗽，持续了 6 日，并伴有铁锈色浓痰，当深呼吸或者咳嗽的时候，右背部有疼痛感。患者已有 30 年的烟龄，并在过去的 30 年里每日都吸一包烟，无其他病史。通过常规检查，患者的体温达到 38.1℃，呼吸频率 24 次/分，呼吸室内空气条件下动脉血氧饱和度为 96%，右肺下后部听闻有啰音，余下的检查结果均在正常值范围内，肺部的胸片显示右肺叶下部有浸润。痰液培养中发现革兰阳性菌，血和胸腔积液培养的结果可以诊断为是由肺炎双球菌所引起的肺炎。

解析：

可以采用青霉素和克拉维酸综合治疗。

第二节　头孢菌素类

头孢菌素类抗生素是以母核 7-氨基头孢烷酸（7-ACA）连接不同侧链而制得的半合成抗生素（图 37-4），因具有 β-内酰胺环，故理化性质、抗菌作用、作用机制和临床应用与青霉素相似。头孢菌素类具有抗菌谱广、杀菌力强、对 β-内酰胺酶稳定性高、过敏反应发生率低等优点。头孢菌素类发展极快，家族众多，尽管可以按其化学结构、临床药理、对 β-内酰胺酶耐受性或抗菌谱来分类，然而，现用分类系统是基于头孢菌素类研制时间的先后、抗菌谱、对 β-内酰胺酶的稳定性及肾毒性的不同而分为四代（表 37-1）。

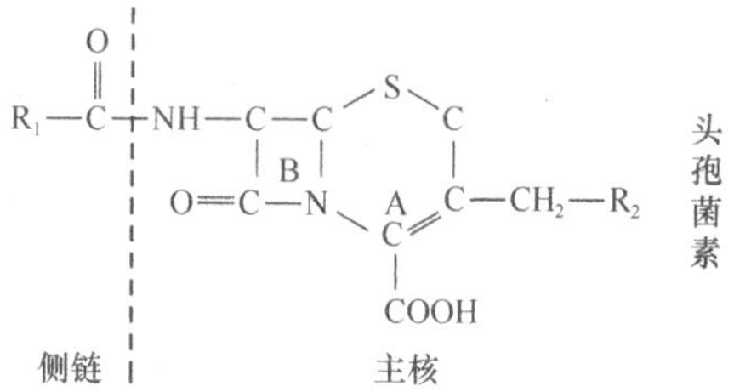

图 37-4　7-ACA 结构式

A. 氢化噻嗪环；B. β-内酰胺环

表 37-1　头孢菌素类的分类与特点

分代及常用药物	主要特点
第一代 头孢氨苄（cefalexin） 头孢羟氨苄（cefadroxil） 头孢唑林（cefazolin） 头孢拉定（cefradine）	①革兰阳性菌作用强，对革兰阴性杆菌作用弱，对铜绿假单胞菌无效；②对多种 β-内酰胺酶稳定性比第二～第四代差；③有一定的肾毒性，头孢氨苄较严重，头孢拉定较轻
第二代 头孢克洛（cefaclor） 头孢呋辛（cefuroxime） 头孢孟多（cefamandole）	①对革兰阳性菌作用较第一代弱，对革兰阴性菌作用较第一代强，部分药物对厌氧菌有效，但对铜绿假单胞菌无效；②对多种 β-内酰胺酶稳定；③对肾的毒性小
第三代 头孢噻肟（cefotaxime） 头孢克肟（cefixime） 头孢曲松（ceftriaxone） 头孢他啶（ceftazidime）	①对革兰阳性菌作用不及第一代、第二代，对革兰阴性菌作用更强，包括肠杆菌类、铜绿假单胞菌及厌氧菌均有较好作用；②对多种 β-内酰胺酶更稳定；③基本无肾毒性

续表

分代及常用药物	主要特点
第四代 头孢匹罗（cefpirome） 头孢吡肟（cefepime）	①抗菌谱和抗菌活性与第三代基本相似，对革兰阳性菌作用较第三代强，但比第一代弱；②对 β-内酰胺酶高度稳定；③无肾毒性

【药动学】 头孢氨苄、头孢羟氨苄、头孢克洛，罗拉碳头孢、头孢呋辛酯、头孢泊污酯可经肠道吸收，可口服。头孢噻吩因肌内注射引起剧烈局部疼痛只宜静脉注射外，其他各类头孢菌素均可肌内注射或静脉注射。

头孢菌素类吸收后分布良好，能透入各种组织中，且易透过胎盘、在滑膜液、心包积液中均可达高浓度。一些头孢菌素，如头孢呋辛、拉氧头孢、头孢曲松、头孢吡肟、头孢唑肟均能进入脑脊液达足够浓度，可用于脑膜炎的治疗。第三代头孢菌素全身给药后还可透入眼房水。

胆汁中浓度通常较高，其中以头孢哌酮最高。除头孢哌酮主要经胆汁排泄外，头孢菌素类主要经肾排泄，肾功能不全者应调整剂量。头孢噻吩、头孢噻肟在体内去乙酰化代谢而经肾排出，代谢物活性亦下降，其他一般以原型排出。

【药理作用及临床应用】

（1）第一代头孢菌素：为 19 世纪 60～70 年代初开发，头孢噻吩为本类代表药物，抗金黄色葡萄球菌作用最强，其他临床常用药物还有头孢唑啉、头孢氨苄等，主要用于耐药金葡菌感染，口服品种主要用于轻、中度感染和尿路感染。

（2）第二代头孢菌素：为 19 世纪 70 年代中期开发，临床常用代表药物有头孢呋辛、头孢克洛等，常用于治疗大肠埃希菌、克雷伯菌、肠杆菌、吲哚阳性变形杆菌等敏感菌所致的肺炎、胆道感染和其他组织器官感染。

（3）第三代头孢菌素：为 19 世纪 70 年代中期～80 年代初期开发，临床常用代表药物有头孢哌酮、头孢曲松、头孢噻肟、头孢他啶等，主要用于多种革兰阳性菌、革兰阴性菌所致的尿路感染及危及生命的败血症、脑膜炎（包括新生儿脑膜炎和肠杆菌科细菌所致成人脑膜炎）、骨髓炎、肺炎等，头孢他啶是目前临床用于抗铜绿假单胞杆菌最强的抗生素。

（4）第四代头孢菌素：为 19 世纪 80 年代中后期开发，临床常用代表药物有头孢吡肟、头孢匹罗、头孢噻利、头孢唑兰，在临床经常用于对第三代头孢菌素耐药的细菌引起的重症感染，如金葡菌、链球菌、铜绿假单胞菌、克雷伯菌、流感嗜血杆菌引起的肺炎、菌血症，败血症等。

【抗菌作用机制及耐药性】 头孢菌素为杀菌药。抗菌机制与青霉素类相似，能与细菌细胞膜上的 PBPs 结合，妨碍黏肽的合成，抑制细胞壁合成。其与青霉素类、氨基糖苷类之间有协同抗菌功效。细菌对头孢菌素也可产生耐药性，并与青霉素类有部分交叉耐药。

【不良反应】 头孢菌素类药物毒性较低，不良反应较少，常见的是过敏反应。

（1）过敏反应：常见过敏反应症状与对青霉素过敏的反应相似，多为皮疹、荨麻疹等，偶见过敏性休克，与青霉素类有交叉过敏现象，对青霉素过敏者慎用。

（2）肾脏毒性：第一代头孢菌素大剂量使用可出现肾损害，与氨基糖苷类合用可增强肾毒性，肾功能不全禁用，60 岁以上患者亦应特别警惕。

（3）胃肠反应：口服有恶心、呕吐、食欲减退、腹泻等。

（4）其他：第三代、第四代头孢菌素偶见二重感染；使用某些 β-内酰胺类，如头孢孟多和头孢哌酮可引起凝血酶原或血小板减少而致出血；头孢孟多、头孢哌酮、拉氧头孢等可出现不耐乙醇（双硫仑样反应）现象，表现为胸闷、气短、喉头水肿、口唇发绀、呼吸困难、心率增快、血压下降、四肢乏力、面部潮红、多汗、失眠、头痛、恶心、呕吐、眼花、嗜睡、幻觉、恍惚、甚至发生过敏性休克，血压下降至 60～70/30～40mmHg，并伴有意识丧失，故在治疗期间或停药三日内应禁酒。

案例解析

患者，男，58 岁，因患肺感染住院治疗。医生给予头孢哌酮/舒巴坦（2g/次，2 次/日）静注。用药 10 日后，患者出现腹泻，水样便每日 10 余次，伴有阵发性腹部绞痛，发热（38.5℃）。血常规检查：WBC 10 发性腹部绞痛。

讨论：1. 腹泻原因。

2. 应如何处理？

病因分析及处理：

1. 本例腹泻是由于应用抗生素后造成肠道菌群失调或二重感染引起。一些抗生素，尤其是广谱抗生素，抑制了肠道正常菌群，同时促发了其他一些菌株过度繁殖，引起了腹泻。本病例应用头孢哌酮长达 10 日，由于该药在胆道排泄，形成肠肝循环，造成肠道菌群失调、二重感染而引起腹泻。

2. 处理

（1）停用头孢哌酮。

（2）合理补液。

（3）可用甲硝唑或万古霉素。

（4）为避免毒素滞留在肠道内，不用止泻药。

（5）如原发感染仍需抗菌治疗，可选用喹诺酮类、氨基糖苷类等。

知识拓展

双硫仑样反应

双硫仑（disulfiram）是一种戒酒药物，服用该药后即使饮用少量的酒，身体也会产生严重不适，而达到戒酒的目的。

1948 年哥本哈根的 Jacobsen 等人发现，作为橡胶的硫化催化剂双硫仑被人体微量吸收后，能引起面部潮红、头痛、腹痛、出汗、心悸、呼吸困难等症状，尤其是在饮酒后症状会更加明显。人们把这种在接触双硫仑后饮酒出现的症状称为双硫仑样反应。

双硫仑的作用机制在于双硫仑在与乙醇联用时可抑制肝脏中的乙醛脱氢酶，使乙醇在体内氧化为乙醛后，不能再继续分解氧化，导致体内乙醛蓄积而产生一系列反应。

许多抗菌药具有与双硫仑相似的作用，用药后若饮酒，会发生面部潮红、眼结膜充血、视觉模糊、头颈部血管剧烈搏动或头晕，恶心、呕吐、出汗、口干、胸痛、心肌梗死、急性心力衰竭、呼吸困难、急性肝损伤、惊厥及死亡等，查体时可有血压下降、心率加速（可达 120 次/分）及心电图正常或部分改变（如 ST-T 改变）。其严重程度与用药剂量和饮酒量成正比关系，老年人、儿童、心脑血管病及对乙醇敏感者更为严重，这种反应一般在用药与饮酒后 15～30h 或静脉输入含乙醇的注射剂时发生。

第三节　其他 β-内酰胺类

本类抗生素化学结构中虽有 β-内酰胺环，但无青霉素类与头孢菌素类典型的结构，故又称非典型 β-内酰胺类抗生素，其抗菌机制与青霉素、头孢菌素相似，常用药物包括碳青霉烯类、头霉素类、氧头孢烯类、单环 β-内酰胺类等。

一、碳青霉烯类

碳青霉烯类具有抗菌谱广，抗菌活性强，对β-内酰胺酶稳定等特点。

亚胺培南

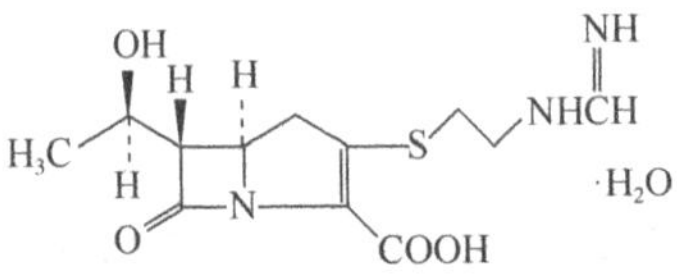

亚胺培南（imipenem，亚胺硫霉素）对革兰阳性、革兰阴性的需氧和厌氧菌具有抗菌作用，抗菌谱包括链球菌、金黄色葡萄球菌、大肠埃希菌、克雷伯杆菌、不动杆菌部分菌株、流感嗜血杆菌变形杆菌、沙雷杆菌、铜绿假单胞杆菌等。此药在体内易受肾脱氢肽酶降解而失活，故需与肾脱氢肽酶抑制剂西司他丁（cilastatin）组成复方制剂才能发挥作用。该复方制剂仅供注射用，可用于革兰阳性和革兰阴性需氧菌和厌氧菌所致的各种严重感染，特别适用于多种病原体所致和需氧/厌氧菌引起的混合感染，如腹膜炎、肝胆感染、腹腔内脓肿、阑尾炎、妇科感染、下呼吸道感染、皮肤和软组织感染、尿路感染、骨和关节感染及败血症等；以及在病原菌未确定前的早期治疗。其常见不良反应为胃肠反应、药疹、静脉炎，氨基转移酶升高。药量较大时可致惊厥、意识障碍等严重中枢神经系统反应及肾损害等。

抗菌谱及临床应用于亚胺培南相似的还有美罗培南。

二、头霉素类

头霉素类具有头孢菌素的母核，是由链霉菌（S.lactamdurans）产生的头霉素C经半合成改造侧链而制得，主要品种有头孢西丁（cefoxitin，头孢甲氧霉素）、头孢美唑、头孢替坦等，国内主要应用前两种。

头孢西丁

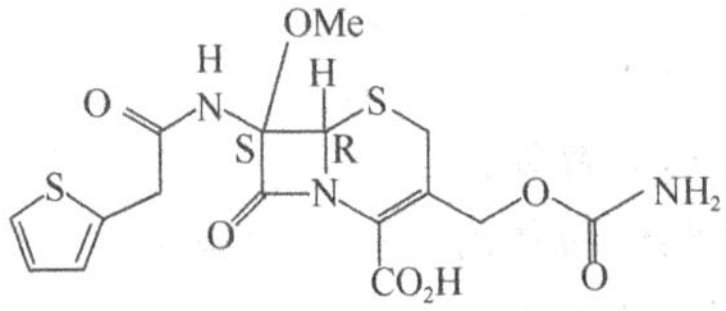

头孢西丁自链霉菌获得，其抗菌谱与第二代头孢菌素相似，对革兰阴性菌和厌氧菌作用较强，本类药物对β自内酰胺酶有较高的稳定性，故对耐青霉素金黄色葡萄球菌及对头孢菌素的耐药菌有较强选择性；抗菌谱包括大肠埃希菌、肺炎杆菌、吲哚阳性的变形杆菌和沙雷菌、克雷伯菌、流感杆菌、沙门菌、志贺菌等。对葡萄球菌和多种链球菌也有较好作用。本品组织分布广泛，且易透过血脑-屏障，以原型自肾脏排泄；临床主要用于上述敏感菌感染，以及由需氧和厌氧菌引起的盆腔、腹腔及妇科的混合感染。

三、氧头孢烯类

氧头孢烯类的结构类似第三代头孢菌素，母核中的S为O所取代，并在7位C上也有反式甲氧基，抗菌素和抗菌作用也类似于第三代头孢菌素，因此也常被认为第三代头孢菌素，但本类药物对厌氧菌有较强作用。其主要品种有拉氧头孢（latamoxef，头孢羟羧氧）、氟氧头孢（flomoxef），两者对厌氧菌和需氧革兰阴性菌的抗菌作用相似。

拉 氧 头 孢

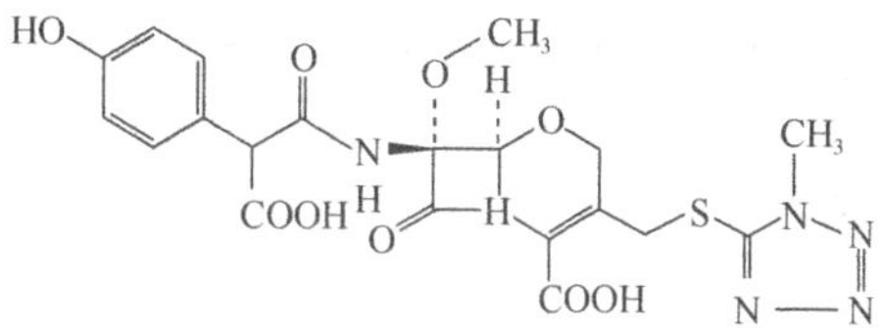

拉氧头孢抗菌谱和抗菌作用与第三代头孢菌素相似，对多种β-内酰胺酶稳定，脑脊液中浓度高，可用于治疗尿路、呼吸道、妇科、胆道感染及脑膜炎、败血症；不良反应以皮疹最为多见，偶见凝血酶原减少或血小板功能障碍饮酒后可产生双硫仑样反应。

四、单环β-内酰胺类

本品为一种单酰胺环类的新型β-内酰胺抗生素，上市品种有氨曲南（aztreonam）、卡芦莫南（carumonam）。两者抗菌谱和抗菌作用相似。

氨 曲 南

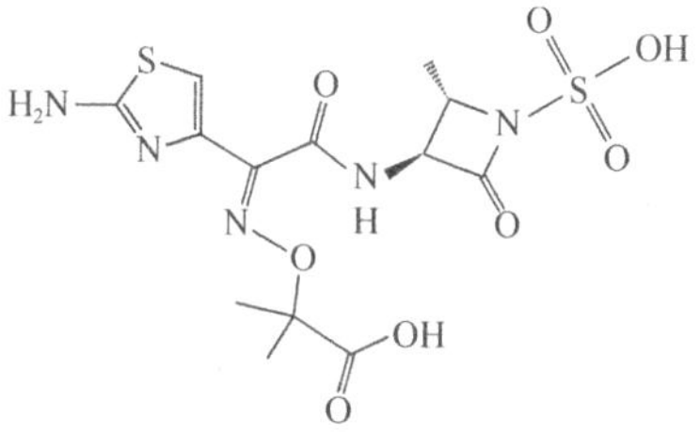

氨曲南化学结构

氨曲南是1978年从美国新泽西州土壤菌紫色杆菌（*Chromobacterium violaceum*）的培养液中首先发现的，现已人工合成，是第一个成功用于临床的单环β-内酰胺类抗生素。对需氧革兰阴性菌作用强，对革兰阳性菌、厌氧菌作用弱，具有耐酶、低毒、体内分布广、与青霉素无交叉过敏的特点；主要用于需氧革兰阴性菌，如大肠埃希菌、沙门菌属、克雷白菌和铜绿假单胞菌等所致的呼吸道、尿路、皮肤软组织感染及脑膜炎、败血症等的治疗；不良反应较少，偶有皮疹、药热、血清氨基转移酶升高、胃肠不适等。

【附】

β-内酰胺酶抑制药

β-内酰胺酶抑制药本身没有或只有较弱的抗菌活性，但可抑制β-内酰胺酶，从而保护与其配伍的β-内酰胺类抗生素免遭水解。本类药物与不耐酶的β-内酰胺类抗生素联合应用或组成复方制剂使用时，可发挥增效作用。注意联合使用的两药应有相似的药动学特征，以利于更好地发挥协同作用。

克 拉 维 酸

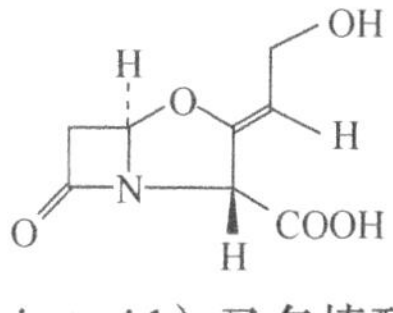

【作用特点】　克拉维酸（clavulanic acid）又名棒酸，是由链霉菌培养液中获得的β-内酰胺酶抑制药，可与多种β-内酰胺类抗生素合用，使用抗菌作用显著增强。常用的复方制剂有奥

格门汀（阿莫西林-克拉维酸钾）、替门汀（替卡西林-克拉维酸钾）等。

【抗菌谱】 克拉维酸为广谱抑制剂，对革兰阳性菌（如金黄色葡萄球菌）产生的β-内酰胺酶与革兰阴性菌产生的Ⅰ型、Ⅱ型、Ⅳ型及Ⅴ型β-内酰胺酶有强大的抑制作用，但对Ⅰ型头孢菌素酶的抑制作用甚弱。

克拉维酸可使不耐β-内酰胺酶的抗生素，如青霉素G、氨苄西林、阿莫西林或头孢菌素Ⅱ（头孢噻吩）的抗菌谱增广，抗菌活性增强，且对多种产β-内酰酶的细菌产生明显地增效作用，如金黄色葡萄球菌、大肠埃希菌、肺炎杆菌、奇异变形杆菌、普通变形杆菌、流感杆菌及脆弱杆菌等。但对阿莫西林或头孢噻啶敏感菌，与克拉维酸合用并无增效作用。

克拉维酸单独应用无效，通过与β-内酰胺酶牢固地结合使酶不可逆地失活，保护不耐酶的青霉素或头孢菌素类抗生素免遭破坏，从而使后者更多地进入作用部位，而发挥其抗菌作用，克服细菌产生耐药性以提高疗效；临床主要用于产β-内酰胺酶的金黄色葡萄球菌、表皮葡萄球菌、肠球菌及流感嗜血杆菌等所致的呼吸道、腹腔、盆腔、尿路的感染。克拉维酸毒性小，临床应用副反应小，对青霉素等过敏者不宜应用。

舒 巴 坦

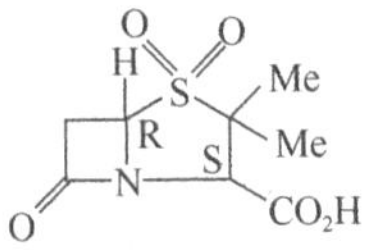

舒巴坦（sulbactam）又名青霉烷砜，为半合成β-内酰胺酶抑制剂，抗菌作用略强于克拉维酸，与其他 β-内酰胺类抗生素合用有明显抗菌协同作用，常用的复方制剂有氨苄西林钠-舒巴坦钠（优立新）、头孢哌酮-舒巴坦（舒普深），主要用于产 β-内酰胺酶的肠杆菌、厌氧菌及铜绿假单胞菌等所致的呼吸道、腹腔、盆腔、泌尿系感染；单独应用对淋球菌和脑膜炎球菌的周围感染有效。舒巴坦与氨苄西林或头孢哌酮联合治疗敏感细菌所致的呼吸道、尿路、妇产科、腹腔内、皮肤软组织、眼耳鼻喉科和骨关节感染及败血症、脑膜炎等。其不良反应有瘙痒、皮疹、头痛、头晕等；患者转氨酶（AST9.3%，ALT8.9%）、碱性磷酸酶、乳酸脱氢酶升高等，偶有过敏反应，如皮疹、药热、面部潮红或苍白、气喘、心悸、胸闷、腹痛、过敏性休克。

舒 他 西 林

【作用特点】 舒他西林（sultamicillin）是由 β-内酰胺酶抑制剂舒巴坦和氨苄西林共同组成的混合物，也叫优力新（Unasyn）。舒巴坦与氨苄西林联合应用，不仅可保护 β-内酰胺类抗生素（氨苄西林）免受酶的水解破坏，增强其抗菌作用，而且还扩大了抗菌谱，增强了抗菌活性，具有广谱、耐酶的特点。

它对包括产酶菌株在内的葡萄球菌、链球菌属、肺炎球菌、肠球菌属、流感杆菌、卡他莫拉菌、大肠埃希菌、克雷伯菌属、奇异变形杆菌、普通变形杆菌、淋球菌、梭杆菌属、消化球菌属、消化链球菌属及包括脆弱拟杆菌在内的拟杆菌属均具抗菌活性；对铜绿假单胞菌、柠檬酸杆菌、普罗威登菌、肠杆菌属、莫根菌属和沙雷菌属无作用。

【临床应用】 适用于治疗敏感菌（包括产 β-内酰胺酶菌株）所致的呼吸道感染、肝胆系统感染、泌尿系统感染、皮肤软组织感染；适用于治疗需氧菌与厌氧菌混合感染（特别是腹腔感染和盆腔感染）。

【不良反应】

（1）血液系统：用药后可出现鼻和黏膜出血、血液学实验室检查异常（血红蛋白、血细胞比容、白细胞和血小板减少）。

（2）中枢神经系统：用药后可出现头痛、抑郁等中枢神经系统症状。虽然没有使用本药导致癫痫发作的报道，但有研究表明氨苄西林和癫痫活跃有关系。

（3）消化系统：最常见腹泻，其他尚有恶心、呕吐、胃肠胀气等症状，偶有发生假膜性肠炎、味觉障碍的报道。

（4）其他：过敏反应包括面部水肿、红斑、皮疹、胸痛和喉部紧张感；长期用药可出现菌群失调，发生二重感染；有报道少于 1%的患者用药后可出现尿潴留、排尿困难、血尿素氮和血清肌酐增加；也偶有引起间质性肾炎的报道。

阿莫西林克拉维酸钾

阿莫西林克拉维酸钾（amoxicillin and clavulanate potassium）是阿莫西林与克拉维酸钾的复方制剂。其中克拉维酸为β-内酰胺酶抑制剂，对耐药菌产生的β-内酰胺酶有强效广谱抑酶作用，其与阿莫西林联合，可保护阿莫西林不被β-内酰胺酶灭活而发挥其杀菌作用。本品可用于一般产酶耐药菌引起的各种感染，但对高度耐药的肠杆菌属引起的感染、铜绿假单胞菌感染与耐甲氧西林金黄色葡萄球菌感染无效；临床用于敏感菌所致的下呼吸道、中耳、鼻窦、皮肤组织、尿路等部位感染；对肠杆菌属所致的尿路感染也有效。其不良反应有过敏反应（与青霉素G交叉过敏反应），腹泻、恶心、呕吐、消化不良等。

本章小结

β-内酰胺类抗生素是一类化学结构中含β-内酰胺环结构的抗生素，包括青霉素类、头孢菌素类及其他β-内酰胺类（碳青霉烯类、单环类、头霉素类、氧头孢烯类等）。

青霉素类包括天然青霉素和半合成青霉素，天然青霉素G抗菌作用强，但抗菌谱较窄；对革兰阳性菌作用强，对革兰阴性杆菌作用弱，也有不耐酸、不耐酶、口服无效、易产生耐药性、抗菌谱窄等缺点。为弥补青霉素的不足，在天然青霉素基础上，通过改变其侧链结构分别获得了具有耐酸、耐酶、广谱、抗铜绿假单胞菌等特点的半合成青霉素。

头孢菌素类相比青霉素类具有抗菌谱广、杀菌力强、对β-内酰胺酶稳定性高、过敏反应发生率低等优点。头孢菌素类发展极快，按照研制时间先后、抗菌谱、对β-内酰胺酶的稳定性及肾毒性的不同而分为四代，前三代对革兰阳性菌的抗菌力一代不如一代（第四代对革兰阳性菌作用较强），而对革兰阴性菌的抗菌力则一代比一代强；对β-内酰胺酶一代比一代稳定；对肾的毒性一代比一代低。

中药介绍

金　银　花

金银花为忍冬科木质藤本植物忍冬 *Lonicera japonica Thunb.*的花蕾。

【主要成分】 绿原酸、异绿原酸。

【功效与主治】 清热解毒，主治外感发热、疮痈疖肿、热毒泻痢。

【药理作用】 抑菌、抗病毒、增强免疫。

抗病原微生物有如下特点。

①抗菌范围广：多种革兰阳性菌、革兰阴性菌、铜绿假单胞菌。体外实验表明，金银花煎剂及醇浸液对金黄色葡萄球菌、白色葡萄球菌、溶血性链球菌、肺炎杆菌、脑膜炎双球菌、伤寒杆菌、副伤寒杆菌、大肠埃希菌、痢疾杆菌、变形杆菌、百日咳杆菌、铜绿假单胞菌、结核杆菌、霍乱弧菌等多种革兰阳性和阴性菌均有一定的抑制作用。

②病毒：对流感病毒、孤儿病毒、疱疹病毒均有抑制作用，能抑制病毒的复制、延缓病毒所致细胞病变的发生，金银花在细胞外抑制柯萨奇及孤儿病毒的作用很明显，金银花煎剂对钩端螺旋体有抑制作用。

③抗毒：可减少内毒素引起的小鼠死亡数，对内毒素引起的发热有解热作用，并加速内毒素从血中清除。

④抗炎、解热作用：腹腔注射金银花提取液 0.25g/kg，能抑制角叉菜胶所致的大鼠足趾肿胀，对蛋清所致的足肿胀也有抑制作用；大鼠腹腔注射金银花提取液 8g/kg，对巴豆油肉芽囊肿的炎性渗出和肉芽组织形成有明显的抑制作用。

另外本品还有降血脂、中枢兴奋、抗生育等作用。

【临床应用】 急性上呼吸道感染、小儿肺炎、急性扁桃体炎、皮肤化脓性感、急慢性湿疹等疾病，与连翘、青霉素等合用，抗菌作用互补或增强。

【安全性】 小鼠皮下注射本品浸膏的 LD_{50} 为 53g/kg，绿原酸有致敏原作用，可引起变态反应，但口服无此反应，因绿原酸可被小肠分泌物转化成无致敏活性的物质。

（范 蕾）

第三十八章 氨基糖苷类抗生素及多肽类抗生素

能力要求

1. 掌握氨基糖苷类（aminoglycosides）抗生素的共同特点；化学结构、抗菌谱、抗菌作用机制、体内过程、临床用途、不良反应及耐药性；常用药物链霉素（streptomycin）、庆大霉素（gentamicin）、阿米卡星（amikacin，丁胺卡那霉素）的抗菌特点和临床用途。

2. 熟悉耐药性产生机制；同类其他抗生素的特点、应用及主要不良反应。

3. 了解多肽类万古霉素（vancomycin）、多黏菌素 B（polymyxin B）及杆菌肽的抗菌机制、抗菌特点及临床用途。

第一节 氨基糖苷类抗生素

最早应用临床上的氨基糖苷类抗生素是链霉素，是从灰色链球菌中提取得到。随后相继发现和研发了其他众多氨基糖苷类品种，因其杀菌迅速、对重度感染有效等特点被广泛应用。本类药物的临床应用曾逐渐减少。但近几年细菌耐药性日益严重，氨基糖苷类又重新成为治疗临床感染的重要药物。这与氨基糖苷类能与其他抗菌药联合应用发生协同抗菌有关。这类药物具有六个方面的共性。

一、氨基糖苷类抗生素共性

【化学结构】 氨基糖苷类抗生素基本化学结构（图 38-1）相似，其结构是由一个或多个氨基糖和一个氨基环醇环，以糖苷键相连接的碱性抗生素。本类药物均呈碱性，其盐易溶于水，性质稳定。

该类抗菌药包括天然抗生素和半合成抗生素。按产生菌株又分为来自链霉菌和小单孢菌两大类。链霉菌属有链霉素、新霉素、卡那霉素、巴龙霉素、妥布霉素、大观霉素等，在其结构上改造后又得半合成品地贝卡星、阿米卡星、阿贝卡星；小单孢菌属有庆大霉素、西索米星、小诺米星、阿司米星及半合成奈替米星、异帕米星、依替米星等。

【体内过程】 氨基糖苷类在胃肠道吸收极少，口服难吸收。肌内注射吸收迅速而完全，给药后 30～90min 达到峰浓度。除链霉素外，其他的氨基糖苷类与血浆蛋白结合甚少。由于该类药物的极性强，不易进入细胞内，组织中药物浓度为血药浓度的 25%～50%，分布容积为 15L。药物主要分布于细胞外液，如胸腔液、腹腔液、心包液等。组织与细胞内药物含量较低，但在肾皮质及内耳的外淋巴液中浓度高，肾皮质药物浓度可超过血药浓度的 10～50 倍。药物不易透过血脑-屏障，但能通过胎盘进入胎儿体内。氨基糖苷类在体内不被代谢，约 90%以原型经肾小球滤过排出，故尿液中药物浓度极高，可达血药峰浓度的 25～100 倍，$t_{1/2}$ 为 2～3h，肾功能不良时 $t_{1/2}$ 明显延长。

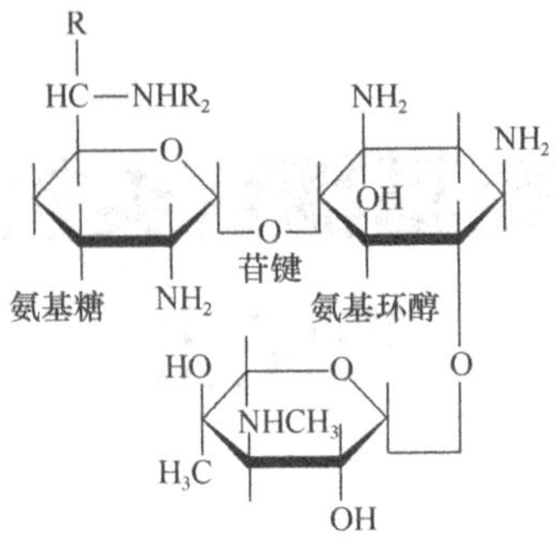

图 38-1 氨基糖苷类抗生素基本母核化学结构

【抗菌作用】 氨基糖苷类抗生素为静止期速效杀菌剂。本类药物的抗菌特点如下。

（1）抗菌谱广：半合成氨基糖苷类对多种需氧的革兰阴性杆菌，如铜绿假单胞菌、大肠埃希菌、克雷伯菌属、肠杆菌属、变形杆菌属等有很强的抗菌作用，对沙雷菌属、产碱杆菌属、沙门菌、志贺菌属、嗜血杆菌及分枝杆菌也有抗菌作用。对革兰阴性球菌，如淋病奈瑟菌、脑膜炎奈瑟菌的作用较差；对多数革兰阳性菌作用较差，但对产青霉素酶和不产酶的金黄色葡萄球菌及耐甲氧西林金黄色葡萄球菌均敏感。本类中链霉素、卡那霉素、阿米卡星对结核分枝杆菌敏感。对各种厌氧菌无效。

（2）抗菌活性强且高效：氨基糖苷类主要杀灭革兰阴性菌，对繁殖期和静止期的细菌均有杀菌作用。在碱性环境中抗菌作用增强。而且氨基糖苷类对革兰阴性菌和革兰阳性杆菌均有明显的抗菌后效应，体外实验结果一般为 1～3h。

（3）抗生素后效应：氨基糖苷类抗生素对革兰阴性杆菌和阳性球菌有明显的抗生素后效应（post-antibiotic effect，PAE）。体外实验表明氨基糖苷类对革兰阴性杆菌的 PAE，一般为 1～3h，但不同的氨基糖苷类抗生素与不同的细菌接触，PAE 长短有差异，而且 PAE 的长短与接触的时间、药物浓度呈正相关。体内实验也证实氨基糖苷类存在 PAE，甚至有的抗生素对上述革兰阴性菌的体内 PAE 比体外 PAE 更长。

（4）初次接触效应：也叫做首次接触效应，即细菌首次接触、暴露在氨基糖苷类抗生素存在的环境里，能被迅速杀死，当再次或多次接触同一抗生素后，抗生素的杀菌效果明显下降。该作用可能与药物的快速耐受性有关。

抗生素后效应和首次接触效应的存在为氨基糖苷类抗生素延长临床给药间隔时间提供了理论依据。

【作用机制】 氨基糖苷类具有快速杀菌的作用，属于静止期杀菌剂。其抗菌机制为通过结合细菌核糖体后，多环节抑制蛋白质合成，其次还可破坏细菌细胞膜屏障功能，最终导致细菌细胞死亡。

核糖体是细菌蛋白质合成场所。细菌蛋白质合成过程主要包括三个阶段，分别为肽链起始阶段、肽链延长阶段和肽链终止阶段。

（1）起始阶段：细菌核糖体是由 30S 亚基和 50S 亚基形成 70S 始动复合物。其过程为氨基酸与 tRNA 在酶的作用下，生成氨基酰-tRNA 复合物，然后与模板 mRNA、核糖体 30S 亚基结合形成复合物，再与 50S 亚基结合形成 70S 始动复合物。

（2）延长阶段：50S 亚基上 A 位和 P 位，分别接受氨基酸和形成的肽链。各 aa-tRNA 按照 mRNA 上的核苷酸“三联密码”顺序依次结合在 A 位，此时 P 位上形成的肽链移位到 A 位，其氨基酸羧基端接到 A 位氨基酸的氨基端。P 位上的 tRNA 释放，参与形成新的 aa-tRNA。核糖体在 mRNA 上移位，将 A 位上的肽链移到 P 位，A 为继续接受下一个 aa-tRNA。此过程循环导致肽链不断延长。

（3）终止阶段：当 mRNA 上出现终止密码时，在释放因子参与下，蛋白质合成结束，肽链脱落并盘绕成具有特殊立体结构型的蛋白质。70S 核糖体则解离成 30S 亚基和 50S 亚基，重新参与下一个蛋白质的合成。

氨基糖苷类药物与 30S 亚基结合，抑制蛋白质合成的三个阶段，从而导致蛋白质合成受阻（图 38-2）。①起始阶段：氨基糖苷类能与细菌核糖体 30S 亚基结合，使其不能形成 30S 始动复合物，也可抑制 70S 始动复合物的形成，从而抑制了蛋白质合成的始动；②肽链延伸阶段：该类药物能选择地与 30S 亚基上的靶蛋白结合，造成 A 位歪曲，从而使 mRNA 上的密码被错译，导致异常的、无功能的蛋白质合成；③在终止阶段：阻碍释放因子（R）进入 A 位，使已合成的肽链不能释放，并阻止 70S 核糖体解离，最终造成菌体内核糖体的耗竭，核糖体循环受阻。

该类抗生素是带许多碱基的高极性化合物，其通过需氧能量依赖 Ⅰ 期转运系统（energy-dependent phase，EDP-Ⅰ）经细胞内膜被摄入到细胞内。其使 mRNA 错译后，生成异常功能的蛋白质。这一过程会导致细菌外膜的通透性增加，外膜结构的完整性被破坏，导致细胞钾离子、核苷酸等重要物质外漏，综合作用最终导致细菌死亡。

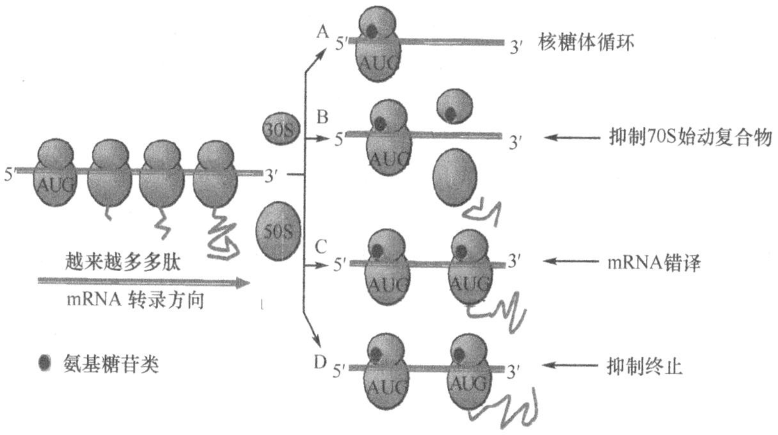

图 38-2　氨基糖苷类抗生素抑制蛋白质合成作用

【临床用途】　氨基糖苷类抗生素用于敏感的需氧革兰阴性杆菌所致的全身感染。氨基糖苷类抗生素适应证包括用于敏感菌所致的败血症、呼吸系统感染、泌尿系统感染、皮肤然组织感染、骨关节感染及创伤、烧伤感染、对其他抗菌药耐药的病菌感染等；单用可用于治疗膀胱炎、肾盂肾炎等泌尿系统感染、兔热病等，临床上多采用联合用药。最常用的联合治疗用药是：抗铜绿假单胞菌时，联合青霉素类或青霉素类与 β-内酰胺酶抑制剂的复方、第二代、第三代头孢菌素类等；粒细胞减少伴有发热单用该类药物无效时，联合 β-内酰胺类应用。氨基糖苷类抗生素预防用药指征少，可用于心脏病患者进行手术前后，以预防发生心内膜炎（常与其他抗生素合用）。此外，可与其他抗生素联合用于结肠手术清洁肠道，减少手术后伤口感染。

【不良反应】　氨基糖苷类长期使用或大剂量使用容易引起严重毒性反应，包括耳毒性、肾毒性、神经肌肉阻断和过敏反应。依药物不同，引起的毒性反应类型和程度也有很大差异。

（1）耳毒性：氨基糖苷类引起耳毒性（包括亚临床型耳毒）反应的发生率为 15%~25%，该类药物能损害第Ⅷ对脑神经，不同药物损害部位和程度不同，耳毒性包括前庭失调和耳蜗神经损伤。①前庭神经损害：临床表现为眩晕、恶心、呕吐、眼球震颤和平衡障碍。氨基糖苷类抗生素前庭损伤发生率顺序：新霉素＞卡那霉素＞链霉素＞西索米星＞阿米卡星≥庆大霉素≥妥布霉素＞奈替米星＞依替米星。②耳蜗神经损害：主要表现为耳鸣、听力减退甚至耳聋，多为不可逆性。损害耳蜗神经发生率顺序：新霉素＞卡那霉素＞阿米卡星＞西索米星＞庆大霉素＞妥布霉素＞奈替米星＞链霉素＞依替米星。新霉素的耳毒性最为严重，临床上已禁止全身应用，可供局部用药。

氨基糖苷类抗生素引起的耳毒性的确切机制还不清楚，但目前多数认为与内耳淋巴液中药物浓度持续升高有关。正常情况下，内耳淋巴液需保持较高的 K^+浓度而将 Na^+主动向外转运；当内耳淋巴液中氨基糖苷类药物浓度持续过高时，其损害耳蜗柯蒂器内外毛细胞（cochlear corti hair cell）与前庭感觉细胞（vestibular sensory cell）的糖代谢和能量利用，引起细胞膜上 K^+/Na^+ 转运系统的障碍，致细胞内外 K^+、Na^+渗透梯度不能保持，因此毛细胞和前庭感觉细胞受到损害，导致听力损害，平衡失调。早期变化为可逆的，但超越一定程度时，此作用不可逆转。

为了防止和减少耳毒性，治疗过程中应密切观察耳鸣、眩晕等早期症状，及时检查听力；儿童和老人更容易导致永久性耳聋，因此慎用；孕妇也尽量不用，以免影响胎儿；避免与有耳毒性的药物合用，如万古霉素、高效利尿药呋塞米，H_1受体阻断剂、镇静催眠药等。

（2）肾毒性：临床出现蛋白尿、管型尿、血尿，严重者可出现无尿、氮质血症、肾功能减退等。由于该类药物在肾皮质高浓度蓄积，可损害近曲小管上皮细胞，引起肾小管肿胀，甚至坏死。其发生原因是由于氨基糖苷类经肾小球滤过至近曲小管，被近曲小管上皮细胞吞饮，大量积聚在溶酶体内，抑制其中的磷脂酶和鞘髓磷脂酶，形成髓样小体。当药物浓度高至一定水平时，溶酶体因肿胀而破裂，使大量氨基糖苷类药物、溶酶体酶和磷脂等释放，溶酶体酶可造成线粒体损害，减少能量产生。大量氨基糖苷类与 Ca^{2+}络合，使钙调节转运受阻，导致肾小管上皮细胞肿胀，坏死。绝大部分肾功能损害是可逆的，且肾毒性的程度与剂量大小和疗程成正比。该毒性发生率依次为新霉素＞卡那霉素＞庆大霉素＞妥布霉素＞阿米卡星＞奈替米星＞链霉素＞依替米星。由于肾脏损害常可引起体内药物浓度升高，容易诱发耳毒性，应引起注意。

（3）神经肌肉阻断作用：主要临床表现为心肌抑制、血压下降、肢体瘫痪，甚至可发生呼吸衰竭而窒息死亡。该毒性反应的机制为本类药物可与体液内的 Ca^{2+}结合，因而降低了组织内 Ca^{2+}浓度，同时氨基糖苷类抗生素可与 Ca^{2+}竞争和抑制节前神经末梢乙酰胆碱的释放，并降低突触后膜对乙酰胆碱的敏感性，造成神经肌肉接头处传递阻滞。肾功能减退、血钙过低、合用肌肉松弛药或同时患有重症肌无力的患者容易诱发这种毒性，静脉推注或静脉滴注速度过快也可能发生。其抢救原则应立即静脉注射钙剂或新斯的明解救。不同氨基糖苷类引起神经肌肉麻痹的严重程度顺序依次为新霉素＞链霉素＞卡那霉素或奈替米星或阿米卡星＞庆大霉素或妥布霉素＞依替米星。

（4）过敏反应：氨基糖苷类可引起皮疹、发热、嗜酸性粒细胞增高等过敏反应，甚至引起严重的过敏性休克，尤其是链霉素，应引起警惕。一旦发生，应静脉注射钙剂及肾上腺素等抢救。

【药物相互作用】 与碱性药（如碳酸氢钠、氨茶碱等）联合应用，可增加抗菌作用；与青霉素类联用可增强对某些链球菌的抗菌作用。该类药物与两性霉素、杆菌肽、头孢氨苄、环丝氨酸、多黏菌素、万古霉素及右旋糖酐等合用可增加其肾毒性；与镇吐药、呋塞米、依他尼酸及甘露醇等合用能增加氨基糖苷类的耳毒性；苯海拉明、美克洛嗪、布克力嗪、抗组织胺药等可掩盖氨基糖苷类的耳毒性；与肌肉松弛药或具有此种作用的药物（如地西泮等）联合应用，可增强神经肌肉阻滞作用。

二、常用的氨基糖苷类抗生素

链 霉 素

链霉素是由放线菌属的灰链霉菌的培养液中提取，是第一个氨基糖苷类抗生素，也是广泛应用的最早的抗结核病药物。链霉素遇酸或碱后可水解失去抗菌活性，阳离子，如钙、镁及氯化物、磷酸盐、柠檬酸盐和乳酸盐等可降低其药效，目前常用的是硫酸链霉素，易溶于水，非常稳定。

【体内过程】 该药口服不易吸收，常用注射给药。体内分布广泛，可分布于脑脊液、结核空洞内、胸腔、腹腔及易通过血胎盘屏障，但不通过血脑-屏障。不经肝脏代谢，几乎全部以原型通过肾脏排泄。

【抗菌作用和抗菌谱】 链霉素抗菌谱较广，主要作用于革兰阴性杆菌，包括结核分枝杆菌、大肠埃希菌、克雷伯菌属、肠杆菌属、沙门菌属、志贺菌属、流感嗜血杆菌、奈瑟均属、布氏杆菌属、巴斯德菌属等。其中对结核分枝杆菌抗菌活性最强，对其他均属有较强的抗菌作用。革兰阳性菌中除少数金黄色葡萄球菌敏感外，其余的链球菌不敏感。细菌对链霉素易产生耐药性，多数为细菌产生的钝化酶而引起。

【临床用途】 目前在许多国家和地区，链霉素仍是一线抗结核药物，但因为耐药菌株不断增多，所以本品用于结核病初治阶段，常与异烟肼、利福平等联用。链霉素可单用于兔热病，疗效良好。链霉素和四环素联用为治疗鼠疫的首选方案。该药与青霉素 G 合用是治疗草绿色链球菌或肠球菌心内膜炎的首选药。其他革兰阴性杆菌感染，现多被庆大霉素所取代。

【不良反应】

（1）过敏反应：常见皮疹、发热、嗜酸性粒细胞增多、关节痛、肌肉痛、黏膜水肿、急性喉水肿、血管神经性水肿、剥脱性皮炎等，偶有过敏性休克。

（2）耳毒性：常见第八对脑神经损害，前庭功能损害，表现为眩晕、恶心、呕吐、眼球震颤、平衡失调、耳鸣、耳饱满感、听力减退等，出现以上症状应立即停药；少见耳蜗神经损害，用药后 1～4 周出现，表现为耳鸣、听力减退，可发展为永久性耳聋。

（3）神经肌肉阻滞作用：阻断神经肌肉接头，引起呼吸麻痹、抑制甚至停止。对重症肌无力患者和近期接受肌松药的手术患者，可加重症状。

（4）肾脏损害：可引起肾小管刺激，产生管型尿，有时出现蛋白尿，停药后可迅速恢复，罕见明显的肾功能损害。

（5）其他：常见嘴唇发麻、四肢麻木及头晕、头痛，血液系统内出现粒细胞增多、白细胞减少、血小板减少及贫血，肌内注射部位疼痛、肿胀及硬结，皮下注射可致剧痛，鞘内注射可发生严重反应已不用，胸腔、心包腔或关节腔注入有轻度刺激等。

庆大霉素

【体内过程】 庆大霉素是由放线菌属小单孢菌发酵产生，常用其硫酸盐，口服吸收较少，肌内注射吸收迅速完全；组织分布广，血浆蛋白结合率低很低，能进入体内淋巴系统、内脏器官、痰液、胸水、滑膜液及腹水，难以透过血脑-屏障；经肾排泄。

【抗菌作用】 抗菌谱比链霉素广，不仅对革兰阴性杆菌，如大肠埃希菌、变形杆菌、志贺菌属、肺炎杆菌、沙门菌属、布鲁斯菌属、嗜肺军团菌、胚胎弯曲杆菌等杀菌作用强，对铜绿假单胞菌的作用也强；对革兰阳性菌，如金黄色葡萄球菌（包括耐药菌株）是本类药物中最强的；而且对部分厌氧菌和肺炎支原体也有效，耐药性产生慢，但近年来耐药菌株迅速增加。

【临床用途】 主要用于治疗革兰阴性菌引起的感染，如新生儿败血症、菌血症、泌尿道感染、胆道感染、呼吸道感染、胃肠道感染、皮肤、软组织感染、骨关节感染等局灶及全身性感染，以及眼、耳鼻喉、外科的局部感染用药；与β-内酰胺类抗生素合用可治疗革兰阴性杆菌或铜绿假单胞菌心内膜炎、脑膜炎；与甲硝唑（metronidazole）合用治疗伴厌氧菌的感染；口服可治疗肠炎、菌痢、伤寒及手术前肠道消毒。

【不良反应】 庆大霉素最严重的不良反应是可逆性的肾毒性，表现为蛋白尿、管型尿、血尿等，少数人甚至发生肾衰竭；耳毒性以前庭功能损害为主，对耳蜗损害较小，此外还有过敏反应和神经肌肉阻滞作用。

妥布霉素

妥布霉素（tobramycin）抗菌谱与庆大霉素相似，对绝大多数革兰阴性需氧菌有抗菌活性。抗铜绿假单胞菌活性比庆大霉素强 2～4 倍，对肺炎克雷伯菌、肠杆菌、变形杆菌作用强于庆大霉素，对其他革兰阴性杆菌的作用弱于庆大霉素，对金黄色葡萄球菌的作用与庆大霉素相似。对庆大霉素耐药的铜绿假单胞菌仍有效。本品易产生耐药，临床主要用于治疗敏感菌引起的新生儿、儿童与成人的败血症、下呼吸道感染、严重的神经系统感染、腹腔内感染、皮肤、软组织感染、复杂性或复发性尿路感染等；不良反应与庆大霉素相似但较低。

阿 米 卡 星

阿米卡星是临床上应用最广泛的一个卡那霉素衍生物。其抗菌谱广，对各种革兰阴性菌、阳性菌、铜绿假单胞菌及若干分枝杆菌属均有较强抗菌活性。各组链球菌和肠球菌大多对其耐药，对厌氧菌无效。本品突出的优点是对细菌所产生的钝化酶高度稳定，尤其对肠道革兰阴性杆菌和铜绿假单胞菌产生钝化酶稳定；临床主要用于治疗对其他氨基糖苷类产生耐药性的菌株所致的严重感染，还可与青霉素类或头孢菌素类联合治疗严重革兰阴性杆菌感染；不良反应以耳蜗听神经损害为主，少数患者也可引起前庭功能的损害，神经肌肉接头阻滞反应少见；治疗中应注意监测听力与血药浓度；肾毒性较轻，偶见皮疹，药热等。

异 帕 米 星

异帕米星（isepamicin）抗菌谱与阿米卡星相似，对庆大霉素和阿米卡星敏感的肠杆菌科细菌的作用比阿米卡星强2倍，对普通变形杆菌和普罗菲登菌属的作用与阿米卡星相同，对奇异变形杆菌和铜绿假单胞菌的作用与阿米卡星相同或稍差，对凝固酶阳性及阴性的葡萄球菌及耐甲氧西林的葡萄球菌均有良好作用；对淋球菌及脑膜炎球菌作用差，对流感杆菌具中度作用；对肠球菌属无活性。本品的最大特点为对细菌产生的多数氨基糖苷类钝化酶稳定；耐药菌少，与其他氨基糖苷类抗生素的交叉耐药性也少。本品主要用于革兰阴性杆菌所致败血症、呼吸道、泌尿道、腹腔及术后等感染，尤其适用于对庆大霉素或其他氨基糖苷类耐药的革兰阴性杆菌感染；亦可与青霉素类或头孢菌素类联合用于病原未查明的患者作为经验治疗。本品治疗皮肤感染、下呼吸道及尿路等感染的有效率达90%～92%。

奈 替 米 星

奈替米星（netilmicin）是氨基糖苷类中的新品种，抗菌谱与庆大霉素相似，但作用较强。它具有以下特点：①对耐庆大霉素、妥布霉素等的耐药菌仍有较好的抗菌活性；②对灭活氨基糖苷类的钝化酶稳定性高于庆大霉素；③对产酶与不产酶金黄色葡萄球菌和耐甲氧西林金黄色葡萄球菌的抗菌活性高，优于庆大霉素和妥布霉素；④耳、肾毒性较庆大霉素、妥布霉素、卡那霉素、阿米卡星等低。奈替米星可用于敏感菌引起的感染，也可与β-内酰胺类抗生素联合用于革兰阴性菌感染的治疗，或用于病原未查明发热患者的经验治疗。

阿 司 米 星

阿司米星（astromicin，福提米星）是小单胞菌产生的氨基糖苷类，本品抗菌谱广，对革兰阴性杆菌和金黄色葡萄球菌都有效，对肠杆菌属的作用比庆大霉素强，对铜绿假单胞菌的作用不如庆大霉素；对氨基糖苷类灭活酶稳定，耳素性、肾毒性比庆大霉素低；临床主要用于肠道革兰阴性杆菌引起的各种感染。

阿 贝 卡 星

阿贝卡星（arbekacin）属于半合成氨基糖苷类抗生素，抗菌谱广，对金黄色葡萄球菌与绝大多数革兰阴性菌均有杀菌作用，杀菌力强，但对链球菌无作用。本品对革兰阳性和阴性杆菌，如沙雷杆菌、大肠埃希菌、变形杆菌、柠檬酸杆菌、肠杆菌属、克雷白杆菌等有良好的抗菌活性。对金黄色葡萄球菌（包括耐甲氧西林菌株，MRSA）有良好的抗菌作用，在氨基糖苷类抗生素中最强。本品对于革兰阴性菌产生的大多数氨基糖苷耐药酶高度稳定，对产金属β-内酰胺酶的“超级细菌”也有作用。该药主要用于治疗严重MRSA感染，可与β-内酰胺类联合应用。

本品具有氨基糖苷类抗生素的共有毒性，肾毒性与耳毒性，本品毒性与阿米卡星相似但略轻。

依替米星

依替米星（etilmicin）为一种新的半合成水溶性抗生素，抗菌谱广，对多种病原菌有较好抗菌作用，其中对大肠埃希菌、肺炎克雷伯菌、肠杆菌属、沙雷菌属、奇异变形杆菌、沙门菌属、流感嗜血杆菌及葡萄球菌属等有较高的抗菌活性，对部分假单胞杆菌、不动杆菌属等具有一定抗菌活性，对部分庆大霉素、小诺霉素和头孢唑啉耐药的金黄色葡萄球菌、大肠埃希菌和克雷伯肺炎杆菌，对产生青霉素酶的部分葡萄球菌和部分低水平甲氧西林耐药的葡萄球菌亦有一定抗菌活性，不仅抗菌谱广而且抗菌活性强。该品肌内注射的耳毒性比其他氨基糖苷类抗生素低。

大观霉素

大观霉素（spectinomycin）是由链霉菌产生的一种抗生素，主要对淋病奈瑟菌有高度抗菌活性，对青霉素 G 耐药的淋病奈瑟菌仍有较好的抗菌作用，对大多数革兰阳性菌与革兰阴性杆菌有较低抗菌活性，对梅毒螺旋体无效；口服不吸收，肌内注射吸收比较完全，蛋白结合率很低，主要以原型经尿排泄，$t_{1/2}$ 为 2.5h。临床的唯一适应证是无并发症的淋病。不良反应较轻，可引起注射部位的疼痛，偶见皮疹、头痛、恶心等。

案例解析

案例 38-1

患者，女，45 岁。出现发热、腰痛。体温 38.3℃，脉搏 142 次/分，血压 110/70mmHg。两侧扁桃体肿大，两肺湿性啰音，心尖区可闻及双期杂音，肝下缘位于右锁骨中线肋下 2.5cm，脾未触及，肾区扣压痛（+），两下肢水肿，血 WBC9.8×10^9/L，中性粒细胞 84%，淋巴细胞 0.16%。经诊断为亚急性感染性心内膜炎。

针对患者临床治疗原则是什么？应选用哪些药物？

解析：

治疗本病的关键在于杀灭心内膜的病原菌，治疗原则是：①应用杀菌药；②选用两种具有协同作用的抗菌药物联合应用；③静脉给药，剂量需高于一般常用量，以达到有效的组织浓度；④疗程 4～6 周或更长，以降低复发率。

治疗药物：①青霉素为首选；②联合应用庆大霉素。

第二节 多肽类抗生素

多黏菌素（polymyxins）、万古霉素、去甲万古霉素（norvancomycin）、替考拉宁（teicoplanin）、杆菌肽（bacitracin）等均为多肽类抗生素。本类药物抗菌谱窄，但抗菌活性强，属于杀菌剂。由于本类药物毒性大，尤其肾功能损害严重，目前已不作为首选药使用，仅用于氨基糖苷类抗生素、半合成广谱青霉素和第三代头孢菌素耐药时或经其他药物治疗疗效不佳的患者。

一、多黏菌素类

多黏菌素包括多黏菌素 A、多黏菌素 B、多黏菌素 C、多黏菌素 D、多黏菌素 E、多黏菌素 M 等组分，均是从多黏杆菌培养液中提出的多肽类抗生素。临床上常用多黏菌素 B、多黏菌素 E（polymyxin E）和多黏菌素 M（polymyxin M），其他毒性太大，无临床应用价值。

【体内过程】 本类多数药物口服吸收很少，创面也不易吸收，多黏菌素 M 的盐酸盐口服吸收好，肌内注射后 2h 血药浓度达到高峰，$t_{1/2}$ 为 6h，有效血药浓度可维持 8～12h，肾功能不全者 $t_{1/2}$ 延长。本类药物穿透力差，不易渗入胸腔、腹腔、关节腔、脑脊液、胆汁及眼内组织，以肝、肾浓度最高，主要以原型经肾缓慢排泄。

【抗菌作用】 多黏菌素类为窄谱慢效杀菌药，对繁殖期和静止期敏感菌均有杀灭作用。多黏菌素 B 的抗菌活性较多黏菌素 E 略高。本类药物抗菌范围窄，仅对需氧杆菌有强大的抗菌作用，对大肠埃希菌、肺炎克雷伯菌、嗜血杆菌、肠杆菌属、沙门菌属、志贺菌属、百日咳鲍特菌等有效；对铜绿假单胞菌有强大的抗菌作用，其中多黏菌素 B 的作用强于多黏菌素 E；对变形杆菌、脆弱杆菌、革兰阴性球菌、革兰阳性菌和真菌等无抗菌作用。

【抗菌机制】 本类抗生素主要作用于细菌细胞膜，使细胞内重要物质外漏，菌体死亡。多黏菌素类具有表面活性作用，因其化学结构中有带正电荷的游离氨基，能与革兰阴性杆菌细胞膜磷脂中带负电荷的磷酸根结合形成复合物，而其亲脂链插入膜内脂肪链中，解聚细胞膜结构，导致膜通透性增加，细胞内的磷酸盐、核苷酸等成分外漏，最终细菌死亡。细菌不易产生耐药性，但一旦耐药出现，细菌在本类药物有交叉耐药性，但对他类抗菌药物无交叉耐药性。本类药物与两性霉素 B、四环素类药物合用产生协同抗菌效应。

【临床应用】 虽然该类药物因毒性大而在临床上少用，但其具有抗菌作用强，且不易出现耐药性等优点，当革兰阴性杆菌对其他药物耐药或疗效不佳时，本类药物仍然是可选用药物之一。

（1）对铜绿假单胞菌引起的严重感染（如败血症、腹膜炎、呼吸道、胆道、尿路烧伤后感染）、革兰阴性杆菌和耐药菌引起的严重感染（如败血症、脑膜炎、肾盂肾炎、菌痢、婴儿腹泻）均有一定疗效，但不作为首选药使用。本品与磺胺类、利福平、半合成青霉素类等联合使用，可用于治疗多重耐药菌感染。

（2）与新霉素、杆菌肽等同时口服，抑制肠道菌群，作肠道术前准备。本品可用于耐药菌株所致的细菌性疾病和婴儿致病性大肠埃希菌腹泻患者。

（3）多黏菌素局部吸收少，刺激性小，细菌不易产生耐药，故局部外用于铜绿假单胞菌等引起的皮肤、创面、眼、耳鼻喉等感染。

【不良反应】 本类药物引起的不良反应较多，发生率较高，且多黏菌素 B 的毒性较多黏菌素 E 大；常见不良反应有肾毒性、神经毒性和过敏反应等。

（1）肾毒性：较常见，主要表现蛋白尿、血尿和管型尿，停药后可以恢复。应用过量可引起急性肾小管坏死、少尿和肾衰竭并可危及生命。

（2）神经系统毒性：多黏菌素可引起头晕、感觉异常、面部麻木、恶心、呕吐、肌无力和周围神经炎；严重者可发生遗失紊乱、昏迷、精神失常、抽搐和共济失调等。

（3）过敏反应：全身应用多黏菌素后可引起面部潮红、皮肤瘙痒、皮疹和药物热等。

二、万古霉素类

万古霉素类包括万古霉素、去甲万古霉素和替考拉宁。

万古霉素和去甲万古霉素

万古霉素是链霉素的培养液分离提取的多肽类抗生素。去甲万古霉素的化学结构和万古霉素相似，前者是国内常用产品，较万古霉素少一个甲基，作用略强于万古霉素，不良反应少。这两个药物主要适用于耐甲氧西林金黄色葡萄球菌和耐甲氧西林表皮葡萄球菌所致的重度感染。由于近年来耐药金黄色葡萄球菌感染的增加，使本品临床应用范围呈现上升趋势。

【体内过程】 该两药口服难吸收，肌内注射可引起强烈局部疼痛和组织坏死，故只宜静脉滴注。药物在体内迅速分布，分布广泛，可进入多数组织、体液（胸膜、心包、腹水和滑膜）和胎盘，组织中有较高的药物浓度，但不易进入房水和正常脑膜。当脑膜有炎症时，药物可部分通过血脑-屏障，达到有效抗菌浓度。在体内很少代谢，主要以原型从肾脏排泄，$t_{1/2}$为 6～8h，肝功能和肾功能损害者血浆$t_{1/2}$明显延长。本品易在体内蓄积，容易导致严重毒性反应。

【抗菌作用】 万古霉素和去甲万古霉素对革兰阳性菌具有强大的抗菌活性，对葡萄球菌（包括耐甲氧西林金黄色葡萄球菌和耐甲氧西林表皮葡萄球菌）、肠球菌、肺炎球菌、化脓性链球菌及草绿色链球菌高度敏感；肠球菌对本品易耐药；对厌氧菌、炭疽杆菌、白喉棒状杆菌、破伤风梭菌也高度敏感；对革兰阴性菌无效；与其他抗生素间无交叉耐药性。

【抗菌机制】 万古霉素和去甲万古霉素为快效杀菌剂。该类药物能与细菌细胞壁前体肽聚糖末端的丙氨酰丙氨酸形成复合物，干扰甘氨酸五肽的连接，抑制细菌细胞壁的合成；同时对胞浆中 RNA 的合成也具有抑制作用。

体内外的细菌对万古霉素及去甲万古霉素不易产生耐药性。然而，近年来肠球菌对本类耐药出现。耐药机制为耐药细菌产生连接酶，这些酶利用 D 乳酸为基质，改变黏肽前体的成分，结合至黏肽结构中后，使万古霉素与黏肽不能形成复合物，造成细菌耐药。

【临床应用】 主要用于严重革兰阳性菌、耐药金黄色葡萄球菌、肠球菌或对β-内酰胺类抗生素过敏的严重感染，如金黄色葡萄球菌或表皮葡萄球菌所致的败血症、心内膜炎、骨髓炎、肺部感染等，肠球菌或草绿色链球菌所致的心内膜炎。常在抗生素应用过程中或胃肠道手术后发生的假膜性肠炎（由艰难梭菌及其毒素引起），如果口服甲硝唑无效可口服万古霉素。

【不良反应】 万古霉素类不良反应多而严重。

（1）耳毒性：本类耳毒性较大，患者用药后可出现耳鸣、听力下降，甚至严重者出现听力损害或耳聋；大剂量、长疗程、年老或肾功能不全患者容易发生。听力测定能较早发现耳毒性；与高效利尿药、抗组胺药、吩噻嗪类药物合用时，可加重或掩盖其耳鸣、眩晕等耳毒性症状。

（2）肾损害：万古霉素具有肾毒性，主要损害肾小管，轻者可有蛋白尿、管型尿，重者血尿、少尿、氮质血症甚至肾衰竭，原因不明。本品与氨基糖苷类、多黏菌素联合使用时，肾脏损害更明显。用药期间要定期浮渣尿常规和肾功能。

（3）过敏反应：偶有药物热、皮疹、瘙痒等，静脉滴注速度过快时引起面部、颈部、上肢、上身皮肤潮红，瘙痒、血压下降，称为“红人综合征”，少数患者同时伴有寒颤、昏厥、心跳加快，采用肾上腺素治疗有效。

（4）其他：静脉给药可引起静脉炎，口服可引起呕吐和口腔异味感；与非除极化肌肉松弛剂合用时，会增加神经肌肉阻断作用；与碱性溶液有配伍禁忌；与重金属接触可产生沉淀。

替考拉宁

替考拉宁是糖肽类抗生素，是由 6 种结构相似的组分组成。其分子结构、抗菌活性、抗菌谱及抗菌机制均与万古霉素类似，本品主要治疗耐药金黄色葡萄球菌、粪肠球菌等需氧和厌氧的革兰阳性菌所致的感染。

【抗菌作用和机制】 替考拉宁对各种革兰阳性菌抗菌作用强，如肺炎球菌、化脓性链球菌、金黄色葡萄球菌（包括产酶和耐甲氧西林株）、表皮葡萄球菌、粪肠球菌、梭状芽孢杆菌、棒状杆菌属和李斯特菌属。但对大多数的溶血葡萄球菌作用差。对大多数金黄色葡萄球菌的作用还优于万古霉素。替考拉宁对革兰阴性菌，包括奈瑟菌、分子杆菌和真菌均无效。本品与利福平、氨基糖苷类联合使用具有协同效应。本品与非多肽类药物之间无交叉耐药性。

该药抗菌机制同万古霉素类，通过抑制细菌细胞壁合成而发挥杀菌作用。

【临床用途】 本品主要用于金黄色葡萄球菌及其他革兰阳性菌所致的各种严重感染如心内膜炎、败血症、肺炎、皮肤软组织感染、尿路感染和骨髓炎等。本品使用方便，肾毒性及耳毒性较万古霉素小，故特别适用于不能耐受万古霉素的患者或对β-内酰胺类抗生素过敏者；口服可作为甲硝唑和万古霉素的替代药用于难辨梭菌性肠炎，及金黄色葡萄球菌、肠球菌所致的结肠炎。

【不良反应】 本品不良反应较万古霉素少而轻，发生率为 6%～13%；注射部位疼痛与皮疹最常见；暂时性肝功能异常约占 2%，但耳、肾毒性少见；偶见恶心、呕吐、眩晕、颤抖，以及嗜酸性粒细胞增多、中性粒细胞减少、血小板减少和包括气管痉挛、药物热等过敏反应发生；与万古霉素间存有交叉过敏反应。本品很少引起“红人综合征”。

知识拓展

假膜性肠炎是一种急性肠道炎症，多发生在 50～60 岁的中年人，女性多于男性。因在小肠或结肠的坏死黏膜表面覆有一层假膜而得名，本病易发生在大手术和应用广谱抗生素后，故又有人称之为手术后肠炎、抗生素性肠炎。假膜性肠炎是由两种菌群产生毒素致病：①难辨梭状芽胞杆菌；②凝固酶阳性的溶血性耐药金黄色葡萄球菌。假膜性肠炎的实质是肠道内菌群生态平衡失调，肠道菌群通过以下机制起到非特异性免疫作用：①H_2O_2 作用；②细菌毒素作用；③占位性保护作用；④有机酸的作用；⑤争夺营养作用，临床表现为发热、腹泻、腹痛、腹胀、毒血症和休克、死亡。

三、杆 菌 肽

杆菌肽自苔藓样杆菌的培养液获得，为一含噻唑环的多肽类化合物。商品为多种成分的混合物，其中主要成分为 A，国产杆菌肽内成分 A 含量占 90%以上。

【抗菌作用】 本品抗菌谱与青霉素相似，对革兰阳性细菌和革兰阴性球菌、肺炎双球菌、葡萄球菌、淋球菌、脑膜炎双球菌及螺旋体等均有杀菌作用；对革兰阳性菌尤其对金黄色葡萄球菌和链球菌属具有强大抗菌作用；对产青霉素酶的金黄色葡萄球菌亦具抗菌活性，对脑膜炎奈瑟菌、淋病奈瑟菌等革兰阴性球菌、螺旋体、放线菌等亦具一定作用，革兰阴性杆菌对其耐药。

【抗菌机制】 本品为慢效杀菌剂，能抑制细菌细胞壁合成中的脱磷酸化过程，而阻碍细胞壁的合成，并损伤细菌细胞膜，胞浆内容物外漏，导致细菌死亡。

【临床用途】 用于控制严重葡萄球菌感染，但因其肾毒性严重，目前已经被其他低毒的抗菌药物所取代，故目前仅限于局部应用。杆菌肽局部用药吸收少，对皮肤黏膜刺激性也小，变态反应也少见，且细菌不易产生耐药性。所以本品制成各种软膏和霜剂可用于治疗敏感菌所致疖、痈、溃疡等和皮肤伤口、眼、耳、鼻、喉、和口腔等感染。

本章小结

氨基糖苷类包括有链霉素、庆大霉素、妥布霉素、阿米卡星等抗生素。该类药物具有 6 大共性。该类药物均通过抑制细菌 30S 亚基核糖体，抑制蛋白质合成的 3 个环节，造成蛋白质合成障碍，导致细菌死亡；为静止期杀菌剂；仅对需氧革兰阴性菌有效，对阴性杆菌作用最强；不良反应有耳毒性、肾毒性、神经肌肉阻滞和过敏反应等。

万古霉素类、多黏菌素类和杆菌肽等属于多肽类抗生素，抗菌谱不广。万古霉素类和杆菌肽都是通过抑制细胞壁合成而杀灭细菌，为繁殖期杀菌剂。万古霉素类作用强，不易耐药，但不良反应严重，临床上用于耐甲氧西林金黄色葡萄球菌、耐甲氧西林表皮葡萄球菌感染和假膜性肠炎的治疗。多黏菌素类则通过抑制细胞膜通透性，产生杀灭细菌作用，抗菌作用强，不易耐药，但不良反应多而严重，临床上常与其他抗生素合用。

中药介绍

黄　连

黄连为毛茛科黄连属植物黄连、三角叶黄连或云连的干燥根茎，味苦、性寒，归心、脾、胃、肝、胆、大肠经清热燥湿、泻火解毒；含有多种生物碱，主要成分为小檗碱（黄连素），占5%～8%，其他生物碱有黄连碱、甲基黄连碱、棕榈碱、药根碱等。

黄连清热燥湿，泻火解毒之功效主要以抗病原体作用为基础。黄连及小檗碱具有广谱抗菌作用，对多种细菌、结核杆菌及真菌等有抑制或杀灭作用；对葡萄球菌、链球菌、肺炎球菌、霍乱弧菌、炭疽杆菌、痢疾杆菌均有较强的抗菌活性，对枯草杆菌、肺炎杆菌、结核杆菌、百日咳杆菌、白喉杆菌、鼠疫杆菌、布氏杆菌也有抗菌作用；对大肠埃希菌、变形杆菌、伤寒杆菌也有作用。

抗菌机制和作用环节可能有：①破坏细菌结构。②抑制细菌糖代谢，黄连能抑制酵母菌及细菌糖代谢的中间环节丙酮酸的氧化脱羧过程。③抑制核酸、蛋白质合成，影响核酸代谢。

黄连还具有降血糖、抗细菌毒素、抗腹泻、抗炎、解热、抗溃疡、镇静催眠、抗肿瘤、兴奋心脏、降血压、抗心律失常、抑制血小板聚集等作用。

（张　梅）

第三十九章 大环内酯类、林可霉素类抗生素

能力要求

1. 能够学会掌握大环内酯类（macrolides）抗生素的抗菌作用、临床应用及常见不良反应；学会合理应用大环内酯类代表药物。

2. 能够正确选择林可霉素类抗生素；阐述大环内酯类及林可霉素类抗生素的作用机制。

3. 能够区别两类药物的耐药性特点及机制。

第一节 大环内酯类

大环内酯类是一类具有 14 元、15 元、16 元大环内酯环化学结构的抗生素。红霉素是 1952 年第一个用于临床的大环内酯类药物，疗效肯定，无严重不良反应，临床用于革兰阳性菌、革兰阴性球菌和厌氧球菌等感染及 β-内酰胺类抗生素过敏者。后因其对酸不稳定、抗菌谱窄、不良反应较多和耐药率高等问题，自 20 世纪 70 年代起又陆续研发了克拉霉素（clarithromycin）和阿奇霉素（azithromycin）等第二代半合成大环内酯类抗生素。由于他们不仅抗菌活性增强、不良反应减少、$t_{1/2}$ 延长、对酸稳定和口服吸收率增加，且具有良好的抗生素后效应（postantibiotic effect，PAE），现已广泛用于治疗呼吸道泌尿道感染。然而，由于细菌对大环内酯类耐药性日益盛行，促使人们加紧开发第三代大环内酯类抗生素，现已发现第一个不引起耐药的酮基大环内酯类抗生素，并受到临床的普遍关注。按化学结构大环内酯类抗生素可分为如下几种。

1. 14 元大环内酯类 包括红霉素、竹桃霉素（oleandomycin）、克拉霉素、罗红霉素（roxithromycin）、地红霉素（dirithromycin）等。

2. 15 元大环内酯类 包括阿奇霉素。

3. 16 元大环内酯类 包括麦迪霉素（medecamycin）、乙酰麦迪霉素（acetyl medecamycin）、吉他霉素（kitasamycin）、乙酰吉他霉素（acetylkitasamycin）、交沙霉素（josamycin）、螺旋霉素（spiramycin）、乙酰螺旋霉素（acetylspiramycin）、罗他霉素（rokitamyciin）等。

一、大环内酯类药物的共性

【体内过程】

（1）吸收：红霉素不耐酸，易被胃酸破坏，口服吸收少，故临床一般服用其肠衣片或酯化物。新大环内酯类不易被胃酸破坏，生物利用度提高，血药浓度和组织细胞内药物浓度均增加，如克拉霉素、阿奇霉素和罗红霉素对胃酸稳定且易吸收。食物干扰红霉素和阿奇霉素的吸收，但能增加克拉霉素的吸收。

（2）分布：大环内酯类能广泛分布到除脑脊液以外的各种体液和组织。大环内酯类是少数能扩散进入前列腺并聚积在巨噬细胞和肝脏的药物之一，分布较多，炎症可促进红霉素的组织渗透。阿奇霉素的血浆浓度较低，主要集中在中性粒细胞、巨噬细胞、肺、痰、皮下组织、胆汁和前列腺等。罗红霉素的血药浓度和细胞内浓度较其他药物高。

（3）代谢：红霉素主要在肝脏代谢，并能通过与细胞色素 P450 系统相互反应而抑制许多药物的氧化。克拉霉素被氧化成仍具有抗菌活性的 14-羟基克拉霉素。阿奇霉素不在肝脏内代谢。

（4）排泄：红霉素和阿奇霉素主要以活性形式聚积和分泌在胆汁中，部分药物经肝肠循环被重吸收，大部分自胆汁排泄，小部分从尿排泄。克拉霉素及其代谢产物经肾脏排泄，肾功能不良患者应适当调整服药剂量或延长给药间隔时间。

【药理作用】 大环内酯类抗菌谱较窄，第一代药物主要对大多数革兰阳性菌、厌氧球菌和包括奈瑟菌、嗜血杆菌及白喉棒状杆菌在内的部分革兰阴性菌有强大抗菌活性，对嗜肺军团菌、弯曲菌、支原体、衣原体、弓形虫、非典型分枝杆菌等也具有良好作用；对产生 β-内酰胺酶的葡萄球菌和耐甲氧西林金黄色葡萄球菌有一定抗菌活性。第二代药物扩大了抗菌范围，增加和提高了对革兰阴性菌的抗菌活性。大环内酯类通常只有抑菌作用，高浓度时亦可产生杀菌作用。

【抗菌机制】 大环内酯类抗生素能不可逆地结合到细菌核糖体 50S 亚基的靶位上，选择性抑制细菌蛋白质合成。其中 14 元大环内酯类可阻断肽酰基 t-RNA 移位，16 元大环内酯类则抑制肽酰基的转移反应。近来研究证明，有的大环内酯类能与 50S 亚基靶位上的 L_{27} 和 L_{22} 蛋白质结合，促使肽酰基 t-RNA 从核糖体上较早解离，从而抑制蛋白质合成。由于细菌核糖体为 70S，由 50S 和 30S 亚基构成，而哺乳动物核糖体为 80S 亚基，由 60S 和 40S 亚基构成，因此，对动物核糖体几乎无影响。本类药物在细菌核糖体 50S 亚基上的结合点与林可霉素、克林霉素和氯霉素相同或相近，故当与这些药物合用时可能发生拮抗作用，并易产生耐药性。

【耐药性】 随着第一代大环内酯类抗生素在临床长期广泛应用，耐药菌逐渐增多，且本类间存在交叉耐药性。值得注意的是，细菌耐药性正在由单一耐药向多药耐药发展，如细菌可同时对大环内酯类-林可霉素类-链霉菌素耐药（macrolides-lincomycins-streptogramins resistance，MLSR），简称 MLS 耐药。细菌对其产生耐药的机制主要有以下几种。

（1）靶位结构的改变：由于细菌可以针对大环内酯类抗生素产生耐药基因，而合成一种甲基化酶，使核糖体的药物结合部位甲基化，导致本类药物不能与细菌核糖体 50S 亚基结合而呈耐药性。此为细菌对大环内酯类抗生素产生耐药性的主要机制。

（2）产生灭活酶：从大环内酯类抗生素诱导的细菌中分离出了多种灭活酶，包括酯酶（esterase）、葡萄糖酶（glycosidase）、磷酸化酶（phosphorylase）、乙酰转移酶（acetyltransferase）和核苷转移酶（nucleotidyltransferase），使大环内酯类抗生素水解、磷酸化、乙酰化或核苷化而失活。

（3）摄入减少和外排增多：对大环内酯类抗生素产生耐药性的细菌可以使膜成分改变或出现新的成分，导致大环内酯类抗生素进入菌体内的量减少，但药物与核糖体的亲和力不变，如表皮葡萄球菌由 PNE24 质粒产生的一种膜 6kDs 蛋白可对 14 元大环内酯中的红霉素和竹桃霉素呈现耐药性。金黄色葡萄球菌还可通过 PNE24 质粒产生能量依赖性的主动外排系统使 14 元、15 元大环内酯类抗生素呈现耐药性。大环内酯类抗生素对革兰阴性菌的耐药是由细菌脂多糖外膜屏障使药物难以进入菌体内而产生。

二、常用大环内酯类抗生素

红　霉　素

红霉素是从链霉菌培养液中所提得，在中性水溶液中稳定，在酸性（$pH<5$）溶液中不稳定，易分解。红霉素对革兰阳性菌中的金黄色葡萄球菌（包括耐药菌）、表皮葡萄球菌、链球菌等抗菌作用强；对部分革兰阴性菌，如脑膜炎奈瑟菌、淋病奈瑟菌、流感杆菌、百日咳鲍特菌、布鲁斯菌、军团菌等高度敏感；对某些螺旋体、肺炎支原体、立克次体和螺杆菌也有抗菌作用。红霉素的抗菌效力不及青霉素 G，临床常用于治疗耐青霉素的金黄色葡萄球菌感染和对

青霉素过敏者，以及上述敏感菌所致的其他各种感染，也能用于厌氧菌引起的口腔感染和肺炎支原体、肺炎衣原体、溶脲脲原体等非典型病原体所致的呼吸道、泌尿生殖道感染。其不良反应主要为胃肠道反应，使许多患者因不能耐受而被迫停药。少数患者可有肝损害，表现为转氨酶升高、肝肿大及胆汁郁积性黄疸等，一般于停药数日后可自行恢复。依托红霉素或琥乙红霉素引起的肝损害较红霉素强。个别患者可有药疹、药热等过敏反应，偶有耳鸣、暂时性耳聋等。琥乙红霉素能透过胎盘屏障，并能进入乳汁，孕妇和哺乳期妇女慎用。口服红霉素亦可引起假膜性肠炎。

克拉霉素

克拉霉素是由甲氧基取代红霉素内酯环 6 位羟基，以增加其对酸的稳定性，也称甲红霉素，是 14 元环半合成大环内酯类抗生素。它对革兰阳性菌、嗜肺军团菌、肺炎衣原体的作用是大环内酯类中最强者，对沙眼衣原体、肺炎支原体和流感杆菌、厌氧菌的作用也强于红霉素；口服吸收完全，且不受食物影响；分布广泛，且组织中浓度明显高于血中浓度；对金黄色葡萄球菌和化脓性链球菌的 PAE 也比红霉素长 3 倍，而且不良反应发生率和对细胞色素 P450 影响均较红霉素为低。但此药首过消除明显，生物利用度仅 55%。该药主要用于呼吸道、泌尿生殖道及皮肤软组感染的治疗，不良反应主要是胃肠道反应，偶可发生皮疹、皮肤瘙痒及头痛等。

阿奇霉素

阿奇霉素是在红霉素内酯环中加入了一个甲基化的氮原子，是已用于临床唯一的 15 元大环内酯类抗生素。阿奇霉素抗菌谱较红霉素广，对革兰阴性菌明显强于红霉素，对肺炎支原体的作用为大环内酯类中最强者，对流感杆菌、淋球菌和弯曲菌的作用也较强。本药主要特点是口服吸收快、组织分布广、血浆蛋白结合率低、细胞内游离浓度较同期血药浓度高 10～100 倍，$t_{1/2}$ 长达 35～ 48h，为大环内酯类中最长者，具有明显的 PAE，每日仅需给药一次。该药大部分以原型由粪便排出，少部分经尿排泄；用于肺炎支原体所致的呼吸道感染，也适用于沙眼衣原体和脲原体引起的泌尿道感染；不良反应轻，绝大多数患者均能耐受，轻度、中度肝功能、肾功能不良者可以应用。

罗红霉素

罗红霉素是 14 元环半合成的大环内酯类抗生素，对革兰阳性菌和厌氧菌的作用与红霉素相近，对肺炎支原体和衣原体作用较强，但对流感杆菌较红霉素弱；口服生物利用度高、组织分布广、$t_{1/2}$ 长达 8～16h；临床上用于上下呼吸道感染及皮肤软组织感染，也可用于非淋球菌性尿道炎；不良反应发生率较低，偶见皮疹，皮肤瘙痒、头痛、头昏等。

知识拓展

泰利霉素（telithromycin）是半合成大环内酯-林可酰胺-链阳菌素 B（MLSB）家族中的第一个抗菌药物，属酮内酯类抗生素，具有广谱抗菌活性、较低的选择性耐药性和与其他酮类抗生素的交叉耐药性的特点。

泰利霉素作用机制与大环内酯类抗生素相似，主要是通过直接与细菌核糖体的 50S 亚基结合，抑制蛋白质的合成，并阻抑其翻译和装配。泰利霉素与大环内醋类抗生素均可与 23S 核糖体 RNA 的Ⅱ和Ⅴ结构区的核苷酸结合，但最大区别在于泰利霉素对野生型核糖休的结合力较红霉素和克拉霉素分别强约 10 倍和 6 倍。本药临床主要用于治疗呼吸道感染。

第二节　林可霉素类抗生素

林可霉素类抗生素包括林可霉素(lincomycin，洁霉素，林肯霉素)和克林霉素(clindamycin，氯林可霉素，氯洁霉素)。林可霉素由链丝菌产生，克林霉素是林可霉素分子中第 7 位的羟基以氯离子取代的半合成品。两药具有相同的抗菌谱和抗菌机制，但由于克林霉素的口服吸收、抗菌活性、毒性和临床疗效均优于林可霉素，故临床常用。

【体内过程】

（1）吸收：林可霉素口服吸收差，生物利用度为 20%～35%，且易受食物影响。克林霉素口服吸收完全，生物利用度为 87%，受食物影响小，林可霉素的达峰时间为 2～4h，$t_{1/2}$ 为 4～4.5h。克林霉素的达峰时间为 1h，$t_{1/2}$ 约 2.5h。

（2）分布：两药血浆蛋白结合率高达 90%以上，能广泛分布到全身组织和体液并达有效治疗浓度，骨组织可达更高水平；能透过胎盘屏障；乳汁中的浓度与血中浓度相当。两药均不易透过血脑-屏障，但炎症时由于通透性增加，脑组织可达有效治疗浓度。

（3）代谢和排泄：在肝脏经氧化代谢成无活性的产物或经胆汁排入肠道或经肾小球滤过，仅有 10%以原型通过肾脏排泄，难达有效治疗浓度。停药后，克林霉素在肠道中的抑菌作用一般可持续 5 日，对敏感菌可持续 2 周。

【药理作用】　两药的抗菌谱均与红霉素相似，克林霉素抗菌活性比林可霉素强 4 ～ 8 倍，最主要特点是对各类厌氧菌有强大抗菌作用；对革兰阳性需氧菌有显著活性，对部分需氧革兰阴性球菌、人型支原体和沙眼衣原体也有抑制作用，但肠球菌、革兰阴性杆菌、耐甲氧西林金黄色葡萄球菌、肺炎支原体对本类药物不敏感。

【抗菌机制】　抗菌作用机制与大环内酯类相同，能不可逆性结合到细菌核糖体 50S 亚基上，抑制细菌蛋白质合成；易与革兰阳性菌的核糖体形成复合物，而难与革兰阴性杆菌的核糖体结合，故对革兰阴杆性菌几乎无作用。

【耐药性】　林可霉素类耐药机制与大环内酯类相同，因此与大环内酯类存在交叉耐药性。大多数细菌对林可霉素和克林霉素也存在完全交叉耐药性。

【临床应用】　本药主要用于厌氧菌、包括脆弱类杆菌、产气荚膜梭菌、放线杆菌等引起的口腔、腹腔和妇科感染；治疗需氧革兰阳性球菌引起的呼吸道、骨及软组织、胆道感染及败血症、心内膜炎等；对金黄色葡萄球菌引起的急慢性骨髓炎及关节炎为首选药。

【不良反应及注意事项】

（1）胃肠道反应：表现为恶心、呕吐、腹泻，口服给药比注射给药多见。林可霉素的腹泻发生率为 10%～15%，克林霉素为 4%。长期用药也可引起二重感染、假膜性肠炎。假膜性肠炎是其最严重的不良反应，这与艰难梭菌大量繁殖和产生外毒素有关，可用万古霉素与甲硝唑治疗。

（2）过敏反应：发生率约为 10%，表现为轻度皮疹、瘙痒或药热；也可出现一过性中性粒细胞减少和血小减少。

（3）其他：偶见黄疸及肝损伤。

案例解析

案例 39-1

患儿，女，2 岁 7 个月，发热咳嗽 6 日加重伴气促 2 日入院。入院前 6 日，患儿受凉后发热，体温 39℃，伴鼻塞，咳嗽，流涕，咳剧时伴呕吐，在当地医院予青霉素等治疗 3 日，效果不佳而入我院。查体：T：38.5℃，R：66 次/分，P：160 次/分。急性重病容，烦躁不安，呼吸深大，鼻翼翕动，发绀，三凹征(+)。双肺可闻及中细湿鸣。心率160次/分，律齐。辅助检查：血Rt:16.5×10^9/L；N：0.72L:0.38；Hb：120g/L；plt：154×10^9/L；胸片：双肺纹理增多，模糊。可见散在斑片状阴影。初步诊断：支原体肺炎。

问题：宜换用哪种抗菌药治疗？为什么？

解析：

该患儿已初步诊断为支原体肺炎，青霉素类药物疗效不佳，对支原体感染疗效较好的喹诺酮类药物属于儿童用药禁忌，故选择大环内酯类抗生素进行治疗，建议选择抗菌活性较高，不良反应较少的第二代药物。

本章小结

1. 大环内酯类　以红霉素为代表，此类药均可口服给药。本类药物为杀菌剂或抑菌剂，抗菌谱同青霉素。红霉素能引起胃肠道不良反应，新一代大环内酯类有克拉霉素、阿奇霉素和罗红霉素，具有抗菌活性强、血药浓度及组织浓度高、不良反应少等优点，临床较常用。

2. 林可霉素类　主要用于敏感菌引起的骨髓炎的治疗，但可致假膜性肠炎。以上两类药物由于作用靶点和作用机制相似，易发生竞争拮抗作用，不宜联合用药。

中药介绍

黄　芩

黄芩（拉丁学名：*Scutellaria baicalensis* Georgi），别名山茶根、土金茶根，是唇形科黄芩属多年生草本植物。

实验研究发现，黄芩煎剂对痢疾杆菌、伤寒杆菌、副伤寒杆菌、霍乱弧菌、大肠埃希菌、变形埃希菌、铜绿假单胞菌、葡萄球菌、溶血性链球菌、肺炎双球菌、白喉杆菌等有抑制作用。黄芩的根入药，味苦、性寒，有清热燥湿、泻火解毒、止血、安胎等功效，主治温热病、上呼吸道感染、肺热咳嗽、湿热黄胆、肺炎、痢疾、咳血、目赤、胎动不安、高血压、痈肿疖疮等症。黄芩的临床抗菌作用比黄连好，而且不产生抗药性。

（李晓冰）

第四十章 四环素类及氯霉素类

能力要求

1. 能够阐述四环素类（tetracyclines）药物和氯霉素类药物的抗菌谱、作用机制、临床应用和不良反应。

2. 能够根据四环素类药物的抗菌特点合理用药，能够依据氯霉素药物的临床适应证合理用药。

四环素类和氯霉素类药物的抗菌谱广泛，属广谱抗生素。两类药物对需氧和厌氧的革兰阳性和阴性菌均具有快速抑菌作用，对立克次体、衣原体、支原体和螺旋体也有较强的抑制作用，故常称为广谱抗生素。

第一节 四 环 素 类

一、概 述

四环素类抗生素化学结构均具有氢化骈四苯的基本骨架（图 40-1，表 40-1），为酸、碱两性物质，在酸性溶液中较稳定，在碱性溶液中易被破坏，临床一般用其盐酸盐。本类药物可分为天然品与半合成品，天然四环素类包括四环素（tetracycline）、金霉素（chlortetracycline）、土霉素（oxytetracycline）和地美霉素（demethylchlortetracycline，demeclocycline，去甲金霉素），半合成四环素类包括多西环素（doxycyclines，强力霉素）、美他霉素（methacyclines）和米诺环素（minocyclines）。

20 世纪 60 年代四环素曾是国内临床最普遍使用的抗生素之一，但由于耐药菌株日益增多，尤其是葡萄球菌属和肠杆菌科细菌对本类药物的广泛耐药，以及本类药物的不良反应也成为突出问题，故临床现多应用其半合成品多西环素和米诺环素。

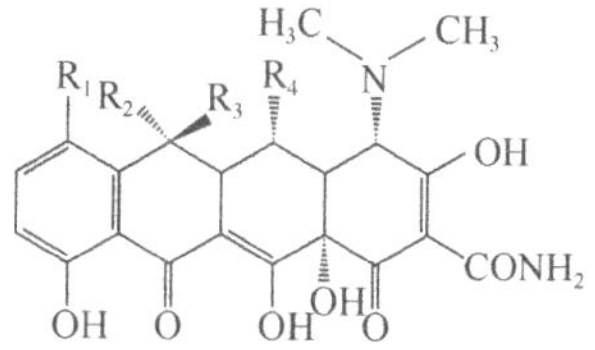

图 40-1 四环素类的化学结构

表 40-1 四环素类的化学结构

抗生素	R_1	R_2	R_3	R_4
四环素	—H	$—CH_3$	—OH	—H
土霉素	—H	$—CH_3$	—OH	—OH

续表

抗生素	R_1	R_2	R_3	R_4
地美霉素	—Cl	—H	—OH	—H
多西环素	—H	$—CH_3$	—H	—OH
米诺环素	$—N(CH_3)_2$	—H	—H	—H
美他环素	—H	$—CH_2$	——	—OH

【抗菌机制】 四环素类抗生素的抗菌作用机制和临床应用较为相似，属快速抑菌剂，在高浓度时对某些细菌呈现杀菌作用。其抗菌机制主要为与细菌核糖体30S亚单位的A位特异性结合，阻止氨基酸-tRNA进入A位，阻止肽链延伸，从而抑制细菌蛋白质合成。此外，药物尚可改变细菌细胞膜的通透性，使菌体内的核苷酸和其他重要成分外漏，从而抑制细菌DNA的复制。

【临床应用】 本类药物对革兰阳性菌的抗菌活性强于革兰阴性菌。革兰阳性菌中，葡萄球菌对四环素类药物敏感性高，肠球菌属对其不敏感；革兰阴性菌中，本类药物对变形杆菌和铜绿假单胞菌无作用。本类药物虽对多数厌氧菌有一定抗菌活性，但作用不及克林霉素及甲硝唑，故临床较少选用其治疗厌氧菌感染。

四环素类药物抗菌谱广，可用于治疗多种感染性疾病，尤其适用于立克次体病（斑疹伤寒、Q热和恙虫病等）、支原体感染、衣原体感染及某些螺旋体感染等疾病。四环素类药物可首选治疗鼠疫、幽门螺杆菌感染引起的消化性溃疡、布鲁菌病（需与氨基糖苷类联合）等。孕妇及8岁以下小儿不宜应用该类药物。

二、常用四环素类药物

四 环 素

四环素由链霉菌属培养液中提取制得，在酸性水溶液中易溶解，易吸收，一般用其盐酸盐。该药对革兰阳性菌作用强于革兰阴性菌，但对革兰阳性菌抑菌作用不如青霉素类和头孢菌素类，对革兰阴性菌作用不如氨基糖苷类及氯霉素类抗生素。对伤寒杆菌、副伤寒杆菌、结核分枝杆菌、铜绿假单胞菌、真菌及病毒无效。

【体内过程】 本品口服易吸收但不完全，2～4h血药浓度可达峰值，$t_{1/2}$约为8.5h。由于四环素类能与多价阳离子，如Mg^{2+}，Ca^{2+}，Al^{3+}及Fe^{2+}络合而影响其吸收，故应避免同服。该药吸收后广泛分布于各组织中，如胸腔，腹腔，胎儿循环及乳汁，并可沉积于骨骼和牙齿组织中。经肝浓缩排入胆汁，胆汁中浓度为血药浓度的10～20倍，并形成肝肠循环，但不易透过血-脑脊液屏障，主要以原型经尿液排出。

【临床应用】 由于四环素耐药性问题日益突出，使四环素的临床适应证大大受限，故本药一般不作为首选药，目前主要应用于：①立克次体病（治疗斑疹伤寒、恙虫病等）；②衣原体及支原体感染（非淋病性尿炎和支原体肺炎等）；③螺旋体感染（回归热）；④某些细菌性感染（百日咳、痢疾及尿道、胆道感染等）。

【不良反应】

（1）胃肠道反应：口服后可引起恶心、呕吐、腹胀、腹泻等症状；餐后服用可减轻局部刺激症状。

（2）二重感染：长期口服或注射使用广谱抗生素时，敏感菌被抑制，不敏感菌乘机大量繁殖，由原来的劣势菌群变为优势菌群，造成新的感染，称为二重感染或菌群交替症。较常见的二重感染有：①真菌病，致病菌以白色念珠菌多见，表现为口腔鹅口疮、肠炎，应立即停药并用抗真菌药治疗。②艰难梭菌引起的伪膜性肠炎，可引起肠壁坏死、剧烈腹泻，体液渗出，甚至可引起休克、死亡，应立即停药并应用万古霉素等治疗。

（3）对骨、牙生长的影响：四环素能与新形成的骨、牙组织中沉积的钙结合，引起牙釉质发育不全，并出现棕色色素沉积（表现为牙齿黄染）。四环素还能沉积在胚胎和幼儿的骨骼中，抑制胎儿、婴幼儿的骨骼发育。故孕妇、哺乳期妇女及 8 岁以下儿童禁用四环素类抗生素。

（4）肝损害：长期大剂量（每日超过 2g）应用可引起肝脏损害，主要原因为药物可沉积于肝细胞线粒体，造成急性肝细胞脂肪性坏死，尤其是肝功能不全或妊娠期妇女应用易引起。

（5）肾损害：本类药物可引起氮潴留，导致肾小管酸中毒，引起肾脏损伤，加重尿毒症。除多西环素外，其他四环素类药物均可在肾衰竭患者体内蓄积达中毒浓度，加重氮质血症，故肾衰竭患者宜选用多西环素。

（6）其他：偶见过敏反应，可引起药疹、光敏反应等。

多西环素

多西环素由于具有强效、速效、长效的特点，作为本类药物的首选药应用。本品易溶于水，遇光不稳定，与其他同类药物有交叉耐药性。

【体内过程】 口服吸收快而完全，且不受食物的影响。分布广泛，在脑脊液、前列腺中浓度也较高，消除 $t_{1/2}$ 长达 12～22h，有效治疗浓度可维持 24h 以上，一般细菌性感染可每日服药 1 次，且较少引起二重感染。本品主要在肝脏内代谢灭活，通过肾小球滤过随尿液排泄；当肾功能减退时，多西环素从胃肠道的排泄量增加，成为主要的代谢途径，肾衰竭患者也不易引起体内蓄积，因此肾功能不全者可使用本品。

【抗菌作用】 抗菌谱和四环素相似，作用机制相同。但抗菌作用比四环素强 2～10 倍，且对土霉素、四环素耐药的金黄色葡萄球菌有效。

【临床用途】 与四环素相似，主要用于治疗呼吸道感染、慢性支气管炎、前列腺炎、泌尿生殖道感染等，以及性病、淋巴肉芽肿等衣原体感染，立克次体病、恙虫病，支原体引起的肺炎，回归热等。多西环素为肾功能不全者肾外敏感细菌感染最安全的一种四环素类药物。

【不良反应】 基本同四环素，但无明显的肾毒性。

米诺环素

米诺环素是长效、高效的半合成四环素类药物，其抗菌谱与四环素相近，抗菌作用为四环素类药物中最强；口服吸收迅速，不受食物的影响，组织穿透力强，脑脊液中浓度高于其他四环素类；口服后 2～3h 血药浓度可达高峰，$t_{1/2}$ 为 11～22h；临床用途同多西环素，此外对痤疮也有一定疗效；不良反应与其他四环素类基本相似，但米诺环素可引起独特的前庭反应，出现恶心、呕吐、眩晕及运动失调等，常在开始服药时出现，停药后 24～48h 症状可消失；用药期间不宜从事高空作业、驾驶和仪器操作。

第二节　氯霉素类

氯霉素类药物有氯霉素（chloramphenicol，chloromycetin）和甲砜霉素（thiamphenicol），为广谱抑菌剂，对革兰阴性菌作用强于革兰阳性菌。

氯霉素

氯霉素是由委内瑞拉链丝菌产生的抗生素，本品为微细白色至黄色针状或片状结晶，味苦，左旋体具有生物活性，在酸性、中性溶液中较稳定。氯霉素曾广泛用于治疗各种敏感菌感染，因 1950 年发现其诱发致命性不良反应（抑制骨髓造血功能），现已严格控制其使用。氯霉素有多种剂型，口服制剂有氯霉素和棕榈氯霉素，注射剂为琥珀氯霉素。

氯霉素对革兰阴性菌的抗菌作用强于革兰阳性菌，属广谱抑菌药。该药对流感嗜血杆菌、奈瑟菌属、伤寒沙门菌、肺炎链球菌具有杀灭作用；对革兰阳性菌作用弱于青霉素类和四环素类抗生素。氯霉素对结核分枝杆菌、真菌和原虫无效。

【体内过程】 氯霉素和棕榈氯霉素可口服，吸收快而完全。血浆 $t_{1/2}$ 约为 2.5h，有效血药浓度维持 6～8h。氯霉素广泛分布于各组织和体液中，脑脊液中药物浓度可达血液药物浓度的 45%～99%；肌内注射吸收较慢，血药浓度较低，仅为口服同剂量的 50%～70%，但维持时间较长；体内药物量的 90%与肝脏葡萄糖醛酸相结合而失活，其原型药及代谢产物迅速经尿排出，能在泌尿系统达到有效抗菌浓度。琥珀氯霉素仅供静脉注射使用，在体内水解释放出氯霉素，但其在水解释放前已被肾脏代谢 20%～30%，故其生物利用度低于口服用药。

【抗菌机制】 氯霉素抗菌作用机制为作用于细菌核糖体 50S 亚单位，抑制肽酰基转移酶，阻止 P 位肽链的末端羧基与 A 位氨基酰 tRNA 的氨基发生反应，从而抑制肽链的延伸，使得细菌蛋白质合成受阻。氯霉素的作用位点与大环内酯类和林可霉素类药物十分接近，这些药物联合用药可能相互竞争相近的作用靶点，产生拮抗作用。

【临床应用】 由于氯霉素可能引起造血系统致命性的再生障碍性贫血，临床应用受到很大限制。若必须应用，则需在用药期间定期监测血象。

（1）脑膜炎及脑水肿：用于对其他药过敏或无效的脑膜炎和脑水肿，由流感嗜血杆菌、脑膜炎奈瑟菌，肺炎链球菌引起的脑膜炎，需氧菌、厌氧菌混合感染引起的脑水肿。

（2）伤寒和副伤寒：氯霉素曾作为伤寒和副伤寒的首选药物，但因其对造血系统会产生严重不良反应，现首选应用喹诺酮类或第三代头孢菌素类药物。治疗敏感沙门菌株所致的散发病例，可选用，疗程 2～3 周。

（3）立克次体病：可用于立克次体病重度感染的妊娠期妇女、8 岁以下儿童及对四环素过敏患者。

（4）其他：氯霉素全身或局部给药均能在角膜、虹膜、巩膜、晶状体及结膜达到有效治疗浓度，可用于敏感菌所致各种眼部感染。

【不良反应】 应严格掌握氯霉素的临床适应证，在其他抗菌药能够安全有效地进行治疗时则不使用氯霉素。

（1）抑制骨髓造血功能：为了防止造血系统的毒性反应应避免滥用，应用时勤查血象。其表现如下。①可逆性血细胞减少：较常见，与剂量和疗程有关，可见各类血细胞减少症，一旦出现，及时停药可以恢复。②不可逆性再生障碍性贫血：虽然发病率低（约 1/3 万），但死亡率高。发病率与剂量、疗程无直接关系，发病机制不清，女性发生率较男性高 2～3 倍。

（2）灰婴综合征（gray syndrome）：由于新生儿及早产儿肝脏缺乏葡萄糖醛酸转移酶，肾脏排泄功能也不完全，氯霉素的代谢受限，剂量过大应用时容易发生。最初 24h 内表现呕吐、拒哺、快而不规则的呼吸及发绀等；后可表现为体温降低、循环衰竭、呼吸困难、进行性血压下降、皮肤苍白和发绀，故称灰婴综合征。一般可发生于治疗的第 2～9 日，死亡率 40%，恢复者一般无后遗症。较大的儿童和成人应用剂量过大或肝功能不全时应用，也可能发生此类不良反应。

（3）其他：口服可发生恶心、呕吐、腹泻等胃肠道反应；较少发生过敏反应，如皮疹、血管神经性水肿和视神经炎等。

甲砜霉素

甲砜霉素是氯霉素结构中的苯对硝基被甲砜基取代的衍生物，比氯霉素具有更高的水溶性和稳定性。甲砜霉素的抗菌谱、抗菌机制、主要适应证及主要不良反应都与氯霉素基本相似，口服、肌内注射均易吸收，$t_{1/2}$ 约 1.5h。其在肝脏不与葡萄糖醛酸结合，主要以原型形式由胆汁和肾排出。细菌对其产生耐药速度较慢，与氯霉素有完全交叉耐药性。甲砜霉素主要用于治疗对其敏感的流感嗜血杆菌、大肠埃希菌及沙门菌等所致的呼吸道、泌尿道及肠道感染。由于该药血液系统毒性反应发生的可能性，故临床也较少应用。

本章小结

四环素类和氯霉素抗生素属广谱抑菌剂，对革兰阳性、阴性菌有快速抑菌作用，对立克次体、支原体、衣原体、某些螺旋体和原虫也具有较强的抑制作用。

四环素类药物主要应用于立克次体、支原体、衣原体、回归热感染等疾病，对革兰阳性菌作用强于阴性菌。抗菌机制为与细菌核糖体 30S 亚基在 A 位特异性结合，抑制肽链延伸和细菌蛋白质的合成。孕妇及 8 岁以下小儿不宜使用此类药物。多西环素为四环素类药物的首选治疗药。

氯霉素类药物由于其对血液系统的毒性作用，应严格控制其临床适应证，本类药物仅应用于其他药物无效的敏感菌感染适应证，不作为首选治疗药物。对革兰阴性菌作用强于革兰阳性菌。抗菌机制为作用于细菌核糖体 50S 亚单位，抑制肽酰基转移酶，阻止肽链延伸而影响细菌蛋白质合成。新生儿、早产儿、妊娠期、哺乳期妇女不宜使用。

（张彦燕）

第四十一章　人工合成抗菌药

能力要求

1. 能够阐述氟喹诺酮类药物和磺胺类药物（sulfonamides）的抗菌谱、作用机制、临床应用和不良反应。

2. 能够知晓氟喹诺酮类和磺胺类药物的抗菌特点及临床合理应用。

3. 能够了解选用噁唑烷酮类、硝基呋喃和硝基咪唑类等抗菌药物。

第一节　喹诺酮类抗菌药

一、概　　述

喹诺酮类抗菌药是一类含有4-喹诺酮（4-quinolone）基本结构的人工合成的药物（图41-1），对此基本结构不断进行修饰和改造，形成了系列喹诺酮类抗菌药物（表41-1）。1962年，美国Sterling-Winthrop研究所发现了第一个上市的喹诺酮类抗菌药萘啶酸（nalidixic acid），开辟了抗菌药物的新领域。发展至今，已陆续开发出四代产品，由于第三代、第四代产品抗菌谱广、抗菌活性强，口服吸收好，不良反应少等诸多特点，至今仍广泛应用于泌尿生殖系统、肠道、呼吸道、皮肤软组织等部位感染的治疗。

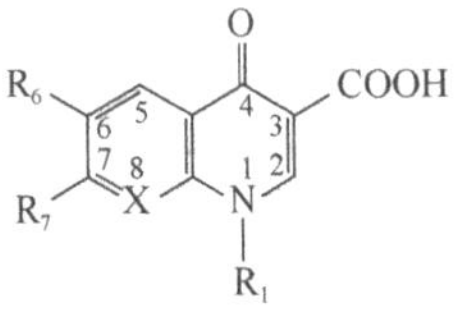

图41-1　喹诺酮类药物基本化学结构

表41-1　喹诺酮类药物化学结构式

药物	R_1	R_6	R_7	X
萘啶酸	$—C_2H_5$	—H	$—CH_3$	—N=
吡哌酸	$—C_2H_5$		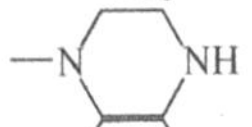	—N=
依诺沙星	$—C_2H_5$	—F	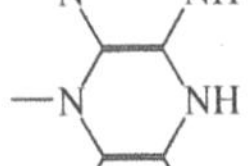	—N=
诺氟沙星	$—C_2H_5$	—F	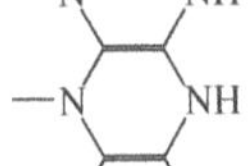	—CH=
环丙沙星		—F	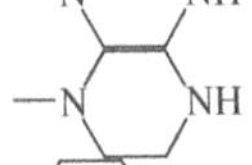	—CH=
培氟沙星	$—C_2H_5$	—F	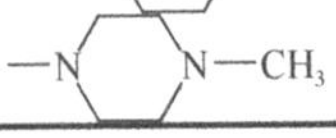	—CH=

续表

药物	R_1	R_6	R_7	X
氧氟沙星	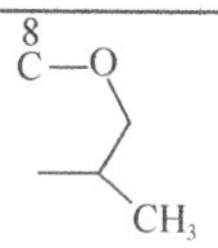	—F	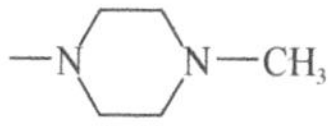	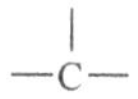
左氧氟沙星	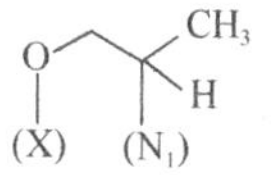	—F	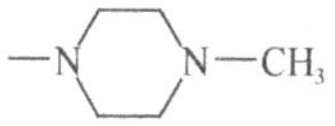	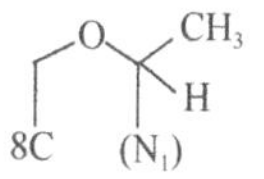
氟罗沙星	$—CH_2—CH_2—F$	—F	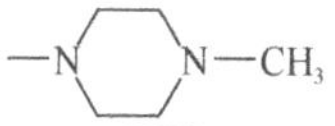	
洛美沙星	$—C_2H_5$	—F	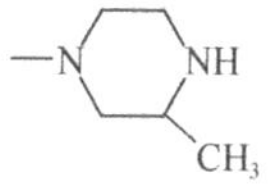	
斯帕沙星		—F	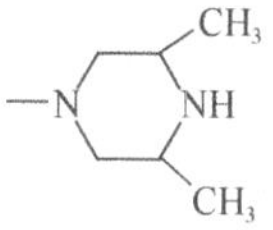	
加替沙星		—F	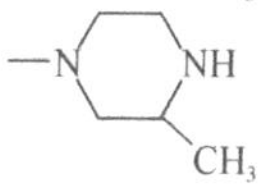	
莫西沙星	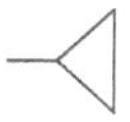	—F	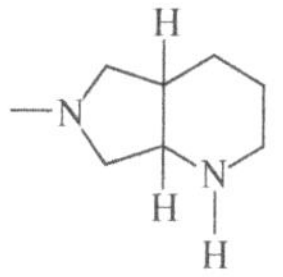	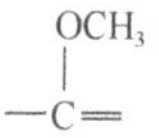
妥舒沙星	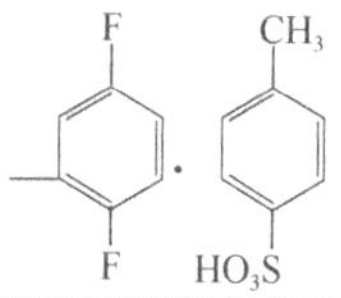	—F		—N=

喹诺酮类药物目前共分为四代。第一代喹诺酮类药物有萘啶酸和吡咯酸（pipromidic acid）等，于 1962～1969 年上市应用，只对大肠埃希菌、痢疾杆菌、克雷白杆菌、少部分变形杆菌有抗菌作用，因吸收差、毒性大和疗效不佳等现已少用。第二代喹诺酮类药物有吡哌酸（pipemidic Acid）、新噁酸（cinoxacin）和甲氧噁喹酸（miloxacin）等，于 1969～1979 年上市应用。在抗菌谱方面有所扩大，对肠杆菌属、柠檬酸杆菌、铜绿假单胞菌、沙雷杆菌也有一定抗菌作用，由于血浆浓度低，副作用仍较大，现很少应用。第三代喹诺酮类药物有诺氟沙星（norfloxacin，氟哌酸）、氧氟沙星（ofloxacin，氟嗪酸）、左氧氟沙星（levofloxacin）、培氟沙星（perfloxacin）、依诺沙星（enoxacin）、环丙沙星（ciprofloxacin，环丙氟哌酸）等，此类药物的化学结构分子中均有氟原子，因此称为氟喹诺酮，于 1980～1996 年上市应用。和前两代药物相比，本代药物对大肠埃希菌、伤寒杆菌、变形杆菌、沙门菌属、志贺菌属等革兰阴性菌的抗菌增强，同时对葡萄球菌、肺炎链球菌、溶血性链球菌等革兰阳性菌、结核分枝杆菌、军团菌、支原体和衣原体也有抗菌作用。第四代喹诺酮类药物有莫西沙星（moxifloxacin）、加替沙星（gatifloxacin）、司帕沙星（sparfloxacin）、巴罗沙星（balofloxacin）和妥美沙星（tomefloxacin）等，于 1997 年开始上市应用。与第三代相比，第四代药物除保持 6 位氟取代的结构外，于 5 位或者 8 位引入氨基或甲基及甲氧基的衍生物，有助于加强抗厌氧菌活性，而 C_7 位上的氮双环结构则加强抗革兰阳性菌活性，并保持了原来抗革兰阴性菌的活性。另外，对典型病原体，如肺炎支原体、肺炎衣原体、军团菌及结核分枝杆菌的作用增强，副作用更小。喹诺酮类抗菌药物的抗菌谱特点见表 41-2。

表 41-2 喹诺酮类抗菌药物的抗菌谱特点

代数	抗菌谱
第一代	抗菌谱较窄，仅对大肠埃希菌、变性杆菌属、沙门菌属和志贺菌属的部分菌株有抗菌作用
第二代	对肠杆菌属、铜绿假单胞菌有较好的抗菌作用
第三代	对肠杆菌属的抗菌活性增强，同时对革兰阳性球菌也有抗菌作用，对非典型致病菌也有较好疗效
第四代	对革兰阳性球菌与厌氧菌作用明显加强，抗革兰阴性杆菌作用与第三代相似，同时对衣原体、支原体、军团菌也有较强作用

【体内过程】 多数氟喹诺酮类药物口服吸收良好，给药后 1～2h 内达到血药峰浓度。诺氟沙星生物利用度为 30%～40%，环丙沙星生物利用度为 38%～60%，其余氟喹诺酮类药物生物利用度高达 80%～95%。Mg^{2+}等金属离子可降低氟喹诺酮类药物的生物利用度。血浆蛋白结合率为 14%～30%，体内分布广泛，组织体液内浓度高。环丙沙星和氧氟沙星可透过血脑-屏障。诺氟沙星和环丙沙星的 $t_{1/2}$ 较短，为 3～5h，左氧氟沙星、莫西沙星、司氟沙星、加替沙星、曲伐沙星则为 6～11h，司氟沙星可达 18h。培氟沙星主要由肝脏代谢并通过胆汁排泄；氧氟沙星、左氧氟沙星、洛美沙星和加替沙星 70%以上以原型经肾脏排出。

【抗菌机制】 喹诺酮类药物主要通过抑制细菌 DNA 拓扑异构酶（topoisomerase），阻碍 DNA 合成而导致细菌死亡。DNA 拓扑异构酶兼具 DNA 内切酶和 DNA 连接酶的功能，催化 DNA 链断开和结合的偶联反应。拓扑异构酶Ⅱ和拓扑异构酶Ⅳ是喹诺酮类药物的主要作用靶点。细菌 DNA 拓扑异构酶Ⅱ又称 DNA 回旋酶（grase），天然状态下 DNA 以负超螺旋（右手超螺旋）为主，处于有利于解链的松弛状态。但负超螺旋结构在细菌 DNA 复制和转录过程中导致过多的正超螺旋（左手超螺旋）DNA 形成，使双螺旋 DNA 处于拧紧状态，DNA 回旋酶的功能则在于切断 DNA 的一条或两条链中的磷酸二酯键，然后重新缠绕和封口，控制 DNA 的拓扑状态，使其恢复负超螺旋结构，这一过程需要 ATP 提供能量。大肠埃希菌的 DNA 回旋酶是四叠体结构的蛋白，由 2 个 A 亚基与 2 个 B 亚基组成，分子质量分别为 105kD 与 95kD，分别由 gyrA 和 gyrB 基因编码。细菌在合成 DNA 过程中，DNA 螺旋酶的 A 亚基将染色体 DNA 正超螺旋的一条单链（后链）切开，接着 B 亚基使 DNA 的前链后移，A 亚基再将切口封住，形成了负超螺旋。拓扑异构酶Ⅳ是由 2 个 C 亚基和 2 个 E 亚基组成的四聚体，分别由 parC 和 parE 基因编码，在 DNA 复制后期姐妹染色体的分离过程中起重要作用。拓扑异构酶Ⅳ的 C 亚基负责 DNA 断裂和重接，E 亚基催化 ATP 水解和 DNA 前链的后移（图 41-2）。

喹诺酮类药物能与 DNA 回旋酶亚基 A 结合，形成喹诺酮类-DNA-回旋酶复合物，进而抑制回旋酶对 DNA 的断裂和再连接的功能，干扰 DNA 超螺旋结构的解旋，导致细菌死亡。在革兰阳性球菌和革兰阴性杆菌，喹诺酮类药物对 DNA 回旋酶和拓扑异构酶Ⅳ的作用强度有所不同，导致了抗菌作用的差异。例如，在大肠埃希菌，环丙沙星的主要作用靶位是 DNA 回旋酶，次要作用靶位是拓扑异构酶Ⅳ；而对于葡萄球菌属和链球菌属等革兰阳性菌，环丙沙星的主要作用靶位是拓扑异构酶Ⅳ，次要作用靶位是 DNA 回旋酶。

真核细胞也含有生物活性与细菌 DNA 回旋酶相似的拓扑异构酶Ⅱ，治疗浓度的喹诺酮类对拓扑异构酶Ⅱ影响较小，但在高浓度时有一定的抑制作用。细菌对喹诺酮类天然耐药率极低，但获得性耐药发展迅速，同类药物之间有交叉耐药性。临床常见的耐药菌包括铜绿假单胞菌、肠球菌和金黄色葡萄球菌等，其耐药性与 gyrA 基因突变导致 DNA 回旋酶 A 亚基与药物的亲和力下降有关。

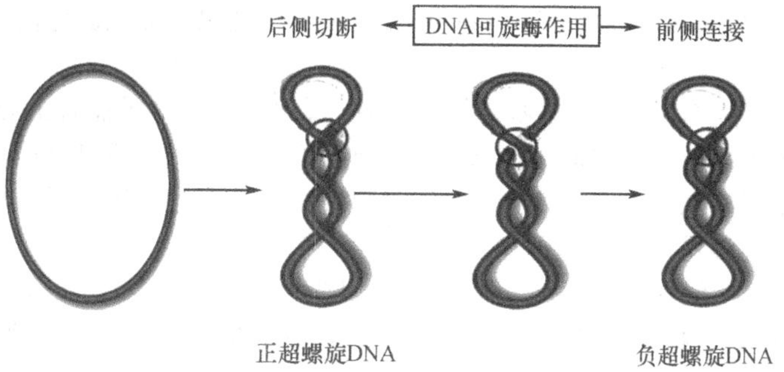

图 41-2 喹诺酮类药物抗菌机制

【临床应用】 由于第一代、第二代喹诺酮类抗菌药对革兰阳性菌效果差，不良反应较多，目前临床应用较多的是第三代、第四代具有广谱抗菌活性的氟喹诺酮类药物，但不同品种的抗菌活性存在差别。环丙沙星、氧氟沙星、诺氟沙星等对肠杆菌科细菌、铜绿假单胞菌等革兰阴性菌，以及甲氧西林敏感的葡萄球菌具有良好抗菌作用，而对于获得性呼吸道感染常见病原菌，如肺炎链球菌、化脓性链球菌等革兰阳性菌的抗菌活性均较低。左氧氟沙星、莫西沙星、加替沙星、吉米沙星等则增强了对肺炎链球菌、化脓性链球菌等革兰阳性菌和肺炎支原体、肺炎衣原体及嗜肺军团菌等社区获得性呼吸道感染病原微生物的抗菌作用。近年来，由于大肠埃希菌对氟喹诺酮类药物的耐药率超过 50%，且氟喹诺酮类品种之间呈现交叉耐药，因此用于治疗由大肠埃希菌导致的泌尿生殖系统感染和肠道感染时宜参考细菌药敏实验用。氟喹诺酮类药物主要用于治疗以下感染。

（1）泌尿生殖系统感染。氟喹诺酮类药物可用于治疗由敏感大肠埃希菌、变形杆菌、铜绿假单胞菌等引起的急性膀胱炎、急性肾盂肾炎和慢性细菌性前列腺炎。环丙沙星、加替沙星、氧氟沙星与β-内酰胺类同为首选用于单纯性淋病萘瑟菌性尿道炎或宫颈炎；由于近年来淋病奈瑟菌对氟喹诺酮类药物耐药性增高，淋菌性尿道炎、宫颈炎的治疗作用受到限制。环丙沙星是铜绿假单胞菌性尿道炎的首选药，由沙眼衣原体等所致的非淋菌性感染，氧氟沙星和左氧氟沙星仍可作为多西环素或阿奇霉素等首选药的替代选用药物。

（2）肠道感染。首选用于治疗志贺菌引起的急、慢性菌痢，以及鼠伤寒沙门菌、猪霍乱沙门菌、肠炎沙门菌引起的胃肠炎，但福氏志贺菌近年来对氟喹诺酮类药物耐药率有增高趋势。对沙门菌引起的伤寒或副伤寒，首选氟喹诺酮类或头孢曲松。

（3）呼吸系统感染。肺炎链球菌、流感嗜血杆菌、卡他莫拉菌和肺炎支原体、肺炎衣原体等对左氧氟沙星、莫西沙星等氟喹诺酮类药物高度敏感，这类药物常用于社区获得性肺炎的治疗，对于上述细菌导致的急性鼻窦炎，可选用阿莫西林-克拉维酸治疗。另外，左氧氟沙星和环丙沙星可有效治疗金黄色葡萄球菌和非典型分枝杆菌引起的呼吸系统感染。可替代大环内酯类用于支原体肺炎、衣原体肺炎、嗜肺军团菌引起的军团病。

（4）皮肤及软组织感染。可用于治疗甲氧西林敏感的金黄色葡萄球菌、肠杆菌科和化脓性链球菌等导致的皮肤软组织感染；对于需氧菌及厌氧菌混合感染导致的糖尿病足，可联合应用氟喹诺酮类药物和克林霉素或甲硝唑。

（5）其他。氟喹诺酮类药物在骨和关节中药物浓度较高，可用于治疗甲氧西林敏感的金黄色葡萄球菌、肠杆菌科、铜绿假单胞菌等导致的骨和关节感染。伤寒沙门菌株对氟喹诺酮类药物敏感，可首选氟喹诺酮类药物治疗成年人伤寒，以及用于治疗沙眼衣原体、支原体所致的性传播疾病。

【不良反应】

（1）胃肠道反应是最常见的不良反应，可见胃部不适、恶心、呕吐、腹痛、腹泻等症状，口服药居多，一般程度较轻，停药后可自行恢复，只有少数患者需因此停药。不宜空腹使用本类药物。

（2）中枢神经系统不良反应：轻症者表现失眠、头昏、头痛，重症者出现精神异常、抽搐、惊厥等，主要是由于兴奋中枢引起的症状。中枢神经系统疾病患者应避免应用。喹诺酮类药物引起中枢神经系统反应从大到小依次为：氟罗沙星＞诺氟沙星＞司帕沙星＞环丙沙星＞依诺沙星＞氧氟沙星＞培氟沙星＞左氧氟沙星。

（3）光敏反应：一般在用药后数日内发生，以光敏性皮炎最多，症状为光照部位皮肤出现红斑、水肿、脱屑、丘疹、小水泡，严重者出现皮肤糜烂、脱落。在治疗过程中及治疗结束后数日内应避免过长时间暴露于亮光照射。司帕沙星、洛美沙星、氟罗沙星诱发的光敏反应最为常见，其他药物光敏反应的发生率依次为：依诺沙星＞氧氟沙星＞环丙沙星＞莫西沙星、加替沙星。

（4）心脏毒性罕见但后果严重：可见心慌、心悸等临床症状。有些喹诺酮类药物还可导致Q-T间期延长、尖端扭转型室性心动过速、室颤等。对心律不齐的患者，在临床应用时应密切注意，应避免与引起Q-T间期延长的药物合用。

（5）肝脏毒性：大剂量或长期应用喹诺酮类药物可对肝脏有轻度损害；少数患者可发生血清氨基转移酶升高、血尿素氮增高及白细胞降低，呈一过性，停药后可缓解。

（6）肌肉、骨骼系统不良反应：喹诺酮类药物引起的肌腱炎偶见，但严重者可导致肌腱断裂，特别是运动员。与 Mg^{2+}结合沉积于关节软骨，可造成软骨损伤。喹诺酮类药物在幼龄动物中可影响软骨的生长，临床研究发现儿童用药后可出现关节痛和关节水肿，禁止应用于 14 岁以下的未成年人群，特别是婴幼儿，以及孕妇和哺乳期妇女。

二、常用喹诺酮类药物

诺氟沙星

诺氟沙星为第一个氟喹诺酮类药物。空腹时口服吸收迅速但不完全；广泛分布于各组织和体液中，如肝、肺、肾、前列腺、睾丸、子宫及胆汁、尿液等，但中枢神经系统分布较少。血浆蛋白结合率为10%～15%，血浆消除 $t_{1/2}$ 为 3～4h，肾功能减退时可延长至 6～9h。肾脏和肝胆系统为主要排泄途径，26%～32%以原型自尿中排出，28%～30%从胆汁和/或粪便排出。尿液 pH 影响诺氟沙星的溶解度，在 pH7.5 时溶解最少。

诺氟沙星具有广谱抗菌作用，但对革兰阳性菌作用较弱，对革兰阴性杆菌的抗菌活性高，对大肠埃希菌、克雷伯菌属、柠檬酸杆菌属、沙门菌属、变形菌属、志贺菌属、弧菌属、耶尔森菌等具有良好抗菌作用；对青霉素耐药的淋病奈瑟菌、流感嗜血杆菌和卡他莫拉菌亦有良好抗菌作用；常用于上述敏感菌所致的尿路感染、淋病、前列腺炎、肠道感染和伤寒及其他沙门菌感染；对金黄色葡萄球菌、肺炎链球菌等感染亦有效。

环丙沙星

环丙沙星可用于口服或静脉给药；口服后 0.5～2h 可达血药峰浓度，血浓度较低，静脉滴注可弥补此缺点；主要分布于胆汁、黏液、唾液、骨及前列腺中。血浆蛋白结合率为 20%～40%，血浆消除 $t_{1/2}$ 约为 4h，在肝脏部分被代谢后经肾脏由尿液排出，可在尿中保持较高药物浓度。

环丙沙星抗菌谱广，尤其对革兰阴性杆菌杀菌效果好，抗菌活性较诺氟沙星强 2～4 倍，对金黄色葡萄球菌、肠杆菌、铜绿假单胞菌、流感嗜血杆菌、淋球菌、链球菌、军团菌均具有抗菌作用，对青霉素类，头孢菌素类，氨基糖甙类和四环素类耐药菌株均显较高抗菌活性；临床应用于尿路感染、肠道感染、淋病等，还可治疗由铜绿假单胞菌、葡萄球菌属等引起的骨和关节感染、皮肤软组织感染和肺炎、败血症等；口服制剂的适应证同诺氟沙星，静脉给药可用于较重感染的治疗，如肠杆菌科细菌败血症、肺部感染、腹腔、胆道感染等；由于在幼龄动物能导致软骨病，18 岁以下儿童或青少年禁用环丙沙星。

氧氟沙星 左氧氟沙星

氧氟沙星服后吸收快而完全，相对生物利用度达 95%～100%。血药达峰时间约为 1h，血药浓度高而持久，血浆消除 $t_{1/2}$ 为 4.7～7.0h，蛋白结合率为 20%～25%。吸收后广泛分布至各组织和体液中，尤其是胆汁、脑脊液、尿中浓度较高，可通过胎盘屏障，主要以原型自肾脏排泄，口服 24h 内尿中排出给药量的 75%～90%，且尿中药物浓度在服药后 48h 后仍能维持在杀菌水平，碱化尿液可减低氧氟沙星在尿中的溶解度，导致结晶尿和肾毒性；少量在肝内代谢，或以原型自粪便中排出。

氧氟沙星抗菌活性强，对革兰阳性菌和革兰阴性菌均有较强作用。左氧氟沙星为氧氟沙星的左旋光学异构体，其抗菌活性约为氧氟沙星的两倍，水溶性较好，可制成注射剂。氧氟沙星与左氧氟沙星对青霉素耐药的淋病奈瑟菌、甲氧西林敏感葡萄球菌、铜绿假单胞菌、产酶流感嗜血杆菌和莫拉菌属均具有高度抗菌活性；对肺炎链球菌、溶血性链球菌和粪肠球菌具有中等抗菌活性；对沙眼衣原体、支原体、军团菌具有良好杀灭作用，对结核杆菌和非典型分枝杆菌也有一定抗菌活性；临床常用于治疗上述病原体导致的尿路感染、细菌性前列腺炎、淋病奈瑟菌尿道炎、宫颈炎、支气管和肺部感染、胃肠道感染、伤寒、骨和关节感染、皮肤软组织感染及败血症等全身感染。

洛 美 沙 星

洛美沙星口服吸收完全，在体内分布广泛；血浆消除 $t_{1/2}$6～8h，主要自尿中以原型排出；对繁殖期和静止期细菌具有迅速杀菌作用，体外抗菌作用与诺氟沙星相似，较环丙沙星略差，但其体内抗菌活性，包括对大肠埃希菌、肺炎杆菌、铜绿假单胞菌和金黄色葡萄球菌的作用均明显优于诺氟沙星；临床适应证与诺氟沙星相似，主要用于治疗敏感菌导致的呼吸系统、泌尿系统、消化系统、皮肤和软组织等感染。

莫 西 沙 星

莫西沙星口服后吸收良好，生物利用度约 90%。血浆消除 $t_{1/2}$ 为 12h。同服二价、三价阳离子抗酸药可影响其吸收；主要在肝脏和肾脏代谢；对革兰阳性菌、革兰阴性菌、厌氧菌、支原体、衣原体和军团菌具有广谱抗菌活性；主要用于治疗患有呼吸道感染的成人，如急性鼻窦炎、慢性支气管炎急性发作、获得性肺炎及皮肤和软组织感染。近年来欧洲药品管理局经过对莫西沙星安全性评估后，建议只能用于其他抗菌药物无法使用或治疗无效的情况。

加 替 沙 星

加替沙星为 8-甲氧氟喹诺酮类外消旋化合物，其 *R*-和 *S*-对映体抗菌活性相同；体外具有广谱抗菌活性，包括金黄色葡萄球菌、肺炎链球菌等革兰阳性菌，大肠埃希菌、流感和副流感嗜血杆菌、肺炎克雷伯菌、卡他莫拉菌、淋病奈瑟菌、奇异变形杆菌等革兰阴性菌，以及肺炎衣原体、嗜肺性军团杆菌、肺炎支原体等病原体。

本品口服易吸收且不受饮食因素影响，药物浓度在服用 1～2h 后达峰，血浆消除 $t_{1/2}$ 为 8～12h，蛋白结合率约为 20%；生物利用度为 96%，广泛分布于许多组织和体液中，组织浓度是血浆浓度的 1.5 倍以上，主要以原型经肾脏从尿液排出；临床用于治疗由敏感菌所致的各种感染性疾病，包括慢性支气管炎急性发作、急性鼻窦炎、社区获得性肺炎、单纯性尿路感染（膀胱炎）和复杂性尿路感染、急性肾盂肾炎、淋球菌性尿路炎或直肠感染和宫颈炎等。近年来临床发现加替沙星能引起血糖异常，包括症状性低血糖症和高血糖症，因此糖尿病患者禁用，老年患者、具有肾功能不全、影响葡萄糖代谢的合并用药（特别是降血糖用药）等与血糖代谢异常相关的其他危险因素的患者避免使用，在服用加替沙星时应该密切监控血糖，一旦发现异常应立刻停药。

第二节 磺胺类抗菌药物

一、概 述

磺胺类药物是一类具有对氨基苯磺酰胺结构的人工合成的抗菌药。1932 年，德国科学家 Gerhard Domagk 发现“百浪多息”（prontosil）能有效治疗溶血性链球菌感染，随后巴斯德研究所的 Daniele Bovet 发现其在体内分解成对氨基苯磺酰胺发挥抗菌作用，为磺胺类药物的研发奠定了基础；在 1935～1944 年，磺胺噻唑、磺胺嘧啶（sulfadiazine，SD）、二甲基胺嘧啶等大批磺胺类药物问世；1945～1954 年，磺胺异噁唑（sulfafurazole，SIZ）和磺胺二甲基异嘧啶等药物应用于临床；20 世纪 60 年代，易吸收、毒副作用小的新型磺胺类药物，如磺胺甲基异噁唑、磺胺苯吡唑等相继问世；20 世纪 70 年代中期，磺胺类药物与甲氧苄啶的协同抗菌作用被发现，磺胺甲基异噁唑、磺胺嘧啶等与甲氧苄啶合用后，抗菌活性明显增强，抗菌范围增大。但由于该类药物不良反应较为严重，目前临床仅用于敏感菌引起的感染。

【体内过程】 全身应用的磺胺类药物多数口服易吸收，吸收率超过 90%。短效类、中效类口服后 2～4h 达血药浓度高峰，长效类 4～6h 达血药浓度高峰。用于肠道感染的磺胺类药物能够在肠道内保持较高浓度而发挥抑菌作用。磺胺类药物与血浆蛋白结合率大多在 90%左右。可广泛分布于全身各组织和体液，渗入胸腔、腹腔、滑膜腔和眼房中，还可通过血脑-屏障进入中枢神经系统，以及通过胎盘屏障进入胎儿体内。磺胺类药物主要在肝脏中被乙酰化代谢，其乙酰化代谢物溶解度低，故可在肾小管内沉积造成肾脏损害。大部分药物从肾小球滤过，小部分经肾小管分泌，经尿排泄。少数磺胺类药可自胆汁、乳汁、唾液、支气管中排出，难吸收磺胺则主要经肠道排出。

【药理作用】 磺胺类药物抗菌谱较广，对革兰阳性菌和革兰阴性菌皆有效，包括金黄色葡萄球菌、化脓性链球菌、脑膜炎奈瑟菌、肺炎球菌、大肠埃希菌、流感杆菌、嗜血杆菌、霍乱弧菌、鼠疫耶尔森菌、肉芽肿鞘杆菌等，以及放线菌、诺卡菌属和恶性疟原虫等。目前淋球菌、脑膜炎球菌和志贺菌属对磺胺类药物已产生抗药性。另外，磺胺类药物对结核杆菌、麻风杆菌、钩端螺旋体和立克次体等病原体无效。

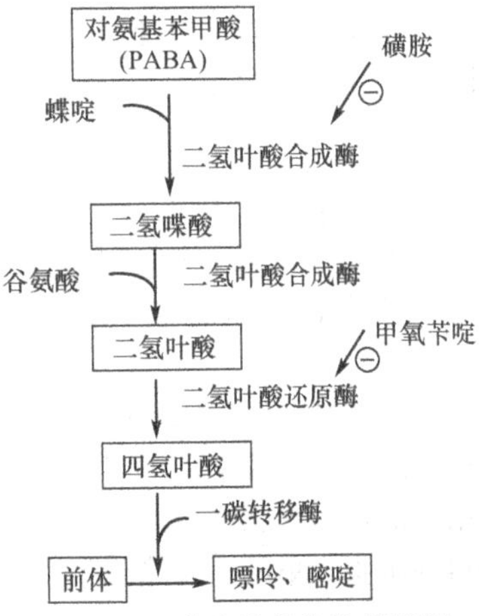

图 41-3 磺胺类药物抗菌机制

磺胺类药物是抑菌药，它通过干扰细菌叶酸代谢而抑制其生长繁殖。对磺胺类药物敏感的细菌不能直接利用周围环境中的叶酸，而是利用对氨基苯甲酸（PABA）和二氢喋啶、谷氨酸在菌体内的二氢叶酸合成酶催化下合成二氢叶酸，二氢叶酸在二氢叶酸还原酶的作用下形成四氢叶酸，四氢叶酸作为一碳单位转移酶的辅酶，参与核酸前体物（嘌呤、嘧啶）的合成。磺胺类药物的化学结构与 PABA 类似，能与 PABA 竞争二氢蝶酸合成酶，障碍细菌利用 PABA 合成二氢叶酸，同时磺胺类药物为二氢蝶酸合成酶竞争性抑制剂，最终影响核酸的生成，抑制细菌生长繁殖（图 41-3）。

【临床应用】 由于磺胺类药物毒副作用相对较大，且许多细菌对其产生抗药性，但磺胺类药物价格便宜，使用方便，不会产生类似广谱抗生素引起的肠道菌群失调，故临床现选用磺胺类药物来治疗敏感菌导致的感染，主要应用于以下方面。

（1）流行性脑膜炎。由于磺胺嘧啶渗入脑脊液的浓度最高，故首选磺胺嘧啶用于治疗脑膜炎奈瑟菌所致的脑膜炎；轻症可口服给药，重症用其钠盐作静脉注射。

（2）肠道感染。一般选用胃肠道难吸收的磺胺类药物，如柳氮磺吡啶，与肠壁结缔组织络合后较长时间停留在肠壁组织中，通过抑制大肠埃希菌和梭状芽孢杆菌等病原微生物治疗慢性肠道感染和炎症。

（3）尿道感染。一般选用溶解度较大、多以原型从尿中排出的磺胺甲噁唑（sulfamethoxazole，SMZ，新诺明）等磺胺类药物；大剂量应用时宜与碳酸氢钠同服。与增效剂甲氧苄啶（trimethoprim，TMP）合用，其抗菌作用可增数倍到数十倍。

（4）局部感染。磺胺乙酰钠可有效治疗细菌性结膜炎和沙眼，磺胺嘧啶银或磺胺嘧啶锌具有抗铜绿假单胞菌作用，可用于治疗烧伤和创伤感染，但已出现耐药菌株。

【不良反应】

（1）泌尿系统损害。磺胺类药物及其乙酰化代谢产物在尿中浓度高，且在酸性尿中溶解度降低，可形成结晶沉淀，出现结晶尿、血尿、管型尿、尿痛、尿少等症状，导致尿路阻塞和肾脏损伤。因此，在服用溶解度较低的磺胺类药物时需注意多饮水，并同时服用碳酸氢钠，碱化尿液以增加药物的溶解度。

（2）过敏反应。以发热和皮疹较为常见，多在用药后5～10日出现，一般不严重，停药后可逐渐恢复，偶可出现严重反应，如剥脱性皮疹、多形性渗出性红斑。磺胺类药物之间存在交叉过敏反应，一旦过敏，应换用其他类型抗菌药。

（3）血液系统反应。对6-磷酸葡萄糖脱氢酶缺乏者服用磺胺类药物后易引起急性溶血性贫血，偶见粒细胞缺乏症、再生障碍性贫血及血小板减少症；磺胺药可与胆红素竞争蛋白结合部位，使游离胆红素增高，进入中枢神经系统导致胆红素脑病；新生儿肝功能发育不全，易发生胆红素血症，故不宜作为婴幼儿及孕妇用药。

（4）其他。消化道反应、肝功能减退，以及头痛、乏力、眩晕等中枢神经系统症状。

二、常用磺胺类药物

（一）全身应用磺胺类药物

根据口服吸收的难易程度和血浆消除 $t_{1/2}$ 不同，全身应用磺胺类药物可分为以下三类。①短效类：$t_{1/2}$<10h，如磺胺异噁唑和磺胺二甲嘧啶；②中效类：$t_{1/2}$ 为 10～24h，如磺胺嘧啶和磺胺甲噁唑；③长效类：$t_{1/2}$＞24h，如磺胺对甲氧嘧啶和磺胺邻二甲氧嘧啶。

磺胺异噁唑

磺胺异噁唑口服吸收完全，$t_{1/2}$ 约为 6h，血浆蛋白结合率为 86%，乙酰化率约为 30%；由于原型及乙酰化物在水中溶解度较高，不易在尿中析出结晶或形成血尿，对肾脏毒性小；主要经肾脏排泄，12h 内可排出口服量 70%，因而 SIZ 在尿中浓度可达 1000～3000mg/L，有利于治疗尿路感染；临床主要用于敏感细菌泌尿系统感染；不良反应主要以恶心、呕吐、腹泻等消化道症状较常见，其他有药疹等过敏反应、中性粒细胞减少或缺乏症、肝脏损害等，偶见精神错乱等中枢神经系统毒性反应。

磺 胺 嘧 啶

磺胺嘧啶口服易吸收但较缓慢。血药浓度达峰时间为 3～6h，可透过血脑-屏障，脑膜无炎症时，脑脊液中药物浓度约为血药浓度的 50%，脑膜有炎症时，脑脊液中药物浓度约可高达血药浓度的 80%，血中蛋白结合率约 45%，$t_{1/2}$ 为 17h，24h 后 30%～40%以原型、15%～30%以乙酰化形式自尿中排出，药物在尿中溶解度低，容易形成结晶。临床应用时需服用等量碳酸氢钠碱化尿液，减少对肾脏的损害。磺胺嘧啶为防治流行性脑膜炎的首选药物，也用于治疗诺卡菌引起的局部和全身感染，联合甲氧苄啶可提高疗效。

磺胺邻二甲氧嘧啶

磺胺邻二甲氧嘧啶（sulfachoxine，SDM）又称磺胺多辛，属长效磺胺类药物，$t_{1/2}$ 可长达150h，长时间维持血中有效浓度；口服吸收后分布广泛，能通过胎盘屏障，主要经肾脏排泄，亦可自乳汁中分泌；用于溶血性链球菌、肺炎球菌及志贺菌属等细菌感染，但由于不良反应严重，现已少用，目前仅限于在耐氯喹的恶性疟原虫所致的疟疾危险性高的地区，与乙胺嘧啶联合用于疟疾的防治。

（二）局部应用磺胺类药物

柳氮磺吡啶

柳氮磺吡啶（sulfasalazine）口服后少部分在胃肠道吸收，未吸收的药物被回肠末段和结肠的细菌分解为有抗菌活性的5-氨基水杨酸与磺胺吡啶，5-氨基水杨酸基本以原型自粪便排出，其少量*N*-乙酰衍生物可见于尿液中；临床用于治疗节段性回肠炎、溃疡性结肠炎或肠道术前预防感染；不良反应主要有过敏反应和光敏反应，表现为发热、药疹、关节及肌肉疼痛，严重可见渗出性多型红斑和剥脱性皮炎等症状。

磺胺吡啶银

磺胺吡啶银（silver sulfachiazine）具有磺胺嘧啶和银盐的双重抗菌作用；对多数革兰阳性和革兰阴性菌均有抗菌活性，且具有收敛作用，可使创面干燥，结痂和早日愈合；主要局部外用于预防和治疗轻度烧伤继发创面感染；不良反应可见局部刺激性皮疹、皮炎等过敏反应，以及可能有部分吸收导致恶心、呕吐和腹泻等胃肠道症状和过敏反应；对磺胺类药物及银盐过敏者禁用。

案例解析

案例 41-1

患者，女，42岁。因被沸水烫伤臀部及双下肢急诊入院。入院诊断：开水Ⅱ度烫伤（烫伤总面积18%）。住院后给予清创涂磺胺嘧啶银暴露疗法。30min后，患者局部搔痒，并逐渐扩展至全身，面部潮红，双眼睑及口唇水肿。

根据上述情况，判断患者出现上述症状的原因及应该如何处理。

解析：

该患者上述症状是由于磺胺嘧啶银于局部涂抹后吸收进入体内导致的全身过敏反应。应该立即将磺胺嘧啶银冲洗掉，全身应用地塞米松和维生素C加入10%葡萄糖溶液内静脉滴注，10%葡萄糖酸钙注射液缓慢静脉注射，氯苯那敏口服及脱敏治疗等措施。

（三）复方磺胺类药物

复方新诺明

复方新诺明（compound sulfamethoxazole）是磺胺甲噁唑与甲氧苄啶的复方制剂，对金黄色葡萄球菌、化脓性链球菌、肺炎链球菌、大肠埃希菌、克雷伯菌属、沙门菌属、变形杆菌属、摩根菌属、志贺菌属、淋球菌、脑膜炎奈瑟菌、流感嗜血杆菌均具有良好抗菌作用，尤其对大肠埃希菌、流感嗜血杆菌、金黄色葡萄球菌的抗菌作用较磺胺甲噁唑单药明显增强。其机制是由于磺胺甲噁唑和甲氧苄啶的协同抗菌作用，磺胺甲噁唑抑制二氢叶酸合成酶，甲氧苄啶选择性抑制二氢叶酸还原酶，两者合用可使细菌的叶酸代谢受到双重阻断（图 41-2），并使抑菌作用转为杀菌作用。

复方新诺明口服后自胃肠道吸收完全，吸收可达给药量的90%以上，血药达峰时间为1～4h，吸收后广泛分布至全身组织和体液中，并可穿透血脑-屏障和胎盘屏障。磺胺甲噁唑与甲氧苄啶的血浆消除 $t_{1/2}$ 均约为10h，且两者排泄过程互不影响，主要自肾小球滤过和肾小管分泌，尿药浓度明显高于血药浓度。

本品临床主要用于治疗大肠埃希菌、克雷伯菌属、肠杆菌属、变形杆菌所致的尿路感染，肺炎链球菌或流感嗜血杆菌所致的成人慢性支气管炎急性发作或2岁以上小儿急性中耳炎，志贺菌敏感菌株所致的肠道感染，产肠毒素大肠埃希菌所致旅游者腹泻及卡氏肺孢子虫肺炎的预防；不良反应主要以过敏反应和光敏反应较为常见，可表现为发热和药疹，严重者可发生渗出性多形红斑、剥脱性皮炎和大疱表皮松解萎缩性皮炎等，偶见过敏性休克；还可见中性粒细胞减少或缺乏症、血小板减少症及再生障碍性贫血；在缺乏6-磷酸葡萄糖脱氢酶的患者应用后易发生溶血性贫血及血红蛋白尿，多见于婴幼儿患者。

第三节 其他人工合成抗菌药物

一、甲氧苄啶

甲氧苄啶口服吸收完全，约2h达血药峰浓度，吸收后广泛分布于全身组织和体液中，可通过血脑-屏障和胎盘屏障。TMP脱甲基化为其主要代谢途径，$t_{1/2}$ 为8～10h，主要以原型经肾排泄。抗菌谱和磺胺类药物基本相似，而抗菌作用更强，但单独使用易引起耐药性。

TMP是二氢叶酸还原酶抑制剂，使二氢叶酸不能还原成四氢叶酸，阻止细菌核酸的合成。TMP与磺胺药合用时，从两个不同环节双重阻断叶酸代谢，使磺胺药的抗菌作用增强数倍至数十倍，还可减少耐药菌株的产生。TMP对哺乳动物的二氢叶酸还原酶的抑制作用较弱，故在人体毒性较小。

TMP常与SMZ制成复方制剂使用，常用于呼吸道、泌尿生殖道、胃肠道感染及脑膜炎、败血症等。TMP不良反应较少，但可引起恶心、过敏性皮疹等，复方制剂偶可引起结晶尿；大剂量或长期应用可干扰叶酸代谢，出现贫血、血小板减少、粒细胞减少，可服用四氢叶酸治疗；严重肝、肾功能不全、骨髓造血功能不全禁用。

二、噁唑烷酮类

利奈唑胺

利奈唑胺(linezolid)为全球第一个人工合成的噁唑烷酮类抗菌药，于2000年获得美国FDA批准用于治疗革兰阳性球菌引起的感染。利奈唑胺口服吸收快速、完全，组织穿透力强，能迅速分布于全身组织中，易通过血脑-屏障；服药后约1～2h达血药峰浓度，血浆蛋白结合率约为31%，$t_{1/2}$ 为3.6～6.0h；在体内主要代谢为无活性的氨基乙氧基乙酸代谢物和羟乙基氨基乙酸代谢物；约有30%药物以原型、50%以代谢产物的形式从肾脏随尿液排泄，约10%的药物以代谢产物形式从粪便中排出。

利奈唑胺通过与细菌50S亚基上核糖体RNA的23S位点结合，阻止形成70S始动复合物，从而抑制细菌蛋白质的合成；临床主要用于敏感微生物引起的感染，包括耐万古霉素的肠球菌引起的感染，耐甲氧西林金黄色葡萄球菌或多药耐药肺炎链球菌导致的院内获得性肺炎感染、耐甲氧西林金黄色葡萄球菌或化脓链球菌引起的复杂性皮肤和皮肤软组织感染。

本品不良反应较少，常见的为腹泻、恶心和头痛，偶见呕吐、失眠、便秘、皮疹、头晕、发热、念珠菌病、真菌感染、味觉改变、舌变色、瘙痒等。用药时间过长的患者有骨髓抑制（包括贫血、白细胞减少、各类血细胞减少和血小板减少）、周围神经病和视神经病、乳酸性酸中毒等不良事件发生。随着利奈唑胺广泛应用，耐药性菌株逐渐增多，须严格把握其适应证和用量，积极预防及减少交叉感染。

知识拓展

1987年，美国杜邦公司合成了2个噁唑烷酮类化合物DuP-721和DuP-105，临床前研究结果显示，两者对耐甲氧西林金黄色葡萄球菌均具有显著抑菌作用，但因在安全性评价中发现其毒性较大而中止了进一步研发。随后，Pharmacia和Upjohn公司通过对该类化合物结构的优化，研制出利奈唑胺和依哌唑胺（eperezolid），两者的体内外抗菌活性相当，但在药动学方面，依哌唑胺在体内清除速率较快，需每日服用3次，而利奈唑胺因药动学参数较为理想而最终开发成功，因此利奈唑胺成为第一个被美国FDA批准上市的噁唑烷酮类抗菌药物。随着利奈唑胺的长期使用，出现了耐药的肠球菌并伴随血小板减少等不良反应，尤其耐药现象日益严重，为了解决这些问题，目前许多药物化学家正在继续开发具有更高抗菌活性及安全性的噁唑烷酮类抗菌药物。

三、硝基呋喃类

硝基呋喃类（nitrofurans）药物是一类广谱抗菌药物，对多种革兰阳性菌和革兰阴性菌、真菌和原虫等病原体均有抗菌作用；主要通过干扰细菌氧化还原酶系统影响DNA合成，使细菌代谢紊乱而发挥抑菌作用；口服后在体内代谢快，血药浓度低，故一般不用于全身性感染的治疗。

呋喃妥因

呋喃妥因（nitrofuradantion，呋喃坦啶）口服易吸收，蛋白结合率为60%，$t_{1/2}$为0.3～1h，血药浓度低；主要以原型从尿液排出，少量自肾小管分泌和重吸收。

本品抗菌谱广，对金黄色葡萄球菌、大肠埃希菌及化脓性链球菌等大多数革兰阳性菌及阴性菌均有抗菌作用；口服常用剂量时血药浓度低于有效水平，而尿液中药物浓度高，临床常用于敏感菌所致的泌尿系统感染，如肾盂肾炎、尿路感染、膀胱炎及前列腺炎等；肾功能不全者和新生儿的药物排泄率低，血药浓度升高可产生严重毒性反应；不良反应以胃肠道反应最为常见，偶见皮疹、药热等过敏反应，6-磷酸葡萄糖脱氢酶缺乏者可出现溶血性贫血。

呋喃唑酮

呋喃唑酮（furazolidone，痢特灵）为广谱抗菌药，对常见的革兰阴性菌和革兰阳性菌有抑制作用；由于口服吸收差，吸收率仅为5%，故肠道内药物浓度高，可用于治疗细菌和原虫引起的痢疾和肠炎，近年来也用于幽门螺杆菌所致的胃窦炎和胃溃疡，不良反应主要有恶心，呕吐、腹泻等胃肠道反应，偶可出现头痛、头晕、药物热、皮疹、溶血性贫血、低血糖、黄疸等。

四、硝基咪唑类

甲硝唑

甲硝唑（metronidazole）口服后吸收迅速完全，吸收后广泛分布于各组织和体液中，且能通过血脑-屏障，药物有效浓度能够出现在唾液、胎盘、胆汁、乳汁、尿液和脑脊液中；口服后1～2h血药浓度达高峰，有效浓度能维持12h；主要以原型或代谢产物经肾脏从尿中排出，其余随粪便排泄或从皮肤排出。

本品目前广泛用于治疗厌氧菌引起的系统或局部感染，如腹腔、消化道、女性生殖系统、下呼吸道、皮肤及软组织、骨和关节等部位的厌氧菌感染；对败血症、心内膜炎、脑膜感染，以及使用抗生素引起的结肠炎也有效；亦用于治疗肠道和肠外阿米巴病（如阿米巴肝脓肿、胸膜阿米巴病等），以及阴道滴虫病和皮肤利什曼病等感染。

恶心、呕吐、食欲不振等消化道反应为最常见的不良反应；神经系统症状有头痛、眩晕，偶有感觉异常、肢体麻木、共济失调、多发性神经炎等；少数患者发生荨麻疹、潮红、瘙痒、膀胱炎、排尿困难、口中金属味及白细胞减少等，均属可逆性，停药后自行恢复。

奥　硝　唑

奥硝唑（ornidazole）易经胃肠道吸收，口服后约 2h 达血药峰浓度；$t_{1/2}$ 为 14h，血浆蛋白结合率小于 15%，广泛分布于全身组织和体液中；在肝中代谢，主要以代谢产物从尿中排出，少量在粪便中排泄。

本品主要用于治疗厌氧菌感染，预防各种手术后厌氧菌感染；也用于治疗原虫、毛滴虫引起的泌尿生殖感染，阿米巴原虫感染（肠、肝阿米巴虫病、阿米巴痢疾、阿米巴脓肿）和贾第鞭毛虫病等；不良反应有轻度头晕、头痛、嗜睡、胃肠道反应、肌肉无力等。

本 章 小 结

人工合成抗菌药物主要有喹诺酮类药物和磺胺类药物。目前临床上常用第三代、第四代氟喹诺酮类药物，抗菌谱广，对革兰阴性菌、革兰阳性球菌、衣原体、支原体、军团菌等均有较强的抗菌活性，主要用于敏感细菌导致的泌尿生殖系统、胃肠道，呼吸道、皮肤组织感染治疗。磺胺药物基本结构为氨苯磺胺，可分为全身应用类药物、局部应用类药物和复方磺胺类药物。由于磺胺类药物不良反应较多，临床主要用于流行性脑脊髓膜炎，敏感菌的尿道感染和局部感染等治疗。

其他人工合成类抗菌药物有甲氧苄啶、噁唑烷酮类、硝基呋喃类和硝基咪唑类等。甲氧苄啶常与磺胺甲噁唑制成复方制剂使用。利奈唑胺为首个噁唑烷酮类抗菌药，主要用于耐甲氧西林金黄色葡萄球菌或化脓链球菌引起的复杂性皮肤和皮肤软组织感染。硝基呋喃类对多种革兰阳性菌和革兰阴性菌、真菌和原虫等病原体均有抗菌作用。硝基咪唑类广泛用于治疗厌氧菌引起的系统或局部感染。

（李明凯）

第四十二章　抗结核病药及抗麻风病药

能力要求

1. 能够阐述一线、二线抗结核病药异烟肼、利福平、乙胺丁醇（ethambutol）、吡嗪酰胺(pyrazinamide，PZA)、对氨基水杨酸钠（sodium para-aminosalicylate）抗结核病的作用特点、药理作用、临床应用、耐药性和不良反应。
2. 能够了解抗结核病药的应用原则。
3. 能够简要叙述二线抗结核病药和抗麻风病药。

第一节　抗结核病药

结核病（Tuberculosis）是由结核分枝杆菌（mycobacterium tuberculosis）引起的慢性传染病，主要侵及肺，称为肺结核病。患者有咳嗽、咯血、低热、乏力、消瘦等症状。结核病曾在全世界广泛流行，是人类的致命疾病，被称为“白色瘟疫”。1882 年，德国微生物学家科赫（Robert Koch）分离出结核分枝杆菌是结核病的致病菌，并于 1905 年获得了诺贝尔医学生理学奖。1906 年，法国内科医生卡尔美特（Albert Calmette）和兽医介兰（Camille Guerin）研制出第一个抗结核病疫苗——卡介苗（BCG）。1943 年美国瓦克斯曼因发现链霉素和发明了一系列分离抗生素的方法与技术而荣获 1952 年诺贝尔医学生理学奖，使结核病不再是不治之症。1944 年，链霉素的问世开创了抗结核药物治疗的新时代。1946 年对氨基水杨酸研发成功，1950 年研制乙胺丁醇，1951 年异烟肼应用于临床，宣告了结核病从此进入了化学治疗时代。1952 年吡嗪酰胺、1955 年环丝氨酸、1956 年乙硫异烟胺和卡那霉素先后出现。1965 年利福平的问世被认为是结核病化疗具有里程碑意义的重大事件。世界肺结核患者死亡人数大幅度降低。但是，由于后来对结核病的忽视，以及 HIV 流行、药物滥用及耐药结核分枝杆菌的出现等，使结核病在世界范围内又死灰复燃。

WHO 于 1993 年宣布“全球结核病紧急状态”，1997 年确定每年 3 月 24 日为“世界防治结核病日”，1998 年又重申了“遏制结核病刻不容缓”。目前结核病已成为传染病中的头号杀手。我国为全球 22 个结核病疫情严重的国家之一，年发病人数约为 130 万，占全球发病的 17%，位居全球第 2 位，也是 WHO 认定的 27 个耐多药及广泛耐药结核病国家之一。现症患者规则服药率仅为 59%。结核病疫情严重，给我国带来了沉重的经济负担。

合理的化学药物治疗是防治结核病和控制结核病发展、复发及传播的关键。根据药物的疗效和不良反应及患者的耐受情况，将抗结核病药物分为以下几类。①一线抗结核病药：疗效高、不良反应较少、患者较易耐受，是目前治疗结核病的首选药物；包括异烟肼、利福平、乙胺丁醇、吡嗪酰胺、链霉素。②二线抗结核病药：不良反应严重、疗效较差，复发率高，主要用于对一线抗结核药产生耐药性的患者，或与其他抗结核药配伍使用，包括对氨基水杨酸、氨硫脲、卡那霉索、阿米卡星、乙硫异烟胺（ethionamide）、卷曲霉素（capreomycin）、环丝氨酸（cycloserine）等。③新一代抗结核病药：疗效较好，毒副作用相对较小，在耐多药结核病（multiple drug resistance tuberculosis，MDR-TB）的治疗中起重要的作用，包括利福喷汀（rifapentine）、利福定、左氧氟沙星、加替沙星、莫西沙星（moxifloxacin）、新大环内酯类等。

一、一线抗结核病药

异烟肼

异烟肼又称雷米封（rimifon），为异烟酸的酰肼类衍生物，性质稳定，易溶于水，具有抗结核分枝杆菌作用强、口服方便、不良反应少、价廉等优点，是治疗结核病的首选药物。

【体内过程】 本品口服吸收快而完全，也可静脉推注，静脉滴注。口服后1～2h血药浓度达高峰，可分布于全身组织器官，易通过血脑-屏障，在关节腔、脑脊液、胸腹水及纤维化或干酪样结核病灶中浓度较高。异烟肼大部分在肝内经乙酰化为乙酰异烟肼和异烟酸而失活，代谢物和少量原型药经肾排泄。临床根据异烟肼乙酰化的差异，将人群分为快代谢型和慢代谢型，快代谢型 $t_{1/2}$ 为0.5～1.6h，慢代谢型为2～5h。我国人群快代谢型者约占50%，慢代谢型占26%。因此，临床上应根据患者的代谢类型确定给药方案和剂量。

【药理作用】 异烟肼对结核杆菌具有高度选择性，抗菌力强，对繁殖期结核杆菌有杀灭作用，对静止期结核杆菌有抑制作用，对细胞内外结核杆菌均有强大的杀灭作用，可渗入到纤维化或干酪样的结核病灶中杀菌；单用时结核杆菌易产生耐药，但与其他抗结核药无交叉耐药性，故临床多采用联合用药，增强疗效并延缓耐药性的产生。

【作用机制】 异烟肼抗菌机制比较复杂，至今尚未完全阐明，可能的机制包括：①抑制结核分枝杆菌细胞壁的重要成分分枝菌酸的生物合成，使菌体丧失细胞壁的耐酸性和完整性，造成菌体细胞组分丢失而杀菌。由于分枝菌酸是分枝杆菌细胞壁所特有的，所以异烟肼对分枝杆菌具有高度选择性，而对其他细菌无效。异烟肼也可抑制结核分枝杆菌细胞膜磷脂的合成，导致细胞膜缺损，通透性增加，重要物质发生外漏而死亡。②异烟肼能与结核分枝杆菌内的某些辅酶结合，导致细菌代谢紊乱而死亡。③异烟肼抑制结核杆菌DNA的合成。

【临床应用】 异烟肼为治疗各型结核病的首选药物。对急性粟粒型结核和结核性脑膜炎，应增大剂量，延长疗程。早期轻症肺结核或预防应用时可单独使用，常与其他抗结核药联用，以防止或延缓耐药性的产生。一般采用口服给药，口服用药困难者，可注射给药。

【不良反应】 不良发应发生率与剂量有关，一般剂量不良反应少而轻。

（1）神经系统毒性：周围神经炎为常见反应，表现为四肢感觉麻木、震颤、反应迟钝、肌肉萎缩；大剂量可出现中枢神经系统毒性症状，同服维生素 B_6 预防。异烟肼的结构与维生素 B_6 相似，能增加维生素 B_6 的排泄而使体内维生素 B_6 缺乏，导致中枢神经递质 γ-氨基丁酸（GABA）生成减少，引起中枢过度兴奋。

（2）肝脏毒性：表现为转氨酶升高或出现黄疸。可能由代谢产物乙酰肼所致，多见于快代谢型患者，所以用药时应定期检查肝功能，肝功能不佳和快代谢型患者慎用；与利福平合用时增加肝毒性。

（3）其他：此外还可能发生过敏反应、胃肠道反应，粒细胞减少、嗜酸性粒细胞增多、内分泌功能紊乱等。

【禁忌证】 精神病患者和癫痫患者禁用；肝功能不佳和快代谢型患者慎用。

利福平

利福平又称甲哌利福霉素，为广谱抗菌药，橘红色结晶性粉末，具有高效、低毒、口服方便等优点。

【体内过程】 口服吸收迅速而完全，生物利用度高达90%～95%，$t_{1/2}$ 为1.5～5h，肝功能不全时 $t_{1/2}$ 延长。食物可减少利福平吸收，故应空腹服用。利福平血浆蛋白结合率为89%，穿透力强，体内分布广，包括菌体细胞、脑脊液、胸腹水、结核空洞、痰液及胎盘，主要在肝内代谢成脱乙酰基利福平，其抗菌作用约为利福平的 1/8～1/10。利福平可使尿、粪、唾液、痰、泪液和汗呈橘红色；从胆汁排泄，进行肠肝循环。重复给利福平可诱导肝药酶活性，加快自身及其他药物的代谢。

【药理作用】 利福平是广谱抗生素，对结核分枝杆菌具有强大的杀菌作用，对繁殖期结核杆菌杀菌作用最强，对静止期杀菌作用较弱；对麻风杆菌和革兰阳性球菌，如金黄色葡萄球菌等有强大的抗菌作用，对革兰阴性菌，如脑膜炎奈瑟菌、大肠埃希菌和变形杆菌等也有抑制作用；高浓度时，对衣原体和某些病毒也有抑制作用；抗结核作用与异烟肼相当；单用利福平易产生耐药性，与其他抗生素无交叉耐药，故临床上常与其他抗结核药物联合应用。

利福平能与细菌依赖 DNA 的 RNA 多聚酶的 β 亚单位特异性结合，阻碍 mRNA 合成，最终产生杀菌作用，对人和动物细胞的 RNA 多聚酶无影响。

【临床应用】

（1）结核病：与其他抗结核药联用治疗各种类型的结核病，包括初治与复治患者。

（2）麻风病：与其他药物联合用于治疗麻风病。

（3）其他：与其他抗生素联用治疗耐药金黄色葡萄球菌及其他敏感菌所致感染；局部用药可治疗沙眼、病毒性角膜炎和敏感菌所致的眼部感染；还可用于无症状脑膜炎奈瑟菌带菌者，可以消除鼻咽部脑膜炎奈瑟菌，但不适用于脑膜炎奈瑟菌感染的治疗。

【不良反应】

（1）消化道反应：较常见，表现为食欲不振、恶心、呕吐、上腹部不适、腹泻等症状，多数患者可耐受。

（2）肝毒性：是较严重的不良反应，长期大剂量使用时少数患者可出现黄疸、肝大、肝功能减退等，老年人、慢性肝病患者、酗酒者、营养不良或使用异烟肼者多见。

（3）“流感样综合征”：大剂量间隔使用时，少数患者可出现畏寒、发热、头昏、寒战和肌肉疼痛等类似感冒的症状，发生率与剂量大小、间隔时间有明显关系，所以间歇给药法现已不使用。

（4）其他：少数患者出现皮疹、药热等反应；偶见血小板、白细胞减少、疲乏、嗜睡、头昏和运动失调等。

【禁忌证】 有致畸作用，孕妇禁用；严重肝病和胆道阻塞患者禁用。

乙胺丁醇

乙胺丁醇是人工合成的乙二胺衍生物，水溶性好，对热稳定。

【体内过程】 口服吸收良好，不受食物影响；广泛分布于全身组织和体液中，不易通过血脑-屏障，但脑膜炎时可透过血脑-屏障；约 75%的乙胺丁醇以原型经肾脏排泄，少部分在肝脏转化为醛及二羧酸衍生物由尿排出，肾功能不全时可引起蓄积中毒。

【药理作用】 对繁殖期结核分枝杆菌有较强的抑制作用，对其他细菌无效。单用时可产生耐药性，常与其他抗结核药联用增加疗效；对其他抗结核药无交叉耐药现象；抗菌机制是乙胺丁醇与二价金属离子，如 Mg^{2+}络合，干扰菌体 RNA 的合成。

【临床应用】 临床用于治疗各型肺结核及肺外结核，尤其适用于对异烟肼和链霉素产生耐药者，常与异烟肼、利福平联用。

【不良反应】 常用口服剂量的不良反应发生率低于 2%。有胃肠道反应、过敏、皮疹、全身不适、眩晕、高尿酸血症等。视神经炎是主要不良反应，多发生在用药 2～6 个月，表现为视力模糊、视野缩小、眼痛、红绿色盲或视力减退等。一旦出现必须停药，数周至数月可自行恢复。必要时给予大剂量维生素 B_6 治疗，应定期检查视力。

【禁忌证】 肾功能不良和痛风患者慎用。

吡嗪酰胺

吡嗪酰胺为人工合成的烟酰胺的吡嗪衍生物，性质稳定，微溶于水。

【体内过程】　口服吸收迅速而完全，可分布于全身组织和体液，能渗入细胞内，也能进入脑脊液，脑脊液中药物浓度较高；大部分在肝脏水解成吡嗪酸，并羟化成无活性的代谢产物经肾排泄，少部分以原型药由尿排出。

【药理作用】　吡嗪酰胺对结核杆菌有抑制或杀灭作用，在酸性环境中抗菌作用强，在中性、碱性环境中几乎无抑菌作用，尤其对处于酸性环境中缓慢生长的吞噬细胞内的结核杆菌目前是最佳杀菌药物。吡嗪酰胺进入吞噬细胞，渗入结核杆菌菌体内，菌体内的酰胺酶使其脱去酰胺基，转化为吡嗪酸而发挥抗菌作用。

【临床应用】　单独应用易产生耐药性，与其他抗结核病药无交叉耐药性，与异烟肼和利福平合用有协同作用，故常与其他抗结核病药联用。

【不良反应】　肝损害是最常见的毒性反应，多见于长期大量使用时，患者出现血清氨基转移酶升高、黄疸、肝坏死，应定期检查肝功能；关节痛发生率较高，由高尿酸血症引起。

【禁忌证】　糖尿病、痛风或严重肝功能减退者慎用。

二、二线抗结核病药

对氨基水杨酸钠

【体内过程】　对氨基水杨酸钠口服吸收快而完全，广泛分布于全身组织、体液及干酪样病灶内，但不易透入血脑-屏障和细胞内；主要在肝脏代谢为乙酰化物，从肾脏排出，肝、肾功能不良者慎用。

【药理作用】　对结核分枝杆菌只有抑制作用，抗菌谱窄，抗菌活性弱于一线抗结核药，但耐药性产生缓慢，停药后可恢复其敏感性；作用机制可能由于对氨基水杨酸钠竞争二氢蝶酸合酶，从而影响二氢叶酸的合成，使蛋白质合成受阻，抑制结核杆菌的繁殖。

【临床应用】　临床上对氨基水杨酸钠主要与链霉素、异烟肼联合使用。

【不良反应】　最常见的不良反应为恶心、呕吐、厌食、腹痛等消化道反应。饭后服药或加服抗酸药可以减轻反应。长期大量使用可出现肝功能损害。

乙硫异烟胺

乙硫异烟胺为异烟酸的衍生物，化学结构类似异烟肼。

【体内过程】　口服易吸收，体内分布广，脑脊液中可达较高浓度。

【药理作用】　对结核杆菌仅有抑制作用，疗效弱于异烟肼，单用易产生耐药性。

【临床应用】　多与其他抗结核病药物联合应用于一线抗结核药治疗无效的患者。

【不良反应】　较多且发生率高，常见消化道反应，易引起肝损害。

卷曲霉素

卷曲霉素属多肽类抗生素。对结核分枝杆菌有抑制作用，口服吸收差，单用易产生耐药性，与卡那霉素和新霉素有交叉耐药性。临床用于复治的耐药结核病患者。不良反应与卡那霉素相似，有耳毒性和肾毒性。

环丝氨酸

环丝氨酸抗结核作用比异烟肼和链霉素弱，但不易产生耐药性，和其他抗结核药无交叉耐药性，临床主要与其他抗结核药联用治疗复治的耐药结核病患者；有严重的神经系统毒性。

三、新一代抗结核病药

利 福 喷 汀

【体内过程】 利福喷汀是利福霉素的衍生物，口服吸收率较高，$t_{1/2}$ 为 26 h，每周给药 1～2 次。

【药理作用】 高效、长效、低毒，抗菌谱同利福平，抗结核分枝杆菌作用比利福平强 2～10 倍。

【临床应用】 临床常与其他抗结核病药联合治疗结核病，。与利福平有完全交叉耐药性。

【不良反应】 较利福平轻，表现为失眠、头昏、皮疹和胃肠道反应，还可引起白细胞或血小板减少、转氨酶升高。

【禁忌证】 肝功能异常及孕妇禁用。

氟喹诺酮类

氟喹诺酮类口服易吸收，抗菌谱广，对结核分枝杆菌具有较强的杀菌活性。组织渗透性强，分布广泛，对耐多药结核病（MDR-TB）治疗效果显著，不良反应较少而轻。目前用于抗结核治疗的氟喹诺酮类有：氧氟沙星、左氧氟沙星、莫西沙星和加替沙星。

莫西沙星为新一代氟喹诺酮类药物，口服吸收良好，生物利用度约 90%，血浆蛋白结合率约 50%；主要在肝脏代谢，$t_{1/2}$ 为 11～15h；具有广谱抗菌作用，用于各种感染的治疗；对结核分枝杆菌具有较强的杀菌作用，主要用于耐药结核病的治疗；不良反应同氧氟沙星。

案例解析

案例 42-1

患者，男性，42 岁，主因咳嗽、咳痰、右侧胸痛 10 日，午后发热 3 日入院。患者既往无基础疾病，无药物食物过敏史。通过胸部 X 线片、痰涂片、胸水和胸膜活检检查，初步诊断为：①右上肺继发型结核（进展期）；②右侧结核性胸膜炎。入院给予口服异烟肼、利福平、吡嗪酰胺，肌内注射链霉素及泼尼松龙片治疗，并抽取胸水。2 个月后患者咳嗽、咳痰、胸痛、发热症状逐渐消失，痰涂片转阴。继续口服抗结核药物治疗 3 个月后，患者上述症状消失。

1. 四种抗结核药物联合应用是否合理？
2. 该患者抗结核治疗中给予泼尼松龙片的原因？

解析：

1. 通过上述实验室检查，患者初步诊断为肺继发型结核（进展期），此时口服异烟肼、利福平、吡嗪酰胺，肌内注射链霉素是合理的。
2. 结核性渗出性胸膜炎症状严重、胸水较多者，在抗结核药物治疗的同时，可加用糖皮质激素。糖皮质激素可减轻机体的变态反应和炎症反应，使毒性症状很快减退，胸液迅速吸收，后遗胸膜粘连、增厚的机会也减少。但也可发生一些不良反应，可引起结核播散。因此，应慎重并严格掌握适应证。

四、抗结核病药的应用原则

1994 年，WHO 在全球推荐使用的现代结核病控制策略（“DOTS” 策略），是结核病患者发现、治愈及预防耐药发生和传播的最有效方法，主要包括 5 个要素：①政府对结核病控制规划的承诺；②对所有可疑结核病症状者进行痰涂片显微镜检查；③标准的短程化疗、适当的病例管理，包括直视下的督导化疗；④有规律不间断的常规抗结核药品供应系统；⑤建立统一的结核患者的登记、报告和监测评价系统。我国在 2005 年就已经达到以县为单位的 DOTS 覆盖率为 100%。随着耐药结核病和耐多药结核病的流行，WHO 于 1998 年提出了实行现代结核病控制加强策略（“DOTS-plus”）。结核病合理治疗需要及早准确诊断、耐药性筛查、有效治疗方案的制定、采用直接观察治疗及后续支持方案。

结核病的化学治疗是治疗和控制疾病的主要手段。1963 年和 1978 年，在我国全国结核病学术会议上，总结国内外抗结核药物治疗肺结核的经验，制定了化学治疗的原则，即在结核病化学治疗的过程中，应该始终遵循早期、适量、联合、规律和全程的原则。

1. 早期用药　结核病早期，常以渗出性病变为主，炎性细胞浸润，局部病灶血液供应丰富，利于抗结核药物渗透入病变发挥抑菌、杀菌作用。同时早期病灶内结核杆菌生长繁殖旺盛，对抗结核药物敏感，容易被药物抑制或杀灭。早期治疗可明显缩短传染期，减少传染机会。

2. 联合用药　根据患者病情和抗结核药物的特点联合应用两种或以上药物治疗结核病，能够增强疗效、缩短疗程、避免严重的不良反应和延缓耐药性的产生。临床多采用二联、三联或四联的治疗方案，一般以异烟肼为基础，加用 1、2 个其他抗结核药物，重症则采取四联或更多抗结核病药合用。

3. 适量　药物剂量要适当，足够的剂量和疗程既能使药物在血液和病灶中达到有效浓度，患者又不会因药物不良反应而不能耐受抗结核治疗，影响疗效。

4. 长期规律全程用药　结核病是容易复发的慢性疾病，短时间用药症状能缓解或者消失，但病灶内的结核杆菌并没有被完全杀灭，如果患者改变药物剂量或药物种类、过早停药等，会使已被抑制的细菌再繁殖或迁延，导致结核复发，同时还能增加耐药结核杆菌的产生。因此，坚持长期规律全程用药是结核病治疗成功的关键。目前结核病治疗多采用 6～9 个月的短程疗法，疗效好，患者容易坚持，不良反应相对少而轻。对于初次患结核病的强化治疗，主要采用利福平和异烟肼联合用药。如果病灶广泛，病情严重则应采用包括利福平和异烟肼的三联甚至四联用药。临床多采用 WHO 推荐的 6 个月的疗法：最初 2 个月强化治疗，每日给予异烟肼，利福平和吡嗪酰胺治疗，以后 4 个月巩固治疗，每日给予异烟肼和利福平。异烟肼耐药患者在上述二联与三联的基础上分别增加链霉素和/或乙胺丁醇。

知识拓展

耐药结核病是指结核病患者感染的结核分枝杆菌被体外试验证实对一种或多种抗结核药物耐药的现象。耐药结核病一般分为以下 4 类。

1. 单耐药（monoresistance）结核病患者感染的结核分枝杆菌经体外证实对 1 种抗结核药物耐药。

2. 多耐药（polyresistance）结核病患者感染的结核分枝杆菌经体外证实对 1 种以上的抗结核药物耐药，但不包括同时耐异烟肼、利福平。

3. 耐多药（multidrug resistance，MDR）结核病患者感染的结核分枝杆菌经体外证实至少同时对异烟肼、利福平耐药。

4. 广泛耐药（extensively drug resistance，XDR）结核病患者感染的结核分枝杆菌体外被证实除至少同时对异烟肼、利福平耐药外，还对任何氟喹诺酮类药物产生耐药，以及 3 种二线抗结核注射药物（卷曲霉素、卡那霉素和阿米卡星）中的至少 1 种耐药。

第二节　抗麻风病药

麻风病是由麻风分枝杆菌感染引起的一种主要侵犯皮肤和周围神经的慢性传染病。麻风病的神经病变可导致患者残疾、丧失劳动力。1981 年 WHO 推荐利福平、氨苯砜（dapsone，DDS）、氯法齐明（dofazimine，B663）三种有效药物的麻风联合化疗（multidrug therapy，MDT）方案，是麻风病防治史上的跨时代事件。

氨 苯 砜

【体内过程】 氨苯砜口服吸收缓慢而完全，服药后 2～8h 血药浓度达峰值。$t_{1/2}$ 为 10～50h。能广泛分布全身组织和体液中，以肝、肾药物浓度最高，病变皮肤药物浓度比正常皮肤高；主要在肝脏代谢，存在肝肠循环。主要经肾排泄；少量经粪便、汗液、唾液、痰液和乳汁排泄；消除缓慢，易发生蓄积，宜采用周期性间隔给药方案，避免蓄积中毒。

【药理作用】 对麻风杆菌有较强的抑制作用，对革兰阳性菌和革兰阴性菌无抗菌活性；抗菌机制与磺胺类药物相似，通过抑制二氢蝶酸合酶，干扰叶酸的合成。如长期单用，麻风分枝杆菌易对其产生耐药。因此常与其他抗麻风病药联合应用以延缓耐药性的产生。

【不良反应】 氨苯砜主要不良反应为高铁血红蛋白血症和溶血性贫血，葡萄糖-6-磷酸脱氢酶缺乏者尤易发生，可出现胃肠道反应、头痛、药热、皮疹等；对肝脏有一定毒性，应定期检查血象及肝功能；此外，治疗早期或药物增量过快可引起“砜综合征”，是一种以发热、剥脱性皮炎伴有肝、脾、淋巴结肿大、贫血为特征的超敏反应。

【禁忌证】 严重贫血、G-6-PD 缺乏、肝肾功能不良、过敏者及精神病患者禁用。

氯 法 齐 明

氯法齐明对麻风杆菌有抑制作用，对麻风性结节性红斑有治疗和预防作用，临床主要与氨苯砜或利福平合用治疗各型麻风病，不良反应为皮肤和角膜色素沉着、鱼鳞病样改变、胃肠道反应等，此外患者的尿液、痰液及汗液可呈红色。

氧 氟 沙 星

氧氟沙星（ofloxacin，OFLO）对麻风杆菌具有杀菌作用，作为联合化疗的药物之一，可连续或间歇用药；不良反应有胃肠道反应、中枢神经系统兴奋性增高、泌尿系统反应、对软骨发育的影响。

米 诺 环 素

米诺环素（minocycline，MINO）为第二代半合成四环素类抗生素的衍生物，具有亲脂性高、可通过血脑-屏障、口服易吸收等特点；对麻风杆菌有明显的杀菌作用；常见不良反应有胃肠道反应，可影响牙齿和骨发育，还可引起眩晕、共济失调，长期服用偶有色素沉着等。

克 拉 霉 素

克拉霉素（clarithromycin，CLARI）为 14 元环的半合成新大环内酯类抗生素，脂溶性好，易透过细菌的脂质层，组织细胞内浓度高；对麻风菌有显著的杀菌作用；常见的不良反应主要有恶心、呕吐等胃肠道反应。

本 章 小 结

结核病是由结核分枝杆菌引起的慢性传染病，主要侵及肺脏，称为肺结核病。患者有咳嗽、咯血、低热、乏力、消瘦等症状。合理的化学药物治疗是防治结核病和控制结核病发展、复发及传播的关键。根据药物的疗效和不良反应及患者的耐受情况，将抗结核病药分为以下几类。

（1）一线抗结核病药：疗效高、不良反应较少、患者较易耐受，是目前治疗结核病的首选药物，包括异烟肼、利福平、乙胺丁醇、吡嗪酰胺、链霉素。

（2）二线抗结核病药：不良反应严重、疗效较差、复发率高，主要用于对一线抗结核病药产生耐药性的患者，或与其他抗结核病药配伍使用，包括对氨基水杨酸、氨硫脲、卡那霉素、阿米卡星、乙硫异烟胺、卷曲霉素、环丝氨酸等。

（3）新一代抗结核病药：疗效较好，毒副作用相对较小，在耐多药结核病的治疗中起重要的作用，包括利福喷汀、利福定、左氧氟沙星、加替沙星、莫西沙星、新大环内酯类等。

抗结核病药的应用原则：在结核病化学治疗的过程中，应该始终遵循早期、适量、联合、规律和全程的原则。

麻风病是由麻风分枝杆菌感染引起的一种主要侵犯皮肤和周围神经的慢性传染病。麻风病的神经病变可导致患者残疾、丧失劳动力。1981 年 WHO 推荐由利福平、氨苯砜、氯法齐明三种有效药物的麻风联合化疗方案。

中药介绍

百　部

百部（stemonae radix）为百部科植物，主要指直立百部 *Stemona sessili*-folia（Miq.）Miq.、蔓生百部 *Stemona japonica*（Bl.）Miq. 或对叶百部 *Stemona tuberosa* Lour. 的干燥块根，最早收载于《名医别录》，性甘、苦，微温，归肺经，具有润肺下气止咳、杀虫的功效。百部化学成分种类繁多，一般分为两类，包括生物碱和非生物碱类成分。

文献报道百部生物碱具有较好的润肺止咳、抗菌、杀虫、松弛支气管平滑肌、抗结核等多重功效，因此百部成为治疗百日咳、风寒咳嗽、肺结核的常用中药。研究表明百部碱对于大肠埃希菌、金黄色葡萄球菌、肺炎杆菌、沙门菌、结核杆菌等具有不同程度的抑制作用。临床上百部常用于治疗急慢性咳喘，如慢性支气管炎、肺炎喘嗽、肺结核、慢性阻塞性肺疾病等。

（周　茹）

第四十三章 抗病毒药

能力要求

1. 能够阐述抗病毒药物分类；抗病毒药物的作用机制及临床应用。

2. 能够知晓阿昔洛韦（aciclovir，ACV，无环鸟苷）、齐多夫定（zidovudine）、金刚烷胺（amantadine）、干扰素等药物的抗病毒谱。

3. 能够了解奈韦拉平等非核苷反转录酶抑制剂奈非那韦等蛋白酶抑制剂的作用特点和临床应用。

病毒是体积最小、结构最简单的病原体之一，由核酸核心和外面的蛋白衣壳组成。病毒包括 DNA 病毒和 RNA 病毒。从病毒进入易感细胞，经基因组复制，到易感细胞释放子代病毒，称一个复制周期。病毒进入体内的过程包括吸附（attachment）、穿入（penetration）、脱壳（uncoating）、生物合成（biosynthesis）及子代病毒的装配成熟（assembly）和释放（release）等过程。因病毒属于严格胞内寄生而且病毒复制时依赖于宿主细胞的许多功能，并且在不断地复制中产生错误而形成变异。病毒的这些特点，使理想抗病毒药物的发展速度相对缓慢。

临床感染性疾病大约 75%是由病毒感染引起的，某些病毒感染的致死率、致残率很高，一些病毒感染性疾病包括流感、麻疹、腮腺炎、肝炎及艾滋病（acquired immunodeficiency syndrome，ALDS）等。另外，某些病毒感染与肿瘤、先天性畸形等也有一定关系。有效的抗病毒药的研发，特别是能杀灭感染潜伏期或者急性期的病毒而又不损伤机体的药物意义重大。

随着医学分子病毒学及生物技术的迅速发展，对病毒复制过程的了解逐渐深入，发现病毒的核酸复制需要病毒自身编码酶的参与。抗病毒药物研究开始于 20 世纪 50 年代，1959 年发现碘苷（idoxuridine）对某些 DNA 病毒有抑制作用，但由于其严重的骨髓抑制作用，使得该药物被禁止全身使用。1962 年碘苷局部应用治疗疱疹性角膜炎效果显著，沿用至今。20 世纪 70 年代末，第一个安全有效的抗病毒药阿昔洛韦问世，该药的发现被认为是抗病毒治疗的一大发展。20 世纪 90 年代初，AIDS 在全世界广泛传播，促进了反转录病毒 HIV（human immunodeficiency virus，人类免疫缺陷病毒）生物学的研究和抗 HIV 药物，如齐多夫定等的研制，极大地促进了抗病毒药的发展。根据主要用途，抗病毒药物可分为抗疱疹病毒药、HIV、抗流感病毒药和抗肝炎病毒药等。

第一节 抗疱疹病毒药

疱疹病毒（herpesviruses，HSV）是一组具有包膜的 DNA 病毒。有 100 种以上成员，引起人类疾病的疱疹病毒主要有 5 种：单纯疱疹病毒 1 型，单纯疱疹病毒 2 型，单纯疱疹病毒 3 型（水痘带状疱疹病毒，varicella-zoster virus，VZV），巨细胞病毒和 EB 病毒（epstein-barr virus）。

阿昔洛韦

阿昔洛韦为人工合成的嘌呤核苷类衍生物，可选择性的抑制病毒 DNA 多聚酶。

【体内过程】 阿昔洛韦口服生物利用度仅为 20%，药物血浆蛋白结合率低，易透过生物膜，可分布到全身各组织，包括皮肤、脑、胎盘和乳汁等。脑脊液的浓度可达血药浓度的 1/2；主要经肾小球滤过和肾小管分泌排泄，肾功能正常者 $t_{1/2}$ 约为 2.5h；局部应用后可在疱疹损伤区达到较高浓度。

【药理作用及机制】 阿昔洛韦为广谱高效的抗病毒药，是目前最有效的抗Ⅰ型和Ⅱ型单纯疱疹病毒药物之一、同时对水痘带状疱疹病毒和 EB 病毒等其他疱疹病毒也有效。阿昔洛韦在被感染的细胞中经病毒腺苷激酶和细胞激酶的催化，生成三磷酸无环鸟苷，对病毒 DNA 多聚酶有强大的抑制作用，阻断病毒 DNA 的合成。研究发现，HSV 或 VZV 可通过编码胸苷酸激酶或 DNA 多聚酶的基因突变而产生耐药性。

【临床应用】 阿昔洛韦是治疗 HSV 感染的首选药。对 HSV 脑炎患者静脉给药可降低死亡率。局部应用治疗疱疹性角膜炎、单纯疱疹和带状疱疹，口服或静注可有效治疗单纯疱疹脑炎、生殖器疱疹、免疫缺陷患者单纯疱疹感染等。

【不良反应及注意事项】 少数患者应用有头晕、呕吐、头痛等不良反应；静脉滴注可引起静脉炎；还可引起肾损害、肝损害、血液造血系统损害等。本品与青霉素类、头孢菌素类和丙磺舒合用可致其血药浓度升高。

伐昔洛韦

伐昔洛韦（valacyclovir）是阿昔洛韦的前药，口服吸收后可迅速转化为阿昔洛韦，所达血浓度是口服阿昔洛韦后的 5 倍。

碘苷

碘苷又名疱疹净，化学结构与胸腺嘧啶核苷类似，可竞争性抑制胸苷酸合成酶，从而抑制 DNA 合成，可抑制 DNA 病毒，如 HSV 和牛痘病毒的生长，对 RNA 病毒无效；全身应用时毒性大，临床仅限于局部外用，治疗眼部或皮肤疱疹病毒和牛痘病毒的感染，对急性上皮型疱疹性角膜炎疗效最好，对慢性溃疡性实质层疱疹性角膜炎疗效很差，对疱疹性角膜虹膜炎无效；局部用药时会引起疼痛、瘙痒、水肿，甚至睫毛脱落等；孕妇、肝病或造血功能不良者禁用或慎用。

阿糖腺苷

阿糖腺苷（vidarabine，ara-A）属嘌呤核苷类似物，抗病毒谱较广，对 HSV、HBV、VZV 和 CMV 均有抑制作用；在体内可在腺苷脱氨酶作用下脱去 6 位氨基，被迅速代谢成阿糖次黄嘌呤核苷，使其抗病毒活性显著降低；局部应用可有效地治疗 HSV-1 和 HSV-2 引起的急性角膜结膜炎等；临床上静脉滴注阿糖腺苷可治疗 HSV 脑炎、新生儿疱疹和免疫功能低下患者的 VZV 感染，但目前已被毒性较低的阿昔洛韦取代；不良反应主要表现为神经毒性，也常见胃肠道反应。

第二节 抗 HIV 药

HIV 是一种反转录病毒（retrovirus），主要有 HIV-1 和 HIV-2 两型。HIV 进入 $CD4^{+}$细胞，以病毒 RNA 为模板，在反转录酶催化下产生互补双螺旋 DNA，然后病毒 DNA 进入宿主细胞核，并在 HIV 整合酶催化下掺入宿主基因组。最后，病毒 DNA 被转录和翻译成一种称为多聚蛋白的大分子非功能多肽，其再经 HIV 蛋白酶（protease）裂解成小分子功能蛋白。

抗 HIV 的药物主要包括核苷反转录酶抑制剂、非核苷反转录酶抑制剂和蛋白酶抑制剂三类。1995年以后相继推出“鸡尾酒疗法”（cocktail therapy），“高效抗反转录病毒疗法”（highly active antiretroviral therapy，HAART）。目前对AIDS的治疗一般推荐联合用药疗法。研究证明临床上联合用药较单一用药可减慢发展至AIDS的速度和降低死亡率。

一、核苷类逆转录酶抑制剂（NRTIs）

齐多夫定

齐多夫定为核苷类抗病毒药，是FDA批准的第一个抗HIV药，也是治疗AIDS的首选药。齐多夫定可口服或静脉注射，吸收迅速，生物利用度为60%～80%，可分布到大多数组织和体液，易透过血-脑屏障，主要经肾脏排泄；可降低HIV感染患者的发病率，并延长其存活期；显著减少HIV从感染孕妇到胎儿的子宫转移发生率。本品常与拉米夫定和去羟肌苷合用，但不能与司他夫定合用，因为两者互相拮抗；不良反应最常见骨髓抑制、贫血或中性粒细胞减少症；也可引起胃肠道不适、头痛；剂量过大可出现焦虑、精神错乱和震颤。肝功能不全患者服用后更易发生毒性反应。

扎西他宾

扎西他宾（zalcitabine）为脱氧胞苷衍生物，可有效治疗HIV感染，单用时疗效不如齐多夫定，与其他抗HIV感染药物有协同抗HIV-1作用；适用于AIDS和AIDS相关综合征，也可与齐多夫定合用治疗临床状态恶化的HIV感染患者。其生物利用度大于80%，血浆蛋白结合率低于4%，脑脊液浓度约为血清浓度的20%，血浆$t_{1/2}$为2h，主要经肾脏排泄。

二、非核苷反转录酶抑制剂

非核苷反转录酶抑制剂（NNRTIs）主要包括奈韦拉平（nevirapine）、地拉韦定（delavirdine）和依法韦恩炭（efavirenz）。NNRTIs在反转录酶上有与NRTIs不同的结合点，可直接结合到反转录酶并破坏催化点从而抑制反转录酶。NNRTIs本身具有抗病毒活性，无须在细胞内激活，也可抑制RNA或DNA依赖性DNA多聚酶活性，但不插入到病毒RNA。NNRTI类可有效预防HIV从感染孕妇到胎儿的子宫转移发生率，也可治疗分娩后3日内的新生儿HIV感染。因单独应用治疗HIV感染会迅速产生耐药性，因而不单独应用于HIV感染。

NNRTI类均口服给药，且有较好口服生物利用度，在体内经CYP3A（一种细胞色素P450酶同功酶）广泛代谢形成羟化代谢产物，主要经尿排泄，最常见不良反应为皮疹，出现轻微皮疹患者可以继续服药，严重且危及生命的皮疹应立即停药；其他不良反应包括药热、恶心、腹泻、头痛、疲劳和嗜睡；用药同时也需注意监视患者肝功能。

三、蛋白酶抑制剂（PI）

蛋白酶抑制剂包括奈非那韦（nelfinavir）、利托那韦（ritonavir）、沙奎那韦（saquinavir）、英地那韦（indinavir）和安普那韦（amprenavir）。在HIV增殖周期后期，HIV的Gag和Gag-Pol基因产物被翻译成蛋白前体，形成无感染性的未成熟病毒颗粒，HIV编码的蛋白酶能催化此蛋白前体裂解，形成最终结构蛋白而使病毒成熟。因此，蛋白酶是HIV复制过程中产生成熟感染性病毒所必需的，抑制此蛋白酶则可阻止前体蛋白裂解，导致未成熟的非感染性病毒颗粒堆积，进而产生抗病毒作用。蛋白酶抑制剂可有效对抗HIV，与NRTI类或NNRTI类联合用药可显著减慢AIDS患者的临床发展过程。

蛋白酶抑制剂主要经肝细胞色素P450代谢，可与许多其他药物通过抑制细胞色素P450酶发生相互作用，甚至一种蛋白酶抑制剂可以抑制另一种蛋白酶抑制剂的代谢。

第三节 抗流感病毒药

金刚烷胺

金刚烷胺可特异性抑制A型流感病毒，大剂量也可抑制B型流感病毒、风疹和其他病毒。病毒在复制周期中的两个特定时期，其膜蛋白M2呈现离子通道功能，这两个时期主要包括病毒包膜与宿主细胞的融合，以及复制后期病毒体的装配与释放。金刚烷胺可选择性的作用于包膜蛋白M2，阻断蛋白的通道功能进而抑制病毒的复制，主要用于预防A型流感病毒的感染。金刚烷胺尚具有抗震颤麻痹作用。金刚烷胺口服吸收好，生物利用度为75%，唾液等分泌物可达较高浓度。血浆 $t_{1/2}$ 为12～18h，在体内不被代谢，90%以原型经肾排泄。本药特异性的抑制甲型流感病毒，但对乙型流感病毒无效；临床主要用于甲型流感病毒的预防；不良反应有厌食、恶心、紧张、焦虑、失眠及注意力分散，有些老年患者出现幻觉、癫痫。

第四节 抗肝炎病毒药

乙肝疫苗

乙肝疫苗（hepatitis B vaccine）是用于乙肝的特殊药物。疫苗接种后，可刺激免疫系统产生保护性抗体，这种抗体存在于体液之中，乙肝病毒一旦出现，抗体会立即作用，将其清除，阻止感染。乙肝疫苗分为血源乙肝疫苗及基因重组乙肝疫苗两种，其中基因重组乙肝疫苗又可分为哺乳动物表达的疫苗和转基因酵母疫苗。

第一代乙肝疫苗属血源疫苗，由无症状乙型肝炎表面抗原阳性者的血浆制备获得。这类疫苗对防止乙肝发挥了重要作用。但是这类疫苗成本高、生产周期非常长（约65周），而且还存在传播肝炎和AIDS的危险。

第二代乙肝疫苗是将编码乙肝表面抗原的基因在酵母菌或哺乳动物细胞内高效表达而得到的乙肝基因工程疫苗。

第三代乙肝疫苗能诱导更高的抗体应答反应，主要是利用基因重组技术，在哺乳动物细胞成功的高表达包含S抗原、前S1和前S2表位的重组疫苗。

本章小结

病毒是体积最小，结构最简单的非细胞型病原微生物，主要由核酸核心和蛋白质外壳构成核衣壳。有些病毒的核衣壳有包膜包裹。病毒仅含单链或双链的核酸，即DNA或RNA，含DNA称为DNA病毒，含RNA的称为RNA病毒。本章主要介绍了抗疱疹病毒药、抗HIV药、抗流感病毒药及抗肝炎病毒药等四类药物，系统地讲解了各类抗病毒药物的代表性药物（阿昔洛韦、齐多夫定、金刚烷胺等）及典型药物的抗病毒作用机制、临床应用和主要的不良反应。另外，简要介绍了非核苷类逆转录病毒抑制药和蛋白酶抑制剂的抗病毒机制和应用。

由于病毒变异快，且不易与宿主细胞区分，药物作用的特异性不高，目前抗病毒药物的治疗效果不是十分理想，仍需大力开发新的药物。

中药介绍

绵马贯众

绵马贯众，为鳞毛蕨科植物粗茎鳞毛蕨 *Dryopteris crassirhizoma* Nakai 的干燥根茎和叶柄残基，秋季采挖，削去叶柄，须根，除去泥沙，晒干，生用或炒炭用。绵马贯众味苦，性微寒；有小毒。具有清热解毒，止血，杀虫之功效。

其主要成分为间苯三酚衍生物绵马精，能缓慢分解产生绵马酸类、黄绵马素类、白绵马素类、去甲黄绵马素类，以及绵马酚、绵马次酸、东北贯众素及挥发油等。

绵马贯众具有显著的抗病毒作用。水煎剂对各型流感病毒均有明显的抑制作用。对流感病毒、副流感病毒、腺病毒、脊髓灰质炎病毒、埃可病毒、柯萨奇病毒、流行性乙型脑炎病毒及单纯性疱疹病毒等均有明显的抗病毒作用。贯众还能抑制乙肝表面抗原 HBV 等。研究还发现，贯众对 HIV 也具有一定的抑制作用。

（赵晓燕）

第四十四章　抗 真 菌 药

能力要求

1. 能够理解合理选用抗真菌药物（antifungal agents）治疗常见的真菌感染。

2. 能够阐述酮康唑（ketoconazole）、伊曲康唑（itraconazole）、两性霉素 B 和氟胞嘧啶（flucytosine，5-氧胞嘧啶，5-fluorocytosine）的作用机制、药理作用和临床应用。

3. 能够了解说出咪康唑（micozole，双氯苯咪唑，霉可唑）、克霉唑（clotrimazole，三苯甲咪唑，canesten）、联苯苄唑（bifonazole）、氟康唑（fluconazole）、制霉菌素（nystatin）、灰黄霉素（grifulvin，grisactin）、特比萘芬（terbinafine，TBF，疗霉舒）和卡泊芬净（caspofungin）的作用特点。

根据真菌侵犯机体的部位不同，一般将真菌感染分为表浅部真菌感染和深部真菌感染。表浅部真菌感染多由各种癣菌引起，主要侵犯皮肤、毛发、指（趾）甲、口腔或阴道黏膜等，发病率高；深部真菌感染常由白色念珠菌、新型隐球菌等引起，主要侵犯深部组织和内脏器官，病情严重，死亡率高。由于广谱抗菌药物、肾上腺皮质激素、免疫抑制剂和细胞毒抗恶性肿瘤药物等的长期不合理使用，机体的免疫功能明显降低，导致深部真菌感染的发病率呈逐年上升趋势。

抗真菌药物是指具有抑制或杀灭真菌的药物。根据化学结构不同，抗真菌药分为四类：唑类（azoles）抗真菌药，如酮康唑（ketoconazole）；多烯类抗真菌药，如两性霉素 B；嘧啶类抗真菌药，如氟胞嘧啶及其他类。

第一节　唑类抗真菌药

唑类抗真菌药按其化学结构分为两类：咪唑类（imidazoles）和三唑类（triazoles）。这类药物具有共同的抗菌作用机制：能选择性抑制真菌的细胞色素 P450 依赖性 14-α-去甲基酶，阻止细胞膜麦角固醇的生物合成，从而影响细胞膜通透性，改变某些与细胞膜结合的许多酶（如 ATP 酶）的活性，最终抑制了真菌的生长。唑类抗真菌药抗菌谱广，不仅可治疗浅表性真菌感染，而且口服给药可以治疗全身性真菌感染，是目前发展最快的一类抗真菌药。

一、咪 唑 类

目前临床常用的咪唑类药物有酮康唑、咪康唑、克霉唑、益康唑和联苯苄唑等。

酮 康 唑

【体内过程】　酮康唑口服生物利用度个体差异较大，酸性环境有利于药物吸收。血浆蛋白结合率可达 80%以上，体内分布广泛，但很难透过血-脑屏障，在脑脊液中药物浓度很低。药物主要经肝脏代谢，大部分由胆汁排泄，仅少量由肾脏排出。可通过胎盘屏障，也可进入乳汁。酮康唑的消除 $t_{1/2}$ 随剂量增加而延长，一般剂量时 $t_{1/2}$ 为 6.5～9 h。

【药理作用及应用】 酮康唑是第一个广谱口服治疗真菌感染的唑类药物，对多种浅部和深部真菌都有抗菌作用，临床用于治疗多种浅部和深部真菌感染。但因其严重不良反应，目前仅局部用药，用于治疗表浅部真菌感染。

【不良反应与注意事项】 胃肠道反应多见，如恶心、呕吐等，也可出现皮疹、头晕、嗜睡、畏光等，偶见肝毒性。由于此药可能抑制睾丸素和肾上腺皮质激素的合成，有时会导致内分泌异常，出现男性乳房发育；可通过胎盘，且对动物有致畸作用，孕妇禁用；也可进入乳汁，增加新生儿胆黄素脑病发生的可能性，哺乳期妇女亦需慎用。

【药物相互作用】 H_2受体阻断药，H^+、K^+-ATP 酶抑制剂等因抑制胃酸的分泌，可使本品吸收明显减少；利福平和苯妥英钠诱导肝药酶，可加速酮康唑代谢，使本品血药浓度降低50%以上；本品抑制细胞色素 P450，可使环孢素血药浓度升高，并可能增加患者肾毒性发生的危险性。

咪康唑和益康唑

咪康唑为广谱抗真菌药。口服吸收差，生物利用度很低。静脉注射给药不良反应较多。因皮肤和黏膜吸收少，不良反应不明显，目前临床多局部应用治疗阴道、皮肤或指甲的真菌感染。静脉给药可作为两性霉素 B 不能耐受或治疗无效时的替代药物，用于治疗全身性真菌感染。益康唑（econazole，氯苯咪唑）抗菌谱、抗菌活性和临床应用均与咪康唑相似。

克 霉 唑

克霉唑为广谱抗真菌药，对多种浅部真菌和深部真菌均有抗菌作用，但对深部真菌作用不如两性霉素 B。口服不易吸收，静脉给药不良反应多而且严重，目前仅局部用药，用于各种浅部真菌感染的治疗。

联 苯 苄 唑

联苯苄唑不仅抑制 24-甲烯二氢羊毛固醇转化为脱甲基固醇，同时也能抑制羟甲基戊二酰辅酶 A 转化为甲羟戊酸，从而对麦角固醇的合成起到双重阻断，抗菌活性明显优于其他咪唑类抗真菌药。联苯苄唑在真皮内活性可持续 48h，10～30min 后在胞浆中可达有效浓度，作用可持续 100～120h。临床用于治疗皮肤癣菌感染。不良反应包括接触性皮炎、烧灼感、瘙痒感、脱皮及龟裂。

二、三 唑 类

目前临床常用的三唑类药物有伊曲康唑、氟康唑和伏立康唑等。

伊 曲 康 唑

【体内过程】 伊曲康唑脂溶性高，口服吸收迅速，生物利用度约 55%，与血浆蛋白的结合率高于 90%，分布广，脑脊液中药物浓度很低；主要经肝代谢，代谢物羟基伊曲康唑血药浓度是母体药的 2 倍，且仍有抗菌活性；单次给药后血浆消除 $t_{1/2}$ 为 30～40h，肾功能不良患者用药后对药物代谢无明显影响。

【药理作用及应用】 伊曲康唑对浅部和深部真菌均有抗菌活性，与酮康唑相比抗菌谱更广，且体内、外抗真菌活性较酮康唑更强，临床用于治疗深部、皮下及浅表真菌感染，也可首选治疗罕见真菌，如组织胞浆菌感染和芽生菌感染。

【不良反应】 少，可见胃肠道反应、头痛、头昏、低血钾、高血压、水肿和皮肤瘙痒等。肝毒性发生率明显低于酮康唑。由于该药不影响雄激素的合成，因此可避免酮康唑所致的内分泌异常。

【药物相互作用】 抑制胃酸分泌的药物，如西咪替丁、奥美拉唑等因降低胃液酸度，可减少伊曲康唑吸收；与利福平、苯妥英钠和苯巴比妥等肝药酶诱导剂同时服用，可加速伊曲康唑代谢，降低其血药浓度；与特非那定和阿司咪唑等合用时可导致Q-T间期延长甚至尖端扭转型室性心动过速的发生，虽罕见但可能危及生命。

氟康唑

氟康唑口服吸收良好，生物利用度为95%，与血浆蛋白的结合率低（仅11%）；在组织和体液中均有分布，脑脊液中药物浓度高，可达血药浓度的50%～60%；在肝脏代谢极少，80%以上以原型经肾脏排出；$t_{1/2}$约为35h。为广谱抗真菌药，抗菌谱与酮康唑相似，体内抗真菌活性比酮康唑强5～20倍，临床用于全身性或局部念珠菌、隐球菌等感染，可首选治疗AIDS患者隐球菌性脑膜炎，与氟胞嘧啶合用可增强疗效；不良反应发生率低，常见轻度胃肠道反应、头晕、头痛、皮疹等。氟康唑可能导致胎儿缺陷，孕妇应禁用。肾功能不良的患者用药后可明显延长$t_{1/2}$，故对该类患者用药应减小剂量。

伏立康唑

伏立康唑（voriconazole，UK-109496）口服吸收良好，生物利用度达90%，血浆蛋白结合率约为60%，广泛分布，在各种组织和体液内均有分布；主要经肝脏代谢，代谢产物从肾脏排出，仅有 1%药量以原型排出。本品为氟康唑的衍生物，抗菌谱广，对多种条件性真菌和地方流行性真菌均具有抗菌活性，抗真菌活性较氟康唑强10～500倍，对氟康唑、两性霉素B产生耐药性的多种深部真菌感染仍有显著疗效；不良反应少，主要为胃肠道反应，其发生率也较氟康唑低，耐受性好。

第二节 多烯类抗真菌药

两性霉素B

【体内过程】 两性霉素B口服和肌内注射均难吸收，口服生物利用度为5%；临床采用静脉滴注法给药，药物与血浆蛋白结合率为90%～95%，不易透过血-脑屏障，在脑脊液中药物浓度很低；主要经肝脏代谢，代谢产物及约 5%的原型药由肾脏排出，排泄缓慢，停药数周后在尿中仍可检出；$t_{1/2}$约24h。

【药理作用及机制】 两性霉素B抗菌谱广，几乎对所有真菌均有抗菌活性；对新生隐球菌、白色念珠菌、芽生菌、荚膜组织胞浆菌、粗球孢子菌、孢子丝菌等具有较强抑菌作用，高浓度时有杀菌作用。两性霉素B与真菌细胞膜上的重要成分麦角固醇选择性结合，在细胞膜上形成许多亲水性的“微孔”或“通道”，增加细胞膜的通透性，造成细胞内小分子物质（如氨基酸、核苷酸等）和电解质（如K^+）外渗，破坏真菌的正常代谢而抑制真菌生长甚至导致死亡。此外，本药与一些其他抗真菌药物，如氟胞嘧啶合用可产生协同作用，因本药可增加真菌细胞膜的通透性，使药物更易进入真菌细胞内。两性霉素B还可通过氧化损伤产生抗真菌作用。细菌细胞膜不含固醇，故两性霉素B对细菌无效。人红细胞、肾小管上皮细胞的胞浆膜含有固醇，因此可造成溶血、肾功能损害等毒性反应。真菌很少对其产生耐药性。

【临床应用】 20世纪50年代以来两性霉素B为治疗各种严重真菌感染的首选药之一，但因毒性较大，其应用受到限制；静脉滴注用于治疗多种深部真菌引起的严重内脏或全身感染；真菌性脑膜炎治疗时需鞘内注射；口服给药仅用于肠道真菌感染；治疗皮肤、指甲及黏膜等浅表部真菌感染可局部外用。

【不良反应及注意事项】 较多且严重，主要表现为寒、发热，也可出现厌食、贫血、头痛、呕吐、低血压、低血钾、血栓性静脉炎等。静滴速度过快时，可出现心律失常。长期用药的患者出现不同程度肾功能损害的发生率高达80%以上，如血尿、蛋白尿、管型尿、血尿素氮或肌酐升高等；尚可引起肝功能损害、过敏反应等，但发生率低。故长期用药的患者，应定期检查血尿常规、肝肾功能和心电图等。

为降低两性霉素B的不良反应，临床现用其脂质体剂型、脂质体复合物、胶样分散剂型等新剂型，同时可提高其治疗效果。

【药物相互作用】 应避免与具有肾毒性的药物，如氨基糖苷类抗生素、抗肿瘤药、万古霉素、多黏菌素类等合用，可增强肾毒性，应避免合用，与肾上腺皮质激素及排钾利尿药合用，可加重低钾血症；与强心苷类药物同用时，两性霉素 B 可能引起的低钾血症会增强潜在的强心苷类的毒性反应；本药增加了氟胞嘧啶的细胞摄取和减少其自肾脏排泄，故同时也增强了氟胞嘧啶的毒性反应；碱化尿液可增加两性霉素B自肾脏的排泄，并可避免或降低肾小管酸中毒发生的可能性。

制霉菌素

制霉菌素抗真菌作用和作用机制与两性霉素B相似，对念珠菌属的抗菌活性较强，且不易产生耐药性。制霉菌素口服不易吸收，口服给药仅用于肠道念珠菌感染。注射给药时制霉菌素毒性较两性霉素B更大，主要局部外用治疗皮肤、黏膜等浅表部位的念珠菌感染；局部用药不良反应少见；口服可引起恶心、呕吐、食欲不振、腹泻等胃肠道反应。

第三节　嘧啶类抗真菌药

氟胞嘧啶

【体内过程】 氟胞嘧啶口服吸收良好，生物利用度可达80%；血浆蛋白结合率低于5%，体内广泛分布，易透过血-脑屏障；口服后约2h血药浓度达峰值，90%药物以原型通过肾脏排出。$t_{1/2}$为3～5h，肾衰竭患者$t_{1/2}$可明显延长。

【作用机制】 氟胞嘧啶的作用机制在于药物通过真菌细胞的胞嘧啶透性酶进入细胞内，在胞嘧啶脱氨酶的作用下去氨基形成活性代谢产物5-氟尿嘧啶；再经尿苷-5-磷酸焦磷酸化酶催化转变为5-氟尿嘧啶脱氧核苷，从而有效抑制胸腺嘧啶核苷合成酶，阻断尿嘧啶脱氧核苷转变为胸腺嘧啶核苷，阻碍DNA的合成。此外，5-氟尿嘧啶还能掺入真菌的RNA，影响蛋白质的合成。由于哺乳动物细胞内缺乏将氟胞嘧啶转变为5-氟尿嘧啶的胞嘧啶脱氨酶，故氟胞嘧啶对真菌有选择性作用，而不影响人体的细胞代谢。

【药理作用及应用】 本品为人工合成的抗深部真菌药，主要用于隐球菌、念珠菌和着色霉菌等敏感真菌引起的感染，疗效较两性霉素B差。单用时真菌对本药易产生耐药性，常与两性霉素B合用。

【不良反应】 常见有皮疹和胃肠道反应，如恶心、呕吐、腹泻等；也可引起骨髓抑制，出现粒细胞减少、血小板减少、贫血；尚可引起肝功能损害、肾功能损害等。动物实验表明有致畸作用，故孕妇禁用。

第四节　其他抗真菌药

灰黄霉素

【体内过程】 灰黄霉素（grifulvin，grisactin）口服吸收较少，微粒制剂或进食高脂肪饮食可明显促进其吸收；药物分布广泛，其中以皮肤、毛发、指甲、脂肪及肝脏等组织含量较高；主要经肝脏代谢，代谢产物自肾脏排出。$t_{1/2}$ 为 24h。

【药理作用及机制】　为浅表部抗真菌药。抗菌谱窄，对各种皮肤癣菌如表皮癣菌属、小芽孢菌属和毛菌属等具有抗菌作用，可杀灭生长旺盛的真菌，而对静止状态的真菌仅有抑制作用；对其他真菌感染无效。灰黄霉素易在皮肤、毛发及指（趾）甲的角蛋白前体细胞中沉积，阻止敏感真菌的微管蛋白聚合成微管，从而抑制真菌有丝分裂。此外，灰黄霉素化学结构和鸟嘌呤类似，能竞争性抑制鸟嘌呤进入 DNA 分子中，故可干扰真菌 DNA 合成。

【临床应用】　口服给药主要用于各种皮肤癣菌的治疗。对头癣疗效较明显，指（趾）甲癣疗效较差，需服药数周甚至数月方能见效，这与灰黄霉素仅抑制静止状态的真菌，病变的痊愈有赖于角质的新生和受感染角质层的脱落有关。该药毒性较大，已被伊曲康唑和特比萘芬所取代，目前临床已少用。

【不良反应及注意事项】　多见头痛、眩晕等反应，少数患者有恶心、呕吐、腹泻等胃肠道反应，皮疹等过敏反应，以及粒细胞减少等血液系统反应。动物实验发现很大剂量灰黄霉素有致畸和致癌作用。

【药物相互作用】　巴比妥类药物可减少灰黄霉素的吸收，使其抗真菌作用减弱；灰黄霉素可诱导肝药酶，加速香豆素类抗凝药和口服避孕药的代谢，减弱后者的作用。

特比萘芬

【体内过程】　特比萘芬口服吸收迅速且良好，药物与血浆蛋白结合率可高达 99%，体内分布广泛，可在皮肤、指（趾）甲和毛发等处聚集，连续服药皮肤中药物浓度比血药浓度高 75%，即使停药后较长时间在这些组织也可维持高浓度；主要经肝脏代谢，代谢产物主要经尿排出。血浆 $t_{1/2}$ 约为 17h，肝、肾功能不良者 $t_{1/2}$ 可明显延长。

【抗菌作用与机制】　主要对毛癣菌属、小孢子癣菌属、表皮癣菌属等各种浅部真菌具有良好的抗菌活性，体外抗皮肤真菌活性明显优于酮康唑、伊曲康唑。特比萘芬可选择性抑制角鲨烯环氧化酶的活性，不能催化角鲨烯合成麦角固醇，麦角固醇是真菌细胞膜的主要成分，从而影响真菌细胞膜的结构和功能而产生抗真菌作用。

【临床应用】　主要用于治疗甲癣及其他浅表部真菌感染，可口服或局部用药。单用对深部曲霉菌感染、侧孢感染、假丝酵母菌感染和肺隐球酵母菌感染效果不佳，但若与唑类抗真菌药或两性霉素 B 合用，疗效良好。

【不良反应】　少且轻，常见胃肠道反应，如食欲降低、恶心，轻微腹痛，腹泻；也可见皮肤瘙痒、荨麻疹、皮疹等；偶见肝损伤，故肝、肾功能严重减退者宜减量。

卡泊芬净

卡泊芬净为棘球白菌素类抗真菌药的第一个药物，是葡聚糖合成酶抑制剂，能有效抑制细胞壁 β-1, 3-*D*-葡聚糖的合成，从而干扰真菌细胞壁的合成，破坏真菌细胞壁的完整性。本品为广谱抗真菌药，对白色念珠菌、热带念珠菌、光滑念珠菌、克柔念珠菌等有良好的抗菌活性，对烟曲霉、黄曲霉、土曲霉和黑曲霉及除曲菌以外的几种丝状真菌和二形真菌也有抗菌活性。目前临床主要用于对其他治疗无效的或对其他药物，如两性霉素 B 脂质体制剂或伊曲康唑等耐药的侵袭性曲霉病的治疗。也可用于念珠菌败血症和念珠菌感染引起的腹腔脓肿、腹膜炎和腹腔感染以及食管念珠菌病的治疗。

知识拓展

甲癣，俗称“灰指甲”，是指皮癣菌侵犯甲板或甲下所引起的疾病，是一种常见的真菌感染性皮肤病。患者的一个或多个指（趾）甲甲板变得混浊、不透明，甲板增厚、表面粗糙、凹凸不平，失去光泽，严重的甲板上可有沟、裂、嵴、不规则的斑点，呈虫咬状，甲弹性差，易破碎等症状。灰指甲的易感因素有：①不注意个人卫生；②长期与化学或水直接接触；③营养不良者；④指甲受外伤或冲击，可能导致真菌侵入的缺口；⑤经常与灰指甲患者接触；⑥手足癣、湿疹、扁平苔癣、牛皮癣等皮肤病可能伴发灰指甲。临床表现结合真菌检查可确诊，目前多采用口服抗真菌药物治疗。

案例解析

案例 44-1

患者，男，74 岁，主因“发热、咳嗽、咳痰 10 余日”入院。患者入院前自行服用多种广谱抗生素，但效果不佳。入院查体：体温 38.2℃，双肺可闻及散在湿啰音；入院肺 CT 提示斑片状影，考虑为双肺感染；血常规提示白细胞明显升高，痰培养提示：肺炎双球菌。入院诊断：双肺炎。给予广谱抗生素治疗 11 日，患者再次出现发热，痰液黏稠，不易咳出，痰真菌培养提示：白色念珠菌感染。

问题：

1. 在什么情况下患者容易发生真菌感染？
2. 针对该患者，应如何治疗？

解析：

1. 在严重全身性疾病致机体免疫功能明显下降、长期不合理应用广谱抗菌药物、免疫抑制剂、肾上腺皮质激素和细胞毒抗恶性肿瘤药物等情况下容易发生真菌感染。

2. 可根据患者痰培养药敏结果选用抗真菌药物治疗；或可选用特比萘芬与唑类抗真菌药或两性霉素 B 合用。

本章小结

抗真菌药物是指具有抑制或杀死真菌生长或繁殖的药物。根据化学结构不同，抗真菌药分为以下四类。

1. 唑类抗真菌药 按其化学结构分为两类：咪唑类和三唑类，均能选择性抑制真菌的细胞色素 P450 依赖性 14-α-去甲基酶，阻止细胞膜麦角固醇的生物合成，从而影响细胞膜通透性。咪唑类代表药有酮康唑等，三唑类代表药有伊曲康唑等，抗菌谱广，不仅可治疗浅表性真菌感染，而且口服给药可以治疗全身性真菌感染，是目前发展最快的一类抗真菌药。

2. 多烯类抗真菌药 代表药有两性霉素 B，与真菌细胞膜上的麦角固醇选择性结合，在细胞膜上形成许多亲水性的“微孔”，增加细胞膜的通透性。抗菌谱广，用于治疗多种深部真菌引起的严重内脏或全身感染，但因毒性较大其应用受到限制。

3. 嘧啶类抗真菌药 代表药有氟胞嘧啶，活性代谢产物 5-氟尿嘧啶阻碍 DNA 和蛋白质的合成，常与两性霉素 B 合用治疗深部真菌感染。

4. 其他抗真菌药 灰黄霉素口服用于各种皮肤癣菌的治疗，对皮下或深部真菌感染无效，且毒性较大，已被伊曲康唑和特比萘芬所取代，目前临床已少用；特比萘芬口服或局部用药用于治疗甲癣及其他浅表部真菌感染，与唑类抗真菌药或两性霉素 B 合用可治疗深部真菌感染；

卡泊芬净主要用于对其他治疗无效的或对其他药物耐药的侵袭性曲霉病的治疗。

中药介绍

蛇床子

蛇床子为伞形科植物蛇床 *Cnidium monnieri*（L.）Cuss.的干燥成熟果实，别名野胡萝卜子。蛇床子主要含香豆素类化合物，另外还含有挥发油、倍半萜及糖类等成分。从蛇床子总香豆素中分离得到6个单体，包括蛇床子素（osthol，ost）、佛手柑内酯（bergapten）、异虎耳草素（isopimpinelliu）、花椒毒酚（xouthotoxol）、花椒毒素（xouthotoxin）、欧芹属素乙（imperatoriu）。其中蛇床子素含量最高，约占总香豆素的60%。香豆素类化合物主要成分是蛇床子素、欧芹属素乙、异虎耳草素、佛手柑内酯、花椒毒素、花椒毒酚、蛇床定、当归素等。挥发油主要包括α-蒎烯、莰烯、柠檬烯、乙酸龙脑酯等。

文献报道蛇床子煎液在体外可抑制多种细菌，如金黄色葡萄球菌（包括耐药菌）、变形杆菌、枯草杆菌、铜绿假单胞菌等，对羊毛状小孢子菌、石膏样毛癣菌、絮状表皮癣菌等真菌都具有抑制作用，也可不同程度抑制红色毛癣菌、许兰毛癣菌、断发毛癣菌、石膏样小孢子菌、紫色毛癣菌等致病性浅部真菌感染。研究表明，蛇床子还具有抗炎、抗变态反应等多种药理作用。

临床上，蛇床子单用（蛇床子散）常用于滴虫性阴道炎及霉菌感染等；以蛇床子为主的复方（常与黄芩、丹皮、生地等配伍）常用于湿疹、痒疹和荨麻疹等。由蛇床子、艾叶、独活、苍术等药组成的洁尔阴洗液（泡腾片）常用于治疗霉菌性阴道炎、滴虫性阴道炎及细菌性阴道炎；洁尔阴洗液还可用于接触性皮炎、湿疹、体股癣、皮肤瘙痒症、肛门瘙痒和痤疮等各种皮肤疾患。

（郑　萍）

第四十五章　抗寄生虫药

能力要求

1. 能够阐述青蒿素（artemisine）、伯氨喹（primaquine）、乙胺嘧啶（pyrimethamine）等的药理作用、临床应用及不良反应，并了解抗疟药（antimalarial drugs）的分类、选药原则及其他抗疟药的作用特点及临床应用。

2. 能够知晓阿苯哒唑、甲苯咪唑（mebendazole）的驱虫谱及临床应用。

3. 能够了解常用抗阿米巴病药物（amebicldes）、抗血吸虫病药物的作用特点、临床应用及主要不良反应。

第一节　抗　疟　药

一、概　　述

疟疾（malaria）是由疟原虫感染、由雌按蚊传播的传染病。疟疾、AIDS 及结核病并称为世界上危害最严重的三大传染性疾病。疟疾主要表现为周期性规律发作，包括潜伏期、寒战期、高热期和出汗缓解期。根据致病疟原虫的不同，可分为间日疟、三日疟、恶性疟和卵形疟。其中恶性疟病情最严重。疟原虫寄生在红细胞内，并破坏红细胞，多次发作后红细胞和血红蛋白严重下降，引起贫血、脾增生等。恶性疟还会引起红细胞与血管内皮粘连，引起脑局部缺氧和营养耗竭而导致脑并发症即脑型疟（cerebral malaria），出现剧烈头痛、昏迷、谵妄、抽搐、惊厥、体温高达 40℃以上，常因昏迷并发感染而死亡，是儿童和无免疫力成人患者的主要死亡原因。

抗疟药是防治疟疾的重要手段。了解疟原虫生活史及各种抗疟药不同的作用环节，对于正确选择抗疟药十分重要。

（一）疟原虫的生活史及抗疟药作用环节

疟原虫的生活史可分为在人体内的无性生殖阶段和在雌性按蚊体内的有性生殖阶段。

1. 无性生殖阶段

（1）原发性红细胞外期：雌按蚊叮咬人时，其唾液中的疟原虫子孢子进入人体，约 30min 内侵入肝细胞进行裂体增殖。10～14 日后，生成大量裂殖子。此期无临床症状，为疟疾的潜伏期。乙胺嘧啶对此期疟原虫有杀灭作用，可起病因预防作用。

（2）红细胞内期：肝细胞内生成的大量裂殖子，破坏肝细胞后进入血液，侵入红细胞，经滋养体发育成裂殖体，破坏红细胞，释放大量的裂殖子及其代谢产物，同时红细胞被破坏产生的变性蛋白会刺激机体，引起寒战、高热等临床症状。从红细胞中释放的裂殖子再侵入未受感染的红细胞，如此循环，引起临床症状反复发作。不同种疟原虫完成无性生殖周期所需时间不同：恶性疟为 36～48h，间日疟为 48h，三日疟为 72h。氯喹、奎宁、青蒿素等药物对此期疟原虫有杀灭作用，可预防和控制疟疾症状发作。

（3）继发性红细胞外期：间日疟原虫和卵形疟原虫的原发性红细胞外期裂殖子释放至血液后，一部分进入红细胞内发育，另一部分再次侵入肝细胞内，称为继发性红细胞外期。此期原虫形成休眠子，经较长时间后可再次增殖，释放裂殖子，成为疟疾复发的根源。伯氨喹等药物能杀灭继发性红细胞外期疟原虫，对间日疟有根治作用。恶性疟和三日疟原虫无休眠子，故无复发。

（4）配子体形成期：红细胞内疟原虫经若干次裂体增殖后，部分不再无性裂体增殖，而逐渐发展成为雌、雄配子体。它们不引起临床症状，但可感染按蚊，成为疟疾传播的根源。伯氨喹能杀灭各型疟原虫的配子体，有控制疟疾传播的作用。

2. 有性生殖阶段　雌按蚊叮咬疟疾患者后，雌、雄配子体随血液进入蚊胃内。两者结合成合子，进一步发育成子孢子并移行至按蚊唾液腺，成为感染人的直接传染源。乙胺嘧啶等药物随人血进入蚊体，抑制雌、雄配子体的发育，能控制疟疾传播和流行。

（二）抗疟药的分类

1. 主要用于控制症状的抗疟药　氯喹、奎宁、青蒿素、二氢青蒿素和蒿甲醚。

2. 主要用于控制复发和传播的抗疟药　伯氨喹。

3. 主要用于预防的抗疟药　乙胺嘧啶、磺胺类和砜类。

二、常用抗疟药

（一）主要用于控制症状的抗疟药

青　蒿　素

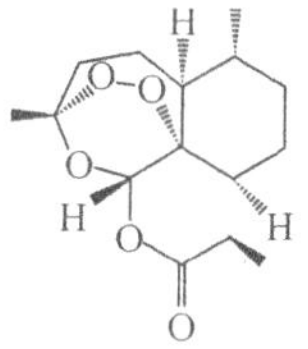

青蒿素是从复合花序植物菊科黄花蒿（*Artemisia annua L.*，中药青蒿）中提取得到的无色针状晶体，也被称为黄花蒿素，是我国获得的第一个自然科学类诺贝尔奖。属倍半萜内酯，具有过氧键和 6-内酯环，有一个包括过氧化物在内的 1,2,4-三噁烷结构单元，易溶于氯仿、丙酮、乙酸乙酯和苯，可溶于乙醇、乙醚，微溶于冷石油醚，几乎不溶于水。因其具有特殊的过氧基团，它对热不稳定，易受湿、热和还原性物质的影响而分解。青蒿素的环状结构保护了过氧桥的稳定，但也造成青蒿素难溶于水和油，不易制成适当的剂型，使用不方便，生物利用率低。

青蒿素抗疟疾作用机制是通过青蒿素活化产生自由基，自由基与疟原蛋白结合，作用于疟原虫的膜系结构，使其泡膜、核膜及质膜均遭到破坏，线粒体肿胀，内外膜脱落，从而对疟原虫的细胞结构及其功能造成破坏。青蒿素还能使疟原虫对异亮氨酸的摄入量明显减少，从而抑制虫体蛋白质的合成。但随着青蒿素的使用，又出现了对青蒿素耐药的疟原虫。

青蒿素是继乙氨嘧啶、氯喹、伯氨喹之后最有效的抗疟特效药，尤其是对于脑型疟疾和抗氯喹疟疾，具有速效和低毒的特点。

蒿　甲　醚

蒿甲醚（artemtherin）又名甲基还原青蒿素。

肌内注射后吸收快且完全。肌内注射 10mg/kg 后，血药浓度达峰时间为 7h，峰值可达到

0.8μg/ml 左右，$t_{1/2}$ 约为 13h；在体内分布甚广，以脑组织最多，肝、肾次之；主要通过肠道排泄，其次为肾排泄。肝、肾为其代谢和排泄的主要部位；体内转运迅速，排泄快，静注 72h 后大部药物被代谢，尿中几乎找不到原型药物。本品对红内期无性生殖体有强大的杀灭作用。动物实验证实，其抗疟作用为青蒿素的 10～20 倍。

适用于各型疟疾，本品对恶性疟（包括抗氯喹恶性疟及凶险型疟）的疗效较佳，效果确切，显效迅速，近期疗效可达 100%。用药后 2 日内多数病例血中疟原虫转阴并退烧，复燃率 8%。较青蒿素低；与伯氨喹合用可进一步降低复燃率；油溶性很大，可以制成针剂，对抢救危重疟疾病人非常有利。蒿甲醚于 1981 年通过鉴定，1995 年载入国际药典，现已被 WHO 列为治疗凶险型疟疾的首选药，对胚胎可能有致死作用，妊娠早期慎用。

复方蒿甲醚为复方制剂，含苯芴醇和蒿甲醚。苯芴醇属芳香环甲醇类，也具有较好的抗疟作用，能杀灭疟原虫红内期裂殖体，杀虫比较彻底，治愈率 95%左右，但对红细胞前期和配子体无效。复方蒿甲醚可减少疟原虫耐药性。

二氢青蒿素

二氢青蒿素（dihydroartemisinin）为青蒿素在体内还原代谢物，其抗疟作用比青蒿素强；口服吸收良好，起效迅速。口服双氢青蒿素 2mg/kg 后，血药浓度达峰时间约 80min。血浆 $t_{1/2}$ 为 100min；体内分布广，排泄和代谢迅速；适用于各种类型疟疾的症状控制，尤其是对抗氯喹恶性及凶险型疟疾有较好疗效，复发率低。

青 蒿 琥 酯

青蒿琥酯（artesunate）静脉注射后血药浓度很快下降，$t_{1/2}$ 为 30min 左右；体内分布甚广，以肠、肝、肾较高；主要在体内代谢转化；仅有少量由尿、粪便排泄；临床适用于急性疟疾危重患者的抢救，可作为治疗脑型疟及各种凶险性疟疾患者的首选药物；推荐治疗量下未见不良反应；若使用过量（大于 2.75mg/kg），可能出现外周网织细胞一过性降低，停药后可恢复正常；有明显胚胎毒性，孕妇慎用。

知识拓展

20 世纪 60 年代，疟原虫对奎宁类药物已经产生了抗药性，严重影响到治疗效果。1967 年，中国政府集中全国科研力量，紧急启动了一个以研发抗疟新药为目的的项目，代号为“523”。这个有六十个单位参加、五百多研究人员组成的研究团队，合成筛选了一万多个化合物，提取筛选了四万多种重要提取物，最终获得了有高效低毒的青蒿素及其效能更好的衍生物。在疟疾的治疗中发挥了巨大的作用。屠呦呦受中国东晋葛洪《肘后备急方》的启发，采用 60℃乙醚萃取青蒿再纯化，最终成功提取出具抗疟活性的青蒿素。2011 年，屠呦呦因青蒿素和双氢青蒿素的贡献，获得拉斯克奖。2015 年，屠呦呦因青蒿素的研究获得 2015 年度诺贝尔生理学或医学奖。

“523”项目研制抗疟药的工作是团队工作，很多科学家的工作不能被遗忘。云南药物所罗泽渊首次从菊科黄花蒿中获得了高产的黄花蒿素（即青蒿素），广州中医药大学李国桥教授进行了临床研究并证实其具有高效低毒的抗疟功效，此后又研究了多个抗疟复方；上海药物所的李英合成出具有更好疗效和成药特点的蒿甲醚等。现在以青蒿素类药物为主的联合疗法已经成为世界卫生组织推荐的抗疟疾标准疗法，也是抵抗疟疾耐药性效果最好的药物。

氯　　喹

氯喹（chloroquine）曾是控制疟疾症状的首选药物，对各种疟原虫的红细胞内期裂殖体均有杀灭作用，但对红细胞外期无效。长期反复应用氯喹后，疟原虫结合和摄取氯喹的能力降低，疗效下降，部分恶性疟对其产生耐药性。目前已经少用。此外，氯喹还有抗阿米巴原虫作用，可杀灭阿米巴滋养体，具有抗肠外阿米巴作用。大剂量氯喹具有免疫抑制作用。

氯喹对中枢神经系统有兴奋作用，引起敏感、易激惹，个别患者用药后引起药物性精神病，头晕和头痛常见不良反应；长期、大剂量用药可致角膜浸润而致视物模糊、视力障碍，用药应定期作眼科检查；偶可引起窦房结抑制而导致心律失常；有致畸作用，故孕妇禁用。

（二）主要用于控制复发和传播的药物

伯 氨 喹

【体内过程】 伯氨喹口服在胃肠道吸收快而完全，2～3h 血药浓度达峰值，主要分布在肝组织内，其次为肺、脑和心等组织；大部分在肝内代谢，仅 1%以原型经肾排泄。因有效血药浓度维持时间短，需反复多次服药才能收效。

【药理作用】 对间日疟红外期休眠子和各种疟原虫的配子体有较强的杀灭作用，为阻止复发、中断传播的有效药物，抗疟作用机制不清。该药在体内代谢为喹啉二醌，其结构与辅酶Q相似，能抑制辅酶Q的活性，阻断疟原虫线粒体内的电子传递，抑制氧化磷酸化过程，从而杀死疟原虫。另外，伯氨喹的代谢产物具有很强的氧化作用，可干扰烟酰胺腺嘌呤二核苷酸磷酸（NADP）还原，从而影响红细胞外期疟原虫的代谢和呼吸而致其死亡。

【临床应用】 可作为控制疟疾的复发与传播的首选药物。对红细胞内期无效，故不能控制疟疾症状的发作，通常与氯喹等合用。

【不良反应】

（1）毒性反应：毒性较大，治疗量即可引起头晕、恶心、呕吐、发绀、腹痛等，停药后可消失。目前尚无适当药物可以取代。

（2）特异质反应：少数特异质的患者可出现急性溶血性贫血及高铁血红蛋白血症；当急性溶血出现血红蛋白尿，应立即停药，并同时给予糖皮质激素类药物；严重高铁血红蛋白血症，可予静脉注射亚甲蓝等；禁用于孕妇及糖尿病、G-6-PD 缺乏者。

（三）主要用于病因性预防的抗疟药

乙 胺 嘧 啶

乙胺嘧啶对恶性疟和间日疟的原发性红细胞外期有抑制作用，故可作病因性预防药物。对红细胞内期的未成熟裂殖体有抑制作用，对已成熟的裂殖体则无效。不能直接杀灭配子体，但含药血液随配子体被按蚊吸入后，能抑制配子体在蚊体内发育，从而阻断传播。乙胺嘧啶可抑制疟原虫的二氢叶酸还原酶活性，从而阻止四氢叶酸的生成，使核酸合成减少，疟原虫的生长繁殖受抑制。例如，与二氢叶酸合成酶抑制药如磺胺类或砜类合用，则双重阻断叶酸代谢，增强预防效果，并延缓耐药性的产生。临床上可预防疟疾的传播。乙胺嘧啶不良反应少。长期大量服用时，可因抑制二氢叶酸还原酶而引起巨幼红细胞性贫血，长期用药应定期检查血象。可通过胎盘屏障并可进入乳汁，引起胎儿畸形和干扰婴幼儿叶酸代谢，故孕妇和哺乳期妇女禁用。该药略带甜味，易被儿童误服而发生急性中毒，表现恶心、呕吐、发热、发绀、惊厥甚至死亡。

（四）抗疟药的合理应用

应根据流行地区的疟原虫种类、疟原虫对抗疟药物的敏感性及患者的临床表现，合理选择药物，严格掌握剂量、疗程和给药途径，以保证治疗效果和延缓抗药性的产生。

1. 抗疟药选择 ①控制症状：可选用氯喹；②脑型疟：可选用氯喹、奎宁、青蒿素类；③耐氯喹的恶性疟：可选用奎宁、青蒿素类；④休止期：可选用乙胺嘧啶和伯氨喹合用；⑤预防用药：乙胺嘧啶可阻止疟疾传播，氯喹能预防性抑制疟疾症状发作。

2. 联合用药 现有抗疟药尚无一种药物对疟原虫生活史的各个环节都有杀灭作用，因此宜联合用药。氯喹与伯氨喹合用于发作期治疗，既控制症状又阻止复发；乙胺嘧啶与伯氨喹合用于休止期治疗，阻止复发；乙胺嘧啶与磺胺合用，协同阻断叶酸合成，增强疗效，减少耐药。但青蒿素和氯喹或乙胺嘧啶合用会表现为拮抗作用。

第二节 抗阿米巴病及抗滴虫病药

一、阿米巴病及治疗药物概述

阿米巴病又称阿米巴痢疾，是由溶组织阿米巴原虫引起的寄生虫病。溶组织内阿米巴原虫以活动性滋养体和包囊存在于体内，前者为致病因子，后者为传播因子。经口感染阿米巴包囊后，在肠腔内脱囊，成为小滋养体，在结肠与肠道菌群共生。当机体抵抗力下降时，小滋养体侵入肠壁成为大滋养体，破坏肠黏膜和黏膜下层组织，引起阿米巴痢疾或肠炎。大滋养体经血流至肝、肺、脑组织内引起继发性阿米巴炎症和脓肿，统称为肠外阿米巴病。当机体抵抗力强时，小滋养体在随宿主肠内容物下移过程中，逐渐转变成包囊，随粪便排出体外，此时机体并无症状，称为排包囊者，是重要的传染源。

抗阿米巴病药主要是治疗阿米巴原虫所感染的寄生虫病。根据药物的作用方式，可分为以下三类。

1. 抗肠内、外阿米巴病药 如甲硝唑。

2. 抗肠内阿米巴病药 如卤化喹啉。

3. 抗肠外阿米巴病药 如氯喹。

二、滴虫病及治疗药物概述

对人类致病的滴虫主要是阴道毛滴虫。滴虫可导致女性阴道炎症，也可导致男性尿道炎症。治疗滴虫病首选药物是甲硝唑和替硝唑（tinidazole），但对该药的耐药现象亦在增多。对甲硝唑耐药的滴虫感染可用乙酰胂胺局部给药。

甲 硝 唑

甲硝唑又名灭滴灵。甲硝唑对肠内、外阿米巴大滋养体有强大的杀灭作用，但对肠腔内阿米巴原虫和包囊则无明显作用。临床上为阿米巴病的首选药，治疗急性阿米巴痢疾和肠外阿米巴病效果最好，因其在肠内浓度偏低，对小滋养体和包囊作用较弱，故需联合使用杀灭小滋养体及包囊的抗阿米巴药，否则复发率高。在治疗阿米巴肝脓肿时，与氯喹等交替使用，效果更佳。对轻症阿米巴痢疾也有效，对无症状的排包囊者疗效差。甲硝唑能直接杀灭阴道滴虫。口服较小剂量可杀死阴道、精液中的阴道滴虫，是为阴道滴虫病的首选药，对女性和男性泌尿生殖道滴虫感染有明显疗效。

替硝唑和奥硝唑

替硝唑和奥硝唑（ornidazole）对阿米巴痢疾和肠外阿米巴病的疗效与甲硝唑相似，对阿米巴肝脓肿疗效更优于甲硝唑；不良反应较少，但剂量大时有胃肠道不适、头痛、背痛及瘙痒等症状。

卤化喹啉类

本类药物包括喹碘方（chiniofon）、氯碘羟喹（clioquinol）、双碘喹啉（diiodohydroxyquinoline）。该类药物口服吸收较少，肠腔内浓度高，绝大部分直接由粪便排出，进入血液中的药物大部分以原型经肾脏随尿排出。卤化喹啉类对肠内的阿米巴有较强作用，可抑制滋养体的生长繁殖。由于杀灭了滋养体从而间接清除了包囊。本类药物在肠腔内能释放出碘，抑制阿米巴滋养体共生细菌的生长繁殖，或抑制阿米巴滋养体内酶的活性，而产生抗阿米巴作用。临床可用于治疗慢性阿米巴病，对于无症状带包囊者的作用更好，可起到根治和切断传染源的作用，对肠外阿米巴病无效；常见不良反应为腹泻，一般不影响治疗；极少数对碘过敏者可出现发热、皮疹、唾液腺肿胀；大剂量应用可引起亚急性脊髓-视神经病变；对碘过敏及甲状腺肿大者、严重肝肾功能不良者慎用。

乙酰胂胺

乙酰胂胺（acetarsol）为五价胂剂，用其片剂置于阴道穹隆部有直接杀滴虫的作用。阴道毛滴虫也可寄生于男性尿道，故患者夫妇应同时治疗，以保证疗效。该药有轻度局部刺激作用，使阴道分泌物增多。

第三节　抗血吸虫病药与抗丝虫病药

一、抗血吸虫病药

血吸虫病是一类危害人类健康的寄生虫病，寄生在人体的血吸虫有日本血吸虫、曼氏血吸虫、埃及血吸虫、间插血吸虫和湄公血吸虫等5种。我国仅有日本血吸虫病，流行在长江流域和长江以南的13个省、直辖市、自治区。

血吸虫生活史比较复杂。含虫卵的人或畜粪便排入水中后，在适当温度下孵化成毛蚴，钻入中间宿主钉螺体内，在其淋巴窦内逐渐发育成尾蚴，离开螺体进入水中。尾蚴具有传染性，被尾蚴污染的水称为疫水。当人、畜接触疫水后，尾蚴自皮肤迅速钻入体内，成为童虫，通过淋巴管进入血液循环、最后达门静脉发育为成虫。成虫雌雄异体，合抱后逆流至肠系膜下静脉及痔上静脉等处定居产卵。卵又随血液循环流到全身，到达肠壁小血管，可破坏肠壁组织，引起肠出血、坏死、脱落，卵随之落入肠腔，随粪便排出体外，可再次感染人或牲畜。人感染血吸虫后，因尾蚴侵入皮肤而出现红疹、奇痒等。急性血吸虫出现高热、寒战、盗汗、乏力、肝脾肿大、咳痰、咯血等。虫卵侵入脑内引起癫痫样发作。当反复多次感染后则转变为慢性血吸虫病。

酒石酸锑钾曾是治疗血吸虫病的特效药，但其毒性大、疗程长、必须静脉注射等缺点。20世纪70年代后研制出吡喹酮（praziquantel），具有高效、低毒、疗程短、可口服的特点，现已完全取代了锑剂。

吡　喹　酮

吡喹酮，又名环吡异喹酮。

【体内过程】　口服吸收迅速而完全，1～2h 血药浓度达峰值，分布广泛，以肝、肾含量高，脑脊液中药物浓度为血药浓度的14%～20%；主要在肝内羟化而失活，经肾排出。

【药理作用与作用机制】　对血吸虫成虫有良好杀灭作用，对未成熟的童虫无效；对其他吸虫，如华支睾吸虫、姜片吸虫、肺吸虫及各种绦虫（包括幼虫）都有不同程度疗效。

吡喹酮能选择性增加血吸虫体膜对 Ca^{2+}的通透性，同时抑制血吸虫肌浆网对 Ca^{2+}摄取，虫体内 Ca^{2+}明显增多，从而产生痉挛性麻痹，使虫体不能附着于血管壁，而被血流冲入肝脏，即出现肝转移。另有人认为吡喹酮可激动虫体 5-HT 受体而致痉挛性麻痹。此外，吡喹酮还可具有使虫体表膜除极化，抑制虫体核酸和蛋白质合成等作用。

【临床应用】 为广谱抗血吸虫药，用于各型血吸虫病及血吸虫病各阶段；也可用于肝华支睾吸虫病、肠吸虫病（如姜片虫病、异形吸虫病）、肺吸虫病和各种绦虫病等。

【不良反应】 副作用多但短暂；主要为腹痛、恶心以及头昏、头痛、嗜睡、肌束颤动等；少数出现心电图改变、心律失常；严重的心、肝、肾病患者及有精神病史的患者慎用；哺乳期妇女停药 72h 后方可哺乳；孕妇禁用。

二、抗丝虫病药

丝虫病为班氏丝虫和马来丝虫在人淋巴系统引起的慢性寄生虫病，由蚊虫传播，流行于我国南方各省。其临床表现有淋巴管炎及淋巴结炎、丹毒样皮炎，同时伴有畏寒、发热等丝虫热症状，在后期由于炎症的反复发作，导致纤维组织增生及肉芽肿形成而堵塞淋巴管，引起下肢象皮肿、乳糜尿及阴囊、睾丸鞘膜积液等。临床上抗丝虫病的药物主要有乙胺嗪（diethylcarbamazine）和伊维菌素（ivermectin）。

乙 胺 嗪

【体内过程】 乙胺嗪口服迅速吸收，1～2h 血药浓度达峰值。在体内广泛分布于除脂肪组织以外的各组织；代谢迅速，48h 后几乎全部从尿中排出，酸化尿液可加速其排泄。

【药理作用】 对班氏丝虫和马来丝虫的各期均有杀灭作用，可使微丝蚴迅速从患者血液中减少或被消灭，对淋巴系统中的成虫也有毒杀作用。其作用机制有两方面，一是其分子中的哌嗪部分使微丝蚴的肌肉细胞发生超极化，产生弛缓性麻痹而脱离寄生部位；二是破坏微丝蚴表面的完整性，使其易于遭受宿主防卫机制的破坏。

【临床应用】 用于马来丝虫病和班氏丝虫病，为首选药，但需在数年内反复用药。

【不良反应】 毒性较低而短暂，可引起厌食、恶心、呕吐、头痛、无力等。用药期间因丝虫成虫和蚴虫死亡，释放出大量异性蛋白引起的过敏反应则较明显，表现为皮疹、淋巴结肿大、血管神经性水肿、畏寒、发热、哮喘，以及心率加快、胃肠功能紊乱等。对活动性肺结核、严重心脏病、肝脏病、肾脏病、急性传染病患者，以及孕妇、哺乳期妇女应暂缓治疗。

伊 维 菌 素

伊维菌素是广谱抗寄生虫药，其中对丝虫作用最强，可杀灭班氏丝虫和马来丝虫的微丝蚴，对成虫无效；对其他肠道线虫，如圆线虫、蛔虫、鞭虫和蛲虫作用强，对钩虫作用差；作用机制为可促进寄生虫神经末梢突触前的γ-氨基丁酸（GABA）的释放，与突触后膜的 GABA 受体结合，使 GABA 诱导的 Cl^-内流增加，抑制性突触传递过程加强，引起虫体松弛性麻痹；还可影响尾丝蚴在雌虫子宫内正常发育，并抑制其从子宫内释放。临床用于治疗丝虫病，可用于类圆线虫病、蛔虫病、鞭虫病和蛲虫病。毒性较低，过敏反应则较明显。

第四节　抗肠蠕虫药

肠道寄生的蠕虫包括如下几种。①线虫类：如蛔虫、钩虫、蛲虫、鞭虫及粪类圆线虫等；②绦虫类：如猪肉绦虫、牛肉绦虫、短膜壳绦虫及阔节裂头绦虫等；③吸虫类：如姜片虫、肝吸虫等。抗肠蠕虫药是一类从胃肠道驱除蠕虫或杀灭侵入组织或器官的蠕虫的药物。不同蠕虫，对不同药物的敏感性不一样，故对不同的肠蠕虫感染，应选择不同的抗肠蠕虫药。

甲苯达唑

【体内过程】 甲苯达唑口服在肠道吸收少，药物在肠腔中浓度很高，如同时进食脂肪类食物可增加药物吸收量。

【药理作用】 为高效、广谱驱肠蠕虫药，对蛔虫、蛲虫、鞭虫、钩虫、绦虫的幼虫和成虫均有杀灭作用，对蛔虫卵、钩虫卵和鞭虫卵有杀灭作用；可选择性地与肠蠕虫细胞内的β-微管蛋白结合，抑制微管的组装，造成物质转运受阻，高尔基体内分泌颗粒积聚，使胞浆内细胞器溶解，而致虫体死亡；也可抑制虫体对葡萄糖的摄取和利用，逐渐耗竭内生糖原，减少ATP生成，造成虫体能源断绝而死亡；另外还能控制虫卵发育，因而有控制肠蠕虫传播的作用。

【临床应用】 治疗蛔虫、蛲虫、鞭虫、钩虫、绦虫等肠蠕虫的感染及混合感染，并可有效控制蛔虫、钩虫和鞭虫传播。

【不良反应】 无明显不良反应。少数病例服后可见短暂腹痛、腹泻；大剂量时偶见过敏反应、脱发、粒细胞减少等；有明显的胚胎毒和致畸作用，故孕妇忌用；2 岁以下儿童和对该药过敏者不宜使用；肝肾功能不全者禁用。

案例分析

案例 45-1

患者，男，42 岁，突发寒战，继之高烧达 40℃，次晨热退，大汗淋漓，身体虚落。第三日晨起再次出现高热。在血涂片中查到疟原虫。经诊断患疟疾。嘱口服青蒿素片。寒战高烧症状好转，停药。但半月后，疟疾再次复发。口服青蒿素药效变差。医生嘱其同时服用二氢青蒿素和哌喹。

请问：

1. 为何改用二氢青蒿素和哌喹？
2. 使用青蒿素类药物治疗的过程中，应注意什么问题？

分析：

1. WHO 对恶性疟的治疗推荐使用青蒿素为基础的联合疗法（artemisinin combination therapy，ACT）。这种疗法是全球控制疟疾取得巨大成功的关键。本案例中患者服用的二氢青蒿素抗疟作用比青蒿素强，而且另外增加哌喹，属于基于青蒿素的联合疗法，有助于疟疾治疗。

2. 青蒿素类药物毒性低，使用安全，一般无明显不良反应。但要防止疟原虫耐药性的出现。根据青蒿素联合疗法的群体性应用最优化，最近提出了多重一线药物治疗（Multiple first-line treatments ，MFT）方案（如蒿甲醚 - 本芴醇、青蒿琥酯 - 阿莫地喹和双氢青蒿素-哌喹的联用）。该方案能改善群体性疗效，延迟耐药性出现，能延迟青蒿素耐药的出现和播散。

本章小结

抗疟药分为三类：第一类是主要作用于控制症状的抗疟药，代表药物为青蒿素，其作用快而持久；第二类是控制复发与传播的药物，代表药物为伯氨喹；第三类是主要用于预防的药物，以乙胺嘧啶为代表。合理选择药物，严格掌握剂量、疗程和给药途径，以保证治疗效果和延缓抗药性的产生。

抗阿米巴病药根据其在肠道的浓度治疗不同的阿米巴病，包括：①对肠内、肠外阿米巴病都有效的甲硝唑；②在肝、肺组织中浓度较高的氯喹，仅对肠外阿米巴病有效；③主要用于治疗肠内阿米巴病的喹碘方。

多种抗阿米巴病药对阴道毛滴虫也有杀灭作用，其中以甲硝唑、替硝唑等咪唑衍生物类最为有效，是治疗阴道滴虫病的首选药。

吡喹酮口服疗程短、疗效高、毒性小，是较理想的抗血吸虫病药物。乙胺嗪具有疗效高、毒性低、口服有效的特点，是目前抗丝虫病药常用药物。

中药介绍

南 瓜 子

南瓜子，又名白瓜子，是葫芦科南瓜属植物南瓜 *Cucurbita moschata Duch.*的种子。可驱虫、止咳、催乳，其中，以驱虫应用最广，可驱绦虫、蛔虫、蛲虫等寄生虫，一般人群均可食用。

1. 驱蛔虫 南瓜子煎服或炒熟，于早晨空腹时服。

2. 驱绦虫 40%南瓜子粉煮液和 30%瓜子提取物在体外对牛肉绦虫或猪肉绦虫的中段及后段都有麻痹作用，使之变薄变宽，节片中部凹陷（中段节片尤其明显），而对其头及未成熟节片则无此作用。临床可与槟榔合用治疗绦虫病。

3. 驱血吸虫 小鼠实验证明，口服南瓜子能抑制和杀灭体内日本血吸虫幼虫，对雌虫作用更强；但对血吸虫成虫作用弱。临床试用南瓜子仁治疗血吸虫病，具有一定疗效。尤其对急性病例具有良好的退热作用。

（林 芳）

第四十六章　抗恶性肿瘤药

能力要求

1. 能够掌握并阐述抗肿瘤药物的分类、常用抗肿瘤药的药理作用、临床应用、不良反应。

2. 能够说出常用抗肿瘤药物作用机制。

3. 能够理解肿瘤细胞的耐药性机制、抗肿瘤药物新进展及抗肿瘤药物应用原则。

恶性肿瘤是严重威胁人类生命健康的常见病、多发病。据 WHO 统计，世界每年原发性癌症患者达 590 万人之多，而每年死于癌症者约有 430 万人。我国每年死于癌症者约有 100 万人，癌症在人类三大死因中居第二位（心脏病、癌、突发事故）。控制癌症仍是医学界的一大难题，因此对其防治的研究一直为世界各国所重视。

治疗恶性肿瘤常用的三大手段为：药物治疗、外科手术、放射治疗。肿瘤的抗癌药物治疗称为肿瘤的化学治疗，凡能直接或间接地抑制或杀灭肿瘤细胞，控制肿瘤的增长的药物称为抗肿瘤药。化疗与手术和放射治疗的局部性治疗不同，对于播散和转移的瘤细胞亦有杀灭作用。从 20 世纪 40 年代发现氮芥（chlormethine，HN_2）以来人们已筛选试验了不同来源的样品 100 万种以上。寻找出了不少有临床应用价值的抗肿瘤药物，在各国已批准上市的约有 100 多种。经过几十年的不懈努力，人们对肿瘤的认识已从基础到临床全面深化，治疗方法也有了新的发展，抗恶性肿瘤药正从传统的细胞毒类药物向针对机制的多环节作用的新型抗恶性肿瘤药发展。

目前，用手术、放疗、化疗和生物治疗对肿瘤进行综合治疗是抗瘤治疗的方向。它可使疗效比单纯外科治疗明显提高。它使肿瘤化疗由姑息逐步走向根治。过去一些不可救治的十余种恶性肿瘤已可治愈，如睾丸癌、绒毛膜上皮癌、淋巴肉瘤和白血病等。

第一节　抗恶性肿瘤药的作用机制、分类

一、抗恶性肿瘤药的药理作用机制

（一）抗肿瘤作用的细胞生物学机制

几乎所有的肿瘤细胞都具有一个共同的特点，即与细胞增殖有关的基因被开启或激活，而与细胞分化有关的基因被关闭或抑制，从而使肿瘤细胞表现为不受机体约束的无限增殖状态。从细胞生物学角度，诱导肿瘤细胞分化，抑制肿瘤细胞增殖或者导致肿瘤细胞死亡的药物均可发挥抗肿瘤作用。

1. 细胞周期　细胞从一次分裂结束到下一次细胞分裂完成，称为细胞增殖周期。根据细胞生长增殖特点将肿瘤细胞群分为以下两类（图 46-1）。

（1）增殖细胞群：为肿瘤细胞中按指数分裂增殖的细胞，生长代谢活跃。肿瘤增殖细胞群与全部肿瘤细胞群之比称为生长比率（growth fraction，GF）。增长迅速的肿瘤 GF 值较大（一般接近于 1），对化疗药物最敏感，如急性白血病、霍奇金病等；相反，增长缓慢的肿瘤 GF 值

较小（多数在 0.5 以下），对化疗药物敏感性低，疗效较差，如慢性白血病和多数实体瘤。按细胞内 DNA 含量变化，细胞增殖周期可分为 DNA 合成前期（G_1期）、DNA 合成期（S 期）、有丝分裂前期（G_2期）、有丝分裂期（M 期）四期。

（2）非增殖细胞群：有增殖能力但暂不分裂，处于静止期（G_0），处于此期的细胞对药物不敏感。当增殖细胞群被大量杀灭后，处于 G_0 期的非增殖细胞可进入增殖期，是肿瘤复发的根源。一些生成缓慢的肿瘤，有许多细胞长期停留于 G_0 期。

2. 肿瘤细胞增殖与抗恶性肿瘤药作用部位的关系 大多数抗恶性肿瘤药物对分裂活跃的细胞的抑制作用最有效，且有些药物的作用有细胞周期特异性，即仅对增殖周期中的某一期有较强的作用。因此，根据增殖细胞周期中各期细胞对药物的敏感性，可将抗恶性肿瘤药分为以下两大类。

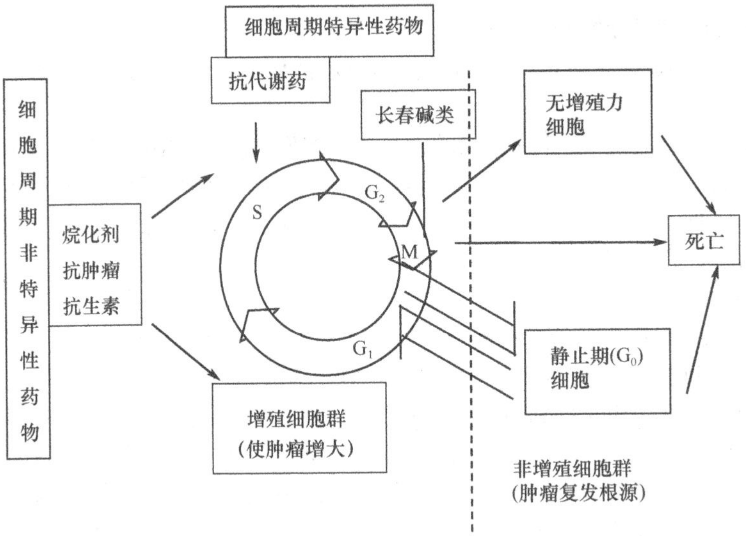

图 46-1 细胞增殖周期与抗肿瘤药作用机制示意图

（1）细胞周期非特异性药物（cell cycle nonspecific agents，CCNSA）：能杀灭处于增殖周期各时相的细胞甚至包括 G_0 期细胞的药物，如直接破坏 DNA 结构，以及影响其复制或转录功能的药物（烷化剂、抗肿瘤抗生素及铂类配合物等）。此类药物对恶性肿瘤细胞的作用往往较强，能迅速杀死肿瘤细胞；剂量反应曲线接近直线。

（2）细胞周期（时相）特异性药物（cell cycle specific agents，CCSA）：仅对增殖周期的某些时相敏感而对 G_0 期细胞不敏感的药物，如作用于 S 期的抗代谢药物[甲氨蝶呤（methotrexate，氨甲蝶呤，MTX）、巯嘌呤（mercaptopurine，6-MP，6-巯基嘌呤）等]，作用于 M 期细胞的长春碱类药物（长春碱（vinblastine，VLB）、秋水仙碱等）。此类药物对肿瘤细胞的作用往往较弱，其杀伤作用呈现时间依赖性，需要一定时间才能发挥作用。对骨髓及瘤细胞的量效曲线也随剂量增大而下降，达到一定剂量时即向水平方向转折，成为一个坪，即再增加剂量，也不再有更多的细胞被杀伤。

（二）抗肿瘤作用的生化机制

1. 干扰核酸生物合成 药物分别在不同环节阻止 DNA 的生物合成，属于抗代谢物。

2. 直接影响 DNA 结构与功能 药物分别破坏 DNA 结构或抑制拓扑异构酶活性，影响 DNA 复制和修复功能。

3. 干扰转录过程和阻止 RNA 合成 药物可嵌入 DNA 碱基对之间，干扰转录过程，阻止 mRNA 的形成，属于 DNA 嵌入剂。

4. 干扰蛋白质合成与功能　药物可干扰微管蛋白聚合功能、干扰核糖体的功能或影响氨基酸供应。

5. 影响体内激素平衡　药物通过影响激素平衡从而抑制某些激素依赖性肿瘤。

6. 靶向抗肿瘤药　如酪氨酸激酶抑制剂伊马替尼；表皮生长因子受体抑制剂-单克隆抗体曲妥珠单抗。

（三）其他与肿瘤发生相关的因素

1. 细胞凋亡　体内细胞在特定的细胞外信号的诱导下，死亡途径被激活，并在有关基因的调控下发生死亡，细胞的这种死亡方式称为程序性死亡（PCD），又称细胞凋亡（apoptosis）。细胞凋亡是存在于细胞的自毁机制，这个过程使机体能够清除衰老和异常的细胞，并在维持许多细胞功能方面起重要作用。

一旦细胞的增殖或细胞凋亡发生异常，均可导致细胞的恶性转化。癌基因、原癌基因和抑癌基因是决定或调节细胞生存或细胞凋亡的重要因素。不同基因产物，如P53调制和控制细胞凋亡；B淋巴细胞瘤-2基因（bcl-2）的蛋白产物则抑制细胞凋亡，多种肿瘤的发生与其高表达与有关。免疫组化实验显示bcl-2基因产物在人前列腺癌、胃肠肿瘤等肿瘤组织中的表达水平高于邻近组织。

2. 细胞增殖失控与端粒酶（telomerase）**细胞分化过程**　大致为细胞外信号（生长因子等）作用于细胞膜表面受体，激发细胞质和核内复杂的转导过程，引起DNA合成，最终发生细胞分裂。癌基因激活或肿瘤抑制基因失活均导致增殖失控，癌细胞持续增殖的一个原因认为是其端粒酶结构不随每个细胞分裂周期而缩短，这些酶的缩短或消失过程被认为是细胞分裂停止的基础，95%的晚期恶性肿瘤表达端粒酶。

3. 细胞分化　正常细胞繁殖过程包括在特殊组织中的干细胞分裂，产生子代细胞，进而分化成相应组织的成熟细胞。癌细胞的一个重要特征是分化能力丧失，低分化的细胞繁殖快、预后差。

4. 侵袭和转移　正常细胞存在于“设定”的组织界限内，如肝细胞不会见于膀胱。这是由于一些组织特异性生存因子（抗凋亡因子）维持了细胞间一定的空间关系，即使在修复过程时也不发生变化。任何偶然逃出生存信号控制的细胞将发生凋亡。由于突变原因，癌细胞不仅失去了这种限制，不会发生凋亡，而且还分泌一些酶，如金属蛋白酶，分解细胞外基质，使癌细胞易于向外移行，发生向其他组织脏器的转移。

5. 肿瘤抑制基因的失活　正常细胞含有肿瘤抑制基因，发生突变则与癌症发生有关。*p53*基因在细胞核内起分子警察（molecular policeman）的作用。如果DNA损伤，*p53*的蛋白产物使DNA复制停止在检查点，赢得时间用于修复。如果修复失败，*p53*启动细胞凋亡。该基因突变等使DNA异常复制不能停止，导致癌症发生。

6. 原癌基因的激活　控制正常细胞生长和分化的宿主基因-原癌基因（proto-onco-genes）由于点突变、基因扩增、染色体转位或某些病毒的作用而转变为活性基因，可以促进细胞发生恶变。

二、抗恶性肿瘤药的分类

目前临床常用的抗恶性肿瘤药绝大多数属于直接杀伤肿瘤细胞的细胞毒类药物，这些药物可以根据药物化学结构和来源、药物作用的生化机制和药物作用的周期或时相特异性进行分类。

（一）按作用机制分类

1. 干扰核酸生物合成的药物　根据其干扰核酸合成的环节不同，进一步分为如下几类。

（1）抗嘌呤药：即嘌呤核苷酸合成抑制剂，如巯嘌呤、硫鸟嘌呤、喷司他丁等。

（2）抗嘧啶药：主要靠抑制嘧啶的生物合成而起到抗瘤作用，如氟尿嘧啶等。

（3）抗叶酸药：为二氢叶酸还原酶抑制剂，如甲氨蝶呤。

（4）核苷酸还原酶抑制剂：如羟基脲（hydroxycarbamide，HU）。

（5）DNA 多聚酶抑制剂：如阿糖胞苷（cytarabine，Ara-C）。

2. 破坏 DNA 结构和功能的药物 可进一步分为以下几类。

（1）烷化剂（alkylating agent）：氮芥、环磷酰胺、塞替派（thiotepa）等。

（2）与 DNA 共价结合的金属化合物：顺铂（cisplatin，顺氯氨铂，DDP）。

（3）破坏 DNA 的抗生素：丝裂霉素（mitomycin 自力霉素，丝裂霉 C，MMC）、博来霉素（bleomycin，BLM）。

（4）拓扑异构酶抑制药：喜树碱类、鬼臼霉素衍生物。

3. 嵌入 DNA 中干扰转录 RNA 的药物 如放线菌素类、柔红霉素（daunorubicin）、多柔比星（doxorubicin，ALM）等。

4. 影响蛋白质合成的药物 可分为如下几类。

（1）阻止原料供应的药物：如 *L*-门冬酰胺酶（asparaginase，左旋门冬酰胺酶，*L*-asparayinase）。

（2）干扰微管蛋白形成的药物：如紫三醇类，长春碱类。

（3）干扰核粒体功能的药物：如三尖杉酯碱类。

5. 影响体内激素平衡的药物 如雌激素、孕激素、雄激素和肾上腺皮质激素等。

（二）按细胞增殖周期分类

1. 细胞周期非特异性药 对增殖周期各期细胞均有杀伤作用，对非增殖周期细胞群的作用较弱或几乎无作用，如白消安（busulfan，白血福恩，马利兰）、环磷酰胺、塞替派、卡莫司汀（carmustine，卡氮芥）、丝裂霉素等。

2. 细胞周期特异性药 仅对某一增殖周期细胞有杀伤作用。如甲氨蝶呤作用于 S 期，长春碱类作用于 M 期。

（三）按化学结构和来源分类

1. 烷化剂 如氮芥、环磷酰胺、塞替派和亚硝脲类等。

2. 抗代谢药 如甲氨蝶呤、氟尿嘧啶、巯嘌呤、羟基脲、阿糖胞苷等。

3. 抗肿瘤抗生素 如多柔比星、丝裂霉素、柔红霉素、放线菌素 D 等。

4. 抗肿瘤植物药 如长春碱、长春新碱（cvincristine，VCR）、三尖杉酯碱（harringtonine）、羟基喜树碱、紫三醇等。

5. 抗肿瘤激素类药 如肾上腺皮质激素、雌激素、雄激素、他莫昔芬等。

6. 其他类抗肿瘤药 如顺铂、卡铂（carboplatin，碳铂，CBP）、*L*-门冬酰胺酶等。

三、抗恶性肿瘤药的耐药性机制

肿瘤细胞对抗癌药比较容易产生抗药性。肿瘤细胞对化疗药物的耐药性（resistance）可分为天然耐药（natural resistance）和获得性耐药（acquired resistance）。即某些肿瘤细胞有对抗癌药物一开始就不敏感，如处于非增殖的 G_0 期肿瘤细胞一般对多数抗恶性肿瘤药不敏感，也称固有性耐药。获得性耐药是指肿瘤细胞经过化疗药物的细胞毒性作用，尤其是长期小剂量给药后获得的耐药性。发生获得性耐药的生物化学机制有许多方面，如肿瘤细胞对药物摄取减少；药物活化酶的含量或活性降低；药物灭活酶的含量或活性增加；药物作用靶位酶的含量增高或与药物的亲和力降低；肿瘤细胞的 DNA 修复能力增加；细胞的代谢替代途径的建立和细胞对药物的排出增加等。

目前，日益受到人们关注的是多药耐药性（multidrug resistance，MDR）。MDR 是指恶性肿瘤细胞在接触一种抗癌药后，产生了对多种结构不同、作用机制各异的其他抗癌药的耐药性。MDR 多出现于天然来源的抗癌药物，如长春碱类、鬼臼毒素类、紫杉碱类和蒽环类抗生素。MDR 的机制之一是细胞膜表面的一种名为 *P*-糖蛋白（P-glycoprotein）的糖蛋白表达增加。*P*-糖蛋白具有膜转运蛋白的许多结构特征，一旦与药物结合，通过 ATP 供能，能将药物从胞内泵出胞外，致使抗癌药物在细胞内的浓度不断下降，其细胞毒性作用因此减弱或消失。

第二节　常用抗肿瘤药物

一、干扰核酸生物合成的药物

本类药物的化学结构大多与细胞生长繁殖所必需的代谢物质，如叶酸、嘌呤碱、嘧啶碱等相似，它们能竞争性地与酶结合，从而以伪代谢物的形式干扰核酸中嘌呤、嘧啶及其他前体物的代谢。它们也可以与核酸结合，取代相应的正常核苷酸，从而干扰 DNA 的正常生物合成，阻止肿瘤细胞的分裂增殖，因此又叫抗代谢药。这类药物一般为周期特异性药物。叶酸、嘧啶和嘌呤类似物主要作用于细胞周期中的 S 期。有些只在 S 期有作用，如阿糖胞苷；另一些则作用于 S 期和 S 前期，如甲氨蝶呤、巯嘌呤。根据作用靶位的不同可分为如下几类。

（一）抗叶酸药——二氢叶酸还原酶抑制剂

甲 氨 蝶 呤

甲氨蝶呤的化学结构与叶酸相似，对二氢叶酸还原酶具有较强的抑制作用。

【药动学】 口服易吸收，常规为静脉给药；血浆蛋白结合率约为 50%，不易通过血-脑屏障，$t_{1/2}$ 约 2 小时；口服后 1～5h 血药浓度达最高峰；部分经肝细胞代谢转化为谷氨酸盐，另有部分通过肠道细菌代谢；主要经肾（40%～90%）排泄，大多以原型药排出体外；小于 10%的药物通过胆汁排泄，少量甲氨蝶呤可经胆管从粪便排出；在数次高剂量后，代谢物可积累。

【药理作用】 本品与二氢叶酸还原酶（DHFR）有高亲和力，可竞争性地与 DHFR 结合，阻断二氢叶酸还原为四氢叶酸，阻止一碳基团的转移，抑制嘌呤核苷酸和嘧啶核苷酸的合成，使脱氧胸苷酸（dTMP）合成受阻，从而使 DNA 和 RNA 的合成中断，产生细胞毒作用。本品抗瘤谱狭窄，主要作用于细胞周期 S 期。

【临床应用】 用于急性白血病，尤其是急性淋巴细胞白血病，与长春新碱、强的松、6-巯基嘌呤合用，90%患者可以完全缓解；且部分可长期缓解；与氟尿嘧啶、放线菌素 D 合成治疗绒毛膜上皮癌可使部分患者长期缓解；对恶性葡萄胎、头颈部肿瘤、乳腺癌、肺癌及盆腔肿瘤均有一定疗效。

【不良反应】 主要包括骨髓抑制和胃肠道毒性。骨髓抑制最为突出，主要表现为白细胞和对血小板减少。严重时全血象下降，患者可有自发出血和危及生命的感染危险。胃肠道反应主要为口腔炎、胃炎、腹泻和便血等。妊娠早期应用可致流产、畸胎、死胎等，故孕妇禁用。其他不良反应包括脱发、皮炎、间质性肺炎、肾毒性。为减轻甲氨蝶呤毒性，在用甲氨蝶呤后，加用亚叶酸钙，可直接向细胞提供四氢叶酸辅酶，避开甲氨蝶呤的抑制作用，以减轻其细胞毒的毒性作用。

【药物相互作用】 本药与乙醇和其他对肝脏有损害药物同用，可增加肝脏的毒性；可增加抗凝血作用，甚至引起肝脏凝血因子的缺少或/和血小板减少症，因此与其他抗凝药同用时宜谨慎；与保泰松和磺胺类药物同用后，因与蛋白质结合的竞争，可能会引起本药血清浓度增高而导致毒性反应；与弱有机酸和水杨酸盐等同用，可抑制本药肾排泄。

【禁忌证与注意事项】 本药致突变性、致畸性和致癌性较烷化剂为轻，但长期服用后，有潜在的导致继发性肿瘤的危险；长期应用较大剂量后，可导致闭经和精子减少或缺乏，有时呈不可逆性；全身极度衰竭、恶病质或并发感染及心肺肝肾功能不全时，禁用本药，周围血象，如白细胞低于3500/mm^{3}或血小板低于50 000/mm^{3}时不宜用；由于本药可引起血液中尿酸的水平增多，在痛风或高尿酸血症患者应相应增加别嘌醇等药剂量。

（二）抗嘧啶药——嘧啶核苷酸合成抑制剂

氟 尿 嘧 啶

【药动学】 本品口服吸收不完全，生利用度低，需采用注射给药。静注后迅速分布到全身各组织，在体内转化成活性核苷酸代谢产物而起作用。本药易进入脑脊液，80%在肝代谢灭活，$t_{1/2}$为10～20min。代谢产物一部分转化为尿素从尿中排出，大部分转化为CO_2由肺排出。

【药理作用】 氟尿嘧啶在细胞内经酶转变为5-氟尿嘧啶脱氧核苷酸（5F-dUMP）而竞争性抑制脱氧胸苷酸合成酶，阻止脱氧尿苷酸（dUMP）甲基化为脱氧胸苷酸（dTMP），从而影响DNA的合成。此外，氟尿嘧啶可在体内转化为5-氟尿嘧啶核苷，可结合到RNA上从而干扰蛋白质的合成，故对其他各期细胞也有作用。

【临床应用】 氟尿嘧啶对多种肿瘤有效，主要用于治疗实体瘤，如消化道肿瘤、乳腺癌、卵巢癌、绒毛膜上皮癌、子宫颈癌、膀胱癌和头颈部肿瘤等。单独或与其他药物联合应用于乳腺癌和胃肠道肿瘤手术辅助治疗。也用于一些非手术恶性肿瘤的姑息治疗；尤其是那些胃肠道、乳腺、头颈部、肝、泌尿系统和胰腺的恶性肿瘤。采用局部涂抹可治疗皮肤癌和外阴白斑。

【不良反应】 主要是骨髓抑制和胃肠道毒性，其中胃肠道反应较为明显，主要表现为食欲不振、恶心、呕吐、腹痛及腹泻等，这些症状已是给药足量的可靠信号。全消化道黏膜溃疡可导致暴发性腹泻、消化道出血、休克和死亡；骨髓抑制可表现为白细胞减少和血小板下降，用药期间应严格检查血象；其他不良反应还有脱发、指甲变化、皮炎、皮肤色素沉着和萎缩、急性和慢性结合膜炎、心肌缺血等。

【药物相互作用】 不应和抑制二氢尿嘧啶脱氢酶的药物同时使用，使用本品和索立夫定的患者中出现死亡。有报道使用本品和尿嘧啶与苯妥英合用时，增加苯妥英的血浆药物浓度，出现毒性症状。

【禁忌证】 过敏者禁用，妊娠及哺乳期妇女禁用，严重肝肾功能损害者禁用。

（三）抗嘌呤药——嘌呤核苷酸合成抑制剂

巯 嘌 呤

【药动学】 吸收不完全，个体差异较大，在肝脏有首过消除，血浆蛋白结合率约20%。给药后广泛分布于体液内，仅有较小量可渗入脑脊液。静脉注射后$t_{1/2}$约为90min，约8%以原型由尿排出。

【药理作用】 巯嘌呤为嘌呤类拮抗剂，主要抑制复杂的嘌呤物间的相互转变，它在体内受次黄嘌呤核苷焦磷酸酶（HGPRT）催化变成6-巯基嘌呤苷酸（巯代肌苷酸，TIMP）后才有活性。TIMP可竞争性抑制次黄嘌呤核苷酸转变为腺嘌呤核苷酸和鸟嘌呤核苷酸，从而干扰嘌呤代谢，阻碍核酸的合成。有明显的S期细胞周期特异性。与其他抗代谢物类药物一样，肿瘤细胞的抗药性是其成功的最主要障碍，这是因为耐药细胞中6-MP不易转变为TIMP或产生后又迅速降解。

【临床应用】 主要用于治疗急性淋巴细胞白血病。单独使用时可使25%的儿童和10%的成人完全缓解；因起效慢，一般只用作维持治疗；大剂量对绒毛膜上皮癌、恶性葡萄胎有一定疗效；同时可作为免疫抑制剂用于肾病综合征、红斑狼疮等自身免疫性疾病及器官移植等。

【不良反应】 主要毒性为骨髓抑制，可有白细胞及血小板减少；胃肠道反应表现为恶心、呕吐、食欲减退、儿童的发生率较成人低；少数患者可出现黄疸和肝损害；偶见高尿酸血症。

【药物相互作用】 与别嘌呤同时服用时，由于后者抑制了巯嘌呤的代谢，明显地增加巯嘌呤的效能与毒性；与对肝细胞有毒性的药物同时服用有增加对肝细胞毒性的危险；与其他对骨髓有抑制的抗肿瘤药物或与放射治疗合并应用时，会增强巯嘌呤效应，因而必须考虑调节本品的剂量与疗程。

（四）核苷酸还原酶抑制剂

羟基脲能抑制核苷酸还原酶，阻止胞苷酸转变为脱氧胞苷酸，从而抑制DNA合成，为S期特异性药物；主要治疗慢性粒细胞白血病，疗效显著。

（五）DNA多聚酶抑制剂

阿糖胞苷

【药动学】 口服易被破坏，仅吸收20%，通常注射给药，静注后，分布相为10min，消除相 $t_{1/2}$ 为2.5h，大多数在肝脱氨基成为无活性的阿糖尿苷。

【药理作用】 阿糖胞苷为S期细胞周期特异性抗嘧啶类药物。本品在体内先转化为5-磷酸核苷酸（Ara-CMP），然后经与合适的核苷酸激酶反应形成二磷酸和三磷酸核苷酸（Ara-CDP和Ara-CTP）。Ara-CTP的积聚可强力抑制许多细胞的DNA合成。过去认为这是Ara-CTP竞争性抑制DNA多聚酶的结果，然而当前研究表明阿糖胞苷掺入到DNA内有降低DNA作为模板的功能。

【临床应用】 为治疗非淋巴细胞性白血病和治疗急性髓细胞性白细胞首选药物，对成年人急性非淋巴细胞白血病特别有效；还可以用于治疗慢性粒细胞性白血病和头颈部癌。与其他药物联合应用时，效果更佳；亦联合应用于非霍奇金淋巴肉瘤，以及治疗急性淋巴细胞白血病的复发。

【不良反应】 限制剂量的不良反应为骨髓抑制，此外，胃肠道反应明显可出现恶心、呕吐、口腔溃疡、血栓静脉炎和肝功能受损等症状。

【药物相互作用】 四氢尿苷、胞苷可抑制脱氨酶，延长其血浆 $t_{1/2}$，提高血中浓度；柔红霉素、多柔比星、环磷酰胺类药物可以使本药增效；本品能阻止氟胞嘧啶的抗真菌作用，降低氟胞嘧啶的效应。

【禁忌证】 妊娠期及哺乳期妇女。

二、破坏DNA结构和功能的药物

（一）烷化剂

烷化剂（alkylating agent）又称烃化剂，本类药物化学活性高。它们具有活泼的烷化基团，可产生带正电的碳离子中间体，很快与细胞中许多具有亲核作用物质形成共价键，即可使细胞中的核酸、蛋白质、酶上的氨基、羟基、巯基及嘌呤基等烷基化，从而改变其结构和功能、使细胞的分裂增殖受到抑制或引起细胞死亡。因此分裂增殖快的肿瘤细胞首先受到抑制。骨髓细胞和肠道上皮细胞增殖亦快，亦易受抑制，表现为毒性。本类药对肿瘤细胞和正常细胞的选择性低，故而毒性大。烷化剂是细胞周期非特异性药物，能杀伤休息中和分裂中的细胞，但大多数药物对增殖细胞的活力更强。烷化剂主要分为五类：①氮芥类；②乙烯亚胺类；③烷基磺酸类；④亚硝基脲类；⑤三氮烯类。

1. 氮芥类

氮 芥

氮芥是最早用于临床并取得突出疗效的抗肿瘤药物，为双氯乙胺类烷化剂的代表；水溶性极不稳定，局部刺激性强，必须静脉注射。作用迅速而短暂（数分钟），90%在1min内由血中消失，主要分布于肺、小肠、肾脏、肌肉，脑内最少；24h内10%～75%以代谢物形式排出，但对骨髓等的抑制却较久。

【药理作用】 本品化学性质活泼，在体内迅速生成有高度活性季铵化合物，与鸟嘌呤残基中7位上的氮形成共价结合，完成烷基化过程，抑制细胞分裂，导致细胞死亡。G_1期及M期细胞对氮芥的细胞毒作用最为敏感，较大剂量时，对各周期细胞和非增殖细胞均有杀伤作用。

【临床应用】 主要用于恶性淋巴瘤（霍奇金病、非霍奇金淋巴瘤）；已很少应用于其他肿瘤；由于HN_2具有高速、速效的特点，适用于腔内注射控制癌性胸腹水的患者。本品与长春新碱、丙卡巴肼及泼尼松合用治疗霍奇金病有较高的疗效，对卵巢癌、乳腺癌、绒癌、前列腺癌、精原细胞癌等也有一定疗效。

【不良反应】 最常见的急性反应为消化道反应，严重的不良反应为骨髓抑制，引起显著的白细胞及血小板减少，严重者能使全血细胞减少，抑制程度与剂量相关；局部刺激性大，接触皮肤和黏膜可致组织发泡、糜烂和坏死，因此不能口服、皮内注射和肌内注射，只能静脉注射或腔内注射。

环 磷 酰 胺

【药动学】 口服吸收良好，1h血药浓度达到峰值，肝和肿瘤组织内分布浓度较高，可通过血-脑屏障，在肝内被氧化成4-羟基环磷酰胺，后者可被进一步氧化成无活性的羧磷酰胺和4-酮基环磷酰胺，此反应可使本药对肝毒性减至最小。而大量的4-羟基环磷酰胺经循环系统运至靶组织，可发生结构互变，成为醛磷酰胺，并可自发裂解为磷酰胺氮芥和丙烯醛，前者对DNA有烷化作用，是主要的抗癌物质，后者对泌尿道有刺激作用。本品及其代谢物主要由尿排出，血浆$t_{1/2}$为4～6.5h。

【药理作用】 环磷酰胺，在体内经代谢成有活性的磷酰胺氮芥后发挥烷化作用，能与DNA发生交叉联结，抑制DNA合成，干扰DNA和RNA功能。本品抗瘤谱较氮芥广，抑瘤作用明显而毒性较低，化疗指数比其他烷化剂高。

【临床应用】 环磷酰胺抗瘤谱较广，是临床应用最广泛的烷化剂之一。对恶性淋巴瘤疗效显著，对多发性骨髓瘤、急性淋巴细胞白血病、乳腺癌、卵巢癌疗效也较好，也用于治疗其他肿瘤：小细胞肺癌、神经母细胞瘤、视网膜母细胞瘤、尤文瘤、软组织肉瘤。目前环磷酰胺多与其他抗癌药联合化疗用于临床治疗。本药也作为免疫抑制剂治疗非肿瘤疾患。

【不良反应】 较氮芥轻。胃肠道反应较轻，剂量限制的主要不良反应为骨髓抑制，导致粒细胞明显减少；膀胱炎是本品较特殊的不良反应，与丙烯醛的尿中排出有关，严重时有血尿，发生率可高达40%，大量饮水和使用美司钠可使发生率降低，症状减轻。约20%患者出现脱发，偶见肝功能损害，皮肤色素沉着，月经不调，精子无活力，肺纤维化，心肌损害及抗利尿激素分泌不足等。本品有致癌、致畸和致突变作用。

【药物相互作用】 肝药酶诱导剂，如巴比妥类、糖皮质激素、别嘌呤及氯霉素等对本品的代谢、活性和毒性均有影响，并用应时注意。

【禁忌证】 对环磷酰胺过敏者、妊娠及哺乳期妇女、严重肝肾损害、骨髓功能抑制者、感染患者、肝肾功能损害者。

2. 乙撑亚胺类（氮丙啶类）

塞　替　派

塞替派在肝内迅速转变成三亚乙基磷酰胺（TEPA），可将含氮环质子化，打开氮丙啶环，成为活化分子，经 SN 反应，形成 DNA 交叉联接，从而产生细胞毒作用，其抗瘤谱与氮芥相似；可用作各种实体瘤的姑息治疗，临床用于乳腺癌、卵巢癌、肝癌和恶性黑色素瘤等。

3. 烷基磺酸类

白　消　安

白消安具有磺酸类双功能烷化基团，能与细胞核中 DNA 的鸟嘌呤起烷化作用，将甲基结合到 DNA 上，破坏 DNA 的结构与功能，起到细胞毒作用。临床治疗慢性粒细胞白血病效果显著，首次疗程治疗后缓解率可达 85%～90%，对其他骨髓增殖性疾病也有效。不良反应主要为骨髓抑制。

4. 亚硝基脲类

卡 莫 司 汀

卡莫司汀通过与 DNA 共价结合、抑制 DNA 聚合酶等方式，抑制 DNA、RNA 和蛋白质的合成，杀死处于所有细胞周期相的细胞；抗瘤谱较广，对霍奇金瘤疗效明显，因本品能通过血-脑屏障，适用于治疗脑瘤和恶性肿瘤的脑转移，

5. 三氮烯类（triazenes）

达 卡 巴 嗪

达卡巴嗪（dacarbazine，氮烯咪胺）在肝内经细胞色素 P450 通过 *N*-去甲基反应活化，然后在靶细胞裂解代谢物，产生 CH—N═NOH，再释放出甲基正碳离子（CH），使 DNA 的鸟嘌呤烷基化。临床用于联合用药方案中，治疗恶性黑色素瘤、霍奇金病和成人肉瘤。

6. 其他烷化剂

丙 卡 巴 肼

丙卡巴肼（procarbazine）又称甲基苄肼，为甲基化剂，在体内可释放甲基正离子与 DNA 结合，抑制蛋白质和核酸合成，抑制有丝分裂；主要用于治疗霍奇金病。

（二）破坏 DNA 的抗生素

丝 裂 霉 素

【药动学】 本品多静脉给药，静脉注射后迅速进入细胞内，肌肉、心、肺、肾脏的浓度较高，很少进入中枢神经系统，不能透过血-脑屏障，主要在肝中代谢，由尿排出，24h 内排出约 35%。

【药理作用】 丝裂霉素是 1956 年日本微生物学家从头状链霉菌（streptomyces caespitosus）培养液中提取的一种广谱抗肿瘤抗生素。本品抗癌作用机制主要是烷化作用，与 DNA 的双螺旋形成交叉联结。它含有两个烷化中心，即氮丙啶基团和氨甲酰基团，和 DNA 碱基的鸟嘌呤 O_6 和 N_2 以及腺嘌呤 N_6 结合，抑制 DNA 的复制，同时还可引起 DNA 单链断裂，高浓度时对 RNA 亦有抑制作用。丝裂霉素为细胞周期非特异性药物，但对晚 G_1 期及早 S 期最敏感，对 G_2 期则为低敏感。

【临床应用】 丝裂霉素对细菌有抗菌作用，对革兰阳性菌的作用比对革兰阴性菌的作用强；有广谱的抗肿瘤作用，是一种细胞周期非特异性的药物，主要用于治疗各种实体瘤，与氟尿嘧啶、阿霉素联合应用可有效缓解胃腺癌和肺癌；与环磷酰胺、塞替派合用，可增强治疗恶性淋巴瘤疗效。

【不良反应】 主要毒性为持久的骨髓抑制；恶心、呕吐、腹泻、胃炎、皮炎发热和不适等亦有发生。本品的最危险的毒性表现为溶血性尿毒综合征，当总剂量高于 $70mg/m^2$ 时，肾衰竭的发生率高达 28%。

【药物相互作用】 丝裂霉素与多柔比星同时应用可增加心脏毒性，建议多柔比星的总量限制在按体表面积 $450mg/m^2$ 以下。

【禁忌证】 对本品过敏者、凝血障碍或有其他原因的出血倾向者、水痘患者、带状疱疹患者、妊娠及哺乳妇女。

博来霉素

博来霉素又名争光霉素，是含多种糖肽的复合抗生素。平阳霉素（pingyangmycin，PYM）则为单一组分，是从我国浙江平阳县土壤中的放线菌培养液中分离得到的抗肿瘤抗生素，经研究与国外的博来霉素成分相近。博来霉素在体内可与铁或铁离子络合，使氧分子大量转为氧自由基后嵌入 DNA，使 DNA 双链或单链断裂，阻碍 DNA 复制；为细胞周期非特异性药物，对鳞状上皮细胞癌、睾丸癌和恶性淋巴瘤有较好疗效；治疗睾丸癌时与长春碱、顺铂合用可使部分患者完全缓解；口服不能吸收，需肌内注射或静脉注射；血中浓度在注射 0.5h 时达高峰；对骨髓抑制很轻，有显著的皮肤毒性，肺毒性是本品的最严重的毒性。

（三）与 DNA 共价结合的金属化合物

顺 铂

顺铂是以二价铂同两个氯原子和两个氨分子结合的重金属络合物，类似于双功能烷化剂，又称顺氯氨铂，是第一代铂类配合物。

【药动学】 本品仅能由静脉、动脉或腔内给药，给药后迅速分布于全身各组织，肾脏、肝脏、卵巢、子宫、皮肤、骨等含量较多。脾、胰、肠、心、肌肉、脑中较少，瘤组织无选择性分布，蛋白结合率约 90%，主要从尿中排出，排泄较慢，4 日内尿中排出仅 25%～44%，血浆 $t_{1/2}$ 为 58～73h。腹腔给药时腹腔器官的药物浓度较静脉给药时高 2.5～8 倍，对治疗卵巢癌有利。

【药理作用】 顺铂进入体内氯可被水解，然后在 DNA 分子中鸟嘌呤的 6 位和 7 位之间形成交叉联结，或与胞嘧啶及腺嘌呤结合形成 DNA 单链内两点的交叉联结，也可能形成双链间的交叉联结，从而破坏 DNA 的结构和功能；对 RNA 和蛋白质合成的抑制作用较弱，属于周期非特异性药物。

【临床应用】 抗癌谱较广、作用强，与多种抗肿瘤药物有协同作用，且无交叉耐药等特点，为当前联合化疗中最常用的药物之一；主要用于治疗转移睾丸癌和卵巢癌，是治疗睾丸肿瘤最有效的药物之一。与 ADM 的联合化疗可使 40%以上的卵巢癌取得较好的疗效；与博来霉素、长春碱联合使用可以根治睾丸癌。本品对膀胱癌、宫颈癌、头颈部癌、骨髓瘤、非小细胞肺癌和胃癌也有一定疗效。

【不良反应】 主要是胃肠道反应、骨髓抑制和肾脏毒性等。本品是目前致吐性最强的化疗药物之一，可出现食欲减退、恶心、呕吐、腹泻等，一般于注射后 1～2h 发生；肾脏毒性是最严重的毒性反应，表现为血尿及肾功能损伤，血清肌酐升高及清除率降低，与用药剂量有关，常发生于给药后 7～14 日；骨髓抑制主要表现为白细胞减少；其他不良反应包括肝功能障碍、血清氨基转移酶增加、耳鸣、运动失调、肌痛、上下肢感觉异常等；少数患者可能出现大脑功能障碍，亦可出现癫痫、球后视神经炎等。

【药物相互作用】 氨基糖甙类抗生素、两性霉素 B 或头孢噻吩等与本品并用，有肾毒性叠加作用；甲氨碟呤及博来霉素主要由肾脏排泄，本品所致的肾损害会延缓上述两种药物的排泄，导致毒性增加；丙磺舒与本品并用时，可致高尿酸血症；氯霉素或其呋喃苯胺酸或利尿酸钠增加本品耳毒性；抗组胺药可掩盖本品所致的耳鸣、眩晕等症状。

【禁忌证】 肾功能损害、严重骨髓抑制、对本品有过敏史者及孕妇禁用。

卡 铂

卡铂为第二代铂类化合物。其作用机制、适应证与顺铂相似，具有抗瘤活性较强，毒性较低的特点；主要用于治疗小细胞肺癌、卵巢癌、头颈部癌、生殖细胞肿瘤，也可用于甲状腺癌、宫颈癌、膀胱癌及非小细胞肺癌；主要不良反应为骨髓抑制。

（四）拓扑异构酶抑制剂

喜 树 碱

【药动学】 本品静脉注射后大部分与血浆蛋白结合，$t_{1/2}$ 长，血中可存留 6 日以上。动物实验显示，本药在胃肠道、肝、骨髓及肾脏中含量较高，其中胃肠道浓度最高，停留时间也长。本品主要以原型经尿排泄，48h 排出 17%。

【药理作用】 喜树碱（camptothecine，CPT）又名喜树素，本品系喜树（camptotheca acuminata）的种子或根皮中提取的一种生物碱，主要是通过特异性抑制 DNA 拓扑异构酶Ⅰ，使 DNA 断裂，到最后肿瘤细胞死亡。此类药物特异性作用于 S 期,与其他常用抗癌药无交叉耐药性。

【临床应用】 用于消化道肿瘤近期疗效好，但缓解期短；主要用于胃癌、肠癌、直肠癌、肝癌、头颈部癌、膀胀癌、卵巢癌、肺癌，以及急、慢性粒细胞白血病的治疗。

【不良反应】 主要为泌尿系统反应，多在用到 100～140mg 时出现；胃肠道反应重者可出现肠麻痹和电解质紊乱；骨髓抑制较轻。

鬼臼毒素类衍生物

鬼臼毒素能与微管蛋白结合，抑制微管聚合，使细胞的有丝分裂停止。其衍生物依托泊苷（etoposide，vepeside，鬼臼乙叉苷，VP-16）和替尼泊苷（teniposide，鬼臼噻吩苷，VM-26）则主要抑制 DNA 拓扑异构酶Ⅱ（TOPO Ⅱ），从而干扰 DNA 复制、转录和修复功能，属细胞周期非特异性药物。依托泊苷在同类药物中毒性最低，临床用于肺癌、睾丸肿瘤及恶性淋巴瘤有良效。替尼泊苷抗肿瘤作用与依托泊苷相似，前者作用是后者的 5～10 倍，对儿童白血病和脑瘤有较好疗效。

三、嵌入 DNA 干扰转录 RNA 的药物

柔 红 霉 素

柔红霉素是一种由 Streptomyces Peucetins 培养液中提得的蒽环类化合物，我国河北省正定县土壤中获得的同类放线菌菌株培养液中亦可提得此物质，故又名正定霉素。

【药动学】 通常静脉给药，给药后迅速分布到全身，心脏、肾脏、肺脏、肝脏和脾较多，不易透过血-脑屏障，可通过胎盘；$t_{1/2}$ 为 30～55h。主要在肝代谢，其代谢物柔红霉素醇仍有

抗癌活性，代谢产物与原型药缓慢由胆汁及尿中排出，尿液可呈红色。

【药理作用】 本品能以其分子结构中的平面部分，嵌入到DNA的双键中形成稳定复合物，影响DNA的功能，阻止DNA复制和RNA的转录，抑制TopoⅡ功能，抑制肿瘤细胞的分裂繁殖。本品为细胞周期非特异性药物，对S期细胞比较敏感。还有免疫抑制和抗菌作用。

【临床应用】 主要用于治疗急性粒细胞白血病，对儿童疗效好，缓解率高但缓解期较短。本品与长春新碱及泼尼的松合用可提高疗效，与阿糖胞苷及硫鸟嘌呤合用可使完全缓解率超过60%。此外，还可治疗神经母细胞瘤和淋巴瘤。

【不良反应】 本品毒性较大，限制剂量的不良反应为骨髓抑制，发生率达90%；其他不良反应有厌食、恶心、呕吐、口炎、胃炎和脱发等。

【药物相互作用】 与有心脏毒性和作用于心脏的药物，如氧烯洛尔合用，可加重心脏毒性；使用本品期间，接种活疫苗将增加活疫苗所致感染的危险。用药期间及化疗停止后的3～6个月，禁止接种病毒活疫苗；可能与多柔比星存在交叉耐药性，但与阿糖胞苷、甲氨蝶呤、环磷酰胺和亚硝脲类药物无交叉耐药性；柔红霉素与具有相似药理作用的药物配伍使用会增加毒性，而且应特别考虑骨髓抑制。

【禁忌证】 对柔红霉素、多柔比星或表柔比星过敏者，可能对本药存在交叉过敏；周围血象中白细胞低于3.5×10^9/L或血小板低于50×10^9/L者，发热或伴明显感染者，恶病质者，水、电解质或酸碱平衡紊乱者，胃肠道梗阻者，肝肾功能、心肺功能不全者，既往用过足量多柔比星或表柔比星（epirubicin）者，哺乳期妇女、孕妇（尤其在妊娠头3个月内）禁用。

多柔比星

多柔比星又名阿霉素，由链霉菌属的发酵液中提取，化学结构与柔红霉素相似，差别仅在将柔红霉素C上的氢用羟基取代。本品亦可从柔红霉素化学转化或全部化学合成，药用其盐酸盐。

【药动学】 本品仅可静脉给药，血浆蛋白结合率很低，血浆$t_{1/2}$为43h。进入体内迅速分布于心脏、肾脏、肝脏、脾、肺组织中，但不能透过血-脑屏障；主要在肝内代谢，经胆汁排泄，50%以不变的原药，23%以具活性的多柔比星代谢物多柔比星醇排出，仅5%～10%在6h内从尿液中排泄。

【药理作用】 多柔比星既含有脂溶性的蒽环配基，又有水溶性的柔红糖胺，并有酸性酚羟基和碱性氨基，因此具有很强的抗癌药理活性，可直接作用于DNA，插入DNA的双螺旋链，使后者解开，改变DNA的模板性质，抑制DNA聚合酶从而抑制DNA，也抑制RNA合成。此外，多柔比星具有形成超氧基自由基团（free radicals）的功能，并有特殊的破坏细胞膜结构和功能的作用。本品为细胞周期非特异性药物，对癌细胞增殖各期均有杀伤作用，但对S期的早期最为敏感，M期次之，而对G_1期最不敏感，对G_1期、S期和G_2期有延缓作用。

【临床应用】 本品临床抗瘤谱广，疗效高，对各种周期的肿瘤细胞都有杀灭作用；为临床上最常用的抗肿瘤药物之一，主要用于急、慢性白血病、恶性淋巴瘤，还用于霍奇金病、神经母细胞瘤、横纹肌肉瘤、软组织肉瘤、肾母细胞瘤、乳腺癌、肺癌、胃癌、胰癌、膀胱癌、前列腺癌、卵巢癌、子宫内膜癌、宫颈癌、睾丸癌、头颈部鳞状细胞癌和肝细胞瘤。本品常与其他抗肿瘤药物联合应用以提高疗效。

【不良反应】 骨髓抑制和心脏毒性是本品的两个主要不良反应。心脏毒性与总积累剂量密切相关，因此应限制总剂量不得超过550mg/m^2；其他不良反应尚有恶心、呕吐、口炎、脱发、高热、出血性症状、静脉炎和皮肤色素沉着等。

【药物相互作用】 与各种骨髓抑制剂，特别是亚硝脲类、大剂量环磷酰胺、甲氨蝶呤、丝裂霉素配伍使用，或用药同时进行放射治疗，一次性剂量与总剂量均应酌减。本品与β受体阻断剂合用，可增加心脏毒性；与可能致肝功能损害的药物配伍使用，可增加本品的肝毒性；与阿糖胞苷同用可导致坏死性结肠炎；与柔红霉素长春新碱和放线菌素 D 呈现交叉耐药性；与甲氨蝶呤、氟尿嘧啶、阿糖胞苷、氮芥、丝裂霉素、博来霉素、环磷酰胺及亚硝脲等则不呈现交叉耐药性，且与环磷酰胺、氟尿嘧啶、甲氨蝶呤、达卡巴嗪、顺铂、亚硝脲类药物合用，具有良好的协同作用。

【禁忌证】 骨髓功能抑制、心肺功能失代偿、严重心脏病、重症感染、电解质或酸碱平衡失调、胃肠道梗阻、肝功能损害、水痘或带状疱疹，以及妊娠及哺乳期妇女有心脏病史、严重感染及妊娠和哺乳期妇女。

表柔比星

表柔比星又名表阿霉素，为多柔比星的同分异构体，且与多柔比星相同，为广谱抗肿瘤抗生素，临床常用于治疗乳腺癌、恶性淋巴瘤、急性白血病、卵巢癌、软组织肉瘤、肺癌和胃癌等；不良反应表现为局部反应、骨髓抑制、心脏毒性等。

放线菌素 D

放线菌素 D，又名更生霉素，本品为放线菌属种 Streptomyces spp.产生的抗癌抗生素。我国的产品称更生霉素。本品能与 DNA 双螺旋结合产生细胞毒性，经嵌入到 DNA 的鸟嘌呤和胞嘧啶（G-C）碱基对之间，与 DNA 结合为复合体，阻断了 RNA 多聚酶对 DNA 转录，阻止了 RNA 特别是 mRNA 的合成。DNA 依赖的 RNA 多聚酶要比 DNA 多聚酶对本品的作用敏感得多。此外，本品亦引起 DNA 单键断裂，可能通过游离基中介或通过 Topo Ⅱ的作用。本品为细胞周期非特异性药物，为已知的最强的抗癌药之一。对霍奇金病、绒膜癌和肾母细胞瘤有较好疗效，对睾丸肿瘤、横纹肌肉瘤、骨肉瘤、卡波齐（Kaposi）肉瘤、软组织肉瘤和其他肉瘤也有缓解作用。不良反应主要为骨髓抑制和胃肠道反应。

四、干扰蛋白质合成的药物

（一）阻止原料供应的药物

L-门冬酰胺酶

【药动学】 本品口服在胃肠道内被破坏，口服无效。静注血浓度比肌注高 10 倍，在脑脊液中的浓度很低。血浆蛋白结合率约 30%，静注 $t_{1/2}$ 为 8～24h，血浓度可维持 5～6 日，肌内注射血浆 $t_{1/2}$ 为 39～49h。

【药理作用】 *L*-门冬酰胺酶能催化门冬酰胺分解，使肿瘤细胞缺乏门冬酰胺供应，从而干扰其蛋白质合成，抑制细胞生长。*L*-门冬酰胺是重要的氨基酸，某些肿瘤细胞不能自己合成，需从细胞外摄取，正常细胞能合成门冬酰胺，受影响较少。最初认为有无门冬酰胺合成酶是正常细胞和肿瘤细胞间特有的生化差别。但目前发现多种正常细胞的门冬酰胺酶也是敏感的。

【临床应用】 对急性淋巴细胞白血病的缓解率可达 50%以上。对急性粒细胞性白血病及急性单核细胞白血病、恶性淋巴瘤也有一定疗效。人白血病细胞中亦含有门冬酰胺合成酶的细胞株，能较快地产生耐药性，因此，本品用于肿瘤治疗时应该与其他抗癌药联合应用。

【不良反应】 可出现荨麻疹、过敏性休克、低蛋白血症、外围组织水肿、高血糖症、凝血因子降低、精神症状和胃肠道反应等。

【药物相互作用】

（1）与泼尼松、促皮质素或长春新碱合用，可增强本品的致高血糖作用，并可能增多本品引起的神经病变及红细胞生成紊乱的危险性。

（2）本品可提高血尿酸浓度。与别嘌醇、秋水仙碱或磺吡酮等抗痛风药合用时，需调节抗痛风药的剂量，以控制高尿酸血症与痛风。

（3）与硫唑嘌呤、苯丁酸氮芥、环磷酰胺、环孢素、巯嘌呤、单克隆抗体 CD_3 或放射疗法合用时，可提高疗效，因而应考虑降低化疗药、免疫抑制剂或放疗的剂量。

（4）与甲氨蝶呤同用时，可通过抑制细胞的复制作用，阻断甲氨蝶呤的抗肿瘤作用。

【禁忌证】 对本品有过敏史或皮肤阳性者、有胰腺炎病史或现患胰腺炎者、患水痘、广泛带状疱疹等严重感染者、妊娠期妇女禁用。

（二）干扰微管蛋白形成的药物

长 春 碱 类

长春碱及长春新碱是一种由夹竹桃科长春花属植物长春花中提取的一种生物碱。它是一种有丝分裂抑制剂，被广泛用于化学疗法。长春地辛（vindesine，VDS）和长春瑞滨（vinorelbine，NVB）为长春碱的半合成衍生物。

【药理作用】 细胞骨架和纺锤体等多种细胞结构均由微管构成。而长春碱类作用机制为与微管蛋白结合，抑制微管聚合，从而使纺锤丝不能形成，细胞的有丝分裂停止于中期，因此长春花属的生物碱能够有效影响各种高速分裂细胞的生长。对有丝分裂的抑制作用，长春碱的作用强于长春新碱，属于细胞周期特异性药物，主要作用于 M 期细胞。

【临床应用】 长春新碱主要用于联合化疗 CHOP（环磷酰胺、多柔比星、长春新碱、泼尼松治疗非霍奇金淋巴瘤；用于急性白血病、急性和慢性淋巴细胞白血病、恶性淋巴瘤、生殖细胞肿瘤、小细胞肺癌及肾母细胞瘤等；它还与地塞米松及 *L*-门冬酰胺酶一同用于晚期癌症的缓解；有时候长春新碱也被用作免疫抑制剂。

【不良反应】 包括骨髓抑制、神经毒性、消化道反应、脱发及注射局部刺激等。长春新碱毒性不明显，但外周神经系统毒性较大。

【药物相互作用】 奎宁、红霉素、丝裂霉素、齐多夫定可增加本品毒性，合用时需要调整本品剂量；口服本品可降低苯妥英钠的胃肠道吸收，从而降低其作用；使用本品时接种活疫苗，可增加活疫苗的感染风险，建议使用本品时禁止接种活疫苗。

【禁忌证】 白细胞计数减少者、细菌性感染者、妊娠及哺乳妇女禁用。

紫 杉 醇

紫杉醇（paclitaxel，taxol）是从短叶紫杉（Taxus brevifolia Taxaceae）或红豆杉中提取分离的新的双萜烯成分。1994 年 7 月美国 FDA 批准入节。紫杉醇为具有重大突破的新一代肿瘤化疗药物。它是一种新型的抗微管药物，具有广谱抗癌作用。

【药动学】 静脉滴注给药，静滴后药物呈双相消除，$t_{1/2}$ 为 5.3～17.4h，血浆蛋白结合率为 89%～98%，不易透过血-脑屏障，主要经肝脏代谢。

【药理作用】 本品与长春碱的作用不同，紫杉醇属有丝分裂中的微管抑制剂，紫杉醇具有聚合和稳定细胞内微管的作用，致使快速分裂的肿瘤细胞在有丝分裂阶段被牢牢固定，使微管不再分开，可阻断细胞于细胞周期之 G_2 期与 M 期，使癌细胞复制受阻断而死亡 。此外，紫杉醇尚可激活巨噬细胞起杀灭肿瘤的作用。当其与干扰素合用时，对激活巨噬细胞溶解肿瘤有增强作用。

【临床应用】 现已为治疗卵巢癌和乳腺癌的一线药物，对铂类等已有抗药性的顽固性卵巢癌亦有效。此外，紫杉醇对恶性黑色素瘤、结肠癌和 HIV 引起的卡波济肉瘤亦有效。

【不良反应】 主要为骨髓抑制、神经毒性及心脏毒性。用药后有白细胞减少，血小板减少及贫血发生；过敏反应主要体现在用药数分钟后出现麻疹、呼吸窘迫、支气管痉挛、低血压；

消化系统出现恶心、呕吐、腹泻、口腔炎、胃炎等；神经系统出现手足麻木、感觉过敏、肌痉挛、关节痛；还可出现心动过速、室性心律不齐、或心动过缓、房室传质阻滞。

【药物相互作用】

（1）顺铂可使本品的清除率降低约 1/3。若使用顺铂后再给本品，可产生更为严重的骨髓抑制。

（2）研究表明，先给予本品 24h 持续滴注，再给予多柔比星 48h 持续滴注，可明显降低多柔比星的清除率，加重中性粒细胞减少和口腔炎。

（3）使用本品后立即给予表柔比星，可加重本品毒性。

【禁忌证】 对本品或聚氧乙基代蓖麻油过敏者，中性粒细胞计数＜1.5×10^9/L 的实体瘤患者、中性粒细胞计数＜1×10^9/L 的 AIDS 相关性卡波西肉瘤患者、妊娠期妇女禁用。

（三）干扰核糖体功能的药物

三尖杉酯碱

三尖杉属植物中提取的酯碱主要有四种：三尖杉酯碱、高三尖杉酯碱、异三尖杉酯碱和脱氧三尖杉酯碱，其中三尖杉酯碱和高三尖杉酯碱抗肿瘤疗效较好。

【药理作用】 三尖杉酯碱能抑制真核细胞蛋白质合成的开始阶段，使多聚核糖体分解，释放出新生肽链，抑制有丝分裂。它们为周期非特异性药物。

【临床应用】 各型白血病、恶性淋巴瘤、真性红细胞增多症、肺癌、绒癌和恶性葡萄胎等。

【不良反应】 抑制明显，少数患者呈现心脏毒性；其他不良反应可有恶心、呕吐、口干、厌食等；不宜作静脉推注，滴注也须缓慢，以免引起血压下降。

五、影响激素功能的抗癌药物

某些肿瘤，如乳腺癌、前列腺癌、宫颈癌、卵巢肿瘤和甲状腺癌等均与相应激素失调有关。因此，用激素或其拮抗剂调节体内激素平衡，可抑制这些激素依赖肿瘤的生长，而且无骨髓抑制等不良反应。但激素作用广泛，副作用较多，选用时需特别注意。这类药物可分为如下几种。

（一）雄激素类药

雄激素类药对晚期乳癌、绝经期前后 5 年以内的患者及有骨转移者疗效较好。其原理为：①通过负反馈，抑制 FSH 分泌，减少雌激素产生，从而阻断雌激素对乳癌生长的促进作。②通过负反馈抑制 LH 的分泌，使催乳素水平下降，引起肿瘤退化。常用药物为丙酸睾酮（testosterone propionate）、二甲基睾酮（methyltestosterone）和氟羟甲酮（fluoxymesterone）。

（二）雌激素类药

雌激素类药主要用于前列腺癌，也适用于晚期乳癌有内脏或软组织转移绝经期后 7 年以上的妇女。其原理为：①抑制垂体，减少促间质细胞激素的分泌，从而减少睾丸间质细胞分泌睾酮，也可减少肾上腺皮质分泌雄激素；②直接对抗雄激素的促前列腺癌组织生长的作用。常用药物为己烯雌酚（diethylstilbestrol）。

（三）孕激素

孕激素可使部分子宫内膜癌的症状得到改善，肿瘤缩小，生存期延长。亦可用于乳癌，适用于绝经期后不久的妇女，或雌激素无效的晚期乳癌而有软组织转移者或肾癌。其作用原理：①黄体激素可促进子宫内膜分化成熟，而使癌组织变性、坏死，抑制癌细胞组织核酸合成。②抑制垂体催乳素，或促进卵泡素的分泌而抑制肿瘤。

（四）肾上腺皮质激素

肾上腺皮质激素有抑制淋巴组织的作用，促使淋巴细胞破坏。除对抗急性淋巴细胞白血病和减少淋巴细胞数目外，还可缓解并发的自身免疫性贫血。对其他癌瘤无治疗作用。因抑制免疫功能，有助长癌瘤扩散的可能性，仅在癌瘤引起发热不退、毒血症状明显时，可以短期少量应用以改善症状。用药时，应合用有效抗癌药与抗菌药。

氨 鲁 米 特

氨鲁米特（aminoglutethimide，氨基导眠能，AG）是镇静催眠药导眠能的衍生物，主要有两个作用。一是肾上腺化学性切除作用；二是阻止雌激素产生作用。前者是由于本品能抑制胆固醇转变成孕烯醇酮，这个过程是皮质醇合成的第一步，从而使肾上腺皮质中甾体激素的合成受抑；后者是由于本品为芳香化酶的强抑制剂，能使雄激素的前体雄烯二酮不能变成雌激素。这样氨鲁米特可使绝经后妇女的雌激素主要来源被切断，从而对乳腺癌产生治疗作用；用于治疗转移性乳腺癌、前列腺癌，库欣综合征，对他莫昔芬无效者仍可有效。

他 莫 昔 芬

他莫昔芬是合成的抗雌激素药物，能与雌二醇竞争性地与雌激素受体结合，部分激动雌激素受体，强度仅为雌激素的1/2，与受体结合后诱导改变受体的三维空间形状，阻止受体与DNA上的雌激素反应成分相结合，使转录等过程不能进行，从而抑制激素依赖性乳腺肿瘤细胞的生长。用于治疗晚期播散性乳腺癌，是停经后晚期乳腺癌的首选药物；与雄激素疗效相同但无后者的男性化副作用。本品对晚期卵巢癌、宫体癌等实体瘤也有效。

六、靶向抗肿瘤药物

癌症的现代治疗手段之一是靶向药物治疗。靶向药物治疗是指针对癌细胞中特定的致癌基因，或者癌细胞生长和发展所必需的物质来设计相应的治疗药物。与传统的化学治疗相比，靶向药物治疗最显著的优势就是能够准确打击癌细胞而又不伤害正常的细胞，毒副作用小，减少患者的痛苦，现已得到广泛应用。

靶向抗肿瘤药物按照分子大小，主要分为大分子单克隆抗体和小分子化合物（酪氨酸激酶抑制剂）。

1. 酪氨酸激酶抑制剂 蛋白激酶的过度表达可诱发多种肿瘤。蛋白激酶主要包括丝氨酸/苏氨酸激酶和酪氨酸激酶，其中酪氨酸激酶主要与信号通路的转导有关，是细胞信号转导机制的中心。蛋白激酶由于突变或重排，可引起信号转导过程障碍或出现异常，导致细胞生长、分化、代谢和生物学行为异常，引发肿瘤。研究表明，近80%的致癌基因都含有酪氨酸激酶编码。抑制酪氨酸激酶受体可以有效控制下游信号的磷酸化，从而抑制肿瘤细胞的生长。目前临床上最常用的针对 BCR-ABL 酪氨酸激酶的小分子抑制剂包括吉非替尼（gefitinib）、厄洛替尼（erlotinib）、伊马替尼（imatinib，格列卫）等。

吉 非 替 尼

吉非替尼又名易瑞沙（iressa），是一种选择性表皮生长因子受体（EGFR）酪氨酸激酶抑制剂，为小分子靶向抗肿瘤药物，由阿斯利康公司开发。2002年7月在日本首次上市，适用于治疗既往接受过化学治疗或不适于化疗的局部晚期或转移性非小细胞肺癌（NSCLC）；最常见不良反应是痤疮样皮疹和腹泻，最严重不良反应是间质性肺病。

厄洛替尼

厄洛替尼又名特罗凯，由 OSI 制药公司开发，2004 年 11 月在美国首次上市，用于治疗 NSCLC。与吉非替尼相似，为小分子 EGFR-TK 抑制剂，是目前世界上唯一已明确能提高 NSCLC 患者生存期的靶向药物。其最常见不良反应为皮疹（75%）和腹泻（56%），最严重的为间质性肺病。

伊马替尼

伊马替尼由诺华公司开发，2001 年 5 月在美国首次上市。本品是人类第一个分子靶向肿瘤生成机制的抗癌药，是口服小分子酪氨酸酶（ABL）抑制剂，在细胞膜内与底物竞争，抑制费城染色体（Ber—Abl）酪氨酸激酶磷酸化，阻断肿瘤细胞信号的传导，抑制肿瘤细胞生长，诱导其凋亡。用于慢性骨髓性白血病（CML）成人患者的急变期、加速期和干扰素治疗失败后的慢性期。常见不良反应为恶性、呕吐、水肿、肌肉肌痛、肌肉痛性痉挛、皮疹及浮肿。

2. 单克隆抗体 利用基因工程技术所生产的单克隆抗体抗肿瘤药已近千种。单克隆抗体的作用机制是药物在癌细胞膜外与生长因子竞争结合受体，阻断信号传递过程，从而阻止癌细胞的生长与扩散。单克隆抗体抗肿瘤药（单抗药）最突出的优点是选择性“杀灭”癌细胞，即只对癌细胞起作用，对正常体细胞几乎没有伤害。目前临床应用的单克隆抗体抗肿瘤药有西妥昔单抗（cetuximab）、曲妥珠单抗（trastuzumab）、利妥昔单抗等。

西妥昔单抗

西妥昔单抗又名爱必妥，是以 EGFR 为靶点的人鼠嵌合型单克隆抗体，目前已被 FDA 批准用于治疗有远处转移的结直肠癌和头颈癌患者。本品可阻碍 EGFR 的配体与其结合，抑制细胞周期；可间接抑制肿瘤新生血管内皮细胞增殖，促进细胞凋亡，减少基质金属蛋白酶和血管内皮生长因子的产生；耐受性好，不良反应大多可耐受，最常见的是痤疮样皮疹、疲劳、腹泻、恶心、呕吐、腹痛、发热和便秘等。

曲妥珠单抗

曲妥珠单抗又名赫赛汀，为靶向人表皮生长因子-2（Her-2）蛋白的重组人源化单克隆抗体，由 Genentech 公司开发。1998 年 10 月在美国首次上市，主要用于治疗转移性乳腺癌。大量临床研究表明，本品可改变 Her-2 阳性乳腺癌的自然病程。目前，本品用于胃肠癌研究开发处于Ⅲ期临床研究阶段，用于 NSCLC、膀胱癌、RCC、胰腺癌和 CRC 等治疗处于Ⅱ期临床研究中。

七、放疗与化疗止吐药

一般认为，化疗和放疗可引起小肠的嗜铬细胞释放 5-HT_3，并通过 5-HT_3受体引起迷走传入神经兴奋从而导致呕吐反射，可阻断这一反射的药物有昂丹司琼（ondansetron）、格拉司琼（granisetron ，格雷西龙，康泉）等。

昂丹司琼

昂丹司琼为一种高度选择性的 5-HT_3受体拮抗剂，能抑制由化疗和放疗引起的恶心呕吐，其作用机制目前尚不完全清楚；口服吸收迅速，主要自肝脏代谢；主要用于细胞毒性药物化疗和放射治疗引起的恶心呕吐；预防和治疗手术后的恶心呕吐；常见副作用有头痛、头部和上腹部发热感、静坐不能、腹泻、发疹、急性张力障碍性反应、便秘等；部分患者可有短暂性氨基转移酶升高。

格 拉 司 琼

格拉司琼是一种高选择性的 5-HT_3受体拮抗剂，对因放疗、化疗及手术引起的恶心和呕吐具有良好的预防和治疗作用。本品作用机制是通过拮抗中枢化学感受区及外周迷走神经末梢的 5-HT_3 受体抑制恶心、呕吐的发生；选择性高，无锥体外系反应、过度镇静等副作用；用于防治化疗和放疗引起的恶心与呕吐；最常见不良反应有头痛、便秘、嗜睡、腹泻、转氨酶升高，有时可有血压暂时性变化，停药后即可消失。

案例解析

案例 46-1

患者，女，60 多岁，向她的肿瘤医生提出需要医生跟进她的转移性卵巢癌。她在一年前被诊断出患有转移性卵巢癌。最初的治疗方案包括手术和以顺铂为基础的化疗方案，用异丙嗪治疗恶心，羟考酮协同对乙酰氨基酚控制疼痛。经检查，她的身体状况开始好转，头皮开始生长出一层薄薄的头发，腹部手术瘢痕愈合良好，其余检查正常。不幸的是，最近她又被诊断患有复发性转移卵巢癌。

解析：

医生针对她的病情采用了含有紫杉醇的化疗方法。

第三节　抗恶性肿瘤药的研究新进展

化学治疗是恶性肿瘤治疗的三大传统方法之一。1941 年，Huggins 和 Hodges 应用己烯雌酚治疗前列腺癌使患者缓解，从而揭开了现代肿瘤化疗的序幕。肿瘤化疗最初二十年（1950～1970）发现和使用的药物，大部分作用于 DNA 分子或其前体，抑制基因产物的合成或引起 DNA 本身不可修复的损伤（见本章第二节）。接下来的二十年，抗癌领域的科研工作者主要致力于对天然产物（如紫杉醇）和半合成产物（如依托泊苷）等进行结构改造，以获得作用更强、毒性更小的抗癌药物。

近二十年来，分子生物学的发展大大提高了人类对抗肿瘤药物作用机制、耐药机制的了解，从而促进了抗恶性肿瘤药物的发展，肿瘤的药物治疗发生了革命性的变化，出现了生物反应调节药、细胞分化诱导药、血管生成抑制药、各种细胞因子、单克隆抗体和基因治疗等肿瘤生物学治疗的新药物与新方法。它们对于克服化疗药物的缺陷，提高机体免疫能力，防止和清除肿瘤细胞的侵害，具有积极的意义。

一、靶向抗肿瘤药物

抗肿瘤抗体药物经过 30 多年的发展，已成为癌症治疗中最成功和最重要的策略之一。随着生命科学研究的飞速发展，恶性肿瘤细胞内的信号转导、细胞周期调控、细胞凋亡的诱导、血管生成及细胞与胞外基质的相互作用等各种基本过程正在被逐步阐明。研发焦点正从传统细胞毒药物向针对肿瘤发生发展过程中众多环节的新药方向发展，这些靶点新药针对正常细胞和肿瘤细胞之间的差异，可达到高选择性、低毒性的治疗效果，从而克服传统细胞毒药物的选择性差、毒副作用强、易产生耐药性等缺点。

目前发现的药物靶点主要包括蛋白激酶、细胞周期和凋亡调节因子、法尼基转移酶（FTase）等，按照分子靶向药物的性质主要归为两大类：一类是单克隆抗体，如西妥昔单抗等；另一类是单靶点或多靶点的小分子抑制剂，如吉非替尼等。

1. 靶向 EGFR 家族的抗肿瘤抗体药物 研究表明，近 80%的致癌基因都含有酪氨酸激酶编码。抑制酪氨酸激酶受体可以有效控制下游信号的磷酸化，从而抑制肿瘤细胞的生长。

酪氨酸激酶受体分为表皮生长因子受体（EGFR）、血管内皮细胞生长因子受体（VEGFR）、血小板源生长因子受体（PDGFR）等，针对各种受体的酪氨酸激酶抑制剂目前已开发上市的主要为表皮生长因子受体酪氨酸激酶（EGFR-TK）抑制剂、血管内皮细胞生长因子受体酪氨酸激酶（VEGFR-TK）抑制剂和血小板源生长因子受体酪氨酸激酶（PDGFR-TK）抑制剂等。基于多靶点的酪氨酸激酶抑制剂目前已成为研究重点，具有广阔的发展前景，其中包括舒尼替尼和索拉芬尼在内的几个上市新药均获得了良好的临床评价结果。

EGFR 家族包括 HER1（EGFR）、HER2、HER3 及 HER4 四个成员，它们同属于跨膜酪氨酸激酶受体，在结构和功能上具有高度同源性。EGFR 家族在多种实体瘤（如非小细胞肺癌、乳腺癌、宫颈癌、胃癌等）中存在过表达或突变，导致肿瘤细胞生长失控和恶性程度增高，且与肿瘤的侵袭和转移等相关。EGFR 家族通过与配体结合，产生二聚化和自身磷酸化，从而被活化，进一步激活下游信号通路。EGFR 和 HER2 与肿瘤的发生发展关系密切，多年的临床试验证明靶向 EGFR 和 HER2 的抗体药物是癌症治疗史上的重大进步。

（1）靶向 EGFR 的抗肿瘤抗体药物：以 EGFR 为靶点的单抗药物已上市的有西妥昔单抗和帕尼单抗（panitumumab），它们都用于治疗转移性结肠癌，通过阻断 EGFR 信号通路发挥作用，西妥昔单抗与伊立替康联用治疗伊立替康化疗方案耐药的转移性直肠癌效果显著，与 FOLFIRINOX 方案（奥沙利铂+依立替康+亚叶酸+氟尿嘧啶）联用治疗转移性结直肠癌，缓解率达到 80.9%，可联合放疗治疗局部晚期头颈部鳞状细胞癌，最常见的不良反应是皮肤反应（如过敏性痤疮样皮疹）和低镁血症（EGFR 在肾髓袢中高表达），这可能是 EGFR 的靶点效应。尼妥珠单抗（nimotuzumab，DE-766）是我国正式上市的第一个人源化单克隆抗体药物，在头颈部肿瘤和神经胶质瘤临床研究中发现 DE-766 联合放疗可显著提高疗效。

（2）靶向 HER-2 的抗肿瘤抗体药物：在 HER2 信号通路中，HER3 通常很重要。HER3 结合调蛋白等配体可以激活 HER2 激酶活性，HER2 激酶将 HER3 胞内结构域磷酸化，从而启动下游信号通路。以 HER-2 为靶点的上市及临床在研单抗药物约有 20 个，其中 70% 为曲妥单抗及其仿制药。曲妥单抗是目前 HER2 阳性可手术乳腺癌的标准治疗方案。曲妥单抗单药治疗有效率约 25%，联合化疗药物有效率可达 50%，可明显延长转移性乳腺癌患者的肿瘤进展时间及总生存期，耐药性好，不良反应轻，因此被大量仿制。帕妥珠单抗（pertuzumab）靶向 HER-2 胞外结构域 II，阻断异二聚体的形成从而阻断 HER2 信号转导通路。帕妥珠单抗较曲妥单抗有更好的安全性和耐受性，由于两株抗体作用的表位不同，联合用药表现出较好的协同性，治疗有效率显著提高，患者预后明显改善。此类药物常见副反应有心脏毒性、心力衰竭，有时有严重过敏反应，输液反应和肺中毒等。

（3）靶向 VEGF/VEGFR 的抗肿瘤抗体药物：血管生成是肿瘤发生发展的必要条件，抗血管生成是肿瘤治疗的一种策略。VEGF 是很强的促血管生成因子，研究表明，VEGF 与其特异性受体 VEGFR 结合，促进血管内皮细胞增殖、分化、成熟，促使新毛细血管生成及其功能成熟，在实体瘤的血管生成中起关键作用；抑制血管生成使得肿瘤生长及转移的可能性降低，因此 VEGF 及其受体 VEGFR 成为抗肿瘤药物研发的热门靶点。

以 VEGF 为靶点的抗肿瘤单抗药物主要是贝伐单抗（bevacizumab）及其仿制药。贝伐单抗是 FDA 批准上市的第一个抑制肿瘤血管生成的药，已被批准用于多种实体瘤，如转移性结直肠癌、非小细胞肺癌、转移性肾癌等。贝伐单抗在转移性结直肠癌的一线和二线治疗中均显示出很好的疗效，作为转移性非小细胞肺癌的一线治疗药物，贝伐单抗在 ECOG4599 试验中将相对化疗的总生存期提高了 25%；使肾细胞癌患者的无进展生存期提高了 67%，30%的患者出现了肿瘤萎缩现象。贝伐单抗常见的不良反应是胃肠穿孔、手术伤口愈合并发症、高血压、蛋白尿和出血等，这些可能是由靶点本身或其人源化结构的缺陷所致。

作为 VEGF 的受体，VEGFR 的数量有限且易被饱和，因此一些学者认为抑制 VEGFR 比阻断 VEGF 能更有效地抑制 VEGF 信号传导途径。雷莫芦单抗（ramucirumab，cyramza，）是 VEGFR2 靶向抗体药物，2014 年被 FDA 批准用于治疗晚期胃癌或食管胃交界腺癌，并授予孤儿药资格。目前临床在研的 VEGF/VEGFR 信号通路单抗阻断剂大都以 VEGFR 为靶点，主要有礼来的 icrucumab 和诺华的 ESBA-1008，以及处于临床Ⅰ期的 IMC-3C5、VGX-100、RG-7221、tanibirumab、sevacizumab 等。我国在研的此类药物均以 VEGF 为靶点，已有 3 个 VEGF 人源化单抗药物获得临床批件，另有 10 个药物在审评中。

2. 靶向 CD20 的抗肿瘤抗体药物 CD20 为 B 淋巴细胞表面特有的分化抗原，表达于 90% 以上的 B 淋巴瘤细胞和正常 B 淋巴细胞；并且 CD20 分子不易脱落，与抗体结合后不分化，因此成为治疗 B 细胞淋巴瘤的理想作用靶点。抗 CD20 单克隆抗体是治疗 B 细胞淋巴瘤的重要靶向药物。

以 CD20 为靶点已上市及临床在研的单抗药物约有 30 余种，其中 60%为利妥昔单抗（rituximab）及其仿制药物。利妥昔单抗是非霍奇金淋巴瘤的“金标准”治疗药物，并作为慢性淋巴细胞白血病的一线用药。由于临床疗效好，副作用低，因此被大量用于临床。但其不足之处是很多患者对其不应答或易产生耐药性，并且会产生严重的输液反应。奥法木单抗（ofatumumab）是Ⅱ型全人源抗 CD20 单抗药物，较Ⅰ型嵌合利妥昔单抗具有较强的抗体依赖的细胞介导的细胞毒性作用（antibody-dependent cell-mediated cytotoxicity，ADCC）作用、较低的免疫原性、较好的耐受性，但被感染的风险较大。除此之外，放射性标记的 ibritumomab、tiuxetan 与 tositumomab 均已上市，ocrelizumab、ocaratuzumab、veltuzumab 等均处于临床Ⅱ/Ⅲ期研发阶段。

二、基于抗体的新兴疗法

1. 抗体偶联药物（antibody-drug conjugates，ADCs） 是将具有靶向性质的抗体和强细胞毒性的药物偶联而成的一种新型抗肿瘤药物，俗称“生物导弹”。ADCs 通过抗体的靶向作用，可特异地结合到抗原阳性的肿瘤细胞膜，发挥药理作用；也可通过肿瘤细胞内吞作用形成内吞体进入细胞内，进入胞浆后的内吞体与溶酶体结合，使偶联的小分子药物解离并恢复其固有性质，从而杀灭肿瘤细胞。这种方法通过抗体将药物直接输送到癌细胞，不伤害正常组织细胞，靶向治疗的同时降低了不良反应，而且能很好地应对耐药性问题。但是，由于偶联技术、抗体药物靶向性和有效性等限制，ADCs 药物直到近几年才被成功应用。

吉妥珠单抗-奥佐米星（mylotarg）是第一个上市的 ADCs 药物，靶点为 CD33，用于治疗急性髓系白血病。因其有较重不良反应，辉瑞公司于 2010 年自愿将其退市。

2011 年，FDA 批准了另一个 ADCs 药物 adcetris（brentuximab vedotin，SGN-35）用于治疗难治性霍奇金淋巴瘤和系统性间变性大细胞淋巴瘤。该药由 CD30 特异性抗体 brentuximab 与微管聚合抑制剂（monomethyl auristatin E，MMAE）联接而成。CD30 抗原在恶性肿瘤细胞上过表达，SGN-35 被 CD30 阳性的淋巴瘤细胞内吞后，抗体特定部位被溶酶体组织蛋白酶 B 消化，释放 MMAE 而启动细胞凋亡。

2013 年 kadcyla（ado-trastuzumab emtansine，T-DM1）上市后，ADCs 便成为抗肿瘤药物领域的研究热点。T-DM1 用于治疗 HER2 阳性转移性乳腺癌，由曲妥珠单抗和美登素衍生物 DM1 偶联而成，曲妥珠单抗靶向 HER2 已成功用于乳腺癌的治疗，T-DM1 能与微管蛋白结合防止微管形成，阻滞细胞周期引起细胞凋亡。且有较好的整体疗效和药动学特性，耐受良好，能明显延长 HER2 阳性晚期乳腺癌患者的无进展生存期；主要不良反应为疲劳、恶心，严重不良反应为血小板减少症和背部疼痛。

T-DM1 和 SGN-35 的成功应用，促使针对各种实体瘤和血液癌症的 ADCs 药物得到了快速发展。目前进入临床研究的 ADCs 药物已超过 30 个，其中 15%用于肿瘤治疗，主要靶向 CD19、

CD22、CD56、CD70、EGFR 等靶点。随着新的靶点、新的毒性分子和连接器的不断开发，ADCs 药物的疗效及安全性将进一步提高。

2. 癌症免疫 肿瘤细胞通过多种机制逃避免疫系统的监控，免疫疗法旨在增强机体正常免疫系统对抗肿瘤的能力。细胞毒 T 淋巴细胞相关抗原 4（cytotoxicT lymphocyte-associated antigen-4，CTLA-4）又名 CD152，是一种白细胞分化抗原。基因重组的 CTLA-4 Ig 可在体内外有效、特异地抑制细胞和体液免疫反应，对移植排斥反应及各种自身免疫性疾病有显著的治疗作用，毒副作用极低，是目前被认为较有希望的新的免疫抑制药物。抗 CTLA4 单抗易普利单抗（ipilimumab）能够阻断 CTLA4 介导的共抑制信号通路，上调 T 细胞的活化增殖，诱导细胞毒 T 淋巴细胞识别，杀死癌细胞。临床研究显示，易普利单抗可显著提高晚期黑色素瘤患者的总生存期；易普利单抗的成功不仅是黑色素瘤治疗中的重大进步，而且证实了阻断免疫检验点的免疫疗法具有可行性。

肿瘤的发生是多因素、多阶段、多基因相互作用的结果。抗体药物通常针对单靶点，耐受性较差，价格昂贵，使其应用得到了限制。随着癌症发病机制研究的不断深入，越来越多的分子机制得以阐明，新靶点和已有靶点新功能的发现，以及多靶点之间相互作用的阐明，会使未来癌症治疗向以下方向发展：应用多靶点抗体药物，如抗 CD19/CD3 双抗 blinatumomab，或同靶点不同表位药物的联合应用，如 nivolumab 与易普利单抗、曲妥单抗与帕妥珠单抗的联合应用，以及与化疗、放疗的联合应用。

三、干细胞保护剂

BB-10010（chemo kine）是天然干细胞抑制剂 LD78 的基因改造产物，能抑制干细胞的分裂，保护干细胞免受化疗的损伤，即可诱导干细胞从骨髓向血液中迁移，在使用细胞毒剂化疗前将干细胞集中，然后返还得以缓解化疗后的免疫抑制反应。

四、生物反应调节剂

香菇多糖（lentinan）能增加自然杀伤细胞（NK 细胞）活性和淋巴因子激活杀伤细胞（LAK 细胞）的产生，能激活细胞免疫功能和肿瘤坏死因子的产生，与化疗药物合用，可明显提高抗肿瘤效果。磷脂酸是膜脂质，与多种异常的细胞应答有关，包括癌细胞的无控制生长和扩散。CT-2584 抗癌药，可刺激磷脂酰胆碱酯酶 D，使细胞内磷脂酸水平增加到使线粒体致残、内膜破裂的程度，从而调节磷酸酯酶 D 的酶活性和磷脂酸的生成。由于肿瘤细胞内磷脂酸水平比正常细胞高，故肿瘤细胞特别容易受到 CT-2584 的影响。肽类乳腺癌疫苗巴米拉（biomira），经动物实验，表明能成功地刺激免疫系统来抑制癌细胞的生长。

近年来，随着肿瘤生物学及相关学科的飞速发展，人们逐渐认识到细胞癌变的本质是细胞信号转导通路的失调导致的细胞无限增生，随之而来的是抗肿瘤药物研发理念的重大转变。研发焦点正从传统细胞毒药物向针对肿瘤发生发展过程中众多环节的新药方向发展，为此，抗恶性肿瘤药物进入了一个崭新的研发阶段。

第四节 抗肿瘤药物的应用原则和不良反应

一、抗恶性肿瘤药应用原则

目前临床常用的抗恶性肿瘤药对肿瘤细胞的选择性差，对人体毒性大，且肿瘤细胞容易产生耐药性，应根据患者的机体状况、肿瘤的病理类型、侵犯范围（分期）和发展趋向，制订合理的用药方案，以提高疗效、降低毒性、延缓耐药性的发生。临床化疗时一般主张 2～3 种药物联合应用，主要原则如下所示。

1. 根据细胞增殖周期用药 增长缓慢的实体瘤，G_0 期细胞较多，可先用细胞周期非特异性药物，杀灭增殖期及部分 G_0 期细胞，使瘤体缩小而驱动 G_0 期细胞进入增殖周期；再用细胞周期特异性药物杀灭。与此相反，对生长比率高的肿瘤，如急性白血病，则先使用杀灭 S 期或 M 期的周期特异性药物，然后再用周期非特异性药物杀灭其他各期细胞。待 G_0 期细胞进入增殖周期时，再重复上述疗程。此种给药方法称为序贯疗法。

2. 根据抗恶性肿瘤药的作用机制用药 不同作用机制的药物联合应用，一般都可增强疗效。①序贯阻断：用两种以上药物阻断同一代谢途径的不同环节或阶段，可提高疗效，如羟基脲与阿糖胞苷合用，前者抑制核苷酸还原酶，后者抑制 DNA 多聚酶，从而阻止 DNA 的生物合成；②同时阻断：即阻断同一代谢的不同途径，如阿糖胞苷和巯嘌呤，前者抑制 DNA 多聚酶，后者抑制嘌呤核苷酸合成，从而共同抑制 DNA 合成；③互补性阻断：将抑制核苷酸合成的药物与直接损伤生物大分子的药物合用，阻止 DNA 的修复，如多柔比星与环磷酰胺的合用。

3. 根据抗恶性肿瘤药的抗瘤谱用药 消化道癌症宜用氟尿嘧啶，也可用塞替派、环磷酰胺、丝裂霉素等；鳞癌宜用博来霉素、甲氨蝶呤等；肉瘤类宜用环磷酰胺、顺铂、多柔比星等。

4. 根据抗恶性肿瘤药的毒性用药 一般将毒性不同的药物合用，既可增强疗效，又减小毒性。多数抗肿瘤药可抑制骨髓，而长春新碱、博来霉素、激素类药则无明显的骨髓抑制作用，合用可降低毒性，增强疗效。

5. 选择合理给药方法 有些药物，如环磷酰胺、甲氨蝶呤、多柔比星、喜树碱等一般采用大剂量间歇给药，比小剂量连续用药的效果好，因为前者既可发挥药物抗肿瘤的最大疗效，又有利于机体造血系统及免疫功能的恢复，减轻抗恶性肿瘤药的毒性反应，提高机体的抗恶性肿瘤能力及减少耐药性的产生。

二、抗恶性肿瘤药毒性反应

抗恶性肿瘤药的毒性反应成为肿瘤化疗限制剂量使用的关键因素，同时也影响着肿瘤患者的生存质量。抗恶性肿瘤药的毒性作用可分为近期毒性和远期毒性两种。

（一）近期毒性

近期毒性又可分为共有毒性和特有毒性。

1. 抗恶性肿瘤药物的共有毒性反应

（1）骨髓抑制：这是肿瘤化疗的最大障碍。除激素类、博来霉素、*L*-门冬酰胺酶外，大多数抗恶性肿瘤药物均有不同程度的骨髓抑制。肿瘤化疗后通常先出现白细胞或血小板降低，一般不会引起严重贫血。

（2）消化道反应：这是抗恶性肿瘤药最常见的毒性反应，常见恶心、呕吐、食欲下降，药物刺激胃肠道和作用于延脑呕吐中枢、刺激催吐化学感受器而引起。临床可用 $5\text{-}HT_3$ 受体拮抗药昂丹司琼止吐。此外，抗癌药也可损害活跃的消化道黏膜，引起口腔炎、口腔溃疡、舌炎、食管炎等。

（3）脱发：多数抗恶性肿瘤药会引起不同程度的脱发，因为头发有 85%～90%处于活跃生长状态。化疗时，给患者戴上冰帽，头皮冷却，局部血管痉挛，减少药物到达可减轻脱发。停止化疗后，头发仍可再生。

2. 抗恶性肿瘤药特有的毒性反应

（1）心脏毒性：多柔比星和柔红霉素心脏毒性最为严重，常会引起急性心脏毒性和进行性毒性。急性心脏毒性在用药数小时或数天内发生，表现为心电图异常、窦性心动过速、心律不齐，严重时可因室性心动过速而死亡，急性心脏毒性与剂量无关，但可恢复；进行性心脏毒性也称渐进性心肌病变，常导致心力衰竭，强心苷难以解救，死亡率高达50%以上，这一心脏毒性与剂量有关。临床可用表柔比星或吡柔比星替代之。

（2）呼吸系统毒性：博来霉素最严重的毒性反应是肺炎样病变及肺纤维化，且呈剂量依赖性，可能与肺内皮细胞缺少使博来霉素灭活的酶有关。

（3）肝毒性：部分抗恶性肿瘤药如，*L*-门冬酰胺酶、氟尿嘧啶、甲氨蝶呤等可引起肝损害，使转氨酶生高。

（4）肾、膀胱毒性：环磷酰胺对尿路有刺激性，可导致出血性膀胱炎，引起尿痛和尿频，可能因其产生大量代谢物丙烯醛经尿道排泄有关。用药期间补充足量液体或巯乙基磺酸钠可减轻。顺铂由肾小管分泌，可损害近曲小管和远曲小管，出现蛋白尿和管型尿等。

（5）神经毒性：长春新碱神经系统毒性大，表现为手指、足趾麻木、感觉异常、外周神经炎等外周神经病变。顺铂、甲氨蝶呤偶尔可引起神经毒性，应予注意。

（6）过敏反应：*L*-门冬酰胺酶容易引起过敏反应，轻度出现荨麻疹，重者可导致过敏性休克；博来霉素会引起少数患者皮肤反应和过敏反应，如皮肤色素沉着、皮炎等，个别患者可出现过敏性休克；紫杉醇的过敏反应可能与赋形剂聚氧乙基蓖麻油有关。

（二）远期毒性

烷化剂常引起远期毒性，表现为第二原发恶性肿瘤和不育、致畸。

随着肿瘤化疗的科学发展，癌症患者长期生存者比率增加，所以，抗恶性肿瘤药物的远期毒性备受关注，特别是烷化剂具有致突变和致癌作用，又有免疫抑制作用，化疗后获得长期生存的患者，其中部分患者会发生可能与化疗相关的第二原发恶性肿瘤。另外，许多抗恶性肿瘤药物可影响生殖细胞的产生，影响内分泌功能，导致不育和致畸。化疗后，患者睾丸生精细胞数量显著减少，引起男性不育；女性产生永久性卵巢功能障碍、闭经；孕妇可引起流产或畸胎等。

中药介绍

人参多糖注射液（GPS素）

【药理作用】

（1）增强机体免疫力、提高NK细胞活性及淋巴细胞转化率，抑制及杀伤肿瘤细胞，使瘤体消失或变小。

（2）保护骨髓造血功能，升高白细胞及血小板。

（3）提高肝脏解毒作用，保护肝脏的枯否细胞吞噬功能，促进损伤肝组织的恢复。

【临床应用】

（1）可单独治疗各种中、晚期恶性肿瘤和恶病质患者。

（2）可与手术、放化疗配合治疗恶性肿瘤，增强疗效，减轻毒副反应。

（3）治疗急慢性肝炎及肝损害疾病。

（4）治疗慢性支气管炎、喘息型支气管炎、肺结核、牛皮癣及系统性红斑狼疮等免疫性缺陷疾病。

本章小结

表 46-1 抗恶性肿瘤药

分类及举例	作用机制	临床应用	不良反应
抗代谢药 甲氨蝶呤 氟尿嘧啶 巯嘌呤 羟基脲 阿糖胞苷 吉西他滨	竞争与酶的结合而影响核酸的合成，也可与核酸结合而干扰 DNA 的合成，主要作用于 S 期	淋巴性白血病、慢性粒细胞白血病、非小细胞肺癌、绒毛膜上皮癌、消化道肿瘤、乳腺癌、卵巢癌等	骨髓抑制和胃肠道反应；脱发、皮炎、水肿、肝损害等
干扰蛋白质合成与功能的药物 长春碱 长春新碱 长春地辛 长春瑞滨 紫杉醇 三尖杉酯碱 *L*-门冬酰胺酶	通过干扰微管蛋白聚合功能、干扰核糖体的功能或影响氨基酸的供应而产生抗肿瘤作用	睾丸癌、白血病、绒毛膜上皮癌、乳腺癌、恶性淋巴瘤、卵巢癌、肺癌等。长春碱与顺铂和博来霉素合用，作为治疗睾丸癌的首选药；紫杉醇是治疗卵巢癌和乳腺癌的一线药物	骨髓抑制和胃肠道反应；脱发、失眠等。VCR 有神经毒性；紫杉醇可引起肝损伤、心脏毒性等
嵌入 DNA 干扰转录过程的药物 放线菌素 D 柔红霉素 多柔比星	能嵌入 DNA 碱基对中，破坏 DNA 的模板功能，阻止转录过程而抑制DNA及RNA的合成	霍奇金病、恶性葡萄胎、绒毛膜上皮癌、淋巴瘤、肾母细胞瘤、急性粒细胞白血病、卵巢瘤、子宫瘤、胃癌等	骨髓抑制和胃肠道反应；脱发、皮炎、静脉炎等
影响 DNA 结构与功能的药物 氮芥 环磷酰胺 卡莫司汀 顺铂 丝裂霉素 C 博来霉素 喜树碱 依托泊苷	通过与 DNA 中的碱基对形成交叉联结或抑制拓扑异构酶活性而破坏 DNA 的结构和功能	恶性淋巴瘤、卵巢癌、乳腺癌、前列腺癌、膀胱癌、宫颈癌等。丝裂霉素 C 对胃腺癌和肺癌疗程较好；氮芥主要用于恶性淋巴瘤；博来霉素对睾丸癌、恶性淋巴瘤和鳞状上皮细胞癌疗效较好	骨髓抑制和胃肠道反应；脱发、肝损害、皮疹等。氮芥可引起血栓性静脉炎；环磷酰胺有三致作用；顺铂可导致大脑功能障碍；博来霉素可引起间质性肺炎和肺纤维化；喜树碱可引起泌尿系统疾病
影响体内激素平衡的药物 雄激素 雌激素 他莫昔芬 氨鲁米特	通过作用于体内激素分泌器官，增加或减少体内激素的分泌，从而抑制某些激素依赖性肿瘤的生长	乳腺癌、前列腺癌、宫颈癌、卵巢肿瘤和甲状腺癌等。雄激素主要用于前列腺癌；他莫昔芬对乳腺癌和晚期子宫内膜癌疗效较好	不良反应少，无明显骨髓抑制作用。主要不良反应为激素引起的反应。其他包括呕吐、腹泻、皮疹等；雄激素有水钠潴留作用
酶抑制剂、生长因子受体抑制与促细胞分化剂 伊马替尼 吉非替尼 西妥昔单抗 曲妥珠单抗	作用于与肿瘤细胞分化增殖相关的关键酶（如拓扑异构酶、腺苷脱氨酶和铬氨酸激酶等）或生长因子受体而达到抗肿瘤作用	粒细胞白血病、非小细胞肺癌、肝细胞癌、肾细胞癌、非霍金淋巴瘤等。	胃肠道反应、腹泻、头痛、水肿、皮疹、肝损害等；吉非替尼和厄洛替尼克引起间质性肺炎；单克隆抗体类药物可引起高血压、心脏毒性、过敏反应
止吐药 昂丹司琼 格拉司琼	高度选择性的（5-HT3）受体拮抗剂，能抑制由化疗和放疗引起的恶心呕吐	化疗和放射治疗引起的恶心呕吐；预防和治疗手术后的恶心呕吐	头痛、头部和上腹部发热感、静坐不能、腹泻、发疹、急性张力障碍性反应、便秘等；部分患者可有短暂性氨基转移酶升高

（范 蕾）

第四十七章　影响免疫功能的药物

能力要求

1. 能够阐述环孢素（ciclosporin，环孢霉素）、干扰素（interferon，IFV）的药理作用、临床应用、不良反应。

2. 能够解释免疫抑制剂、免疫增强剂的分类和作用特点。

3. 能够理解其他免疫抑制剂、免疫增强剂的药理作用、临床应用、不良反应。

免疫系统是机体自我保护的防御系统，它由免疫器官（胸腺、脾脏、淋巴结、扁桃体、阑尾等）、免疫细胞（淋巴细胞、单核/巨噬细胞、粒细胞、肥大细胞等）和免疫分子（免疫球蛋白、补体、细胞因子等）组成。按免疫反应类型，机体免疫可分为非特异性免疫（固有免疫）和特异性免疫（适应免疫），其中特异性免疫又分为体液免疫和细胞免疫。机体通过免疫反应识别异体物质和病原体。正常的免疫系统对于维持机体的生理功能具有重要意义，而异常的免疫功能往往是疾病（如感染、肿瘤、器官移植后排异反应）发生发展的重要因素，因此调节机体免疫功能是临床上常用的治疗策略。根据对免疫功能影响的不同，免疫调节剂可分为免疫抑制剂和免疫增强剂。

第一节　免疫抑制剂

免疫抑制剂是一类能够抑制免疫细胞增殖、降低机体免疫功能的药物。临床上主要用于自身免疫性疾病和器官移植后的排异反应。免疫抑制剂主要有以下 5 类：①钙调磷酸酶抑制药：环孢素、他克莫司（tacrolimus，FK506）；②糖皮质激素类药：氢化可的松、泼尼松龙；③抗代谢药：硫唑嘌呤（azathioprine）、麦考酚吗乙酯（mycophenolate mofetil，MMF 麦考酚酸莫酯）；④烷化剂：环磷酰胺；⑤抗体类：单克隆抗体[达珠单抗（daclizumab）、CD3 单克隆抗体]、抗淋巴细胞球蛋白（antilymphoocyte globulin，ALG）。

免疫抑制剂具有以下作用特点：①免疫抑制剂缺乏特异性，对异常免疫、正常免疫、细胞免疫、体液免疫都有抑制作用。②主要作用于免疫反应的感应期，抑制淋巴细胞增殖。③对初次免疫应答的抑制作用强，对再次免疫应答的抑制作用弱，故对排异反应的抑制作用强于对自身免疫性疾病。④不同类型的免疫抑制剂，产生最强效应的给药时间点不同，如糖皮质激素在抗原刺激前 24～48h 给药，产生的免疫抑制作用最强。⑤多数具有抗炎作用，但抗炎强度与免疫抑制效应无相关性。⑥长期、大剂量使用免疫抑制剂，可能诱发感染、肿瘤、造成骨髓抑制。

环　孢　素

环孢素是从真菌代谢产物中提取分离出的一种由 11 个氨基酸组成的环状多肽，现已可人工合成。

【体内过程】 环孢素可口服或静脉给药。口服吸收慢而不完全，生物利用度仅为 20%～50%。口服后 3～4h 血浆浓度达到峰值。环孢素在血液中约 50%被红细胞摄取，30%与血红蛋白结合，4%～9%存在于淋巴细胞中，仅 5%以游离型药物存在于血浆中。环孢素主要在肝代谢，随胆汁、粪便排泄，有明显的肝肠循环，其 $t_{1/2}$ 为 24h。环孢素药动学过程个体差异较大，应注意剂量个体化，尤其是肝肾功能不全、胃肠疾病患者和联合用药时。

【药理作用】 环孢素抑制 T 细胞介导的细胞免疫作用较强，但也抑制体液免疫，与 T 细胞胞浆中的受体-亲环蛋白结合形成复合物。随后，此复合物结合并抑制钙调磷酸酶，抑制 Ca^{2+} 介导的活化 T 细胞的核因子（nuclear factor of activated T cells，NFAT）胞内结构域的去磷酸化，使 NFAT 不能进入 T 细胞核内启动 T 细胞活化，并导致白细胞介素-2（interleukin-2，IL-2）等淋巴因子和抗凋亡蛋白的表达减少。另外，环孢素也增强转化生长因子（TGF-β）表达，而 TGF-β 可以抑制 IL-2 介导的 T 细胞增殖和细胞毒性 T 细胞产生。

【临床应用】

（1）器官移植：环孢素可减少器官移植后的排异反应，广泛用于肾、肝、心和其他器官移植。

（2）自身免疫性疾病：环孢素可用于自身免疫性疾病，如类风湿关节炎、银屑病、系统性红斑狼疮、皮肌炎、哮喘。

【不良反应】 发生率较高，但多为可逆性。不良反应的严重程度、持续时间与用药剂量、疗程呈正相关。

（1）肾毒性：最常见，发生率为 70%，可见患者血清肌酐和尿素氮升高，

（2）肝毒性：好发于用药早期，多为一过性肝损伤。

（3）感染：继发性感染，多为病毒感染。

（4）肿瘤：患者易生肿瘤，以淋巴瘤、皮肤癌为多见。

（5）其他：纳差、恶心、腹泻、嗜睡、多毛症、震颤、感觉异常、高血压、过敏反应。

他克莫司

他克莫司是从链霉菌属分离提取出的 23 元环的大环内酯类抗生素。由于其免疫抑制作用较强，并易于检测血药浓度，逐步成为广泛应用的钙调磷酸酶抑制药。

【体内过程】 他克莫司可口服或静脉给药；口服吸收快但不完全，生物利用度为 25%，胃肠道食物影响吸收；口服后 1～2h 达到峰值，$t_{1/2}$ 为 7h，血浆蛋白结合率为 75%～99%，主要在肝脏经 CYP3A 酶代谢，随粪便排泄。

【药理作用】 他克莫司与 T 细胞内的受体——亲免素 FKBP-12（FK506-binding protein-12）结合。他克莫司-FKBP-12 与钙调磷酸酶、Ca^{2+}、钙调蛋白形成复合物，并抑制钙调磷酸酶活性，导致 NFAT 去磷酸化和转入细胞核受阻，从而抑制 T 细胞活化。

【临床应用】

（1）器官移植：他克莫司可减少肝、肾等器官移植后的排异反应，其疗效较环孢素更好。

（2）自身免疫性疾病：他克莫司对多种自身免疫性疾病有一定疗效，如类风湿关节炎、肾病综合征、胰岛素依赖型糖尿病、系统性红斑狼疮、哮喘等。

【不良反应】 与环孢素相似，主要是肾毒性和神经毒性，而多毛症少发；尚有胃肠道反应、代谢异常、血小板增多、高血脂等。

糖皮质激素类药

常用的糖皮质激素类药主要有氢化可的松、泼尼松龙、地塞米松等（第三十章肾上腺皮质激素类药）。糖皮质激素类药具有非常强大的细胞免疫抑制作用，对体液免疫抑制作用相对较弱。糖皮质激素类药可结合细胞内受体，并转入核内，调节靶基因表达。其具体表现为抑制 T 细胞产生 IL-2 和增殖，抑制 NF-κB 活化并诱导 T 细胞凋亡，降低 IL-1、IL-6 等炎症细胞因子水平，抑制细胞毒性 T 细胞活化，抑制中性粒细胞和单核细胞趋化，抑制溶酶体酶释放；主要用于器官移植后的排异反应和自身免疫性疾病；不良反应主要有生长发育迟缓、骨质疏松、易

于感染、伤口愈合迟缓、高血糖、高血压、白内障。

硫 唑 嘌 呤

硫唑嘌呤是一种常用的抗代谢药物。本药口服吸收良好，口服后1～2h血药浓度达到峰值。硫唑嘌呤 $t_{1/2}$ 为10min，但其代谢产物巯嘌呤 $t_{1/2}$ 为1h，其他代谢产物 $t_{1/2}$ 达5h。硫唑嘌呤在体内转化为巯嘌呤，抑制嘌呤合成、DNA 合成，进而抑制淋巴细胞增殖及功能，主要用于器官（肾脏）移植后的排异反应和类风湿关节炎等自身免疫性疾病。硫唑嘌呤不良反应主要是骨髓抑制，表现为白细胞、血小板减少；另有易于感染水痘和疱疹病毒，肝损伤、脱发、消化道反应、诱发胰腺炎、肿瘤等；用药期间应注意检测血象和肝功能。

麦考酚吗乙酯

麦考酚吗乙酯又名霉酚酸酯，是一种霉菌抗生素的半合成衍生物。本药口服吸收良好，并在体内迅速转化为霉酚酸（MPA），其 $t_{1/2}$ 为16h，主要经尿液排泄。本药在体内水解生成有活性的MPA，MPA选择性抑制次黄嘌呤核苷单磷酸脱氢酶(inosine monophosphate dehydrogenase，IMPDH)，导致鸟嘌呤合成受阻，从而抑制B细胞、T细胞增殖及功能，包括抑制抗体生成、细胞黏附和迁移等。本药主要用于肾脏、心脏、肝脏等器官移植后排异反应的预防，多与糖皮质激素类药物合用。本药不良反应主要有呕吐、腹泻等胃肠道反应，另外可造成中性粒细胞减少、单纯性红细胞发育不全等血液系统症状。本药还可引起流产、致畸，故孕妇禁用。

烷 化 剂

免疫抑制的烷化剂主要有环磷酰胺（第四十六章抗恶性肿瘤药）。环磷酰胺在体内转化为醛磷酰胺，再分解出磷酰胺氮芥，从而使DNA烷化形成交叉联结，破坏DNA结构和功能。环磷酰胺通过杀伤增殖期淋巴细胞和影响某些静息期细胞而减少淋巴细胞数量。环磷酰胺选择性地抑制B淋巴细胞，大剂量也能抑制T淋巴细胞。环磷酰胺还抑制NK细胞活性。环磷酰胺主要用于排异反应和糖皮质激素类药不能缓解的自身免疫性疾病；另用于治疗流行性出血热，以减少抗体生成。环磷酰胺不良反应主要有骨髓抑制、消化道反应、脱发等，大剂量可致出血性膀胱炎。

单克隆抗体

达珠单抗是IL-2受体（CD25）的人鼠嵌合型单克隆抗体。本药对抗原的亲和力一般，但 $t_{1/2}$ 长达20日。与活化T细胞表面的IL-2受体的α亚基结合，抑制T细胞功能，发挥免疫抑制作用。本药主要用于预防器官移植后的排异反应。本药不良反应较少，主要是过敏反应。

CD3单抗早在1980年就被发现有良好的临床疗效。本药与T细胞受体的CD3ε链结合，能迅速减少血液和淋巴结、脾脏等淋巴器官的T细胞，并抑制T细胞功能。本药用于治疗急性器官的移植排异反应，不良反应有“细胞因子释放综合征”，可见体内TNF-α，IL-2，IL-6，IFN-γ等水平升高；另可引起发热、寒战、头痛、恶心、呕吐、腹泻等症状。目前本药临床应用较少。

抗淋巴细胞球蛋白

抗淋巴细胞球蛋白是采用人淋巴细胞、胸腺细胞、胸导管淋巴细胞、或培养的淋巴母细胞免疫动物后获得抗淋巴细胞血清，再经提取、纯化得到的生物制品。ALG可有效抑制各种抗原引起的初次免疫应答，但抑制再次免疫应答作用较弱。ALG作为细胞毒抗体，在补体参与下，能裂解外周血液中的T细胞和B细胞，但对T细胞作用较强。ALG还能封闭淋巴细胞表面受体，阻止抗原识别；临床主要用于器官移植后的排异反应，类风湿关节炎、系统性红斑狼疮等自身免疫性疾病；不良反应主要有寒战、发热、血小板减少等；静脉注射可能引起血清病、过敏性休克、肾损害；注射用药前应做皮试，变态反应或过敏者禁用。

第二节 免疫增强剂

免疫增强剂是一类能够直接补充机体免疫活性物质或增强机体免疫（特异性免疫、非特异性免疫）应答的药物，临床主要用于免疫功能低下的疾病，如免疫缺陷性疾病、难治性感染、肿瘤的辅助治疗等。免疫增强剂的种类繁多，常用的药物有以下 3 类：①化学合成类：左旋咪唑（levamisol）、异丙肌苷；②人或动物免疫产物类：干扰素、IL-2 转移因子、胸腺素；③微生物来源类：卡介苗（bacillus calmelte-guerin，BCG）。

免疫增强剂具有以下作用特点：①增强巨噬细胞和自然杀伤细胞活性，提高非特异性免疫功能。②促进 T 细胞增殖、提高 T 细胞活性，增强细胞免疫功能。③促进抗体产生、补体生成，增强体液免疫功能。④与传统药物的量效关系不完全相同，免疫增强剂往往具有双向调节作用。

左旋咪唑

左旋咪唑是噻唑类化合物的衍生物，是一种广谱驱肠虫药，主要用于蛔虫及钩虫。

【体内过程】 左旋咪唑口服易吸收，主要在肝脏代谢，经肾排泄。该药及其代谢物的 $t_{1/2}$ 分别为 4h 和 16h。单剂量药物的免疫增强作用可持续 5～7 日，故临床可采用每周口服 1 次的给药方案。

【药理作用】 左旋咪唑增强细胞免疫功能，促进 T 细胞增殖，使免疫功能低下的 T 细胞功能恢复正常。增强体液免疫功能，促进免疫功能低下者的抗体生成，但对免疫功能正常者无此影响。增强非特异性免疫功能，提高单核细胞、巨噬细胞趋化、吞噬功能。该药增强免疫的分子机制尚不清楚，可能与其降低淋巴细胞的环腺苷酸（cAMP）水平、提高环鸟甘酸（cGMP）水平有关。

【临床应用】

1. 免疫缺陷性疾病 使免疫功能低下者恢复正常，增强机体抗病能力。

2. 难治性感染 该药对麻风、布鲁菌感染有效。

3. 肿瘤 与抗癌药合用，减轻抗癌药物引起的骨髓抑制、感染、出血，降低肿瘤复发率、死亡率。

【不良反应】 恶心、腹泻、头晕、过敏。由于该药引起致命的粒细胞减少，2005 年起在美国停用。

干 扰 素

干扰素是一类由免疫系统产生的细胞因子，可分为 α-干扰素（IFN-α）、β-干扰素（IFN-β）和 γ-干扰素（IFN-γ）三种亚型。干扰素主要由淋巴细胞和单核细胞产生，现已可用基因重组技术人工合成。最初，干扰素被认为仅有抗病毒作用，后来发现干扰素还有免疫调节作用。

【体内过程】 干扰素易被蛋白酶水解破坏，故口服疗效差，可采用肌内注射或皮下注射，注射后 4～8h 血药浓度达到峰值。干扰素在体内分布广泛，但不易通过血-脑屏障，主要在肝肾转化，$t_{1/2}$ 为 2～4h。

【药理作用】

（1）抗病毒：广谱抗病毒，对 RNA 病毒和 DNA 病毒都有效。IFN-α 和 IFN-β 抗病毒作用强于 IFN-γ。干扰素并不直接杀伤或抑制病毒，而是与宿主细胞表面的受体结合，诱导细胞产生多种活性酶，通过这些酶抑制病毒繁殖和活性。

（2）调节免疫：干扰素的免疫调节作用与其剂量有关，小剂量增强免疫，而大剂量抑制免疫。IFN-γ 免疫调节作用强于 IFN-α 和 IFN-β。干扰素可以提高巨噬细胞吞噬功能和 NK 细胞杀伤能力，增强淋巴细胞表面组织相容性抗原表达和 T 淋巴细胞的细胞毒作用。

（3）抗肿瘤：干扰素可抑制原癌基因（c-fos）表达和肿瘤细胞增殖，并通过增强机体免疫功能，发挥综合疗效。

【临床应用】

（1）病毒感染性疾病：临床可用于乙型肝炎、带状疱疹、水痘、病毒性角膜炎、尖锐湿疣、重度流感等疾病。

（2）肿瘤：干扰素对成骨肉瘤疗效较好，对多发性骨髓瘤、乳腺癌、肝癌、黑色素瘤、白血病等具有一定的辅助疗效，可以改善患者的血象和全身症状。但干扰素对肺癌、胃肠道癌和某些淋巴瘤疗效较差。

【不良反应】 嗜睡、精神紊乱、发热、流感样症状、皮疹、肝功能受损；大剂量导致可逆性白细胞和血小板减少。

白细胞介素-2

白细胞介素-2 又称 T 细胞生长因子，是辅助性 T（Th）细胞产生的细胞因子，可用基因重组技术人工合成，称为重组人白介素-2。

【药理作用】 IL-2 与 IL-2 受体结合，促进 Th 细胞、Tc 细胞增殖，增强淋巴细胞介导的细胞毒作用，提高淋巴因子活化的杀伤（LAK）细胞和 IFN-γ 活性。在体内，IL-2 剂量依赖性地增强细胞免疫，增加淋巴细胞、嗜酸性粒细胞，促进细胞因子（TNF、IL-1、IFN-γ）释放。

【临床应用】 临床用于治疗转移性肾细胞癌、黑色素瘤等，可抑制肿瘤增长，缩小肿瘤体积。

【不良反应】 可见发热、寒战、恶心、腹泻、幻觉。因舒张血管可能导致毛细血管渗漏综合征、低血压和组织器官灌注不足。

卡 介 苗

卡介苗是牛型结核杆菌的减毒活菌苗，为非特异性免疫增强剂。卡介苗具有免疫佐剂作用，能够增强合用抗原的免疫原性，促进免疫应答，增强细胞免疫和体液免疫；增强巨噬细胞的吞噬功能，提高 T 细胞、B 细胞、NK 细胞活性，促进 IL-1 产生和抗体反应；临床用于治疗和预防膀胱癌、尿道切除后的乳头状瘤、黑色素瘤、白血病、肺癌等；不良反应主要是注射部位出现红斑、硬结或溃疡，超敏反应、休克、寒战、发热；剂量过大反而降低机体免疫功能。

其他常用的免疫增强剂的作用特点、临床应用和不良反应见表 47-1。

表 47-1 其他免疫增强剂

药物	作用特点	主要临床应用	不良反应
异丙肌苷（isoprinosine）	诱导 T 细胞分化成熟，提高 T 细胞、巨噬细胞、NK 活性，促进 IL-1、IL-2 和干扰素产生，抗病毒	急性病毒性脑炎、带状疱疹、肿瘤、AIDS	少，安全范围较大
转移因子（transfer factor，TF）	将细胞免疫信息转移给未致敏受体，产生细胞免疫。无抗原性，有免疫佐剂作用，不转移体液免疫，无抗体作用	胸腺发育不全、免疫性血小板减少性紫癜、严重病毒和真菌感染、肿瘤	较少，皮疹
胸腺素（thymosin）	促进 T 细胞分化成熟，调节成熟 T 细胞功能和胸腺依赖性免疫应答	胸腺依赖性免疫缺陷病（如 AIDS），肿瘤及某些自身免疫性疾病和病毒感染	发热，少数有过敏反应

本章小结

影响免疫功能的药物主要通过调节机体免疫功能而治疗疾病。本类药物分可为免疫抑制剂和免疫增强剂。

免疫抑制剂可分为如下5类。①钙调磷酸酶抑制药：环孢素、他克莫司；②糖皮质激素类药：氢化可的松、泼尼松龙；③抗代谢药：硫唑嘌呤、麦考酚吗乙酯；④烷化剂：环磷酰胺；⑤抗体类：单克隆抗体（达珠单抗、CD3单克隆抗体）、抗淋巴细胞球蛋白。

免疫增强剂可分为如下3类：①化学合成类：左旋咪唑、异丙肌苷；②人或动物免疫产物类：干扰素、IL-2、转移因子、胸腺素；③微生物来源类：卡介苗。

中药介绍

人　参

人参（ginseng radix et rhizoma）为五加科植物人参 *Panax ginseng* C. A. Mey.的干燥根和根茎。人参的主要有效成分为人参皂苷（ginsenosides），按苷元结构可将其分为人参二醇类、人参三醇类和齐墩果酸类（oleanolic acid）。人参二醇类主要有 $Ra_{1\sim3}$、$Rb_{1\sim3}$、Rc、Rd、Rg_3，其中 Rb_1 活性较强。人参三醇类主要有 Re、Rf、Rg_1、Rg_2、Rh_1，其中 Rg_1 活性较强。齐墩果酸类有 Ro。人参还含有糖类（包括人参多糖、单糖、寡糖）、蛋白质、有机酸、生物碱、挥发油、微量元素等。

人参可以增强免疫功能，此作用的物质基础是人参皂苷和人参多糖。人参皂苷可增强单核/巨噬细胞、自然杀伤细胞、T淋巴细胞的活性，诱生γ-干扰素和IL-2，提高补体水平。人参多糖也可增强单核/巨噬细胞功能，并增加胸腺重量，促进抗体和补体形成。

（徐海波）

第四十八章　常用造影剂与解毒剂

能力要求

1. 能够区别造影剂和解毒剂的类别。
2. 能够基本理解各种的解毒药物解毒机制、不良反应及注意事项。
3. 能够简要叙述各种造影剂和解毒药物的应用方法。

第一节　造　影　剂

造影剂（对比剂，contrast media）是为增强影像观察效果而注入（或服用）到人体组织或器官的化学制品。造影剂是介入放射学操作中最常使用的药物之一，其密度高于或低于周围组织，形成的对比可用特殊器械进行图像显示，主要用于血管、体腔的显示。自 1924 年美国用 50%的碘化钠成功地完成了第一例股动脉造影以来，与介入放射学的发展一样，造影剂产品不断地更新换代。

一、X 线造影剂

物质吸收 X 线的性能约与其原子顺序的三次方成正比，任何以生物相容形式存在的高原子顺序物质均可成为 X 线造影剂。X 线造影剂分为硫酸钡造影剂、水溶性经尿路排泄 X 线造影剂、胆系造影剂及油脂类 X 线造影剂。X 线碘造影剂为影像医学中最常用的造影剂。

（一）水溶性碘造影剂

根据其结构可分为以下四型：离子型单体（ionic monomer）造影剂、离子型二聚体（ionic dimer）造影剂、非离子型单体（nonionic monomer）造影剂、非离子型二聚体（nonionic dimer）造影剂。离子型单体的代表药物有泛影葡胺（又称泛影酸葡甲胺，meglumine diatrizoate）、碘他拉葡胺等。单酸二聚体的代表有碘克沙酸。离子型造影剂的副作用发生率高，机体的耐受性差。非离子型，如碘海醇（iohexol）、碘普罗胺（iopromide）及碘帕醇（iopamidol）等。非离子型碘造影剂较离子型毒副作用小，可用于各种血管造影及经血管的造影检查。非离子型造影剂副作用发生率低，机体的耐受性好。

【体内过程】　水溶性 X 线碘造影剂为水溶性细胞外无选择性小分子物质，这种分布于细胞外液的水溶性无选择性小分子物质（包括离子型和非离子型碘造影剂及顺性小分子 MRI 造影剂）的药动学特征均相似。除离子型造影剂由于高渗利尿，其肾排泄略快于非离子型造影剂外，各类造影剂的体内过程无显著差异。造影剂不参与机体代谢，一般不与大分子物质起作用，排泄迅速、完全。

此类造影剂主要供血管内注射，口服后在胃肠道基本不吸收，经皮下、肌内、关节腔、胸腹腔和支气管内给药都能良好吸收，但高浓度时有局部刺激。膀胱黏膜少量吸收。快速血管内注射后血浆中即刻达峰值，在 5～10min 内迅速下降，以后下降速度减慢。造影剂可顺利通过毛细血管壁，约 5min 即可分布到全身各组织的细胞外液，其浓度与血浆内浓度接近。造影剂的注射部位和注射速率可影响注射后短时间内局部血浆内浓度，但对造影剂在人体组织内的分布特性和排泄速度无明显影响。注射入血后可快速顺利地向血管外渗透，基本无造影剂进入细胞内。此类造影剂在局部组织的分布取决于该组织的血流量、血流速度、微血管通透性、细胞外液体积。本品不能通过正常的血-脑屏障，脑脊液中浓度很低，约占血浓度的5%，但可通过病变的血-脑屏障。此类造影剂主要以原型从肾小球滤过排出，对于肾功能正常者，造影剂注入血管后5～20min为排泄高峰期，给药后40min约排出30%，80min约50%排出。

【药理作用与临床应用】

1. 泛影葡胺、泛影酸钠（泛影钠，sodium diatrizoate） 均为离子型单体造影剂，浓度为60%～76%（相当于325～370mg/ml），渗透压在1.5～2.07mol/L。泛影葡胺和泛影钠相比，前者的优点为对细胞膜的通透性和对血-脑屏障的损伤较小，故其毒性，特别是神经毒性较低，后者的优点为黏度较低，从而便于注射。临床上常根据不同的需要，配置成纯泛影葡胺或含有不同比率的溶液。泛影葡胺和泛影酸钠的药理作用大致相同。因水溶性经尿路X线造影剂可很快从肾脏排出，哺乳期妇女做造影检查对哺乳及小孩无影响。此类造影剂可通过胎盘并分布到胎儿组织中。

2. 碘他拉葡胺（碘酞葡胺，碘拉葡胺，meglumine iothalamate）、碘拉酸钠（碘拉钠，异泛影酸钠，sodium iothalamate） 均为离子型单体造影剂，两药的差异与泛影葡胺和泛影钠的差别相似，药理、用途、用法、注意事项基本同"泛影葡胺和泛影酸钠"。此外，本品注入冠状动脉容易诱发心室颤动，故不宜用作选择性冠状动脉造影。碘他拉葡胺黏度较高，不利于快速注射，而且注射剂浓度最高仅为60%。异泛影酸钠注入脑血管和其他神经系统血管内，较易引起神经组织的损害，故不宜用作选择性脑血管造影。这两种造影剂目前国内应用较少。

3. 离子型低渗显影葡胺（ioxaglate） 具有低渗透压，含生理浓度钠，适用于心血管造影和介入操作。一般认为其副作用总体介于离子型单聚体与非离子型单体造影剂之间。

4. 甲泛葡胺（metrizamide） 第一代非离子型单体造影剂，是水溶性脑室、椎管造影剂中目前唯一可用于颈椎与胸椎的药物，适用于神经根鞘造影，椎管、脑池、脑室等造影；也可用于电子电脑X线体层摄影。也适用于其他部位的造影。优点是在大量快速推注时其耐受性较其他造影剂为好，故特别适用于危急患者。

5. 碘葡胺（iopromide） 为离子型双聚体碘造影剂。适应证为不适合口服造影的胆管和胆囊造影。静脉缓慢推注，或者缓慢静滴。

（二）硫酸钡混悬剂

医用纯净硫酸钡（barium sulfate）最初由美国医师B.W. Canon提出，用于胃肠道X线造影。

【药理作用】 硫酸钡有较强的吸收X线能力，进入机体胃肠道（或支气管）后与周围组织结构在X线图像上形成密度对比，从而显示出腔道的位置、轮廓、形态和表面结构及功能活动（蠕动）情况。

【临床应用】 口服用于消化道造影检查。根据检查的部位和目的不同，所用硫酸钡的浓度也不同。

【不良反应】 一般无不良反应，偶有排便困难（为了防止便秘，检查后应充分饮水，必要时可服缓泻药或用开塞露）；禁用于疑似有消化道穿孔患者、肠梗阻患者、急性胃肠出患者和全身衰弱患者；慎用于肠瘘管形成及容易产生穿孔的某些肠道病，如阑尾炎、憩室、溃疡性肠炎、寄生虫感染等。

（三）油脂类X线造影剂

碘化油（iodinated oil）为含碘37%～41%的淡黄色黏稠油液，不溶于水，能溶于有机溶剂，遇光与空气能分解变色。碘化油目前主要用于子宫输卵管造影及肝肿瘤栓塞治疗，亦可用于支气管造影、腔道、瘘管造影。

乙碘油为碘与植物性脂肪酸乙酯的合成物，含碘 36%～40%，用于淋巴管、输卵管及窦道造影。由于本品油质太薄，不宜用于支气管造影。

碘苯酯（pantopaque）曾用于椎管造影和脑室造影等，因可引起慢性蛛网膜粘连，导致疼痛、活动不便、压迫腰骶神经根等症状，已被水溶性等渗非离子型造影剂代替。

二、磁共振造影剂

传统 X 线和 CT 诊断造影所用造影剂的增强原理，系造影剂本身对 X 线的阻挡（或称吸收）作用直接造成。磁共振成像（magnetic resonance imaging，MRI）的造影剂本身不产生信号，信号来自氢原子核（质子），MRI 造影剂接近有关质子后，可缩短这些质子的弛豫时间，间接地改变这些质子所产生的信号强度。按造影中以缩短 T_1 弛豫时间为主（磁共振信号增强）或以缩短 T_2 弛豫时间为主（磁共振信号下降），可将使磁共振造影剂分为 T_1 弛豫增强造影和 T_2 豫增强造影，另外一种造影方法为使用一些无质子的物质或抗磁性物质，目前应用于胃肠腔造影。

人体各种组织含有大量的水和碳氢化合物，氢核是人体成像的首选，而且氢核的磁共振灵活度高、信号强。MRI 信号强度与样品中氢核密度有关，人体中各种组织间含水比例不同，即含氢核数的多少不同，MRI 信号强度有差异，利用这种差异作为特征量，把各种组织分开，这就是氢核密度的核磁共振图像。人体不同组织之间、正常组织与该组织中的病变组织之间氢核密度、弛豫时间 T_1、驰豫时间 T_2 三个参数的差异，是 MRI 用于临床诊断的物理基础。

（一）血管内磁共振造影剂

1. Gd-DTPA（二乙烯三胺五乙酸，gadopentetate dieglumine）　由德国 Schering AG 公司的 Weinmann 等于 1982 年成功制备，1983 年底 Berlin 自由大学开始首次人体试验，1988 年，美国 FDA 批准成为首先进入临床应用得第一个造影剂，也是目前应用最广泛的 MRI 造影剂。

【体内过程】　本品为葡甲胺的螯合物。Gd-DTPA 在体内的药代动力学与一般 X 线碘造影剂相似，注射后 10min，血浆中药物浓度仅为原来的 20%，绝大部分以原型从肾小球排出，从乳汁等其他排泄率＜1%。静脉给药后很快弥散到体内各组织的细胞外液内，然后经肾小球滤过以原型排出。少量分泌于胃肠道后随粪便排出。本品可通过受损的血-脑屏障。

【药理作用】　Gd^{3+}具有 7 个不成对电子，为一顺磁性很强的金属离子，能显著缩短 T_1、T_2 的驰豫时间，尤以 T_1 更为明显，在浓度为 0～1mmol/L 时驰豫时间呈直线下降，从而影响 MRI 的信号强度。

【临床应用】　用于神经系统、心肌、肝脏、乳腺、骨骼、肾脏及胃肠道等器官和组织的磁共振成像增强检查。

【不良反应】　经过大量的临床应用，证实 Gd-DTPA 安全有效，不良反应显著低于碘造影剂。不到 10%的患者有轻微的一过性头痛，其次为注射部位的冷感、恶心、呕吐、发麻、头昏；另有注射部位烧灼感、局部水肿、乏力、胸闷、局部淋巴炎、低血压，腹痛、胸痛、流涎、焦虑、惊厥、喉痒、咳嗽、皮疹、口干、味觉异常、出汗、流泪等，其发生率低于 1%。

2. Gd-DOTA（gadoterate meglumine）　其理化性质、药理临床应用同 Gd-DTPA。DOTA 与 DTPA 的不同点是：前者为环状配位体，后者为开链配位体。

3. Gd-DTPA-BMA（gadodiamide）　属于非离子型造影剂，是 DTPA 的衍生物，其主要特点为渗透压是 Gd-DTPA 的一半。药动学及临床应用基本同 Gd-DTPA。Gd-DTPA-BMA 副作用少见，少于 4%的患者 Gd-DTPA-BMA 注射后产生副作用，最常见者为恶心、头痛、头晕等。动物实验发现大剂量 Gd-DTPA-BMA 引起胚胎发育障碍，临床剂量的 Gd-DTPA-BMA 对人体胎儿的影响尚未明了，故 Gd-DTPA-BMA 在孕妇及哺乳期妇女应慎用，哺乳期妇女应停止哺乳 24h。

（二）胃肠道磁共振造影剂

MRI 胃肠道造影剂的基本用途与 CT 检查腹部时需将胃肠道充盈一样，腹部 MRI 检查时亦需做胃肠道造影。良好的 MRI 造影剂必须无毒性，对胃肠黏膜无刺激性，能抗胃肠腔中 pH 的变化和消化酶的作用，在 500～1000ml 胃肠分泌物的稀释下仍有良好的造影作用。

阴性造影剂：① 超顺磁性氧化铁和全氟溴辛烷（perfluorooctylbromide，PFOB）：1993 年获 FDA 批准进入正式应用；为不含氢原子的 8 碳链化合物；在各种扫描序列上均呈低、黑信号；快速通过小肠，30min 后达结肠，3h 后全部从结肠排出；主要毒副作用为恶心、呕吐、腹痛，占 15%。② 口服性顺磁氧化铁粒子：代表产品有 OMP 和 AMI-121。

阳性胃肠道造影剂：① Gd-DTPA，可口服或灌肠，安全有效。②柠檬酸铁铵（NH_4）$_3$Fe（$C_6H_5O_7$）$_2$，简称 FAC，为一种广泛应用的补铁剂。

三、超声造影剂

超声造影剂（ultrasound contrast agent，UCA），是一类能显著增强超声背向散射强度的化学制剂。根据超声造影剂产生的微气泡种类及成分（造影剂包括微气泡的物质或作为核心吸附气体物质的种类）的不同，可以将超声造影剂分为以下 6 种。

1. 含二氧化碳气体超声造影剂 最早的超声造影剂是含二氧化碳微气泡，最常用的方式是将 5%碳酸氢钠溶液加酸性溶液，如维生素 C、1%盐酸或 2%乙酸，主要是通过手振生理盐水获得仅能用于右心系统显像。

2. 含氧气超声造影剂 最常用的是过氧化氢溶液。当 3%过氧化氢溶液进入血液后，在血液中过氧化氢的作用下释放出氧分子。氧气微气泡的直径较大，只能用于右心造影。

3. 含空气超声造影剂 以空气作为造影剂的微气泡。目前常用的有声振白蛋白溶液、Levovist 是以半乳糖结晶为微颗粒，吸附空气，外层有棕榈薄膜作为膜稳定剂，其作用就是减慢微气泡在血液中的弥散，增加造影的稳定性。以上两种造影剂可以用于左心腔及外周血管造影。

4. 含氟碳气体超声造影剂 这类气体化合物具有气体溶解度高，且不溶于液体或溶解度低、相对分子质量大、密度高、惰性大等特性，是理想的超声造影剂。这类超声造影剂有 Optison（FSO69）、BRI、RX115、AFO145 等。含氟碳气体的物质有人血白蛋白、脂质、聚合物等。含氟碳气体超声造影剂因微气泡直接小于 5μm，能用于心肌造影。

5. 人血白蛋白为基质的超声造影剂 将人血白蛋白作为包裹微气泡的薄膜，所包裹的微气泡可以是空气也可以是氟碳气体，如 Albunex 是以人血白蛋白包裹空气的超声造影剂；FSO69 则是以人血白蛋白包裹氟碳气体的超声造影剂。

6. 糖类为基质的超声造影剂 糖类可作为超声造影剂的微颗粒，其外可吸附微气泡，如以半乳糖微颗粒作为核心，吸附空气，配成溶液后通过机械振动使其含有微气泡。

【临床应用】

（1）心脏超声造影：用于观察右心右向左的分流，如法洛三联征、五联征等心脏疾病的右向左分流；用于检出和鉴别其他先天性畸形，如动脉导管未闭、三尖瓣闭锁、肺动脉或静脉瘘、右室双出口、永存动脉干、单心室等疾病；用于改善多普勒信号：超声造影剂可使用回声增强 25dB，且持续数秒之久，其作用可使低速血流的检出成为可能，并改善彩色多普勒成像质量，有利于疾病的检出和确诊，从而提高了诊断的可信度。左心超声造影的临床应用与右心超声造影有相对应之处，还可以用于检测心肌缺血区、心肌梗死区、用于鉴别心肌存活与否，评价心肌梗死后疗效，测定冠状动脉血流储备。

（2）腹部及盆腔器官造影：超声造影可以检查腹部及盆腔器官，如肝脏、胆、胰、肾脏、前列腺、子宫、卵巢等的正常血液供应，或占位性病变时的异常血流。超声造影检查的效果明显高于彩色多普勒、能量多普勒技术。

（3）外周血管造影：采用左心腔造影的方法可以加强任何部位的血流多普勒信号和血管宫腔解剖形态的显示，有利于血管疾病的诊断和鉴别诊断。如检测动脉狭窄、闭塞、动脉或静脉血栓形成等。当动脉管腔狭窄时则表现为相应的血管腔内超声造影剂回声呈现狭窄的条状；血管管腔闭塞时则无造影剂回声显示；当血栓形成时血管管腔内的造影剂呈现充盈缺损的表现。

（4）浅表器官造影：由于浅表器官位置表浅应用高频的彩色多普勒技术很容易进行检测，因此较少采用超声造影，如甲状腺、乳腺、腮腺等。

四、核医学造影剂

核素显像的基本方法是动态显像和静态显像，而静态显像有局部平面和断层显像及全身显像。根据不同的检查目的，选择不同的显像方法。放射性核素显像剂可按不同的方法分类。按其放射性核素物理 $t_{1/2}$ 一般可分为长 $t_{1/2}$ 和短 $t_{1/2}$ 显像剂；按核素辐射类型可分为发射单光子和正电子放射性核素显像剂；按核素来源可分为加速器生产的药物和核反应堆生产的显像剂；按显像剂的性状或剂型，可分为注射液、口服液、胶囊、气体和气溶胶等。但最常见的是按用途进行分类，如肿瘤显像剂、心肌显像剂和脑显像剂等。

根据核素辐射的两种类型，以下简述各种核素显像剂的临床应用。

（一）发射单光子的放射性核素显像剂

1. 高锝［^{99}TC］酸钠注射液（sodium pertechnetate injection，$Na^{99m}TcO_4$）　注射剂放射性浓度 555MBq（15mCi）/ml，与碘化物一样，高锝酸根离子能被甲状腺摄取，故可进行甲状腺吸收 ^{99m}Tc 功能测定和甲状腺显像。^{99m}Tc 为−1～+7 价，还原态 ^{99m}Tc 不稳定，与含 O、N、S 等的有机物、无机化合物作用，形成稳定的络合物。本品用于肝、骨、心、脑等各种脏器显像，以及甲状腺功能显像、唾液腺显像。高锝酸钠应新鲜配制，不能搁置过久。

2. 锝［^{99m}TC］焦磷酸盐注射液（technetium［^{99m}TC］pyrophosphate injection，^{99m}Tc-PYP）^{99m}Tc-PYP 在血液内清除快，磷酸盐与羟基磷灰石晶体中的磷进行离子交换，能较多的浓集于骨骼组织，早期曾用作骨显像剂。本品也富集于坏死的梗死心肌，可作为心梗显像剂。如将本品制成亚锡 PYP，注入血液后迅速进入红细胞，再注入 ^{99m}Tc 注射液，可得到 ^{99m}Tc 标记的红细胞，因而亚锡 PYP 作为血池显像剂，广泛地用于肝血池和心血池显像。

3. 锝［^{99m}TC］亚甲基二磷酸盐注射液（technetium［^{99m}TC］methylene diphosphonate Injection，^{99m}TC-MDP）　进入人体后，在血液中清除快，骨骼摄取较高，也是经过 MDP 与羟基磷灰石晶体中的磷进行离子交换而被吸附到骨，3h 达 44.4%，其余则经肾排出。作为最常用的骨显像剂，对转移性骨肿瘤的早期发现、原发性骨肿瘤、股骨头坏死、关节炎、微小骨折、移植骨血供判断、畸形性和代谢性骨病等病的诊断有价值。它是临床上应用最广泛的核显像技术。

4. 锝［^{99m}TC］羟亚甲基二磷酸盐注射液（technetium［^{99m}TC］hydroxy methylene diphosphonat injection，^{99m}TC -HMDP）　作用和用途参见 MDP。其血清除率、骨集聚率和骨显像清晰度均比 MDP 佳。目前已在美国常规使用。

5. 锝［^{99m}TC］右旋糖酐注射液（Technetium［^{99m}TC］Dextran Injection，^{99m}TC-Dx）　为非胶体、非颗粒的高分子化合物，分子质量在 40 000 以上时不能透过毛细血管，仅由淋巴回流，故用于淋巴结显像，主要用于诊断宫颈癌、卵巢癌、睾丸癌的腹股沟淋巴转移，乳腺癌的乳内淋巴结转移及下肢淋巴水肿等。

6. 锝 [^{99m}TC] 二甲基苯酰甲基亚氨二乙酸注射液（technetium [^{99m}TC] dimethyl phenyl carbamoy methyl iminodiacetic acid injection，^{99m}TC-HIDA） 在体内血液中迅速消失，被肝脏实质细胞摄取，经胆道排到肠道，故用于肝脏、胆道、胆囊显像，早期也用于肾显像，主要用于诊断急性胆囊炎、胆道完全和不完全阻塞、胆道手术后观察胆道通畅和胃肠道反流等。

（二）发射正电子的放射性核素显像剂

1. 碳 [^{11}C] 棕榈酸注射液（carbon [^{11}C] palmitic acid injection，^{11}C-PA） 棕榈酸为脂肪酸，进入人体后参与脂肪代谢。冠心病患者因缺血局部脂肪酸的 β 氧化减少，注射[^{11}C]标记的 PA 应用 PET 显像，可见局部脂肪酸减少和清除缓慢，出现放射性缺损。主要用于冠心病和心肌梗死的诊断。剂量为静注 185MBq（5mCi）。

2. 氨 [$^{13}NH_3$] 注射液（ammonia [$^{13}NH_3$] injection，$^{13}NH_3$） $^{13}NH_3$ 进入人体后，富集在心肌进行代谢，PET 代谢显像均匀分布。冠心病缺血区示放射性减少或缺损，主要用于冠心病的诊断。

3. 氟 [^{18}F] 脱氧葡萄糖注射液（fluorine [^{18}FDG] deoxyglucose injection ^{18}FDG） ^{18}F 为正电子放射性核素，用以标记脱氧葡萄糖后能用以研究人体内各组织的糖代谢。静脉注射人体后，在正常脑组织有较多摄取，肿瘤组织代谢活跃，摄取率增高，缺血心肌在心肌灌注显像呈现放射性的缺损区，对 ^{18}FDG 摄取增多不匹配，表示暂时的可逆缺血，心肌瘢痕则均为缺损，对 ^{18}FDG 摄取增多匹配，表示心肌不成活。^{18}FDG 主要用于心肌活力测定、脑肿瘤和精神神经疾病诊断，以及对各种肿瘤良恶性鉴别很有价值，并可进行局部葡萄糖代谢率定量测定。

五、造影剂合理使用原则

（1）造影剂的使用应以能达到明确临床诊断为目的。保证诊断所需的造影剂效果前提下，应尽量减少用量。

（2）选择造影剂要有适应证，排除禁忌证。根据疾病的性质、部位及扫描方式衡量得失，决定是否需要增强扫描，以及拟定注射部位、方式、注射速率及延迟扫描时间。

（3）本着对患者始终负责的态度，在用药前后严密观察病情变化及不良反应，不断总结和提高影像诊断水平，使造影剂的增强技术做到因病而异，更趋合理。

第二节 解 毒 剂

中毒是指机体接触过量或大量有毒物质，引发代谢障碍、功能或组织结构受损而发生疾病或死亡。中毒的严重程度大多呈剂量-毒效依赖性关系。按其发生发展过程，可分为急性、亚急性和慢性中毒。一次接触大量毒物所致的中毒为急性中毒；多次或长期接触少量毒物，经一定潜伏期而发生的中毒，称慢性中毒；介于两者之间的，为亚急性中毒。

解毒药是指能解除或减轻有毒物质对机体的毒害作用的药物。特效解毒药是指对某些中毒病的解救起特殊治疗效果的药物。解救中毒应采取综合措施，即包括毒物的清除、阻止吸收、促进排出及针对中毒症状而进行的对症治疗，而特效解毒药主要是针对中毒的对因治疗药物。

根据解毒药物的机制不同可以分为：① 药理性解毒药，如依地酸钠钙；② 化学性解毒药，如维生素 C；③ 物理性解毒药，如药用炭等。在目前多种常见中毒病中，如有机磷酸酯、有机氟、重金属与类金属、亚硝酸盐及氢氰酸等中毒病的特效解毒药，其解毒机制的研究较为深入，对合理的选用解毒药物具有指导性意义。

一、金属中毒解毒药

Hg、Ag、Pb、Cu、Mn、Zn、Ni 等金属，As、Ti、P、Bi 等类金属，均能引起人体中毒。其中，铅中毒居多。铅中毒由于误服乙酸铅、碳酸铅、铬酸铅、四乙基铅，呼入其粉尘、烟尘、蒸汽，以及皮肤或口服吸收而中毒。过量接触、吸入铅化合物或含铅中药，如樟丹、黑锡丹、癫疯丸等，使用含铅化妆品等也可引起中毒。急性铅中毒机制，主要是铅及其铅化合物进入细胞后可与酶的巯基结合，抑制酶的功能。铅中毒可引起造血、神经、消化、泌尿系统等一系列症状。

1. 急性铅中毒的临床表现

（1）消化系统表现：如恶心、呕吐、食欲不振、口有金属味、流涎、腹胀、便秘、便血、腹绞痛并喜按，还可有肝肿大、黄疸和肝功能减退等。

（2）神经系统表现：头痛、眩晕、烦躁不安、失眠、嗜睡、易激动，重者可有谵妄、抽搐、惊厥、昏迷、脑水肿，周围神经炎。

（3）血液系统损害表现：面色苍白、心悸、气短等贫血症状。

（4）泌尿系统症状：有腰痛、水肿、蛋白尿、血尿、管型尿，严重者出现肾衰竭。

2. 急性铅中毒的解救

口服中毒者，立即给予大量浓茶或温水，刺激咽部以诱导催吐，然后给予牛奶、蛋清、豆浆以保护胃黏膜。对症急救：对腹痛者可用热敷或口服阿托品 0.5～1.0mg；对昏迷者应及时清除口腔内异物，保持呼吸道通畅，防止异物误入气管或呼吸道引起窒息。经上述现场急救后，应立即送医院抢救，以免耽误时间，危及患者生命。可采用依地酸二钠钙静脉滴注进行排铅治疗。

案例解析

案例 48-1

某蓄电池厂蓄电池装配焊锡过程中发生亚急性中毒病例。蓄电池装配焊接为最后一道工艺，该厂焊锡车间在一较密闭厂房内，前后窗户不通风亦无通风设备，10 名工人在一面壁式操作台上从事焊接工作。工人仅戴口罩，无其他防护用品，缺乏基本的卫生知识，经测定车间空气中铅烟浓度为 0.75 mg/m^3，超过国家卫生标准 20 倍。

4 名中毒患者均为男性，年龄 18～30 岁，既往身体健康，均因腰痛，阵发加重，伴腹胀、恶心到当地卫生院就诊，体检腹平软无明显压痛，心肺无异常，实验室检查：WBC（3.1～4.3）×10^9/L，RBC（2.76～4.2）×10^{12}/L，Hb65～112g/L，肝功能正常，尿常规正常，经对症治疗无效转上级医院治疗。查尿铅 0.15～1.89 mg/L，给予依地酸二钠钙 1g/d 加 5%葡萄糖 500ml 静脉滴注，给药 3 日停 4 日为一疗程，2～3 个疗程后 3 例患者症状好转，主要化验指标正常，痊愈出院。

解析：

本案例中患者，虽不是同一时间发病，但铅接触史明确，临床症状较典型，化验支持，给予依地酸二钠钙排铅治疗有效，诊断符合亚急性铅中毒。亚急性铅中毒常有腹绞痛、贫血、肝损害。

二、有机磷中毒解毒药

见第六章。

三、氰化物中毒解毒药

氢氰酸和氰化物是作用极速的毒物。农业上用的除草剂，如石灰氮，熏蒸仓库用的杀虫剂，如氰化钠；工业生产中用的氰化钾，均可引起氰化物中毒。另外某些植物果实，如苦杏仁、桃仁、李子仁、枇杷仁、樱桃仁及木薯等都含有氰苷，分解后可产生氢氰酸。氰化物可经由口服、吸入及皮肤黏膜被吸收到体内。氰化物可以抑制多种酶，被吸收后和细胞中线粒体上细胞色素氧化酶（cytochrome oxidase）三价铁离子络合，抑制细胞氧化磷酸化作用（oxidative phosphoryla-tion），阻断 ATP 的生成，并使得细胞缺氧窒息。

1. 氰化物中毒的临床表现 氰化物中毒初期中毒症候为头晕、头痛、呼吸加快，后期为发绀（由于缺氧而血液呈暗紫色）和昏迷；暴露在高剂量下，在很短时间下可伤害脑及心脏，造成昏迷及死亡；如低剂量长期暴露，可能导致呼吸困难、心口痛、呕吐、血液变化（血红蛋白、淋巴细胞数目上升），头痛和甲状腺肿大；如果食入高量氰化物可能有气短、昏厥、失去意识或死亡；皮肤接触后会有溃烂、皮肤刺激及红斑；眼睛接触后会有刺激、烧伤、视物模糊，过量或延时性接触会造成眼睛永久性伤害。

2. 氰化物中毒解救 应用氧化剂（如亚硝酸盐或亚甲蓝），使部分低铁血红蛋白氧化为高铁血红蛋白，由于高铁血红蛋白的 Fe^{3+} 与氰化物有高度亲和力，结合成氰化高铁血红蛋白，可以阻止氰化物与组织的细胞色素氧化酶结合，又因所形成的高铁血红蛋白还能夺取已与细胞色素氧化酶结合的氰离子，恢复酶的活性，从而产生解毒作用，但因氰化高铁血红蛋白仍可部分解离出氢氰根（CN^-）产生毒性，所以还应进一步用硫代硫酸钠解毒。

3. 常用解救药物

（1）亚硝酸钠（scodium nitrite）：微黄色或白色的结晶性粉末，易潮解，易溶于水，水溶液不稳定。它使亚铁血红蛋白氧化为高铁血红蛋白，后者与氰化物具有高度亲和力，用于氰化物中毒。氰化物中毒时，可静注给药，注射后 2～3min，再应注射硫代硫酸钠，临用前用灭菌注射用水溶解成 3%溶液，剂量过大可因 Fe^{3+} 血红蛋白生成过多而引起亚硝酸盐中毒。

（2）硫代硫酸钠（大苏打、次硫酸钠，sodium thiosulfate）：无色透明或结晶性粉末，在湿空气中易潮解，极易溶于水，本品在体内酶（转硫酶）的参与下，和游离的 CN^- 或氰化高铁血红蛋白的氰离子结合，变为无毒的硫氰酸盐（SCN^-）排出体外。不能直接先用它，因为它和 Fe^{3+} 亲和力不强，结合速度极慢，来不及急救。本品还具有还原剂特性，在体内与多种金属、类金属形成无毒硫化物由尿排出，所以也用于 I、As、Hg、Pb、Bi 等中毒，但疗效不及二巯丙醇。

四、亚硝酸盐中毒解毒药

内服大量亚硝酸盐或硝酸盐，进入胃肠后，转化为亚硝酸盐均能引起中毒。例如，植物性饲料瓜、菜、藤叶等，用慢火焖煮在锅里，在适当的时间、温度、和酸碱度条件下，由于细菌和酶的作用，硝酸盐转化为亚硝酸盐而引起中毒。青菜中硝酸盐含量较高，但如果蔬菜储存、加工处理过程不当，如腌制咸菜、酸菜后硝酸盐转化为亚硝酸盐，易使人、畜中毒。此外，还有误食硝酸铵（钾）等化肥而中毒。

亚硝酸盐中毒的原理是其与血红蛋白作用，使正常的二价铁被氧化成三价铁，形成高铁血红蛋白。高铁血红蛋白能抑制正常的血红蛋白携带氧和释放氧的功能，因而致使组织缺氧，特别是中枢神经系统缺氧更为敏感。

1. 亚硝酸盐中毒症状 轻者表现为头晕、头痛、乏力、胸闷、恶心、呕吐，口唇、耳廓、指甲和皮肤发绀；重者眼结膜、面部及全身皮肤发绀、心率快、嗜睡或烦躁不安、呼吸困难，血液中高铁血红蛋白含量往往超过 50%，甚至出现昏迷、惊厥、大小便失禁，可因呼吸衰竭而死亡。

2. 亚硝酸盐中毒解救　迅速洗胃、灌肠。特效治疗可采用 1%亚甲蓝（美蓝）小剂量口服，或用 25%～50%的葡萄糖液 20ml 将亚甲蓝稀释后，静脉缓慢注射，1h 后如症状不见好转可重复注射一次。大剂量维生素 C 可直接将高铁血红蛋白还原，所以亚甲蓝、维生素 C、葡萄糖三者合用效果最好。

五、麻醉性镇痛急性中毒解毒药

见第十六章。

知识拓展

蛇咬伤是热带疾病中最容易被忽视的疾病之一，每年大约有 500 万人被蛇咬伤，全球因毒蛇咬伤而死亡的人数相当多。据估计超过 75%的蛇咬伤患者在尚未送往医院前就已经死亡，主要因为目前还不存在野外蛇咬伤的简单疗法。美国，研究小组通过鼻腔将可逆性胆碱酯酶抑制药新斯的明注入被注射致命剂量蛇毒的老鼠体内，老鼠竟然存活。

研究小组最初进行的一项试验中展示了这种创新毒蛇咬伤疗法的潜力。在实验中，一名健康的志愿者被麻痹但仍保持清醒，医生使用了毒素来模拟眼镜蛇和其他蛇的毒液所产生的效应，后者一般会导致受害者麻痹。随后研究小组向志愿者喷射了这种新型抗麻痹喷鼻剂，后者在 20min 内逐渐恢复正常 。

本章小结

一、造影剂小结

1. X 线造影剂　分为水溶性碘造影剂、硫酸钡混悬剂、油脂类 X 线造影剂。

2. 磁共振造影剂　分为 T1 弛豫增强造影和 T2 弛豫增强造影。

3. 超声造影剂　分为含二氧化碳气体超声造影剂、含氧气超声造影剂、含空气超声造影、含氟碳气体超声造影剂、人血白蛋白为基质的超声造影剂、糖类为基质的超声造影剂。

二、解毒剂小结

1. 铅中毒　中毒机制为抑制多种酶的功能；损害中枢神经系统；干扰合成血红蛋白的酶，引起卟啉代谢异常；中毒症状为恶心、呕吐、口有金属味、流涎、腹胀、便秘、便血、头痛、眩晕、烦躁不安、失眠、易激动，重者可有谵妄、抽搐、惊厥、昏迷等；救治措施及解毒药物为牛奶、蛋清等高蛋白物质保护胃黏膜；阿托品解除腹痛。

2. 氰化物中毒　中毒机制为抑制多种酶，被吸收后抑制细胞氧化磷酸化作用，阻断 ATP 生成，并使得细胞缺氧窒息；中毒症状为头晕、头痛、呼吸速率加快、后期为发绀和昏迷现象；暴露在高剂量下，在很短时间可伤害脑及心脏，造成昏迷及死亡；救治措施及解毒药物为硫代硫酸钠注射剂、大剂量亚甲蓝可用于氰化物中毒的急救。

3. 亚硝酸盐中毒　中毒机制为使血液中亚铁血红蛋白氧化为高铁血红蛋白，阻止了其携带氧的功能；中毒症状为失去携氧能力，致机体缺氧；头晕、头痛、乏力、胸闷、恶心、呕吐，口唇、耳廓、指甲和皮肤发绀，心率快，嗜睡或烦躁不安，呼吸困难，昏迷、惊厥、大小便失禁；救治措施及解毒药物为亚甲蓝、大剂量维生素 C。

中药介绍

最常用的中药解毒药，如甘草、绿豆、黄芩等。绿豆可用于附子、巴豆中毒；甘草对马钱子、洋金花、天仙子、乌头、附子及河鲀体内代谢产物的中毒都有一定的解毒作用。黄芩亦可广泛用于砒霜、巴豆、斑蝥、番木鳖、天仙子、曼陀罗等中毒。

此外，在本草著作中，载有药物“相杀”配伍，即一种药物能清除另一种药物的中毒反应，如防风杀砒霜毒，绿豆杀巴豆毒，葱解藜芦毒，生姜杀天南星，半夏毒，以及藤黄中毒可服海蜇解毒，河鲀中毒可以鲜芦根解毒，巴豆中毒可用芭蕉叶或花生油解毒，大戟中毒可用鲜桔梗解毒，苍耳子中毒可用板蓝根解毒，雷公藤中毒可用肥凤尾草解毒，毒扁豆中毒可用洋金花对抗等。

（岑彦艳）

第四十九章　药物滥用及成瘾

能力要求

1. 能够解释理解药物滥用（drug abuse）、药物依赖性、戒断综合征等基本概念。
2. 能够归纳致依赖性药物的分类和特征及药物滥用的危害。
3. 了解药物滥用的管制与防治。

第一节　概　　述

药物滥用是国际通用的术语，我国俗称“吸毒”，是指与医疗目的无关、反复、大量、自行地使用具有依赖性的药物的行为。药物滥用的主要原因是药物可导致机体产生很强的欣快感。在重复使用此类药物后可诱导脑的适应性改变，导致药物使用变得带有强迫性。药物滥用的特征为：非医疗目的反复用药，用药者采用自身给药的方式导致精神依赖性和生理依赖性，造成精神紊乱和出现一系列异常行为，进而酿成严重的社会危害，如吸毒导致人体免疫功能下降，因注射毒品而感染病毒性肝炎、AIDS 等传染性疾病，毒品交易引起暴力犯罪等。因而引起了国际社会广泛关注和高度重视。1987 年联合国大会通过决议，规定每年的 6 月 26 日为国际禁毒日，在世界范围内兴起戒烟运动、反酗酒运动、禁毒运动。近些年来由于多方面原因，中国药物滥用问题呈现死灰复燃态势，需要引起足够的重视。

第二节　致依赖性药物的分类及特征

一、致依赖性药物的分类

国际禁毒公约将致依赖性的药物分为麻醉药品、精神药物两大类已进行国际管制，另将一些尚未列入国际管制的具有依赖性潜力的精神活性物质也纳入依赖性药物范畴，因此，致依赖性药物可分为以下三大类。

（一）麻醉药品

麻醉药品（narcotics）是指连续使用后易产生生理依赖性，能成瘾癖的药品，包括阿片类、可卡因类和大麻类。

1. 阿片类（opioids）　包括天然来源的阿片以及其中所含的有效成分，如吗啡、可待因，也包括半合成或人工合成的化合物，如二醋吗啡、哌替啶、美沙酮等。

2. 可卡因类（cocaines）　如古柯树叶中的生物碱可卡因及粗制品古柯叶、快克（crack）等。

3. 大麻类（cannabis）　如大麻烟、大麻脂、大麻油等。

（二）精神药物

精神药物（psychotropic substances）是指作用于中枢神经系统，能使之兴奋或抑郁，反复应用能产生精神依赖性的药品。

1. 中枢抑制剂（central inhibitors） 如巴比妥类、苯二氮䓬类等。

2. 中枢兴奋剂（central stimulants） 如苯丙胺类、利他林和咖啡因等。

3. 致幻剂（hallucinogenic） 如麦角酸二乙酚胺、苯环利定等。

（三）其他

其他类，如乙醇和烟草、挥发性有机溶剂等。

二、药物的依赖性表现特征

不同类别的致依赖性药物所产生的致依赖性特征不同。

（一）阿片类

阿片，为罂粟果割开时流出的白色浆液的干燥物。阿片中含有 20 多种生物碱，其中吗啡的含量最高，约为 10%，毒性比阿片高 10～20 倍。海洛因，为阿片衍生物，学名为二乙酰吗啡，为白色结晶性粉末或柱状结晶，极纯的海洛因俗称“白粉”，毒性比吗啡大 10～20 倍。滥用者初尝阿片类药品的临床表现为难受与快感并存，可见恶心、呕吐、头昏、乏力、嗜睡、视物不清，进而出现快感。停药可出现阿片类戒断综合征，急性期戒断症状的最初表现为类似感冒的卡他症状、“冷火鸡”反应，可出现胃肠蠕动和肌张力增加，全身骨骼和肌肉酸痛，有蚁走感和叮咬感，并有钻骨的感觉，时而在身上乱抓，或用头撞墙，鼻涕、眼泪流出，强烈渴求药物，身体极度虚弱，可出现发热和脱水症状。此时给予注射吗啡或海洛因，一切痛苦皆得到缓解。迁延期戒断症状多数发生在脱毒治疗后期，戒断后 2～3 日或 2～3 周出现，持续 2～6 个月，是导致复吸的重要原因。

（二）大麻

大麻为一年生草本植物，大麻雌雄异株，雌株花叶含有丰富的大麻脂，人吸食后能产生致幻作用。大麻是全世界滥用最广泛的毒品之一，常用的是印度大麻，其制品中活性成分是四氢大麻酚。大麻能明显影响人的精神活动，一般剂量即可产生欣快感。长期大量滥用会使人表现淡漠、表情呆滞、判断力和记忆力损害、思维障碍等大麻中毒症状。

（三）中枢抑制剂

巴比妥类和苯二氮䓬类药物是临床常用的镇静催眠药，尤其苯二氮䓬类药物应用广泛，在部分社会人群中造成滥用。中毒特征表现为看似酒醉、嗜睡、运动失调、说话迟缓、眼球震颤、定向障碍，也可有呼吸抑制现象。

（四）中枢兴奋剂

本类药物中被滥用最普遍的是兴奋大脑皮层的中枢兴奋剂苯丙胺类，如甲基苯丙胺。服用苯丙胺后会出现情绪高昂、精力充沛、食欲减退，并有明显欣快感。治疗量苯丙胺连续应用几个月即能产生生理依赖性，停药可产生戒断症状，早期是极度紧张，继而出现抑郁，持久性睡眠比较特殊，一般可持续 72h 以上。

甲基苯丙胺，又称去氧麻黄碱，微带苦味，外观与冰极为相似，易溶于水，纯度高达 98% 或 100%，俗称“冰毒”，是被滥用最广泛的兴奋剂。亚甲二氧基甲基苯丙胺，俗称“摇头丸”，是一种中枢神经兴奋剂，兼有致幻作用。服用后会使人极度亢奋，可引起幻觉、幻视、眩晕、空间定向力障碍，使人极度兴奋、摇头不止，可造成行为失控等一系列问题。

（五）致幻剂

本类药物包括麦角酸二乙酚胺、苯环利定、塞洛西宾等，是一类天然或合成的精神活性物质，能引起意识改变，特征是知觉增强、生动的想象可发展到错觉和幻觉、情感改变、强烈的人格与现实解体体验。因此，这些药物也被归类为拟精神病药。它们还引起躯体症状（头晕、恶心、感觉异常及视力模糊），部分报道存在强烈重新经历感知效果（闪回）。

第三节　乙醇与运动兴奋药

一、乙　　醇

（一）乙醇的基础药理学

【药动学】　乙醇是水溶性可以快速被胃肠道吸收的小分子，30min 内达到血液浓度峰值。胃中食物的存在使乙醇吸收延缓；分布快速，组织中浓度和血液中相似。乙醇很容易穿过生物膜，所以乙醇在中枢神经系统的浓度高。90%的乙醇在肝脏被氧化，其余经过肺和肾脏排出。因此，可以把呼出气中的乙醇测试作为是否酒醉驾驶的法律依据。

【药效学】　急性乙醇摄取后对中枢神经系统的影响很明显，表现为镇静和缓解紧张。高浓度会引起乙醇中毒（俗称醉酒），表现为口齿不清、共济失调、判断受损、行为去抑制。醉酒驾驶是年轻人死亡的主要原因。

在急性摄入中等量乙醇（＞1.0g/L 血浓度）时部分个体会发现心肌收缩抑制。

乙醇是血管扩张剂，这与抑制中枢血管舒缩中心及其代谢产物乙醛的平滑肌松弛作用有关。

慢性乙醇摄入引发的组织损伤是乙醇直接效应及其代谢物共同作用的结果。

（1）耐受和依赖：长期高剂量摄入乙醇会导致生理耐受和精神依赖。耐受乙醇的毒性是一个复杂的过程，包括神经系统难以逆转的损坏及代谢改变。

（2）神经毒性：长期大量摄入乙醇会导致神经缺陷。慢性酗酒最常见的神经异常是产生对称性外周神经损伤，从手和脚的远端感觉异常开始。退行性改变也会导致步态紊乱和共济失调。酗酒相关的神经紊乱还包括痴呆等。乙醇也损伤视觉。严重乙醇摄入几周后会有无痛性视觉模糊，损伤是双侧对称的，严重者会有视神经退行性变。

（3）心血管系统：长期大量摄入乙醇发生心室肥大和纤维化。乙醇所致扩张型心肌病比特发性心肌病要严重。继续饮酒的人预后很差，可能乙醇与β受体阻断剂及血管紧张素转化酶抑制剂（ACEI）的相互干扰有关。重度饮酒会引发心房和心室心律失常，可能是钾、镁代谢异常、儿茶酚胺释放增加的结果。乙醇撤退症状中的昏厥、惊厥及突然死亡与心律失常有关。

（4）内分泌系统和电解质平衡：酗酒会使乳房发育减慢、睾丸萎缩，男性的性欲降低，这提示类固醇激素平衡紊乱。慢性肝病患者有体液和电解质紊乱，包括腹水、水肿等。

（5）致畸：怀孕期间的乙醇滥用会产生致畸作用。乙醇是智障和先天性畸形的首要原因。

（6）增加癌症发生风险：慢性乙醇摄入增加消化道和肝脏癌症的发病风险，也会增加女性乳腺癌的发病风险。

（二）乙醇与药物的相互作用

药物相互作用：乙醇是肝药酶诱导剂，与其他药物相互作用引发的药效学的改变。乙醇诱导的肝细胞色素酶 P450 增加，增加对乙酰氨基酚的转化，生成肝毒性代谢产物。

乙醇和其他中枢抑制剂一起使用时会增加中枢抑制作用，尤其是和镇静催眠药一起使用时。乙醇也能增加其他非镇静药的药理学效果，如血管扩张剂。

（三）急性乙醇中毒的处理

急性乙醇中毒的治疗的重要目标是阻止严重的呼吸衰竭和强烈的呕吐症状，导致死亡的血液乙醇浓度是＞4.0g／L，但致死性乙醇的浓度会随着耐受性的不同而不同。因为代谢的改变，通过给予葡萄糖治疗低血糖症和酮症是必需的，适当给予维生素 B_1。通过补充水、电解质，改善乙醇中毒患者的脱水和呕吐症状。

（四）乙醇撤药综合征

突然的乙醇撤退症状早期表现为战栗、焦虑、失眠，重者有幻觉和惊厥。在乙醇撤退后 48～72h 会有谵妄、幻觉和自主活动不稳；治疗手段是尽快恢复钾、镁和磷酸平衡以及肾脏功能。所有情况下都应该给予维生素 B_1进行最初的治疗。

（五）酗酒的治疗

到目前为止，没有特别有效的药物用于酗酒的治疗。除药物治疗外，心理治疗也是主要的治疗手段。

纳 曲 酮

【药理作用及应用】 纳曲酮是一个相对长效的阿片受体拮抗剂，主要通过阻断 μ 受体发挥作用。1994 年 FDA 批准作为乙醇依赖的治疗用药。

短期使用（12～16 周）纳曲酮，单独用药或与行为咨询共同治疗的条件下，纳曲酮减少患者对乙醇的渴望，以及酗酒或乙醇依赖的复发有效；长期使用（6～12 个月）无效；主要不良反应为该药可能引起剂量依赖性肝脏中毒，也阻断了阿片类的镇痛作用。

阿 坎 酸

【药理作用及应用】 阿坎酸对 GABA、谷氨酸、5-HT、去甲肾上腺素和多巴胺受体都有不同程度的作用，最主要的机制可能是作为弱NMDA受体拮抗剂和$GABA_A$受体激动剂起作用。临床用其钙盐，2004 年美国 FDA 批准上市。用于酒精依赖患者的戒断、替代治疗。阿坎酸与心理疗法共同治疗能够短期及长期（6 个月以上）降低乙醇再摄入率。

该药吸收差，食物会进一步降低其吸收；主要以原型从肾脏排出；药物相互作用不明显；最常见的副作用是胃肠道不适、恶心、呕吐、腹泻、皮疹；严重肾功能不全不能使用。

二、运动兴奋药

（一）兴奋剂概述

兴奋剂（dope）原指能刺激人体神经系统，使人产生兴奋从而提高功能状态的药物，后泛指能作用于人体功能，有助于运动员提高成绩的药物。体育比赛中涉及的“兴奋剂”不全是兴奋药，实际上也有抑制性质的药物。运动兴奋剂（exercise stimulant）是竞技体育的一个难题，特别是 20 世纪后期，滥用兴奋剂现象在国际体坛十分普遍。

20 世纪 90 年代以来，运动兴奋剂又呈现出新的特点，出现新的兴奋剂，如促红细胞生成素和人造激素等，这些都需要采用新的检测方法和技术。刺激性药物通常称为刺激剂，是最早使用，最早被禁用，也是最原始意义上的兴奋剂。它包括麻黄碱等能使运动员行为敏捷，不易疲劳，或者强化心血管功能的非处方药，以及苯丙胺、可卡因、致幻剂等改变情绪和精神状态的处方药，还包括一些非法药物。

（二）运动兴奋剂的分类

竞赛中禁止使用的兴奋剂类型主要包括以下几种。

1. 蛋白同化制剂　蛋白同化雄性激素类固醇，如甲睾酮等。蛋白同化制剂主要是合成类固醇，如雄激素、苯丙酸诺龙、司坦唑醇等。本类药物不仅有雄激素活性，还有促进蛋白质合成作用（同化作用）。由于该类药物增加蛋白质合成，促进肌肉发育，配合加强训练强度，短时间内可增加无脂肪肌肉重量和体积，提高运动能力，特别是女运动员，可明显增加体育成绩，在各种体育比赛中禁止使用。

2. 肽类激素、生长因子及相关物质　如促红细胞生成素（EPO）、血小板衍生生长因子（PDGF）、成纤维细胞生长因子（FGFs）、血管内皮生长因子（VEGF）及肝细胞生长因子（HCF）等。EPO 是由肾脏和肝脏分泌的一种激素样物质，能够促进红细胞生成，具有促进红细胞增生及维持血中红细胞数稳定的作用，主要包括促红细胞生成素、生长激素、胰岛素样生长因子-1、促性腺激素和促皮质素等。

3. β_2 受体激动剂　如沙丁胺醇、沙美特罗、克仑特罗。该类药物通过选择性作用于去甲肾上腺素 β_2 受体发挥作用，为非儿茶酚胺类药物，对支气管、子宫和血管平滑肌 β_2 受体有较高的选择性激动作用，并能有效地解除支气管痉挛，在临床上已成为治疗哮喘的主要支气管舒张药。此外，β_2 受体激动剂还具有对神经系统的兴奋作用和蛋白同化作用。1992 年国际奥委会开始将第一个 β_2 受体激动剂——克仑特罗列入了禁用药物表，在以后的几年里又陆续新增了几种该类药物。近年来，运动员使用该类药物的频率呈上升趋势。另外，在畜牧业上，克仑特罗被用作瘦肉增长剂，国内称为“瘦肉精”，可以促进动物肌肉生长，降低脂肪含量。用此药喂养的动物会在体内（尤其是内脏）产生药物残留，运动员如果食用了这种肉食，其尿样就有可能在尿检中呈现阳性。

4. 利尿剂和其他掩蔽剂　利尿剂的临床效应是通过影响肾脏的尿液生成过程，来增加尿量排出，从而缓解或消除水肿等症状。目的是通过快速排除体内水分，减轻体重；增加尿量，来尽快减少体液和排泄物中其他兴奋剂代谢产物，以此来造成药检的假阴性结果；加速其他兴奋剂及其他代谢产物的排泄过程，从而缓解某些副作用。

5. 激素拮抗剂与调节剂　芳香酶抑制剂，如氨鲁米特；选择性雄激素受体调节剂，如雷洛昔芬；其他抗雌激素作用物质，如氯米芬等。

6. 刺激剂　非特定刺激剂，如阿屈非尼；特定刺激剂，如麻黄碱；苯丙胺类。

7. 麻醉剂　如美沙酮。

8. 大麻（酚）类　如天然或合成屈大麻酚。

9. 糖皮质类固醇

由于刺激剂的作用只是暂时的，因此只在竞赛中禁用；另外，由于很多非处方药含刺激剂成分，加大了完全禁用刺激剂的难度。区分运动员血液或尿液中的刺激剂成分来源于处方药还是违禁刺激剂的方法很多，可以根据物质的特点确定，也可以根据物质或代谢产物的相对浓度来判断。对兴奋剂的控制是根据不同物质采取不同的要求，有些物质是禁用的，有些是限用的。如有些化合物（去甲苯丙胺、麻黄碱、甲基麻黄碱等）只有在尿样中超出一定上限才视作违禁；肾上腺素在用作局部麻醉或在鼻或眼部使用时不受限制，咪唑衍生物也允许在局部使用。如作为鼻黏膜充血消除药。使用这些药物时，运动员必须告知相关的医学专家，并由医师出具证明提交给反兴奋剂机构。

第四节　药物滥用的危害及其管制和防治

一、药物滥用的危害

毒品对机体呼吸系统、消化系统、神经精神系统、造血系统、免疫系统、循环系统均造成损伤，停药则出现戒断症状。毒品滥用者常伴有精神抑郁和自杀倾向，并且常因药物过量致中毒死亡。药物滥用者身体免疫力降低，容易发生呼吸系统疾病、肝炎、细菌性心内膜炎等感染并发症，多人共用注射器可以导致丙型肝炎、乙型肝炎及 AIDS 等传染病的发生及传播。

药物滥用可对社会造成很大的危害。首先是破坏家庭正常生活，其次是促发犯罪行为，因毒品价格极高，吸毒者在毒品诱惑下，为支付毒资，常会铤而走险。药物滥用导致滥用者失去了劳动力，严重破坏社会生产力。药物滥用还会造成社会风气败坏、伦理道德沦丧。同时，社会为打击制造、贩卖毒品的犯罪行为，开展禁毒戒毒工作也耗费了大量人力、物力和财力。

二、药物滥用的管制

药物滥用及由此造成的药物依赖性对个人、家庭和社会危害深重，因此成为全社会关注的严重社会问题。国际社会先后制定了《1961 年麻醉品单一公约》、《1971 年精神药物公约》及 1981 年的“国际药物滥用管制战略”；我国作为公约的发起国之一，率先加入了 1988 年《联合国禁止非法贩运麻醉药品和精神药物公约》，对有依赖性的麻醉药品和精神药物进行管制。我国也有严格的管理制度，除了《麻醉药品管理办法》和《精神药品管理办法》外，我国政府还通过大规模的宣传教育工作，教育广大群众特别是有潜在可能的用药者认识到滥用毒品的危害性，自觉抵制使用毒品，并加强对吸毒者进行戒毒治疗。

三、药物依赖的治疗

戒毒治疗包括脱毒、预防复吸、回归社会三方面，脱毒只是消除其生理依赖性；消除精神依赖性可有效预防复吸，但有一定难度；让患者回归正常社会生活，脱离吸毒人群，需要全社会共同关注和采用综合措施。

脱毒应根据患者滥用药物的种类及其特殊临床问题，实施个体化的脱毒治疗方案，一般安排在特殊环境下停用致依赖性药物，采用作用时间较长、依赖性较低的同类药物进行替代。阿片类药物依赖性是当前药物滥用中最突出的问题，治疗的关键是脱瘾，要在隔离环境中进行。常用的脱瘾方法如下。

1. 冷火鸡法　硬性撤药，让戒断症状自然发展、自然消退，同时进行必要的对症处理和配合躯体、心理的支持。

2. 美沙酮替代疗法　美沙酮与阿片受体亲和力高，作用维持时间长，成瘾潜力小，是目前阿片类药物，如海洛因依赖性患者替代递减治疗的主要药物。

①脱毒：先消除患者的生理依赖性症状，确定中毒程度，再决定美沙酮用量，一般 3 周～1 个月为一疗程。②康复治疗：消除再次吸毒的心态和强迫性觅药行为。美沙酮替代治疗只能相对减轻戒断症状，而不是控制所有戒断症状，另有一些症状需心理治疗。

3. 可乐定治疗　阿片类药物依赖性患者，其中枢蓝斑核亦受阿片类药物的抑制，一旦停药，蓝斑核神经元高度兴奋，自主神经系统功能紊乱，出现恶心、呕吐、肌肉痉挛、流汗、心动过速、血压升高等临床症状。可乐定为 α_2 受体激动剂，可抑制蓝斑核肾上腺素能神经元的兴奋，减少戒断期间蓝斑核电活动，控制部分戒断症状。可乐定脱毒治疗剂量大于其抗高血压剂量。

知识拓展

氯胺酮（ketamine），作为全身麻醉剂被研发出来，又名K粉。氯胺酮的危害与剂量有关，剂量越大，危害越显著，轻者有做梦感和漂浮感，重者出现幻觉和谵妄或伴有异常行为。虽然氯胺酮不会造成依赖性和成瘾，长期吸食氯胺酮会对脑部造成永久性报害，导致长期的近似精神分裂症样的精神病。即使服用低于麻醉剂量的氯胺酮也可对身体活动功能和记忆造成显著的损害。氯胺酮还可增加主动脉压、心率和心脏指数，增加颅内压及眼压。

案例解析

案例 49-1

患者，男，25 岁。高中毕业后一直没有工作，自感心烦，一次偶然机会，朋友给他一些白粉，服几次后忘却烦恼，感觉轻松愉快，精力充沛，飘飘欲仙，产生不断摄取的渴望，若停用就会出现身体不适，表现为疲乏乏力、打哈欠、流鼻涕、流眼泪、失眠、心悸、全身疼痛、食欲下降、恶心、呕吐、腹泻与腹痛等，非常痛苦。曾想自杀、被家人送到戒毒所。

诊断：二醋吗啡依赖。

根据患者症状，建议使用何种方案及药物进行治疗？

解析：

①对症治疗：静脉滴注葡萄糖，补充电解质、维生素、能量，并服用镇静催眠药氯硝西泮等；②美沙酮替代治疗；③纳曲酮防复吸；④进行康复治疗及回归社会辅导。

本章小结

致依赖性的药物分为麻醉药品、精神药物及一些尚未列入国际管制的具有依赖性潜力的精神活性物质。麻醉药品包括阿片类、可卡因类和大麻类。精神药物包括中枢抑制剂、中枢兴奋剂和致幻剂。乙醇也是世界上最广泛滥用的药物，长期摄入乙醇可损伤机体肝脏、神经系统、胃肠道系统、心血管系统、免疫系统等。酗酒可导致急性乙醇中毒及乙醇撤药综合征，纳曲酮和阿坎酸可用于酒精依赖的治疗。运动兴奋剂种类较多，包括可能引起药物滥用的药物，如：刺激剂、麻醉剂、大麻（酚）类等。

中药介绍

麻　黄

麻黄来源于麻黄科植物草麻黄 *Ephedra sinica* Stapf、中麻黄 *Ephedra intermedia* Schrenk et *C. A. Mey.* 或木贼麻黄 *Ephedra equisetina* Bge. 的干燥草质茎，具有发汗解表、宣肺平喘、利水消肿的功效，中医临床常用来治疗外感风寒表实证，以及胸闷咳喘、风水浮肿等证。现代药理研究表明，其具有发汗、平喘、利尿、抗炎、抗过敏、镇咳、祛痰、解热、抗菌、抗病毒等作用。

麻黄碱是麻黄的主要有效成分之一，具有明显的中枢兴奋作用，其作用较温和，持久，较大治疗量即能兴奋大脑皮层和皮层下中枢，引起失眠、神经过敏、不安、震颤等症状。从药理学角度分析，是由于麻黄碱抑制单胺氧化酶的活性，使肾上腺素和肾上腺素能神经的化学传导物质的破坏减慢，从而引起交感神经系统和中枢神经系统兴奋，对呼吸系统和血管运动中枢的影响尤为显著。

（张芳艳）

第五十章　基因治疗药物

能力要求

1. 能够阐述常见疾病的基因治疗（gene therapy）策略。
2. 能够合理选用本章药物进行抗肿瘤靶向治疗。
3. 能够说出基因治疗的方式、途径及存在的问题。

第一节　基因治疗概论

随着医疗科技的发展，人类对疾病的认识已深入到基因水平。“人类基因组计划”的顺利完成推动基因治疗越来越多地应用于临床，在取得较好效果的同时，也带来一系列理论技术、并发症和社会伦理问题，有待进一步发展成熟。

一、基因治疗的概念

基因治疗：从狭义来讲，是指使用具有正常功能的基因置换或者增补患者体内中有缺陷的基因，从而达到治疗疾病的目的；从广义来看，是指将编码某种具有生物活性物质（一般是蛋白质或肽）的基因，通过载体或者直接转移到人体器官或组织细胞内，以纠正基因的缺陷或抑制、关闭表现异常的基因，使其在局部表达活性物质，从而达到治疗或者预防遗传疾病目的的生物医学高技术。

二、基因治疗的原理与方法

基因治疗是把目的基因分离出来，转染到体内的某种细胞，连接到有关的载体中，使其稳定表达的过程。目的基因的转移分为体外体内两条途径，体外途径是分离出体内的某种体细胞（如白细胞），在体外培养条件下将目的基因转导进去，再将此带有外源性基因的细胞回输到体内，达到基因治疗的目的。体内途径则将目的基因同载体结合，输入体内，通过载体的作用将目的基因导入靶细胞内。体外途径的优点在于目的基因往往能够整合到靶细胞的染色体上，且可长期稳定表达，并随细胞分裂传递给子代细胞。体内途径转导的目的基因虽高效表达，但表达的时间较短。

目的基因导入细胞具体有下列方法。

1. 直接注射法　将目的基因直接注射到体内的某些部位（如肌肉），邻近细胞摄入 DNA 并表达。这种方法非常简单，但效率低。

2. 磷酸钙沉淀法　将氯化钙、磷酸盐缓冲液和 DNA 混合，会有磷酸钙微沉淀形成，在体外培养的细胞可以把沉淀吞入细胞内，将目的基因导入到细胞内。这种方法的优点在于简单和通用性，但转化效率通常也很低。

3. 显微注射法　在显微镜下，直接将 DNA 用细胞玻璃针注入细胞核内，这样可以避免 DNA 的降解，但是要求具有熟练的操作技巧。

4. 脂质体介导法　将目的基因包裹在脂质体内，静脉注入体内，脂质体和细胞膜融合从而使目的基因进入到细胞内。脂质体介导的基因转移能够在活体内应用且较为简单，但转移效率较低，转移的目的基因不和染色体整合，只能短时间表达。

5. 受体介导的基因转移 将含有目的基因的重组质粒DNA共价连接到能和某种细胞受体结合的配体上，然后将这种复合物注入体内，配体和细胞受体特异性结合，发生正常的入胞作用，目的基因从而进入细胞内。这种方式转入的目的基因同样也不与染色体整合，只能短时间表达。

6. 逆转录病毒载体介导的基因转移 用带有外源性基因的重组病毒感染细胞，可将外源性基因序列导入到细胞内。逆转录病毒和腺病毒是目前主要使用的病毒载体。

三、基因治疗的应用

1. 预防和治疗疾病 生物医学研究表明，人类的各种疾病都直接或间接与基因有关。因此，可认为人类的一切疾病都是“基因病”，分为单基因病，多基因病及获得性基因病。单基因病只需一个基因缺陷便可发生，而多基因病则较复杂且涉及多个基因，往往还和环境因素有关，如肿瘤、心血管疾病等；获得性基因病则为病原微生物入侵所致，如 AIDS、乙型肝炎等。在理论上，人类的所有疾病均可以采用基因治疗。

2. 提高和改善生活质量 随着现代医疗科学技术的不断发展，人类的生存斗争对象将从外界环境及病原微生物转向自身的健康缺陷，基因治疗将是疾病治疗的大势所趋，同时基因治疗也将不断向高效、完善化方向发展，人类的生活质量将得到改善和提高。

四、基因治疗的历史与现状

1. 发展历程 在20世纪60年代就有人提出基因治疗的设想，在70年代的早期最初尝试将遗传物质导入人体细胞来治疗疾病，但并未获得成功。

1980年，美国的Cline开创了临床基因治疗研究的先河，但由于事先未征得美国国立卫生研究院的批准，其工作算违规，社会各界亦对基因治疗能否进入临床存有具大争议。

1989年，美国批准了世界第一个基因治疗临床试验方案，但只是用一个示踪基因构建了一个表达载体，了解该示踪基因在人体的分布和表达情况。

1990年，美国NIH的Freuch Anderson 博士开始了世界上第一个真正意义上的基因治疗临床试验，他们用ADA（腺苷酸脱氨酶）基因给一位因ADA基因缺陷导致严重免疫缺损的4岁女孩治疗，并获初步成功，促使了世界各国掀起基因治疗的研究热潮。

2000年，法国巴黎Necker儿童医院利用基因治疗，使数名有免疫缺陷的婴儿恢复正常，取得了基因治疗开展近十年来最大的成功。

2004年1月，深圳赛百诺基因技术有限公司正式将世界上第一个基因治疗产品重组人p53抗癌注射液推向市场，成为全球基因治疗产业化发展的里程碑。

2. 现状 我国的基因治疗基础研究和临床试验开展基本与世界同步。对单基因遗传病、恶性肿瘤、神经性疾病、心血管疾病、AIDS 等多种人类重大疾病开展了基因治疗基础和临床试验研究，在病毒载体研发、肿瘤基因治疗和心血管基因治疗方面取得了一定进展，已有多项基因治疗方案进入到临床试验阶段。

在基因治疗临床试验及产业化领域，美国处于领先地位。除美国外，世界多国亦投入大量人力、物力、财力用于基因治疗的研究与实践，主要涉及恶性肿瘤、心血管疾病、遗传病、AIDS等，基因治疗的临床试验方案众多，但真正有效，具良好发展前景的不到 10%，处于Ⅰ/Ⅱ期临床试验阶段，只有不到 5‰的方案达到临床Ⅲ期水平，且多数临床试验疗效有限。多国政府也注意到应加强基因治疗中关键基础问题的研究和对临床试验方案的监管力度，使基因治疗从一时的狂热转入理性化正常轨道。

3. 限定范围　理论上，基因治疗可从基因层次上彻底治疗遗传性疾病，改善人的体质，但目前基因治疗严格局限在体细胞，不允许对生殖细胞（卵细胞和精子）进行基因改造；另外，针对正常人的增高基因治疗，给运动员使用基因兴奋剂等也存在一定争议。

知识拓展

人类基因组计划（human genome project，HGP）是由美国科学家于1985年率先提出，于1990年正式实施，美国、英国、法国、德国、日本和中国科学家共同参与了这一预算达30亿美元的人类基因组计划。按照这个计划的设想，在2015年，要把人体内约4万个基因的密码全部解开，同时绘制出人类基因的谱图。换句话说，其宗旨是测定组成人类染色体（单倍体）中所包含的30亿个碱基对组成的核苷酸序列，绘制人类基因组图谱，且辨识其载有的基因和序列，达到破译人类遗传信息的最终目的。人类基因组计划与曼哈顿原子弹计划和阿波罗计划并称为三大科学计划，被誉为生命科学的"登月计划"，是一项规模宏大，跨国跨学科的科学探索工程。截止到2005年，人类基因组计划的测序工作已经完成。其中，2001年人类基因组工作草图的发表（由公共基金资助的国际人类基因组计划和私人企业塞雷拉基因组公司各自独立完成，并分别公开发表）被认为是人类基因组计划成功的里程碑。

人类基因组计划的研究内容是，选择人类的基因组进行研究是因为人类是在"进化"历程上最高级的生物，对它的研究有利于认识自身、了解生命的起源、掌握生老病死规律、疾病的诊断和治疗。测出人类基因组DNA的30亿个碱基对的序列，发现人类所有基因，找出它们在染色体上的位置，从而破译人类全部遗传信息。在人类基因组计划中，还包括对五种生物基因组的研究：大肠埃希菌、酵母、线虫、果蝇和小鼠，称之为人类的五种"模式生物"。HGP的目的是了解生命的起源、解码生命、了解生命体生长发育的规律、认识疾病产生的机制，以及长寿与衰老等生命现象、认识种属之间和个体之间存在差异的起因、为疾病的诊治提供科学依据。

第二节　基因治疗的方式和途径

一、基因治疗的方式

基因治疗的技术和方式日趋多样性，基因治疗能否成功很大程度上取决于能否建立一套安全、有效、简便的基因转移方法。基因转移是指使用适当手段将外源目的基因导入到体外或者体内细胞中的分子生物学技术。常用的基因转移方法大体分为非病毒介导和病毒介导两大类。前者包括脂质体介导法、裸DNA直接注射法、受体介导法及颗粒轰击技术等理化方法，而后者有以腺病毒为代表的非整合型载体，以及如慢病毒载体、逆转录病毒载体、腺相关病毒载体等整合型载体介导的生物方法。

逆转录病毒载体介导是目前应用最广泛、体外转基因效率最高的基因转移方法，而腺病毒载体和阳离子脂质体载体的应用也受到广泛重视。近年来，将上述两类方法结合起来，又发展了病毒-受体介导法，病毒-脂质体介导法等新方法。

（一）非病毒介导基因转移

1. 脂质体介导法　脂质体种类较多，其中阳离子脂质体（cationic liposome）最为常用。这类脂质体由表面带正电荷的双层脂质体分子组成，它和质粒DNA结合形成复合体，通过带负电荷（唾液酸残基）细胞膜融合或受体介导的内吞（endocytosis）作用将质粒DNA转移入到细胞。在胞浆中释放的质粒 DNA 转移入到核内，一般以非整合方式（unintegrated form）存在。脂质体介导的基因转移方法简便、安全，适合的细胞类型较多。

2. 受体介导法 细胞表面受体和特异性配体结合后，发生内化（intemalization）或内吞，使配体转移入细胞。将外源基因与配体连接形成配体-DNA 复合体，通过和相应受体结合，也同样可以达到向细胞转移基因的目的。一般用多聚赖氨酸（polylysine）作为配体和 DNA 的交联剂。受体介导的基因转移方法比较简便、安全，有些配体还有一定的细胞靶向性或者本身就具有一定的治疗作用，但一般持续时间较短。

3. 裸 DNA 直接注射法 将外源基因插入高效基因表达质粒中，然后选择合适的方法和部位将其直接注入宿主组织或者细胞中。这种质粒 DNA 是以非整合方式存在的，可在相当长一段时间内稳定地表达所编码的蛋白质。此方法只对具有特殊结构的肌细胞效果较好，限制了其应用。不过，如果通过经这种方法遗传修饰的肌细胞后再行移植，可扩大其应用。最近电脉冲介导裸 DNA 技术的改进使许多基因例如分泌性蛋白的基因可导入肌肉，维持相当时间的高效表达。

（二）病毒介导基因转移

1. 逆转录病毒（retrovirus，RV）载体 逆转录病毒载体系统是最为常用的基因转移系统，包括重组逆转录病毒载体和包装细胞（packaging cell）两部分组成。这类载体的优点是：①转染谱广，可以感染各种类型细胞；②一次可感染大量的细胞，转染率高达 100%；③可以整合到宿主细胞的基因组中，使靶细胞成为稳定表达目的基因的转化细胞。

2. 腺病毒（adenovirus，AD）载体 腺病毒系引起上呼吸道感染的普遍双链 DNA 病毒。腺病毒载体的优点是：腺病毒在自然界中广泛存在，可从许多的物种中分离到腺病毒；和现有的其他载体相比，腺病毒载体可快速感染大多数人体细胞，产生高水平的基因转移；腺病毒载体对人体致病性低，只引起极低或者轻微的普通感冒相关症状；腺病毒载体可以携带较大的 DNA 片段（可达 7.5kb 左右）并且将其转染到非分裂细胞；腺病毒基因组很少发生重组，插入的外源基因通常会在随后的病毒复制过程中保持稳定；运用重组 DNA 技术对腺病毒载体进行操作比较容易。

3. 腺相关病毒（adeno-associated virus，AAV）载体 病毒是一种复制缺陷性的细小病毒，必须和腺病毒或者单纯疱疹病毒、痘苗病毒等辅助病毒共感染时才可以进行有效的复制和产生溶细胞性感染。其特点是：能特异地整合到人类第 19 对染色体的长臂中，减少重组 AAV 插入突变的危险性；AAV 基因组可以克隆到一个质粒中，载体构建简单；无致病性，安全性高；宿主范围广，可以感染多种细胞；稳定性好，便于浓缩、纯化及灭活辅助病毒。

4. 其他病毒载体 慢病毒（lentivirus）载体是以 HIV-1（人类免疫缺陷Ⅰ型病毒）为基础发展起来的基因治疗载体。区别于一般的逆转录病毒载体，它对分裂细胞和非分裂细胞都具有感染能力。单纯疱疹病毒（herpes simplex virus，HSV）具有神经细胞的嗜向性，其为外源基因转染到中枢神经细胞提供了一种独特方法。

二、基因治疗的途径

基因治疗有两种途径：一种是含目的基因表达载体借助体内（in vivo）直接转移即一步法，另一种是借助回体（ex vivo）转移途径实现基因转移。前者是将含有外源目的基因重组的病毒、裸露 DNA 或脂质体直接导入试验个体或者组织内；后者则是将试验对象的细胞取出在体外培养并导入外源目的基因，然后将这些遗传修饰的细胞（基因工程化的细胞）经体外扩增，重新回输试验个体体内。

想要将外源基因转入到人体细胞，则必须通过适当的途径，也就是从身体选择某一部位的人体组织细胞在体外培养、基因转移及选择后再植回到体内。目前基因治疗途径研究主要集中在骨髓细胞和皮肤细胞，也有人提出肝脏细胞也是一条有潜力的转移途径。

1. 骨髓细胞途径　骨髓细胞被认为是最理想的可将外源基因导入到人体的载体。它的优点是：有序都适合基因治疗遗传病的病原就在骨髓造血细胞系统，如 ADA，珠蛋白生成障碍性贫血症等；其易于获得，可以一次性得到大量的细胞；其由各种不同的细胞组成，有约 0.1%的骨髓造血干细胞有不断分裂分化成各种血细胞的潜能。迄今为止，在人体骨髓细胞进行基因转移的报告并不多，且多存在外源基因表达水平低下的情况，用于临床还需进一步探索。

2. 皮肤成纤维细胞途径　利用皮肤成纤维细胞进行基因转移和表达的研究比骨髓细胞途径起步晚，但在短时内进展迅速。其优点是，皮肤成纤维细胞容易获取和培养，且属于已经分化的细胞，能够影响外源基因表达的因素少，外源基因转入皮肤成纤维细胞后在体内外都有良好表达，以此途径实施基因治疗前景良好。

3. 肝细胞途径　肝脏是分泌血浆蛋白酶的主要脏器，也是多个代谢过程的场所。虽然肝细胞是不少代谢性疾病和血浆蛋白缺乏症基因治疗的靶细胞，但由于体外肝细胞培养和基因转移都有一定的困难，这方面的研究受到限制。

4. 其他途径　Selden 等提出了一种被称为转核移植的方法。他们先将人生长激素基因转移到体外培养的小鼠 Ltk-成纤维细胞中，再将这些细胞移植到小鼠体内，结果在小鼠血液中测到人生长激素分泌。Garver 等也提出了一个被称为克隆基因治疗的新方法，即将带有 α_1-抗胰蛋白酶（α_1-AT）基因的反转录病毒载体转入到小鼠的成纤维细胞，4 周后在血清和肺上表皮表面可测到人 α_1-AT 蛋白表达。这些研究初步表明对某些疾病的基因治疗，或许可将外源基因转入其他组织细胞后，再通过血液传送到靶细胞。

基因治疗的上述途径仍处在不断改进和研究中。

三、常见疾病的基因治疗策略

1. AIDS　即使在高效抗逆转录病毒治疗的前提下，一些 AIDS 患者的体内仍会存在持续低浓度病毒血症。抗 HIV-1 基因治疗为治疗艾滋病开辟新途径：通过基因转移技术将人工合成的外源基因导入靶细胞中，依靠外源基因的表达产物使靶细胞抵抗 HIV-1 感染。

目前应用的抗 HIV-1 基因治疗主要包括以下几种。

（1）基于 RNA 的抑制剂：①反义 RNA 为通过人工合成反义 RNA 靶向 HIV-1 蛋白和靶细胞受体等的基因，同靶基因配对而形成无功能的双链进而封闭或者调节靶基因功能和产物表达，有效阻断 HIV 在细胞中的复制；②RNA 干扰；③核酶；④RNA 诱饵；⑤RNA 适体。

（2）基于蛋白的抑制剂：①细胞内趋化因子、细胞内抗体；②显性阴性突变体；③锌指核酸酶；④融合抑制剂。

（3）针对靶细胞受体：以 HIV-1 辅助受体 CCR5 作为靶标，通过破坏 CCR5 实现免疫系统抵抗 HIV 病毒的目的。

（4）联合策略：联合多个抗 HIV-1 基因治疗，通过抑制病毒生命周期多个环节来保护靶细胞。相对于仅仅靶向细胞或病毒基因，靶向 CCR5 和病毒基因的联合体会是未来抗 HIV 基因治疗的重要方向。

2. 心血管病　1993 年，美国利用低密度脂蛋白受体（LDL-R）基因，成功治疗了家族性高胆固醇血症，开辟了心血管病基因治疗的里程碑。

（1）心肌和肢体缺血：一些血管生成因子，如血管内皮生长因子、成纤维细胞生长因子等能促进血管新生，已成为减轻或消除心肌和肢体缺血状态的一种治疗手段。利用合适的载体把上述生长因子的编码基因注入机体并表达，可增加侧支循环，防止或减轻缺血程度、加快和改善缺血后心肌恢复过程，这种血管生成疗法又被称为“分子搭桥”。

（2）防治血栓形成：将重组的 t-PA 基因或者反义 PAI 基因导入到血管内皮，可有效防止血栓形成及血管再狭窄。

（3）动脉粥样硬化及高脂血症：载脂蛋白或者 LDL-R 基因异常可导致高脂血症或者动脉粥样硬化，应用转基因的方法，把正常载脂蛋白或者 LDL-R 基因通过合适的载体导入到靶细胞内，补充体内功能正常的载脂蛋白及 LDL-R，抑制动脉粥样硬化斑块形成和高脂血症。

（4）心功能不全：将肌源决定基因（MyoD）导入到成纤维细胞中使其肌源化，增加有收缩功能的心肌细胞数量，从而达到治疗心力衰竭的目的。

（5）遗传性心血管病和先天性心脏病的预防：某些关键基因缺失、移位、突变可导致遗传性心血管病或先天性心脏病，可通过导入正常基因的方法进行纠正或预防。

3. 肿瘤

（1）基因沉默疗法：即 RNA 干扰（RNA interference，RNAi），指的是在生物体细胞内，用与靶基因同源的外源性或者内源性双链 RNA 诱导转录后而引起特异性基因沉默。

（2）自杀基因疗法：将某些病毒的基因转导入肿瘤细胞，这个基因编码的特异性酶可将对细胞无毒或者毒性极低的药物前体，在肿瘤细胞内代谢变成细胞的毒性产物，从而达到杀死肿瘤细胞的目的。研究发现，将少量的自杀基因转染的癌细胞和未转染的癌细胞按一定比例混合后进行培养，不仅是转染的癌细胞被杀灭，两者相互接触后相邻的未转染癌细胞也大量死亡，这被称为“旁观者效应”。在治疗中，旁观者效应是一个重要特征，即有毒代谢物通过缝隙连接或者凋亡小体从转染细胞移到邻近细胞，对其产生杀伤作用，大大提高自杀基因的杀伤效应。

（3）免疫基因疗法：通过基因重组技术，增强机体的抗肿瘤免疫功能，从而达到治疗肿瘤的目的，主要包括增强免疫效应细胞功能的细胞因子基因疗法、共刺激分子基因疗法、调节增强抗原识别能力组织相容性复合物的基因疗法等。在肿瘤免疫治疗中，免疫活性细胞的免疫监督及杀伤活性起关键作用。

（4）基因替代疗法：利用载体将缺失的抑癌基因转染到肿瘤细胞中，达到杀伤肿瘤细胞的目的。

（5）与多药耐药相关的基因疗法：多药耐药（MDR）指在化疗药物治疗肿瘤时，由于 MDR1 基因扩增及过度表达导致的肿瘤细胞非特异普遍耐药性。通过实施与 MDR 相关的基因治疗，进而抑制肿瘤细胞 MDR1 基因表达，可增加常规化疗的效果。

（6）抗肿瘤新生血管形成疗法：同其他基因治疗相比，此疗法无须直接转染肿瘤靶基因，只需转染肿瘤四周，创造出抑制血管生成的环境即可达到抗肿瘤作用。

4. 遗传病 人类遗传病有近四千种，但至少符合以下条件的才可考虑开展基因治疗：①在 DNA 水平上已明确发病机制；②有关的基因已被克隆；③此基因正常表达的组织可在体外进行遗传操作；或此基因能在其他允许体外操作的组织中表达；④只需低水平的基因表达，或表达水平无须严格调控就可改善的遗传病。

目前国际上已开展基因治疗研究的主要遗传疾病有：珠蛋白生成障碍性贫血症、血友病、瓜氨酸血症、Gaucher 病等。

（1）腺苷脱氨酶缺乏症（Adenosine deaminase deficiency，ADA）：主要是在未成熟的造血细胞中表达，少量的 ADA 便可缓解症状，故 ADA 缺乏症被确认为适合基因治疗的首选遗传病，主要利用反转录病毒载体将 ADA 基因转移到骨髓造血细胞。

（2）地中海贫血和血红蛋白病：两者都是由于 β-珠蛋白基因缺陷或者突变所致，可通过外源性转入 β-珠蛋白基因的方法进行治疗。

（3）苯丙酮尿症及其他先天性代谢缺陷病：主要由于肝脏内某些代谢酶缺乏所致，若肝细胞缺乏苯丙氨酸羟化酶，则阻碍苯丙氨酸转变成酪氨酸，导致苯丙酮尿症。克隆的苯丙氨酸羟化酶基因可在各种培养细胞中表达，但合成的苯丙氨酸羟化酶则需要还原性蝶呤辅助因子才具有生物活性，因此肝细胞可成为苯丙氨酸羟化酶基因转移的靶细胞。

第三节　基因治疗靶向调控

理想的基因治疗不仅需要治疗基因高水平表达，还要求治疗基因根据病变性质、病变程度在靶组织或器官内以适当的水平或方式表达，因此，至少涉及空间、时间和表达量3个层次的调控。运用特定的基因表达调控元件，或借助于体内外的物理、化学诱导因素，使治疗基因特异地在靶细胞表达，是实现基因治疗靶向调控的重要手段。以肿瘤基因治疗为例，由于治疗基因通常是自杀基因、抑癌基因、新生血管形成抑制基因、免疫调控基因或细胞因子，它们在正常细胞表达时，不可避免会导致毒副作用，因此，临床上常将治疗基因特异性导入肿瘤组织内，或采用体外修饰的肿瘤细胞、免疫效应细胞回输，通过激发机体免疫反应而达到治疗效果。

癌症靶向治疗药物是以癌细胞分子生物学研究为基础，根据不同癌细胞生长转移相关的特异性分子结构，如蛋白分子、核酸片段，或某些基因产物等。以这些特异性分子结构作为靶点，研发特异性靶标分子抑制剂，选择性地杀伤肿瘤细胞。由于靶向药物对正常组织损伤较低或无损伤，抗癌效果好，副作用较小，已成为近年来抗肿瘤药物治疗的主力军。

抗肿瘤靶向药物一般包括小分子药物和抗体药物两大类。

一、小分子肿瘤基因治疗靶向药物

（一）雌激素受体调节药

雌激素是维持妇女生理与心理健康所必需的内源性激素，然而，大多数乳腺癌细胞上存在一种雌激素受体，利用这一特征，研发选择性雌激素受体调节药，与雌激素受体结合，阻断乳腺癌组织细胞中的雌激素功能，进而产生抗乳腺癌效应。这是最早的一类癌症靶向治疗药物，临床上常用的有他莫昔芬、托瑞米芬（toremifene）、氟维司群（fulvestrant）等，主要用于治疗雌激素受体阳性乳腺癌。

他 莫 昔 芬

他莫昔芬，又名三苯氧胺，为选择性雌激素受体调节剂。

【体内过程】　口服20mg后，4～7h达血药浓度峰值，可见肠肝循环，$t_{1/2}$7～14h，单次剂量抗雌激素作用约持续数周；给药后4～10周，客观体征有改善，如果有骨转移，数月才有效。本药在肝内代谢，主要代谢物为4-羟基三苯氧胺、*N*-去甲基三苯氧胺，大部分以结合物形式由粪便排出，少量从尿中排出。

【作用机制】

（1）该药为雌二醇竞争性拮抗剂，能与乳腺细胞的雌激素受体结合，不刺激转录或作用微弱，药物-受体复合物不易解离。

（2）上调转化生长因子β生成，此因子的减少与恶性肿瘤发展相关。

（3）特异性抑制蛋白激酶C的作用。

（4）对血浆脂质代谢、子宫内膜和骨的作用则仍是雌激素性质，不呈拮抗作用。他莫昔芬的抗骨质疏松作用也可能与上调转化生长因子β有关，因为此因子能够控制成骨细胞和破骨细胞间的平衡。

【临床应用】

（1）乳腺癌术后辅助治疗，用于雌激素受体阳性者，特别是绝经后年龄60岁以上的患者疗效较好。

（2）晚期乳腺癌，或治疗后复发者。对皮肤、淋巴结及软组织转移疗效较好。

（3）子宫内膜癌。

（4）作为基因敲除基础的一个研究工具，可构建条件敲除小鼠模型。

【不良反应】

（1）胃肠道反应：食欲减退、恶心、呕吐、腹泻。

（2）继发性抗雌激素作用：外阴瘙痒、面部潮红、月经失调、闭经、阴道出血、白带增多等。

（3）神经精神症状：头痛、眩晕、抑郁等。

（4）大剂量长期应用可致视力障碍，如白内障。

（5）骨髓抑制：少数患者可出现一过性白细胞和血小板减少。

（6）其他：皮疹、脱发、体重增加、肝功能异常等。

【注意事项】

（1）视力障碍、肝肾功能不全者慎用。

（2）长期服用本品应定期检查血象：如有骨转移，在治疗初期需定期检查血钙。连续使用2年以上者，需定期检测肝功能。

（3）若出现异常阴道出血，立即就诊，必要时停药。

（4）使用本品有增加子宫内膜癌发生的危险。

（5）可出现突发性卵巢功能性囊肿、月经过多、不规则子宫出血。若绝经前必须使用本药，应同服抗促性腺激素药物。

（6）下列情况禁用：孕妇、有血栓栓塞性疾病、深部静脉血栓史、肺栓塞史患者。

（二）信号转导抑制药

细胞信号转导通路对肿瘤生长、凋亡、转移等多个环节有重要影响，靶向信号转导抑制药通过阻断癌细胞增殖过程中特殊的酶或生长因子受体而发挥抗癌作用，现成为开发新型靶向抗癌药物的重要方向。此类药物获批上市的有甲磺酸伊马替尼（imatinib mesylate）、达沙替尼（dasatinib）、曲妥珠单抗、尼洛替尼、吉非替尼、厄洛替尼等。

甲磺酸伊马替尼

【药理作用】 在体内外均可在细胞水平上抑制Bcr-AbI酪氨酸激酶，能选择性抑制Bcr-AbI阳性细胞系细胞、Ph染色体阳性的慢性粒细胞白血病和急性淋巴细胞白血病患者的新鲜细胞的增殖和诱导其凋亡。此外，甲磺酸伊马替尼还可抑制血小板衍化生长因子（PDGF）受体、干细胞因子（SCF），c-Kit受体的酪氨酸激酶，从而抑制由PDGF和干细胞因子介导的细胞行为。

【临床应用】 用于治疗慢性粒细胞白血病急变期、加速期或α-干扰素治疗失败后的慢性期患者；不能手术切除或发生转移的恶性胃肠道间质肿瘤患者。

【不良反应】 有些患者服用可出现心力衰竭。

【注意事项】

（1）治疗过程中若出现严重非血液学不良反应（如严重水潴留），宜停药，直到不良反应消失，随后再根据该不良反应的严重程度调整剂量。

（2）严重肝脏毒副作用时剂量的调整：如胆红素升高超过正常范围上限3倍或转氨酶升高超过正常范围上限5倍，宜停药，直到上述指标分别降到正常范围上限的1.5或2.5倍以下。

（3）中性粒细胞减少或血小板减少时剂量的调整：加速期或急变期，如出现严重中性粒细胞和血小板减少（中性粒细胞$<0.5\times10^9$/L和/或血小板$<10\times10^9$/L，建议剂量减少到400 mg/日。如果血细胞持续减少2周，则进一步减少剂量到300 mg/日，如血细胞持续减少4周，宜停药，直到中性粒细胞$\geqslant1.0\times10^9$/L和血小板$\geqslant20\times10^9$/L，再恢复剂量为300mg/日。

（三）修饰蛋白功能药物

此类药物通过调控基因表达和其他细胞作用发挥抗癌效应，临床上应用的主要有伏立诺他（vorinostat）、贝沙罗汀（boxarotene）、罗米地辛（romidepsin）、阿利维甲酸（alitretinoin）等。

伏 立 诺 他

【药理作用】 第一个靶向抑制组蛋白去乙酰化酶的新型抗癌药物，通过抑制组蛋白脱乙酰基酶（HDACs）活性，增加细胞内组蛋白的乙酰化程度，抑制肿瘤细胞的增殖，诱导肿瘤细胞的分化、细胞周期停滞和凋亡。

【临床应用】 病情治疗加重和复发或用两种全身性药物治疗后无效的皮肤T细胞淋巴瘤。

【不良反应】 肺栓塞、腹泻、恶心、呕吐、纳差、便秘和体重降低，疲乏，头晕，焦躁不安、头痛，口干及味觉异常，肌肉疼痛，脱发，寒战，发热，上呼吸道感染，咳嗽，血肌酐升高，以及足部、踝部或腿部的肿胀或瘙痒等等。

（四）诱导癌症细胞凋亡药物

硼 替 佐 米

【适应证】 多发性骨髓瘤

【不良反应】 虚弱、恶心、腹泻、食欲下降、血小板减少等。

【禁忌证】 对硼替佐米、硼或者甘露醇过敏的患者禁用。

（五）阻止肿瘤血管生长药物

索 拉 非 尼

【药理作用】 多激酶抑制剂，具有双重抗肿瘤效应，既通过抑制RAF/MEK/ERK信号传导通路，直接抑制肿瘤生长，又可通过抑制VEGFR和PDGFR而阻断肿瘤新生血管的形成，间接抑制肿瘤细胞的生长。

【药动学】 达峰时间约为3h，平均消除$t_{1/2}$为25～48h，血浆蛋白结合率为99.5%，主要通过肝脏代谢。

【适应证】

（1）无法手术或远处转移的肝细胞癌。

（2）不能手术的晚期肾细胞癌。

【不良反应】 常见的有皮疹、腹泻、血压升高，以及手掌或足底部发红、疼痛、肿胀或出现水疱。

二、治疗性抗体

抗体药物（未与药物或放射性核素偶联的裸抗体）具有两种功能，即结合功能（与靶分子特异性结合）和效应功能（杀伤肿瘤细胞）。后者主要通过依赖补体的细胞毒性（CDC）和依赖抗体的细胞介导细胞毒性（ADCc）两种免疫机制实现。研究表明，抗体药物具有如下作用特点。

1. 对肿瘤靶细胞的特异性结合 用免疫电镜和放射性同位素检测表明，抗体药物对肿瘤靶细胞显示特异性结合与内化，这是抗体药物用于靶向治疗的基础。

2. 对肿瘤靶细胞的选择性杀伤 对靶细胞的选择性作用是抗体药物靶向治疗的依据。

3. 在体内的特异性分布 放射自显影检查表明，抗体在肿瘤边缘的活瘤细胞区浓度高，在肿瘤内部的血管附近呈灶性分布。

4. 提高疗效与降低毒性 动物试验表明，抗体药物包括未偶联的抗体及抗体偶联物均可在体内显示抗肿瘤作用，且与药物有关的毒性减轻。抗体药物亦可与化疗药物配合进行联合治疗。

5. 影响药物疗效的因素 抗体是大分子物质，在人体应用仍存在免疫学和药理学两方面的障碍。免疫学方面主要是人抗鼠抗体反应（HAMA），如使用鼠源性抗体，在人体可导致HAMA，产生的抗体对再次注射的抗体药物起中和作用，可改变其在体内分布并抵消疗效。因此，人源性抗体药物具有显著优势，是目前研发的重点。药理学方面则是由于抗体药在体内的运送过程受肿瘤局部血供情况、网状内皮系统摄取状态、毛细血管内皮通透性、肿瘤细胞外间隙大小等多种因素的制约。

治疗性抗体在肿瘤免疫治疗中发挥着越来越重要的作用，是目前的研究热点之一。2005年我国SFDA批准下述两个抗体药物用于肿瘤治疗。

尼妥珠单抗

尼妥珠单抗是我国批准的第一个人源化癌症治疗单克隆抗体药物，其问世标志着我国在癌症靶向治疗和人源化抗体药物领域取得重大突破。

【药理作用】 通过阻滞肿瘤细胞周期进程、抑制肿瘤血管生成、加速肿瘤细胞凋亡、抑制肿瘤浸润和转移、增强放化疗效果等途径抑制肿瘤，具有特异性强、生物利用度高、副作用小等特点，可显著提高患者的生存率和癌症的治愈率。

【适应证】 鼻咽癌、头颈部鳞癌、直结肠癌、非小细胞肺癌、乳腺癌、食道癌、前列腺癌、肾癌等多种上皮源性肿瘤。

【不良反应】 主要表现为发热、血压下降、恶心、头晕、皮疹。

碘[^{131}I]美妥昔单抗

【药理作用】 本品是一种用于导向放射性治疗肝癌的[^{131}I]标记的新型单抗，可与分布在肝癌细胞膜蛋白中的HAb18G抗原结合，将其荷载的放射性[^{131}I]输送到肿瘤部位，而产生抗肿瘤作用。

【适应证】

（1）不能手术切除或术后复发的原发性肝癌。

（2）不适应作动脉导管化学栓塞（TACE）或经TACE治疗无效、复发的晚期肝癌。

【不良反应】 血小板、白细胞减少，谷丙转氨酶、谷草转氨酶、总胆红素升高，蛋白尿等。

【禁忌证】 对本品及成分过敏者，HAMA（+），曾用过鼠源性抗体者，不耐受甲状腺封闭药物者。

当前全球肿瘤免疫调节药物市场规模巨大，截至2014年，美国FDA批准了23种治疗性抗体用于临床肿瘤的治疗，如针对人表皮生长因子受体2（HER2）的曲妥珠单抗，被批准用于HER-2阳性转移性乳腺癌的治疗；针对CD20的利妥昔单抗，被批准用于非霍奇金淋巴瘤及慢性淋巴细胞白血病的治疗等。表50-1列出了2014年美国FDA批准的9个抗肿瘤靶向药物。

表50-1 2014年FDA批准抗肿瘤靶向药物

药名	商品名	作用特点	适应证
雷莫芦单抗 ramucirumab	Gyramza	特异性阻断血管内皮生长因子受体2（VEGFR2）及下游血管生成相关通路	化疗失败的晚期胃癌或胃食管结合部腺癌
色瑞替尼	Zykadia	抑制间变性淋巴瘤激酶（ALK）酪氨酸激酶	非小细胞肺癌，特别是接受克唑替尼治疗后发生转移的ALK阳性患者

续表

药名	商品名	作用特点	适应证
贝利司他		抑制组蛋白去乙酰化酶活性，引起细胞周期停滞和 / 或部分转化细胞凋亡。可优先杀伤肿瘤而非正常细胞	霍奇金淋巴瘤
idelalisib	Zydelig	选择性抑制磷酸肌醇 3-激酶，其不直接抑制肿瘤的生长，而是通过调节免疫系统发挥作用	淋巴瘤；与利妥昔单抗联合用药治疗复发性慢性淋巴细胞白血病
派姆单抗 pembrolizumab	Keytruda	人程序性死亡受体 -1（PD-1）人源化单克隆抗体药物	晚期或不可切除黑色素瘤的治疗
blinatumomab		靶向作用于 B 细胞表面抗原 CD19	急性淋巴细胞白血病和非霍奇金淋巴瘤
netupitant/palonosetron hydrochloride（帕诺斯琼）	Akynzeo	新药 Netupitant 是一种物质 P/神经激肽 1（NK1）受体拮抗剂，与其组合的帕诺斯琼属于长效 5-HT_3 受体拮抗剂	预防癌症化疗急性期（24h 内）产生的恶心和呕吐
奥拉帕尼 olaparib	Lynparza	为靶向 DNA 修复酶，通过阻断癌细胞中一种相关细胞修复酶，帮助修复正常细胞 DNA 损伤	有缺陷的 BRCA 基因晚期卵巢癌治疗
nivolumab	Opdivo	阻断程序性死亡受体 PD-1 及其配体，防止人体免疫系统受到黑素瘤肿瘤攻击	其他药物无效而不可切除或转移性晚期黑素瘤治疗

因大多数癌症靶向治疗药物上市时间不长，药物潜在不良反应及毒性作用尚不明确。随着对药物作用机制认识的不断深入，靶向治疗药物将进一步优化，成为抗癌个体化治疗的有力武器。

第四节　基因治疗的问题与前景

一、基因治疗的问题

基因治疗是医学和药学领域的一次革命，是生物医学发展最重要的里程碑之一。随着现代分子生物学技术的发展，以及人类对疾病不断深入的认识，基因治疗也面临了许多问题，主要包括基因治疗的安全性、有效性和伦理学争议。

1. 基因治疗的安全性　如果在宿主体内大量的出现外源基因的产物，且这又是体内原来不存在的产物，那么就有可能产生严重的免疫反应；另外，基因治疗由于涉及内、外源性基因的整合，因此细胞基因就有可能引起突变、原癌基因激活或抑制基因关闭，从而导致细胞恶变。

2. 基因治疗的有效性　外源基因在体内不能长期稳定表达。许多情况下，外源基因需要在体内长期稳定表达，基因治疗目的才能达到。然而，由于目的基因的丢失、细胞体内的生存期有限及体内的免疫排斥等原因，往往是难以实现上述目标。

3. 基因治疗面临的伦理学问题　基因治疗的前提是遗传咨询与基因诊断，这涉及个人隐私的问题，而且，由其所产生的不利影响不仅仅在于咨询者本人。例如，如果泄漏任何一个某种致病基因携带者或者是被确诊为某种遗传病的患者的有关遗传资料，则患者本人及其子女和亲属等在升学、就业、婚配、保险等就有可能受到不公正的对待甚至歧视。

在基因治疗中，至少需要两种基因资源。一是目的基因；二是靶基因。前者具有正常的功能，后者则作为治疗对象。发达国家有资金和技术来研制开发各种用于基因治疗的目的基因，而发展中国家，特别是人口大国则有丰富的靶基因资源。如何有效利用基因资源，分享研究成果及合理分配其产生的商业利益等，都是人类基因争夺所要涉及的问题。纵观历史，一旦科学研究进入商业开发阶段，必会伴随社会伦理学问题，基因治疗也是如此，如基因治疗及相关产品的知识产权问题，发展中国家被发达国家技术垄断，基因治疗的价格问题等。

二、基因治疗的前景

虽然基因治疗存在诸多问题有待解决，但是它仍然有光明的前景。

1. 政府政策不断完善 以我国为例，在肿瘤细胞免疫治疗领域，我国政府政策处于支持并持续完善的状态，1993 年，国家首次颁布《人体细胞治疗及基因治疗临床研究质控要点》，明确提出制备体细胞治疗及基因治疗的质量控制要点；2009 年颁布《自体免疫细胞（T 细胞、NK 细胞）治疗技术管理规范》；2012 年，在《干细胞研究国际重大科学研究计划“十二五”专项规划》中，明确提出重点支持未来干细胞临床研究和转化的核心技术。

2. 基因载体研究新思路、新技术和新方法层出不穷 良好的基因载体是有效实施基因治疗的重要因素，目前基因治疗临床试验用的载体以病毒居多，其中腺病毒和逆转录病毒占了大部分。

2002 年，美国国立卫生研究院由于 1999 年 9 月美国宾夕法尼亚大学的一位鸟氨酸转甲酰酶缺乏症患者因基因治疗死亡事件，专门对腺病毒载体的安全性和毒性做了评估报告。检测表明腺病毒载体较稳定，可获得高滴度病毒颗粒，宿主细胞被感染范围较广，不整合于宿主细胞染色体，外源基因表达时间短，但是免疫原性强，毒性较大，机体易引发产生强烈的炎症反应和免疫反应。随后在灵长类身上的研究发现，通过肝门静脉输注后，作用于抗原递呈细胞的是腺病毒的外壳蛋白（而不是它所携带的基因产物），它导致了系统性细胞因子综合征，从而触发了一系列炎症反应。

研究人员采用了许多方法来减少腺病毒载体的毒性反应及提高其安全性。辅助依赖性腺病毒载体（helper dependent adenovirus vector，HD-Ad）的发展为完全剔除腺病毒基因的猜想提供了可能。HD-Ad 载体除了留下顺式作用元件，包括病毒复制所需的 ITR 序列和病毒基因装配到病毒外壳所需的包装序列，其他所有病毒编码基因都剔除了。

3. 基因治疗有着广阔的市场 一方面，随着人们生活质量、卫生与健康水平的不断提高，医疗和预防中的主要问题已经是威胁婴幼儿、青少年健康或生命的遗传性疾病，以及恶性肿瘤、心脑血管疾病、糖尿病等严重疾病，上述疾病患者众多，迄今为止没有理想的防治手段；由于这些疾病的起因无外乎基因的突变、缺失或异常表达，因此，基因治疗将是疾病治疗的大势所趋。同时基因治疗也将不断向高效、安全、完善化方向发展。另一方面，传统的医药工业已经不再适应当今高技术发展的潮流，基因药物的研发和产业化将成为未来医药领域的主力军。

本章小结

“人类基因组计划”的顺利完成推动基因治疗越来越多地应用于临床，在取得较好效果的同时，也带来一系列理论技术和社会伦理问题，有待进一步发展成熟。

逆转录病毒载体介导是目前应用最广泛、体外转基因效率最高的基因转移方法，而腺病毒载体和阳离子脂质体载体的应用也受到广泛重视。

基因治疗有两种途径：一种是含目的基因表达载体借助体内直接转移即一步法，另一种是借助回体转移途径实现基因转移。

基因治疗的靶向调控：以抗肿瘤靶向药物为例。

中药介绍

砒　霜

砒霜自古为剧毒药，始载于宋《开宝本草》，具有去腐、蚀疮、杀虫、祛痰、截疟、定喘之效。因毒性难以控制，历代多外用。砒霜的主要成分是三氧化二砷（AS_20_3），为致癌物质。随着对肿瘤干细胞的深入研究，学者发现 AS_20_3 对肿瘤干细胞也有击杀和清除作用。陈竺院士领导的科研小组从急性早幼粒细胞白血病（APL）细胞株 NB4 中发现并克隆了两个受维甲酸调控的新基因，并分别被命名为 RIG-E 和 RIG-G，其核苷酸顺序已被国际基因数据库接受并编码注册。基础研究亦从分子生物学及基因水平揭示了 AS_20_3 诱导早幼粒白血病细胞凋亡的机制。日本和加拿大的专家共同研究得出白血病蛋白（(PML）肿瘤抑制因子在造血干细胞中起到了关键作用，而 AS_20_3 可以抑制 PML 基因，从而杀灭白血病干细胞。2010 年，陈竺院士和陈赛娟院士的课题组在 Science 杂志上发表了白血病领域的最新成果，揭示 PML 基因是 AS_20_3 的直接作用靶点，这一结果不仅成功阐述了其对急性早幼粒细胞白血病的作用靶点和分子机制，其更为深远的意义在于揭示了几乎所有肿瘤的发生都与 PML 的异常定位有关。中药砒霜中提取的砷剂在临床上已经证明可治愈 APL，表明砷剂能杀灭白血病干细胞，这可以称为是肿瘤干细胞清除性治疗上的里程碑。砷剂作为一个通过现代临床和生物学机制研究而焕发活力的古老中药，对人类健康将产生深远的影响。

（简　洁）